数学·统计学系列

解析不等式新论

New Discussion to Analytic Inequalities

● 张小明 褚玉明 著

哈尔滨工业大学出版社
HARBIN INSTITUTE OF TECHNOLOGY PRESS

内容提要

本书介绍了作者近年来在解析不等式研究方面取得的最新成果,包括几何凸函数基本性质、对数凸函数和 GA 凸函数的积分不等式、最值压缩定理、最值单调定理及它们的应用,统一证明了一些著名不等式,加强或推广了一些已知不等式,新建了一批有价值的解析不等式。全书包含了上百个不等式的证明,是不等式研究方面的一本较好的入门书和参考书。

本书可供数学研究人员、大学数学系师生、中学数学教师及数学爱好者阅读。

图书在版编目(CIP)数据

解析不等式新论/张小明,褚玉明著.—哈尔滨:哈尔滨工业大学出版社,2009.3(2011.1 重印)
ISBN 978-7-5603-2896-6

Ⅰ.解… Ⅱ.①张…②褚… Ⅲ.不等式-研究 Ⅳ.O178
中国版本图书馆 CIP 数据核字(2009)第 037761 号

策划编辑　刘培杰　张永芹
责任编辑　翟新烨
封面设计　孙茵艾
出版发行　哈尔滨工业大学出版社
社　　址　哈尔滨市南岗区复华四道街 10 号　邮编 150006
传　　真　0451 - 86414749
网　　址　http://hitpress.hit.edu.cn
印　　刷　黑龙江省教育厅印刷厂
开　　本　787mm×1092mm　1/16　印张 21.25　字数 392 千字
版　　次　2009 年 6 月第 1 版　2011 年 1 月第 2 次印刷
书　　号　ISBN 978-7-5603-2896-6
定　　价　68.00 元

(如因印装质量问题影响阅读,我社负责调换)

前言

2003 年 5 月,我开始了解析不等式的研究。迄今为止,大部分研究结果只在中国不等式研究小组主办的内部刊物《不等式研究通讯》上刊登过,仅有部分成果正式发表。2007 年 3 月,经湖州广播电视大学郑宁国老师的介绍,我有幸结识了本书的合作者湖州师范学院褚玉明教授,并开始了合作研究。本书汇集了我和褚玉明教授合作研究的成果,取名《解析不等式新论》,主要内容包括几何凸函数理论及应用、对数凸函数和 GA 凸函数的积分不等式及应用、最值压缩定理及应用、最值单调定理及应用。其中最值压缩定理和最值单调定理是近两年发现的,希望本书的出版能有利于它们的应用并得到进一步研究。

本书中除经典结论外,引用他人的研究成果均会以不同方式予以注明,未注明的定理、推论、例题及练习一般都是作者的研究成果。书中每章后面均附有练习,一是让读者巩固已学知识,二是体现新方法的进一步应用,同时也起到了补充正文的作用。

本书在写作过程中,始终得到了北京联合大学石焕南教授、河南理工大学祁锋教授和好友张志华的帮助;浙江电大海宁学院的领导对作者的学术研究也一贯予以精神和物质上的支持,在此一并表示衷心的感谢。

限于作者水平,书中难免存在错误或不足,恳请读者不吝指教。

通信地址:浙江省海宁市教育园区电大海宁学院,邮编:314400。电子邮箱:zjzxm79@126.com。

张小明
于海宁水月亭
2008 年 10 月 1 日

目 录

第0章 基础知识 //1

0.1 几个常用不等式 //1
0.2 凸集与凸函数 //5
0.3 实向量的控制 //7
0.4 Schur 凸函数的定义及判别 //9
0.5 实 Gamma 函数的基本性质 //10

第1章 一维几何凸函数 //12

1.1 一维几何凸函数的定义 //12
1.2 几何凸函数的微分判别定理 //14
1.3 一维几何凸函数的基本性质(1) //18
1.4 一维几何凸函数的基本性质(2) //22
1.5 几类特殊函数的几何凸性 //25
1.6 Γ 函数的一个性质及其应用 //28
1.7 $\Gamma^{1/x}(x)/\Gamma^{1/y}(y)$ 的估计及其应用 //34
1.8 $\Gamma^{1/x}(x+1)/\Gamma^{1/y}(y+1)$ 的估计 //41
练习1 //48

第2章 n 维几何凸函数 //51

2.1 对数凸集 //51
2.2 $\mathbb{R}^2_{++}$ 中的圆与对数凸集 //55
2.3 n 维几何凸函数 //61
2.4 不同维几何凸函数之间一些关系 //64

2.5 多元几何凸函数的一个判别法则 //65

2.6 对数控制与几何凸函数 //69

2.7 利用对数控制证明一些不等式 //73

2.8 二元平均的几何凸性 //80

练习 2 //90

第 3 章 Schur-几何凸函数 //93

3.1 Schur-几何凸函数的定义 //93

3.2 若干不等式的统一证明 //95

3.3 新建几个不等式 //101

3.4 与初等对称函数有关的几个 S-几何凸函数 //106

3.5 几个正数平均的 S-几何凸性 //111

练习 3 //120

第 4 章 几何凸函数的积分不等式 //123

4.1 连续函数的平均 //123

4.2 几何凸函数的积分的几何凸性 //125

4.3 有关几何凸函数的几何平均的不等式 //137

4.4 几何凸函数的 Hadamard 不等式 //139

4.5 几个基本初等函数的台劳展开式余项估计 //148

4.6 其他一些应用 //155

4.7 与几何凸函数有关的函数的准线性和单调性 //161

4.8 二个概率积分不等式的改进 //171

练习 4 //178

第 5 章 对数凸函数,GA 凸函数和不等式 //180

5.1 对数凸函数的定义及其性质 //180

5.2 再论三个台劳展开式余项的估计 //184

5.3 二个新的 $\Gamma(x)/\Gamma(y)$ 型不等式及 $(2n-1)!!/(2n)!!$ 的估计 //189

5.4 GA 凸函数的定义及其性质 //198

5.5 GA 凸函数的 Hadamard 不等式的一些应用 //203

5.6 一个积分不等式的上界和应用 //208

练习 5 //215

第 6 章 最值压缩定理及其应用 //217

6.1 最值压缩定理的证明 //218

6.2 一些著名不等式的统一证明 //221

6.3 改进一些已知不等式 //225

6.4 新建一些不等式 //231

6.5　S-几何凸函数基本定理的改进及应用　//236
6.6　最值压缩定理的变形与应用　//241
6.7　有限项 Carleman 不等式和 Hadry 不等式的加强　//247
练习 6　//258

第 7 章　最值单调定理及其应用　//260

7.1　最值单调性定理　//260
7.2　一些已知不等式的统一证明　//262
7.3　Hardy 不等式的一些注记　//270
7.4　Carleman 不等式的一些加强　//275
7.5　从一个新角度研究 Hardy – Hilbert 不等式　//281
7.6　较为精密的 Hardy – Hilbert 不等式的一些研究　//289
7.7　Van Der Corput 不等式的加强　//300
练习 7　//307

附录　几个待解决的公开问题　//311

参考文献　//314

基础知识

本章介绍几个经典不等式、一些凸函数及其控制知识. 其中大多数定义和定理都能在文献[1]~[6]中查到出处及证明.

列举本书几个常用的记号:$\mathbb{N}$ 为自然数集,$\mathbb{N}_{++}$ 为正自然数集. 不加特殊说明,一般设 $n \geqslant 2, n \in \mathbb{N}_{++}$,$\mathbb{R}$ 为实数集,$\mathbb{R}_+$ 为非负实数集,$\mathbb{R}_{++}$ 为正实数集,$\mathbb{R}^n$ 为 n 维实向量空间,$\mathbb{R}_+^n$ 为 n 维非负实向量集,$\mathbb{R}_{++}^n$ 为 n 维正实向量集. 设 $I_1, I_2, \cdots, I_n, I$ 为区间,记

$$I^n = \{(a_1, a_2, \cdots, a_n) | a_i \in I, i = 1, 2, \cdots, n\}$$

$$I_1 \times I_2 \times \cdots \times I_n = \{(a_1, a_2, \cdots, a_n) | a_i \in I_i, i = 1, 2, \cdots, n\}$$

若 $\boldsymbol{a} = (a_1, a_2, \cdots, a_n) \in \mathbb{R}_{++}^n$,记

$$A(\boldsymbol{a}) = \frac{1}{n}\sum_{i=1}^{n} a_i, \quad G(\boldsymbol{a}) = \sqrt[n]{\prod_{i=1}^{n} a_i}, \quad H(\boldsymbol{a}) = n\left(\sum_{i=1}^{n} a_i^{-1}\right)^{-1}$$

为 $\boldsymbol{a}$ 的算术平均,几何平均和调和平均.

0.1 几个常用不等式

在这节中,将记述一些与本书有关的常用不等式,在此不给出它们的证明. 但在后几章,我们将给出一些新颖的证明方法.

定理 0.1.1(幂平均不等式) 设 $r \in \mathbb{R}$,记

$$M_r(a) = \begin{cases} \left(\dfrac{1}{n}\sum_{i=1}^{n} a_i^r\right)^{\frac{1}{r}}, & r \neq 0 \\ \sqrt[n]{\prod_{i=1}^{n} a_i}, & r = 0 \end{cases} \qquad (0.1.1)$$

为 a 的幂平均,则 $M_r(a)$ 关于 r 为连续且单调增加;且当 $a_i(i=1,2,\cdots,n)$ 不全相等时,$M_r(a)$ 关于 r 为严格单调增加.

在上定理中令 $r = -1, 0, 1$,可得推论 0.1.2.

推论 0.1.2
$$H(a) \leqslant G(a) \leqslant A(a) \qquad (0.1.2)$$

等式成立当且仅当 $a_1 = a_2 = \cdots = a_n$.

其中 $A(a) \geqslant G(a)$ 被称为算术 - 几何平均不等式.

推论 0.1.3
$$a_1^n + a_2^n + \cdots + a_n^n \geqslant n a_1 a_2 \cdots a_n \qquad (0.1.3)$$

等式成立当且仅当 $a_1 = a_2 = \cdots = a_n$.

用 $\sqrt[n]{a_i}$ 代替 a_i,相应的用 $a_i(i=1,2,\cdots,n)$ 代替 a_i^n,则式(0.1.3)化为算术 - 几何平均不等式.

定理 0.1.4(Hölder 不等式) 如果 $x_i, y_i \in \mathbb{R}_{++}, i = 1, 2, \cdots, n, p, q > 1$, $\dfrac{1}{p} + \dfrac{1}{q} = 1$,则有

$$(x_1^p + x_2^p + \cdots + x_n^p)^{\frac{1}{p}} (y_1^q + y_2^q + \cdots + y_n^q)^{\frac{1}{q}} \geqslant x_1 y_1 + x_2 y_2 + \cdots + x_n y_n$$
$$(0.1.4)$$

等式成立当且仅当 $\dfrac{x_1^p}{y_1^q} = \dfrac{x_2^p}{y_2^q} = \cdots = \dfrac{x_n^p}{y_n^q}$.

定理 0.1.5(Hölder 不等式) 设 $f:[c,d] \subseteq \mathbb{R} \to \mathbb{R}_+, g:[c,d] \subseteq \mathbb{R} \to \mathbb{R}_+$ 且都可积,常数 $p, q > 1, \dfrac{1}{p} + \dfrac{1}{q} = 1$,则有

$$\left(\int_c^d f^p(x)\mathrm{d}x\right)^{\frac{1}{p}} \left(\int_c^d g^q(x)\mathrm{d}x\right)^{\frac{1}{q}} \geqslant \int_c^d f(x)g(x)\mathrm{d}x \qquad (0.1.5)$$

等式成立当且仅当存在实数 k,使得 $f^p(x) \xlongequal{a \cdot e} k g^q(x)$ 或 $g^q(x) \xlongequal{a \cdot e} k f^p(x)$.

定理 0.1.4 和定理 0.1.5 分别称为离散型的 Hölder 不等式和连续型的 Hölder 不等式.

推论 0.1.6(Cauchy 不等式) 设 $x_i, y_i \in \mathbb{R}, i = 1, 2, \cdots, n$,则有

$$\left(\sum_{i=1}^n x_i^2\right)\left(\sum_{i=1}^n y_i^2\right) \geqslant \left(\sum_{i=1}^n x_i y_i\right)^2 \qquad (0.1.6)$$

等式成立当且仅当 $\dfrac{x_1}{y_1} = \dfrac{x_2}{y_2} = \cdots = \dfrac{x_n}{y_n}$(其中当分母为 0,分子亦要求为 0).

定理 0.1.7(Chebyshev 不等式) 设函数 f,g 为 $[c,d]$ 上的可积函数,若任取 $x_1, x_2 \in [c,d]$,都有 $(f(x_1)-f(x_2))(g(x_1)-g(x_2)) \geqslant (\leqslant) 0$ 成立,则

$$(c-d)\int_c^d f(t)g(t)\,\mathrm{d}t \geqslant (\leqslant) \int_c^d f(t)\,\mathrm{d}t \int_c^d g(t)\,\mathrm{d}t \qquad (0.1.7)$$

推论 0.1.8(Chebyshev 不等式) $a_1 \geqslant a_2 \geqslant \cdots \geqslant a_n, b_1 \geqslant b_2 \geqslant \cdots \geqslant b_n$,则

$$n\sum_{i=1}^n a_i b_i \geqslant \sum_{i=1}^n a_i \cdot \sum_{i=1}^n b_i \geqslant n\sum_{i=1}^n a_i b_{n-i} \qquad (0.1.8)$$

以上结论可在众多不等式文献中查到,在此不再一一列举.

定理 0.1.9 设 $n \geqslant 2$,记

$$E_0(\boldsymbol{a}) = 1, \quad E_k(\boldsymbol{a}) = \sum_{1 \leqslant i_1 < \cdots < i_k \leqslant n} \prod_{j=1}^k a_{i_j} \qquad (0.1.9)$$

为 $\boldsymbol{a}$ 的 k 次初等对称函数,其中 $1 \leqslant k \leqslant n$. 则:

（ⅰ）（初等对称多项式不等式）

$$\frac{E_n(\boldsymbol{a})}{E_{n-1}(\boldsymbol{a})} < \frac{E_{n-1}(\boldsymbol{a})}{E_{n-2}(\boldsymbol{a})} < \cdots < \frac{E_3(\boldsymbol{a})}{E_2(\boldsymbol{a})} < \frac{E_2(\boldsymbol{a})}{E_1(\boldsymbol{a})} < E_1(\boldsymbol{a}) \qquad (0.1.10)$$

（ⅱ）（**Newton 不等式**）若记 $B_k(\boldsymbol{a}) = (C_n^k)^{-1} E_k(\boldsymbol{a})$,有

$$\frac{B_n(\boldsymbol{a})}{B_{n-1}(\boldsymbol{a})} \leqslant \frac{B_{n-1}(\boldsymbol{a})}{B_{n-2}(\boldsymbol{a})} \leqslant \cdots \leqslant \frac{B_3(\boldsymbol{a})}{B_2(\boldsymbol{a})} \leqslant \frac{B_2(\boldsymbol{a})}{B_1(\boldsymbol{a})} \leqslant B_1(\boldsymbol{a}) \qquad (0.1.11)$$

定理 0.1.10(Maclaurin 不等式) 若 $E_k(\boldsymbol{a})$ 如定理 0.1.9 所设,记

$$P_k(\boldsymbol{a}) = [(C_n^k)^{-1} E_k(\boldsymbol{a})]^{\frac{1}{k}} \qquad (0.1.12)$$

为 $\boldsymbol{a}$ 的 k 次初等对称平均,则有

$$G(\boldsymbol{a}) = P_n(\boldsymbol{a}) \leqslant P_{n-1}(\boldsymbol{a}) \leqslant \cdots \leqslant P_2(\boldsymbol{a}) \leqslant P_1(\boldsymbol{a}) = A(\boldsymbol{a})$$
$$(0.1.13)$$

定理 0.1.9 和 0.1.10 的出处可参考文献[6]的 P.65~66 和 P.176~177 及其参考文献.

鉴于 Hilbert 型不等式在分析学中的重要作用,文献[7]专门有一章节论述这些著名不等式,其中最重要的为下面两个定理.

定理 0.1.11 设 $0 < \sum_{n=1}^\infty a_n^2 < +\infty, 0 < \sum_{n=1}^\infty b_n^2 < +\infty$,则有

$$\sum_{n=1}^\infty \sum_{m=1}^\infty \frac{a_n b_m}{n+m} < \pi \Big(\sum_{n=1}^\infty a_n^2 \sum_{n=1}^\infty b_n^2\Big)^{\frac{1}{2}} \qquad (0.1.14)$$

定理 0.1.12 设 $0 < \sum_{n=0}^{\infty} a_n^2 < +\infty, 0 < \sum_{n=0}^{\infty} b_n^2 < +\infty$, 则有

$$\sum_{n=0}^{\infty}\sum_{m=0}^{\infty} \frac{a_n b_m}{n+m+1} < \pi \Big(\sum_{n=0}^{\infty} a_n^2 \sum_{n=0}^{\infty} b_n^2\Big)^{\frac{1}{2}} \tag{0.1.15}$$

它们的证明主要依赖于 Hölder 不等式及级数的估计. 从文献[7]中有关推理知, 式(0.1.14) 还有以下几个等价形式:

$$\sum_{n=1}^{N}\sum_{m=1}^{N} \frac{a_n b_m}{n+m} < \pi \Big(\sum_{n=1}^{N} a_n^2 \sum_{n=1}^{N} b_n^2\Big)^{\frac{1}{2}} \tag{0.1.16}$$

$$\sum_{n=1}^{\infty}\sum_{m=1}^{\infty} \frac{a_n a_m}{n+m} < \pi \sum_{n=1}^{\infty} a_n^2 \tag{0.1.17}$$

$$\sum_{n=1}^{N}\sum_{m=1}^{N} \frac{a_n a_m}{n+m} < \pi \sum_{n=1}^{N} a_n^2 \tag{0.1.18}$$

$$\sum_{n=1}^{\infty}\Big(\sum_{m=1}^{\infty} \frac{a_m}{n+m}\Big)^2 < \pi^2 \sum_{n=1}^{\infty} a_n^2 \tag{0.1.19}$$

$$\sum_{n=1}^{N}\Big(\sum_{m=1}^{N} \frac{a_m}{n+m}\Big)^2 < \pi^2 \sum_{n=1}^{N} a_n^2 \tag{0.1.20}$$

式(0.1.15) 也有以下几个等价形式:

$$\sum_{n=0}^{N}\sum_{m=0}^{N} \frac{a_n b_m}{n+m+1} < \pi \Big(\sum_{n=0}^{N} a_n^2 \sum_{n=0}^{N} b_n^2\Big)^{\frac{1}{2}} \tag{0.1.21}$$

$$\sum_{n=0}^{\infty}\sum_{m=0}^{\infty} \frac{a_n a_m}{n+m+1} < \pi \sum_{n=0}^{\infty} a_n^2 \tag{0.1.22}$$

$$\sum_{n=0}^{N}\sum_{m=0}^{N} \frac{a_n a_m}{n+m+1} < \pi \sum_{n=0}^{N} a_n^2 \tag{0.1.23}$$

$$\sum_{n=0}^{\infty}\Big(\sum_{m=0}^{\infty} \frac{a_m}{n+m+1}\Big)^2 < \pi^2 \sum_{n=0}^{\infty} a_n^2 \tag{0.1.24}$$

$$\sum_{n=0}^{N}\Big(\sum_{m=0}^{N} \frac{a_m}{n+m+1}\Big)^2 < \pi^2 \sum_{n=0}^{N} a_n^2 \tag{0.1.25}$$

其中 N 为任一正自然数.

关于各种 Hilbert 型不等式的研究文献不下于上百篇, 最近的研究大多集中在参数的引入和权系数的估计, 详见文献[18]~[22]及它们的参考文献, 其中权系数在文献[18]中首次引入的.

著名的 Hardy 不等式在分析学中有许多应用[7], 其指的是: 设 $a_n \in \mathbb{R}_{++}(n=1,2,\cdots), p>1, \sum_{n=1}^{\infty} a_n^p$ 收敛, 则

$$\Big(\frac{p}{p-1}\Big)^p \sum_{n=1}^{\infty} a_n^p > \sum_{n=1}^{\infty} \Big(\frac{1}{n}\sum_{i=1}^{n} a_i\Big)^p \tag{0.1.26}$$

其中系数 $\left(\dfrac{p}{p-1}\right)^p$ 为最佳.

近几十年来,对其推广和加强也出现了较多结果,如文献[130]～[134],特别是不等式专著文献[134],对2005年前的一些研究作了总结.

1922年,Torsten Carleman(1892—1942)在文献[151]发表不等式:设 $a_n \in \mathbb{R}_{++}, n = 1,2,\cdots,$ 且 $\sum\limits_{n=1}^{\infty} a_n$ 收敛,则有

$$\sum_{n=1}^{\infty}\Big(\prod_{k=1}^{n} a_k\Big)^{\frac{1}{n}} < \mathrm{e}\sum_{n=1}^{\infty} a_n$$

后来人们称其为 Carleman 不等式,并且对这个不等式进行了众多研究,如文献[151]～[160]和文献[190]～[193],它们也不过是大量文献中重要的一部分.

定义 0.1.13　设 $b \geqslant a > 0, p \in \mathbb{R}$ 由它们的广义对数平均被定义为

$$S_p(a,b) = \begin{cases} \left(\dfrac{b^p - a^p}{p(b-a)}\right)^{\frac{1}{p-1}}, & a \neq b, p \neq 0,1 \\[2mm] \dfrac{b-a}{\ln b - \ln a}, & a \neq b, p = 0 \\[2mm] \mathrm{e}^{-1}\left(\dfrac{b^b}{a^a}\right)^{\frac{1}{b-a}}, & a \neq b, p = 1 \\[2mm] b, & a = b \end{cases} \quad (0.1.27)$$

其中 $S_2(a,b) = A(a,b), S_1(a,b) = I(a,b), S_0(a,b) = L(a,b)$ 和 $S_{-1}(a,b) = G(a,b)$ 分别称为 a, b 的算术平均,指数平均,对数平均和几何平均.

定理 0.1.14　如上定义,当 $a \neq b$ 时,$S_p(a,b)$ 关于 p 为严格单调增加,进而有

$$S_{+\infty}(a,b) \geqslant S_2(a,b) \geqslant S_1(a,b) \geqslant S_0(a,b) \geqslant S_{-1}(a,b) \geqslant S_{-\infty}(a,b) \quad (0.1.28)$$

即

$$b \geqslant A(a,b) \geqslant I(a,b) \geqslant L(a,b) \geqslant G(a,b) \geqslant a \quad (0.1.29)$$

任一等号成立当且仅当 $a = b$.

0.2　凸集与凸函数

定义 0.2.1　设集合 $H \subseteq \mathbb{R}^n$,如果任取 $x, y \in H, \alpha \in [0,1]$,都有 $\alpha x + (1-\alpha)y \in H$,则称 H 为凸集.

定理 0.2.2 设集合 $H \subseteq \mathbb{R}^n$ 是闭的，则 H 为凸集的充分必要条件是：对任意 $x, y \in H$，都有 $\dfrac{x+y}{2} \in H$.

凸集有一个很直观的特征是：联结点集内的任两点的线段都在这个点集内.

定义 0.2.3 设 $H \subseteq \mathbb{R}^n$ 为凸集，函数 $\varphi: H \to \mathbb{R}$ 连续，且任取 $x, y \in H$，$\alpha \in [0,1]$，都有

$$\varphi(\alpha x + (1-\alpha)y) \leqslant (\geqslant) \alpha \varphi(x) + (1-\alpha)\varphi(y) \tag{0.2.1}$$

成立，则称 φ 在 H 上为凸（凹）函数.

显然如果 φ 是凸函数，则 $-\varphi$ 是凹函数，因此，本节所有关于凸函数的不等式反向即得凹函数的相应不等式. 观察式(0.2.1)，我们易知，闭区间上的凸（凹）函数在两个端点的函数值，必有一个为函数的最大（小）值.

定理 0.2.4 设 $H \subseteq \mathbb{R}^n$ 为凸集，函数 $\phi: H \to \mathbb{R}$ 连续，则 ϕ 在 H 上为凸函数，当且仅当任取 $x, y \in H$，都有

$$\phi\left(\dfrac{x+y}{2}\right) \leqslant \dfrac{1}{2}(\phi(x) + \phi(y)) \tag{0.2.2}$$

恒成立.

定理 0.2.5 设 $H \subseteq \mathbb{R}^n$ 为凸集，函数 $\phi: H \to \mathbb{R}$ 连续，则 ϕ 为 H 上的凸函数当且仅当对任意 $x^{(i)} \in H, \lambda_i > 0, i = 1, 2, \cdots, m$，当 $\sum_{i=1}^{m} \lambda_i = 1$ 时，恒有

$$\phi\left(\sum_{i=1}^{m} \lambda_i x^{(i)}\right) \leqslant \sum_{i=1}^{m} \lambda_i \phi(x^{(i)}) \tag{0.2.3}$$

式(0.2.3)就是著名的 Jensen 不等式.

定理 0.2.6 设函数 ϕ 在开区间 $I \subseteq \mathbb{R}$ 上一次可微，则 ϕ 在 I 上为凸函数当且仅当 $\phi'(t)$ 在区间 I 上为单调增加.

定理 0.2.7 设函数 ϕ 在开区间 $I \subseteq \mathbb{R}$ 上二次可微，则 ϕ 在 I 上为凸函数当且仅当 $\phi''(t) \geqslant 0$ 对 $t \in I$ 恒成立.

设集合 $H \subseteq \mathbb{R}^n$，函数 $\phi: H \to \mathbb{R}$，记

$$L(x) = \begin{pmatrix} \phi''_{11} & \phi''_{12} & \cdots & \phi''_{1n} \\ \phi''_{21} & \phi''_{22} & \cdots & \phi''_{2n} \\ \vdots & \vdots & & \vdots \\ \phi''_{n1} & \phi''_{n2} & \cdots & \phi''_{nn} \end{pmatrix} \tag{0.2.4}$$

定理 0.2.8 设 $H \subseteq \mathbb{R}^n$ 为开凸集，ϕ 在 H 上二次可微，则 ϕ 在 H 上为凸函数当且仅当 $L(x)$ 在 H 上半正定.

定理 0.2.9 设 $\phi: [a, b] \to \mathbb{R}$ 为连续函数，则 f 为凸函数的充分必要条件是：对于 $[a, b]$ 中任意 $x_1 < x_2 < x_3$，恒有

$$\begin{vmatrix} x_1 & \phi(x_1) & 1 \\ x_2 & \phi(x_2) & 1 \\ x_3 & \phi(x_3) & 1 \end{vmatrix} \geq 0 \qquad (0.2.5)$$

定理 0.2.10 设 $\phi:[a,b] \to \mathbb{R}$ 为凸函数，则

（i）ϕ 在 (a,b) 上处处有单侧导数.

（ii）对于任意 $x \in (a,b)$，恒有

$$\phi_-'(x) \leq \phi_+'(x) \qquad (0.2.6)$$

定理 0.2.11(Jensen 不等式) 设 $\phi:[\alpha,\beta] \to \mathbb{R}$ 为凸函数，函数 $f:[c,d] \to [\alpha,\beta]$ 和 $p:[c,d] \to \mathbb{R}_+$ 为可积函数，且 $\int_c^d p(x)\mathrm{d}x = 1$，则有

$$\phi\left(\int_c^d p(x)f(x)\mathrm{d}x\right) \leq \int_c^d p(x)\phi(f(x))\mathrm{d}x \qquad (0.2.7)$$

式(0.2.3)与式(0.2.7)是离散型与连续型的关系.

定理 0.2.12(Hadamard 不等式) 设 $\phi:[c,d] \to \mathbb{R}$ 为凸函数，则有

$$\phi\left(\frac{c+d}{2}\right) \leq \frac{1}{d-c}\int_c^d \phi(x)\mathrm{d}x \leq \frac{\phi(c)+\phi(d)}{2} \qquad (0.2.8)$$

0.3　实向量的控制

定义 0.3.1 设向量 $x = (x_1, x_2, \cdots, x_n) \in \mathbb{R}^n$，$x_{[1]}, x_{[2]}, \cdots, x_{[n]}$ 表示 x 中分量的递减重排，若对于 $x, y \in \mathbb{R}^n$，有

$$\sum_{i=1}^k x_{[i]} \geq \sum_{i=1}^k y_{[i]}, k = 1, 2, \cdots, n-1, \sum_{i=1}^n x_{[i]} = \sum_{i=1}^n y_{[i]} \qquad (0.3.1)$$

则称 x 控制 y，记为 $x \succ y$.

例 0.3.2 设 $x = \left(\frac{1}{4}, \frac{1}{2}, \frac{1}{4}\right)$，$y = \left(\frac{1}{3}, \frac{1}{3}, \frac{1}{3}\right)$，则 x, y 的重排分别为 $\left(\frac{1}{2}, \frac{1}{4}, \frac{1}{4}\right)$ 和 $\left(\frac{1}{3}, \frac{1}{3}, \frac{1}{3}\right)$，且有

$$\frac{1}{2} \geq \frac{1}{3}, \frac{1}{2} + \frac{1}{4} \geq \frac{1}{3} + \frac{1}{3}, \frac{1}{2} + \frac{1}{4} + \frac{1}{4} = \frac{1}{3} + \frac{1}{3} + \frac{1}{3} \qquad (0.3.2)$$

成立，所以 $x \succ y$.

定理 0.3.3 设 $(x_1, x_2, \cdots, x_n) \in \mathbb{R}^n$，则

$$(x_1, x_2, \cdots, x_n) \succ \left(\frac{x_1 + \cdots + x_n}{n}, \frac{x_1 + \cdots + x_n}{n}, \cdots, \frac{x_1 + \cdots + x_n}{n}\right) \qquad (0.3.3)$$

定理 0.3.4 设向量 $x = (x_1, x_2, \cdots, x_n), y = (y_1, y_2, \cdots, y_n)$，用 $x_{(1)}, x_{(2)}, \cdots, x_{(n)}$ 表示 x 中分量的递增重排，则

$$(x_{[1]} + y_{[1]}, \cdots, x_{[n]} + y_{[n]}) > (x_1 + y_1, \cdots, x_n + y_n) >$$
$$(x_{[1]} + y_{(1)}, \cdots, x_{[n]} + y_{(n)})$$

定义 0.3.5 对单位矩阵作一次交换任意两行的行变换，所得的矩阵称置换矩阵.

例 0.3.6 如 $\begin{pmatrix} 1 & 0 & 0 \\ 0 & 0 & 1 \\ 0 & 1 & 0 \end{pmatrix}$ 为三阶置换矩阵.

定义 0.3.7 集合 $H \subseteq \mathbb{R}^n$ 称为对称的，如果对于任意的 $x \in H$ 和任意的 n 阶置换矩阵 G，都有 $xG \in H$.

例 0.3.8 设 $A = \{(x_1, x_2, x_3) \mid x_1^2 + x_2^2 + x_3^2 = 3\}$，因任取 $(a, b, c) \in A$，有

$$(a, b, c) \begin{pmatrix} 1 & 0 & 0 \\ 0 & 0 & 1 \\ 0 & 1 & 0 \end{pmatrix} = (a, c, b) \in A, (a, b, c) \begin{pmatrix} 0 & 1 & 0 \\ 1 & 0 & 0 \\ 0 & 0 & 1 \end{pmatrix} = (b, a, c) \in A$$

$$(a, b, c) \begin{pmatrix} 0 & 0 & 1 \\ 0 & 1 & 0 \\ 1 & 0 & 0 \end{pmatrix} = (c, b, a) \in A \tag{0.3.4}$$

所以 A 为 $\mathbb{R}^3$ 中的对称集.

定义 0.3.9 函数 ϕ 在对称集 $H \subseteq \mathbb{R}^n$ 上称为对称的，如果对于任意的 $x \in H$ 和任意的 n 阶置换矩阵 G，都有 $\phi(xG) = \phi(x)$.

例 0.3.10 设 $f(x_1, x_2, x_3) = \frac{x_1}{x_2} + \frac{x_2}{x_1} + \frac{x_2}{x_3} + \frac{x_3}{x_2} + \frac{x_3}{x_1} + \frac{x_1}{x_3}$，交换任两个自变量，函数值保持不变，所以 f 为对称函数.

定理 0.3.11 设集合 $H \subseteq \mathbb{R}^n$ 为对称凸集，函数 ϕ 在 H 上为对称凸（凹）函数，则对任意 $x, y \in H$，当 $x \succ y$ 时，恒有

$$\phi(x) \geqslant (\leqslant) \phi(y) \tag{0.3.5}$$

例 0.3.12 设 $x = (x_1, x_2, \cdots, x_n) \in \mathbb{R}_{++}^n$，求证

$$\frac{1}{n} \sum_{i=1}^n x_i^n \geqslant \left(\frac{1}{n} \sum_{i=1}^n x_i\right)^n \tag{0.3.6}$$

证明 设 $f(x) = \sum_{i=1}^n x_i^n$，则相对于式 (0.2.4) 的 $L(x)$ 为

$$L(\boldsymbol{x}) = \begin{pmatrix} f''_{11} & f''_{12} & \cdots & f''_{1n} \\ f''_{21} & f''_{22} & \cdots & f''_{2n} \\ \vdots & \vdots & & \vdots \\ f''_{n1} & f''_{n2} & \cdots & f''_{nn} \end{pmatrix} =$$

$$\begin{pmatrix} n(n-1)x_1^{n-2} & 0 & \cdots & 0 \\ 0 & n(n-1)x_2^{n-2} & \cdots & 0 \\ \vdots & \vdots & & \vdots \\ 0 & 0 & \cdots & n(n-1)x_2^{n-2} \end{pmatrix} \quad (0.3.7)$$

$L(\boldsymbol{x})$ 显然是为正定阵,由定理 0.2.7 知 f 为凸函数,再联立式(0.3.3) 和式 (0.3.5) 知

$$f(\boldsymbol{x}) = \sum_{i=1}^{n} x_i^n \geqslant f\left(\frac{x_1 + \cdots + x_n}{n}, \cdots, \frac{x_1 + \cdots + x_n}{n}\right) = n\left(\frac{1}{n}\sum_{i=1}^{n} x_i\right)^n$$

即知式(0.3.6) 成立.

这个证明简明利落,正如文献[4]中所说的,不等式的控制证明能把许多已有的从不同方法得来的不等式,用一种统一的方法简便地推导出来,它更是推广已有的不等式、发现新的不等式的一种强有力的工具.

0.4 Schur 凸函数的定义及判别

用控制不等式的理论和方法来证明不等式时,有时判断一个 n 元函数是 n 维凸函数是比较困难的. 为此,我们引进 Schur 凸(凹) 函数的概念.

定义 0.4.1 设集合 $H \subseteq \mathbb{R}^n, \phi: H \to \mathbb{R}$,任取 $\boldsymbol{x}, \boldsymbol{y} \in H$,当 $\boldsymbol{x} \succ \boldsymbol{y}$ 时,都有

$$\phi(\boldsymbol{x}) \geqslant (\leqslant) \phi(\boldsymbol{y})$$

成立,则称 ϕ 为 H 上的 Schur 凸(凹) 函数,简称 S – 凸(凹) 函数.

显然易知,如果 ϕ 是 S – 凸函数,当且仅当 $-\phi$ 是 S – 凹函数,本节有关 S – 凸函数的不等式反向即得 S – 凹函数的相应不等式.

定理 0.4.2 设 ϕ 是对称集 $H \subseteq \mathbb{R}^n$ 上的 S – 凸(凹) 函数,则 ϕ 是 H 上的对称函数.

证明 只证 ϕ 为 S – 凸函数的情形,任取 $\boldsymbol{x} \in H, G$ 为任一 n 阶置换矩阵, 由于 $\boldsymbol{x}G \in H, \boldsymbol{x}G \succ \boldsymbol{x} \succ \boldsymbol{x}G$,从而有

$$\phi(\boldsymbol{x}G) \geqslant \phi(\boldsymbol{x}) \geqslant \phi(\boldsymbol{x}G)$$
$$\phi(\boldsymbol{x}G) = \phi(\boldsymbol{x})$$

所以 ϕ 是 H 上的对称函数.

由定理 0.3.11 及 S – 凸(凹) 的定义知下定理成立.

定理 0.4.3　若 ϕ 是对称凸集 H 上的对称凸函数,则 ϕ 是 H 上的 S - 凸函数.

定理 0.4.4　设集合 $H \subseteq \mathbb{R}^n$ 是有内点的对称凸集, $\phi: H \to \mathbb{R}$ 连续,且在 H 中的内点都可微,则 ϕ 为 S - 凸函数的充分必要条件是 ϕ 在 H 上对称且对 H 的任意内点 x,都有

$$(x_1 - x_2)\left(\frac{\partial \phi}{\partial x_1} - \frac{\partial \phi}{\partial x_2}\right) \geqslant 0$$

定理 0.4.4 的作用可以说是巨大的,它可以导出一大批著名不等式,读者可参考文献[3]和文献[12]提及的有关文章. 这里仅举一例说明.

例 0.4.5　设 $a \in \mathbb{R}_{++}^n$,求证 $A(a) \geqslant G(a)$.

证明　设 $f(a) = A(a) - G(a)$,则

$$\frac{\partial f}{\partial a_1} = \frac{1}{n} - \frac{1}{na_1}G(a), \frac{\partial f}{\partial a_2} = \frac{1}{n} - \frac{1}{na_2}G(a)$$

$$(a_1 - a_2)\left(\frac{\partial f}{\partial a_1} - \frac{\partial f}{\partial a_2}\right) = \frac{1}{na_1 a_2}(a_1 - a_2)^2 G(a) \geqslant 0$$

由定理 0.4.4 知为 S - 凸函数,再根据定理 0.3.3 及 S - 凸函数的定义有

$$f(a) \geqslant \frac{1}{n}\sum_{i=1}^{n} A(a) - \sqrt[n]{\prod_{i=1}^{n} A(a)} = 0$$

即知 $A(a) \geqslant G(a)$.

0.5　实 Gamma 函数的基本性质

对于著名的 Gamma 和 Psi 函数,本节讨论定义域为 $(0, +\infty)$ 的情形,它们分别定义为

$$\Gamma: (0, +\infty) \to \int_0^{+\infty} e^{-t} t^{x-1} dt \tag{0.5.1}$$

$$\psi: (0, +\infty) \to \frac{\Gamma'(x)}{\Gamma(x)} \tag{0.5.2}$$

定理 0.5.1　对于 $x \in \mathbb{R}_{++}, C = 0.577\,215\,664\,9\cdots$ 为欧拉常数,有

$$\ln \Gamma(x) = -Cx + \sum_{k=1}^{\infty}\left[\frac{x}{k} - \ln\left(1 + \frac{x}{k}\right)\right] - \ln x \tag{0.5.3}$$

$$\psi(x) = -C + \sum_{k=0}^{\infty}\left(\frac{1}{k+1} - \frac{1}{k+x}\right) \tag{0.5.4}$$

$$\psi'(x) = \sum_{k=0}^{\infty} \frac{1}{(k+x)^2},\ \psi''(x) = -\sum_{k=0}^{\infty} \frac{2}{(k+x)^3} \tag{0.5.5}$$

式(0.5.3)的证明可见文献[80]的 P.426,其余见文献[81]的 P.592. 由式(0.5.5)和式(0.5.6)知下述推论为真.

推论 0.5.2 Γ 为对数凸函数①.

对于 $n \geqslant 1$,Bernoulli 数 B_n 被定义为

$$\frac{x}{e^x - 1} = 1 - \frac{x}{2} + \sum_{j=1}^{+\infty}(-1)^{j+1}B_j\frac{x^{2j}}{(2j)!}, |x| < 2\pi$$

前四个 Bernoulli 数分别为 $B_1 = \frac{1}{6}, B_2 = \frac{1}{30}, B_3 = \frac{1}{42}, B_4 = \frac{1}{30}$.

定理 0.5.3 对于 $x \in \mathbb{R}_{++}$,有

(ⅰ) $\ln \Gamma(x) = \frac{1}{2}\ln(2\pi) + \left(x - \frac{1}{2}\right)\ln x - x + \frac{1}{12x} - \frac{\theta_1}{360x^3}$ (0.5.6)

(ⅱ) $\psi(x) = \ln x - \frac{1}{2x} + \sum_{i=1}^{m}(-1)^i\frac{B_i}{2ix^{2i}} + (-1)^{m+1}\frac{\theta_1 B_{m+1}}{(2m+2)x^{2m+2}}$ (0.5.7)

(ⅲ) $\psi'(x) = \frac{1}{x} + \frac{1}{2x^2} + \sum_{i=1}^{m}(-1)^{i-1}\frac{B_i}{x^{2i+1}} + (-1)^m\frac{\theta_2 B_{m+1}}{x^{2m+3}}$ (0.5.8)

(ⅳ) $\psi''(x) = -\frac{1}{x^2} - \frac{1}{x^3} + \sum_{i=1}^{m}(-1)^i(2i+1)\frac{B_i}{x^{2i+2}} + (-1)^{m+1}(2m+3)\frac{\theta_3 B_{m+1}}{x^{2m+4}}$ (0.5.9)

其中,$0 < \theta_1, \theta_2, \theta_3 < 1, m \geqslant 1, m \in \mathbb{N}, B_m$ 为 Bernoulli 数.

可见文献[172]的第 54 节和第 541 节.

定理 0.5.4 (ⅰ) 对于 $x > 0$,有

$$\Gamma(x+1) = x\Gamma(x) \quad (0.5.10)$$

$$\psi(x+1) = \frac{1}{x} + \psi(x) \quad (0.5.11)$$

(ⅱ)(余元等式) 对于 $0 < x < 1$,有

$$\Gamma(x)\Gamma(1-x) = \int_0^{+\infty}\frac{y^{x-1}}{1+y}dy = \frac{\pi}{\sin(\pi x)} \quad (0.5.12)$$

推论 0.5.5 $\Gamma(1) = 1, \Gamma\left(\frac{1}{2}\right) = \sqrt{\pi}, \Gamma(n+1) = n!$,和

$$\Gamma\left(n + \frac{1}{2}\right) = \frac{\sqrt{\pi}\prod_{i=1}^{n}(2i-1)}{2^n} \quad (0.5.13)$$

---

① 具体定义见 5.1.1.

一维几何凸函数

在几何凸函数没有正式定义之前,已有文献[8]、[23]利用一种变换,来研究它的一些性质,而正式定义应当说是由文献[9]最先给出的.在不知情的情况下,国内的文献[10]中也出现这个概念.文献[11]、[12]、[13]首次各自给出了一维几何凸函数的微分判据.

本章要定义几个特殊的运算:$\ln 0 = -\infty, e^{-\infty} = 0$, $\ln(+\infty) = +\infty, e^{+\infty} = +\infty$,读者可以用极限的思想理解这些定义.

1.1 一维几何凸函数的定义

引理 1.1.1 设 $I \subseteq \mathbb{R}_{++}$ 为一区间,$f: I \to \mathbb{R}_{++}$ 为连续函数,则以四个结论为等价.

(ⅰ) 任取 $x_1, x_2 \in I$,恒有

$$f(\sqrt{x_1 x_2}) \leqslant \sqrt{f(x_1)f(x_2)} \tag{1.1.1}$$

(ⅱ) 任取 $x_1, x_2 \in I, \alpha, \beta > 0$ 且 $\alpha + \beta = 1$,恒有

$$f(x_1^\alpha x_2^\beta) \leqslant f^\alpha(x_1) f^\beta(x_2) \tag{1.1.2}$$

(ⅲ) 任取 $n \in \mathbb{N}, n \geqslant 2$,和 $x_1, x_2, \cdots, x_n \in I$,恒有

$$f\left(\sqrt[n]{\prod_{i=1}^n x_i}\right) \leqslant \sqrt[n]{\prod_{i=1}^n f(x_i)} \tag{1.1.3}$$

（ⅳ）任取 $n \in \mathbb{N}, n \geqslant 2, x_1, x_2, \cdots, x_n \in I$，和 $0 < \lambda_1, \lambda_2, \cdots, \lambda_n < 1$，且 $\sum_{i=1}^{n} \lambda_i = 1$，恒有

$$f\Big(\prod_{i=1}^{n} x_i^{\lambda_i}\Big) \leqslant \prod_{i=1}^{n} f^{\lambda_i}(x_i) \tag{1.1.4}$$

证明 （ⅱ）$\Rightarrow$（ⅰ）令 $\alpha = \beta = \frac{1}{2}$ 即可.

（ⅳ）$\Rightarrow$（ⅲ）令 $\lambda_i = \frac{1}{n}, i = 1, 2, \cdots, n$ 即可.

（ⅳ）$\Rightarrow$（ⅱ）令 $n = 2, \lambda_1 = \alpha, \lambda_2 = \beta$ 即可.

（ⅲ）$\Rightarrow$（ⅰ）令 $n = 2$ 即可.

（ⅰ）$\Rightarrow$（ⅳ）设集合 $H = \{\ln x \mid x \in I\}$，令 $g(x) = \ln f(e^x), x \in H$，则有任取 $y_i \in \ln I, i = 1, 2, \cdots, n$，都有

$$g\Big(\frac{y_1 + y_2}{2}\Big) = \ln f(\sqrt{e^{y_1} e^{y_2}}) \leqslant \ln \sqrt{f(e^{y_1}) f(e^{y_2})} =$$
$$\frac{1}{2}[\ln f(e^{y_1}) + \ln f(e^{y_2})] = \frac{1}{2}[g(y_1) + g(y_2)]$$

至此由定理 0.2.4 知 g 为凸函数，再根据定理 0.2.5 有

$$g\Big(\sum_{i=1}^{n} \lambda_i y_i\Big) \leqslant \sum_{i=1}^{n} \lambda_i g(y_i), \ln f\Big(\prod_{i=1}^{n} e^{\lambda_i y_i}\Big) \leqslant \sum_{i=1}^{n} \lambda_i \ln f(e^{y_i})$$
$$f\Big(\prod_{i=1}^{n} e^{\lambda_i y_i}\Big) \leqslant \prod_{i=1}^{n} f^{\lambda_i}(e^{y_i})$$

再令 $e^{y_i} = x_i (i = 1, 2, \cdots, n)$，便知式（1.1.4）成立.

若令引理 1.1.1 中的四个不等式全反向，则显然知这四个不等式也等价. 依此我们可给出下定义.

定义 1.1.2 设 $f: I \subseteq \mathbb{R}_{++} \to \mathbb{R}_{++}$ 连续，如果存在自然数 $n \geqslant 2$，对于任一 $x_i \in I$ 和 $\lambda_i > 0, i = 1, 2, \cdots, n$. 当 $\sum_{i=1}^{n} \lambda_i = 1$ 时，有

（ⅰ） $$f(\sqrt{x_1 x_2}) \leqslant \sqrt{f(x_1) f(x_2)} \tag{1.1.5}$$

（ⅱ） $$f\Big(\sqrt[n]{\prod_{i=1}^{n} x_i}\Big) \leqslant \sqrt[n]{\prod_{i=1}^{n} f(x_i)} \tag{1.1.6}$$

（ⅲ） $$f\Big(\prod_{i=1}^{n} x_i^{\lambda_i}\Big) \leqslant \prod_{i=1}^{n} f^{\lambda_i}(x_i) \tag{1.1.7}$$

之一成立，则称 f 在 I 上是几何凸函数；若不等式之一反向，称 f 在 I 上是几何凹函数.

大量的事实表明，几何凸函数具有凸函数同样的优点，即能够把许多已知的用不同方法得到的不等式，用一种统一的模式推导出来，是证明和推广已知

不等式、发现新的不等式的一个强有力的工具；另一方面，几何凸函数与凸函数作为两个证明和发现不等式的工具来说，各有所长，不能互相替代．这两个工具具有同样的重要性，不可偏废、不能厚此薄彼．

下面介绍一些基本初等函数的几何凸性，对于三角函数和反三角函数的几何凸性，将在第二节中证明．

例 1.1.3　定义在 $\mathbb{R}_{++}$ 上的常函数和幂函数既是几何凸函数又是几何凹函数．

这个双重性在后面判别一些函数的几何凸性时，起着重要的作用．

例 1.1.4　设函数 $f: x \in \mathbb{R}_{++} \to a^x$，其中 a 为正常数，求证：当 $0 < a \leqslant 1$ 时，函数 f 为几何凹函数；当 $a \geqslant 1$ 时，函数 f 为几何凸函数．

证明　当 $0 < a \leqslant 1$ 时，任取 $x_1, x_2 \in (0, +\infty)$，有

$$f(\sqrt{x_1 x_2}) = a^{\sqrt{x_1 x_2}} \geqslant a^{\frac{x_1 + x_2}{2}} = \sqrt{f(x_1)f(x_2)}$$

所以 $f(x) = a^x$ 是几何凹函数．同理可证当 $a > 1$ 时，$f(x) = a^x$ 是几何凸函数．

例 1.1.5　(ⅰ) 设常数 $a > 1, f: x \in (1, +\infty) \to \log_a x$，则 f 为几何凹函数．

(ⅱ) 设 $0 < a < 1$ 时，$f: x \in (0,1) \to \log_a x$，则 f 为几何凹函数．

读者可自行证明．

由定义 1.1.2 易知下定理成立．

定理 1.1.6　设 f_1, f_2 为区间 $I \subseteq \mathbb{R}_{++}$ 上的几何凸函数，f_3, f_4 为 $I \subseteq \mathbb{R}_{++}$ 上的几何凹函数，则：

(ⅰ) $\dfrac{1}{f_1(x)}$ 为 I 上的几何凹函数，$\dfrac{1}{f_3(x)}$ 为 I 上的几何凸函数．

(ⅱ) $f_1(x)f_2(x)$ 为 I 上的几何凸函数，$f_3(x)f_4(x)$ 为 I 上的几何凹函数．

(ⅲ) $\dfrac{f_1(x)}{f_3(x)}$ 为 I 上的几何凸函数，$\dfrac{f_3(x)}{f_1(x)}$ 为 I 上的几何凹函数．

1.2　几何凸函数的微分判别定理

如果仅从定义判别函数的几何凸凹性，那么对于许多函数来说，是很复杂的，甚至在许多情况下是难以做到的．正如判别函数的凸凹性，我们经常不是从定义出发的，而更多的是利用其二阶导数来判断．这里将给出几何凸函数的微分判别定理．

定理 1.2.1[11][17]　(ⅰ) 若 $g:(c,d) \to \mathbb{R}$ 是连续的凸函数，则 $f(x) = e^{g(\ln x)}$ 是 (e^c, e^d) 上的几何凸函数．

（ⅱ）反之，若 $a \geq 0, f:(a,b) \to \mathbb{R}_{++}$ 为几何凸函数，则 $g(x) = \ln f(e^x)$ 是 $(\ln a, \ln b)$ 上的凸函数．

证明 （ⅰ）因 g 是连续的凸函数，故 f 为连续的，且任取 $x_1, x_2 \in (e^c, e^d)$，有

$$f(\sqrt{x_1 x_2}) = e^{g(\ln(\sqrt{x_1 x_2}))} = e^{g\left(\frac{\ln x_1 + \ln x_2}{2}\right)} \leq e^{\frac{g(\ln x_1) + g(\ln x_2)}{2}} = \sqrt{e^{g(\ln x_1)} e^{g(\ln x_2)}} = \sqrt{f(x_1) f(x_2)}$$

所以 f 为几何凸函数．

（ⅱ）反之 f 是几何凸函数，则任取 $x_1, x_2 \in (\ln a, \ln b)$，有

$$g\left(\frac{x_1 + x_2}{2}\right) = \ln f(e^{\frac{x_1+x_2}{2}}) = \ln f(\sqrt{e^{x_1} e^{x_2}}) \leq \ln \sqrt{f(e^{x_1}) f(e^{x_2})} = \frac{\ln f(e^{x_1}) + \ln f(e^{x_2})}{2} = \frac{g(x_1) + g(x_2)}{2}$$

因 f 连续，故 g 也连续，所以 g 为凸函数．

对于定理 1.2.1，同样考虑几何凹函数，相应结论也成立．

不难发觉定理 1.2.1 中的 f 和 g 之间存在一一对应关系．众所周知，判别一个函数为凸函数的方法很多，这样我们可以通过以上定理，得到同样多的几何凸函数的判别方法．

定理 1.2.2[11][12][13]　设区间 $I \subseteq \mathbb{R}_{++}$，函数 $f: I \to \mathbb{R}_{++}$ 为二阶可导，则 f 为几何凸（凹）函数，当且仅当

$$x[f(x)f''(x) - (f'(x))^2] + f(x)f'(x) \geq (\leq) 0 \quad (1.2.1)$$

对于任 $x \in I$ 恒成立．

证明　仅证几何凸函数的情形，对于几何凹函数为同理可证．

先证"⇐"部分，设 $\ln I = \{\ln x \mid x \in I\}$，和 $g(t) = \ln f(e^t)$，其中 $t \in \ln I$，则

$$g'(t) = [\ln f(e^t)]' = \frac{e^t f'(e^t)}{f(e^t)}$$

$$g''(t) = \left[\frac{e^t f'(e^t)}{f(e^t)}\right]' = e^t \frac{f''(e^t) f(e^t) e^t - [f'(e^t)]^2 e^t}{f^2(e^t)} + e^t \frac{f'(e^t)}{f(e^t)} = \frac{e^t}{f^2(e^t)}[e^t(f''(e^t)f(e^t) - (f'(e^t))^2) + f(e^t)f'(e^t)]$$

从条件知 $g''(t) \geq 0$，故 g 为凸函数，根据定理 1.2.1 知，f 为几何凸函数．

反之，根据定理 1.2.1，若 f 是几何凸函数，则 $g: t \in \ln I \to \ln f(e^t)$ 是凸函数，则易知 $g(t)$ 为二阶可导，且由 $g''(t) \geq 0$，知

$$e^t(f''(e^t)f(e^t) - (f'(e^t))^2) + f(e^t)f'(e^t) \geq 0$$

令 $x = e^t$，知这种在 I 和 $\ln I$ 之间的对应是一一的，此时式(1.2.1)成立．

定理 1.2.3[11] 设区间 $I \subseteq \mathbb{R}_{++}$,函数 $f: I \to \mathbb{R}_{++}$ 为一阶可导,则 f 为几何凸(凹)函数,当且仅当 $\dfrac{xf'(x)}{f(x)}$ 在 I 上为单调增加(减少).

根据定理 1.2.1 和定理 0.2.6,可证上定理,读者不妨一证.

利用定理 1.2.2 可以解决许多函数的几何凸性的判断.

推论 1.2.4[11][24] (ⅰ) $y = \sin x$ 在 $(0, \pi)$ 上是几何凹函数.

(ⅱ) $y = \cos x$ 在 $\left(0, \dfrac{\pi}{2}\right)$ 上是几何凹函数.

(ⅲ) $y = \tan x$ 在 $\left(0, \dfrac{\pi}{2}\right)$ 上是几何凸函数.

(ⅳ) $y = \cot x$ 在 $\left(0, \dfrac{\pi}{2}\right)$ 上是几何凸函数.

(ⅴ) $y = \sec x$ 在 $\left(0, \dfrac{\pi}{2}\right)$ 上是几何凸函数.

(ⅵ) $y = \csc x$ 在 $(0, \pi)$ 上是几何凸函数.

证明 当 $0 < x < \pi$ 时,易有 $\sin x \leqslant x$,对于 $y = \sin x$,有

$$x[yy'' - (y')^2] + yy' = -x + \sin x \cos x = -x + \frac{1}{2}\sin 2x \leqslant -x + x = 0$$

$y = \sin x$ 在 $(0, \pi)$ 上是几何凹函数. 对于 $y = \cos x$ 和 $y = \tan x$ 的几何凸凹性,证明在此从略.

由于在 $\left(0, \dfrac{\pi}{2}\right)$ 上,有 $x \leqslant \tan x$,对于 $y = \cot x$,有

$$x[yy'' - (y')^2] + yy' = x\csc^2 x(\cot^2 x - 1) - \cot x \csc^2 x =$$
$$\frac{\csc^2 x}{\tan^2 x}[x - x\tan^2 x - \tan x] \leqslant 0$$

$y = \cot x$ 在 $\left(0, \dfrac{\pi}{2}\right)$ 上为几何凸函数.

对于结论(ⅱ),其证明为同理可证,在此略. 对于结论(ⅲ)、(ⅴ)和(ⅵ)可由定理 1.1.5 推得.

推论 1.2.5[11] (ⅰ) $y = \arcsin x$ 在 $(0,1)$ 上为几何凸函数.

(ⅱ) $y = \arccos x$ 在 $(0,1)$ 上为几何凹函数.

(ⅲ) $y = \arctan x$ 在 $\mathbb{R}_{++}$ 上为几何凹函数.

(ⅳ) $y = \mathrm{arccot}\, x$ 在 $\mathbb{R}_{++}$ 上为几何凹函数.

证明 在 $\left(0, \dfrac{\pi}{2}\right)$ 上,$y = \sin x$ 为单调递增的几何凹函数,根据 1.3 中定理 1.3.16 推得 $y = \arcsin x$ 是几何凸函数.其余同理可证.

例 1.2.6 设 $\lambda_1, \lambda_2, \cdots, \lambda_n > 0, n \geqslant 2$ 且 $\sum\limits_{i=1}^{n} \lambda_i = 1$.

(ⅰ) 若 $A, B, C \in (0, \pi)$ 和 $A_1, A_2, \cdots, A_n \in (0, \pi)$,则

$$\sin\sqrt{AB} \geqslant \sqrt{\sin A \sin B}$$
$$\sin\sqrt[3]{ABC} \geqslant \sqrt[3]{\sin A \sin B \sin C} \qquad (1.2.3)$$
$$\sin\left(\prod_{i=1}^{n} A_i^{\lambda_i}\right) \geqslant \prod_{i=1}^{n} (\sin A_i)^{\lambda_i}$$

（ⅱ）若 A, B 和 $A_1, A_2, \cdots, A_n$ 为锐角，则

$$\cos\sqrt{AB} \geqslant \sqrt{\cos A \cos B}, \quad \cos\left(\prod_{i=1}^{n} A_i^{\lambda_i}\right) \geqslant \prod_{i=1}^{n} (\cos A_i)^{\lambda_i}$$
$$\tan\sqrt{AB} \leqslant \sqrt{\tan A \tan B}, \quad \tan\left(\prod_{i=1}^{n} A_i^{\lambda_i}\right) \leqslant \prod_{i=1}^{n} (\tan A_i)^{\lambda_i}$$
$$\cot\sqrt{AB} \geqslant \sqrt{\cot A \cot B}, \quad \cot\left(\prod_{i=1}^{n} A_i^{\lambda_i}\right) \geqslant \prod_{i=1}^{n} (\cot A_i)^{\lambda_i}$$

这些都可由推论 1.2.4 直接推出. 又因为

$$\sin\frac{\pi}{3} = \sin\frac{A+B+C}{3} \geqslant \sin\sqrt[3]{ABC} \geqslant \sqrt[3]{\sin A \sin B \sin C}$$

所以式(1.2.3)加强了 $\triangle ABC$ 中的著名不等式 $\sin A \sin B \sin C \leqslant \dfrac{3\sqrt{3}}{8}$.

例 1.2.7 求证：函数 $y = x^x$ 在 $(0, e^{-2})$ 上为几何凹函数，在 $(e^{-2}, +\infty)$ 上为几何凸函数.

证明 由于 $\ln y = x\ln x, \dfrac{y'}{y} = \ln x + 1$

于是

$$\frac{xy'}{y} = x(\ln x + 1), \quad \left(\frac{xy'}{y}\right)' = \ln x + 2$$

由于在 $(0, e^{-2})$ 上，$\left(\dfrac{xy'}{y}\right)' = \ln x + 2$ 为负，由定理 1.2.2 知，y 在 $(0, e^{-2})$ 上为几何凹函数；在 $(e^{-2}, +\infty)$ 上，$\left(\dfrac{xy'}{y}\right)' = \ln x + 2$ 为正，所以 y 在 $(e^{-2}, +\infty)$ 上是几何凸函数.

不难验证函数 $y = x^x$ 在 $\mathbb{R}_{++}$ 上是凸函数，而它在 $(0, e^{-2})$ 上却是几何凹函数.

例 1.2.8 求证：函数 $y = \ln(\ln x + 1)$ 在 $(1, +\infty)$ 上是几何凹函数.

证明 由于

$$y' = \frac{1}{x(\ln x + 1)}, \quad \frac{xy'}{y} = \frac{1}{\ln x + 1} \cdot \frac{1}{\ln(\ln x + 1)}$$

$$\left(\frac{xy'}{y}\right)' = -\frac{1}{x(\ln x + 1)^2} \cdot \frac{1}{\ln(\ln x + 1)} - \frac{1}{(\ln x + 1)^2} \cdot \frac{1}{x[\ln(\ln x + 1)]^2} =$$

$$-\frac{\ln(\ln x + 1) + 1}{x(\ln x + 1)^2 [\ln(\ln x + 1)]^2} <$$

$$-\frac{\ln(\ln 1 + 1) + 1}{x(\ln x + 1)^2 [\ln(\ln x + 1)]^2} \leqslant 0$$

所以函数 $y = \ln(\ln x + 1)$ 在 $(1, +\infty)$ 上是几何凹函数.

上例中要求 $x > 1$,只是为了使函数值为正,同样的道理,下面例 1.2.9 中的 $\frac{3\pi}{4}$ 也起着同样的作用.

例 1.2.9 设 θ 为方程 $x = \cos x$ 在 $\left(0, \frac{\pi}{2}\right)$ 内的唯一解,求证:函数 $y = \sin x + \cos x$ 在 $\left(0, \frac{\theta}{2}\right)$ 上是几何凸函数,在 $\left(\frac{\theta}{2}, \frac{3\pi}{4}\right)$ 上是几何凹函数.

证明 由于函数 $f(x) = x - \cos x$ 在 $\left(0, \frac{3\pi}{4}\right)$ 上有意义,且函数单调递增,所以 θ 为方程 $x = \cos x$ 在 $\left(0, \frac{3\pi}{4}\right)$ 内的唯一解.同时不难验证
$$x[yy'' - (y')^2] + yy' = -2x + \cos 2x$$
由定理 1.2.2 知命题成立.

在 $\left(0, \frac{\theta}{2}\right)$ 上,$\sin x$ 和 $\cos x$ 都是几何凹函数,其和却为几何凸函数.这与两个几何凸函数之和仍为几何凸函数有很大的区别.

例 1.2.10 设 θ 为方程 $x = \cos x$ 在 $\left(0, \frac{\pi}{2}\right)$ 内的解.

(ⅰ)当 $A, B \in (0, \theta], \alpha > 0, \beta > 0,$ 且 $\alpha + \beta = 1$ 时,有
$$1 + \sin A^\alpha B^\beta \leqslant (1 + \sin A)^\alpha (1 + \sin B)^\beta$$

(ⅱ)当 $A, B \in \left[\theta, \frac{\pi}{2}\right]$ 时,有
$$1 + \sin A^\alpha B^\beta \geqslant (1 + \sin A)^\alpha (1 + \sin B)^\beta$$

证明时考虑函数 $y = 1 + \sin x$ 的几何凸性即可,详细过程在此略.

从以上结果出发,可以得到一大批不等式,正如文献[14]所说的,几何凸(凹)函数是发现不等式强有力的工具.

1.3 一维几何凸函数的基本性质(1)

在图象变换过程中,平移可能改变函数的几何凸性,但坐标扩或缩,几何凸(凹)性具有不变性.根据这些性质,我们以后可以判别和构造一些几何凸(凹)函数.

例 1.3.1 求证:$f: x \in (1, +\infty) \to x^2$ 为几何凸函数,而 $g: x \in (1, +\infty) \to x^2 - 1$ 和 $h: x \in (1, +\infty) \to (x-1)^2$ 为几何凹函数.

证明 函数 f 的几何凸性为显然.另任取 $x_1, x_2 \in (1, +\infty)$,有
$$2x_1 x_2 \leqslant x_1^2 + x_2^2, \quad (x_1 x_2 - 1)^2 \geqslant (x_1^2 - 1)(x_2^2 - 1)$$

$$g(\sqrt{x_1 x_2}) \geqslant \sqrt{g(x_1)g(x_2)}$$

由此可知 g 为几何凹函数. 同理可证 h 为几何凹函数.

定理 1.3.2 设 f_1, f_2 是区间 $I \subseteq \mathbb{R}_{++}$ 上的几何凸函数,f_3, f_4 是 $I \subseteq \mathbb{R}_{++}$ 上的几何凹函数,$c > 0$ 为一常数,$H = \left\{ \dfrac{x}{c} \mid x \in I \right\}$,则:

(i) $c f_1(x)$ 是 I 上的几何凸函数,$c f_3(x)$ 是 I 上的几何凹函数.

(ii) $f_1(cx)$ 在 H 上是几何凸函数,$f_3(cx)$ 在 H 上是几何凹函数.

(iii) $c + f_1(x)$ 是 I 上的几何凸函数.

(iv) 当 $f_1(x) \leqslant c$ 时,$c - f_1(x)$ 是 I 上的几何凹函数. 当 $f_3(x) \geqslant c > 0$ 时,$f_3(x) - c$ 是 I 上的几何凹函数.

此证明可作为读者练习.

例 1.3.3 设 $f(x) = \prod\limits_{i=1}^{n}(1 + x^{\alpha_i})^{-1}$,$x \in \mathbb{R}_{++}$,$\alpha_i \in \mathbb{R}$,$i = 1, 2, \cdots, n$,则 f 为几何凹函数.

证明 根据定理 1.3.2 的(iii),$1 + x^{\alpha_i}$ 在 $(0, +\infty)$ 上为几何凸函数,由定理 1.1.6 的(i)知 $(1 + x^{\alpha_i})^{-1}$ 在 $(0, +\infty)$ 上为几何凹函数,再根据定理 1.1.6 的(ii),$f(x) = \prod\limits_{i=1}^{n}(1 + x^{\alpha_i})^{-1}$ 在 $(0, +\infty)$ 上为几何凹函数.

定理 1.3.4 设区间 $I \subseteq \mathbb{R}_{++}$,$c \in \mathbb{R}_{++}$,$\min\{x \mid x \in I\} > c$,$H = \{x - c \mid x \in I\}$.

(i) 若 f 为 I 上的单调递增的几何凸函数,则 $f(x + c)$ 是 H 上的几何凸函数.

(ii) 若 f 为 I 上的单调递减的几何凹函数,则 $f(x + c)$ 是 H 上的几何凹函数.

证明 (i)任取 $x_1, x_2 \in H$,由题意知 $x_1, x_2 > 0$,有

$$\sqrt{x_1 x_2} + c \leqslant \sqrt{(x_1 + c)(x_2 + c)}$$

$$f(\sqrt{x_1 x_2} + c) \leqslant f(\sqrt{(x_1 + c)(x_2 + c)}) \leqslant \sqrt{f(x_1 + c)f(x_2 + c)}$$

所以 $f(x + c)$ 是 H 上的几何凸函数.

同理可证(ii).

定理 1.3.5 设区间 $I \subseteq \mathbb{R}_{++}$,$c \in \mathbb{R}_{++}$ 和 $H = \{x + c \mid x \in I\}$.

(i) 若 f 为 I 上的单调递减的几何凸函数,则 $f(x - c)$ 是 H 上的几何凸函数.

(ii) 若 f 为 I 上的单调递增的几何凹函数,则 $f(x - c)$ 是 H 上的几何凹函数.

证明 只证(i),任取 $x_1, x_2 \in H$. 由题意知 $x_1, x_2 > c$,又有

$$\sqrt{x_1 x_2 - c} \geqslant \sqrt{x_1 - c}\sqrt{x_2 - c}$$
$$f(\sqrt{x_1 x_2 - c}) \leqslant f(\sqrt{x_1 - c}\sqrt{x_2 - c}) \leqslant \sqrt{f(x_1 - c)f(x_2 - c)}$$

所以 $f(x-c)$ 在 H 上为几何凸函数.

定理 1.3.6 若 $c \in \mathbb{R}_{++}$ 为常数,区间 $I \subseteq (0,c)$, $H = \{c - x \mid x \in I\}$.

(i) 若 f 为 I 上的单调递减的几何凸函数,则 $f(c-x)$ 是 H 上的几何凸函数.

(ii) 若 f 为 I 上的单调递增的几何凹函数,则 $f(c-x)$ 是 H 上的几何凹函数.

其证明可作为读者练习.

例 1.3.7 判别以下函数的几何凸凹性.

(i) $f(x) = \dfrac{1}{(4-x)^3}, x \in (0,1)$.

(ii) $f(x) = \sqrt{4-x}, x \in (0,1)$.

解 (i) 因为 $g(x) = \dfrac{1}{x^3}$ 在 $(3,4)$ 上为几何凸函数,根据定理 1.3.6 中 (i) 的结论, $f(x) = \dfrac{1}{(4-x)^3}$ 在 $(0,1)$ 上是几何凸函数.

(ii) 因为 $g(x) = \sqrt{x}$ 在 $(3,4)$ 上是几何凹函数,根据定理 1.3.6 中 (ii) 的结论, $f(x) = \sqrt{4-x}$ 在 $(0,1)$ 上为几何凹函数.

也可以把定理 1.3.2 的 (iii) 和 (iv) 分别加强为以下定理.

定理 1.3.8 (i) 若 f, g 是区间 $I \subseteq \mathbb{R}_{++}$ 上的几何凸函数,则 $f + g$ 是 I 上的几何凸函数.

(ii) 若 f 是 $I \subseteq \mathbb{R}_{++}$ 上几何凹函数, g 是 $I \subseteq \mathbb{R}_{++}$ 上几何凸函数,且 $f(x) > g(x)$ 恒成立,则 $f(x) - g(x)$ 是 I 上的几何凹函数.

证明 (i) 任取 $x_1, x_2 \in I$ 有
$$f(\sqrt{x_1 x_2}) + g(\sqrt{x_1 x_2}) \leqslant \sqrt{f(x_1)f(x_2)} + \sqrt{g(x_1)g(x_2)} \leqslant$$
$$\sqrt{f(x_1) + g(x_1)} \cdot \sqrt{f(x_2) + g(x_2)}$$

其中最后一个不等式是由 Cauchy 不等式推得.

(ii) 证明较简单,在此从略.

必须注意的是两个几何凹函数之和不一定为几何凹函数. 由定理 1.3.8 的 (i) 及定理 1.3.2 的 (i) 可知下推论为真.

推论 1.3.9 若 $n \in \mathbb{N}_{++}, f_1, f_2, \cdots, f_n$ 是区间 $I \subseteq \mathbb{R}_{++}$ 上的几何凸函数, $a_1, a_2, \cdots, a_n$ 为正常数,则 $\sum\limits_{i=1}^{n} a_i f_i$ 是 I 上几何凸函数.

推论 1.3.10 若 $n \in \mathbb{N}_{++}, a_i \geqslant 0 (i = 0, 1, \cdots, n)$,且至少有一个不为 0,

则多项式 $\sum_{i=0}^{n} a_i x^i$ 在 $(0, +\infty)$ 上为几何凸函数.

推论 1.3.11[28]　设 $f(x)$ 是具有非负系数的多项式,则
$$f\left(\sqrt[n]{\prod_{i=1}^{n} x_i}\right) \leqslant \sqrt[n]{\prod_{i=1}^{n} f(x_i)}$$

例 1.3.12　设 $f(x) = \sum_{i=1}^{n} (4 - x^{a_i})^{-1}$,其中 $x \in (0,1)$,$a_i \in \mathbb{R}_{++}$,$i = 1, 2, \cdots, n$,试判别 f 的几何凸性.

解　根据定理 1.3.2 的结论(iv)知,$4 - x^{a_i}$ 在 $(0,1)$ 上为几何凹函数,进而知 $\dfrac{1}{4 - x^{a_i}}$ 在 $(0,1)$ 上为几何凸函数.再根据推论 1.3.9,$f(x) = \sum_{i=1}^{n} (4 - x^{a_i})^{-1}$ 在 $(0,1)$ 上是几何凸函数.

关于复合函数的几何凸凹性,有以下结果.

定理 1.3.13　设 $I, J \subseteq \mathbb{R}_{++}$ 为两个区间,$f_1: I \to \mathbb{R}_{++}$ 为几何凸函数,$f_2: I \to \mathbb{R}_{++}$ 为几何凹函数,且 $f_3: J \to \mathbb{R}_{++}$,$f_3(f_1(x))$ 和 $f_3(f_2(x))$ 都有意义.

(i) 若 f_3 为单调递增的几何凸函数,则 $f_3(f_1(x))$ 是 I 上的几何凸函数.

(ii) 若 f_3 为单调递减的几何凹函数,则 $f_3(f_1(x))$ 是 I 上的几何凹函数.

(iii) 若 $f_3(x)$ 为单调递增的几何凹函数,则 $f_3(f_2(x))$ 是 I 上的几何凹函数.

(iv) 若 $f_3(x)$ 为单调递减的几何凸函数,则 $f_3(f_2(x))$ 是 I 上的几何凸函数.

证明　仅证(ii),其余略.任取 $x_1, x_2 \in I$,有
$$f_1(\sqrt{x_1 x_2}) \leqslant \sqrt{f_1(x_1) f_1(x_2)}$$
又因 f_3 为单调递减的几何凹函数,所以有
$$f_3(f_1(\sqrt{x_1 x_2})) \geqslant f_3(\sqrt{f_1(x_1) \cdot f_1(x_2)}) \geqslant \sqrt{f_3(f_1(x_1)) \cdot f_3(f_1(x_2))}$$
故 $f_3(f_1(x))$ 为几何凹函数.

例 1.3.14　设 $f: x \in \mathbb{R}_{++} \to x^3(1 + x^2)^{-\frac{1}{2}}$,判断函数 f 的几何凸性.

解　因 $1 + x^2$ 是 $\mathbb{R}_{++}$ 上的几何凸的,由定理 1.3.13 的(i)知 $\sqrt{1 + x^2}$ 是 $(0, +\infty)$ 上的几何凸函数,再由定理 1.1.5 的结论(iii),知 f 为几何凹函数.

推论 1.3.15　(i) 若 f 是 I 上几何凸函数,$c > 0$ 为常数,则 $f^c(x)$ 是 I 上几何凸函数.

(ii) 若 f 是 I 上几何凹函数,$c > 0$ 为常数,则 $f^c(x)$ 是 I 上几何凹函数.

证明　由于函数 $y = t^c$ 在 $\mathbb{R}_{++}$ 可能为单调递增的几何凸函数,同时又可能为几何凹函数,根据定理 1.3.13 的结论(i)和(iii)可知推论成立.

关于反函数的几何凸性,有以下结果.

定理 1.3.16 （ⅰ）若 f 是单调递增的几何凸(凹)函数,则 f^{-1} 是几何凹(凸)函数.

（ⅱ）若 f 是单调递减的几何凸(凹)函数,则 f^{-1} 为几何凸(凹)函数.

证明 （ⅰ）这里仅证 f 是几何凸函数的情形,此时 f^{-1} 也是单调递增,取 $y_1 = f(x_1), y_2 = f(x_2)$,则有

$$x_1 = f^{-1}(y_1), x_2 = f^{-1}(y_2)$$

$$f(\sqrt{x_1 x_2}) \leq \sqrt{f(x_1)f(x_2)}, \quad f(\sqrt{f^{-1}(y_1)f^{-1}(y_2)}) \leq \sqrt{y_1 y_2}$$

$$\sqrt{f^{-1}(y_1)f^{-1}(y_2)} \leq f^{-1}(\sqrt{y_1 y_2})$$

由定义知 f^{-1} 是几何凹函数.

（ⅱ）类似可证,在此从略.

1.4 一维几何凸函数的基本性质(2)

定理 1.4.1 设定义在区间 $I \subseteq \mathbb{R}_{++}$ 的函数列 $\{f_n\}_{n=1}^{+\infty}$ 都为几何凸(凹)的,且它们收敛于连续函数 f,则 f 在 I 上也是几何凸(凹)函数.

证明 任取 $x, y \in I$,由于对一切 $n \in \mathbb{N}_+$,有

$$f_n(\sqrt{xy}) \leq (\geq) \sqrt{f_n(x)f_n(y)}, \quad \lim_{n\to\infty} f_n(\sqrt{xy}) \leq (\geq) \lim_{n\to\infty} \sqrt{f_n(x)f_n(y)}$$

$$f(\sqrt{xy}) \leq (\geq) \sqrt{f(x)f(y)}$$

故 f 在 I 上是几何凸(凹)函数.

推论 1.4.2 设定义在区间 $I \subseteq \mathbb{R}_{++}$ 的函数列 $\{f_n\}_{n=1}^{+\infty}$ 都为几何凸的,且 $\sum_{i=1}^{\infty} f_i(x)$ 在 I 上局部一致收敛于 $f(x)$,则 f 在 I 上也是几何凸函数.

这里一致收敛是为了保证 f 的连续性,结论显然.须注意的是:推论 1.4.2 中的 f 若为几何凹函数,则相应的命题不一定成立,因为两个几何凹函数之和不一定为几何凹函数.

推论 1.4.3[11] 设函数项级数 $f(x) = \sum_{i=0}^{\infty} a_i x^i$ 的系数 $a_i (i \in \mathbb{N})$ 为非负,且收敛半径为 r,则 f 在 $(0, r)$ 上为几何凸函数.

定理 1.4.4 设定义在区间 $I \subseteq \mathbb{R}_{++}$ 的函数列 $\{f_n\}_{n=1}^{+\infty}$ 都为几何凸(凹)的,且函数项无穷乘积 $\prod_{i=1}^{\infty} f_i(x)$ 在 $I \subseteq \mathbb{R}_{++}$ 收敛于连续函数 f,则 f 在 I 上也为几何凸(凹)函数.

定理 1.4.5 （ⅰ）设 $I \subseteq \mathbb{R}_{++}$ 为一区间，$f: I \to \mathbb{R}_{++}$ 为几何凸（凹）函数，则 f 在 I 内每一点都有单侧导数，且任取 $x \in I$，有 $f'_-(x) \leqslant (\geqslant) f'_+(x)$.

（ⅱ）任取 $a, b \in I$，且 $a < b$，则有

$$\frac{af'_-(a)}{f(a)} \leqslant (\geqslant) \frac{af'_+(a)}{f(a)} \leqslant (\geqslant) \frac{bf'_-(b)}{f(b)} \leqslant (\geqslant) \frac{bf'_+(b)}{f(b)}$$

证明 设 $\ln I = \{\ln x \mid x \in I\}$，由定理 1.2.1 知 $g(x) = \ln f(e^x)$ 是 $\ln I$ 上的凸（凹）函数，由定理 0.2.6 知 g 在 $\ln I$ 上的每一点都有左右导数且 $g'_-(x) \leqslant (\geqslant) g'_+(x)$，于是

$$\lim_{t \to x-0} \frac{g(t) - g(x)}{t - x} \leqslant (\geqslant) \lim_{t \to x+0} \frac{g(t) - g(x)}{t - x}$$

$$\lim_{t \to x-0} \frac{\ln f(e^t) - \ln f(e^x)}{t - x} \leqslant (\geqslant) \lim_{t \to x+0} \frac{\ln f(e^t) - \ln f(e^x)}{t - x}$$

上式中 e^t 用 t 代替，e^x 用 x 代替，则 $t, x \in I$，且有

$$\lim_{\ln t \to \ln x-0} \frac{\ln f(t) - \ln f(x)}{\ln t - \ln x} \leqslant (\geqslant) \lim_{\ln t \to \ln x+0} \frac{\ln f(t) - \ln f(x)}{\ln t - \ln x}$$

$$\lim_{t \to x-0} \frac{t - x}{\ln t - \ln x} \cdot \frac{\ln\left(\frac{f(t)}{f(x)}\right)}{t - x} \leqslant (\geqslant) \lim_{t \to x+0} \frac{t - x}{\ln t - \ln x} \cdot \frac{\ln\left(\frac{f(t)}{f(x)}\right)}{t - x}$$

$$x \lim_{t \to x-0} \ln\left(1 + \frac{f(t) - f(x)}{f(x)}\right)^{\frac{1}{t-x}} \leqslant (\geqslant) x \lim_{t \to x+0} \ln\left(1 + \frac{f(t) - f(x)}{f(x)}\right)^{\frac{1}{t-x}}$$

$$\lim_{t \to x-0} \ln\left[\left(1 + \frac{f(t) - f(x)}{f(x)}\right)^{\frac{f(x)}{f(t) - f(x)} \cdot \frac{f(t) - f(x)}{f(x)(t-x)}}\right] \leqslant (\geqslant)$$

$$\lim_{t \to x-0} \ln\left[\left(1 + \frac{f(t) - f(x)}{f(x)}\right)^{\frac{f(x)}{f(t) - f(x)} \cdot \frac{f(t) - f(x)}{f(x)(t-x)}}\right]$$

$$\lim_{t \to x-0} e^{\frac{f(t) - f(x)}{(t-x)f(x)}} \leqslant (\geqslant) \lim_{t \to x+0} e^{\frac{f(t) - f(x)}{(t-x)f(x)}}$$

因上式左右式的极限都存在，则易知

$$\lim_{t \to x-0} \frac{f(t) - f(x)}{t - x}, \quad \lim_{t \to x+0} \frac{f(t) - f(x)}{t - x}$$

都存在，且有

$$e^{\frac{f'_-(x)}{f(x)}} \leqslant (\geqslant) e^{\frac{f'_+(x)}{f(x)}}, \quad f'_-(x) \leqslant (\geqslant) f'_+(x)$$

（ⅱ）在结论（ⅰ），我们只要证 $\frac{af'_+(a)}{f(a)} \leqslant (\geqslant) \frac{bf'_-(b)}{f(b)}$. 任取 $x_1, x_2 \in (a, b)$，且 $x_1 < x_2$. 由于 $\ln f(e^x)$ 在 $[\ln a, \ln b]$ 为凸（凹）函数，根据定理 0.2.9，有

$$\begin{vmatrix} \ln a & \ln f(a) & 1 \\ \ln x_1 & \ln f(x_1) & 1 \\ \ln x_2 & \ln f(x_2) & 1 \end{vmatrix} \geqslant (\leqslant) 0$$

$$\frac{\ln f(x_1) - \ln f(a)}{\ln x_1 - \ln a} \leqslant (\geqslant) \frac{\ln f(x_2) - \ln f(x_1)}{\ln x_2 - \ln x_1}$$

同理有

$$\frac{\ln f(x_2) - \ln f(x_1)}{\ln x_2 - \ln x_1} \leqslant (\geqslant) \frac{\ln f(b) - \ln f(x_2)}{\ln b - \ln x_2}$$

所以有

$$\frac{\ln f(x_1) - \ln f(a)}{\ln x_1 - \ln a} \leqslant (\geqslant) \frac{\ln f(b) - \ln f(x_2)}{\ln b - \ln x_2}$$

$$\left(\frac{f(x_1)}{f(a)}\right)^{\frac{1}{\ln x_1 - a}} \leqslant (\geqslant) \left(\frac{f(b)}{f(x_2)}\right)^{\frac{1}{\ln b - \ln x_2}}$$

$$\lim_{x_1 \to a+0} \left(\frac{f(x_1)}{f(a)}\right)^{\frac{f(a)}{f(x_1)-f(a)} \cdot \frac{f(x_1)-f(a)}{f(a)(\ln x_1 - \ln a)}} \leqslant (\geqslant)$$

$$\lim_{x_2 \to b-0} \left(\frac{f(b)}{f(x_2)}\right)^{\frac{f(x_2)}{f(b)-f(x_2)} \cdot \frac{f(b)-f(x_2)}{f(x_2)(\ln b - \ln x_1)}}$$

$$\lim_{x_1 \to a+0} e^{\frac{f(x_1)-f(a)}{f(a)(x_1-a)} \cdot \frac{x_1-a}{\ln x_1 - \ln a}} \leqslant (\geqslant) \lim_{x_2 \to b-0} e^{\frac{f(b)-f(x_2)}{f(x_2)(b-x_1)} \cdot \frac{b-x_1}{\ln b - \ln x_1}}$$

$$\frac{af'_+(a)}{f(a)} \leqslant (\geqslant) \frac{bf'_-(b)}{f(b)}$$

定理证毕.

在介绍定理 1.4.7 之前,先介绍一个引理.

引理 1.4.6[51] 设 $f:[a,b] \to \mathbb{R}$ 为一凸(凹)函数,则存在凸(凹)函数列 $\{f_n\}_{n=1}^{+\infty}$,使得 f_n 具有无限次导数,且在 $[a,b]$ 上一致收敛于 f.

定理 1.4.7 设 $a,b \in \mathbb{R}_{++}$,函数 $f:[a,b] \to \mathbb{R}$,则 f 为几何凸(凹)函数当且仅当在 $[a,b]$ 上存在几何凸(凹)函数列 $\{f_n(x)\}_{n=1}^{+\infty}$,使得 f_n 为无限次可导且一致收敛于 f.

证明 若 f 为几何凸(凹)函数,可设 $g(x) = \ln f(e^x)$,$x \in [\ln a, \ln b]$,由定理 1.2.1 知 g 为凸(凹)函数,根据引理 1.4.6 知,存在凸(凹)函数列 $\{g_n(x); x \in [\ln a, \ln b]\}_{n=1}^{+\infty}$,使得 g_n 为无限次可导且一致收敛于 $g(x)$. 再令 $f_n(x) = e^{g_n(\ln x)}$,$x \in [a,b]$,我们可知 f_n 为无限次可导且一致收敛于 $e^{g_n(\ln x)} = f(x)$.

反之,连续的几何凸(凹)函数 f_n 一致收敛于 f,则易知 f 也为连续的几何凸(凹)函数.

定理 1.4.8 设 E 为某些实数的集合,函数簇 $f_\alpha(\alpha \in E)$ 皆为 $I \subseteq \mathbb{R}_{++}$ 上的几何凸函数,定义 $g(x) = \sup_{\alpha \in E}(f_\alpha(x))$,且对于任意的 $x \in I$,有 $g(x) \neq$

$+\infty$,则 g 为几何凸函数.

证明　任取 $x_1, x_2 \in I$,则
$$g(\sqrt{x_1 x_2}) = \sup_{\alpha \in E}\{f_\alpha(\sqrt{x_1 x_2})\} \leq \sup_{\alpha \in E}\{\sqrt{f_\alpha(x_1) f_\alpha(x_2)}\} \leq$$
$$\sup_{\alpha \in E}\{\sqrt{f_\alpha(x_1)}\} \cdot \sup_{\alpha \in E}\{\sqrt{f_\alpha(x_2)}\} =$$
$$\sqrt{\sup_{\alpha \in E}\{f_\alpha(x_1)\}} \cdot \sqrt{\sup_{\alpha \in E}\{f_\alpha(x_2)\}} = \sqrt{g(x_1) g(x_2)}$$

所以 g 为几何凸函数.

同理可证以下定理 1.4.9.

定理 1.4.9　设 E 为某些实数的集合,函数簇 $f_\alpha(\alpha \in E)$ 皆为 $I \subseteq \mathbb{R}_{++}$ 上的几何凹函数,对于 $x \in I$,定义 $g(x) = \inf_{\alpha \in E}\{f_\alpha(x)\}$,且对于任意的 $x \in I$,有 $g(x) \neq 0$,则 g 为几何凹函数.

定理 1.4.10[11]　$f:[a,b] \subseteq \mathbb{R}_{++} \to \mathbb{R}_{++}$ 为一阶可微的几何凸(凹) 函数. 则任取 $x, y \in [a, b]$,都有
$$\left(\frac{x}{y}\right)^{\frac{yf'(y)}{f(y)}} \leq (\geq) \frac{f(x)}{f(y)} \leq (\geq) \left(\frac{x}{y}\right)^{\frac{xf'(x)}{f(x)}} \tag{1.4.1}$$

证明　不妨设 $x > y$,由微分中值定理知存在 $\zeta \in (x, y)$,使得
$$\frac{\ln f(x) - \ln f(y)}{\ln x - \ln y} = \frac{\zeta f'(\xi)}{f(\xi)}$$

根据定理 1.2.3,我们有
$$\frac{yf'(y)}{f(y)} \leq (\geq) \frac{\ln f(x) - \ln f(y)}{\ln x - \ln y} = \leq (\geq) \frac{xf'(x)}{f(x)}$$

命题得证.

1.5　几类特殊函数的几何凸性

定理 1.5.1　多项式 $f(x) = a_0 + a_1 x + a_2 x^2, a_0 \neq 0, a_2 \neq 0$,在 $\mathbb{R}_{++}$ 上是几何凸函数的充分必要条件为 $a_0 > 0, a_1 \geq 0, a_2 > 0$.

由定理 1.2.2 易证定理 1.5.1 为真.我们在此略去证明过程.

定理 1.5.2①　设 $f(x) = a_0 + a_1 x + a_2 x^2$,其中 $x \in \mathbb{R}_{++}, a_0 \neq 0, a_2 \neq 0$,若 f 在 $(0, \theta)$ 和 $(\theta, +\infty)$ 分别是几何凹函数,则 $a_0 > 0, a_2 > 0, a_1 = -2 \cdot \sqrt{a_0 a_2}$ 且 $\theta = \sqrt{\frac{a_0}{a_2}}$.

---
① 此结果是由李世杰先生和作者在通信中共同得到的.

证明 为了使 $f(x)$ 在 $\mathbb{R}_{++}$ 上为非负,则 $a_0 > 0, a_2 > 0$,且
$$a_1^2 - 4a_0 a_2 \leqslant 0 \tag{1.5.1}$$
由定理 1.2.2 知:对于 $(0,\theta)$ 和 $(\theta, +\infty)$ 上的每一个 x,有
$$x[f(x)f''(x) - (f'(x))^2] + f(x)f'(x) \leqslant 0$$
即
$$a_1 a_2 x^2 + 4a_0 a_2 x + a_0 a_1 \leqslant 0$$
a_1 须为负,且判别式
$$(4a_0 a_2)^2 - 4a_0 a_1^2 a_2 \leqslant 0, \quad 4a_0 a_2 - a_1^2 \leqslant 0 \tag{1.5.2}$$
结合式(1.5.1)和式(1.5.2),知 $a_1 = -2\sqrt{a_0 a_2}$,此时 f 在 $\sqrt{\dfrac{a_0}{a_2}}$ 取值为零,所以 $\theta = \sqrt{\dfrac{a_0}{a_2}}$,命题得证.

定理 1.5.3 设 $a_0 \neq 0, a_3 \neq 0$,则多项式在 $f(x) = a_0 + a_1 x + a_2 x^2 + a_3 x^3$ 在 $\mathbb{R}_{++}$ 上是几何凸函数的充分必要条件为 $a_0 > 0, a_1 \geqslant 0, a_2 \geqslant 0, a_3 > 0$.

证明 充分性为显然,下证必要性.其中 $a_0 > 0, a_3 > 0$ 是易证的.又
$$x[f(x)f''(x) - f'^2(x)] + f(x)f'(x) \geqslant 0$$
$$x[(2a_2 + 6a_3 x)(a_0 + a_1 x + a_2 x^2 + a_3 x^3) - (a_1 + 2a_2 x + 3a_3 x^2)^2] +$$
$$(a_0 + a_1 x + a_2 x^2 + a_3 x^3)(a_1 + 2a_2 x + 3a_3 x^2) \geqslant 0$$
$$a_0 a_1 + 4a_0 a_2 x + (9a_0 a_3 + a_1 a_2)x^2 + 4a_1 a_3 x^3 + a_2 a_3 x^4 \geqslant 0 \tag{1.5.3}$$
因为式(1.5.3)恒成立,故 $a_2 a_3 \geqslant 0, a_2 \geqslant 0$,又由在原点附近的性质知:$a_0 a_1 \geqslant 0, a_1 \geqslant 0$.

同理我们可证定理 1.5.4,详细过程在此略.

定理 1.5.4 设 $a_0 \neq 0, a_4 \neq 0$,则多项式 $f(x) = a_0 + a_1 x + a_2 x^2 + a_3 x^3 + a_4 x^4$ 在 $\mathbb{R}_{++}$ 上是几何凸函数的一个必要条件为 $a_0 > 0, a_1 \geqslant 0, a_3 \geqslant 0, a_4 > 0$.

定理 1.5.5 设函数 $f(x) = a_0 + a_1 x + \cdots + a_n x^n$,其中 $a_0 \neq 0, a_n \neq 0$,则 f 在 $\mathbb{R}_{++}$ 上不可能为几何凹函数.

证明 若 $f(x) = a_0 + a_1 x + \cdots + a_n x^n$ 在 $\mathbb{R}_{++}$ 上为几何凹函数,为了保证在 0 附近函数值为正,有 $a_0 > 0$;$x \to +\infty$ 时,为了保证 f 为非负,有 $a_n > 0$.又任取 $x_1, x_2 \in \mathbb{R}_{++}$,有 $f(\sqrt{x_1 x_2}) \geqslant \sqrt{f(x_1)f(x_2)}$,令 $x_1 \to 0$ 有
$$a_0 \geqslant \sqrt{a_0 f(x_2)}, \quad \sqrt{a_0} \geqslant \sqrt{f(x_2)}$$
令 $x_2 \to +\infty$ 即得出矛盾,命题得证.

例 1.5.6 (1990 年第 24 届全苏联奥林匹克试题)设 $f(x) = ax^2 + bx + c$,系数 a, b, c 都为正数且 $a + b + c = 1$,则对于任意 n 个正数 x_k 满足 $\prod_{i=1}^{n} x_i = 1$

时,都有 $\prod_{k=1}^{n} f(x_k) \geq 1$.

证明 根据定理 1.5.1 知 f 在 $\mathbb{R}_{++}$ 上为几何凸函数,则有

$$\sqrt[n]{\prod_{i=1}^{n} f(x_i)} \geq f\left(\sqrt[n]{\prod_{i=1}^{n} x_i}\right), \quad f^n(1) = (a+b+c)^n = 1$$

从证明过程来看,f 为任意次多项式,只要满足系数为非负,且其和为 1,命题就成立.

关于多项式在 $\mathbb{R}_{++}$ 上的几何凸性,还可参考文献[52].

例 1.5.7 求证拉伯耳特级数 $\sum_{n=1}^{\infty} \dfrac{x^n}{1-x^n}$ 在 $(0,1)$ 上为几何凸函数.

证明 在区间 $(0,1)$ 上,有 $\dfrac{1}{1-x^n} = 1 + x^n + x^{2n} + x^{3n} \cdots$,由推论 1.3.10 知 $\dfrac{1}{1-x^n}$ 在 $(0,1)$ 上为几何凸函数,又由定理 1.1.5 的(ii)知 $\dfrac{x^n}{1-x^n}$ 在 $(0,1)$ 上为几何凸函数,再由推论 1.3.10 知命题成立.

例 1.5.8 设 $f_n(x) = n(x^{\frac{1}{n}} - 1), x \in (1, +\infty), n = 1, 2, \cdots$,因 $x^{\frac{1}{n}}$ 在 $(1, +\infty)$ 上是几何凹函数,由第二章定理 1.3.8 知,$x^{\frac{1}{n}} - 1$ 在 $(1, +\infty)$ 上是几何凹函数,所以 f_n 是几何凹函数,又

$$\lim_{n \to +\infty} f_n(x) = \lim_{n \to +\infty} n(x^{\frac{1}{n}} - 1) = \ln x$$

所以函数 $y = \ln x$ 在 $(1, +\infty)$ 上是几何凹函数.

同理可证下例.

例 1.5.9 (i) 函数 $y = \text{sh } x = \dfrac{e^x - e^{-x}}{2} = \sum_{n=0}^{\infty} \dfrac{x^{2n+1}}{(2n+1)!}$ 在 $\mathbb{R}_{++}$ 上是几何凸函数.

(ii) 函数 $y = \text{ch } x = \dfrac{e^x + e^{-x}}{2} = \sum_{n=0}^{\infty} \dfrac{x^{2n}}{(2n)!}$ 在 $\mathbb{R}_{++}$ 上是几何凸函数.

(iii) 函数

$$y = \arcsin x = \int_0^x \dfrac{dt}{\sqrt{1-t^2}} = \int_0^x \left[1 + \sum_{n=1}^{\infty} \dfrac{(2n-1)!! \, t^{2n}}{(2n)!!}\right] dt =$$

$$x + \sum_{n=1}^{\infty} \dfrac{(2n-1)!!}{(2n)!!} \cdot \dfrac{x^{2n+1}}{2n+1}$$

在 $(0,1]$ 上是几何凸函数.

引理 1.5.10 (i) 若 $0 < a < 1$,则 $1 - a^x$ 在 $\mathbb{R}_{++}$ 上是几何凹函数.

(ii) 若 $a > 1$,则 $a^x - 1$ 在 $\mathbb{R}_{++}$ 上是几何凸函数.

证明 (i) 设 $f(x) = 1 - a^x, x > 0$,则

$$\frac{xf'(x)}{f(x)} = \frac{-xa^x \ln a}{1-a^x}$$

$$\left(\frac{xf'(x)}{f(x)}\right)' = -\frac{[a^x \ln a + xa^x(\ln a)^2](1-a^x) + xa^{2x}(\ln a)^2}{(1-a^x)^2} =$$

$$-\frac{a^x \ln a(1 - a^x + x\ln a)}{(1-a^x)^2} \tag{1.5.4}$$

再令 $g(x) = 1 - a^x + x\ln a, x \in [0, +\infty)$,则 $g(0) = 0$,且 $g'(x) = \ln a(1 - a^x) \leqslant 0$,所以有 $1 - a^x + x\ln a \leqslant 0$. 此时由式(1.5.4)和定理 1.2.2 知结论(i)为真.

同理可证结论(ii)也成立.

推论 1.5.11 (i)设 $0 < a < 1$,则对任意 $x_1, x_2 > 0$,有

$$a^{x_1} + a^{x_2} + a^{2\sqrt{x_1 x_2}} \geqslant 2a^{\sqrt{x_1 x_2}} + a^{x_1+x_2} \tag{1.5.5}$$

(ii)设 $a > 1$,则对任意 $x_1, x_2 > 0$,有

$$a^{x_1} + a^{x_2} + a^{2\sqrt{x_1 x_2}} \leqslant 2a^{\sqrt{x_1 x_2}} + a^{x_1+x_2} \tag{1.5.6}$$

证明 (i)由引理 1.5.10 知

$$(1 - a^{\sqrt{x_1 x_2}})^2 \geqslant (1 - a^{x_1})(1 - a^{x_2})$$

$$a^{x_1} + a^{x_2} + a^{2\sqrt{x_1 x_2}} \geqslant 2a^{\sqrt{x_1 x_2}} + a^{x_1+x_2}$$

(ii)同理可证.

定理 1.5.12 黎曼函数 $\zeta(x) = \sum_{n=1}^{\infty} n^{-x}$ 在 $(1, +\infty)$ 上是几何凸函数.

证明 由于黎曼函数可表示为 $\zeta(x) = \prod_{i=1}^{+\infty}(1 - p_i^{-x})^{-1}$[1],其中 $\{p_i\}_{i=1}^{+\infty}$ 为所有素数从小到大构成的数列,根据引理 1.5.10 有 $1 - \left(\frac{1}{p_i}\right)^x$ 在 $(1, +\infty)$ 上是几何凹函数,进而 $\left[1 - \left(\frac{1}{p_i}\right)^x\right]^{-1}$ 为几何凸函数,故 $\zeta(x) = \prod_{i=1}^{\infty}(1 - p_i^{-x})^{-1}$ 为几何凸函数.

因 n^{-x} 在 $(1, +\infty)$ 上是几何凹函数,所以黎曼函数是无穷多个几何凹函数相加的几何凸函数.

1.6 Γ函数的一个性质及其应用

著名的 Gamma 函数在数学中占据着重要的地位,本节将讨论与Γ有关的函

---

[1] 可参考有关解析数论方面的著作.

数的几何凸性及其应用. 其中函数 Γ 和 ψ 的定义参见 0.5 节. 我们将推导一个 $\dfrac{\Gamma(x)}{\Gamma(y)}$ 的较强估计式,其中 $x,y \in \mathbb{R}_{++}$,这些一直是 Gamma 函数理论研究中的热点之一,并且此类不等式被统称为 Gautschi – Kershaw 不等式,文献[150]给出其研究较完整的总结.

定理 1.6.1[42]　存在常数 $\mu > 0$,使得 Γ 在 $(0,\mu]$ 为几何凹,在 $[\mu, +\infty)$ 上为几何凸.

证明　因为 $\left(\dfrac{x\Gamma'(x)}{\Gamma(x)}\right)' = (x\psi(x))' = \psi(x) + x\psi'(x)$

由(0.5.3)和(0.5.4)两式知

$$\left(\dfrac{x\Gamma'(x)}{\Gamma(x)}\right)' = -C + \sum_{k=0}^{\infty}\left(\dfrac{1}{k+1} - \dfrac{1}{k+x}\right) + x\sum_{k=0}^{\infty}\dfrac{1}{(k+x)^2}$$

显然可逐项可导,则

$$\left(\dfrac{x\Gamma'(x)}{\Gamma(x)}\right)'' = \sum_{k=0}^{\infty}\dfrac{2}{(k+x)^2} - 2x\sum_{k=0}^{\infty}\dfrac{1}{(k+x)^3} = \sum_{k=0}^{\infty}\dfrac{2k}{(k+x)^3} > 0$$

故 $\left(\dfrac{x\Gamma'(x)}{\Gamma(x)}\right)'$ 在 $(0, +\infty)$ 为严格单调增加. 且

$$\lim_{x\to 0+}\left(\dfrac{x\Gamma'(x)}{\Gamma(x)}\right)' = \lim_{x\to 0+}\left[-C + 1 + \sum_{k=1}^{\infty}\left(\dfrac{1}{k+1} - \dfrac{1}{k+x}\right) + x\sum_{k=1}^{\infty}\dfrac{1}{(k+x)^2}\right] =$$

$$\lim_{x\to 0+}\left[-C + 1 + \sum_{k=1}^{\infty}\left(\dfrac{1}{k+1} - \dfrac{1}{k+x}\right)\right] = -C \quad (1.6.1)$$

同时

$$\left(\dfrac{x\Gamma'(x)}{\Gamma(x)}\right)'\bigg|_{x=1} = -C + \sum_{k=0}^{\infty}\dfrac{1}{(k+1)^2} = -C + \dfrac{\pi^2}{6} > 0$$

所以存在唯一的正常数 μ,使得 $\left(\dfrac{x\Gamma'(x)}{\Gamma(x)}\right)'\bigg|_{x=u} = 0$,$\left(\dfrac{x\Gamma'(x)}{\Gamma(x)}\right)'$ 在 $(0,\mu)$ 为负,在 $(\mu, +\infty)$ 为正,定理得证.

通过严格的估算,可以发现 $\mu = 0.216\cdots$①.

推论 1.6.2　设 $x_i \in [u, +\infty), i = 1,2,\cdots,n$,则有

$$\sqrt[n]{\prod_{i=1}^{n}\Gamma(x_i)} \geq \Gamma\left(\sqrt[n]{\prod_{i=1}^{n}x_i}\right)$$

由定理 1.6.1 及几何凸函数定义知推论 1.6.2 成立.

定理 1.6.3　函数 $e^{Cx}\Gamma(x)$ 在 $(0, +\infty)$ 上是几何凸函数,且这里常数 C 是最小的.

此定理的证明与定理 1.6.1 的证明相仿,并且只要注意到式(1.6.1),我们

---

① 文献[42]对 μ 的计算是非严格的,续铁权与作者在文献[25],P.48~51中通过科学地估算得到此值.

就可以断定这里常数 C 是最小的.详细过程在此略.

推论 1.6.4 设 $n \geq 2, n \in \mathbb{N}, x_i > 0 (i = 1, 2, \cdots, n)$,则有

$$\Gamma\left(\sqrt[n]{\prod_{i=1}^{n} x_i}\right) \leq e^{C\left(\frac{\sum_{i=1}^{n} x_i}{n} - \sqrt[n]{\prod_{i=1}^{n} x_i}\right)} \sqrt[n]{\prod_{i=1}^{n} \Gamma(x_i)} \tag{1.6.2}$$

证明 根据定理 1.6.3 知 $e^{Cx}\Gamma(x)$ 在 $(0, +\infty)$ 上是几何凸函数,因而有

$$e^{C\sqrt[n]{\prod_{i=1}^{n} x_i}} \Gamma\left(\sqrt[n]{\prod_{i=1}^{n} x_i}\right) \leq \sqrt[n]{\prod_{i=1}^{n} e^{Cx_i} \Gamma(x_i)}$$

此即为式 (1.6.2).

下面的定理 1.6.5 揭示了 $\Gamma(x)$ 在 0 附近的特性.

定理 1.6.5 设 $n \geq 2, n \in \mathbb{N}$,则有

$$n! \Gamma^{n-1}\left(\sqrt[n-1]{\frac{n+1}{2}}\right) \leq \prod_{k=2}^{n} \Gamma\left(\frac{1}{k}\right) \tag{1.6.3}$$

证明 因 $k\Gamma\left(1 + \frac{1}{k}\right) = \Gamma\left(\frac{1}{k}\right)$,故

$$n! \prod_{k=2}^{n} \Gamma\left(\frac{k+1}{k}\right) = \prod_{k=2}^{n} \Gamma\left(\frac{1}{k}\right)$$

因 $\Gamma(x)$ 在 $[\mu, +\infty)$ 上为几何凸函数,所以有

$$n! \left(\Gamma\left(\sqrt[n-1]{\prod_{k=2}^{n} \frac{k+1}{k}}\right)\right)^{n-1} \leq \prod_{k=2}^{n} \Gamma\left(\frac{1}{k}\right)$$

即知不等式式 (1.6.3) 成立.

下面我们讨论 $f(x) = \frac{e^x \Gamma(x)}{x^x}$ 在 $\mathbb{R}_{++}$ 上的几何凸性,其中的主要结果引自文献 [62],其目的是研究 $\frac{\Gamma(x)}{\Gamma(y)}$ 在 $x, y \in \mathbb{R}_{++}$ 条件下的比值,此类比值历来是研究热点,可参见文献 [99] ~ [104].

引理 1.6.6[105][106][107] 设 $x \in \mathbb{R}_{++}$,则有

(ⅰ) $\ln x - \frac{1}{x} < \psi(x) < \ln x - \frac{1}{2x}$ \qquad (1.6.4)

(ⅱ) $\psi(x) > \ln x - \frac{1}{2x} - \frac{1}{12x^2}$ \qquad (1.6.5)

(ⅲ) $\psi'(x) > \frac{1}{x} + \frac{1}{2x^2}$ \qquad (1.6.6)

引理 1.6.7 设 $x \in \mathbb{R}_{++}$,则有

$$2\psi'(x) + x\psi''(x) < \frac{1}{x} \tag{1.6.7}$$

证明 根据 (0.5.5) 和 (0.5.6) 两式,有

$$2\psi'(x) + x\psi''(x) - \frac{1}{x} = 2\sum_{k=1}^{\infty} \frac{k}{(k+x)^3} - \frac{1}{x} <$$

$$2\sum_{k=1}^{\infty}\frac{k}{(k-1+x)(k+x)(k+1+x)}-\frac{1}{x}=$$

$$\sum_{k=1}^{\infty}\left[\frac{k}{(k-1+x)(k+x)}-\frac{k}{(k+x)(k+1+x)}\right]-\frac{1}{x}=$$

$$\sum_{k=1}^{\infty}\frac{1}{(k-1+x)(k+x)}-\frac{1}{x}=$$

$$\sum_{k=1}^{\infty}\left(\frac{1}{k-1+x}-\frac{1}{k+x}\right)-\frac{1}{x}=0$$

定理 1.6.8 设 $f: x \in \mathbb{R}_{++} \to \dfrac{e^x \Gamma(x)}{x^x}$,则 f 为几何凸函数.

证明 因为

$$\ln f(x) = \ln \Gamma(x) - x\ln x + x \tag{1.6.8}$$

$$\frac{f'(x)}{f(x)} = (\ln f(x))' = \psi(x) - \ln x \tag{1.6.9}$$

$$F(x) \triangleq \left(x\frac{f'(x)}{f(x)}\right)' = (x\psi(x) - x\ln x)' = \psi(x) + x\psi'(x) - \ln x - 1$$

$$F'(x) = 2\psi'(x) + x\psi''(x) - \frac{1}{x}$$

由式(1.6.7)知 F 为严格单调减少函数,又根据式(1.6.4)和式(1.6.5)知

$$F(x) = \psi(x) + x\psi'(x) - \ln x - 1 >$$

$$\ln x - \frac{1}{x} + x\left(\frac{1}{x} + \frac{1}{2x^2}\right) - \ln x - 1 > -\frac{1}{2x}$$

故 $\lim\limits_{x \to +\infty} f(x) \geqslant \lim\limits_{x \to +\infty}\left(-\dfrac{1}{2x}\right) = 0$. 至此知 $F(x) > 0$,f 为几何凸函数.

定理 1.6.9 设 $x, y \in \mathbb{R}_{++}$,有

$$\frac{e^{y-x}x^x}{y^y}\left(\frac{x}{y}\right)^{y(\psi(y)-\ln y)} \leqslant \frac{\Gamma(x)}{\Gamma(y)} \leqslant \frac{e^{y-x}x^x}{y^y}\left(\frac{x}{y}\right)^{x(\psi(x)-\ln x)} ①$$

$$\tag{1.6.10}$$

证明 由定理 1.2.23 和式(1.6.9)易知式(1.6.10)成立.

推论 1.6.10 函数 f 如定理 1.6.8 所设,则 f 为对数凸函数②.

证明 由式(1.5.4)和式(1.5.9)知,f 是单调减少函数. 又任取 $x_1, x_2 \in \mathbb{R}_{++}$,由算术平均与几何平均的关系知 $\sqrt{x_1 x_2} \leqslant \dfrac{x_1 + x_2}{2}$,故有 $f\left(\dfrac{x_1+x_2}{2}\right) \leqslant f(\sqrt{x_1 x_2})$. 再据定理 1.6.8 及几何凸函数的定义知

$$f\left(\frac{x_1+x_2}{2}\right) \leqslant f(\sqrt{x_1 x_2}) \leqslant \sqrt{f(x_1)f(x_2)} \leqslant \frac{f(x_1)+f(x_2)}{2}$$

---
① 此式的左边还可加强,见定理 5.3.4.
② 定义可见定义 5.1.1.

至此知 f 为对数凸函数,进而也为凸函数.

此结果进一步说明了,有时一个函数的几何凸性强于其对数凸性或凸性.所以说这些凸性各有所长,不能互相替代.

推论 1.6.11 设 $x > y > 0$,则

(ⅰ)[119]
$$e^{(x-y)\psi(y)} < \frac{\Gamma(x)}{\Gamma(y)} < e^{(x-y)\psi(x)} \tag{1.6.11}$$

(ⅱ)[120]
$$\frac{x^{x-1}}{y^{y-1}}e^{y-x} < \frac{\Gamma(x)}{\Gamma(y)} < \frac{x^{x-\frac{1}{2}}}{y^{y-\frac{1}{2}}}\cdot e^{y-x} \tag{1.6.12}$$

证明 (ⅰ)由定理 1.6.9 知,欲证式(1.6.11)的左边,只要证

$$\frac{e^{y-x}x^x}{y^y}\left(\frac{x}{y}\right)^{y(\psi(y)-\ln y)} > e^{(x-y)\psi(y)}$$

$$(y-x) + x\ln x - y\ln y + y(\psi(y)-\ln y)(\ln x - \ln y) > (x-y)\psi(y)$$
$$(y-x) + (x-y)\ln x + y(\ln x - \ln y) >$$
$$(x-y)\psi(y) + y(\ln y - \psi(y))(\ln x - \ln y)$$
$$-1 + \ln x + y\frac{\ln x - \ln y}{x-y} > \psi(y) + y(\ln y - \psi(y))\frac{\ln x - \ln y}{x-y}$$
$$\tag{1.6.13}$$

由对数平均的性质①知

$$y < \frac{x-y}{\ln x - \ln y} < x, \quad \frac{1}{x} < \frac{\ln x - \ln y}{x-y} < \frac{1}{y} \tag{1.6.14}$$

所以欲证式(1.6.13),只要证

$$-1 + \ln x + y\cdot\frac{1}{x} \geq \psi(y) + y(\ln y - \psi(y))\frac{1}{y}$$

$$\ln x - \ln y \geq 1 - \frac{y}{x}, \quad x \geq \frac{x-y}{\ln x - \ln y}$$

而上式已为真.

同样由定理 1.6.9 知,欲证式(1.6.11)的右边,只要证

$$\frac{e^{y-x}x^x}{y^y}\left(\frac{x}{y}\right)^{x(\psi(x)-\ln x)} < e^{(x-y)\psi(x)}$$

$$(y-x) + x\ln x - y\ln y + x(\psi(x) - \ln x)(\ln x - \ln y) < (x-y)\psi(x)$$
$$(y-x) + (x-y)\ln x + y(\ln x - \ln y) <$$
$$x(\ln x - \psi(x))(\ln x - \ln y) + (x-y)\psi(x)$$
$$-1 + \ln x + y\frac{\ln x - \ln y}{x-y} < x(\ln x - \psi(x))\frac{\ln x - \ln y}{x-y} + \psi(x)$$
$$\tag{1.6.15}$$

---

① 可参见式(0.1.29).

考虑到式(1.6.14),所以只要证
$$-1 + \ln x + y \cdot \frac{1}{y} \leq x(\ln x - \psi(x))\frac{1}{x} + \psi(x)$$
上式显然成立.

（ii）欲证式(1.6.12),只要证
$$\frac{x^{x-1}}{y^{y-1}} \cdot e^{y-x} < \frac{e^{y-x}x^x}{y^y}\left(\frac{x}{y}\right)^{y(\psi(y)-\ln y)}, \frac{e^{y-x}x^x}{y^y}\left(\frac{x}{y}\right)^{x(\psi(x)-\ln x)} < \frac{x^{x-\frac{1}{2}}}{y^{y-\frac{1}{2}}} \cdot e^{y-x}$$

而它们分别等价于 $y(\psi(y) - \ln y) > -1$ 和 $x(\psi(x) - \ln x) < -\frac{1}{2}$,这可由式(1.6.4)推得.

推论 1.6.13[①] 设 $x \in \mathbb{R}_{++}$,则有
$$\sqrt{ex}\left(1 + \frac{1}{2x}\right)^{-x} < \frac{\Gamma(x+1)}{\Gamma\left(x+\frac{1}{2}\right)} < \sqrt{ex}\left(1 + \frac{1}{2x}\right)^{\frac{1}{12x}-x} \quad (1.6.16)$$

证明 在式(1.6.10)中令 $y = x + \frac{1}{2}$,有

$$\frac{e^{\frac{1}{2}}x^x}{\left(x+\frac{1}{2}\right)^{x+\frac{1}{2}}}\left(\frac{x}{x+\frac{1}{2}}\right)^{\left(x+\frac{1}{2}\right)\left[\psi\left(x+\frac{1}{2}\right)-\ln\left(x+\frac{1}{2}\right)\right]} \leq$$

$$\frac{\Gamma(x)}{\Gamma\left(x+\frac{1}{2}\right)} \leq \frac{e^{\frac{1}{2}}x^x}{\left(x+\frac{1}{2}\right)^{x+\frac{1}{2}}}\left(\frac{x}{x+\frac{1}{2}}\right)^{x(\psi(x)-\ln x)} \quad (1.6.17)$$

$$\frac{e^{\frac{1}{2}}x^{x+1}}{\left(x+\frac{1}{2}\right)^{x+\frac{1}{2}}}\left(\frac{x+\frac{1}{2}}{x}\right)^{\left(x+\frac{1}{2}\right)\left[\ln\left(x+\frac{1}{2}\right)-\psi\left(x+\frac{1}{2}\right)\right]} \leq$$

$$\frac{x\Gamma(x)}{\Gamma\left(x+\frac{1}{2}\right)} \leq \frac{e^{\frac{1}{2}}x^{x+1}}{\left(x+\frac{1}{2}\right)^{x+\frac{1}{2}}}\left(\frac{x+\frac{1}{2}}{x}\right)^{x(\ln x-\psi(x))}$$

根据式(1.6.4)及式(1.6.5)及 $x\Gamma(x) = \Gamma(x+1)$,有

$$\frac{\sqrt{e}x^{x+\frac{1}{2}}}{\left(x+\frac{1}{2}\right)^{x+\frac{1}{2}}}\left(1+\frac{1}{2x}\right)^{\frac{1}{2}} \leq \frac{\Gamma(x+1)}{\Gamma\left(x+\frac{1}{2}\right)} \leq \frac{\sqrt{e}x^{x+\frac{1}{2}}}{\left(x+\frac{1}{2}\right)^{x+\frac{1}{2}}}\left(1+\frac{1}{2x}\right)^{\frac{1}{2}+\frac{1}{12x}}$$

---

① 此结果弱于推论 5.3.9.

$$\sqrt{\mathrm{e}x}\left(1+\frac{1}{2x}\right)^{-x} \leqslant \frac{\Gamma(x+1)}{\Gamma\left(x+\frac{1}{2}\right)} \leqslant \sqrt{\mathrm{e}x}\left(1+\frac{1}{2x}\right)^{\frac{1}{12x}-x}$$

1.7 $\dfrac{\Gamma^{\frac{1}{x}}(x)}{\Gamma^{\frac{1}{y}}(y)}$ 的估计及其应用

为了记述上的方便,设

$$f_\alpha(x) = \mathrm{e}^{\frac{\alpha}{x}}[\Gamma(x)]^{\frac{1}{x}}, \quad g_\alpha(x) = \frac{xf'_\alpha(x)}{f_\alpha(x)}, \quad h_\alpha(x) = x^2 g'_\alpha(x)$$

其中 $\alpha \in \mathbb{R}, x \in \mathbb{R}_{++}$. 和

$$F_\alpha(x) = x^{\frac{\alpha}{x}}[\Gamma(x)]^{\frac{1}{x}}, \quad G_\alpha(x) = \frac{xF'_\alpha(x)}{F_\alpha(x)}$$

其中 $\alpha \in \left[\frac{1}{2}, 1\right], x \in \mathbb{R}_{++}$. 本节将研究函数 f_α 和 F_α 的几何凸性, 对于 $x, y \in \mathbb{R}_{++}$, 得到关于 $\dfrac{(\Gamma(x))^{\frac{1}{x}}}{(\Gamma(y))^{\frac{1}{y}}}$ 的一个带参数的较强估计式, 其结果主要引自文献 [61] 和 [122].

引理 1.7.1 当 $x \in \mathbb{R}_{++}$ 时,有

$$-\frac{1}{x^2} < \psi'(x) + x\psi''(x) < 0 \tag{1.7.1}$$

证明 式(1.7.1)的右边易由式(1.6.6)和式(1.6.7)推得. 又有

$$\sum_{k=1}^{\infty} \frac{1}{(k+x)^2} > \sum_{k=1}^{\infty} \frac{1}{(k+x)(k+x+1)} =$$

$$\sum_{k=1}^{\infty} \left(\frac{1}{k+x} - \frac{1}{k+x+1}\right) = \frac{1}{1+x} \tag{1.7.2}$$

$$2x\sum_{k=1}^{\infty} \frac{1}{(k+x)^3} < 2x\sum_{k=1}^{\infty} \frac{1}{(k+x-1)(k+x)(k+x+1)} =$$

$$x\sum_{k=1}^{\infty} \left[\frac{1}{(k+x-1)(k+x)} - \frac{1}{(k+x)(k+x+1)}\right] =$$

$$\frac{1}{1+x} \tag{1.7.3}$$

联立式(1.7.2)和式(1.7.3)有 $\sum_{k=1}^{\infty} \dfrac{(k-x)}{(k+x)^3} > 0$, 再根据式(0.5.5)和式(0.5.6)知式(1.7.1)的右式为真. 引理 1.7.1 证毕.

引理 1.7.2 (i) 当 $x > 1$, 有

$$0 < \ln \Gamma(x) - \left[\left(x - \frac{1}{2}\right)\ln x - x + \frac{1}{2}\ln(2\pi)\right] < \frac{1}{x} \qquad (1.7.4)$$

(ⅱ) 当 $x \in \mathbb{R}_{++}$,有

$$\frac{1}{x} < \frac{1}{x} + \frac{1}{2x^2} < \psi'(x) < \frac{1}{x} + \frac{1}{x^2} \qquad (1.7.5)$$

证明 式(1.7.4)可见文献[6]P.401. 由式(0.5.5)知

$$x^2 \psi'(x) = 1 + x^2 \sum_{k=1}^{\infty} \frac{1}{(k+x)^2} < 1 + x^2 \sum_{k=1}^{\infty} \frac{1}{(k+x-1)(k+x)} =$$

$$1 + x^2 \sum_{k=1}^{\infty} \left(\frac{1}{k+x-1} - \frac{1}{k+x}\right) = 1 + x$$

由此得到式(1.7.5)的右式. 而 $\psi'(x) > \frac{1}{x} + \frac{1}{2x^2}$ 是文献[106]P.2670中的一个结果.

引理 1.7.3 (ⅰ) $h_\alpha(x) = x^2 g'_\alpha(x)$ 在 $\mathbb{R}_{++}$ 上严格单调减少.

(ⅱ) 方程 $h_\alpha(x) = 0$ 存在唯一正根.

证明 (ⅰ) 因为 $\ln f_\alpha(x) = \frac{\ln \Gamma(x)}{x} + \frac{\alpha}{x}$,两边对 x 取导有

$$\frac{f'_\alpha(x)}{f_\alpha(x)} = -\frac{1}{x^2}\ln \Gamma(x) + \frac{\psi(x)}{x} - \frac{\alpha}{x^2} \qquad (1.7.6)$$

$$g_\alpha(x) = \frac{xf'_\alpha(x)}{f_\alpha(x)} = -\frac{1}{x}\ln \Gamma(x) + \psi(x) - \frac{\alpha}{x} \qquad (1.7.7)$$

$$g'_\alpha(x) = \frac{1}{x^2}\ln \Gamma(x) - \frac{\psi(x)}{x} + \psi'(x) + \frac{\alpha}{x^2}$$

$$h_\alpha(x) = x^2 g'_\alpha(x) = \ln \Gamma(x) - x\psi(x) + x^2 \psi'(x) + \alpha$$

$$h'_\alpha(x) = x\psi'(x) + x^2 \psi''(x)$$

由引理 1.7.1 知 h_α 在 $(0, +\infty)$ 上严格单调减少.

(ⅱ) 当 $x > 1$ 时,由(1.7.4),(1.7.5)和(1.6.4)三式知

$$h_\alpha(x) = \ln \Gamma(x) - x\psi(x) + x^2 \psi'(x) + \alpha <$$

$$\frac{1}{x} + \left(x - \frac{1}{2}\right)\ln x - x + \frac{1}{2}\ln(2\pi) + 1 - x\ln x + 1 + x + \alpha =$$

$$-\frac{1}{2}\ln x + \frac{1}{x} + \frac{1}{2}\ln(2\pi) + 2 + \alpha \qquad (1.7.8)$$

所以知 $\lim_{x \to +\infty} h_\alpha(x) = -\infty$. 又由(1.7.4),(1.7.5)和(1.6.4)三式知,当 $x > 0$ 时

$$h_\alpha(x) > \left(x - \frac{1}{2}\right)\ln x - x + \frac{1}{2}\ln(2\pi) + \frac{1}{2} - x\ln x + x + \alpha =$$

$$-\frac{1}{2}\ln x + \frac{1}{2}\ln(2\pi) + \frac{1}{2} + \alpha$$

所以 $\lim_{x \to 0+} h_\alpha(x) = +\infty$. 由连续函数的零点定理知,存在 $\lambda(\alpha) \in (0, +\infty)$ 使得

$h_\alpha(\lambda(\alpha)) = 0$. 又因为 h_α 为严格单调减少,所以方程 $h_\alpha(x) = 0$ 正根唯一.

引理 1.7.3 证毕.

定理 1.7.4 函数 f_α 在 $(0, \lambda(\alpha)]$ 上为几何凸函数. 在 $[\lambda(\alpha), +\infty)$ 上为几何凹函数,其中 $\lambda(\alpha)$ 为方程 $h_\alpha(x) = 0$ 唯一正根.

证明 由于 h_α 在 $\mathbb{R}_{++}$ 上严格减少,且 $h_\alpha(\lambda(\alpha)) = 0$,所以在 $(0, \lambda(\alpha)]$ 上 $h_\alpha(x) \geq 0$,从而 $g'_\alpha(x) \geq 0$,知 f_α 在 $(0, \lambda(\alpha)]$ 上是几何凸函数. 同理 f_α 在 $[\lambda(\alpha), +\infty)$ 上是几何凹函数.

文献[61]还经严格论证,利用程序计算得到了

$$\lambda(-1.5) = 2.89\cdots, \lambda(-1) = 6.91\cdots, \lambda(-0.5) = 17.73\cdots, \lambda(0) = 47.08\cdots$$
$$\lambda(0.5) = 126.86\cdots, \lambda(1) = 343.70\cdots, \lambda(1.5) = 933.17\cdots$$

引理 1.7.5 设 $\chi_\alpha = \max\{1, 3+\alpha\}$,则函数 f_α 在 $[\chi_\alpha, +\infty)$ 上为严格增加的.

证明 据式(1.7.6),式(1.7.4)和式(1.6.4),当 $x \geq \chi_\alpha$ 时

$$\frac{f'_\alpha(x)}{f_\alpha(x)} > \frac{x\left(\ln x - \frac{1}{x}\right) - \frac{1}{x} - \left(x - \frac{1}{2}\right)\ln x + x - \frac{\ln(2\pi)}{2} - \alpha}{x^2} =$$

$$\frac{-1 - \frac{1}{x} + \frac{1}{2}\ln x + x - \frac{\ln(2\pi)}{2} - \alpha}{x^2} >$$

$$\frac{-1 - 1 + x - 1 - \alpha}{x^2} \geq 0$$

故函数 f_α 在 $[\chi_\alpha, +\infty)$ 上为严格增加的.

推论 1.7.6 设 $\beta_\alpha = \max\{2, e^{7+2\alpha}\}$,则函数 $f_\alpha(x)$ 在 $[\beta_\alpha, +\infty)$ 上为几何凹函数和对数凹函数.

证明 由式(1.7.8)知,当 $x \geq \beta_\alpha \geq 2$ 时

$$h_\alpha(x) < -\frac{1}{2}\ln x + \frac{1}{x} + \frac{1}{2}\ln(2\pi) + 2 + \alpha <$$

$$-\frac{1}{2}\ln x + \frac{1}{2} + \frac{1}{2} \times 2 + 2 + \alpha <$$

$$-\frac{1}{2}\ln e^{7+2\alpha} + \frac{7}{2} + \alpha = 0$$

由于 h_α 在 $\mathbb{R}_{++}$ 上严格单调减少且 $h_\alpha(\lambda(\alpha)) = 0$,故知 $[\beta_\alpha, +\infty) \subseteq [\lambda(\alpha), +\infty)$,由定理 1.7.5 知 f_α 在 $[\beta_\alpha, +\infty)$ 上为几何凹函数.

当 $3 + \alpha \leq 2$,易知 $\beta_\alpha = \max\{2, e^{7+2\alpha}\} \geq \max\{1, 3+\alpha\}$;当 $3 + \alpha > 2$,易证 $e^{7+2\alpha} > 3 + \alpha$,总之 $\beta_\alpha = \max\{2, e^{7+2\alpha}\} \geq \max\{1, 3+\alpha\}$. 则任取 $x, y \in [\beta_\alpha, +\infty)$,由引理 1.7.5 得

$$f_a\left(\frac{x+y}{2}\right) \geq f_a(\sqrt{xy}) \geq \sqrt{f_a(x)f_a(y)}$$
$$\ln f_a\left(\frac{x+y}{2}\right) \geq \frac{1}{2}(\ln f_a(x) + \ln f_a(y)) \tag{1.7.9}$$

所以 f_a 在 $[\beta_a, +\infty)$ 上为对数凹函数. 推论 1.7.6 证毕.

由式(1.7.9) 知, f_a 在 $[\beta_a, +\infty)$ 上为几何凹函数强于其为对数凹函数.

定理 1.7.7 设 $x, y \in [\lambda(\alpha), +\infty)$, 则

$$e^{\frac{a}{y}-\frac{a}{x}}\left(\frac{x}{y}\right)^{\psi(x)-\frac{\ln\Gamma(x)}{x}-\frac{a}{x}} \leq \frac{(\Gamma(x))^{\frac{1}{x}}}{(\Gamma(y))^{\frac{1}{y}}} \leq e^{\frac{a}{y}-\frac{a}{x}}\left(\frac{x}{y}\right)^{\psi(y)-\frac{\ln\Gamma(y)}{y}-\frac{a}{y}} \tag{1.7.10}$$

即

$$e^{\frac{a(x-y-y\ln x+y\ln y)}{xy}}\left(\frac{x}{y}\right)^{\psi(x)-\frac{\ln\Gamma(x)}{x}} \leq \frac{(\Gamma(x))^{\frac{1}{x}}}{(\Gamma(y))^{\frac{1}{y}}} \leq$$
$$e^{\frac{a(x-y-x\ln x+x\ln y)}{xy}}\left(\frac{x}{y}\right)^{\psi(y)-\frac{\ln\Gamma(y)}{y}} \tag{1.7.11}$$

证明 由式(1.7.7), 定理 1.7.4 和式(1.4.1) 知

$$\left(\frac{x}{y}\right)^{\psi(x)-\frac{\ln\Gamma(x)}{x}-\frac{a}{x}} \leq \frac{(\Gamma(x))^{\frac{1}{x}} \cdot e^{\frac{a}{x}}}{(\Gamma(y))^{\frac{1}{y}} \cdot e^{\frac{a}{y}}} \leq \left(\frac{x}{y}\right)^{\psi(y)-\frac{\ln\Gamma(y)}{y}-\frac{a}{y}}$$

再略作变形, 即得式(1.7.10) 和式(1.7.11).

定理 1.7.7 证毕.

当 $x, y > 0$ 时, 易证 $x - y - y\ln x + y\ln y \geq 0$ 和 $x - y - x\ln x + x\ln y \leq 0$, 所以当 $\alpha \in \mathbb{R}_{++}$ 越来越大时, 不等式(1.7.11) 越来越强, 当然由于 $\lambda(\alpha)$ 越来越大, 此不等式适用的范围也就相对小一些, 但适用的区间还是无限的.

引理 1.7.8 设 $n \in \mathbb{N}_{++}$, C 为 Euler 常数, $C_n = \sum_{k=1}^{n}\frac{1}{k} - \ln n - C$, 则

(ⅰ)[81, P.593] $\psi(n) = \sum_{k=1}^{n-1}\frac{1}{k} - C = C_n - \frac{1}{n} + \ln n$.

(ⅱ)[6, P.77] $\frac{1}{2n} - \frac{1}{8n^2} < C_n < \frac{1}{2n}$.

(ⅲ)[6, P.91] $\sqrt{2\pi n}\left(\frac{n}{e}\right)^n\left(1 + \frac{1}{12n}\right) < n! < \sqrt{2\pi n}\left(\frac{n}{e}\right)^n\left(1 + \frac{1}{12n - 0.5}\right)$.

推论 1.7.9 (ⅰ) 设 $x, y \in [\lambda(0), +\infty)$, 则

$$\left(\frac{x}{y}\right)^{\psi(x)-\frac{\ln\Gamma(x)}{x}} \leq \frac{(\Gamma(x))^{\frac{1}{x}}}{(\Gamma(y))^{\frac{1}{y}}} \leq \left(\frac{x}{y}\right)^{\psi(y)-\frac{\ln\Gamma(y)}{y}} \tag{1.7.12}$$

(ⅱ) 设 $n \in \mathbb{N}_{++}$, $n \geq 48 > \lambda(0)$, $a = \ln(2\pi) + 1 = 2.837\,877\cdots$, 则有

$$\left(\frac{n+1}{n}\right)^{1-\frac{\ln n+0.87}{2n}} < \frac{(n!)^{\frac{1}{n+1}}}{((n-1)!)^{\frac{1}{n}}} < \left(\frac{n+1}{n}\right)^{1+\frac{\ln n-a}{2n}} \quad (1.7.13)$$

证明 在式(1.7.11)中令 $\alpha = 0$ 即得式(1.7.12). 若再令 $x = n+1$, $y = n$, 由引理 1.7.8, 我们得

$$\left(\frac{n+1}{n}\right)^{C_n+\ln n-\frac{\ln n!}{n+1}} \leq \frac{(n!)^{\frac{1}{n+1}}}{((n-1)!)^{\frac{1}{n}}} \leq \left(\frac{n+1}{n}\right)^{C_n-\frac{1}{n}+\ln n-\frac{\ln(n-1)!}{n}}$$

$$\left(\frac{n+1}{n}\right)^{\frac{1}{2n}-\frac{1}{8n^2}+\ln n-\frac{\ln n!}{n}} \leq \frac{(n!)^{\frac{1}{n+1}}}{((n-1)!)^{\frac{1}{n}}} \leq \left(\frac{n+1}{n}\right)^{\frac{1}{2n}-\frac{1}{n}+\ln n-\frac{\ln n!}{n}+\frac{\ln n}{n}}$$

当 $n \geq 48$ 时, 易证 $1 + \frac{1}{12n-0.5} < 1.01$ 和 $\frac{1}{2n} - \frac{1}{8n^2} > \frac{0.495}{n}$, 再根据引理 1.7.8 得

$$\left(\frac{n+1}{n}\right)^{0.495\times\frac{1}{n}+\ln n-\frac{\ln\sqrt{2\pi n}+n(\ln n-1)+\ln 1.01}{n}} \leq \frac{(n!)^{\frac{1}{n+1}}}{((n-1)!)^{\frac{1}{n}}} <$$

$$\left(\frac{n+1}{n}\right)^{-\frac{1}{2n}+\ln n-\frac{\ln\sqrt{2\pi n}+n(\ln n-1)}{n}+\frac{\ln n}{n}} \left(\frac{n+1}{n}\right)^{1+\frac{0.495}{n}-\frac{\ln n+\ln(2\pi)+2\ln 1.01}{2n}} \leq$$

$$\frac{(n!)^{\frac{1}{n+1}}}{((n-1)!)^{\frac{1}{n}}} < \left(\frac{n+1}{n}\right)^{1-\frac{1}{2n}+\frac{\ln n-\ln(2\pi)}{2n}}$$

通过简单的放缩, 我们有

$$\left(\frac{n+1}{n}\right)^{1-\frac{\ln n+0.87}{2n}} < \frac{(n!)^{\frac{1}{n+1}}}{((n-1)!)^{\frac{1}{n}}} < \left(\frac{n+1}{n}\right)^{1+\frac{\ln n-a}{2n}}$$

式(1.7.13)得证. 推论 1.7.9 证毕.

对于一般 $n \in \mathbb{N}_+$, 文献[61]证明了以下结论, 详细过程在此略.

推论 1.7.10 设 $n \in \mathbb{N}_{++}$, 则有

$$\left(\frac{n+1}{n}\right)^{1-\frac{\ln n+2}{2n}} \leq \frac{(n!)^{\frac{1}{n+1}}}{((n-1)!)^{\frac{1}{n}}} \leq \left(\frac{n+1}{n}\right)^{1+\frac{\ln n-2}{2n}} \quad (1.7.14)$$

其中指数的分子中的常数 2 和 -2 分别为最佳. 进而有

$$1 < \frac{(n+1)^{1-\frac{\ln n+2}{2n}-\frac{1}{n(n+1)}}}{n^{1-\frac{\ln n}{2n}}} \leq \frac{((n+1)!)^{\frac{1}{n+1}}}{(n!)^{\frac{1}{n}}} \leq$$

$$\frac{(n+1)^{1+\frac{\ln n}{2n}-\frac{1}{n(n+1)}}}{n^{1+\frac{\ln n}{2n}}} < \frac{n+1}{n} \quad (1.7.15)$$

本节的第二部分将讨论 $F_\alpha(x) = x^{\frac{\alpha}{x}}[\Gamma(x)]^{\frac{1}{x}}\left(\frac{1}{2} \leq \alpha \leq 1\right)$ 的几何凸性,

并由此得到关于 $\dfrac{((n+1)!)^{\frac{1}{(n+1)}}}{(n!)^{\frac{1}{n}}}$ 的一个估计式.

$$\ln F_\alpha(x) = \frac{1}{x}\ln \Gamma(x) + \frac{\alpha}{x}\ln x$$

$$\frac{F'_\alpha(x)}{F_\alpha(x)} = -\frac{1}{x^2}\ln \Gamma(x) + \frac{\psi(x)}{x} - \frac{\alpha}{x^2}\ln x + \frac{\alpha}{x^2} \qquad (1.7.16)$$

$$G'_\alpha(x) = \left(\frac{xF'_\alpha(x)}{F_\alpha(x)}\right)' = \left(-\frac{1}{x}\ln \Gamma(x) + \psi(x) - \frac{\alpha}{x}\ln x + \frac{\alpha}{x}\right)' =$$

$$\frac{1}{x^2}\ln \Gamma(x) - \frac{\psi(x)}{x} + \psi'(x) + \frac{\alpha}{x^2}\ln x - \frac{2\alpha}{x^2}$$

记 $H_\alpha(x) = x^2 G'_\alpha(x) = \ln \Gamma(x) - x\psi(x) + x^2\psi'(x) + \alpha(\ln x - 2)$, 有

$$H'_\alpha(x) = x\left(\psi'(x) + x\psi''(x) + \frac{\alpha}{x^2}\right) \qquad (1.7.17)$$

引理 1.7.11 设 $\alpha < \beta$, 则在 $(0, e^2)$ 内, $H_\alpha(x) > H_\beta(x)$; 在 $(e^2, +\infty)$ 上, $H_\alpha(x) < H_\beta(x)$.

证明 显然有

$$H_\alpha(x) = H_\beta(x) + (\alpha - \beta)(\ln x - 2)$$

由此证得引理 1.7.11.

引理 1.7.12 $F_{\frac{1}{2}}$ 是 $\mathbb{R}_{++}$ 上的几何凸函数.

证明 据式 (1.7.4), 式 (1.6.4) 和式 (1.7.5), 有

$$H_{\frac{1}{2}}(x) = x^2 G'_{\frac{1}{2}}(x) = \ln \Gamma(x) - x\psi(x) + x^2\psi'(x) + \frac{1}{2}(\ln x - 2) >$$

$$\left(x - \frac{1}{2}\right)\ln x - x + \frac{1}{2}\ln(2\pi) - x\left(\ln x - \frac{1}{2x}\right) +$$

$$x^2\left(\frac{1}{x} + \frac{1}{2x^2}\right) + \frac{1}{2}(\ln x - 2) > \frac{1}{2}\ln(2\pi) > 0$$

所以引理 1.7.12 为真.

引理 1.7.13 F_1 是 $\mathbb{R}_{++}$ 上的几何凸函数.

证明 由式 (1.7.17) 和式 (1.7.1) 得

$$H'_1(x) = x\psi'(x) + x^2\psi''(x) + \frac{1}{x} > 0$$

所以 H_1 在 $\mathbb{R}_{++}$ 上为严格单调增加, 又

$$H_1(x) = \ln \Gamma(x) - x\psi(x) + x^2\psi'(x) + \ln x - 2 =$$

$$\sum_{k=1}^{\infty}\left[\frac{x}{k+x} + \frac{x^2}{(k+x)^2} - \ln\left(1 + \frac{x}{k}\right)\right]$$

易证此级数在 $[0,1]$ 上一致收敛, 有

$$H_1(0^+) = \sum_{k=1}^{\infty}\left\{\lim_{x\to 0^+}\left[\frac{x}{k+x}+\frac{x^2}{(k+x)^2}-\ln\left(1+\frac{x}{k}\right)\right]\right\} = 0$$

故有 $H_1(x) > 0$ 在 $\mathbb{R}_{++}$ 上成立,F_1 是 $\mathbb{R}_{++}$ 上的几何凸函数.

定理 1.7.14 设 $\frac{1}{2} \leqslant \alpha \leqslant 1$,$F_\alpha$ 是 $\mathbb{R}_{++}$ 上的几何凸函数①.

证明 由引理 1.7.12 和引理 1.7.13 知 $H_{\frac{1}{2}}(x) > 0, H_1(x) > 0$. 根据引理 1.7.11 知,当 $\alpha > \frac{1}{2}$ 时,在 $(e^2, +\infty)$ 上,$H_\alpha(x) > H_{\frac{1}{2}}(x) > 0$;当 $\alpha < 1$ 时,在 $(0, e^2)$ 内,$H_\alpha(x) > H_1(x) > 0$;由于连续性知,在 $\mathbb{R}_{++}$ 上有 $H_\alpha(x) \geqslant 0$,F_α 是 $\mathbb{R}_{++}$ 上的几何凸函数.

定理 1.7.15 设 $n \in \mathbb{N}_{++}$,则有

$$\left(\frac{n+1}{n}\right)^{1-\frac{\ln n}{2n}-\frac{1}{2n}\left(\ln(2\pi)-\frac{5}{6}\right)} \leqslant \frac{((n+1)!)^{\frac{1}{n+1}}}{(n!)^{\frac{1}{n}}} \leqslant$$
$$\left(\frac{n+1}{n}\right)^{1-\frac{3}{2n}\ln n-\frac{1}{2n}(\ln(2\pi)-1)}$$
(1.7.18)

证明 由 F_1 的几何凸性,式(1.4.1) 和式(0.1.11) 知

$$\left(\frac{n+1}{n}\right)^{\frac{nf'(n)}{f(n)}} \leqslant \frac{F_1(n+1)}{F_1(n)} \leqslant \left(\frac{n+1}{n}\right)^{\frac{(n+1)f'(n+1)}{f(n+1)}}$$

$$\left(\frac{n+1}{n}\right)^{\psi(n)-\frac{1}{n}(\ln\Gamma(n)+\ln n-1)} \leqslant \frac{((n+1)!)^{\frac{1}{n+1}}}{(n!)^{\frac{1}{n}}} \leqslant$$

$$\left(\frac{n+1}{n}\right)^{\psi(n+1)-\frac{1}{n}[\ln\Gamma(n+1)+\ln(n+1)-1]}$$

$$\left(\frac{n+1}{n}\right)^{\psi(n)-\frac{1}{n}(\ln\Gamma(n)+\ln n-1)} \leqslant \frac{((n+1)!)^{\frac{1}{n+1}}}{(n!)^{\frac{1}{n}}} \leqslant$$

$$\left(\frac{n+1}{n}\right)^{\psi(n)+\frac{1}{n}-\frac{1}{n}[\ln\Gamma(n)+\ln n+\ln(n+1)-1]}$$
(1.7.19)

由式(1.6.5) 和式(1.7.4),又有

$$\psi(n) - \frac{1}{n}(\ln\Gamma(n)+\ln n-1) > \ln n - \frac{1}{2n} - \frac{1}{12n^2} -$$
$$\frac{1}{n}\left(\left(n-\frac{1}{2}\right)\ln n - n + \frac{1}{2}\ln(2\pi) + \ln n - 1\right) =$$
$$1 - \frac{1}{12n^2} - \frac{1}{2n}\ln n - \frac{1}{2n}(\ln(2\pi)-1) >$$

---

① 文献[122]还讨论了 $\alpha \notin E$ 的情$\left[\frac{1}{2},1\right]$ 的情形.

$$1 - \frac{\ln n}{2n} - \frac{1}{2n}\left(\ln(2\pi) - \frac{5}{6}\right) \tag{1.7.20}$$

由式(1.6.4) 和式(1.7.4),有

$$\psi(n) + \frac{1}{n} - \frac{1}{n}[\ln \Gamma(n) + \ln n + \ln(n+1) - 1] <$$

$$\ln n - \frac{1}{2n} - \frac{1}{n}\left(\left(n - \frac{1}{2}\right)\ln n - n + \frac{1}{2}\ln(2\pi) + \frac{1}{n} + \ln n + \ln(n+1) - 1\right) =$$

$$1 - \frac{1}{2n}\ln n - \frac{1}{2n}(\ln(2\pi) - 1) - \frac{1}{n^2} - \frac{1}{n}\ln(n+1) =$$

$$1 - \frac{3}{2n}\ln n - \frac{1}{2n}(\ln(2\pi) - 1) \tag{1.7.21}$$

联立式(1.7.19),式(1.7.20) 和式(1.7.21),知式(1.7.18) 为真.

1.8 $\dfrac{\Gamma^{\frac{1}{x}}(x+1)}{\Gamma^{\frac{1}{y}}(y+1)}$ 的估计

当 $n \in \mathbb{N}_{++}$ 时,有 Minc - Sather 不等式[110]:$1 \leqslant \dfrac{((n+1)!)^{\frac{1}{(n+1)}}}{(n!)^{\frac{1}{n}}} \leqslant \dfrac{(n+1)}{n}$ 成立. 后 H. Alzer 把其改进为[170]

$$\frac{n + 2\sqrt{2} - 1}{n+1} \leqslant \frac{((n+1)!)^{\frac{1}{(n+1)}}}{(n!)^{\frac{1}{n}}} \leqslant \frac{n+2}{n+1} \tag{1.8.1}$$

上两式又可以分别写为

$$1 \leqslant \frac{(\Gamma(n+2))^{\frac{1}{(n+1)}}}{(\Gamma(n+1))^{\frac{1}{n}}} \leqslant \frac{n+1}{n}$$

$$\frac{n + 2\sqrt{2} - 1}{n+1} \leqslant \frac{(\Gamma(n+2))^{\frac{1}{(n+1)}}}{(\Gamma(n+1))^{\frac{1}{n}}} \leqslant \frac{n+2}{n+1} \tag{1.8.2}$$

Q. Feng 等在文献[171] 中,把它们加强为:设 $0 < y < x$,则

$$\sqrt{\frac{x+1}{y+1}} < \frac{(\Gamma(x+1))^{\frac{1}{x}}}{(\Gamma(y+1))^{\frac{1}{y}}} < \frac{x+1}{y+1} \tag{1.8.3}$$

本节将通过研究一个特定函数的几何凸性,得到 $\dfrac{(\Gamma(x+1))^{\frac{1}{x}}}{(\Gamma(x+1))^{\frac{1}{y}}}$ 的一个估计式,加强以上结果.

引理 1.8.1 当 $x \geqslant 1$ 时,$\dfrac{3x^4}{2} - \dfrac{11x^3}{6} + \dfrac{2x^2}{3} - \dfrac{x}{30} - \dfrac{2}{15} > 0$.

证明 设 $f: x \in [1, +\infty) \to \dfrac{3x^4}{2} - \dfrac{11x^3}{6} + \dfrac{2x^2}{3} - \dfrac{x}{30} - \dfrac{2}{15}$,则

$$f'(x) = 6x^3 - \frac{11x^2}{2} + \frac{4x}{3} - \frac{1}{30}$$

$$f''(x) = 18x^2 - 11x + \frac{4}{3} \geqslant 7x^2 + \frac{4}{3} > 0$$

故 $f'(x)$ 为单调递增函数,则 $f'(x) \geqslant f'(1) = 6 - \frac{11}{2} + \frac{4}{3} - \frac{1}{30} > 0$. 进一步 $f(x)$ 为单调增加函数,则 $f(x) \geqslant f(1) = \frac{3}{2} - \frac{11}{6} + \frac{2}{3} - \frac{1}{30} - \frac{2}{15} > 0$.

引理 1.8.2 若 $x > 1$,则 $(x+2)\psi'(x) + x(x+1)\psi''(x) > 0$.

证明 当 $x \geqslant 2$ 时,由式(1.6.6)和式(0.5.9)知

$$(x+2)\psi'(x) + x(x+1)\psi''(x) >$$

$$(x+2)\left(\frac{1}{x} + \frac{1}{2x^2}\right) + x(x+1)\left(-\frac{1}{x^2} - \frac{1}{x^3} - \frac{1}{2x^4}\right) =$$

$$\frac{1}{2x}\left(1 - \frac{1}{x} - \frac{1}{x^2}\right) \geqslant \frac{1}{2x}\left(1 - \frac{1}{2} - \frac{1}{2^2}\right) > 0$$

当 $1 \leqslant x < 2$ 时,因 $x+1 \geqslant 2$,依上式有

$$(x+3)\psi'(x+1) + (x+1)(x+2)\psi''(x+1) > 0 \qquad (1.8.4)$$

在式(0.5.11)的两边对 x 求导有

$$\psi'(x+1) = -\frac{1}{x^2} + \psi'(x), \quad \psi''(x+1) = \frac{2}{x^3} + \psi''(x)$$

式(1.8.4)化为

$$(x+3)\left(-\frac{1}{x^2} + \psi'(x)\right) + (x+1)(x+2)\left(\frac{2}{x^3} + \psi''(x)\right) > 0$$

$$\frac{x(x+3)}{x+2}\psi'(x) + x(x+1)\psi''(x) + \frac{x^2+3x+4}{x^2(x+2)} > 0$$

$$(x+2)\psi'(x) + x(x+1)\psi''(x) > \frac{x+4}{x+2}\psi'(x) - \frac{x^2+3x+4}{x^2(x+2)}$$

由式(0.5.8)(取 $i = 2$)知

$$(x+2)\psi'(x) + x(x+1)\psi''(x) >$$

$$\frac{x+4}{x+2}\left(\frac{1}{x} + \frac{1}{2x^2} + \frac{1}{6x^3} - \frac{1}{30x^5}\right) - \frac{x^2+3x+4}{x^2(x+2)} =$$

$$\frac{1}{x^5(x+2)}\left(\frac{3x^4}{2} - \frac{11x^3}{6} + \frac{2x^2}{3} - \frac{x}{30} - \frac{2}{15}\right)$$

再由引理 1.8.1 知 $(x+2)\psi'(x) + x(x+1)\psi''(x) > 0$. 引理证毕.

定理 1.8.3 函数 $f: x \in (1, +\infty) \to (\Gamma(x))^{\frac{1}{x-1}}$ 为几何凸函数.

证明 $\ln f(x) = \frac{\ln \Gamma(x)}{x-1}, \frac{f'(x)}{f(x)} = \frac{(x-1)\psi(x) - \ln \Gamma(x)}{(x-1)^2}$

$$\frac{xf'(x)}{f(x)} = \frac{x(x-1)\psi(x) - x\ln\Gamma(x)}{(x-1)^2} \qquad (1.8.5)$$

$$\left(\frac{xf'(x)}{f(x)}\right)' = \frac{x(x-1)^2\psi'(x) + (1-x^2)\psi(x) + (x+1)\ln\Gamma(x)}{(x-1)^3} \triangleq$$
$$\frac{(x+1)g(x)}{(x-1)^3}$$

其中
$$g(x) = \frac{x(x-1)^2\psi'(x)}{x+1} + (1-x)\psi(x) + \ln\Gamma(x), x > 1$$

根据引理 1.8.2,我们有
$$g'(x) = \frac{(x-1)^2(x+2)}{(x+1)^2}\psi'(x) + \frac{x(x-1)^2\psi''(x)}{x+1} =$$
$$\frac{(x-1)^2}{(x+1)^2}[(x+2)\psi'(x) + x(x+1)\psi''(x)] > 0$$

则 g 在 $(1, +\infty)$ 为单调增加函数. 又显然知 $\lim_{x\to 1^+} g(x) = 0$,故 $g(x) \geqslant 0$,因而 $\left(\frac{xf'(x)}{f(x)}\right)' \geqslant 0$,函数 f 为几何凸函数.

定理 1.8.4 若 $x > y > 0$,则
$$\left(\frac{x+1}{y+1}\right)^{\frac{(y+1)(1-\ln y + y\psi(y) - \ln\Gamma(y))}{y^2}} \leqslant \frac{(\Gamma(x+1))^{\frac{1}{x}}}{(\Gamma(y+1))^{\frac{1}{y}}} \leqslant$$
$$\left(\frac{x+1}{y+1}\right)^{\frac{(x+1)(1-\ln x + x\psi(x) - \ln\Gamma(x))}{x^2}} \tag{1.8.6}$$

证明 设 $f: x \in (1, +\infty) \to (\Gamma(x))^{\frac{1}{x-1}}$,由于 $x+1 > y+1 > 1$,由定理 1.4.10 和定理 1.8.4 知
$$\left(\frac{x+1}{y+1}\right)^{\frac{(y+1)f'(y+1)}{f(y+1)}} \leqslant \frac{(\Gamma(x+1))^{\frac{1}{x}}}{(\Gamma(y+1))^{\frac{1}{y}}} \leqslant \left(\frac{x+1}{y+1}\right)^{\frac{(x+1)f'(x+1)}{f(x+1)}}$$

根据式(1.8.5)和恒等式 $\Gamma(x+1) = x\Gamma(x), \psi(x+1) = \frac{1}{x} + \psi(x)$,我们有
$$\left(\frac{x+1}{y+1}\right)^{\frac{y(y+1)\psi(y+1) - (y+1)\ln\Gamma(y+1)}{y^2}} \leqslant \frac{(\Gamma(x+1))^{\frac{1}{x}}}{(\Gamma(y+1))^{\frac{1}{y}}} \leqslant$$
$$\left(\frac{x+1}{y+1}\right)^{\frac{x(x+1)\psi(x+1) - (x+1)\ln\Gamma(x+1)}{x^2}}$$
$$\left(\frac{x+1}{y+1}\right)^{\frac{y(y+1)\left(\psi(y)+\frac{1}{y}\right) - (y+1)(\ln\Gamma(y)+\ln y)}{y^2}} \leqslant \frac{(\Gamma(x+1))^{\frac{1}{x}}}{(\Gamma(y+1))^{\frac{1}{y}}} \leqslant$$
$$\left(\frac{x+1}{y+1}\right)^{\frac{x(x+1)\left(\psi(x)+\frac{1}{x}\right) - (x+1)(\ln\Gamma(x)+\ln x)}{x^2}} \tag{1.8.7}$$

式(1.8.7)即为式(1.8.5).

推论 1.8.5 若 $x > y > 0$,记 $a = \dfrac{\ln(2\pi) - 1}{2}$,则

$$\left(\frac{x+1}{y+1}\right)^{\frac{(y+1)\left(y - \frac{1}{2}\ln y - \frac{1}{6y} - a\right)}{y^2}} < \frac{(\Gamma(x+1))^{\frac{1}{x}}}{(\Gamma(y+1))^{\frac{1}{y}}} <$$

$$\left(\frac{x+1}{y+1}\right)^{\frac{(x+1)\left(x - \frac{1}{2}\ln x - \frac{1}{6x} + \frac{1}{90x^3} - a\right)}{x^2}} \tag{1.8.8}$$

证明 对于 $x, y > 0$,由式(0.5.6)和式(0.5.7)知

$$\frac{1}{2}\ln(2\pi) + \left(x - \frac{1}{2}\right)\ln x - x + \frac{1}{12x} - \frac{1}{360x^3} <$$

$$\ln \Gamma(x) < \frac{1}{2}\ln(2\pi) + \left(x - \frac{1}{2}\right)\ln x - x + \frac{1}{12x}$$

$$\ln x - \frac{1}{2x} - \frac{1}{12x^2} < \psi(x) < \ln x - \frac{1}{2x} - \frac{1}{12x^2} + \frac{1}{120x^4}$$

根据定理 1.8.4,结合上两式,经过一些简单的计算,我们可知推论成立.

推论 1.8.6 若 $x > y \geqslant 1$,记 $b = 2\ln(2\pi) - \dfrac{10}{3}$, $c = 15\ln(2\pi) - \dfrac{76}{3}$,则

$$\left(\frac{x+1}{y+1}\right)^{1 - 2\pi^2 e^{-\frac{13}{3}}} \leqslant \left(\frac{x+1}{y+1}\right)^{1 - \frac{\ln y + b}{2y}} < \frac{(\Gamma(x+1))^{\frac{1}{x}}}{(\Gamma(y+1))^{\frac{1}{y}}} < \left(\frac{x+1}{y+1}\right)^{1 - \frac{2\ln x + c}{15x}}$$

$$\tag{1.8.9}$$

证明 记 $a = \dfrac{\ln(2\pi) - 1}{2}$, $f(y) = \left(\dfrac{b}{2} - a + 1\right)y - \dfrac{\ln y}{2} - \dfrac{1}{6} - \dfrac{1}{6y} - a$,
其中 $y \geqslant 1$,则 $f(1) = 0$ 和

$$f'(y) = \frac{b}{2} - a + 1 - \frac{1}{2y} + \frac{1}{6y^2} = \frac{1}{2}\ln(2\pi) - \frac{1}{6} - \frac{1}{2y} + \frac{1}{6y^2} =$$

$$\frac{1}{6y^2}[(3\ln(2\pi) - 1)y^2 - 3y + 1] \geqslant$$

$$\frac{1}{6y^2}[(3\ln(2\pi) - 1)y - 3y + 1] =$$

$$\frac{1}{6y^2}[(3\ln(2\pi) - 4)y + 1] \geqslant \frac{1}{6y^2}[(3\ln(2\pi) - 4) + 1] > 0$$

故 $f(y) \geqslant f(1) = 0$,即

$$1 - \frac{\ln y + b}{2y} \leqslant \frac{(y+1)\left(y - \dfrac{\ln y}{2} - \dfrac{1}{6y} - a\right)}{y^2} \tag{1.8.10}$$

我们也易证 $1 - \dfrac{\ln y + b}{2y}$ 在 $y = e^{1-b} = \dfrac{e^{\frac{13}{3}}}{(2\pi)^2}$ 取最小值,则有

$$1 - 2\pi^2 e^{-\frac{13}{3}} \leq 1 - \frac{\ln y + b}{2y} \qquad (1.8.11)$$

设 $g(x) = (90a - 6c - 90)x + (33x + 45)\ln x + 15 + \frac{15}{x} - \frac{1}{x^2} - \frac{1}{x^3} + 90a$，$x \geq 1$，则有

$$g'(x) = (90a - 6c - 90) + 33\ln x + \frac{33x + 45}{x} - \frac{15}{x^2} + \frac{2}{x^3} + \frac{3}{x^4}$$

$$g''(x) = \frac{33}{x} - \frac{45}{x^2} + \frac{30}{x^3} - \frac{6}{x^4} - \frac{12}{x^5} = \frac{3}{x^5}(x-1)(11x^3 - 4x^2 + 6x + 4) \geq 0$$

所以 $g'(x)$ 在 $[1, +\infty)$ 为单调增加函数，又 $g'(1) = 85 - 45\ln(2\pi) > 0$，所以有 $g'(x) > 0$，进而有 $g(x) \geq g(1)$，而此时易验证 $g(1) = 0$. 至此我们已证

$$(90a - 6c - 90)x + (33x + 45)\ln x + 15 + \frac{15}{x} - \frac{1}{x^2} - \frac{1}{x^3} + 90a \geq 0$$

$$(15a - c - 15)x + \left(\frac{11}{2}x + \frac{15}{2}\right)\ln x + \frac{5}{2} + \frac{5}{2x} - \frac{1}{6x^2} - \frac{1}{6x^3} + 15a \geq 0$$

$$(x+1)\left(15x - \frac{15}{2}\ln x - \frac{5}{2x} + \frac{1}{6x^3} - 15a\right) \leq 15x^2 - x(2\ln x + c)$$

$$\frac{(x+1)\left(x - \frac{\ln x}{2} - \frac{1}{6x} + \frac{1}{90x^3} - a\right)}{x^2} \leq 1 - \frac{2\ln x + c}{15x} \qquad (1.8.12)$$

联立 $(1.8.8)$，$(1.8.10)$，$(1.8.11)$，$(1.8.12)$ 各式，知推论成立.

推论 1.8.7 若设 $x \geq 1$，$b = 2\ln(2\pi) - \frac{10}{3}$，$c = 15\ln(2\pi) - \frac{76}{3}$，$d = 3 - \ln 2\pi$，$g(x) = \max\left\{\frac{\ln x - d}{2x}, \frac{2\ln x + c}{15x}\right\}$，则有

$$\left(\frac{x+2}{x+1}\right)^{1-2\pi^2 e^{-\frac{13}{3}}} \leq \left(\frac{x+2}{x+1}\right)^{1-\frac{\ln x + b}{2x}} < \frac{(\Gamma(x+2))^{\frac{1}{x+1}}}{(\Gamma(x+1))^{\frac{1}{x}}} < \left(\frac{x+2}{x+1}\right)^{1-g(x)}$$

$$(1.8.13)$$

特别地，当 $n \in \mathbb{N}_{++}$ 时，有

$$\left(\frac{n+2}{n+1}\right)^{\frac{22-3\ln 2 - 6\ln(2\pi)}{12}} \leq \left(\frac{n+2}{n+1}\right)^{1-\frac{\ln n + b}{2n}} < \frac{((n+1)!)^{\frac{1}{n+1}}}{(n!)^{\frac{1}{n}}} <$$

$$\left(\frac{n+2}{n+1}\right)^{1-g(n)} \qquad (1.8.14)$$

证明 在式 $(1.8.9)$ 中令 x 为 $x+1$，y 为 x，则

$$\left(\frac{x+2}{x+1}\right)^{1-2\pi^2 e^{-\frac{13}{3}}} \leq \left(\frac{x+2}{x+1}\right)^{1-\frac{\ln x + b}{2x}} < \frac{(\Gamma(x+2))^{\frac{1}{x+1}}}{(\Gamma(x+1))^{\frac{1}{x}}} <$$

$$\left(\frac{x+2}{x+1}\right)^{1-\frac{2\ln x+c}{15x}} \tag{1.8.15}$$

在式(1.8.8)的右式中,令 x 为 $x+1$,y 为 x,有

$$\frac{(\Gamma(x+2))^{\frac{1}{x+1}}}{(\Gamma(x+1))^{\frac{1}{x}}} < \left(\frac{x+2}{x+1}\right)^{\frac{(x+2)\left(x+1-\frac{1}{2}\ln(x+1)-\frac{1}{6x+6}+\frac{1}{90(x+1)^3}-a\right)}{(x+1)^2}}$$

$$\tag{1.8.16}$$

其中 $a = \frac{\ln(2\pi)-1}{2}$. 由于 $-\frac{1}{(6x+6)} + \frac{1}{90(x+1)^3} < 0$, $\frac{\ln(x+1)}{2} > \frac{\ln x}{2}$ 为显然成立

$$1 + \frac{x+1-\frac{(x+2)\ln x}{2} - ax + 1 - \ln(2\pi)}{(x+1)^2} < 1 - \frac{\ln x - 3 + \ln(2\pi)}{2x}$$

也是易证,故有

$$\frac{(x+2)\left(x+1-\frac{\ln(x+1)}{2}-\frac{1}{(6x+6)}+\frac{1}{90(x+1)^3}-a\right)}{(x+1)^2} <$$

$$\frac{(x+2)\left(x+1-\frac{\ln x}{2}-a\right)}{(x+1)^2} =$$

$$1 + \frac{x+1-\frac{(x+2)\ln x}{2} - ax + 1 - \ln(2\pi)}{(x+1)^2} <$$

$$1 - \frac{\ln x - 3 + \ln(2\pi)}{2x} = 1 - \frac{\ln x - d}{2x} \tag{1.8.17}$$

结合(1.8.16),(1.8.17)两式知 $\frac{(\Gamma(x+2))^{\frac{1}{x+1}}}{(\Gamma(x+1))^{\frac{1}{x}}} < \left(\frac{x+2}{x+1}\right)^{1-\frac{\ln x-d}{2x}}$ 成立,至此式 (1.8.13) 得证.

在式(1.8.13)中令 $x=n$,再由恒等式 $\Gamma(n+1) = n!$,$\Gamma(n+2) = n!$ 知

$$\left(\frac{n+2}{n+1}\right)^{1-\frac{\ln n+b}{2n}} < \frac{((n+1)!)^{\frac{1}{n+1}}}{(n!)^{\frac{1}{n}}} < \left(\frac{n+2}{n+1}\right)^{1-g(n)}$$

又我们可以易证对于自然数 n,$1 - \frac{\ln n + b}{2n}$ 在 $n=2$ 时取最小值,所以

$$\left(\frac{n+2}{n+1}\right)^{1-\frac{\ln n+b}{2n}} \geq \left(\frac{n+2}{n+1}\right)^{1-\frac{\ln 2+b}{4}} = \left(\frac{n+2}{n+1}\right)^{\frac{22-3\ln 2-6\ln(2\pi)}{12}}$$

推论证毕.

推论 1.8.8 当 $x \geq 1$ 时,有

$$\frac{(\Gamma(x+2))^{\frac{1}{x+1}}}{(\Gamma(x+1))^{\frac{1}{x}}} < \left(\frac{x+2}{x+1}\right)^{\frac{4x+3}{4x+4}} \qquad (1.8.18)$$

特别地,当 $n \geq 1, n \in \mathbb{N}$ 时,有

$$\left(\frac{n+2}{n+1}\right)^{0.7411} < \frac{((n+1)!)^{\frac{1}{n+1}}}{(n!)^{\frac{1}{n}}} < \left(\frac{n+2}{n+1}\right)^{\frac{4n+3}{4n+4}} \qquad (1.8.19)$$

证明 当 $x \geq 1$ 时,有

$$-\frac{28}{45} + 2(x+1)\left[1 - \frac{5}{2(x+2)}\right] > -\frac{28}{45} + 2(x+1)\left(1 - \frac{5}{6}\right) >$$

$$-\frac{28}{45} + \frac{1}{3}(1+1) > 0$$

$$-\frac{28}{45} - \frac{5(x+1)}{(x+2)} + 2(x+1) > 0$$

$$-\frac{28}{45} - \frac{5(x+1)^2}{(x+2)^2} + 2(x+1) > 0$$

$$-\frac{28}{45(x+1)^2} - \frac{5}{(x+2)^2} + \frac{2}{x+1} > 0$$

$$\left[\frac{28}{45(x+1)} + 2\ln(2\pi) - 7 + \frac{5}{x+2} + 2\ln(x+1)\right]' > 0$$

所以

$$\frac{28}{45(x+1)} + (2\ln(2\pi) - 7) + \frac{5}{x+2} + 2\ln(x+1) \geq$$

$$\frac{28}{90} + (2\ln(2\pi) - 7) + \frac{5}{3} + 2\ln 2 > 0$$

$$(2\ln(2\pi) - 7)x + (4\ln(2\pi) - 9) + 2(x+2)\ln(x+1) > -\frac{28(x+2)}{45(x+1)} =$$

$$4(x+2)\left(-\frac{1}{6x+6} + \frac{1}{90(x+1)}\right) > 4(x+2)\left(-\frac{1}{6x+6} + \frac{1}{90(x+1)^3}\right)$$

即

$$4a(x+2) + 2(x+2)\ln(x+1) > 5x + 5 + 4(x+2)\left(-\frac{1}{6x+6} + \frac{1}{90(x+1)^3}\right)$$

$$(4x+3)(x+1) > 4(x+2)\left(x+1 - \frac{1}{2}\ln(x+1) - \frac{1}{6x+6} + \frac{1}{90(x+1)^3} - a\right)$$

$$\frac{4x+3}{4x+4} > \frac{(x+2)\left(x+1 - \frac{1}{2}\ln(x+1) - \frac{1}{6x+6} + \frac{1}{90(x+1)^3} - a\right)}{(x+1)^2}$$

$$(1.8.20)$$

根据式(1.8.16)和式(1.8.20)知式(1.8.18)成立.在式(1.8.14)中,$\frac{22 - 3\ln 2 - 6\ln(2\pi)}{12} > 0.741\,1$,进而式(1.8.19)也成立.

不难发现,当 $x > y \geqslant 1$ 时,式(1.8.13)已强于式(1.8.3),式(1.8.14)的右式和式(1.8.19)都强于式(1.8.2)的右式.当 $n \geqslant 8$ 时,式(1.8.14)的左式也强于式(1.8.2)的左式.

练习 1

1. ①讨论函数 $f(x) = -x^2 - x + 2$ 的几何凸性.

2. 设 $f:(a,b) \subseteq \mathbb{R}_{++} \to \mathbb{R}_{++}$ 为几何凸函数, $c,d,\alpha,\beta \in \mathbb{R}_{++}$ 和 $F(x) = cx^\alpha f^\beta(dx^\gamma)$,其中 $x \in \left(\left(\frac{a}{d}\right)^{\frac{1}{\gamma}}, \left(\frac{b}{d}\right)^{\frac{1}{\gamma}}\right)$,求证:$F$ 为几何凸的.

3. 设 $a_0 \neq 0, a_4 \neq 0$,有
$$f(x) = a_0 x^s + a_1 x^t + a_2 x^m + a_3 x^n + a_4 x^p$$
其中 $p,n,m,t,s \in \mathbb{N}_{++}, p > n > m > t > s \geqslant 0, x \in \mathbb{R}_{++}$,若知 f 为几何凸的,求证:$a_0 > 0, a_1 \geqslant 0, a_3 \geqslant 0, a_4 > 0$.

4. 求证:函数 $y = \dfrac{\arcsin x}{x}$ 在 $(0,1)$ 上是几何凸函数.

5. 设 θ 为方程 $1 - x\tan x = 0$ 在 $\left(0, \dfrac{\pi}{2}\right)$ 内的解,$a > 1$ 为常数,求证:当 $A,B \in \left[\theta, \dfrac{\pi}{2}\right]$ 时,有 $a + \sin(A^\alpha B^\beta) \geqslant (a + \sin A)^\alpha (a + \sin B)^\beta$.

6. 设 $n \geqslant 2, n \in \mathbb{N}_{++}, A_1, A_2, \cdots, A_n \in \left(0, \dfrac{\pi}{2}\right), \alpha_1, \alpha_2, \cdots, \alpha_n \geqslant 0, \alpha_1 + \alpha_2 + \cdots + \alpha_n = 1$.求证:$1 - \sin\left(\prod\limits_{i=1}^n A_i^{\alpha_i}\right) \geqslant \prod\limits_{i=1}^n (1 - \sin A_i)^{\alpha_i}$.

7. 求证:函数 $y = \dfrac{x}{e^x - 1}$ 在 $\mathbb{R}_{++}$ 上是几何凹函数.

8. 求证:函数 $y = x\arcsin x + \sqrt{1 - x^2}$ 在 $(0,1]$ 上是几何凸函数.

9. 设区间 $I \subseteq \mathbb{R}_{++}$,则 $f: I \to \mathbb{R}_{++}$ 为几何凸函数的充分必要条件是:对于 I 中任意的 $x_1 < x_2 < x_3$,有
$$\begin{vmatrix} \ln x_1 & \ln f(x_1) & 1 \\ \ln x_2 & \ln f(x_2) & 1 \\ \ln x_3 & \ln f(x_3) & 1 \end{vmatrix} \geqslant 0$$

---

① 练习 1~3 是由李世杰先生提供.

10. 利用恒等式

$$\sin x = x\prod_{n=1}^{+\infty}\left(1 - \frac{x^2}{n^2\pi^2}\right), \cos x = \prod_{n=1}^{+\infty}\left(1 - \frac{4x^2}{(2n-1)^2\pi^2}\right)$$

求证: $\sin x$ 在 $(0,\pi)$ 上为几何凹函数, $\cos x$ 在 $\left(0,\frac{\pi}{2}\right)$ 上为几何凹函数.

11. 利用恒等式 $\operatorname{sh} x = x\prod_{n=1}^{+\infty}\left(1 + \frac{x^2}{n^2\pi^2}\right)$ 和 $\operatorname{ch} x = \prod_{n=1}^{+\infty}\left(1 + \frac{4x^2}{(2n-1)^2\pi^2}\right)$, 求证: $\operatorname{sh} x$ 和 $\operatorname{ch} x$ 在 $\mathbb{R}_{++}$ 上都为几何凸的.

12. ① 设 $x \in \mathbb{R}_{++}, n \in \mathbb{N}_{++}$, 则

$$\sin^{2n}\frac{x^n\pi}{\sum_{i=0}^{2n} x^i} \geq \prod_{i=0,\neq n}^{2n}\sin\frac{x^k\pi}{\sum_{i=0}^{2n} x^i}$$

$$\cos^{2n}\frac{x^n\pi}{2\sum_{i=0}^{2n} x^i} \geq \prod_{i=0,\neq n}^{2n}\cos\frac{x^k\pi}{2\sum_{i=0}^{2n} x^i}$$

$$\tan^{2n}\frac{x^n\pi}{2\sum_{i=0}^{2n} x^i} \leq \prod_{i=0,\neq n}^{2n}\tan\frac{x^k\pi}{2\sum_{i=0}^{2n} x^i}$$

13. $n \in \mathbb{N}_{++}, x_i, y_i, p_i, \lambda, \mu \in \mathbb{N}_{++}, i = 1,2,\cdots,n$, 且 $\sum_{i=1}^{n} p_i^{-1} = 1$, 则

$$\prod_{i=1}^{n}(\lambda x_i^{p_i} + \mu y_i^{p_i})^{\frac{1}{p_i}} \geq \lambda\prod_{i=1}^{n} x_i + \mu\prod_{i=1}^{n} y_i$$

$$\prod_{i=1}^{n}(x_i^{p_i} + y_i^{p_i})^{\frac{1}{p_i}} \geq \prod_{i=1}^{n} x_i + \prod_{i=1}^{n} y_i$$

(提示: 考虑 $f(t) = \lambda t + \mu$ 在 $\mathbb{R}_{++}$ 上的几何凸性, 且设 $t_i = \frac{x_i}{y_i}$).

14. 设 $n \in \mathbb{N}_{++}, r, \lambda_i \in \mathbb{R}_{++}(i = 1,2,\cdots,n)$, 且 $\sum_{i=1}^{n}\lambda_i = 1$.

(i) 若 $0 < x_i < \left(2r + \sqrt{4r^2+1}\right)^{\frac{1}{2r}}$, 则

$$\prod_{i=1}^{n}(x_i^r + x_i^{-r})^{\lambda_i} \geq \left(\sum_{i=1}^{n}\lambda_i x_i\right)^r + \left(\sum_{i=1}^{n}\lambda_i x_i\right)^{-r}$$

(ii) 若 $x_i > \left(2r + \sqrt{4r^2+1}\right)^{\frac{1}{2r}}$, 则

$$\prod_{i=1}^{n}(x_i^r + x_i^{-r})^{\lambda_i} \leq \left(\sum_{i=1}^{n}\lambda_i x_i\right)^r + \left(\sum_{i=1}^{n}\lambda_i x_i\right)^{-r}$$

---

① 练习 12 ~ 14 见文献[45].

(iii) 若 $x_i \in \mathbb{R}_{++}$, $\sum_{i=1}^{n} x_i = 1$,则

$$\prod_{i=1}^{n}(x_i^r + x_i^{-r}) \geqslant (n^r + n^{-r})^n$$

15. 设 $f: x \in [\frac{\sqrt{6}}{6}, +\infty) \to \frac{\Gamma(x)}{x^x}$,则 f 为几何凹函数①.

---

① 此函数的 S - 凸性参见文献[3] 的 P.76.

第 2 章　n 维几何凸函数

本章将把几何凸(凹)函数的定义拓广到 n 维空间,使其应用更广泛.文献[15]给出了定义在 $\mathbb{R}_{++}^n$ 上的 n 维几何凸函数,而文献[16]、[29]定义了对数凸集[①]上的多维几何凸函数.

对于 $\boldsymbol{x} = (x_1, x_2, \cdots, x_n) \in \mathbb{R}^n, \boldsymbol{y} = (y_1, y_2, \cdots, y_n) \in \mathbb{R}^n$,定义 $\mathbb{R}^n \times \mathbb{R}^n \to \mathbb{R}^n$ 的映射 $\boldsymbol{x} \cdot \boldsymbol{y} = (x_1 y_1, x_2 y_2, \cdots, x_n y_n)$,定义 $\mathbb{R}^n \to \mathbb{R}^n$ 的映射 $\mathrm{e}^{\boldsymbol{x}} = (\mathrm{e}^{x_1}, \mathrm{e}^{x_2}, \cdots, \mathrm{e}^{x_n})$;若 $\alpha \in \mathbb{R}_{++}, \boldsymbol{x} \in \mathbb{R}_+^n$,定义 $\boldsymbol{x}^{\alpha} = (x_1^{\alpha}, x_2^{\alpha}, \cdots, x_n^{\alpha})$;若 $\boldsymbol{x} \in \mathbb{R}_{++}^n$,定义 $\ln \boldsymbol{x} = (\ln x_1, \ln x_2, \cdots, \ln x_n)$;另本节以下都设 α 和 β 是满足 $\alpha > 0, \beta > 0, \alpha + \beta = 1$ 的任何实数,$n \in \mathbb{N}_{++}$ 和 $n \geqslant 2$.

2.1　对数凸集

多维几何凸函数须在对数凸集上定义,这一节将介绍对数凸集的定义和性质.

定义 2.1.1　设 $E \subseteq \mathbb{R}_{++}^n$,称 E 为对数凸集,如果任取其中的两点 $\boldsymbol{x}, \boldsymbol{y} \in E$,都有 $\boldsymbol{x}^{\alpha} \boldsymbol{y}^{\beta} \in E$.

设 $E \subseteq \mathbb{R}_{++}^n$,记 $\ln E = \{\ln \boldsymbol{x} \mid \boldsymbol{x} \in E\}$.

[①] 在文献[16]和[29]中,其被称为几何凸集.

定理 2.1.2 设 $E \subseteq \mathbb{R}_{++}^n$,则 E 为对数凸集的充分必要条件为:$\ln E$ 是 $\mathbb{R}^n$ 的凸集.

证明 充分性容易证明.下证必要性:任取 $u,v \in \ln E$,设 $u = \ln \boldsymbol{x}$,$v = \ln \boldsymbol{y}$,其中 $\boldsymbol{x},\boldsymbol{y} \in E$,$\alpha u + \beta v = \ln(\boldsymbol{x}^\alpha \boldsymbol{y}^\beta)$,因 $E \subseteq \mathbb{R}_{++}^n$ 为对数凸集,所以
$$\boldsymbol{x}^\alpha \boldsymbol{y}^\beta \in E, \quad \alpha u + \beta v = \ln(\boldsymbol{x}^\alpha \boldsymbol{y}^\beta) \in \ln E$$

推论 2.1.3 设 $E \subseteq \mathbb{R}_{++}^n$ 为闭集,则 E 为对数凸集的充分必要条件为:任取 $\boldsymbol{x},\boldsymbol{y} \in E$,都有 $\boldsymbol{x}^{\frac{1}{2}} \boldsymbol{y}^{\frac{1}{2}} \in E$.

这由定理 2.1.2 和凸集的性质可推得.

定义 2.1.4 设 $\boldsymbol{x},\boldsymbol{y} \in \mathbb{R}_{++}^n$,点 $\boldsymbol{x}^{\frac{1}{2}} \boldsymbol{y}^{\frac{1}{2}} = (\sqrt{x_1 y_1}, \sqrt{x_2 y_2}, \cdots, \sqrt{x_n y_n})$ 称为 $\boldsymbol{x}$ 与 $\boldsymbol{y}$ 的几何中点.

推论 2.1.3* 设 $E \subseteq \mathbb{R}_{++}^n$ 为闭集,则 E 为对数凸集的充分必要条件为:E 中任两点的几何中点也属于 E.

定理 2.1.5 (ⅰ) $\mathbb{R}_{++}^n$ 中的对数凸集在 $\mathbb{R}_{++}^n$ 中的闭包为对数凸集.

(ⅱ) 有限个或无限个对数凸集的交为对数凸集.

证明 (ⅰ)设 $E \subseteq \mathbb{R}_{++}^n$ 为对数凸集,下证 E 在 $E \subseteq \mathbb{R}_{++}^n$ 中的闭包 $\bar{E}$ 为对数凸集.任取两点 $\boldsymbol{x},\boldsymbol{y} \in \bar{E}$,先证 $\boldsymbol{x},\boldsymbol{y} \notin E$ 的情形,则存在 E 中的点列 $\{\boldsymbol{x}^{(n)}\}_{n=1}^{+\infty}$ 和 $\{\boldsymbol{y}^{(n)}\}_{n=1}^{+\infty}$,当 $n \to +\infty$ 时,有 $\boldsymbol{x}^{(n)} \to \boldsymbol{x}$,$\boldsymbol{y}^{(n)} \to \boldsymbol{y}$,$(\boldsymbol{x}^{(n)})^{\frac{1}{2}}(\boldsymbol{y}^{(n)})^{\frac{1}{2}} \to \boldsymbol{x}^{\frac{1}{2}} \boldsymbol{y}^{\frac{1}{2}}$,由于 E 为对数凸集,故 $(\boldsymbol{x}^{(n)})^{\frac{1}{2}}(\boldsymbol{y}^{(n)})^{\frac{1}{2}} \in E$,所以 $\boldsymbol{x}^{\frac{1}{2}} \boldsymbol{y}^{\frac{1}{2}} \in E$,则根据推论 2.1.3 知 $\bar{E}$ 为对数凸集.对于 $\boldsymbol{x},\boldsymbol{y}$ 的其余情形,为同理证明,在此从略.

(ⅱ)利用交集的定义即得.

定理 2.1.6 设 $E \subseteq \mathbb{R}_{++}^n$,则 E 为对数凸集的充分必要条件为:任取 $\boldsymbol{x},\boldsymbol{y} \in E$,有
$$\left\{(z_1, z_2, \cdots, z_n) \;\middle|\; \frac{\ln z_1 - \ln x_1}{\ln y_1 - \ln x_1} = \frac{\ln z_2 - \ln x_2}{\ln y_2 - \ln x_2} = \cdots = \frac{\ln z_n - \ln x_n}{\ln y_n - \ln x_n};\right.$$
$$\left. \min(x_i, y_i) \leq z_i \leq \max(x_i, y_i), i = 1,2,\cdots,n \right\} \subseteq E$$

证明 必要性:因
$$\min(x_i, y_i) \leq z_i \leq \max(x_i, y_i), i = 1,2,\cdots,n$$
令
$$\alpha = \frac{\ln z_1 - \ln x_1}{\ln y_1 - \ln x_1} = \frac{\ln z_2 - \ln x_2}{\ln y_2 - \ln x_2} = \cdots = \frac{\ln z_n - \ln x_n}{\ln y_n - \ln x_n} \quad (2.1.1)$$
则有 $0 \leq \alpha \leq 1$,且由式(2.1.1)知
$$\alpha \ln \frac{y_i}{x_i} = \ln \frac{z_i}{x_i}, \left(\frac{y_i}{x_i}\right)^\alpha = \frac{z_i}{x_i}, z_i = x_i^{1-\alpha} y_i^\alpha$$

$$(z_1, z_2, \cdots, z_n) = (x_1^{1-\alpha} y_1^\alpha, x_2^{1-\alpha} y_2^\alpha, \cdots, x_n^{1-\alpha} y_n^\alpha) = \boldsymbol{x}^{1-\alpha} \boldsymbol{y}^\alpha \in E$$
必要性得证；至于充分性，只要将以上步骤逆推一下即可.

下面给出几个 $\mathbb{R}_{++}^n$ 中常见的对数凸集.

定理 2.1.7 $E = \{\boldsymbol{x} \in \mathbb{R}_{++}^n \mid \sum_{i=1}^n x_i^t \leqslant r, t \in \mathbb{R}, r > 0\}$ 为对数凸集.

证明 任取 $\boldsymbol{x}, \boldsymbol{y} \in E$，有 $\boldsymbol{x}^\alpha \boldsymbol{y}^\beta = (x_1^\alpha y_1^\beta, x_2^\alpha y_2^\beta, \cdots, x_n^\alpha y_n^\beta)$，由 Holder 不等式知

$$\sum_{i=1}^n (x_i^\alpha y_i^\beta)^t \leqslant \left(\sum_{i=1}^n x_i^t\right)^\alpha \left(\sum_{i=1}^n y_i^t\right)^\beta \leqslant r^{\alpha+\beta} = r$$

故 $\boldsymbol{x}^\alpha \boldsymbol{y}^\beta \in E$，$E$ 为对数凸集.

推论 2.1.8 （ⅰ）超球体的一部分 $E = \{\boldsymbol{x} \in \mathbb{R}_{++}^n \mid \sum_{i=1}^n x_i^2 \leqslant r^2, r > 0\}$ 为对数凸集.

（ⅱ）$E = \{\boldsymbol{x} \in \mathbb{R}_{++}^n \mid \sum_{i=1}^n x_i \leqslant r, r > 0\}$ 为对数凸集.

这是定理 2.1.7 的 $t = 1, 2$ 的情形.

定理 2.1.9 设 $H \subseteq \mathbb{R}_{++}^n, E \subseteq \mathbb{R}_{++}^m$ 为对数凸集，则 $H \times E \triangleq \{(\boldsymbol{x}, \boldsymbol{y}) \mid \boldsymbol{x} \in H, \boldsymbol{y} \in E\}$ 为 $\mathbb{R}_{++}^{n+m}$ 中的对数凸集.

作为练习，证明在此略.

定理 2.1.10 （ⅰ）设 $a_i, b_i \in \mathbb{R}_{++}, i = 1, 2, \cdots, n$，则长方体
$$E = \{\boldsymbol{x} \mid a_i \leqslant x_i \leqslant b_i, i = 1, 2, \cdots, n\}$$
$$F = \{\boldsymbol{x} \mid a_i < x_i \leqslant b_i, i = 1, 2, \cdots, n\}$$
$$H = \{\boldsymbol{x} \mid a_i \leqslant x_i < b_i, i = 1, 2, \cdots, n\} \quad (2.1.2)$$
$$M = \{\boldsymbol{x} \mid a_i < x_i < b_i, i = 1, 2, \cdots, n\} \quad (2.1.3)$$

都为对数凸集，其中式(2.1.2) 和式(2.1.3) 中的某些或全体 b_i 可为无穷，命题也成立.

（ⅱ）$E = \{\boldsymbol{x} \in \mathbb{R}_{++}^n \mid \prod_{i=1}^n x_i \leqslant r, r > 0\}$ 为对数凸集.

证明 （ⅰ）在数轴上，$E_i = \{x_i \mid a_i \leqslant x_i \leqslant b_i\}, i = 1, 2, \cdots, n$，显然为对数凸集，根据定理 2.1.9，$E_1 \times E_2 \times \cdots \times E_n = E$ 为对数凸集；至于集合 F, H, M 同理可证.

（ⅱ）任取 $\boldsymbol{x}, \boldsymbol{y} \in E$，有 $\boldsymbol{x}^\alpha \boldsymbol{y}^\beta = \{x_1^\alpha y_1^\beta, x_2^\alpha y_2^\beta, \cdots, x_n^\alpha y_n^\beta\}$，因

$$\prod_{i=1}^n x_i^\alpha y_i^\beta = \left(\prod_{i=1}^n x_i\right)^\alpha \left(\prod_{i=1}^n y_i\right)^\beta \leqslant r^\alpha r^\beta = r$$

所以 E 为对数凸集.

定理 2.1.11 设 s 为一个正常数,则 $E = \{x \in \mathbb{R}_{++}^n \mid \prod_{i=1}^n x_i = s\}$ 为对数凸集.

定理 2.1.12 设 $E \subseteq \mathbb{R}_{++}^n, a = (a_1, a_2, \cdots, a_n) \in \mathbb{R}_{++}^n$,则
$$H = \{(a_1 x_1, a_2 x_2, \cdots, a_n x_n) \mid x \in E\}$$
为对数凸集当且仅当 E 为对数凸集.

利用对数凸集的定义容易证明定理 2.1.11 和定理 2.1.12.

定义 2.1.13 设 $E \subseteq \mathbb{R}_{++}^n$,函数 $f: E \to \mathbb{R}$,则称 $\{(x, y) \mid y \geq f(x), x \in E\}$ 为 f 在 E 上的上图象①,记为 $\check{E}$;$\{(x, y) \mid y \leq f(x), x \in E\}$ 为 f 在 E 上的下图象,记为 $\hat{E}$.

定理 2.1.14 若 F 在 $E \subseteq \mathbb{R}_+^n$ 上是几何凸函数,则 $\check{E}$ 是 $\mathbb{R}_+^{n+1}$ 中的对数凸集.

证明 任取 $\check{E}$ 中的二点
$$(x_1, y_1) = (x_{11}, x_{12}, \cdots, x_{1n}, y_1), \quad (x_2, y_2) = (x_{21}, x_{22}, \cdots, x_{2n}, y_2)$$
下证 $(\sqrt{x_{11} x_{21}}, \sqrt{x_{12} x_{21}}, \cdots, \sqrt{x_{1n} x_{2n}}, \sqrt{y_1 y_2})$ 也属于 $\check{E}$,因
$$y_1 \geq f(x_{11}, x_{12}, \cdots, x_{1n}), \quad y_2 \geq f(x_{21}, x_{22}, \cdots, x_{2n})$$
由几何凸函数的性质知
$$\sqrt{y_1 y_2} \geq \sqrt{f(x_{11}, x_{12}, \cdots, x_{1n}) \cdot f(x_{21}, x_{22}, \cdots, x_{2n})} \geq f(\sqrt{x_{11} x_{21}}, \sqrt{x_{12} x_{22}}, \cdots, \sqrt{x_{1n} x_{2n}})$$
所以 $(\sqrt{x_{11} x_{21}}, \sqrt{x_{12} x_{21}}, \cdots, \sqrt{x_{1n} x_{2n}}, \sqrt{y_1 y_2})$ 也属于 $\check{E}$, $\check{E}$ 为对数凸集.

同理可证定理 2.1.15.

定理 2.1.15 若 f 在 $E \subseteq \mathbb{R}_{++}^n$ 上是几何凹函数,则 f 的下图像 $\hat{E}$ 与 $\mathbb{R}_{++}^{n+1}$ 的交集为对数凸集.

反过来,我们也有下定理 2.1.16 和定理 2.1.17 成立.

定理 2.1.16 设 $E \subseteq \mathbb{R}_{++}^n$ 为闭的对数凸集,定义 $\tilde{E} = \{(x_1, x_2, \cdots, x_{n-1}) \mid x \in E\}$,和 $f: \tilde{E} \to \mathbb{R}_{++}$,其中 $f(z) = \inf\{t \mid (z, t) \in E\}$,则 f 在 $\tilde{E}$ 上是几何凸的.

证明 先证 $\tilde{E}$ 为 $\mathbb{R}_+^{n-1}$ 中的对数凸集,任取 $z_1, z_2 \in \tilde{E}$,存在正数 t_1, t_2,使得 $(z_1, t_1) \in E, (z_2, t_2) \in E$,因 E 为对数凸集,故 $(z_1^{\frac{1}{2}} z_2^{\frac{1}{2}}, \sqrt{t_1 t_2}) \in E$,则 $(z_1 z_2)^{\frac{1}{2}} \in \tilde{E}$,所以 $\tilde{E}$ 为对数凸集.

由于 E 为闭集,则易知 f 取值为正. 同时

---
① 类似的定义可见文献[111]等.

$$f(z_1^{\frac{1}{2}} z_2^{\frac{1}{2}}) = \inf\{t \mid (z_1^{\frac{1}{2}} z_2^{\frac{1}{2}}, t) \in E\}$$

$$f(z_1) = \inf\{t \mid (z_1, t) \in E\}$$

$$f(z_2) = \inf\{t \mid (z_2, t) \in E\}$$

则对任取 ε, 当 $0 < \varepsilon < \min\{f(z_1), f(z_2)\}$ 时, 存在正数 t_1, t_2, 使得 (z_1, t_1), $(z_2, t_2) \in \varepsilon$, $f(z_1) \geq t_1 + \varepsilon$, $f(z_2) \geq t_2 + \varepsilon$, 又知 $(z_1^{\frac{1}{2}} z_2^{\frac{1}{2}}, \sqrt{t_1 t_2}) \in E$, 所以

$$f(z_1^{\frac{1}{2}} z_2^{\frac{1}{2}}) \leq \sqrt{t_1 t_2} \leq \sqrt{(f(z_1) - \varepsilon)(f(z_2) - \varepsilon)}$$

令 $\varepsilon \to 0$ 知

$$f((z_1 z_2)^{\frac{1}{2}}) \leq f(f(z_1)f(z_2))^{\frac{1}{2}}$$

则 f 在 $\widetilde{E}$ 上是几何凸函数. 定理 2.1.16 证毕.

同样的道理可证以下定理 2.1.17, 证明过程本文在此略.

定理 2.1.17 设 $n \geq 2$, $n \in \mathbb{N}$, $E \subseteq \mathbb{R}_{++}^n$ 为对数凸集, $\widetilde{E}$ 如定理 2.1.16 定义, 若设 $f(z) = \sup\{t \mid (z, t) \in E\}$, $z \in \widetilde{E}$, 则 $f: \widetilde{E} \to \mathbb{R}_{++}$, 且当 $f(z) < +\infty$ 恒成立, 则 f 在 $\widetilde{E}$ 上为几何凹函数.

2.2 $\mathbb{R}_{++}^2$ 中的圆与对数凸集

推论 2.1.8 的结论是令人不满意的, 有没有更美观的结果呢, 在 $\mathbb{R}_{++}^n$ 的超球体是否为对数凸集? 当然先在 2 维空间中考虑, 即在平面直角坐标系的第一象限内的圆是否为对数凸集? 本节涉及的圆和半圆指的是圆面和半圆面, 不是指通常意义上的圆周和半圆周.

设圆 O 方程为 $(x - a)^2 + (y - b)^2 \leq r^2$, 为了保证圆在第一象限内, 再设 $a > r > 0$, $b > r > 0$, 在圆内任取两点 $A(x_1, y_1)$, $B(x_2, y_2)$, 那么几何中点 $C(\sqrt{x_1 x_2}, \sqrt{y_1 y_2})$ 在不在圆内? 若存在 C 在圆外, 则圆 O 不为对数凸集, 否则圆 O 为对数凸集. 此时可设 $A(a + r_1 \cos\theta_1, b + r_1 \sin\theta_1)$ 和 $B(a + r_2 \cos\theta_2, b + r_2 \sin\theta_2)$ 且 $0 < r_1, r_2 \leq r$, 要考虑

$$C(\sqrt{(a + r_1 \cos\theta_1)(a + r_2 \cos\theta_2)}, \sqrt{(b + r_1 \sin\theta_1)(b + r_2 \sin\theta_2)})$$

在不在圆内, 即问 $a > r > 0$, $b > r > 0$ 在条件

$$[\sqrt{(a + r_1 \cos\theta_1)(a + r_2 \cos\theta_2)} - a]^2 + [\sqrt{(b + r_1 \sin\theta_1)(b + r_2 \sin\theta_2)} - b]^2 \leq r^2 \tag{2.2.1}$$

下是否恒成立, 将 $\dfrac{a}{r}$ 和 $\dfrac{b}{r}$ 分别用 a 和 b 代替, $\dfrac{r_1}{r}$ 和 $\dfrac{r_2}{r}$ 分别用 r_1 和 r_2 代替, 则式

(2.2.1) 化为

$$\left[\sqrt{(a+r_1\cos\theta_1)(a+r_2\cos\theta_2)} - a\right]^2 + \\ \left[\sqrt{(b+r_1\sin\theta_1)(b+r_2\sin\theta_2)} - b\right]^2 \leqslant 1 \quad (2.2.2)$$

其中 $a > 1, b > 1, r_1 \leqslant 1, r_2 \leqslant 1$. 凭感觉圆是够"凸"的,所以作者开始猜想式(2.2.1)是成立的,然而事实并非如此. 成都科学院杨路研究员和他的博士研究生夏时洪先生,凭借他们自己开发的 BOTTEMA 软件,找出了反例:

$$r_1 = r_2 = 1, a = b = \frac{5\,285\,413}{5\,285\,412}$$

$$\cos\theta_1 = \frac{1-u^2}{1+u^2}, \sin\theta_1 = \frac{2u}{1+u^2}, \cos\theta_2 = \frac{1-v^2}{1+v^2}, \sin\theta_2 = \frac{2v}{1+v^2}$$

其中 $u = 111, v = 0.2$.

现把已有的结果介绍如下.

定理 2.2.1① 设 $a > r > 0, b > r > 0$,四分之一圆

$$E = \{(x,y) \mid (x-a)^2 + (y-b)^2 \leqslant r^2, x \geqslant a, y \geqslant b\}$$

则 E 为对数凸集.

证明 根据上面分析,只要证当 $0 \leqslant \theta_1, \theta_2 \leqslant \frac{\pi}{2}$ 时,使得式(2.2.1)成立即可. 有

$$\left[\sqrt{(a+r_1\cos\theta_1)(a+r_2\cos\theta_2)} - a\right]^2 + \\ \left[\sqrt{(b+r_1\sin\theta_1)(b+r_2\sin\theta_2)} - b\right]^2 \leqslant \\ \left[\frac{(r_1\cos\theta_1+a)+(r_2\cos\theta_2+a)}{2} - a\right]^2 + \\ \left[\frac{(r_1\cos\theta_1+b)+(r_2\cos\theta_2+b)}{2} - b\right]^2 = \\ \left(\frac{r_1\cos\theta_1+r_2\cos\theta_2}{2}\right)^2 + \left(\frac{r_1\sin\theta_1+r_2\sin\theta_2}{2}\right)^2 \leqslant \\ \left(\frac{\cos\theta_1+\cos\theta_2}{2}\right)^2 + \left(\frac{\sin\theta_1+\sin\theta_2}{2}\right)^2 \leqslant \\ \frac{\cos^2\theta_1+\cos^2\theta_2}{2} + \frac{\sin^2\theta_1+\sin^2\theta_2}{2} = 1$$

故 E 为对数凸集.

杨路老师利用 BOTTEMA 软件,还给出了定理 2.2.2 和定理 2.2.3 的证明.

定理 2.2.2 设 $a \geqslant \frac{4\sqrt{6}r}{9} > 0, b \geqslant \frac{4\sqrt{6}r}{9}$,则半圆

---

① 这个结果是张晗方先生通过书信告知作者的.

$$\{(x,y) \mid (x-a)^2 + (y-b)^2 \leq r^2, y \geq b\}$$
$$\{(x,y) \mid (x-a)^2 + (y-b)^2 \leq r^2, x \geq b\}$$

为对数凸集,且在此形式下,系数 $\dfrac{4\sqrt{6}}{9}$ 为最小的.

定理 2.2.3 当 $a \geq \dfrac{\sqrt{66+6\sqrt{13}}}{9} r$ 时,则半圆

$$\{(x,y) \mid (x-a)^2 + (y-a)^2 \leq r^2, y \geq a\}$$
$$\{(x,y) \mid (x-a)^2 + (y-a)^2 \leq r^2, x \geq a\}$$

为对数凸集,且系数 $\dfrac{\sqrt{66+6\sqrt{13}}}{9}$ 是最小的.

为了得到一个整圆为对数凸集的充分条件,下面介绍三个引理.

引理 2.2.4 设 $a \geq |b|, a \geq |c|$,则有

$$[\sqrt{(a+b)(a+c)} - a]^2 \leq [a - \sqrt{(a-|b|)(a-|c|)}]^2 \tag{2.2.3}$$

证明 当 b,c 同时小于零时,式(2.2.3)左右两边相等,下证 b,c 不同时小于零的情形.只要证

$$[\sqrt{(a+b)(a+c)} - \sqrt{(a-|b|)(a-|c|)}] \times$$
$$[2a - \sqrt{(a+b)(a+c)} - \sqrt{(a-|b|)(a-|c|)}] \geq 0$$

$\sqrt{(a+b)(a+c)} - \sqrt{(a-|b|)(a-|c|)}$ 显然非负,所以只要证

$$2a \geq \sqrt{(a+b)(a+c)} + \sqrt{(a-|b|)(a-|c|)}$$

两边平方,整理后有

$$2a^2 \geq ab + ac + bc - a|b| - a|c| + |bc| + 2\sqrt{(a+b)(a+c)}\sqrt{(a-|b|)(a-|c|)} \tag{2.2.4}$$

当 b,c 为同时非负时,式(2.2.4)化为

$$a^2 - bc \geq \sqrt{(a^2-b^2)(a^2-c^2)}$$
$$a^4 - 2a^2 bc + b^2 c^2 \geq a^4 - a^2(b^2+c^2) + b^2 c^2$$

上式显然成立.

当 b,c 一个为非负,一个为负时,不妨设 c 为负,则式(2.2.4)化为

$$a^2 + a|c| \geq \sqrt{(a^2-b^2)(a-|c|)^2}$$

而此时有

$$a + |c| \geq \sqrt{(a-|c|)^2}$$
$$a^2 + a|c| \geq \sqrt{a^2(a-|c|)^2} \geq \sqrt{(a^2-b^2)(a-|c|)^2}$$

故式(2.2.4)成立.

引理 2.2.5 设 $a \geq b \geq 0, a \geq c \geq 0$,则函数

$$f(a) = a - \sqrt{(a-b)(a-c)}$$

为减函数.

此引理为易证,我们在此略.

引理 2.2.6 当 $a \geqslant \sqrt{2}$ 时,则圆 $\{(x,y) \mid (x-a)^2 + (y-a)^2 \leqslant 1\}$ 为对数凸集,且常数 $\sqrt{2}$ 是最小的.

证明 设 $(x-a)^2 + (y-a)^2 \leqslant 1$,则 $a - \sqrt{1-(x-a)^2} \leqslant y \leqslant a + \sqrt{1-(x-a)^2}$. 若此时设 $f_1(x) = a - \sqrt{1-(x-a)^2}$,$f_2(x) = a + \sqrt{1-(x-a)^2}$,其中 $x \in [a-1, a+1]$,则 $f_1(x), f_2(x)$ 取值为正;设 f_1 的上图象 $\breve{E}$,f_2 的下图象 $\hat{E}$,则

$$\{(x,y) \mid (x-a)^2 + (y-a)^2 \leqslant 1\} = \hat{E} \cap \breve{E}$$

若我们能证 f_1 为几何凸函数,f_2 为几何凹函数,则由定理 2.1.14 和定理 2.1.15 知 $\breve{E}$ 和 $\hat{E} \cap \mathbb{R}_{++}^2$ 都为对数凸集,进而知 $\hat{E} \cap \breve{E} \cap \mathbb{R}_{++}^2 = \hat{E} \cap \breve{E} = \{(x,y) \mid (x-a)^2 + (y-a)^2 \leqslant 1\}$ 为对数凸集,引理由此就能得证. 由

$$f'_1(x) = \frac{x-a}{\sqrt{1-(x-a)^2}}, \quad f''_1(x) = \frac{1}{\sqrt{1-(x-a)^2}[1-(x-a)^2]}$$

$$x[f_1(x)f''_1(x) - (f'_1(x))^2] + f_1(x)f'_1(x) =$$

$$\frac{ax - x\sqrt{1-(x-a)^2} - x(x-a)^2 - x(x-a)^2\sqrt{1-(x-a)^2}}{\sqrt{1-(x-a)^2}[1-(x-a)^2]} +$$

$$\frac{(x-a)(a - \sqrt{1-(x-a)^2})}{\sqrt{1-(x-a)^2}}$$

则 $x[f_1(x)f''_1(x) - (f'_1(x))^2] + f_1(x)f'_1(x) \geqslant 0$ 等价于

$$ax - x\sqrt{1-(x-a)^2} - x(x-a)^2\sqrt{1-(x-a)^2} +$$
$$a(x-a)[1-(x-a)^2] -$$
$$(x-a)\sqrt{1-(x-a)^2}[1-(x-a)^2] \geqslant 0$$

$$2ax - a^2 - a(x-a)^3 \geqslant [2x - a + a(x-a)^2]\sqrt{1-(x-a)^2}$$

设 $x - a = t$,则 $t \in [-1, 1]$,$x = a + t$,上式等价于

$$2at + a^2 - at^3 - (2t + a + at^2)\sqrt{1-t^2} \geqslant 0 \quad (2.2.4)$$

令 $f(a) = 2at + a^2 - at^3 - (2t + a + at^2)\sqrt{1-t^2}$,$a \in [\sqrt{2}, +\infty)$,有

$$f'(a) = 2t + 2a - t^3 - (1+t^2)\sqrt{1-t^2} \geqslant$$
$$2t + 2\sqrt{2} - t^3 - (1+t^2)\sqrt{1-t^2}$$

若此时再令 $t = \sin\theta, \theta \in \left[-\frac{\pi}{2}, \frac{\pi}{2}\right]$,则有

$$f'(a) \geqslant 2\sin\theta + 2\sqrt{2} - \sin^3\theta - (1+\sin^2\theta)\cos\theta =$$
$$2\sqrt{2} - (\cos\theta - \sin\theta)(1 - \sin\theta\cos\theta) =$$
$$2\sqrt{2} - \sqrt{2}\sin\left(\frac{\pi}{4} - \theta\right)(1 - \sin\theta\cos\theta) \geqslant$$
$$2\sqrt{2} - \sqrt{2}(1 - \sin\theta\cos\theta) \geqslant$$
$$\sqrt{2}(1 + \sin\theta\cos\theta) \geqslant 0$$

所以 f 关于 a 为单调增加,故

$$2at + a^2 - at^3 - (2t + a + at^2)\sqrt{1-t^2} \geqslant$$
$$2\sqrt{2}t + 2 - \sqrt{2}t^3 - (2t + \sqrt{2} + \sqrt{2}t^2)\sqrt{1-t^2} =$$
$$\frac{(2\sqrt{2}t + 2 - \sqrt{2}t^3)^2 - [(2t + \sqrt{2} + \sqrt{2}t^2)\sqrt{1-t^2}]^2}{2\sqrt{2}t + 2 - \sqrt{2}t^3 + (2t + \sqrt{2} + \sqrt{2}t^2)\sqrt{1-t^2}} =$$
$$\frac{4t^6 + 4\sqrt{2}t^5 - 2t^4 - 4\sqrt{2}t^3 + 2t^2 + 4\sqrt{2}t + 2}{2\sqrt{2}t + 2 - \sqrt{2}t^3 + \sqrt{2}(\sqrt{2}t + 1 + t^2)\sqrt{1-t^2}} =$$
$$\frac{4\left(t + \frac{\sqrt{2}}{2}\right)^2 (t^4 - t^2 + 1)}{2\sqrt{2}t + 2 - \sqrt{2}t^3 + \sqrt{2}((t-1)^2 + 2|t| + \sqrt{2}t)\sqrt{1-t^2}}$$

由于易证 $2\sqrt{2}t + 2 - \sqrt{2}t^3$ 当 $t \in [-1,1]$ 时为正,则知上式为非负,式(2.2.4) 得证,f_1 为几何凸函数.

对于 $y = f_2(x) = a + \sqrt{1-(x-a)^2}$ 为几何凹函数的证明,几乎为同理,我们在此略.

在式(2.2.4) 中令 $t = -\frac{\sqrt{2}}{2}$,则式(2.2.4) 化为

$$a^2 - \frac{3}{2}\sqrt{2}a + 1 \geqslant 0, \quad (a - \sqrt{2})\left(a - \frac{\sqrt{2}}{2}\right) \geqslant 0, \quad a \geqslant \sqrt{2}$$

所以引理 2.2.6 中的常数 $\sqrt{2}$ 为最小的.

定理 2.2.7 当 $a, b \geqslant \sqrt{2}r$ 时,则圆

$$\{(x,y) \mid (x-a)^2 + (y-b)^2 \leqslant r^2\}$$

为对数凸集,且系数 $\sqrt{2}$ 是最小的①.

由式(2.2.1) 和式(2.2.2) 的分析知,定理 2.2.7 等价于下定理.

定理 2.2.7* 当 $a, b \geqslant \sqrt{2}$ 时,则圆

---

① $\sqrt{2}$ 的由来及此定理的原证明得益于杨路先生和他的 Bottema 软件.

$$\{(x,y) \mid (x-a)^2 + (y-b)^2 \leq 1\}$$

为对数凸集,且系数 $\sqrt{2}$ 是最小的.

证明 其实我们只要证

$$\left[\sqrt{(a + r_1\cos\theta_1)(a + r_2\cos\theta_2)} - a\right]^2 +$$
$$\left[\sqrt{(b + r_1\sin\theta_1)(b + r_2\sin\theta_2)} - b\right]^2 \leq 1$$

对于 $a, b \geq \sqrt{2}, 0 \leq r_1, r_2 \leq 1, 0 \leq \theta_1, \theta_2 \leq 2\pi$ 成立即可. 由引理 2.2.4 知只要证

$$\left[a - \sqrt{(a - |r_1\cos\theta_1|)(a - |r_2\cos\theta_2|)}\right]^2 +$$
$$\left[b - \sqrt{(b - |r_1\sin\theta_1|)(b - |r_2\sin\theta_2|)}\right]^2 \leq 1$$

因 $0 \leq r_1, r_2 \leq 1$,所以只要证

$$\left[a - \sqrt{(a - |\cos\theta_1|)(a - |\cos\theta_2|)}\right]^2 +$$
$$\left[b - \sqrt{(b - |\sin\theta_1|)(b - |\sin\theta_2|)}\right]^2 \leq 1$$

不妨设 $a \leq b$,由引理 2.2.5 知,只要证

$$\left[a - \sqrt{(a - |\cos\theta_1|)(a - |\cos\theta_2|)}\right]^2 +$$
$$\left[a - \sqrt{(a - |\sin\theta_1|)(a - |\sin\theta_2|)}\right]^2 \leq 1 \tag{2.2.5}$$

在引理 2.2.6 的圆 O 中,我们在圆周上取二点 $(a + \cos\theta_1, a + \sin\theta_1)$ 和 $(a + \cos\theta_2, a + \sin\theta_2)$,其中 $\pi \leq \theta_1, \theta_2 \leq \dfrac{3\pi}{2}$,它们的几何中点也在圆 O 内,则有

$$\left[\sqrt{(a + \cos\theta_1)(a + \cos\theta_2)} - a\right]^2 + \left[\sqrt{(a + \sin\theta_1)(a + \sin\theta_2)} - a\right]^2 \leq 1$$

此即为式(2.2.5),定理证毕.

定理 2.2.8 设 $n \geq 2, n \in \mathbb{N}, a_i \geq 2r > 0$,其中 $a_i (i = 1, 2, \cdots, n)$,$r$ 为常数,则超球体 $\sum\limits_{i=1}^{n}(x_i - a_i)^2 \leq r^2$ 为对数凸集.

定理 2.2.8 的证明需用到 S-几何凸知识,我们将在第四章里给出.

定理 2.2.9 设 $n \geq 3, n \in \mathbb{N}$,和 $a_i, b_i, r \in \mathbb{R}_{++}, \dfrac{a_i}{b_i} \geq 2r$,其中 $i = 1, 2, \cdots, n$,则几何体 $\sum\limits_{i=1}^{n}\dfrac{(x_i - a_i)^2}{b_i^2} \leq r^2$ 为对数凸集.

证明 记几何体 $\sum\limits_{i=1}^{n}\dfrac{(x_i - a_i)^2}{b_i^2} \leq r^2$,即 $\sum\limits_{i=1}^{n}\left(\dfrac{x_i}{b_i} - \dfrac{a_i}{b_i}\right)^2 \leq r^2$ 为 E,因 $\dfrac{a_i}{b_i} \geq 2r > 0, i = 1, 2, \cdots, n$,和定理 2.2.8 知

$$H = \left\{\left(\dfrac{x_1}{b_1}, \dfrac{x_2}{b_2}, \cdots, \dfrac{x_n}{b_n}\right) \bigg| x \in E\right\}$$

为对数凸集,由定理 2.1.12 知 E 也为对数凸集.

结合定理 2.2.7 和定理 2.2.9 的证明,容易得到:

推论 2.2.10 设 $a_i, b_i, r \in \mathbb{R}_{++}, \dfrac{a_i}{b_i} \geqslant \sqrt{2} r$,其中 $i = 1, 2$,则椭圆

$$\frac{(x-a_1)^2}{b_1^2} + \frac{(y-a_2)^2}{b_2^2} \leqslant r^2$$

为对数凸集.

2.3　n 维几何凸函数

定义 2.3.1 设 $E \subseteq \mathbb{R}_{++}^n$ 为对数凸集,$f: E \to \mathbb{R}_{++}$ 为连续函数,若以下条件之一成立:

（i）任取 $x, y \in E$,有
$$f(x^{\frac{1}{2}} y^{\frac{1}{2}}) \leqslant \sqrt{f(x) f(y)} \tag{2.3.1}$$

（ii）任取 $\alpha \in [0,1], x, y \in E$,记 $\beta = 1 - \alpha$,有
$$f(x^\alpha y^\beta) \leqslant f^\alpha(x) f^\beta(y) \tag{2.3.2}$$

（iii）任取 $m \in \mathbb{N}_{++}, m \geqslant 2, \lambda_i \in \mathbb{R}_{++}, h_i \in E, i = 1, 2, \cdots, n$,当 $\sum\limits_{i=1}^m \lambda_i = 1$ 时,有

$$f\Big(\prod_{i=1}^m h_i^{\lambda_i}\Big) \leqslant \prod_{i=1}^m f^{\lambda_i}(h_i) \tag{2.3.3}$$

则称 f 为 E 上的几何凸函数,当不等式之一反向时,则称 f 为 E 上的几何凹函数.

仿引理 1.1.1 的证明,我们可证 (2.3.1)(2.3.2)(2.3.3) 三式为等价,详细过程在此略.

例 2.3.2 设 $f: x \in \mathbb{R}_{++}^n \to \sum\limits_{i=1}^n x_i^3$,求证:函数 f 是几何凸的.

证明 任取 $x, y \in \mathbb{R}_{++}^n$,有 $x^{\frac{1}{2}} y^{\frac{1}{2}} = (\sqrt{x_1 y_1}, \sqrt{x_2 y_2}, \cdots, \sqrt{x_n y_n})$,由 Holder 不等式知

$$f(x^{\frac{1}{2}} y^{\frac{1}{2}}) = \sum_{i=1}^n x_i^{\frac{3}{2}} y_i^{\frac{3}{2}} \leqslant \sqrt{\sum_{i=1}^n x_i^3 \cdot \sum_{i=1}^n y_i^3} = \sqrt{f(x) f(y)}$$

所以函数 f 是几何凸的.

关于 n 维几何凸凹函数也有以下性质.

定理 2.3.3 设 $E \subseteq \mathbb{R}_{++}^n$ 为对数凸集,f_1, f_2 为 E 上的几何凸函数,f_3, f_4 是

E 上的几何凹函数,则:

(ⅰ) $\frac{1}{f_1(x)}$ 是 E 上的几何凹函数, $\frac{1}{f_3(x)}$ 是 E 上的几何凸函数.

(ⅱ) $f_1(x)f_2(x)$ 是 E 上的几何凸函数, $f_3(x)f_4(x)$ 是 E 上的几何凹函数.

(ⅲ) $\frac{f_1(x)}{f_3(x)}$ 是 E 上的几何凸函数, $\frac{f_3(x)}{f_1(x)}$ 是 E 上的几何凹函数.

定理 2.3.4 设 f_1, f_2 是 $E \subseteq \mathbb{R}_{++}^n$ 上的几何凸函数, f_3, f_4 是 $E \subseteq \mathbb{R}_{++}^n$ 上的几何凹函数, $c \in \mathbb{R}_{++}$ 为常数, $H = \{x/c \mid x \in E\}$, 则:

(ⅰ) $cf_1(x)$ 是 E 上的几何凸函数, $cf_3(x)$ 是 E 上的几何凹函数.

(ⅱ) $f_1(cx)$ 是 H 上的几何凸函数, $f_3(cx)$ 是 H 上的几何凹函数.

(ⅲ) $c + f_1(x)$ 是 E 上的几何凸函数.

(ⅳ) 当 $f_1(x) \leq c$ 时, $c - f_1(x)$ 是 E 上的几何凹函数; 当 $f_3(x) \geq c$ 时, $f_3(x) - c$ 是 E 上的几何凹函数.

可以发现,这些定理是一维中有关定理的平行推广,其证明也是平行的,所以以下几个定理也不再证明.

定义 2.3.5 设 $x, y \in \mathbb{R}^n$, 若都有 $x_i \geq y_i (i = 1, 2, \cdots, n)$, 则称 $x \geq y$.

定义 2.3.6 设 $E \subseteq \mathbb{R}^n$, 函数 $f: E \to \mathbb{R}$

(ⅰ) 若对于 $x, y \in E, x \geq y$, 都有 $f(x) \geq f(y)$, 则称 f 在 E 上是单调增加函数.

(ⅱ) 若对于 $x, y \in E, x \geq y$, 都有 $f(x) \leq f(y)$, 则称 f 在 E 上是单调减少函数.

定理 2.3.6 设 $c \in \mathbb{R}_{++}$ 为常数, $E = [a_1, b_1] \times [a_2, b_2] \times \cdots \times [a_n, b_n] \subseteq \mathbb{R}_{++}^n$, $a_i > c, b_i (i = 1, 2, \cdots, n)$ 为有限或正无穷, 记 $\bar{c} = (c, c, \cdots, c)$, 设 $H = \{x - \bar{c} \mid x \in E\}$

(ⅰ) 若 f 是 E 上的单调递增的几何凸函数, 则 $f(x + \bar{c})$ 在 H 上是几何凸函数.

(ⅱ) 若 f 是 E 上的单调递减的几何凹函数, 则 $f(x + \bar{c})$ 是 H 上几何凹函数.

定理 2.3.7 设 $c \in \mathbb{R}_+$ 为常数, $E = [a_1, b_1] \times [a_2, b_2] \times \cdots \times [a_n, b_n] \subseteq \mathbb{R}_{++}^n$, $b_i (i = 1, 2, \cdots, n)$ 为有限或正无穷, 记 $\bar{c} = (c, c, \cdots, c)$, 设 $H = \{x + \bar{c} \mid x \in E\}$

(ⅰ) 若 f 是 E 上的单调递减的几何凸函数, 则 $f(x - \bar{c})$ 在 H 上是几何凸函数.

（ⅱ）若f是E上的单调递增的几何凹函数，则$f(x-\bar{c})$在H上是几何凹函数.

定理 2.3.8 设 $c, a_i, b_i \in \mathbb{R}_{++}, b_i \leq c(i=1,2,\cdots,n)$，记 $E=[a_1,b_1]\times[a_2,b_2]\times\cdots\times[a_n,b_n], \bar{c}=(c,c,\cdots,c), H=\{\bar{c}-x | x \in E\}$.

（ⅰ）若f是E上的单调递减的几何凸函数，则$f(\bar{c}-x)$在H上是几何凸函数.

（ⅱ）若f是E上的单调递增的几何凹函数，则$f(\bar{c}-x)$在H上是几何凹函数.

还可以把定理 2.3.4 的（ⅲ）和（ⅳ）加强为以下很实用的定理.

定理 2.3.9 （ⅰ）若f,g是$E \subseteq \mathbb{R}_{++}^n$上的几何凸函数，则$f+g$是$E$上的几何凸函数.

（ⅱ）若f,g，分别为$E \subseteq \mathbb{R}_{++}^n$上的几何凹函数和几何凸函数，且$f(x) > g(x)$在$E$上恒成立，则$f(x)-g(x)$是$E$上的几何凹函数.

推论 2.3.10 若$f_1,f_2,\cdots,f_n$是E上的几何凸函数，$a_1, a_2, \cdots, a_n$为正常数，$\sum_{i=1}^{n} a_i f_i$则是几何凸函数.

关于复合函数的几何凸凹性，同样有以下结果，证明也从略.

定理 2.3.11 f_1, f_2 分别是 E 上的几何凸函数和几何凹函数，f_3 是 (a,b)上的函数，$f_3(f_1(x))$和$f_3(f_2(x))$都有意义.

（ⅰ）若f_3是单调递增的几何凸函数，则$f_3(f_1(x))$是E上的几何凸函数.

（ⅱ）若f_3是单调递减的几何凹函数，则$f_3(f_1(x))$是E上的几何凹函数.

（ⅲ）若f_3是单调递增的几何凹函数，则$f_3(f_2(x))$是E上的几何凹函数.

（ⅳ）若f_3是单调递减的几何凸函数，则$f_3(f_2(x))$是E上的几何凸函数.

推论 2.3.12 （ⅰ）若f是几何凸函数，$c>0$为常数，则f^c是E上的几何凸函数.

（ⅱ）若f是几何凹函数，$c>0$为常数，则f^c是E上的几何凹函数.

证明 由于函数$y=t^c$在$(0,+\infty)$是单调递增的几何凸函数，又是几何凹函数，根据定理 2.3.11 的（ⅰ）和（ⅲ）可知推论成立.

以下几个定理为显然的.

定理 2.3.13 设几何凸（凹）函数列$\{f_n(x)\}_{n=1}^{+\infty}$在$E \subseteq \mathbb{R}_{++}^n$上有定义，且收敛于连续函数$f(x)$，则$f$也是$E$上的几何凸（凹）函数.

推论 2.3.14 设几何凸函数列$\{f_n(x)\}_{n=1}^{+\infty}$在$E \subseteq \mathbb{R}_{++}^n$上有定义，且$\sum_{i=1}^{+\infty} f_i(x)$在$E$上一致收敛于$f(x)$，则$f$也是$E$上的几何凸函数.

2.4 不同维几何凸函数之间一些关系

先研究对数凸集的投影,设 $E \subseteq \mathbb{R}_{++}^n$, I 为 $\{1,2,\cdots,n\}$ 的任一非空子集,元素个数设为 r, $\bar{I} = \{1,2,\cdots,n\} - I$,任取一向量 $x_0 \in E$,则称 $E_{x_0}^I = \{x \in E \mid x$ 与 x_0 关于 $\bar{I}$ 中的分量相等$\}$ 为 E 沿 x_0 在 I 上投影.

引理 2.4.1 设 $E \subseteq \mathbb{R}_{++}^n$ 为对数凸集,I 为 $\{1,2,\cdots,n\}$ 的任一非空子集,任取一向量 $x_0 \in E$,则 $E_{x_0}^I$ 也为对数凸集.

证明 任取 $x, y \in E_{x_0}^I \subseteq E$,因 E 为对数凸集,所以 $x^{\frac{1}{2}} y^{\frac{1}{2}} \in E$,且由于 x, y 与 x_0 关于 $\bar{I}$ 中的分量相等,则 $x^{\frac{1}{2}} y^{\frac{1}{2}}$ 与 x_0 关于 $\bar{I}$ 中的分量相等,故 $x^{\frac{1}{2}} y^{\frac{1}{2}} \in E_{x_0}^I$.

定理 2.4.2 设 f 是 $E \subseteq \mathbb{R}_{++}^n$ 上的几何凸函数,I 为 $\{1,2,\cdots,n\}$ 的非空子集,任取一向量 $x_0 \in E$,则 f 在 $E_{x_0}^I$ 上的限制是几何凸函数.

若 I 中元素个数设为 r,此时对于函数 f,自变量中有 $n - r$ 个为常量,f 在 $E_{x_0}^I$ 上的限制是 r 维几何凸函数.

定理 2.4.3 (ⅰ) 设 f_1 是 $H \subseteq \mathbb{R}_{++}^n$ 上的几何凸函数,f_2 是 $E \subseteq \mathbb{R}_{++}^m$ 上的几何凸函数,则 $f_1(x) + f_2(y)$, $f_1(x) f_2(y)$ 是 $H \times E$ 上的几何凸函数.

(ⅱ) 设 f_1 是 $H \subseteq \mathbb{R}_{++}^n$ 上的几何凹函数,f_2 是 $E \subseteq \mathbb{R}_{++}^m$ 上的几何凹函数,则 $f_1(x) f_2(y)$ 是 $H \times E$ 上的几何凹函数.

证明 根据定理 2.1.9 知 $H \times E$ 为对数凸集.

(ⅰ) 设 $f(z) = f_1(x) + f_2(y)$,任取
$$m = (u_1, u_2), n = (v_1, v_2) \in H \times E$$
则有
$$f(m^\alpha n^\beta) = f_1(u_1^\alpha v_1^\beta) + f_2(u_2^\alpha v_2^\beta) \leqslant f_1^\alpha(u_1) f_1^\beta(v_1) + f_2^\alpha(u_2) f_2^\beta(v_2) \leqslant \quad (2.4.1)$$
$$(f_1(u_1) + f_2(u_2))^\alpha (f_1(v_1) + f_2(v_2))^\beta = f^\alpha(m) f^\beta(n)$$

其中式 (2.4.1) 由 Holder 不等式得到.故 $f_1(x) + f_2(y)$ 是 $H \times E$ 上的几何凸函数.根据定义易知 $f_1(x) f_2(y)$ 是 $H \times E$ 上的几何凸的,详细过程从略.

(ⅱ) 也为易证,在此略.

推论 2.4.4 设 f 是 I 上的几何凸(凹)函数,则 $\prod_{i=1}^{n} f(x_i)$ 是 I^n 上的几何凸(凹)函数.

推论 2.4.5 设 f 是 I 上的几何凸函数,则 $\sum_{i=1}^{n} f(x_i)$ 是 I^n 上的几何凸函数.

关于 $f(x_1 + x_2 + \cdots + x_n)$ 的几何凸凹性,这里有:

定理 2.4.6 (i) 设 f 是 I 上的单调递增的几何凸函数,则函数 $g(\boldsymbol{x}) = f(\sum_{i=1}^{n} x_i)$ 是 I^n 上的几何凸函数.

(ii) 设 f 是 I 上的单调递减的几何凹函数,则 $g(\boldsymbol{x}) = f(\sum_{i=1}^{n} x_i)$ 是 I^n 上的几何凹函数.

证明 先证 f 是几何凸函数的情形. 任取向量 $\boldsymbol{x}, \boldsymbol{y} \in I^n$,则

$$g(\boldsymbol{x}^{\frac{1}{2}} \boldsymbol{y}^{\frac{1}{2}}) = f\left(\sum_{i=1}^{n} \sqrt{x_i y_i}\right) \leqslant f\left(\sqrt{\sum_{i=1}^{n} x_i} \sqrt{\sum_{i=1}^{n} y_i}\right) \leqslant$$

$$\sqrt{f\left(\sum_{i=1}^{n} x_i\right)} \cdot \sqrt{f\left(\sum_{i=1}^{n} y_i\right)} = \sqrt{f(\boldsymbol{x}) f(\boldsymbol{y})}$$

故 g 是 I^n 上的几何凸函数,同理可证 f 是几何凹函数的情形,在此从略.

例 2.4.7 设 Γ 是 $\mathbb{R}_{++}$ 上的 Gamma 函数,其在 $\alpha_0 = 1.461\,632\cdots$ 处取最小值,则 $\Gamma(x+y)$ 是 $(\alpha_0, +\infty)^2$ 上的几何凸函数.

证明是容易的,由定理 1.6.1 知,$\Gamma(x)$ 在 $(0.217, +\infty)$ 上是几何凸函数,在 $(\alpha_0, +\infty)$ 上是单调递增的,再由定理 2.4.6 推得即可.

2.5 多元几何凸函数的一个判别法则

从定义上判别多元几何凸函数,在许多情况下同样是难以办到的,这里将给出一个判别法则.

定理 2.5.1 (i) 设 $f: E \subseteq \mathbb{R}_{++}^n \to \mathbb{R}_{++}$ 为几何凸(凹)函数,则 $\ln f(e^x)$ 是 $\ln E = \{\ln x | x \in E\}$ 上的凸(凹)函数.

(ii) 设 $g: H \subseteq \mathbb{R}^n \to \mathbb{R}$ 为凸(凹)函数,则 $e^{g(\ln x)}$ 是 $e^H = \{e^x | x \in H\}$ 上的几何凸(凹)函数.

证明 仅证凸的情形.

(i) 任取 $\boldsymbol{x}, \boldsymbol{y} \in \ln E$,有 $e^{\boldsymbol{x}}, e^{\boldsymbol{y}} \in E$,所以

$$\ln f(e^{\alpha \boldsymbol{x} + \beta \boldsymbol{y}}) = \ln f((e^{\boldsymbol{x}})^\alpha (e^{\boldsymbol{y}})^\beta) \leqslant \ln [f^\alpha(e^{\boldsymbol{x}}) f^\beta(e^{\boldsymbol{y}})] =$$

$$\alpha \ln f(e^{\boldsymbol{x}}) + \beta \ln f(e^{\boldsymbol{y}})$$

故 $\ln f(e^x)$ 是 $\ln E$ 上的凸函数.

(ii) 任取 $\boldsymbol{x}, \boldsymbol{y} \in e^H$,有 $\ln \boldsymbol{x}, \ln \boldsymbol{y} \in H$ 所以

$$e^{g(\ln x^\alpha y^\beta)} = e^{g(\alpha \ln x + \beta \ln y)} \leqslant e^{\alpha g(\ln x) + \beta g(\ln y)} =$$
$$e^{\alpha g(\ln x)} e^{\beta g(\ln y)} = [e^{g(\ln x)}]^\alpha [e^{g(\ln y)}]^\beta$$

故 $e^{g(\ln x)}$ 是 e^H 上的几何凸函数.

这样我们可以通过定理 0.2.8, 得到下面这定理.

定理 2.5.2 设 $f: H \subseteq \mathbb{R}_{++}^n \to \mathbb{R}_{++}$, 且二阶可微. 若

$$\begin{pmatrix} f \cdot f''_{11} + \dfrac{f}{x_1} f'_1 - (f'_1)^2 & f \cdot f''_{12} - f'_1 f'_2 & \cdots & f \cdot f''_{1n} - f'_1 f'_n \\ f \cdot f''_{21} - f'_1 f'_2 & f \cdot f''_{22} + \dfrac{f}{x_2} f'_2 - (f'_2)^2 & \cdots & f \cdot f''_{2n} - f'_2 f'_n \\ \vdots & \vdots & & \vdots \\ f \cdot f''_{n1} - f'_1 f'_n & f \cdot f''_{n2} - f'_2 f'_n & \cdots & f \cdot f''_{nn} + \dfrac{f}{x_n} f'_n - (f'_n)^2 \end{pmatrix}$$
(2.5.1)

为半正(负)定, 则 f 是几何凸(凹)函数, 反之亦然.

证明 根据定理 2.5.1, 欲证 f 是几何凸函数, 只要证 $\ln f(e^y)$ 是凸函数即可, 只要证 $\left(\dfrac{\partial^2 [\ln f(e^y)]}{\partial y_i \partial y_j}\right) \in \mathbb{R}^{n \times n}$ 为半正定的, 而对于 $i,j = 1,2,\cdots,n, i \neq j$, 有

$$\frac{\partial (\ln f(e^y))}{\partial y_i} = \frac{f'_i(e^y)}{f(e^y)} e^{y_i}$$

$$\frac{\partial^2 (\ln f(e^y))}{\partial y_i^2} = \frac{e^{y_i}(f'_i(e^y) + e^{y_i} f''_{ii}(e^y)) f(e^y) - e^{2y_i}(f'_i(e^y))^2}{f^2(e^y)}$$

$$\frac{\partial^2 (\ln f(e^y))}{\partial y_i \partial y_j} = \frac{e^{y_i} e^{y_j} f''_{ij}(e^y) f(e^y) - e^{y_i} e^{y_j} f'_i(e^y) f'_j(e^y)}{f^2(e^y)}$$

所以

$$\left(\frac{\partial^2 [\ln f(e^y)]}{\partial y_i \partial y_j}\right) =$$

$$\frac{1}{f^2(e^y)} \begin{pmatrix} e^{2y_1}[f \cdot f''_{11} + \dfrac{f}{x_1} f'_1 - (f'_1)^2] & \cdots & e^{y_1+y_n}(f \cdot f''_{1n} - f'_1 f'_n) \\ e^{y_1+y_2}(f \cdot f''_{21} - f'_1 f'_2) & \cdots & e^{y_2+y_n}(f \cdot f''_{2n} - f'_2 f'_n) \\ \vdots & & \vdots \\ e^{y_1+y_n}(f \cdot f''_{n1} - f'_1 f'_n) & \cdots & e^{2y_n}[f \cdot f''_{nn} + \dfrac{f}{x_n} f'_n - (f'_n)^2] \end{pmatrix}$$

考虑顺序主子式, 在第一行、第一列中各提取 e^{y_1}, 在第二行、第二列中各提取 e^{y_2}, 依此类推, 不改变各阶顺序主子式的正负性, 故只要证矩阵

$$\begin{pmatrix} f\cdot f''_{11} + \dfrac{f}{e^{y_1}}f'_1 - (f'_1)^2 & f\cdot f''_{12} - f'_1 f'_2 & \cdots & f\cdot f''_{1n} - f'_1 f'_n \\ f\cdot f''_{21} - f'_1 f'_2 & f\cdot f''_{22} + \dfrac{f}{e^{y_2}}f'_2 - (f'_2)^2 & \cdots & f\cdot f''_{2n} - f'_2 f'_n \\ \vdots & \vdots & & \vdots \\ f\cdot f''_{n1} - f'_1 f'_n & f\cdot f''_{n2} - f'_2 f'_n & \cdots & f\cdot f''_{nn} + \dfrac{f}{e^{y_n}}f'_n - (f'_n)^2 \end{pmatrix}$$

是半正定性的. 令 $x_i = \exp(y_i)$, $i = 1, 2, \cdots, n$, 只要证矩阵式(2.5.1)是半正定的, 根据题意, 命题成立. 其余为同理易证, 在此从略.

例 2.5.3 设二次型 $f(\boldsymbol{x}) = \sum_{i=1}^{n}\sum_{j=1}^{n} a_{ij} x_i x_j$, 其中 $a_{ij} = a_{ji}$, 求证: f 是 $\mathbb{R}_{++}^n$ 上的几何凸函数的充分必要条件为 $a_{ij} \geq 0$, $i, j = 1, 2, \cdots, n$, 但至少有一个 $a_{ij} \neq 0$.

证明 充分性. 当 $a_{ij} > 0$, $i, j = 1, 2, \cdots, n$, $a_{ij} x_i x_j$ 为几何凸函数, 由定理 2.4.3 知, f 为几何凸函数.

必要性. 因 f 在 $\mathbb{R}_{++}^n$ 上是几何凸函数, 所以任取 $\boldsymbol{x} \in \mathbb{R}_{++}^n$, 有

$$f(\boldsymbol{x}) = \sum_{i=1}^{n}\sum_{j=1}^{n} a_{ij} x_i x_j > 0$$

显然所有的 $a_{ii} \geq 0$, 若不然令 x_i 充分大, f 取值为负. 我们下证 $a_{ij} \geq 0 (i \neq j)$, 下以 $a_{12} \geq 0$ 为例.

若 $a_{11} = 0$ 时, 则 f 为 x_1 的一次多项式, 其系数 $\sum_{j \neq 1} 2 a_{1j} x_j$ 要恒为正(不然可取 x_1 足够大, 可使 f 为负), 于是所有 $2a_{1j} (j \neq 1)$ 为非负(不然取相应的 x_j 足够大, 可使 $\sum_{j \neq 1} 2 a_{1j} x_j$ 为负), 特别地 $a_{12} \geq 0$. 同理当 $a_{22} = 0$ 时, 也可证 $a_{12} \geq 0$.

若 $a_{11} > 0, a_{22} > 0$ 时, 因

$$f\cdot f''_{11} + \frac{f}{x_1}f'_1 - (f'_1)^2 = 2a_{11}\sum_{i=1}^{n}\sum_{j=1}^{n} a_{ij} x_i x_j - \Big(\sum_{j=1}^{n} 2a_{1j} x_j\Big)^2 +$$

$$\frac{\sum_{j=1}^{n} 2a_{1j} x_j}{x_1}\sum_{i=1}^{n}\sum_{j=1}^{n} a_{ij} x_i x_j$$

$$x_1\Big[f\cdot f''_{11} + \frac{f}{x_1}f'_1 - (f'_1)^2\Big] = 2a_{11} x_1 \sum_{i=1}^{n}\sum_{j=1}^{n} a_{ij} x_i x_j - x_1\Big(\sum_{j=1}^{n} 2a_{1j} x_j\Big)^2 +$$

$$\sum_{j=1}^{n} 2a_{1j} x_j \sum_{i=1}^{n}\sum_{j=1}^{n} a_{ij} x_i x_j \qquad (2.5.2)$$

又据定理 2.5.2 知式(2.5.1)为半正定矩阵, 即知 $x_1[f\cdot f''_{11} - (f'_1)^2] + ff'_1$ 为非负. 式(2.5.2)的右边的 x_2 的最高次为 3 次, 系数是 $2a_{12}a_{22}$, 故有 $2a_{12}a_{22} \geq 0$, $a_{12} \geq 0$. 证毕.

若 $f:\mathbb{R}_{++}^n \to \mathbb{R}_{++}$ 为连续函数,则 f 为几何凸(凹)函数当且仅当,对任意的 $x,y \in \mathbb{R}_{++}^n$,有

$$f(x_1^\alpha y_1^\beta, x_2^\alpha y_2^\beta, \cdots, x_n^\alpha y_n^\beta) \leqslant (\geqslant) [f(x_1, x_2, \cdots, x_n)]^\alpha \cdot [f(y_1, y_2, \cdots, y_n)]^\beta$$

将 x_i^α, y_i^β 分别用 x_i, y_i 替代,即上式化为

$$f(x_1 y_1, x_2 y_2, \cdots, x_n y_n) \leqslant (\geqslant) [f(x_1^{\frac{1}{\alpha}}, x_2^{\frac{1}{\alpha}}, \cdots, x_n^{\frac{1}{\alpha}})]^\alpha \cdot [f(x_1^{\frac{1}{\beta}}, x_2^{\frac{1}{\beta}}, \cdots, x_n^{\frac{1}{\beta}})]^\beta \qquad (2.5.3)$$

(2.5.3)型的不等式常被人们称做 Holder 型不等式. 文献[15]就是通过证明 $\sum_{i=1}^n x_i$ 在 $\mathbb{R}_{++}^n$ 上为几何凸函数,给出 Holder 不等式一个新证明. 为了避免所谓的循环论证,其几何凸性也可用定理 2.5.2 来证明,因相对应的式(2.5.1)为

$$\begin{pmatrix} \frac{f}{x_1} - 1 & -1 & \cdots & -1 \\ -1 & \frac{f}{x_2} - 1 & \cdots & -1 \\ \vdots & \vdots & & \vdots \\ -1 & -1 & \cdots & \frac{f}{x_n} - 1 \end{pmatrix} \qquad (2.5.4)$$

即只要证其所有顺序主子式为非负. 考虑其 $k(1 \leqslant k \leqslant n)$ 阶顺序主子式

$$\begin{vmatrix} \frac{f}{x_1} - 1 & -1 & \cdots & -1 \\ -1 & \frac{f}{x_2} - 1 & \cdots & -1 \\ \vdots & \vdots & & \vdots \\ -1 & -1 & \cdots & \frac{f}{x_k} - 1 \end{vmatrix} = \begin{vmatrix} \frac{f}{x_1} - 1 & -1 & \cdots & -1 \\ -\frac{f}{x_1} & \frac{f}{x_2} & \cdots & 0 \\ \vdots & \vdots & & \vdots \\ -\frac{f}{x_1} & 0 & \cdots & \frac{f}{x_k} \end{vmatrix}$$

在第一列加上第二列的 $\frac{x_2}{x_1}$ 倍,第一列加上第三列的 $\frac{x_3}{x_1}$ 倍,$\cdots$,k 阶顺序主子式为

$$\begin{vmatrix} \frac{f}{x_1} - \frac{\sum_{i=2}^k x_i}{x_1} - 1 & -1 & \cdots & -1 \\ 0 & \frac{f}{x_2} & \cdots & 0 \\ \vdots & \vdots & & \vdots \\ 0 & 0 & \cdots & \frac{f}{x_k} \end{vmatrix} = \begin{vmatrix} \frac{\sum_{i=k+1}^n x_i}{x_1} & -1 & \cdots & -1 \\ 0 & \frac{f}{x_2} & \cdots & 0 \\ \vdots & \vdots & & \vdots \\ 0 & 0 & \cdots & \frac{f}{x_k} \end{vmatrix} \geqslant 0$$

所以 $\sum_{i=1}^n x_i$ 在 $\mathbb{R}_{++}^n$ 上为几何凸的.

2.6 对数控制与几何凸函数

几何凸函数理论只有与控制不等式理论相结合,才能发挥巨大作用. 以下定义可见文献[11]和文献[14].

定义 2.6.1 设 $x,y \in \mathbb{R}_{++}^n$,把 x,y 中的分量从大到小重排列后,记为
$$(x_{[1]},x_{[2]},\cdots,x_{[n]}),(y_{[1]},y_{[2]},\cdots,y_{[n]})$$
若有
$$\prod_{i=1}^k x_{[i]} \geqslant \prod_{i=1}^k y_{[i]}, k=1,2\cdots n-1, \prod_{i=1}^n x_{[i]} = \prod_{i=1}^n y_{[i]} \quad (2.6.1)$$
此称 x 对数控制 y,记为 $\ln x \succ \ln y$,或 $\ln(x_1,x_2,\cdots,x_n) \succ \ln(y_1,y_2,\cdots,y_n)$.

与定义 0.3.1 相比较,不难知 $\ln x \succ \ln y$ 等价于
$$(\ln x_1, \ln x_2, \cdots, \ln x_n) \succ (\ln y_1, \ln y_2, \cdots, \ln y_n)$$

定理 2.6.2 设 $E \subseteq \mathbb{R}_{++}^n$ 为对称的对数凸集,$x,y \in E$,且 $\ln x \succ \ln y$,对称函数 f 是 E 上的几何凸(凹)函数,则 $f(x) \geqslant (\leqslant) f(y)$,等式成立当且仅当 $x=y$.

证明 当 f 是几何凸函数时,据定理 2.5.1,$\ln f(e^x)$ 为 $\ln H = \{\ln x \mid x \in H\}$ 上的凸函数,由 $\ln x \succ \ln y$ 和定理 0.3.11,知 $\ln f(e^{\ln x}) \geqslant \ln f(e^{\ln y})$,$f(x) \geqslant f(y)$,等式成立当且仅当 $x=y$;同理可证 f 是几何凹函数的情形.

定理 2.6.3 [14] 设 f 是区间 $I \subseteq \mathbb{R}_{++}$ 上的几何凸(凹)函数,$x,y \in I^n$,$\ln x \succ \ln y$,则有
$$\prod_{i=1}^n f(x_i) \geqslant (\leqslant) \prod_{i=1}^n f(y_i)$$

证明① 由推论 2.4.4 知,$\prod_{i=1}^n f(x_i)$ 都是 I 上的几何凸(凹)函数,再由定理 2.6.2 即知结论成立.

定理 2.6.4 设 f 是 $(a,b) \subseteq \mathbb{R}_{++}$ 上的正值函数.f 为几何凸(凹)函数当且仅当对任取常数 $c > 1$,函数 $\dfrac{f(cx)}{f(x)}$ 在有意义的区间上为增(减)函数.

证明 我们仅讨论几何凸函数的情形,因为几乎同理可证几何凹函数相对应的结果.

---
① 这里的证明较文献[14]简洁.

先证必要性. 任取二数 $x_1, x_2, x_1 > x_2$, 则可证 $\ln(cx_1, x_2) > \ln(cx_2, x_1)$ 或 $\ln(cx_1, x_2) > \ln(x_1, cx_2)$. 由几何凸函数的定义, 因二元函数 $g(z_1, z_2) = f(z_1) \cdot f(z_2)$ 在 $(a, b)^2$ 上为几何凸函数, 故由定理 2.6.2 知

$$g(cx_1, x_2) \geqslant g(x_1, cx_2), f(cx_1)f(x_2) \geqslant f(x_1)f(cx_2), \frac{f(cx_1)}{f(x_1)} \geqslant \frac{f(cx_2)}{f(x_2)}$$

所以函数 $\frac{f(cx)}{f(x)}$ 为增函数.

再证充分性. 任取二数 $y_1, y_2, a < y_2 < y_1 < b$. 在 $\frac{f(cx_1)}{f(x_1)} \geqslant \frac{f(cx_2)}{f(x_2)}$ 中, 令

$$x_1 = \sqrt{y_1 y_2}, x_2 = y_2, c = \sqrt{\frac{y_1}{y_2}} > 1$$

则有

$$\frac{f(y_1)}{f(\sqrt{y_1 y_2})} \geqslant \frac{f(\sqrt{y_1 y_2})}{f(y_2)}, \sqrt{f(y_1)f(y_2)} \geqslant f(\sqrt{y_1 y_2})$$

知 f 为几何凸函数.

定理 2.6.5 设 $f:[a,b] \subseteq \mathbb{R}_{++} \to \mathbb{R}_{++}$ 为几何凸函数, $x_i \in [a,b], i = 1, 2, 3, 4$, 且 $x_1 < x_2 < x_4$ 和 $x_1 < x_3 < x_4$, 若 α 满足 $\left(\frac{x_2}{x_1}\right)^\alpha = \frac{x_4}{x_3}$, 则

$$\frac{f^\alpha(x_2)}{f^\alpha(x_1)} \leqslant \frac{f(x_4)}{f(x_3)} \tag{2.6.2}$$

证明 对于 $\alpha = \frac{\ln x_4 - \ln x_3}{\ln x_2 - \ln x_1}$, 由于有理数在实数域中的稠密性, 我们可取无理数列 $\left\{\frac{n_i}{m_i}; i = 1, 2, \cdots, n_i, m_i \in \mathbb{N}_{++}\right\}$ 趋于 α, 相应调整 x_2 的取值为 $x_2(i)$, 使得

$$\frac{n_i}{m_i} = \frac{\ln x_4 - \ln x_3}{\ln(x_2(i)) - \ln x_1} \tag{2.6.3}$$

仍成立, 且假定诸 $\frac{n_i}{m_i}$ 与 α 充分靠近, 使得 $x_1 < x_2(i) < x_4$ 也成立. 下证

$$\frac{f^{\frac{n_i}{m_i}}(x_2(i))}{f^{\frac{n_i}{m_i}}(x_1)} \leqslant \frac{f(x_4)}{f(x_3)} \tag{2.6.4}$$

此时由于 f 的连续性, 可知式 (2.6.2) 为真. 为了记述上的方便, 我们把式 (2.6.4) 相应记为 $\frac{f^{\frac{n}{m}}(x_2)}{f^{\frac{n}{m}}(x_1)} \leqslant \frac{f(x_4)}{f(x_3)}$. 考虑 $\mathbb{R}_{++}^{n+m}$ 中的向量

$$\boldsymbol{u} = \{\underbrace{x_4, \cdots x_4}_{m}, \underbrace{x_1, \cdots, x_1}_{n}\}, \boldsymbol{v} = \{\underbrace{x_3, \cdots x_3}_{m}, \underbrace{x_2, \cdots, x_2}_{n}\}$$

根据式(2.6.3),知 u,v 的各分量之积相等,因 $x_1 < x_2 < x_4$ 和 $x_1 < x_3 < x_4$,所以 u 的前 $k(1 \leqslant k \leqslant n+m-1)$ 个分量之积一定大于 v 的前 k 个分量之积,要不然各自再乘 $n-k$ 个分量后,u,v 的各分量之积不会相等,且前者小于后者,产生矛盾. 至此知 $\ln u > \ln v$. 因 $\prod_{i=1}^{n+m} f(z_i)$ 为 $[a,b]^{n+m}$ 上的几何凸函数,由定理 2.6.3 及 $\ln u > \ln v$,知 $f^m(x_4)f^n(x_1) \geqslant f^m(x_3)f^n(x_2)$,式(2.6.4)为真.

下面定理 2.6.6 ~ 2.6.11 中,主要引自文献[50],结果是与凸函数中有关不等式相平行的,后者可参考文献[6]的第 7 章.

定理 2.6.6 设 f 是 $\mathbb{R}_{++}$ 上的几何凸函数,则对于 $0 < \alpha \leqslant \beta, x \geqslant 1$,有
$$(f(x^{\frac{1}{\beta}}))^\beta \leqslant f^{\beta-\alpha}(1) \cdot (f(x^{\frac{1}{\alpha}}))^\alpha$$

证明 由于 f 的连续性,不妨假设 α, β 为有理数,且设 $\alpha = \frac{m_1}{n}, \beta = \frac{m_2}{n}$,其中 m_1, m_2, n 为正整数,$m_1 \leqslant m_2$,则我们只要证明

$$(f(x^{\frac{n}{m_2}}))^{m_2} \leqslant f^{m_2-m_1}(1) \cdot (f(x^{\frac{n}{m_1}}))^{m_1} \tag{2.6.5}$$

考虑向量 $u = (\underbrace{x^{\frac{n}{m_1}}, x^{\frac{n}{m_1}}, \cdots, x^{\frac{n}{m_1}}}_{m_1}, \underbrace{1,1,\cdots,1}_{m_2-m_1}) \in \mathbb{R}_{++}^{m_2}$ 和 $v = (x^{\frac{n}{m_2}}, x^{\frac{n}{m_2}}, \cdots, x^{\frac{n}{m_2}}) \in \mathbb{R}_{++}^{m_2}$,因 $x \geqslant 1, \frac{n}{m_1} \geqslant \frac{n}{m_2}$,所以 $x^{\frac{n}{m_1}} \geqslant x^{\frac{n}{m_2}}$,易知 u 对数控制 v. 又 $\prod_{i=1}^{m_2} f(x_i)$ 为 $R_{++}^{m_2}$ 上的几何凸函数,由定理 2.6.3 知式(2.6.5)成立.

定理 2.6.7 若 f 是 $[a,b]$ 上的几何凸函数 $[\alpha,\beta] \subseteq [a,b], x \in [\alpha,\beta]^n$,则当 $t = \frac{\prod_{i=1}^{n} x_i}{\alpha^{n-1}} \in [a,b]$ 时,有 $\prod_{i=1}^{n} f(x_i) \leqslant f(t) f^{n-1}(\alpha)$.

证明 不妨设 $\beta \geqslant x_1 \geqslant x_2 \geqslant \cdots \geqslant x_n \geqslant \alpha$,对于向量 x 和 $\left(\frac{\prod_{i=1}^{n} x_i}{\alpha^{n-1}}, \alpha, \alpha, \cdots, \alpha\right)$,因

$$\frac{\prod_{i=1}^{n} x_i}{\alpha^{n-1}} \geqslant x_1, \frac{\prod_{i=1}^{n} x_i}{\alpha^{n-1}} \cdot \alpha \geqslant x_1 x_2, \cdots, \frac{\prod_{i=1}^{n} x_i}{\alpha^{n-1}} \cdot \alpha \cdot \alpha \cdot \cdots \cdot \alpha = \prod_{i=1}^{n} x_i$$

所以 $\ln \left(\frac{\prod_{i=1}^{n} x_i}{\alpha^{n-1}}, \alpha, \alpha, \cdots, \alpha\right) > \ln x$. 由定理 2.6.2 知 $\prod_{i=1}^{n} f(x_i) \leqslant f(t)f^{n-1}(\alpha)$ 成立. 证毕.

由推论 2.4.5 知 $\sum_{i=1}^{n} f(x_i)$ 为 $\mathbb{R}_{++}^n$ 上的几何凸函数,所以有下定理成立.

定理 2.6.8 如定理 2.6.5 所设,则 $\sum_{i=1}^{n} f(x_i) \leqslant f(t) + (n-1)f(\alpha)$.

定理 2.6.9 设 $\varphi:[1, +\infty) \to \mathbb{R}_{++}$ 为几何凸函数,正项数列 $\{a_k\}_{k=1}^{+\infty}$ 单调递增,且 $a_1 \geqslant 1$,则有

$$f(1) \prod_{i=1}^{+\infty} \frac{f(a_i^i)}{f(a_i^{i-1})} \geqslant f\left(\prod_{i=1}^{+\infty} a_i\right)$$

证明 先证对任正整数 n,有

$$f(1) \prod_{i=1}^{n} \frac{f(a_i^i)}{f(a_i^{i-1})} \leqslant f\left(\prod_{i=1}^{n} a_i\right) \tag{2.6.6}$$

由于 $1 \leqslant a_1 \leqslant a_2 \leqslant \cdots \leqslant a_n$,显然有

$$\ln\left(\prod_{i=1}^{n} a_i, a_n^{n-1}, a_{n-1}^{n-2}, \cdots, a_2, 1\right) < \ln\left(a_n^n, a_{n-1}^{n-1}, \cdots, a_2^2, a_1, 1\right)$$

又 $\prod_{i=1}^{n} f(x_i)$ 为 $\mathbb{R}_{++}^n$ 上的几何凸函数,再由定理 2.6.2 知式 (2.6.6) 成立,令 $n \to +\infty$ 即知定理 2.6.9 成立.

定理 2.6.10 设 $a_1 \geqslant a_2 \geqslant \cdots \geqslant a_n \geqslant 1$,$f$ 是区间 $[1, a_1]$ 上的几何凸函数,且 $f(1) \leqslant 1$,则

$$\frac{f(a_1)f(a_3)\cdots}{f(a_2)f(a_4)\cdots} \geqslant f\left(\frac{a_1 a_3 \cdots}{a_2 a_4 \cdots}\right) \tag{2.6.6}$$

当 n 为偶数时,条件 $f(1) \leqslant 1$ 不能去掉,但当 n 为奇数时,条件 $f(1) \leqslant 1$ 可省略.

证明 当 n 为奇数时,命题化为

$$f(a_1)f(a_3)\cdots f(a_n) \geqslant f(a_2)f(a_4)\cdots f(a_{n-1}) f\left(\frac{a_1 a_3 \cdots a_n}{a_2 a_4 \cdots a_{n-1}}\right)$$

易证

$$\ln(a_1, a_3, \cdots, a_n) > \ln\left(a_2, a_4, \cdots, a_{n-1}, \frac{a_1 a_3 \cdots a_n}{a_2 a_4 \cdots a_{n-1}}\right)$$

因 $\prod_{i=1}^{\frac{n+1}{2}} f(x_i)$ 为 $\mathbb{R}_{++}^{\frac{(n+1)}{2}}$ 上的几何凸函数,再由定理知 2.6.2 知式 (2.6.6) 成立.

当 n 为偶数时,命题化为

$$f(a_1)f(a_3)\cdots f(a_{n-1}) \geqslant f(a_2)f(a_4)\cdots f(a_n) f\left(\frac{a_1 a_3 \cdots a_{n-1}}{a_2 a_4 \cdots a_n}\right)$$

同样可证

$$\ln(a_1, a_3, \cdots, a_{n-1}, 1) > \ln\left(a_2, a_4, \cdots, a_n, \frac{a_1 a_3 \cdots a_n}{a_2 a_4 \cdots a_{n-1}}\right)$$

式(2.6.6)同样成立.

定理 2.6.10 有以下推广,但我们省略它的证明,读者不妨一证.

定理 2.6.11 设 $a_1 \geqslant a_2 \geqslant \cdots \geqslant a_n \geqslant 1, 0 \leqslant p_n \leqslant \cdots \leqslant p_1 \leqslant 1$, $f:[1, a_1] \to \mathbb{R}_{++}$ 是区间 $[1, a_1]$ 上的几何凸函数,则

$$f\left(\frac{a_1^{p_1} a_3^{p_3} \cdots}{a_2^{p_2} a_4^{p_4} \cdots}\right) \leqslant f^\alpha(1) \frac{f^{p_1}(a_1) f^{p_3}(a_3) \cdots}{f^{p_2}(a_2) f^{p_4}(a_4) \cdots}$$

其中 $\alpha = 1 - \sum_{i=1}^{n}(-1)^{i-1} p_i$.

2.7 利用对数控制证明一些不等式

为了讨论的方便,本节都假定 $(a_1, a_2, \cdots, a_n) \in \mathbb{R}_{++}^n$ 且设 $\sqrt[n]{\prod_{i=1}^{n} a_i} = G$.

引理 2.7.1 $(a_1, a_2, \cdots, a_n)$ 对数控制 $\underbrace{(G, G, \cdots G)}_{n\uparrow}$.

证明 不妨设 $a_1 \geqslant a_2 \geqslant \cdots \geqslant a_n$, 因 $\prod_{i=1}^{n} a_i = G^n$, 则对于 $1 \leqslant k \leqslant n-1$, $k \in \mathbb{N}$, 必有 $\prod_{i=1}^{k} a_i \geqslant G^k$. 若不然,假设有 $\prod_{i=1}^{k} a_i < G^k$, 则有

$$a_k^k < G^k, a_k < G, a_n \leqslant \cdots \leqslant a_{k+1} \leqslant a_k < G$$

进一步有

$$\prod_{i=1}^{n} a_i = \prod_{i=1}^{k} a_i \prod_{i=k+1}^{n} a_i < G^k \prod_{i=k+1}^{n} G = G^n$$

与题设矛盾. 至此由对数控制的定义, 知, $(a_1, a_2, \cdots, a_n)$ 对数控制 $(G, G, \cdots, G)$.

定理 2.7.2(算术 – 几何平均不等式)

$$\frac{\sum_{i=1}^{n} a_i}{n} \geqslant G \tag{2.7.1}$$

证明 因 $a_1, a_2, \cdots, a_n$ 在 $\mathbb{R}_{++}^n$ 上都是几何凸函数,则 $\sum_{i=1}^{n} a_i$,进而 $\frac{\sum_{i=1}^{n} a_i}{n}$ 在 $\mathbb{R}_{++}^n$ 上为几何凸函数,由定理2.6.2和引理2.7.1知式(2.7.1)为真.

这个的定理证明方法有几十种之多,这里的证明也是最简单的方法之一.

定理 2.7.3 设 $\max\limits_{1 \leqslant i \leqslant n}\{a_i\} < 1, 0 < k < n, k \in \mathbb{N}$,则

$$\sum_{1 \leqslant i_1 < \cdots < i_k \leqslant n} \frac{1}{1 - a_{i_1} a_{i_2} \cdots a_{i_k}} \geqslant \binom{n}{k} \frac{1}{1 - G^k}$$

证明 因为 $a_1, a_2, \cdots, a_n$ 在 $(0,1)$ 上都是几何凸函数,所以诸 $a_{i_1} a_{i_2} \cdots a_{i_k}$ 在 $(0,1)$ 上都是几何凸函数. 由定理 2.3.4 的 (iv) 知, $1 - a_{i_1} a_{i_2} \cdots a_{i_k}$ 是 $(0,1)^n$ 上的几何凹函数,$\dfrac{1}{1 - a_{i_1} a_{i_2} \cdots a_{i_k}}$,进而 $\sum\limits_{1 \leqslant i_1 < \cdots < i_k} \dfrac{1}{1 - a_{i_1} a_{i_2} \cdots a_{i_k}}$ 是 $(0,1)^n$ 上的几何凸函数,由此即知所述不等式成立.

同理可证下定理 2.7.4,我们在此略证.

定理 2.7.4 设 $x, y, z, w \in \mathbb{R}_{++}^n$,则有

$$\prod_{i=1}^n (x a_i^{-yt} + z a_i^{wt}) \geqslant (x G^{-yt} + z G^{wt})^n$$

定理 2.7.5 设 $\min\limits_{1 \leqslant i \leqslant n}\{a_i\} > 1$,则

$$\prod_{i=1}^n \left(1 - \frac{1}{a_i}\right) \leqslant \left(1 - \frac{1}{G}\right)^n \tag{2.7.2}$$

证明 因 $\dfrac{1}{a_i}(i = 1,2,\cdots,n)$ 在 $(1, +\infty)$ 上是几何凸函数,由定理 2.3.4 的 (iv) 知,$1 - \dfrac{1}{a_i}$ 在 $(1, +\infty)$ 上为几何凹函数,$\prod\limits_{i=1}^n \left(1 - \dfrac{1}{a_i}\right)$ 在 $(1, +\infty)^n$ 上为几何凹函数,由引理 2.7.1 即知不等式 (2.7.2) 成立.

下面我们介绍在一定区间内的向量对数控制. 设 $\max\limits_{1 \leqslant i \leqslant n}\{a_i\} = M$ 和 $\min\limits_{1 \leqslant i \leqslant n}\{a_i\} = m$.

引理 2.7.6 $\ln(a_1, a_2, \cdots, a_n) > \ln\left(M, \underbrace{\sqrt[n-2]{\dfrac{G^n}{Mm}}, \sqrt[n-2]{\dfrac{G^n}{Mm}}, \cdots, \sqrt[n-2]{\dfrac{G^n}{Mm}}}_{n-2 \text{个}}, m\right)$.

证明 不妨设 $M = a_1 \geqslant a_2 \geqslant \cdots \geqslant a_n = m > 0$,因 $G^n = a_1 a_2 \cdots a_n$,故有

$$Mm^{n-1} \leqslant G^n = \prod_{i=1}^n a_i \leqslant M^{n-1} m, \quad m \leqslant \sqrt[n-2]{\frac{G^n}{Mm}} \leqslant M$$

$\left(M, \sqrt[n-2]{\dfrac{G^n}{(Mm)}}, \sqrt[n-2]{\dfrac{G^n}{(Mm)}}, \cdots, \sqrt[n-2]{\dfrac{G^n}{(Mm)}}, m\right)$ 是从大到小排列的,且两个向量的分量之积分别为 $\prod\limits_{i=1}^n a_i = G^n$ 和 $M \sqrt[n-2]{\dfrac{G^n}{Mm}} \cdot \sqrt[n-2]{\dfrac{G^n}{Mm}} \cdot \cdots \cdot \sqrt[n-2]{\dfrac{G^n}{Mm}} m = G^n$.

下往证当 $k \geqslant 2$ 时,有

$$\prod_{i=1}^k a_i \geqslant M \left(\sqrt[n-2]{\frac{G^n}{Mm}}\right)^{k-1} \tag{2.7.3}$$

若不然,则有 $\prod_{i=1}^{k} a_i < M\left(\sqrt[n-2]{\dfrac{G^n}{Mm}}\right)^{k-1}$,于是

$$a_1(a_k)^{k-1} \leqslant \prod_{i=1}^{k} a_i < M\left(\sqrt[n-2]{\dfrac{G^n}{Mm}}\right)^{k-1}, a_k < \sqrt[n-2]{\dfrac{G^n}{Mm}}$$

从而 $a_{n-1} \leqslant \cdots \leqslant a_{k+1} \leqslant a_k < \sqrt[n-2]{\dfrac{G^n}{Mm}}$,则

$$\prod_{i=1}^{n} a_i = \prod_{i=1}^{k} a_i \cdot \prod_{i=k+1}^{n} a_i < M\left(\sqrt[n-2]{\dfrac{G^n}{Mm}}\right)^{k-1}\left(\sqrt[n-2]{\dfrac{G^n}{Mm}}\right)^{n-k-1} m = G^n$$

$$a_1 \cdots a_k \cdots a_{n-1} a_n < G^n$$

得出矛盾,所以式(2.7.3)为真. 引理 2.7.6 得证.

引理 2.7.7 存在自然数 $k_0, 1 \leqslant k_0 \leqslant n-1$,使得

$$\ln\left(\underbrace{M,\cdots,M}_{k_0\uparrow},\dfrac{G^n}{m^{n-k_0-1}M^{k_0}},\underbrace{m,\cdots,m}_{n-1-k_0\uparrow}\right) > \ln(a_1, a_2, \cdots, a_n) \quad (2.7.4)$$

证明 由于 $m^{n-1}M \leqslant G^n \leqslant mM^{n-1}$, G^n 在递减数组 $\{m^{n-1}M,\cdots,m^{n-k}M^k,\cdots,mM^{n-1}\}$ 的两个数之间,设 $m^{n-k_0}M^{k_0} \leqslant G^n \leqslant m^{n-k_0-1}M^{k_0+1}$,下往证式(2.7.4)成立. 不妨设 $M = a_1 \geqslant a_2 \geqslant \cdots \geqslant a_n = m > 0$,当 $i \leqslant k_0$ 时,显然有 $M^i \geqslant \prod_{j=1}^{i} a_j$;当 $i = k_0 + 1$ 时,有

$$G^n = a_1 \cdots a_{k_0+1} \cdots a_n, G^n \geqslant a_1 \cdots a_{k_0+1} m^{n-k_0-1}, \underbrace{M\cdots M}_{k_0\uparrow}\dfrac{G^n}{m^{n-k_0-1}M^{k_0}} \geqslant a_1 \cdots a_{k_0+1}$$

当 $i > k_0 + 1$ 时,有

$$G^n = a_1 \cdots a_{k_0+1} \cdots a_n$$
$$G^n \geqslant a_1 \cdots a_{k_0+1} \cdots a_i m^{n-i}$$
$$\underbrace{M\cdots M}_{k_0\uparrow}\dfrac{G^n}{m^{n-k_0-1}M^{k_0}} m^{i-k_0-1} \geqslant a_1 \cdots a_{k_0+1} \cdots a_i$$

至此引理 2.7.7 得证.

下定理 2.7.8 显然加强了著名的算术 – 几何平均不等式.

定理 2.7.8[71]

$$\sum_{i=1}^{n} a_i - n\sqrt[n]{\prod_{i=1}^{n} a_i} \geqslant (\sqrt{M} - \sqrt{m})^2 \quad (2.7.5)$$

证明 因 $\sum_{i=1}^{n} a_i$ 为 $\mathbb{R}_{++}^n$ 上的几何凸函数,由定理 2.6.2 和引理 2.7.6 知

$$\sum_{i=1}^{n} a_i \geqslant m + M + (n-2)\sqrt[n-2]{\dfrac{G^n}{Mm}}$$

$$\sum_{i=1}^{n} a_i - n\sqrt[n]{\prod_{i=1}^{n} a_i} \geq m + M + (n-2)\sqrt[n-2]{\frac{G^n}{Mm}} - nG$$

设函数

$$g(t) = (n-2)\sqrt[n-2]{\frac{t^n}{Mm}} - nt, t \in [m, M]$$

有 $g'(t) = \dfrac{nt^{\frac{2}{n-2}}}{\sqrt[n-2]{Mm}} - n$, $g(t)$ 在 $\sqrt{Mm}$ 处取最小值. 所以有

$$\sum_{i=1}^{n} a_i - n\sqrt[n]{\prod_{i=1}^{n} a_i} \geq m + M + (n-2)\sqrt[n-2]{\frac{(Mm)^{\frac{n}{2}}}{Mm}} - n\sqrt{Mm} = (\sqrt{M} - \sqrt{m})^2$$

如果此题用凸函数性质来证,要复杂一些. 为了得到式(2.7.5)的反向不等式,我们先介绍以下引理.

引理 2.7.9 设 $n \geq 2, p > 1$, 则

$$1 < n\frac{\ln(p-1) - \ln\ln p}{\ln p} < n \tag{2.7.6}$$

证明 左式等价于

$$g(p) \triangleq p - 1 - p^{\frac{1}{n}}\ln p > 0, p \in (1, +\infty)$$

同时

$$g'(p) = 1 - \left(1 + \frac{1}{n}\ln p\right)p^{\frac{1}{n}-1}$$

$$[p^{1-\frac{1}{n}}g'(p)]' = \left(p^{1-\frac{1}{n}} - 1 - \frac{1}{n}\ln p\right)' = \left(1 - \frac{1}{n}\right)p^{-\frac{1}{n}} - \frac{1}{np} = \frac{(n-1)p^{1-\frac{1}{n}} - 1}{np} > 0$$

所以 $p^{1-\frac{1}{n}}g'(p)$ 在 $(1, +\infty)$ 单调递增, 又

$$\lim_{p \to 1^+} p^{1-\frac{1}{n}}g'(p) = \lim_{p \to 1^+}\left(p^{1-\frac{1}{n}} - 1 - \frac{1}{n}\ln p\right) = 0$$

故

$$p^{1-\frac{1}{n}}g'(p) > 0, \quad g'(p) > 0$$

且 $g(1+0) = 0$, 从而有

$$g(p) = p - 1 - p^{\frac{1}{n}}\ln p > 0$$

又式(2.7.6)的右式等价于

$$h(p) \triangleq p\ln p - p + 1 > 0, p \in (1, +\infty)$$

此时 $h'(p) = \ln p > 0$, 所以 $h(p)$ 单调递增, 又 $h(1+0) = 0$, 故 $h(p) =$

$p\ln p - p + 1 > 0$.

定理 2.7.10 设 $p = \dfrac{M}{m} > 1$,则有

$$\sum_{i=1}^{n} a_i - n\sqrt[n]{\prod_{i=1}^{n} a_i} \leq nm\left[\frac{\ln(p-1) - \ln\ln p - 1}{\ln p}(p-1) + 1\right]$$

证明 由引理 2.7.7 和定理 2.6.2 知,存在自然数 $k_0, 1 \leq k_0 \leq n-1$,使得

$$\sum_{i=1}^{n} a_i \leq k_0 M + (n - k_0 - 1)m + \frac{G^n}{m^{n-k_0-1}M^{k_0}}$$

$$\sum_{i=1}^{n} a_i - n\sqrt[n]{\prod_{i=1}^{n} a_i} \leq k_0 M + (n - k_0 - 1)m + \frac{G^n}{m^{n-k_0-1}M^{k_0}} - nG$$

易证关于 t 的函数 $\dfrac{t^n}{m^{n-k_0-1}M^{k_0}} - nt$ 在 $\sqrt[n-1]{m^{n-k_0-1}M^{k_0}}$ 取唯一的极小值,且

$$\sqrt[n]{m^{n-k_0}M^{k_0}} \leq \sqrt[n-1]{m^{n-k_0-1}M^{k_0}} \leq \sqrt[n]{m^{n-k_0-1}M^{k_0+1}}$$

所以

$$\frac{G^n}{m^{n-k_0-1}M^{k_0}} - nG \leq \frac{m^{n-k_0}M^{k_0}}{m^{n-k_0-1}M^{k_0}} - n\sqrt[n]{m^{n-k_0}M^{k_0}} = m - n\sqrt[n]{m^{n-k_0}M^{k_0}}$$

或

$$\frac{G^n}{m^{n-k_0-1}M^{k_0}} - nG \leq \frac{m^{n-k_0-1}M^{k_0+1}}{m^{n-k_0-1}M^{k_0}} - n\sqrt[n]{m^{n-k_0-1}M^{k_0+1}} = M - n\sqrt[n]{m^{n-k_0-1}M^{k_0+1}}$$

进而有

$$\sum_{i=1}^{n} a_i - n\sqrt[n]{\prod_{i=1}^{n} a_i} \leq k_0 M + (n - k_0)m - n\sqrt[n]{m^{n-k_0}M^{k_0}}$$

或

$$\sum_{i=1}^{n} a_i - n\sqrt[n]{\prod_{i=1}^{n} a_i} \leq (k_0 + 1)M + (n - k_0 - 1)m - n\sqrt[n]{m^{n-k_0-1}M^{k_0+1}}$$

由于 $1 \leq k_0 \leq n-1$,结合以上两式有

$$\sum_{i=1}^{n} a_i - n\sqrt[n]{\prod_{i=1}^{n} a_i} \leq \max_{1 \leq k \leq n, k \in \mathbb{N}}\left[kM + (n-k)m - n\sqrt[n]{m^{n-k}M^k}\right]$$

设 $g(t) = tM + (n - t)m - n\sqrt[n]{m^{n-t}M^t}$,其中 $t \in [1, n]$,则有

$$g(t) = t(M - m) + nm - nmp^{\frac{t}{n}}, \quad g'(t) = M - m - mp^{\frac{t}{n}}\ln p$$

令 $g'(t) = 0$ 有

$$\frac{p-1}{\ln p} = p^{\frac{t}{n}}, \quad t = n\frac{\ln(p-1) - \ln\ln p}{\ln p}$$

由引理 2.7.9 知 g 存在唯一的驻点 $n\dfrac{\ln(p-1) - \ln\ln p}{\ln p}$,且可证 $g''(t) < 0$,故

g 在 $n\dfrac{\ln(p-1) - \ln\ln p}{\ln p}$ 取最大值,所以

$$g(t) \leqslant n\dfrac{\ln(p-1) - \ln\ln p}{\ln p}(M-m) + nm - nm\dfrac{p-1}{\ln p} =$$

$$nm\left[\dfrac{\ln(p-1) - \ln\ln p - 1}{\ln p}(p-1) + 1\right]$$

因此对于 $1 \leqslant k \leqslant n, k \in \mathbb{N}$,也有

$$g(k) \leqslant nm\left[\dfrac{\ln(p-1) - \ln\ln p - 1}{\ln p}(p-1) + 1\right]$$

命题得证.

定理 2.7.11(Schweitzer 不等式)[2]

$$\left(\dfrac{1}{n}\sum_{i=1}^{n}a_i\right)\left(\dfrac{1}{n}\sum_{i=1}^{n}\dfrac{1}{a_i}\right) \leqslant \dfrac{(M+m)}{4Mm} \tag{2.7.7}$$

证明 因为 $a_i, \dfrac{1}{a_i}, i = 1, 2, \cdots, n$,都为 $\mathbb{R}_{++}^n$ 上的几何凸函数,所以 $\sum_{i=1}^{n}a_i$,$\sum_{i=1}^{n}\dfrac{1}{a_i}$,进而 $\dfrac{\sum_{i=1}^{n}a_i}{n} \cdot \dfrac{\sum_{i=1}^{n}a_i^{-1}}{n}$ 都为几何凸. 由引理 2.7.7 和定理 2.6.2 知,存在自然数 $k_0, 1 \leqslant k_0 \leqslant n-1$,使得

$$\left(\dfrac{1}{n}\sum_{i=1}^{n}a_i\right)\left(\dfrac{1}{n}\sum_{i=1}^{n}\dfrac{1}{a_i}\right) \leqslant \dfrac{1}{n^2}\left[k_0 M + (n-k_0-1)m + \dfrac{G^n}{m^{n-k_0-1}M^{k_0}}\right] \times$$

$$\left[\dfrac{k_0}{M} + \dfrac{n-k_0-1}{m} + \dfrac{m^{n-k_0-1}M^{k_0}}{G^n}\right] \leqslant$$

$$\dfrac{1}{n^2}\Big[k_0^2 + (n-k_0-1)^2 + 1 +$$

$$k_0(n-k_0-1)\left(\dfrac{m}{M} + \dfrac{M}{m}\right) +$$

$$\dfrac{G^n}{m^{n-k_0-1}M^{k_0}}\left(\dfrac{k_0}{M} + \dfrac{n-k_0-1}{m}\right) +$$

$$\dfrac{m^{n-k_0-1}M^{k_0}}{G^n}(k_0 M + (n-k_0-1)m)\Big] \tag{2.7.8}$$

因

$$f(t) = \dfrac{t}{m^{n-k_0-1}M^{k_0}}\left(\dfrac{k_0}{M} + \dfrac{n-k_0-1}{m}\right) + \dfrac{m^{n-k_0-1}M^{k_0}}{t}[k_0 M + (n-k_0-1)m]$$

在 $(0, +\infty)$ 上只有一个极小值,所以对于 $f(G^n)$ 和 $m^{n-k_0}M^{k_0} \leqslant G^n \leqslant m^{n-k_0-1}M^{k_0+1}$,有 $f(G^n) \leqslant f(m^{n-k_0}M^{k_0})$ 和 $f(G^n) \leqslant f(m^{n-k_0-1}M^{k_0+1})$ 之一成立. 把它们代入式(2.7.8)后,即有

$$\left(\frac{1}{n}\sum_{i=1}^{n} a_i\right)\left(\frac{1}{n}\sum_{i=1}^{n}\frac{1}{a_i}\right) \leq \frac{1}{n^2}\Big[k_0^2 + (n-k_0-1)^2 + 1 +$$
$$k_0(n-k_0-1)\left(\frac{m}{M}+\frac{M}{m}\right) +$$
$$k_0\left(\frac{m}{M}+\frac{M}{m}\right) + 2(n-k_0-1)\Big] \quad (2.7.9)$$

与

$$\left(\frac{1}{n}\sum_{i=1}^{n} a_i\right)\left(\frac{1}{n}\sum_{i=1}^{n}\frac{1}{a_i}\right) \leq \frac{1}{n^2}\Big[k_0^2 + (n-k_0-1)^2 + 1 +$$
$$k_0(n-k_0-1)\left(\frac{m}{M}+\frac{M}{m}\right) +$$
$$(n-k_0-1)\left(\frac{m}{M}+\frac{M}{m}\right) + 2k_0\Big] \quad (2.7.10)$$

之一成立. 对于式(2.7.9),右边为 k_0 的一元二次多项式,其二次项系数为 $-\left(\frac{m}{M}+\frac{M}{m}-2\right)$,一次项系数 $n\left(\frac{m}{M}+\frac{M}{m}-2\right)$,利用抛物线的极大值点的性质,我们有

$$\left(\frac{1}{n}\sum_{i=1}^{n} a_i\right)\left(\frac{1}{n}\sum_{i=1}^{n}\frac{1}{a_i}\right) \leq \frac{1}{n^2}\Big[\left(\frac{n}{2}\right)^2 + \left(n-\frac{n}{2}-1\right)^2 +$$
$$1 + \frac{n}{2}\left(n-\frac{n}{2}-1\right)\left(\frac{m}{M}+\frac{M}{m}\right) +$$
$$\frac{n}{2}\left(\frac{m}{M}+\frac{M}{m}\right) + 2\left(n-\frac{n}{2}-1\right)\Big] =$$
$$\frac{1}{2} + \frac{1}{4}\left(\frac{m}{M}+\frac{M}{m}\right) = \frac{(M+m)^2}{4Mm}$$

同样考虑式(2.7.10),也可知式(2.7.7)为真.

分析以上证明过程知,当 n 为奇数时,自然数 k_0 是取不到 $\frac{n}{2}$ 和 $\frac{n-2}{2}$,只能在 $\frac{n-1}{2}$ 处取到最大值. 所以可以把 Schweitzer 不等式加强为如下定理,详细过程不再复述.

定理 2.7.12 当 n 为奇数时,有
$$\left(\frac{1}{n}\sum_{i=1}^{n} a_i\right)\left(\frac{1}{n}\sum_{i=1}^{n}\frac{1}{a_i}\right) \leq \frac{(M+m)^2}{4Mm} - \frac{(M-m)^2}{4n^2 Mm}$$

同样我们可建立式(2.7.7)的反向不等式.

定理 2.7.13 $\left(\frac{1}{n}\sum_{i=1}^{n} a_i\right)\left(\frac{1}{n}\sum_{i=1}^{n}\frac{1}{a_i}\right) \geq 1 + \frac{(M-m)^2}{n^2 Mm} + \frac{2n-4}{n^2} \cdot \frac{(\sqrt{M}-\sqrt{m})^2}{\sqrt{Mm}}.$

证明 因 $\dfrac{\sum_{i=1}^{n} a_i}{n} \cdot \dfrac{\sum_{i=1}^{n} a_i^{-1}}{n}$ 在 $\mathbb{R}_{++}^n$ 上为几何凸，由引理2.7.6和定理2.6.2，有

$$\left(\frac{1}{n}\sum_{i=1}^{n} a_i\right)\left(\frac{1}{n}\sum_{i=1}^{n} \frac{1}{a_i}\right) \geq \frac{1}{n^2}\left[M + m + (n-2)\sqrt[n-2]{\frac{G^n}{mM}}\right] \times$$

$$\left[\frac{1}{M} + \frac{1}{m} + (n-2)\sqrt[n-2]{\frac{mM}{G^n}}\right] =$$

$$\frac{1}{n^2}\Big[2 + (n-2)^2 + \frac{M}{m} + \frac{m}{M} +$$

$$(n-2)\left(\frac{1}{M} + \frac{1}{m}\right)\sqrt[n-2]{\frac{G^n}{mM}} + (n-2)(M+m)\sqrt[n-2]{\frac{mM}{G^n}}\Big] \geq$$

$$\frac{1}{n^2}\Big[2 + (n-2)^2 + \frac{M}{m} + \frac{m}{M} +$$

$$2(n-2)\sqrt{\left(\frac{1}{M} + \frac{1}{m}\right)(M+m)\sqrt[n-2]{\frac{G^n}{mM}}\sqrt[n-2]{\frac{mM}{G^n}}}\Big] =$$

$$\frac{1}{n^2}\Big[2 + (n-2)^2 + \frac{M}{m} + \frac{m}{M} + 2(n-2)\frac{M+m}{\sqrt{Mm}}\Big] =$$

$$1 + \frac{(M-m)^2}{n^2 Mm} + \frac{2n-4}{n^2}\frac{(\sqrt{M}-\sqrt{m})^2}{\sqrt{Mm}}$$

2.8 二元平均的几何凸性

本节设 $x, y \in \mathbb{R}_{++}$，我们将讨论正数 x, y 的各种平均的几何凸性.

定理 2.8.1[77] f 是定义在 $\mathbb{R}_{++}^n$ 上的正 m 次齐次函数且有二阶连续偏导数，则 f 为几何凸（凹）函数的充要条件是 $\dfrac{\partial^2 (\ln f(x,y))}{\partial x \partial y} \leq (\geq) 0$.

证明 这里只证 f 为几何凸函数的情形. 由于 f 有二阶连续偏导数，所以 f 为二阶可微. 又对任何 $t \geq 0$，有 $f(tx, ty) = t^m f(x, y)$，二边对 t 求偏导有

$$xf'_1(tx, ty) + yf'_2(tx, ty) = mt^{m-1} f(x, y)$$

再令 $t = 1$ 有

$$xf'_1(x, y) + yf'_2(x, y) = mf(x, y) \tag{2.8.1}$$

在式(2.8.1) 二边对 x 求导有

$$f'_1(x, y) + xf''_{11}(x, y) + yf''_{12}(x, y) = mf'_1(x, y)$$

$$f''_{11}(x,y) = -\frac{y}{x}f''_{12}(x,y) + \frac{m-1}{x}f'_1(x,y)$$

则

$$f \cdot f''_{11} + \frac{f \cdot f'_1}{x} - (f'_1)^2 = -\frac{y}{x}ff''_{12} + \left(\frac{m}{x}f - f'_1\right)f'_1 =$$

$$-\frac{y}{x}ff''_{12} + \frac{y}{x}f'_2 f'_1 = -\frac{y}{x}(\ln f)''_{12}$$

且

$$\det\begin{pmatrix} f \cdot f''_{11} + \frac{f \cdot f'_1}{x} - (f'_1)^2 & f \cdot f''_{12} - f'_1 f'_2 \\ f \cdot f''_{12} - f'_1 f'_2 & f \cdot f''_{22} + \frac{f \cdot f'_2}{y} - (f'_2)^2 \end{pmatrix} =$$

$$\det\begin{pmatrix} \frac{y}{x}(f'_1 f'_2 - f \cdot f''_{12}) & f \cdot f''_{12} - f'_1 f'_2 \\ f \cdot f''_{12} - f'_1 f'_2 & \frac{x}{y}(f'_1 f'_2 - f \cdot f''_{12}) \end{pmatrix} = 0$$

再由定理 2.5.2 知,f 为几何凸函数的充要条件是 $\frac{\partial^2(\ln f(x,y))}{\partial x \partial y} \leqslant 0$.

设 $r,s \in \mathbb{R}, x,y \in \mathbb{R}_{++}$, x,y 的广义平均定义为(参见文献[112])

$$E(r,s;x,y) = \begin{cases} \left(\frac{r}{s} \cdot \frac{y^s - x^s}{y^r - x^r}\right)^{\frac{1}{s-r}}, & rs(r-s)(x-y) \neq 0 \\ \left(\frac{1}{r} \cdot \frac{y^r - x^r}{\ln y - \ln x}\right)^{\frac{1}{r}}, & s = 0, r(x-y) \neq 0 \\ \frac{1}{e^{\frac{1}{r}}}\left(\frac{x^{x^r}}{y^{y^r}}\right)^{\frac{1}{x^r - y^r}}, & r = s, r(x-y) \neq 0 \\ \sqrt{xy}, & r = s = 0 \\ x, & x = y \end{cases} \quad (2.8.2)$$

显然 $E(r,s;x,y)$ 关于 r,s,x,y 是连续的,文献[113]证明了 $E(r,s;x,y)$ 关于 r,s,x,y 为单调增加的,文献[114]解决了 $E(r,s;x,y)$ 对于 $(x,y) \in \mathbb{R}_{++}^2$, 关于 $r,s \in \mathbb{R}$ 的 S - 凸性问题. 文献[114]、[115] 和 [94] 完全解决了 $E(r,s;x,y)$ 对于 $r,s \in \mathbb{R}$ 关于 $(x,y) \in \mathbb{R}_{++}^2$ 的 S - 凸性问题. 文献[68]给出 $E(r,s;x,y)$ 对于 $r,s \in \mathbb{R}$ 关于 $(x,y) \in \mathbb{R}_{++}^2$ 的 S - 几何凸性问题. 其主要结果为如下定理.

定理 2.8.2 (ⅰ) $E(r,s;x,y)$ 关于 $x,y \in \mathbb{R}_{++}$ 为 S - 几何凸函数[①],当且

---

① 定义见 3.1.

仅当 $s+r \geqslant 0$.

(ⅱ) $E(r,s;x,y)$ 关于 $x,y \in \mathbb{R}_{++}$ 为 S - 几何凹函数,当且仅当 $s+r \leqslant 0$.
在这里,我们要把它加强为:

定理 2.8.3 (ⅰ) $E(r,s;x,y)$ 关于 $x,y \in \mathbb{R}_{++}$ 为几何凸函数,当且仅当 $s+r \geqslant 0$.

(ⅱ) $E(r,s;x,y)$ 关于 $x,y \in \mathbb{R}_{++}$ 为几何凹函数,当且仅当 $s+r \leqslant 0$.
首先,须证以下几个引理.

引理 2.8.4

$$\frac{\partial E}{\partial x} = \begin{cases} \dfrac{r^2 x^{r-1}(y^s-x^s) - rsx^{s-1}(y^r-x^r)}{s(s-r)(y^r-x^r)^2}\left(\dfrac{r}{s} \cdot \dfrac{y^s-x^s}{y^r-x^r}\right)^{\frac{1}{s-r}-1}, \\ \qquad rs(r-s)(x-y) \neq 0 \\ \dfrac{y^r - x^r - rx^r(\ln y - \ln x)}{r^2 x(\ln y - \ln x)^2}\left(\dfrac{1}{r} \cdot \dfrac{y^r-x^r}{\ln y - \ln x}\right)^{\frac{1}{r}-1}, \\ \qquad s=0, r(x-y) \neq 0 \\ \dfrac{1}{\mathrm{e}r} \dfrac{x^{2r-1} - x^{r-1}y^r + rx^{r-1}y^r(\ln y - \ln x)}{(x^r-y^r)^2}\left(\dfrac{x^{x^r}}{y^{y^r}}\right)^{\frac{1}{x^r-y^r}}, \\ \qquad r=s, r(x-y) \neq 0 \\ \dfrac{1}{2}\sqrt{\dfrac{y}{x}}, \quad r=s=0, x-y \neq 0 \\ \dfrac{1}{2}, \quad x=y \end{cases}$$

证明 对于 $x \neq y$,式 (2.8.2) 中的几个不同的表达式

$$\left(\frac{r}{s} \cdot \frac{y^s-x^s}{y^r-x^r}\right)^{\frac{1}{s-r}}, \left(\frac{1}{r} \cdot \frac{y^r-x^r}{\ln y - \ln x}\right)^{\frac{1}{r}}, \frac{1}{\mathrm{e}^{\frac{1}{r}}}\left(\frac{x^{x^r}}{y^{y^r}}\right)^{\frac{1}{x^r-y^r}}, \sqrt{xy}$$

对于 x 的偏导显然都是存在,且 $\dfrac{\partial E}{\partial x}$ 的表达式也易求.下证对于任意的 $x_0 > 0$,

$\left.\dfrac{\partial E}{\partial x}\right|_{(r,s;x_0,x_0)} = \dfrac{1}{2}$ 即可.

当 $r=s=0$ 时,由于 $\lim\limits_{x \to x_0} \dfrac{\sqrt{x_0 x} - x_0}{x - x_0} = \dfrac{1}{2}$,故 $\left.\dfrac{\partial E}{\partial x}\right|_{(0,0;x_0,x_0)} = \dfrac{1}{2}$ 存在.

当 $s=0, r \neq 0$,由于

$$\lim_{x \to x_0} \frac{\left(\dfrac{1}{r} \cdot \dfrac{x_0^r - x^r}{\ln x_0 - \ln x}\right)^{\frac{1}{r}} - x_0}{x - x_0} = \lim_{x \to x_0}\left[\left(\frac{1}{r} \cdot \frac{x_0^r - x^r}{\ln x_0 - \ln x}\right)^{\frac{1}{r}}\right]' =$$

$$\lim_{x \to x_0} \frac{1}{r} \cdot \left(\frac{1}{r} \cdot \frac{x_0^r - x^r}{\ln x_0 - \ln x} \right)^{\frac{1}{r}-1} \cdot \frac{1}{r} \cdot \left(\frac{x_0^r - x^r}{\ln x_0 - \ln x} \right)' =$$

$$\lim_{x \to x_0} \frac{1}{r^2} \cdot \left(\frac{1}{r} \cdot \frac{x_0^r - x^r}{\ln x_0 - \ln x} \right)^{\frac{1}{r}-1} \cdot \frac{-rx^r(\ln x_0 - \ln x) + (x_0^r - x^r)}{x(\ln x_0 - \ln x)^2} =$$

$$\lim_{x \to x_0} \frac{1}{r^2} \cdot \left(\frac{1}{r} \cdot \frac{-rx^{r-1}}{-\frac{1}{x}} \right)^{\frac{1}{r}-1} \cdot \frac{-rx^r(\ln x_0 - \ln x) + (x_0^r - x^r)}{x_0(\ln x_0 - \ln x)^2} =$$

$$\lim_{x \to x_0} \frac{1}{r^2} \cdot (x_0^r)^{\frac{1}{r}-1} \cdot \frac{-r^2 x^{r-1}(\ln x_0 - \ln x)}{-2x_0(\ln x_0 - \ln x) \cdot \frac{1}{x}} = \frac{1}{2}$$

所以 $\frac{\partial E}{\partial x}\bigg|_{(r,0;x_0,x_0)} = \frac{1}{2}$ 存在.

同理 $s \neq 0, r = 0, \frac{\partial E}{\partial x}\bigg|_{(0,s;x_0,x_0)} = \frac{1}{2}$ 也存在.

当 $r = s \neq 0$ 时,由于

$$\frac{\partial E}{\partial x}\bigg|_{(r,r;x_0,x_0)} = \lim_{x \to x_0} \frac{\frac{1}{e^{\frac{1}{r}}} \cdot \left(\frac{x^{x^r}}{x_0^{x_0^r}} \right)^{\frac{1}{x^r - x_0^r}} - x_0}{x - x_0} = \lim_{x \to x_0} \left[\frac{1}{e^{\frac{1}{r}}} \left(\frac{x^{x^r}}{x_0^{x_0^r}} \right)^{\frac{1}{x^r - x_0^r}} \right]'$$

利用罗必塔法则和对数求导法则后,我们可证 $\frac{\partial E}{\partial x}\bigg|_{(r,r;x_0,x_0)} = \frac{1}{2}$.

最后,若 $rs(r-s) \neq 0$,则由于

$$\frac{\partial E}{\partial x}\bigg|_{(r,s;x_0,x_0)} = \lim_{x \to x_0} \frac{\left(\frac{r}{s} \cdot \frac{x_0^s - x^s}{x_0^r - x^r} \right)^{\frac{1}{s-r}} - x_0}{x - x_0} =$$

$$\lim_{x \to x_0} \left[\left(\frac{r}{s} \cdot \frac{x_0^s - x^s}{x_0^r - x^r} \right)^{\frac{1}{s-r}} \right]'$$

同理,我们可用罗必塔法则证得 $\frac{\partial E}{\partial x}\bigg|_{(r,s;x_0,x_0)} = \frac{1}{2}$ 存在.

引理 2.8.4 证毕.

由于对称性,我们知 $\frac{\partial E}{\partial y}$ 也存在.

引理 2.8.5 $\frac{\partial E}{\partial x}, \frac{\partial E}{\partial y}$ 关于 $(x,y) \in \mathbb{R}_{++}^2$ 连续.

证明 这里仅证 $\frac{\partial E}{\partial x}$ 关于 $(x,y) \in \mathbb{R}_{++}^2$ 连续. 当点 (x,y) 满足: $x \neq y$ 时, $\frac{\partial E}{\partial x}$ 在点 (x,y) 连续为显然. 下证对于任何 $x_0, \frac{\partial E}{\partial x}$ 在点 (x_0, x_0) 为连续. 为了书

写的方便,下面在讨论 $\lim_{x \to x_0, y \to x_0} \frac{\partial E}{\partial x}$ 时, $x = y \to x_0$ 的过程中, $\frac{\partial E}{\partial x} \equiv \frac{1}{2}$ 不再书写在内.

当 $r = s = 0$ 时, $\lim_{x \to x_0, y \to x_0} \frac{\partial E}{\partial x} = \lim_{x \to x_0, y \to x_0} \frac{\sqrt{\frac{y}{x}}}{2} = \frac{1}{2}$.

当 $s = 0, r \neq 0$ 时,由于 $\lim_{\substack{x \to x_0 \\ y \to x_0}} \left[\frac{(y^r - x^r)}{r(\ln y - \ln x)} \right]^{\frac{1}{r}} = x_0$,所以有

$$\lim_{\substack{x \to x_0 \\ y \to x_0}} \frac{\partial E}{\partial x} = \lim_{\substack{x \to x_0 \\ y \to x_0}} \frac{y^r - x^r - rx^r(\ln y - \ln x)}{r^2 x (\ln y - \ln x)^2} \left(\frac{1}{r} \cdot \frac{y^r - x^r}{\ln y - \ln x} \right)^{\frac{1}{r}-1} =$$

$$\lim_{t \to 1} x_0^r \frac{t^r - 1 - r \ln t}{r^2 x_0 (\ln t)^2} x_0^{1-r} = \lim_{t \to 1} \frac{t^r - 1}{2r \ln t} = \lim_{t \to 1} \frac{rt^{r-1}}{2r \cdot \frac{1}{t}} = \frac{1}{2}$$

同理 $s \neq 0, r = 0$, $\lim_{x \to x_0, y \to x_0} \frac{\partial E}{\partial x} = \frac{1}{2}$.

对于 $r = s \neq 0, rs(r-s) \neq 0$,同理可证 $\lim_{x \to x_0, y \to x_0} \frac{\partial E}{\partial x} = \frac{1}{2}$.此处不再复述.

至此,引理 2.8.5 证毕.

引理 2.8.6 $\frac{\partial^2 E}{\partial x^2}, \frac{\partial^2 E}{\partial x \partial y}, \frac{\partial^2 E}{\partial y^2}$ 存在.

证明 为了函数引用的方便,我们设

$$f(x,y) = \frac{r^2 x^{r-1}(y^s - x^s) - rsx^{s-1}(y^r - x^r)}{s(s-r)(y^r - x^r)^2} \left(\frac{r}{s} \cdot \frac{y^s - x^s}{y^r - x^r} \right)^{\frac{1}{s-r}-1},$$

$$rs(r-s)(x-y) \neq 0$$

$$g(x,y) = \frac{y^r - x^r - rx^r(\ln y - \ln x)}{r^2 x (\ln y - \ln x)^2} \left(\frac{1}{r} \cdot \frac{y^r - x^r}{\ln y - \ln x} \right)^{\frac{1}{r}-1},$$

$$s = 0, r(x-y) \neq 0$$

$$h(x,y) = \frac{1}{e^{\frac{1}{r}}} \cdot \frac{x^{2r-1} - x^{r-1}y^r + rx^{r-1}y^r(\ln y - \ln x)}{(x^r - y^r)^2} \left(\frac{x^{x^r}}{y^{y^r}} \right)^{\frac{1}{x^r - y^r}},$$

$$r = s, r(x-y) \neq 0$$

$$l(x) = \frac{1}{2}\sqrt{\frac{y}{x}}, r = s = 0, x \neq y$$

我们将证明

$$\frac{\partial^2 E}{\partial x^2} = \begin{cases} \dfrac{\partial f(x,y)}{\partial x}, & rs(r-s)(x-y) \neq 0 \\ \dfrac{\partial g(x,y)}{\partial x}, & s=0, r(x-y) \neq 0 \\ \dfrac{\partial h(x,y)}{\partial x}, & r=s, r(x-y) \neq 0 \\ -\dfrac{\sqrt{y}}{4x\sqrt{x}} & r=s=0, x-y \neq 0 \\ \dfrac{r+s-3}{12x}, & x=y \end{cases}$$

当点 (x,y) 满足 $x \neq y$ 时, $\dfrac{\partial^2 E}{\partial x^2}$ 易求. 在下面讨论并求证:对于任意的 $x_0 > 0$, 有

$$\left.\frac{\partial^2 E}{\partial x^2}\right|_{(r,s;x_0,x_0)} = \frac{r+s-3}{12x_0}$$

若 $rs(r-s) \neq 0$, 有

$$\left.\frac{\partial^2 E}{\partial x^2}\right|_{(r,s;x_0,x_0)} = \lim_{x \to x_0}\frac{f(x,x_0) - \dfrac{1}{2}}{x - x_0} = \lim_{x \to x_0} f'_1(x,x_0)$$

其中

$$f'_1(x,y) = \frac{r}{s(s-r)} \cdot \frac{u(x,y)}{(y^r - x^r)^3}\left(\frac{r}{s} \cdot \frac{y^s - x^s}{y^r - x^r}\right)^{\frac{1}{s-r}-1} +$$
$$\left(\frac{1}{s-r} - 1\right)\frac{1}{s-r}\left[\frac{r^2 x^{r-1}(y^s - x^s) - rsx^{s-1}(y^r - x^r)}{s(y^r - x^r)^2}\right]^2 \times$$
$$\left(\frac{r}{s} \cdot \frac{y^s - x^s}{y^r - x^r}\right)^{\frac{1}{s-r}-2}$$

$$u(x,y) = [r(r-1)x^{r-2}(y^s - x^s) - s(s-1)x^{s-2}(y^r - x^r)](y^r - x^r) +$$
$$2rx^{r-1}[rx^{r-1}(y^s - x^s) - sx^{s-1}(y^r - x^r)]$$

考虑 $\lim\limits_{x \to x_0} f'_1(x,x_0)$ 时, 由于 $\lim\limits_{x \to x_0}\left[\dfrac{r(x_0^s - x^s)}{s(x_0^r - x^r)}\right]^{\frac{1}{s-r}} = x_0$, 再令 $\dfrac{x}{x_0} = t$, 我们有

$$\left.\frac{\partial^2 E}{\partial x^2}\right|_{(r,s;x_0,x_0)} =$$

$$\lim_{t \to 1}\left[\frac{r}{s(s-r)} \cdot \frac{[r(r-1)t^{-s} - s(s-1) + (s^2 - s - r^2 + r - 2rs)t^r](1-t^r) + 2r^2 t^{2r-s}(1-t^s)}{(1-t^r)^3} + \right.$$
$$\left.\frac{1-s+r}{(s-r)^2}\left(\frac{r^2 t^{r-1} - rst^{s-1} + (rs - r^2)t^{r+s-1}}{s(1-t^r)^2}\right)^2\right]\frac{1}{x_0} =$$

$$\lim_{t \to 1}\left[\frac{r}{s(s-r)} \cdot \frac{[r(r-1)t^{-s} - s(s-1) + (s^2 - s - r^2 + r - 2rs)t^r](1-t^r) + 2r^2 t^{2r-s}(1-t^s)}{(1-t^r)^3} + \right.$$
$$\left.\frac{1-s+r}{(s-r)^2}\left(\frac{r^2 t^{r-1} - rst^{s-1} + (rs - r^2)t^{r+s-1}}{s(1-t^r)^2}\right)^2\right]\frac{1}{x_0} =$$

$$\lim_{t\to 1}\left[\frac{r}{s(s-r)}\frac{\{[r(r-1)t^{r-s}-s(s-1)+(s^2-s-r^2+r-2rs)t^r](1-t^r)+2r^2t^{2r-s}(1-t^s)\}'}{-3rt^{r-1}(1-t^r)^2}+\right.$$

$$\left.\frac{1-s+r}{(s-r)^2}\left(\frac{r^2t^{r-s}-rs+(rs-r^2)t^r}{s(1-t^r)^2}\right)^2\right]\frac{1}{x_0}=$$

$$\lim_{t\to 1}\left[\frac{r}{s(s-r)}\cdot\frac{v(t)}{-3(1-t^r)^2}+\frac{1-s+r}{(s-r)^2}\left(\frac{r^2(r-s)t^{r-s-1}+(rs-r^2)rt^{r-1}}{-2rst^{r-1}(1-t^r)}\right)^2\right]\frac{1}{x_0}$$

$$(v(t)=(r-1)(r-s)t^{-s}+(2s^2-2s-r^2+r-2rs)-$$

$$2(s^2-s+r^2+r-2rs)t^r+(2r^2-rs+2r-s)t^{r-s})=$$

$$\lim_{t\to 1}\left\{\frac{r}{s(s-r)}\frac{v'(t)}{6rt^{r-1}(1-t^r)}+(1-s+r)\left[\frac{rt^{-s}-r}{-2s(1-t^r)}\right]^2\right\}\frac{1}{x_0}=$$

$$\lim_{t\to 1}\left\{\frac{s(r-1)-2r(s-r-1)t^{r+s}-(2r^2-rs+2r-s)t^r}{6s(1-t^r)}+(1-s+r)\left(\frac{-srt^{-s-1}}{2srt^{r-1}}\right)^2\right\}\frac{1}{x_0}=$$

$$\lim_{t\to 1}\left\{\frac{-2r(s-r-1)(r+s)t^{r+s-1}-(2r^2-rs+2r-s)rt^{r-1}}{-6rst^{r-1}}+\frac{1-s+r}{4}\right\}\frac{1}{x_0}=\frac{s+r-3}{12x_0}\quad(2.8.3)$$

以上证明中,多次运用了罗必塔法则,并且分母一旦出现 t 的某个次方这样的乘积因子,立即令 $t\to 1$.

几乎同理,我们可证:

当 $r=s=0$ 时,$\left.\dfrac{\partial^2 E}{\partial x^2}\right|_{(0,0;x_0,x_0)}=\lim_{x\to x_0}l'_x(x,x_0)=-\dfrac{1}{4x_0}$.

当 $s=0, r\neq 0$ 时,$\left.\dfrac{\partial^2 E}{\partial x^2}\right|_{(r,0;x_0,x_0)}=\lim_{x\to x_0}g'_x(x,x_0)=\dfrac{r-3}{12x_0}$.

同理 $s\neq 0, r=0$,$\left.\dfrac{\partial^2 E}{\partial x^2}\right|_{(0,s;x_0,x_0)}=\dfrac{s-3}{12x_0}$.

当 $r=s\neq 0$ 时,$\left.\dfrac{\partial^2 E}{\partial x^2}\right|_{(r,r;x_0,x_0)}=\lim_{x\to x_0}h'_x(x,x_0)=\dfrac{2r-3}{12x_0}$.

由于对称性,$\dfrac{\partial^2 E}{\partial y^2}$ 显然也存在. 仿以上工作,我们可证

$$\frac{\partial^2 E}{\partial x\partial y}=\begin{cases}\dfrac{\partial f(x,y)}{\partial y},&rs(r-s)(x-y)\neq 0\\[6pt]\dfrac{\partial g(x,y)}{\partial y},&s=0,r(x-y)\neq 0\\[6pt]\dfrac{\partial h(x,y)}{\partial y},&r=s,r(x-y)\neq 0\\[6pt]\dfrac{1}{4\sqrt{xy}},&r=s=0,x-y\neq 0\\[6pt]\dfrac{3-s-r}{12x},&x=y\end{cases}$$

这里我们仅给出最复杂的情形($rs(r-s)\neq 0$, $\dfrac{\partial^2 E}{\partial x\partial y}$ 在 (x_0,x_0) 处的值)的证明,其余的从略,即

$$\left.\frac{\partial^2 E}{\partial x \partial y}\right|_{(r,s;x_0,x_0)} = \lim_{y \to x_0} \frac{f(x_0,y) - \frac{1}{2}}{y - x_0} = \lim_{y \to x_0} f'_y(x_0,y)$$

考虑到 $\lim\limits_{y \to x_0}\left[\dfrac{r(y^s - x_0^s)}{s(y^r - x_0^r)}\right]^{\frac{1}{s-r}} = x_0$,令 $\dfrac{y}{x_0} = t$,我们有

$$\left.\frac{\partial^2 E}{\partial x \partial y}\right|_{(r,s;x_0,x_0)} =$$

$$\lim_{t \to 1}\left[\frac{r^2}{s(s-r)} \cdot \frac{s(t^{s-1} + t^{r-1})(t^r - 1) - 2rt^{r-1}(t^s - 1)}{(t^r - 1)^3} + \right.$$

$$\left.\frac{(1 - s + r)r^2}{s^2(s - r)^2} \cdot \frac{st^{s-1}(t^r - 1) - rt^{r-1}(t^s - 1)}{(t^r - 1)^2} \cdot \frac{r(t^s - 1) - s(t^r - 1)}{(t^r - 1)^2}\right]\frac{1}{x_0} =$$

$$\lim_{t \to 1}\left\{\frac{r^2}{s(s-r)} \cdot \frac{[s(t^{s-1} + t^{r-1})(t^r - 1) - 2rt^{r-1}(t^s - 1)]'}{3rt^{r-1}(t^r - 1)^2} + \right.$$

$$\left.\frac{(1 - s + r)r^2}{s^2(s - r)^2} \cdot \frac{(s-r)t^r - s + rt^{r-s}}{(t^r - 1)^2} \cdot \frac{r(t^s - 1) - s(t^r - 1)}{(t^r - 1)^2}\right\}\frac{1}{x_0} =$$

$$\lim_{t \to 1}\left\{\frac{r}{s(s-r)} \cdot \frac{s[(s-1)t^{s-r} + (r-1)](t^r - 1) + rst^r - r(2r - 2 + s)t^s + r(2r - 2)}{3(t^r - 1)^2} + \right.$$

$$\left.\frac{(1 - s + r)r^2}{s^2(s - r)^2} \cdot \frac{(s-r)rt^{r-1} + r(r-s)t^{r-s-1}}{2rt^{r-1}(t^r - 1)} \cdot \frac{rst^{s-1} - rst^{r-1}}{2rt^{r-1}(t^r - 1)}\right\}\frac{1}{x_0} =$$

$$\lim_{t \to 1}\left[\frac{1}{s-r} \cdot \frac{(s-1)(s-r)t^{s-r-1}(t^r - 1) + r(2r-1)t^{r-1} - r(2r-1)t^{s-1}}{6t^{r-1}(t^r - 1)} + \right.$$

$$\left.\frac{(1 - s + r)r^2}{4s(s - r)} \cdot \frac{1 - t^{-s}}{t^r - 1} \cdot \frac{t^{s-r} - 1}{t^r - 1}\right]\frac{1}{x_0} =$$

$$\lim_{t \to 1}\left[\frac{1}{s-r} \cdot \frac{(s-1)(s-r)(1 - t^{-r}) + r(2r - 1)t^{-s} - r(2r - 1)}{6(t^r - 1)} + \right.$$

$$\left.\frac{(1 - s + r)r^2}{4s(s - r)} \cdot \frac{st^{-s-1}}{rt^{r-1}} \cdot \frac{(s-r)t^{s-r-1}}{rt^{r-1}}\right]\frac{1}{x_0} =$$

$$\lim_{t \to 1}\left[\frac{1}{s-r} \cdot \frac{(s-1)(s-r)rt^{-r-1} + r(2r - 1)(r-s)t^{-s-1}}{6rt^{r-1}} + \frac{(1 - s + r)}{4}\right]\frac{1}{x_0} =$$

$$\frac{3 - s - r}{12x_0}$$

引理 2.8.7 $\dfrac{\partial^2 E}{\partial x^2}, \dfrac{\partial^2 E}{\partial x \partial y}, \dfrac{\partial^2 E}{\partial y^2}$ 关于 $(x,y) \in \mathbb{R}_{++}^2$ 连续.

证明 我们仅讨论 $\dfrac{\partial^2 E}{\partial x^2}$ 关于 $(x,y) \in \mathbb{R}_{++}^2$ 连续,其余情形为类似可证.

当点 (x,y) 满足 $x \neq y$ 时,$\dfrac{\partial^2 E}{\partial x^2}$ 在点 (x,y) 连续为显然. 下证对于任何 x_0,$\dfrac{\partial^2 E}{\partial x^2}$ 在点 (x_0, x_0) 为连续. 为了书写的方便,下面在讨论 $\lim\limits_{\substack{x \to x_0 \\ y \to x_0}} \dfrac{\partial^2 E}{\partial x^2}$ 时,$x = y \to x_0$ 的过程中,$\dfrac{\partial^2 E}{\partial x^2} \equiv \dfrac{r + s + 3}{12x}$ 不再书写在内.

若 $rs(r - s) \neq 0$,有

$$\lim_{\substack{x\to x_0\\y\to x_0}}\frac{\partial^2 E}{\partial x^2} = \lim_{\substack{x\to x_0\\y\to x_0}}\frac{\partial f(x,y)}{\partial x} = \lim_{\substack{x\to x_0\\y\to x_0}}\left\{\frac{r}{s(s-r)}\cdot\frac{u(x,y)}{(y^s-x^s)^3}\left(\frac{r}{s}\cdot\frac{y^s-x^s}{y^r-x^r}\right)^{\frac{1}{s-r}-1} + \right.$$

$$\left(\frac{1}{s-r}-1\right)\cdot\frac{1}{s-r}\cdot\left[\frac{r^2 x^{r-1}(y^s-x^s)-rsx^{s-1}(y^r-x^r)}{s(y^r-x^r)^2}\right]^2 \cdot$$

$$\left.\left(\frac{r}{s}\cdot\frac{y^s-x^s}{y^r-x^r}\right)^{\frac{1}{s-r}-2}\right\}$$

考虑到 $\lim\limits_{y\to x_0}\left[\frac{r(y^s-x_0^s)}{s(y^r-x_0^r)}\right]^{\frac{1}{s-r}} = x_0$，令 $\frac{y}{x} = t$，则上式化为

$$\lim_{\substack{x\to x_0\\y\to x_0}}\frac{\partial^2 E}{\partial x^2} = \lim_{\substack{x\to x_0\\y\to x_0}}\frac{\partial f(x,y)}{\partial x} =$$

$$\lim_{t\to 1}\left\{\frac{r}{s(s-r)}\cdot\frac{[r(r-1)t^{r-s}-s(s-1)+(s^2-s-r^2+r-2rs)t](1-t^r)+2r^2 t^{2r-s}(1-t^r)}{(1-t^r)^3} + \right.$$

$$\left.\frac{1-s+r}{(s-r)^2}\left(\frac{r^2 t^{r-1}-rst^{s-1}+(rs-r^2)t^{s+r-1}}{s(1-t^r)^2}\right)^2\right\}\frac{1}{x_0}$$

此时即为式(2.8.3). 所以有 $\lim\limits_{\substack{x\to x_0\\y\to y_0}}\frac{\partial^2 E}{\partial x^2} = \frac{r+s-3}{12x_0}$, $\frac{\partial^2 E}{\partial x^2}$ 在点 (x_0,x_0) 处连续.

对于当 $r = s = 0; s = 0, r\neq 0; s\neq 0, r = 0; r = s\neq 0$ 等情形，同样可证 $\frac{\partial^2 E}{\partial x^2}$ 在点 (x_0,x_0) 处连续.

最后我们来完成定理 2.8.3 的证明：

由引理 2.8.7 知, $E(r,s;x,y)$ 关于 $(x,y)\in\mathbb{R}_{++}^2$ 有二阶连续偏导数, 下讨论 $\frac{\partial^2[\ln E(r,s;x,y)]}{\partial x\partial y}$ 的正负区域.

当 $rs(r-s)\neq 0$, 在 $(x,y)\in\mathbb{R}_{++}^2, x\neq y$ 的区域内

$$\ln E(r,s;x,y) = \frac{1}{s-r}\cdot\ln\left(\frac{r}{s}\cdot\frac{y^s-x^s}{y^r-x^r}\right)$$

$$\frac{\partial(\ln E)}{\partial x} = \frac{1}{s-r}\cdot\left(\frac{rx^{r-1}}{y^r-x^r} - \frac{sx^{s-1}}{y^s-x^s}\right)$$

$$\frac{\partial^2(\ln E)}{\partial x\partial y} = \frac{1}{s-r}\cdot\left[\frac{s^2 x^{s-1}y^{s-1}}{(y^s-x^s)^2} - \frac{r^2 x^{r-1}y^{r-1}}{(y^r-x^r)^2}\right] =$$

$$\frac{r^2 x^{s-1}y^{s-1}}{(s-r)(y^r-x^r)^2}\cdot\left[\left(\frac{s}{r}\cdot\frac{y^r-x^r}{y^s-x^s}\right)^2 - x^{r-s}y^{r-s}\right]$$

(2.8.4)

上式关于 r,s 对称, 所以不妨设 $r > s$. 文献[113]证明了 $E(r,s;x,y)$ 关于 r,s,x,y 为单调增加的, 所以当 $r+s\geq 0$ 时, 有

$$\left(\frac{s}{r}\cdot\frac{y^r-x^r}{y^s-x^s}\right)^{\frac{1}{r-s}} \geq \left(\frac{-r}{r}\cdot\frac{y^r-x^r}{y^{-r}-x^{-r}}\right)^{\frac{1}{2r}} = \sqrt{xy}$$

$$\left(\frac{s}{r} \cdot \frac{y^r - x^r}{y^s - x^s}\right)^2 \geq \left(\frac{-r}{r} \cdot \frac{y^r - x^r}{y^{-r} - x^{-r}}\right)^{\frac{1}{2r}} = (xy)^{r-s} \quad (2.8.5)$$

联立式(2.8.4)和式(2.8.5),有 $\frac{\partial^2(\ln E)}{\partial x \partial y} \leq 0$. 若 $r + s \leq 0$, 则式(2.8.5)反向成立, 有 $\frac{\partial^2(\ln E)}{\partial x \partial y} \geq 0$. 至此,根据定理2.8.1,我们知定理2.8.3为真.

由定理2.8.3,定理2.6.2和几何凸函数的定义,知以下推论成立.

推论2.8.8 当 $r + s \geq (\leq) 0$ 时, 有

$$[E(r, s; a_1^p, a_2^p)]^{\frac{1}{p}} [E(r, s; b_1^q, b_2^q)]^{\frac{1}{q}} \geq (\leq) E(r, s; a_1 b_1, a_2 b_2)$$

其中, $p > 1, \frac{1}{p} + \frac{1}{q} = 1, a_1, a_2, b_1, b_2 > 0$.

推论2.8.9 $E(r, 1; x, y)$ 称为 x, y 的广义对数平均①, 当 $r \geq (\leq) -1$ 时, 其关于 $(x, y) \in \mathbb{R}_{++}^2$ 为几何凸(凹)函数. 因此有②

$$[E(r, 1; a_1^p, a_2^p)]^{\frac{1}{p}} [E(r, 1; b_1^q, b_2^q)]^{\frac{1}{q}} \geq (\leq) E(r, 1; a_1 b_1, a_2 b_2)$$

其中, $p > 1, \frac{1}{p} + \frac{1}{q} = 1, a_1, a_2, b_1, b_2 > 0$.

推论2.8.10 $E(r, r+1; x, y)$ 称为 x, y 的单参数平均③, 当 $r \geq (\leq) -\frac{1}{2}$ 时, 其关于 $(x, y) \in \mathbb{R}_{++}^2$ 为几何凸(凹)函数, 且对于任何 $(x, y) \in \mathbb{R}_{++}^2$, 都有 $E(r, r+1; x, y) \geq (\leq) \sqrt{xy}$.

推论2.8.11 $E(r, 2r; x, y)$ 称为 x, y 的幂平均, 当 $r \geq (\leq) 0$ 时, 其关于 $(x, y) \in \mathbb{R}_{++}^2$ 为几何凸(凹)函数, 且对于任何 $(x, y) \in \mathbb{R}_{++}^2$, 都有 $E(r, r+1; x, y) \geq (\leq) \sqrt{xy}$.

推论2.8.12 $E(r, r; x, y)$ 称为 x, y 的广义指数平均, 当 $r \geq (\leq) 0$ 时, 其关于 $(x, y) \in \mathbb{R}_{++}^2$ 为几何凸(凹)函数, 且对于任何 $(x, y) \in \mathbb{R}_{++}^2$, 都有 $E(r, r+1; x, y) \geq (\leq) \sqrt{xy}$.

推论2.8.13 $E(0, 1; x, y)$ 称为 x, y 的对数平均, 其关于 $(x, y) \in \mathbb{R}_{++}^2$ 为几何凸函数; $E(1, 1; x, y)$ 称为 x, y 的指数平均, 其关于 $(x, y) \in \mathbb{R}_{++}^2$ 为几何凸函数; $E(-1, -2; x, y)$ 称为 x, y 的调和平均, 其关于 $(x, y) \in \mathbb{R}_{++}^2$ 为几何凹函数. 所以有: 对于任何 $(x, y) \in \mathbb{R}_{++}^2$, 都有

$$E(0, 1; x, y) \geq \sqrt{xy}, E(1, 1; x, y) \geq \sqrt{xy}, E(-1, -2; x, y) \leq \sqrt{xy}$$

---

① 见文献[6]P.43.
② 见文献[38].
③ 见[6]P.44.

练习 2

无额外说明，下面都假设 $x = (x_1, x_2, \cdots, x_n) \in \mathbb{R}_{++}^n, \sqrt[n]{\sum_{i=1}^n x_i} = G.$

1. 已知 $0 < x_i < 1$，求证 $\sum_{i=1}^n \dfrac{x_i}{1-x_i} \geqslant \dfrac{nG}{1-G}.$

2. 已知 $0 < x_i < 1$，求证 $\prod_{i=1}^n \dfrac{1+x_i}{1-x_i} \geqslant \left(\dfrac{1+G}{1-G}\right)^n.$

3. 求证：$\sum_{i=1}^n \dfrac{1+x_i}{x_i} \geqslant \dfrac{n+nG}{G}.$

4. 已知 $0 < x_i < 1$，求证 $\prod_{i=1}^n \dfrac{1-x_i}{x_i} \leqslant \left(\dfrac{1-G}{G}\right)^n.$

5. 在 $\triangle ABC$ 中，求证

$$\sin\frac{A}{2}\sin\frac{B}{2}\sin\frac{C}{2} \leqslant \left(\sin\left(\frac{1}{2}\sqrt[3]{ABC}\right)\right)^3$$

6. 求证：$\sum_{i=1}^n x_i \cdot \sum_{i=1}^n x_i^{-1} \geqslant n^2.$（注：$x_i, x_i^{-1}(i=1,2,\cdots,n)$ 为几何凸函数）

7. 设 $\triangle A_1 B_1 C_1, \triangle A_2 B_2 C_2$ 为两个锐角三角形，它们的内切圆半径、外接圆半径、半周长分别设为 r_1, R_1, s_1 和 r_2, R_2, s_2，则有

$$\tan\sqrt{A_1 A_2} + \tan\sqrt{B_1 B_2} + \tan\sqrt{C_1 C_2} \leqslant$$
$$\sqrt{(\tan A_1 + \tan B_1 + \tan C_1)(\tan A_2 + \tan B_2 + \tan C_2)} =$$
$$2\sqrt{\dfrac{r_1 r_2 R_1 R_2}{(s_1^2 - r_1^2 - 4r_1 R_1 - 4R_1^2)(s_2^2 - r_2^2 - 4r_2 R_2 - 4R_2^2)}}$$

8. 设 $\triangle A_1 B_1 C_1, \triangle A_2 B_2 C_2$ 为两个三角形，它们的内切圆半径、外接圆半径、半周长分别为 r_1, R_1, s_1 和 r_2, R_2, s_2，且 $0 < \alpha < 1$，则有

$$\tan\dfrac{\sqrt{A_1 A_2}}{2} + \tan\dfrac{\sqrt{B_1 B_2}}{2} + \tan\dfrac{\sqrt{C_1 C_2}}{2} \leqslant$$
$$\sqrt{\left(\tan\dfrac{A_1}{2} + \tan\dfrac{B_1}{2} + \tan\dfrac{C_1}{2}\right)\left(\tan\dfrac{A_2}{2} + \tan\dfrac{B_2}{2} + \tan\dfrac{C_2}{2}\right)} =$$
$$\sqrt{\dfrac{(r_1 + 4R_1)(r_2 + 4R_2)}{s_1 s_2}}$$

$$\tan\dfrac{A_1^\alpha A_2^{1-\alpha}}{2} + \tan\dfrac{B_1^\alpha B_2^{1-\alpha}}{2} + \tan\dfrac{C_1^\alpha C_2^{1-\alpha}}{2} \leqslant \left(\dfrac{r_1 + 4R_1}{s_1}\right)^\alpha \left(\dfrac{r_2 + 4R_2}{s_2}\right)^{1-\alpha}$$

9. 设 $a_1 \geqslant a_2 \geqslant \cdots \geqslant a_n \geqslant 1, f$ 是区间 $[1, a_1]$ 上的几何凸函数，则当 n 为偶数时有

$$\sum_{i=1}^{n}(-1)^{i-1}f(a_i) \geq f\left(\frac{a_1 a_3 \cdots}{a_2 a_4 \cdots}\right)$$

当 n 为奇数时,有

$$\sum_{i=1}^{n}(-1)^{i-1}f(a_i) \geq f\left(\frac{a_1 a_3 \cdots}{a_2 a_4 \cdots}\right) - f(1)$$

10. 设 $a_1 \geq a_2 \geq \cdots \geq a_n \geq 1, 0 \leq p_n \leq \cdots \leq p_1 \leq 1, \alpha = 1 - \sum_{k=1}^{n}(-1)^{k-1}p_k, f$ 是区间 $[1, a_1]$ 上的几何凸函数,则

$$\alpha f(1) + p_1 f(a_1) + p_3 f(a_3) + \cdots \geq f\left(\frac{a_1^{p_1} a_3^{p_3} \cdots}{a_2^{p_2} a_4^{p_4} \cdots}\right) + p_2 f(a_2) + p_4 f(a_4) + \cdots$$

11. 设 f 是 $\mathbb{R}_{++}$ 上的几何凸函数,则对于 $0 < \alpha \leq \beta, x \geq 1$,求证

$$\beta \cdot f(x^{\frac{1}{\beta}}) \leq (\beta - \alpha)f(1) + \alpha f(x^{\frac{1}{\alpha}})$$

12. [13] 设 $I = (0,1]$ 或 $[1, +\infty), x_1, x_2, \cdots, x_n \in I$,则

$$2^{n-1}\left(1 + \prod_{i=1}^{n} x_i\right) \geq \prod_{i=1}^{n}(1 + x_k), \prod_{i=1}^{n} x_k + (n-1) \geq \sum_{i=1}^{n} x_k$$

13. [13] 设 $0 < a < 1, x_1, x_2, \cdots, x_n \in (0, a)$,则

$$\left(\frac{1}{a} - 1\right)^{n-1} \cdot \left(a^{n-1} - \prod_{i=1}^{n} x_i\right) \leq \prod_{i=1}^{n}(1 + x_i)$$

14. [15] 设 $x, y \in \mathbb{R}_{++}^{n}, \ln x > \ln y, \alpha$ 为实数,则 $\prod_{i=1}^{n}(x_i^{\alpha} + 1) \geq \prod_{i=1}^{n}(y_i^{\alpha} + 1)$.

15. [22] 设 $y = \phi(t)$ 是 $\mathbb{R}_{++}$ 上的几何凸函数

$$0 \leq a_1 \leq a_2 \leq \cdots \leq a_n, \quad 0 \leq b_1 \leq b_2 \leq \cdots \leq b_n$$

则有

$$\prod_{i=1}^{n} \phi(a_i b_i) \geq \prod_{i=1}^{n} \phi(a_i b_{k_i}) \geq \prod_{i=1}^{n} \phi(a_i b_{n+1-i})$$

$$\prod_{i=1}^{n}(a_i b_i + 1) \geq \prod_{i=1}^{n}(a_i b_{k_i} + 1) \geq \prod_{i=1}^{n}(a_i b_{n+1-i} + 1)$$

等式成立当且仅当 $a_i = b_i (i = 1, 2, \cdots, n)$.

16. [11] 设 $x, y, z \in \mathbb{R}_{++}$,则有

$$\frac{x+y+z}{3} + \sqrt[3]{xyz} \geq \frac{2}{3}(\sqrt{xy} + \sqrt{yz} + \sqrt{zx})$$

17. [32] 设 $t > 0$,则有 $\prod_{i=1}^{n}[(x_i+1)^t+1]^{\frac{1}{n}} \geq (G+1)^t + 1$.

18. 设向量 $x, y \in \mathbb{R}_{++}^{n}$,满足 $\ln x > \ln y$,则有 $\sum_{i=1}^{n} x_i \geq \sum_{i=1}^{n} y_i$.

19. [5] 设 $1 \leq k \leq n$,则

$$\sum_{1 \leqslant i_1 < i_2 < \cdots < i_k \leqslant n} \frac{x_{i_1} + x_{i_2} + \cdots + x_{i_k}}{x_{i_1} x_{i_2} \cdots x_{i_k}} \geqslant k \binom{n}{k} G^{1-k}$$

20. 设 $m = \min\limits_{1 \leqslant i \leqslant n} \{a_i\} > 0, M = \max\limits_{1 \leqslant i \leqslant n} \{a_i\} < \frac{\pi}{2}$，则存在自然数 $k_0, 1 \leqslant k_0 \leqslant n-1$，使得

$$\csc M + (n-2)\csc \sqrt[n-2]{\frac{G^n}{Mm}} + \csc m \leqslant \sum_{i=1}^{n} \csc a_i \leqslant$$

$$\max_{1 \leqslant k \leqslant n-1} \left\{ k\csc M + \csc \frac{G^n}{M^k m^{n-k-1}} + (n-k-1)\csc m \right\}$$

21. 二元广义平均 $E(r,s;x,y)$ 如式(2.8.2)所设，求证：当 $r = s \neq 0$ 时

$$\left.\frac{\partial^2 E}{\partial x^2}\right|_{(r,r;x_0,x_0)} = \frac{2r-3}{12x_0}, \left.\frac{\partial^2 E}{\partial x \partial y}\right|_{(r,r;x_0,x_0)} = \frac{3-2r}{12x_0}$$

22. 记

$$L(a,b) = \begin{cases} \dfrac{b-a}{\ln b - \ln a}, & b \neq a \\ b, & b = a \end{cases}, I(a,b) = \begin{cases} \dfrac{1}{e} \cdot \left(\dfrac{b^b}{a^a}\right)^{\frac{1}{b-a}}, & b \neq a \\ b, & b = a \end{cases}$$

为两个正数 a,b 的对数平均和指数平均. 求证：对于任何 $\alpha, \beta > 0, \alpha + \beta = 1$，都有

$$L(a,b) \geqslant L(a^\alpha b^\beta, a^\beta b^\alpha), I(a,b) \geqslant I(a^\alpha b^\beta, a^\beta b^\alpha)$$

第 3 章 Schur – 几何凸函数

为了扩大几何凸函数应用范围,与凸函数的控制一样,有必要引入 Schur – 几何凸函数. 不加特殊说明,本章设 $a = (a_1, a_2, \cdots, a_n) \in \mathbb{R}_{++}^n$, $A(a) = \dfrac{\sum_{i=1}^{n} a_i}{n}$, $G(a) = \sqrt[n]{\prod_{i=1}^{n} a_i}$, $\bar{G}(a) = (G(a), G(a), \cdots, G(a))$.

3.1 Schur – 几何凸函数的定义

Schur – 几何凸函数最早定义出现在文献[14]中,现在我们完善定义如下.

定义 3.1.1 设 $E \subseteq \mathbb{R}_{++}^n$,对于任二向量 $x, y \in E$,当 $\ln x \succ \ln y$ 时,都有 $f(x) \geq f(y)$ 成立,则称 f 是 E 上的 Schur – 几何凸函数,简称 S – 几何凸函数;f 为 E 上的 Schur – 几何凹函数,当且仅当 $-f$ 为 S – 几何凸函数时,简称 S – 几何凹函数.

定理 3.1.2 设 $E \subseteq \mathbb{R}_{++}^n$,$\ln E = \{\ln x | x \in E\}$,函数 $f: E \to \mathbb{R}$,则 f 是 E 上的 S – 几何凸(凹)函数,当且仅当 $f(e^x)$ 是 $\ln E$ 上的 S – 凸(凹) 函数.

证明 当 f 在 E 上是 S - 几何凸函数时,任取 $x,y \in \ln E, x > y$ 时,由于向量 e^{x}[①] 对数控制 e^{y},所以 $f(e^{x}) \geq f(e^{y})$,$f(e^{x})$ 是 $\ln E$ 上的 S - 凸函数. 当 $f(e^{x})$ 在 $\ln E$ 为 S - 凸函数时,任取 $x,y \in E, \ln x > \ln y$ 时,则有 $f(e^{\ln x}) \geq f(e^{\ln y})$,$f(x) \geq f(y)$,所以 f 在 E 上为 S - 几何凸函数. 对于 f 在 E 上为 S - 几何凹函数,同理可证.

虽然 S - 几何凸函数是 S - 凸函数的一个变换,但由于几何平均大量出现在不等式中,所以这个定义几乎与 S - 凸函数处在同等重要地位. 况且对于一般对称函数在对称区域内都需考虑其 S - 凸性和 S - 几何凸性,且各有强弱.

定理 3.1.3 设函数 f 是 E 对称集 $E(\subseteq \mathbb{R}_{++}^n)$ 上的 S - 几何凸(凹)函数,则 f 是 E 上的对称函数.

证明 任取向量 $x \in E$ 和置换矩阵 G,都有 $xG \in E$,因 xG 不过是向量 x 的重排,所以 $\ln x \succ \ln(xG) \succ \ln x$,则 $f(x) \geq (\leq) f(xG) \geq (\leq) f(x)$,即知 $f(x) = f(xG)$,故 f 是 E 上的对称函数.

定理 3.1.4 设集合 $E \subset \mathbb{R}^n$ 是有内点的对称的对数凸集,$f: E \to \mathbb{R}$ 连续,且在 E 中的内点都可微,则 f 为 S - 几何凸(凹)函数的充分必要条件是 f 在 H 上对称且对 E 的任意内点 $x = \{x_1, x_2, \cdots, x_n\}$,都有

$$(\ln x_1 - \ln x_2)\left(x_1 \frac{\partial f}{\partial x_1} - x_2 \frac{\partial f}{\partial x_2}\right) \geq (\leq) 0 \tag{3.1.1}$$

证明 f 为 S - 几何凸(凹)函数,当且仅当 $f(e^y)$ 在 $\ln E = \{\ln x | x \in E\}$ 上为 S - 凸(凹)函数. 由定理 0.4.4 知,当且仅当

$$(y_1 - y_2)\left\{\frac{\partial}{\partial y_1}[f(e^y)] - \frac{\partial}{\partial y_2}[\ln f(e^y)]\right\} \geq (\leq) 0$$

$$(y_1 - y_2)[e^{y_1} f_1'(e^y) - e^{y_2} f_2'(e^y)] \geq (\leq) 0$$

令 $x = e^y$,上式即为式(3.1.1).

定理 3.1.4 被称为 S - 几何凸函数基本定理.

定理 3.1.5 设 $E \subseteq \mathbb{R}_{++}^n$,函数 f_1, f_2 是 E 上的 S - 几何凸(凹)函数,则 $f_1 + f_2$ 为 E 上的 S - 几何凸(凹)函数,且若 $f_1, f_2: E \to \mathbb{R}_{++}$,则 $f_1 f_2$ 也是 E 上的 S - 几何凸(凹)函数.

由定义 3.1.1 可得定理 3.1.5 为真. 同理,下定理 3.1.6 和推论 3.1.7 也易证.

定理 3.1.6 设 $\{f_n\}_{n=1}^{+\infty}$ 是定义在 $E \subseteq \mathbb{R}_{++}^n$ 上的 S - 几何凸(凹)函数列,且收敛于连续函数 f,则 f 也是 E 上的 S - 几何凸(凹)函数.

推论 3.1.7 设 $\{f_n\}_{n=1}^{+\infty}$ 是定义在 $E \subseteq \mathbb{R}_{++}^n$ 上的 S - 几何凸(凹)函数列,

---

[①] e^x 的定义见第二章,下同.

且 $\sum_{i=1}^{+\infty} f_i(x)$ 在 E 上一致收敛于 $f(x)$，则 f 也是在 E 上的 S-几何凸(凹) 函数.

定理 3.1.8　设 $f:\mathbb{R}_{++}\to\mathbb{R}$ 为单调递增(减)函数，$x_i\in\mathbb{R}_{++}$，$i=1,2,\cdots,n$，则 $f(\sum_{i=1}^{n} x_i)$ 在 $\mathbb{R}_{++}^n$ 上为 S-几何凸(凹) 函数.

证明　这里仅给出 f 为单调递增函数的情形的证明. 任取向量 $y,z\in\mathbb{R}_{++}^n$，满足 $\ln y \succ \ln z$. 因 $\sum_{i=1}^{n} x_i$ 是 $\mathbb{R}_{++}^n$ 上的几何凸函数，故有 $\sum_{i=1}^{n} y_i \geqslant \sum_{i=1}^{n} z_i$，所以 $f(\sum_{i=1}^{n} y_i) \geqslant f(\sum_{i=1}^{n} z_i)$. 根据定义 3.1.1，知 $f(\sum_{i=1}^{+\infty} x_i)$ 为 S-几何凸的.

可以把定理 2.6.2 重新改写为如下定理.

定理 3.1.9　在对称的对数凸集上的对称几何凸(凹) 函数是 S-几何凸(凹) 函数.

3.2　若干不等式的统一证明

例 3.2.1(Fanky 不等式)[6]　（ⅰ）若 $a\in\left(0,\frac{1}{2}\right]^n$，则

$$\frac{\left[\sum_{i=1}^{n}(1-a_i)\right]^n}{\left(\sum_{i=1}^{n} a_i\right)^n} \leqslant \frac{\prod_{i=1}^{n}(1-a_i)}{\prod_{i=1}^{n} a_i} \tag{3.2.1}$$

（ⅱ）若 $a\in\left[\frac{1}{2},1\right]^n$，则

$$\frac{\left[\sum_{i=1}^{n}(1-a_i)\right]^n}{\left(\sum_{i=1}^{n} a_i\right)^n} \geqslant \frac{\prod_{i=1}^{n}(1-a_i)}{\prod_{i=1}^{n} a_i} \tag{3.2.2}$$

（ⅲ）若 $a\in[1,+\infty)^n$，则

$$\frac{\left[\sum_{i=1}^{n}(a_i-1)\right]^n}{\left(\sum_{i=1}^{n} a_i\right)^n} \geqslant \frac{\prod_{i=1}^{n}(a_i-1)}{\prod_{i=1}^{n} a_i} \tag{3.2.3}$$

证明　（ⅰ）设 $a_i^{-1}-1=b_i$，$i=1,2,\cdots,n$，则 $b_i\geqslant 1$，不等式(3.2.1) 化为

$$\left[\frac{n}{\sum_{i=1}^{n}\frac{1}{(b_i+1)}} - 1\right]^n \leq \prod_{i=1}^{n} b_i \tag{3.2.4}$$

设 $f(\boldsymbol{b}) = \left(\dfrac{n}{\sum_{i=1}^{n}(b_i+1)^{-1}} - 1\right)^n, \boldsymbol{b} \in [1, +\infty)^n$. 则有

$$f'_1(\boldsymbol{b}) = n\left[\frac{n}{\sum_{i=1}^{n}\frac{1}{(b_i+1)}} - 1\right]^{n-1} \cdot \frac{-n}{\left(\sum_{i=1}^{n}\frac{1}{(b_i+1)}\right)^2} \cdot \frac{-1}{(b_1+1)^2}$$

$$(\ln b_1 - \ln b_2)(b_1 f'_1(\boldsymbol{b}) - b_2 f'_2(\boldsymbol{b})) = (\ln b_1 - \ln b_2) n \left[\frac{n}{\sum_{i=1}^{n}\frac{1}{(b_i+1)}} - 1\right]^{n-1} \cdot$$

$$\frac{-n}{\left[\sum_{i=1}^{n}\frac{1}{(b_i+1)}\right]^2} \left[\frac{-b_1}{(b_1+1)^2} + \frac{b_2}{(b_2+1)^2}\right] =$$

$$(\ln b_1 - \ln b_2) n \left[\frac{n}{\sum_{i=1}^{n}\frac{1}{(b_i+1)}} - 1\right]^{n-1} \cdot$$

$$\frac{-n}{\left[\sum_{i=1}^{n}\frac{1}{(b_i+1)}\right]^2} \cdot \frac{(b_2-b_1)(b_1 b_2-1)}{(b_1+1)^2(b_2+1)^2} \leq 0 \tag{3.2.5}$$

由定理 3.1.4,知 f 是 $[1, +\infty)^n$ 上的 S - 几何凹函数. 根据引理 2.7.1, 有 $f(\boldsymbol{b}) \leq f(\overline{G}(\boldsymbol{b}))$, 此即为式(3.2.4).

(ⅱ) 如(ⅰ)所设, 但 $0 < b_i \leq 1, i = 1,2,\cdots$, 式(3.2.5)反向成立. f 在 $(0,1]^n$ 为 S - 几何凸函数, 式(3.2.4)反向成立, 式(3.2.2)为真.

(ⅲ) 令 $1 - a_i^{-1} = b_i, i = 1,2,\cdots,n$, 同理可证式(3.2.3).

例 3.2.2(几何 - 调和平均不等式)

$$\sqrt[n]{\prod_{i=1}^{n} a_i} \geq n\left(\sum_{i=1}^{n} a_i^{-1}\right)^{-1} \tag{3.2.6}$$

证明 设 $f(\boldsymbol{a}) = \sqrt[n]{\prod_{i=1}^{n} a_i} - n\left(\sum_{i=1}^{n} a_i^{-1}\right)^{-1}$, 则

$$\frac{\partial f}{\partial a_1} = \frac{1}{n a_1}\sqrt[n]{\prod_{i=1}^{n} a_i} - n a_1^{-2}\left(\sum_{i=1}^{n} a_i^{-1}\right)^{-2}$$

有

$$(\ln a_1 - \ln a_2)\left(a_1 \frac{\partial f}{\partial a_1} - a_2 \frac{\partial f}{\partial a_2}\right) =$$

$$(\ln a_1 - \ln a_2)\left[-na_1^{-1}\left(\sum_{i=1}^{n} a_i^{-1}\right)^{-2} + na_2^{-1}\left(\sum_{i=1}^{n} a_i^{-1}\right)^{-2}\right] =$$

$$n(a_1 a_2)^{-1}\left(\sum_{i=1}^{n} a_i^{-1}\right)^{-2}(a_1 - a_2)(\ln a_1 - \ln a_2) \geqslant 0$$

由定理 3.1.4 知 f 为 S – 几何凸函数,$f(\boldsymbol{a}) \geqslant f(\bar{G}(\boldsymbol{a}))$,此即为式(3.2.6).

例 3.2.3[128] 设正数 a,b 的几何平均、算术平均和 Seiffert 平均分别定义为 $G(a,b) = \sqrt{ab}$,$\dfrac{a+b}{2}$ 和

$$P(a,b) = \begin{cases} \dfrac{a-b}{2\arcsin\left(\dfrac{a-b}{a+b}\right)}, & a \neq b \\ b, & a = b \end{cases}$$

则 $2P(a,b) \geqslant A(a,b) + G(a,b)$.

证明 设 $f(a,b) = 2P(a,b) - A(a,b) - G(a,b)$,仿 2.8 节中广义平均的证明过程,我们可证 $\dfrac{\partial P}{\partial a}, \dfrac{\partial P}{\partial b}$ 存在且关于 $(a,b) \in \mathbb{R}^2_{++}$ 连续,从而 $\dfrac{\partial f}{\partial a}, \dfrac{\partial f}{\partial b}$ 存在且关于 $(a,b) \in \mathbb{R}^2_{++}$ 连续.为方便计,设 $t = \arcsin\left(\dfrac{a-b}{a+b}\right)$,下证

$$(\ln a - \ln b)(af'_a - bf'_b) \geqslant 0$$

其在点 $(a,b), a = b$ 处显然取 0,进而成立.在点 $(a,b), a \neq b$ 处,易证有

$$(\ln a - \ln b)\left(a\frac{\partial f}{\partial a} - b\frac{\partial f}{\partial b}\right) = (\ln a - \ln b)\left(2a\frac{\partial P}{\partial a} - 2b\frac{\partial P}{\partial b} - \frac{a}{2} + \frac{b}{2}\right) =$$

$$(a-b)(\ln a - \ln b) \times$$

$$\frac{\dfrac{2\sqrt{ab} \cdot t \cdot (a+b)^2}{(a-b)} - 4ab - (a+b)\sqrt{ab} \cdot t^2}{2(a+b)\sqrt{ab} \cdot t^2}$$

只要证

$$2\frac{(a+b)^2}{a-b}\sqrt{ab} \cdot t - 4ab - (a+b)\sqrt{ab} \cdot t^2 \geqslant 0$$

$$(a+b)t^2 - 2\frac{(a+b)^2}{a-b}t + 4\sqrt{ab} \leqslant 0 \qquad (3.2.7)$$

不妨设 $a > b$,由反正弦函数的性质知 $\dfrac{a-b}{a+b} \leqslant t \leqslant \dfrac{\pi}{2}$,并且观察式(3.2.7),考虑到抛物线的性质,知欲证式(3.2.7) 只要证

$$(a+b)\left(\frac{a-b}{a+b}\right)^2 - 2\frac{(a+b)^2}{a-b} \cdot \frac{a-b}{a+b} + 4\sqrt{ab} \leqslant 0 \qquad (3.2.8)$$

$$(a+b)\left(\frac{\pi}{2}\right)^2 - 2\frac{(a+b)^2}{a-b} \cdot \frac{\pi}{2} + 4\sqrt{ab} \leqslant 0 \quad (3.2.9)$$

其中式(3.2.8)等价于 $4\sqrt{a_1 a_2}(a_1 + a_2) \leqslant a_1^2 + 6a_1 a_2 + a_2^2$,即 $(\sqrt{a_1} - \sqrt{a_2})^4 \geqslant 0$. 同时式(3.2.9)等价于

$$(4\pi - \pi^2)a^2 + 8\pi ab + (4\pi + \pi^2)b^2 - 16a\sqrt{ab} + 16b\sqrt{ab} \geqslant 0 \quad (3.2.10)$$

而此时

$$(4\pi - \pi^2)a^2 + 8\pi ab \geqslant 2\sqrt{(4\pi - \pi^2)a^2 \cdot 8\pi ab} > 16a\sqrt{ab}$$

故式(3.2.10)成立,式(3.2.7)得证. 至此知 f 为 S - 几何凸函数,$f(a,b) \geqslant f(\sqrt{ab}, \sqrt{ab})$,此即为 $2P(a,b) \geqslant A(a,b) + G(a,b)$.

以上几个例题中,所设函数为 S - 几何凸函数,这个性质本身比命题要丰富一些.

例 3.2.4① 设 $a_i > 2r > 0, i = 1,2,\cdots,n$,则超球体 $\sum_{i=1}^{n}(x_i - a_i)^2 \leqslant r^2$ 为对数凸集.

证明 设 $a = \min_{1 \leqslant i \leqslant n}\{a_i\}, \boldsymbol{x} = (x_1, x_2, \cdots, x_n)$,设 $f(\boldsymbol{x}) = \sum_{i=1}^{n}(x_i - a)^2$, $\boldsymbol{x} \in \left[\frac{a}{2}, +\infty\right)^n$,因

$$(\ln x_1 - \ln x_2)(x_1 f'_1 - x_2 f'_2) = 2(\ln x_1 - \ln x_2)(x_1 - x_2)(x_1 + x_2 - a) \geqslant 0$$

故 f 为 S - 几何凸函数,于是任取 $\left[\frac{a}{2}, +\infty\right)^n$ 中的两点 $A(x_1, x_2, \cdots, x_n)$ 和 $B(y_1, y_2, \cdots, y_n)$,则有 $f(\sqrt{\boldsymbol{xy}}) \leqslant \sqrt{f(\boldsymbol{x})f(\boldsymbol{y})}$,即

$$\sum_{i=1}^{n}(\sqrt{x_i y_i} - a)^2 \leqslant \sqrt{\sum_{i=1}^{n}(x_i - a)^2 \sum_{i=1}^{n}(y_i - a)^2} \quad (3.2.11)$$

下证超球体 $\sum_{i=1}^{n}(x_i - a_i)^2 \leqslant r^2$ 为对数凸集.

事实上,任取超球体中的二点 $C(u_1, u_2, \cdots, u_n)$ 和 $D(v_1, v_2, \cdots, v_n)$,只要证 C, D 的几何中点 $(\sqrt{u_1 v_1}, \sqrt{u_2 v_2}, \cdots, \sqrt{u_n v_n})$ 满足 $\sum_{i=1}^{n}(\sqrt{u_i v_i} - a_i)^2 \leqslant r^2$. 设 $a_i - u_i = c_i, a_i - v_i = d_i$,只要证

$$\sum_{i=1}^{n}(\sqrt{(a_i - c_i)(a_i - d_i)} - a_i)^2 \leqslant r^2 \quad (3.2.12)$$

又 $-r \leqslant a_i - u_i \leqslant r, |c_i| \leqslant r < a_i$;同理 $|d_i| \leqslant r < a_i$,由第四章的引理2.2.4

---

① 即定理 2.2.8.

知,只要证
$$\sum_{i=1}^{n}\left(a_i - \sqrt{(a_i - |c_i|)(a_i - |d_i|)}\right)^2 \leqslant r^2$$
由 $a = \min_{1 \leqslant i \leqslant n}\{a_i\}$ 和引理 2.2.5 知,只要证
$$\sum_{i=1}^{n}\left[a - \sqrt{(a - |c_i|)(a - |d_i|)}\right]^2 \leqslant r^2 \tag{3.2.13}$$
又有 $a - |c_i| > a - r \geqslant \dfrac{a}{2}, a - |d_i| > a - r \geqslant \dfrac{a}{2}$,设
$$x = (a - |c_1|, a - |c_2|, \cdots, a - |c_n|)$$
$$y = (a - |d_1|, a - |d_2|, \cdots, a - |d_n|)$$
知 $x, y \in \left[\dfrac{a}{2}, +\infty\right)^n$,把 x, y 代入式(3.2.11),有
$$\sum_{i=1}^{n}\left(a - \sqrt{(a - |c_i|)(a - |d_i|)}\right)^2 \leqslant \sqrt{\sum_{i=1}^{n} c_i^2 \sum_{i=1}^{n} d_i^2} =$$
$$\sqrt{\sum_{i=1}^{n}(a_i - u_i)^2 \sum_{i=1}^{n}(a_i - v_i)^2} \leqslant \sqrt{r^2 \cdot r^2} = r^2$$
即式(3.2.12)得证,从而命题成立.

例 3.2.5[129] （ⅰ）求证:方程 $t(1 - \ln t) + \dfrac{1}{\ln t - 1} - 1 = 0$ 在 (e, e^2) 上的唯一实根 $\beta = e^{1.389\,867\cdots} = 4.014\,292\cdots$.

（ⅱ）若 $x, y \in [\beta, +\infty)$,则
$$x^y + y^x \geqslant 2(\sqrt{xy})^{\sqrt{xy}} \tag{3.2.14}$$

证明 （ⅰ）设函数 $f(t) = t(1 - \ln t) + \dfrac{1}{\ln t - 1} - 1, t \geqslant e$,则
$$f'(t) = -\ln t - \dfrac{1}{t(\ln t - 1)^2}$$
故 f 递减函数,又 $\lim\limits_{t \to e+0} f(x) = +\infty$, $\lim\limits_{t \to e^2-0} f(x) = -e^2 < 0$,由介值定理知断言（ⅰ）为真.

（ⅱ）设 $g(x, y) = x^y + y^x, x, y \in [\beta, +\infty)$,则有
$$(\ln x - \ln y)(xg'_1 - yg'_2) =$$
$$xy(\ln x - \ln y)(x^{y-1} + y^{x-1}\ln y - y^{x-1} - x^{y-1}\ln x)$$
当考虑函数的 S - 几何凸性时,不妨设 $x \geqslant y$,再令
$$u(x, y) = (y - 1)\ln x + \ln(\ln x - 1) - (x - 1)\ln y - \ln(\ln y - 1)$$
其中 $\beta \leqslant y \leqslant x < +\infty$.则
$$\dfrac{\partial u}{\partial x} = \dfrac{1}{x}\left(y + \dfrac{1}{\ln x - 1} - x\ln y - 1\right) \triangleq \dfrac{1}{x} l(x, y)$$
$$\dfrac{\partial l}{\partial x} = -\ln y - \dfrac{1}{x(\ln x - 1)^2} < 0$$

所以
$$l(x,y) \leqslant l(y,y) = y + \frac{1}{\ln y - 1} - y\ln y - 1 = f(y) \leqslant f(\beta) = 0$$

故 $u(x,y)$ 关于 x 为单调递减,$u(x,y) \leqslant u(y,y) = 0$,即
$$(y-1)\ln x + \ln(\ln x - 1) \leqslant (x-1)\ln y + \ln(\ln y - 1)$$
$$x^{y-1} + y^{x-1}\ln y - y^{x-1} - x^{y-1}\ln x \geqslant 0$$

至此我们有 $(\ln x - \ln y)(xg'_1 - yg'_2) \geqslant 0, g$ 是 $S -$ 几何凸的,$g(x,y) \geqslant g(\sqrt{xy},\sqrt{xy})$,此即为式(3.2.14).

设 $0 < m < M, \boldsymbol{a} \in [m,M]^n$,记 $A(\boldsymbol{a}), G(\boldsymbol{a})$ 为 $\boldsymbol{a}$ 的算术平均和几何平均,文献[74]证明了
$$\frac{1}{4M}[A(\boldsymbol{a}^2) - G(\boldsymbol{a}^2)] \leqslant A(\boldsymbol{a}) - G(\boldsymbol{a}) \leqslant \frac{1}{4m}[A(\boldsymbol{a}^2) - G(\boldsymbol{a}^2)]$$

文献[58]把它推广为下面的形式.

例 3.2.6 设 $0 < m < M, \boldsymbol{a} \in [m,M]^n, \alpha > 0, \alpha \neq 1$,有
$$K_\alpha = \begin{cases} \alpha^2 M^{\alpha-1}, & 0 < \alpha < 1 \\ \alpha^2 m^{\alpha-1}, & \alpha > 1 \end{cases}, \quad L_\alpha = \begin{cases} \alpha^2 m^{\alpha-1}, & 0 < \alpha < 1 \\ \alpha^2 M^{\alpha-1}, & \alpha > 1 \end{cases}$$

则
$$K_\alpha[A(\boldsymbol{a}) - G(\boldsymbol{a})] \leqslant A(\boldsymbol{a}^\alpha) - G(\boldsymbol{a}^\alpha) \leqslant L_\alpha[A(\boldsymbol{a}) - G(\boldsymbol{a})]$$
(3.2.15)

证明 记 $I = [m,M], f(\boldsymbol{a}) = A(\boldsymbol{a}^\alpha) - G(\boldsymbol{a}^\alpha) - K_\alpha[A(\boldsymbol{a}) - G(\boldsymbol{a})]$,又
$$\frac{\partial f}{\partial a_1} = \frac{\alpha}{n}\left[a_1^{\alpha-1} - \frac{G(\boldsymbol{a}^\alpha)}{a_1}\right] - \frac{K_\alpha}{n}\left[1 - \frac{G(\boldsymbol{a})}{a_1}\right]$$
$$(\ln a_1 - \ln a_2)(a_1 f'_1 - a_2 f'_2) =$$
$$\frac{1}{n}(\ln a_1 - \ln a_2)[\alpha(a_1^\alpha - a_2^\alpha) - K_\alpha(a_1 - a_2)] =$$
$$\frac{1}{n}(a_1 - a_2)(\ln a_1 - \ln a_2)\left(\alpha \cdot \frac{a_1^\alpha - a_2^\alpha}{a_1 - a_2} - K_\alpha\right)$$

由微分中值定理知存在 ξ 使得 $\frac{a_1^\alpha - a_2^\alpha}{a_1 - a_2} = \alpha\xi^{\alpha-1}, \xi$ 在 a_1, a_2 之间,故 $m < \xi < M$. 有
$$(\ln a_1 - \ln a_2)(a_1 f'_1 - a_2 f'_2) = \frac{1}{n}(a_1 - a_2)(\ln a_1 - \ln a_2)(\alpha^2 \xi^{\alpha-1} - K_\alpha)$$
(3.2.16)

当 $\alpha > 1$ 时,$K_\alpha = \alpha^2 m^{\alpha-1} < \alpha^2 \xi^{\alpha-1}$;当 $0 < \alpha < 1$ 时,$K_\alpha = \alpha^2 M^{\alpha-1} < \alpha^2 \xi^{\alpha-1}$,式(3.2.16)均为非负. f 是 I^n 上的 $S -$ 几何凸函数,知 $f(\boldsymbol{a}) \geqslant f(\overline{G}(\boldsymbol{a}))$,此即

式(3.2.15) 的左式.

若再设 $g(\boldsymbol{a}) = L_a[A(\boldsymbol{a}) - G(\boldsymbol{a})] - A(\boldsymbol{a}^\alpha) + G(\boldsymbol{a}^\alpha)$,其中 $\boldsymbol{a} \in I^n$,同理可证 g 为 S - 几何凸的,从而得到式(3.2.15) 的右式.

3.3 新建几个不等式

定理 3.3.1 (i) 若 $\min\limits_{1 \leqslant i \leqslant n}\{a_i\} \geqslant e^{-2}$,则有 $\prod\limits_{i=1}^{n} a_i^{a_i} \geqslant G^{nG}$.

(ii) 如果 $\max\limits_{1 \leqslant i \leqslant n}\{a_i\} \leqslant e^{-2}$,则上不等式反向成立.

证明 仅证(i),设 $f(\boldsymbol{a}) = \prod\limits_{i=1}^{n} a_i^{a_i}$,有 $f'_1(\boldsymbol{a}) = (\ln a_1 + 1)\prod\limits_{i=1}^{n} a_i^{a_i}$ 和

$$(\ln a_1 - \ln a_2)(a_1 f'_1 - a_2 f'_2) = (\ln a_1 - \ln a_2) \cdot$$

$$(a_1 \ln a_1 + a_1 - a_2 \ln a_2 - a_2)\prod_{i=1}^{n} a_i^{a_i}$$

用导数可证 $g(t) = t\ln t + t$ 在 $[e^{-2}, +\infty)$ 为单调递增,上式为非负,f 为 S - 几何凸的,结论成立.

同理可证下定理 3.3.2 至定理 3.3.5 成立.

定理 3.3.2 (i) 若 $\min\limits_{1 \leqslant i \leqslant n}\{a_i\} \geqslant e^{2}$,则有 $\prod\limits_{i=1}^{n} a_i^{\frac{1}{a_i}} \geqslant G^{\frac{n}{G}}$.

(ii) 若 $\max\limits_{1 \leqslant i \leqslant n}\{a_i\} \leqslant e^{2}$,则上不等式反向成立.

定理 3.3.3 若 $\max\limits_{1 \leqslant i \leqslant n}\{a_i\} \leqslant e^{-2}$,则有 $\sum\limits_{i=1}^{n} a_i^{a_i} \geqslant nG^G$.

定理 3.3.4 (i) 若 $\min\limits_{1 \leqslant i \leqslant n}\{a_i\} \geqslant e^{-4}$,则有 $\prod\limits_{i=1}^{n} a_i^{\sqrt{a_i}} \geqslant G^{n\sqrt{G}}$.

(ii) 若 $\max\limits_{1 \leqslant i \leqslant n}\{a_i\} \geqslant e^{-4}$,则上不等式反向成立.

定理 3.3.5 (i) 设 $m > 0$,$\max\limits_{1 \leqslant i \leqslant n}\{a_i\} \leqslant 1$,则有 $\sum\limits_{i=1}^{n}(1 + a_i^m)^{-1} \leqslant \dfrac{n}{1 + G^m}$.

(ii) 设 $m > 0$,$\min\limits_{1 \leqslant i \leqslant n}\{a_i\} \geqslant 1$,则上不等式反向成立.

引理 3.3.6 设 $n \geqslant 3$,则 $\prod\limits_{i=1}^{n}(nA - a_i) \geqslant \dfrac{(n-1)^n}{n^{n-2}} \cdot G^2(nA)^{n-2}$.

证明 设 $f(\boldsymbol{a}) = \dfrac{\prod\limits_{i=1}^{n}(nA - a_i)}{(nA)^{n-2}}$,由于 $\dfrac{\partial(nA - a_1)}{\partial a_1} = 0$,不难验证

$$\dfrac{\partial f}{\partial a_1} = (nA - a_1) \cdot$$

$$\frac{nA\left[\prod_{i=2}^{n}(nA-a_i)\sum_{i=2}^{n}(nA-a_i)^{-1}\right]-(n-2)\prod_{i=2}^{n}(nA-a_i)}{(nA)^{n-1}} =$$

$$\prod_{i=1}^{n}(nA-a_i)\cdot\frac{nA\sum_{i=2}^{n}(nA-a_i)^{-1}-(n-2)}{(nA)^{n-1}}$$

所以有

$$(\ln a_1-\ln a_2)(a_1 f'_1-a_2 f'_2)=\frac{(\ln a_1-\ln a_2)(a_1-a_2)}{(nA)^{n-1}}\cdot\prod_{i=1}^{n}(nA-a_i)\cdot$$

$$\left[nA\frac{nA-a_1-a_2}{(nA-a_1)(nA-a_2)}+nA\sum_{i=3}^{n}\frac{1}{nA-a_i}-(n-2)\right] \geqslant$$

$$\frac{(\ln a_1-\ln a_2)(a_1-a_2)}{(nA)^{n-1}}\prod_{i=1}^{n}(nA-a_i)\left[nA\sum_{i=3}^{n}\frac{1}{nA}-(n-2)\right]=0$$

所以 f 在 $\mathbb{R}_{++}^{n}$ 上为 S - 几何凸函数.

$$\frac{\prod_{i=1}^{n}(nA-a_i)}{(nA)^{n-2}} \geqslant \frac{\prod_{i=1}^{n}(n-1)G}{(nG)^{n-2}}=\frac{(n-1)^n}{n^{n-2}}G^2$$

定理 3.3.6 得证.

众所周知,在三角形中 $\triangle ABC$,记 a,b,c 分别为边长,p 为半周长,S 为其面积,则有这样一个著名结果:

$$S=\sqrt{p(p-a)(p-b)(p-c)} \leqslant \frac{\sqrt{3}}{4}(\sqrt[3]{abc})^2$$

为了把其推广到空间 n 边形,文家金先生提出以下猜想:

定理 3.3.7 设 p 为空间 $n(n \geqslant 3)$ 边形 $A_1 A_2 \cdots A_n A_1$ 的半周长,$a_1,a_2,\cdots,a_n$ 为其边长,则有不等式

$$\sqrt[n+1]{p\prod_{i=1}^{n}(p-a_i)} \leqslant \frac{1}{n-1}\cdot\sqrt[n+1]{\frac{n}{n-2}}\cdot\sqrt[n]{\prod_{i=1}^{n}[(n-3)p+a_i]}$$

(3.3.1)

等号成立当且仅当 n 边形为等边 n 边形.

证明 设 $p-a_i=b_i, i=1,2,\cdots,n, A=\dfrac{\sum_{i=1}^{n}b_i}{n}, G=\sqrt[n]{\prod_{i=1}^{n}b_i}$,则

$$\sum_{i=1}^{n}(p-a_i)=\sum_{i=1}^{n}b_i, (n-2)p=nA$$

式(3.3.1) 化为

$$\sqrt[n+1]{\frac{nA}{n-2} \cdot \prod_{i=1}^{n} b_i} \leq \frac{1}{n-1} \cdot \sqrt[n+1]{\frac{n}{n-2}} \cdot \sqrt[n]{\prod_{i=1}^{n} \left[(n-3)\frac{nA}{n-2} + \frac{nA}{n-2} - b_i\right]}$$

$$nAG^n \leq n\left(\frac{1}{n-1}\right)^{n+1} \left(\prod_{i=1}^{n}(nA - b_i)\right)^{\frac{n+1}{n}}$$

$$G^{\frac{n^2}{n+1}}(nA)^{\frac{n}{n+1}} \leq n^{\frac{n}{n+1}}(n-1)^{-n}\prod_{i=1}^{n}(nA - b_i)$$

由引理 3.3.6,知只要证

$$G^{\frac{n^2}{n+1}}(nA)^{\frac{n}{n+1}} \leq n^{\frac{n}{n+1}}(n-1)^{-n}\frac{(n-1)^n}{n^{n-2}}G^2(nA)^{n-2}$$

而上式显然与几何 – 算术平均不等式 $G \leq A$ 等价. 等号成立的条件的有关讨论在此略.

下面介绍一下《美国数学月刊》的问题 11031 的证明,这是作者与吴裕东先生在文献[55]中得到的

定理 3.3.8(问题 11031) 设 $x, y > 0$, 定义一种"奇特"的平均 $M(x,y) = \ln N(x,y)$, 其中

$$N(x,y) = \frac{1 + \ln\left[\sqrt{1 + f(x,y)} + \sqrt{f(x,y)}\right]}{1 - \ln\left[\sqrt{1 + f(x,y)} + \sqrt{f(x,y)}\right]}$$

$$f(x,y) = \frac{\left\{\exp\left[\frac{2(e^x - 1)}{(e^x + 1)}\right] - 1\right\}\left\{\exp\left[\frac{2(e^y - 1)}{(e^y + 1)}\right] - 1\right\}}{4\exp\left[\frac{(e^x - 1)}{(e^x + 1)} + \frac{(e^y - 1)}{(e^y + 1)}\right]}$$

则 $M(x,y) \leq \sqrt{xy}$.

为此我们需先证二个引理.

引理 3.3.9 设 $0 < t < 1$, 则

(i) $e^{2t} > 1 + 2t + 2t^2 + \frac{4}{3}t^3$.

(ii) $\ln\frac{1+t}{1-t} > 2t$.

(iii) $(2t^2 - 1)e^{4t} > -1 - 4t - 6t^2 - \frac{8}{3}t^3 + \frac{16}{3}t^4 + \frac{64}{5}t^5 + \frac{704}{45}t^6$.

证明 (i) 只要利用 e^t 的幂级数展开式即可.

(ii) 考虑函数 $y = \ln\frac{1+t}{1-t} - 2t$ 在 $[0, +\infty)$ 上的单调性, 详细过程在此略.

(iii) 设 $f(t) = (2t^2 - 1)e^{4t} + 1 + 4t + 6t^2 + \frac{8}{3}t^3 - \frac{16}{3}t^4 - \frac{64}{5}t^5 - \frac{704}{45}t^6$, $t \in (0,1)$. 可证 $f^{(6)}(t) > 0$ 及 $\lim_{t \to 0^+} f^{(i)}(t) = 0$, $i = 1, 2, \cdots, 5$, 所以有 $f(t) > 0$.

引理 3.3.10 设 $g(x,y) = \sqrt{1+f(x,y)} + \sqrt{f(x,y)}$，其中 $(x,y) \in \mathbb{R}_{++}^2$，$f$ 如定理 3.3.8 所设．则 g 为 S - 几何凹函数．

证明 只要证 $(\ln x - \ln y)(xg'_1 - yg'_2) \leq 0$ 即可，即

$$(\ln x - \ln y)\left[\frac{xf'_1(x,y)}{2\sqrt{1+f(x,y)}} + \frac{xf'_1(x,y)}{2\sqrt{f(x,y)}} - \frac{yf'_2(x,y)}{2\sqrt{1+f(x,y)}} - \frac{yf'_2(x,y)}{2\sqrt{f(x,y)}}\right] \leq 0$$

$$(\ln x - \ln y)[xf'_1(x,y) - yf'_2(x,y)] \leq 0 \tag{3.3.2}$$

再设 $T(x) = \dfrac{e^x - 1}{e^x + 1}$，则

$$f'_1(x,y) = \frac{1}{4}(e^{T(x)} + e^{-T(x)})(e^{T(y)} - e^{-T(y)})\frac{2e^x}{(e^x+1)^2}$$

不妨设 $x > y$，$\dfrac{e^x - 1}{e^x + 1} = u$，$\dfrac{e^y - 1}{e^y + 1} = v$，于是 $0 < v < u < 1$，且式(3.3.2)等价于

$$\frac{e^{T(x)} + e^{-T(x)}}{e^{T(x)} - e^{-T(x)}} \cdot \frac{xe^x}{(e^x+1)^2} - \frac{e^{T(y)} + e^{-T(y)}}{e^{T(y)} - e^{-T(y)}} \cdot \frac{ye^y}{(e^y+1)^2} \leq 0$$

$$\frac{e^{2T(x)} + 1}{e^{2T(x)} - 1} \cdot \frac{xe^x}{(e^x+1)^2} - \frac{e^{2T(y)} + 1}{e^{2T(y)} - 1} \cdot \frac{ye^y}{(e^y+1)^2} \leq 0$$

$$\left(1 + \frac{2}{e^{2u} - 1}\right)(1 - u^2)\ln\frac{1+u}{1-u} - \left(1 + \frac{2}{e^{2v} - 1}\right)(1 - v^2)\ln\frac{1+v}{1-v} \leq 0$$

所以只要证

$$h(t) = \left(1 + \frac{2}{e^{2t} - 1}\right)(1 - t^2)\ln\frac{1+t}{1-t}, t \in (0,1)$$

为单调递减即可，又 $h'(t) < 0$ 等价于

$$1 - e^{4t} + (2e^{2t} - t + te^{4t} - 2t^2 e^{2t})\ln\frac{1+t}{1-t} > 0$$

利用引理 3.3.9 的(ⅰ)(ⅱ)可知上式为真．

定理 3.3.11 的证明：因 $\sqrt{1+f(x,y)} + \sqrt{f(x,y)}$ 为 S - 几何凹的，所以有

$$\sqrt{1+f(x,y)} + \sqrt{f(x,y)} \leq \sqrt{1+f(\sqrt{xy},\sqrt{xy})} + \sqrt{f(\sqrt{xy},\sqrt{xy})}$$

$$\ln\left(\sqrt{1+f(x,y)} + \sqrt{f(x,y)}\right) \leq \frac{e^{\sqrt{xy}} - 1}{e^{\sqrt{xy}} + 1}$$

$$N(x,y) \leq e^{\sqrt{xy}}, M(x,y) \leq \sqrt{xy}$$

定理证毕.

定理 3.3.12 设锐角 α_0 满足 $\alpha_0 \tan \alpha_0 = 1$．

(ⅰ) 若 $\max\limits_{1 \leq i \leq n}\{a_i\} < \alpha_0$，则有 $\sum\limits_{i=1}^{n} \sin a_i \geq n \sin G$．

（ⅱ）若 $\alpha_0 < \min\limits_{1\leq i\leq n}\{a_i\} \leq \max\limits_{1\leq i\leq n}\{a_i\} < \pi$，则上不等式反向成立．

证明 因为函数 $y = x\tan x$ 在 $\left(0, \dfrac{\pi}{2}\right)$ 上递增的，所以定理中的 α_0 为唯一的，设 $f(a) = \sum\limits_{i=1}^{n} \sin a_i$，则

$(\ln a_1 - \ln a_2)(a_1 f'_1 - a_2 f'_2) = (\ln a_1 - \ln a_2)(a_1 \cos a_1 - a_2 \cos a_2)$

由于 $(t\cos t)' = \cos t - t\sin t$ 在 $(0, \alpha_0)$ 上为正，故 f 在 $(0, \alpha_0)^n$ 上为 S-几何凸函数；在 (α_0, π) 为负，此时 f 在 $(\alpha_0, \pi)^n$ 上为 S-几何凹函数．命题成立．

推论 3.3.13 α_0 如定理 3.3.13 所设．

（ⅰ）若 $\max\limits_{1\leq i\leq n}\{a_i\} < \alpha_0$，则

$$n\sin A \overset{(3.3.3)}{\geq} \sum_{i=1}^{n} \sin a_i \geq n\sin G \overset{(3.3.4)}{\geq} n\sqrt[n]{\prod_{i=1}^{n} \sin a_i}.$$

（ⅱ）若 $\alpha_0 < \min\limits_{1\leq i\leq n}\{a_i\} \leq \max\limits_{1\leq i\leq n}\{a_i\} < \dfrac{\pi}{2}$，则

$$n\sin A \overset{(3.3.5)}{\geq} n\sin G \geq \sum_{i=1}^{n} \sin a_i \overset{(3.3.6)}{\geq} n\sqrt[n]{\prod_{i=1}^{n} \sin a_i}$$

证明 因为 $y = \sin x$ 在 $\left(0, \dfrac{\pi}{2}\right)$ 为凹函数，由 Jensen 不等式知式 (3.3.3) 成立；因 $y = \sin x$ 在 $\left(0, \dfrac{\pi}{2}\right)$ 上为几何凹函数，所以 $f(\boldsymbol{a}) = \prod\limits_{i=1}^{n} \sin a_i$ 在 $\left(0, \dfrac{\pi}{2}\right)^n$ 上也是几何凹函数，式 (3.3.4) 成立；又因 $\dfrac{\pi}{2} > A \geq G > 0, y = \sin x$，在 $\left(0, \dfrac{\pi}{2}\right)$ 上单调递增，式 (3.3.5) 成立；至于式 (3.3.6)，则是由于算术平均与几何平均的关系．

同理可证定理 3.3.14 至定理 3.3.18，详细过程在此略．

定理 3.3.14 设锐角 α_0 满足 $2\alpha_0 = \tan \alpha_0$．

（ⅰ）若 $\max\limits_{1\leq i\leq n}\{a_i\} < \dfrac{\pi}{4}$，则有

$$\sum_{i=1}^{n} \cot a_i \geq n\cot G \geq n\sqrt[n]{\prod_{i=1}^{n} \cot a_i} \geq n\cot A$$

（ⅱ）若 $\dfrac{\pi}{4} < \min\limits_{1\leq i\leq n}\{a_i\} \leq \max\limits_{1\leq i\leq n}\{a_i\} < \alpha_0$，则有

$$\sum_{i=1}^{n} \cot a_i \geq n\cot G \geq n\cot A \geq n\sqrt[n]{\prod_{i=1}^{n} \cot a_i}$$

（ⅲ）若 $\alpha_0 < \min\limits_{1\leq i\leq n}\{a_i\} \leq \max\limits_{1\leq i\leq n}\{a_i\} < \dfrac{\pi}{2}$，则有

$$n\cot G \geqslant \sum_{i=1}^{n} \cot a_i \geqslant n\cot A \geqslant n\sqrt[n]{\prod_{i=1}^{n} \cot a_i}$$

定理 3.3.15 设 $a_i(i=1,2,\cdots,n)$ 为锐角,则 $\sum_{i=1}^{n} \csc a_i \geqslant n\csc G$.

定理 3.3.16 （ⅰ）若 $\max\limits_{1\leqslant i\leqslant n}\{a_i\} < 1$,则有

$$n\arctan A \geqslant \sum_{i=1}^{n} \arctan a_i \geqslant n\arctan G \geqslant n\sqrt[n]{\prod_{i=1}^{n} \arctan a_i}$$

（ⅱ）若 $\min\limits_{1\leqslant i\leqslant n}\{a_i\} > 1$,则有

$$n\arctan A \geqslant n\arctan G \geqslant \sum_{i=1}^{n} \arctan a_i \geqslant n\sqrt[n]{\prod_{i=1}^{n} \arctan a_i}$$

定理 3.3.17 设方程 $2x\operatorname{arccot} x = 1$ 在 $(0,1)$ 上唯一的根为 α_0.

（ⅰ）若 $\max\limits_{1\leqslant i\leqslant n}\{a_i\} < \alpha_0$,则有

$$n\sqrt[n]{\prod_{i=1}^{n} \operatorname{arccot} a_i} \leqslant n\operatorname{arccot} A \leqslant \sum_{i=1}^{n} \operatorname{arccot} a_i \leqslant n\operatorname{arccot} G$$

（ⅱ）若 $\alpha_0 < \min\limits_{1\leqslant i\leqslant n}\{a_i\} < 1$,则有

$$n\operatorname{arccot} A \leqslant n\sqrt[n]{\prod_{i=1}^{n} \operatorname{arccot} a_i} \leqslant \sum_{i=1}^{n} \operatorname{arccot} a_i \leqslant n\operatorname{arccot} G$$

（ⅲ）若 $\min\limits_{1\leqslant i\leqslant n}\{a_i\} > 1$,则有

$$n\operatorname{arccot} A \leqslant n\sqrt[n]{\prod_{i=1}^{n} \operatorname{arccot} a_i} \leqslant n\operatorname{arccot} G \leqslant \sum_{i=1}^{n} \operatorname{arccot} a_i$$

定理 3.3.18 设 $0 < a_i < \dfrac{\pi}{2}, i = 1,2,\cdots,n$,则有 $\sum_{i=1}^{n} a_i \cot a_i \leqslant nG\cot G$.

3.4 与初等对称函数有关的几个 S–几何凸函数

本节设 $x \in \mathbb{R}_{++}^n, E_0(x) = 1, E_k(x) = \sum\limits_{1\leqslant i_1 < \cdots < i_k \leqslant n} \prod\limits_{j=1}^{k} x_{i_j}\ (k=1,\cdots,n)$, $E_k(x) = 0\ (k<0 \text{ 或 } k>n)$ 为 k 次初等对称函数,则有

$$E_{k-1}(x) \cdot E_{k+1}(x) < E_k^2(x) \text{①} \qquad (3.4.1)$$

$$\frac{1}{2}(\ln E_{k-1}(x) + \ln E_{k+1}(x)) < \ln E_k(x)$$

---

① 可见式(0.1.10).

即知 $\ln E_k(x)$ 为严格对数凹数列①.

引理 3.4.1[135][136] 数列 $\{a_n\}_{n=1}^{+\infty}$ 是对数凹数列的充要条件为:对任意
$$y, z \in \{(m_1, m_2, \cdots m_n) \mid m_i \in \mathbf{N}, i = 1, 2, \cdots, n\}$$
若 $y > z$,则恒有 $\prod_{i=1}^{n} a_{y_i} \leqslant \prod_{i=1}^{n} a_{z_i}$.

现我们把式(3.4.1)加强为如下定理.

定理 3.4.2 设 $n \geqslant 3, 2 \leqslant k \leqslant n-1, f(x) = E_k^2(x) - E_{k-1}(x) \cdot E_{k+1}(x)$,则 f 是 $\mathbb{R}_{++}^n$ 上的 S - 几何凸函数.

证明 记 $\tilde{x} = (x_3, x_4, \cdots, x_n)$,当 $n \geqslant 3, k = 2$ 时,
$$f(x) = E_2^2(x) - E_1(x) \cdot E_3(x) = [x_1 x_2 + (x_1 + x_2) E_1(\tilde{x}) + E_2(\tilde{x})]^2 -$$
$$E_1(x)[(x_1 + x_2) E_2(\tilde{x}) + x_1 x_2 E_1(\tilde{x}) + E_3(\tilde{x})]$$

故
$$\frac{\partial f(x)}{\partial x_1} = 2[x_1 x_2 + (x_1 + x_2) E_1(\tilde{x}) + E_2(\tilde{x})](x_2 + E_1(\tilde{x})) -$$
$$[(x_1 + x_2) E_2(\tilde{x}) + x_1 x_2 E_1(\tilde{x}) + E_3(\tilde{x})] -$$
$$E_1(x)(E_2(\tilde{x}) + x_2 E_1(\tilde{x}))$$

$$x_1 \frac{\partial f(x)}{\partial x_1} = 2[x_1 x_2 + (x_1 + x_2) E_1(\tilde{x}) + E_2(\tilde{x})](x_1 x_2 + x_1 E_1(\tilde{x})) -$$
$$[(x_1 + x_2) E_2(\tilde{x}) + x_1 x_2 E_1(\tilde{x}) + E_3(\tilde{x})] x_1 -$$
$$(x_1 + x_2 + E_1(\tilde{x}))(x_1 E_2(\tilde{x}) + x_1 x_2 E_1(\tilde{x}))$$

我们有
$$(\ln x_1 - \ln x_2)(x_1 f'_1 - x_2 f'_2) = (\ln x_1 - \ln x_2)(x_1 - x_2)[x_1 x_2 E_1(\tilde{x}) +$$
$$(x_1 + x_2)(2 E_1^2(\tilde{x}) - 2 E_2(\tilde{x})) +$$
$$E_2(\tilde{x}) E_1(\tilde{x}) - E_3(\tilde{x})]$$

此时显然
$$E_1^2(\tilde{x}) \geqslant E_2(\tilde{x}), \quad E_1(\tilde{x}) E_2(\tilde{x}) \geqslant E_3(\tilde{x})$$

知 $(\ln x_1 - \ln x_2)(x_1 f'_1 - x_2 f'_2) \geqslant 0$. 所以,对于 $n \geqslant 3, k = 2$ 时,定理 3.4.2 为真.

当 $k \geqslant 3$ 时(此时 $n \geqslant 4$)

---

① 若数列 $\{a_n\}$ 满足 $a_n \geqslant (a_{n-1} + a_{n+1})/2$ 恒成立,则称 $\{a_n\}$ 为凹数列.

$$\frac{\partial f}{\partial x_1} = 2E_k(\boldsymbol{x}) \cdot E_{k-1}(x_2,\cdots,x_n) - E_{k-2}(x_2,\cdots,x_n) \cdot E_{k+1}(\boldsymbol{x}) -$$
$$E_{k-1}(\boldsymbol{x}) \cdot E_k(x_2,\cdots,x_n)$$
$$x_1\frac{\partial f}{\partial x_1} = 2E_k(\boldsymbol{x}) \cdot (x_1 E_{k-1}(x_2,\cdots,x_n)) - (x_1 E_{k-2}(x_2,\cdots,x_n)) \cdot E_{k+1}(\boldsymbol{x}) -$$
$$E_{k-1}(\boldsymbol{x}) \cdot (x_1 E_k(x_2,\cdots,x_n))$$

所以
$$(\ln x_1 - \ln x_2)(x_1 f'_1 - x_2 f'_2) = (\ln x_1 - \ln x_2)(x_1 - x_2) \cdot h(\boldsymbol{x}) \tag{3.4.2}$$

其中
$$h(\boldsymbol{x}) = 2E_k(\boldsymbol{x})E_{k-1}(\tilde{\boldsymbol{x}}) - E_{k-2}(\tilde{\boldsymbol{x}})E_{k+1}(\boldsymbol{x}) - E_{k-1}(\boldsymbol{x})E_k(\tilde{\boldsymbol{x}}) =$$
$$2[(x_1 + x_2)E_{k-1}(\tilde{\boldsymbol{x}}) + x_1 x_2 E_{k-2}(\tilde{\boldsymbol{x}})]E_{k-1}(\tilde{\boldsymbol{x}}) -$$
$$E_{k-2}(\tilde{\boldsymbol{x}})[(x_1 + x_2)E_k(\tilde{\boldsymbol{x}}) + x_1 x_2 E_{k-1}(\tilde{\boldsymbol{x}})] -$$
$$[(x_1 + x_2)E_{k-2}(\tilde{\boldsymbol{x}}) + x_1 x_2 E_{k-3}(\tilde{\boldsymbol{x}})]E_k(\tilde{\boldsymbol{x}}) =$$
$$x_1 x_2 (E_{k-2}(\tilde{\boldsymbol{x}})E_{k-1}(\tilde{\boldsymbol{x}}) - E_{k-3}(\tilde{\boldsymbol{x}})E_k(\tilde{\boldsymbol{x}})) +$$
$$2(x_1 + x_2)(E_{k-1}^2(\tilde{\boldsymbol{x}}) - E_{k-2}(\tilde{\boldsymbol{x}})E_k(\tilde{\boldsymbol{x}})) \tag{3.4.3}$$

由于$\{E_k(\tilde{\boldsymbol{x}}); 1 \leqslant k \leqslant n-2\}$为对数凹数列,根据引理 3.4.1 知
$$E_{k-2}(\tilde{\boldsymbol{x}})E_{k-1}(\tilde{\boldsymbol{x}}) - E_{k-3}(\tilde{\boldsymbol{x}})E_k(\tilde{\boldsymbol{x}}) \geqslant 0$$
联立式(3.4.1),式(3.4.2)和式(3.4.3),有$(\ln x_1 - \ln x_2)(x_1 f'_1 - x_2 f'_2) \geqslant 0$.
所以对于$k \geqslant 3$时,定理 3.4.2 也为真.

定理 3.4.3 设 $n \geqslant 3, 2 \leqslant k \leqslant n-1, G(\boldsymbol{x}) = \sqrt[n]{\prod_{i=1}^{n} x_i}$
$$g(\boldsymbol{x}) = E_n^2(\boldsymbol{x}, k) - E_n(\boldsymbol{x}, k-1) \cdot E_n(\boldsymbol{x}, k+1) -$$
$$\left[\binom{n}{k}^2 - \binom{n}{k-1}\binom{n}{k+1}\right] \cdot G^{2k}(\boldsymbol{x})$$

则 g 是 $\mathbb{R}_{++}^n$ 上的 S - 几何凸函数.

证明 其实我们不难证明
$$(\ln x_1 - \ln x_2)(x_1 g'_1 - x_2 g'_2) = (\ln x_1 - \ln x_2)(x_1 f'_1 - x_2 f'_2)$$
其中 f 如定理 3.4.1 所设.此时不难知定理 3.4.3 为真.

推论 3.4.4 设 $G(\boldsymbol{x}) = \sqrt[n]{\prod_{i=1}^{n} x_i}$,则
$$E_n^2(\boldsymbol{x}, k) - E_n(\boldsymbol{x}, k-1) \cdot E_n(\boldsymbol{x}, k+1) \geqslant$$
$$\left[\binom{n}{k}^2 - \binom{n}{k-1}\binom{n}{k+1}\right] \cdot G^{2k}(\boldsymbol{x}) \tag{3.4.4}$$

证明 根据 $x \succ [G(x), G(x), \cdots, G(x)] \triangleq \bar{G}(x)$ 和定理 3.4.2 知 $f(x) \geq f(\bar{G}(x))$,此即为式(3.4.4).

同理,我们可证如下定理.

定理 3.4.5 设 $B_k(x) = \dfrac{E_k(x)}{\binom{n}{k}}$,$h(x) = B_k^2(x) - B_{k-1}(x) B_{k+1}(x)$ ($k \in \mathbb{N}_{++}$),则当 $1 \leq k \leq \dfrac{n-1}{2}$ 时,h 是 $\mathbb{R}_{++}^n$ 上的 S - 几何凸函数.

若记 $P_k(x) = \left(\binom{n}{k}^{-1} E_k(x)\right)^{\frac{1}{k}}$ ($k \in \mathbb{N}_{++}$) 为 x 的 k 次对称平均,则有著名的 Maclaurin 不等式成立:

$$A(x) = P_1(x) \geq P_2(x) \geq \cdots \geq P_{n-1}(x) \geq P_n(x) = G(x) \quad (3.4.5)$$

在此,我们将它加强为定理 3.4.6,从而从另一个侧面,说明了 Maclaurin 不等式的一种本质.

定理 3.4.6 对于 $n = 2$,或 $n \geq 3, 2 \leq k - 1 < k \leq n$,设 $f(x) = P_{k-1}(x) - P_k(x)$,则 f 为 S - 几何凸函数.

证明 对于 $n = 2$ 时,k 只能为 2

$$f(x) = P_{k-1}(x) - P_k(x) = \frac{x_1 + x_2}{2} - \sqrt{x_1 x_2}, \frac{\partial f}{\partial x_1} = \frac{1}{2} - \frac{1}{2}\sqrt{\frac{x_2}{x_1}}$$

$$(\ln x_1 - \ln x_2)(x_1 f'_1 - x_2 f'_2) = \frac{1}{2}(\ln x_1 - \ln x_2)(x_1 - x_2) \geq 0$$

定理 3.4.6 为真.

当 $n \geq 3, k \geq 3$ 时,记 $\tilde{x} = (x_3, x_4, \cdots, x_n)$,注意到 $E_0(\tilde{x}) = 1$,我们有

$$f(x) = P_{k-1}(x) - P_k(x) = \left(\binom{n}{k-1}^{-1} E_{k-1}(x)\right)^{\frac{1}{k-1}} - \left(\binom{n}{k}^{-1} E_k(x)\right)^{\frac{1}{k}}$$

$$\frac{\partial f}{\partial x_1} = \frac{1}{k-1} \cdot \binom{n}{k-1}^{\frac{-1}{k-1}} \cdot (E_k(x))^{\frac{1}{(k-1)-1}} \sum_{2 \leq i_1 < \cdots < i_j \leq n} \prod_{j=1}^{k-2} x_{i_j} -$$

$$\frac{1}{k}\binom{n}{k}^{-\frac{1}{k}} \cdot (E_k(x))^{\frac{1}{k}-1} \sum_{2 \leq i_1 < \cdots < i_j \leq n} \prod_{j=1}^{k-1} x_{i_j}$$

$$x_1 f'_1(x) = \frac{1}{k-1} \cdot \binom{n}{k-1}^{-\frac{1}{k-1}} \cdot (E_{k-1}(x))^{\frac{1}{k-1}-1} \cdot$$

$$[x_1 E_{k-2}(\tilde{x}) + x_1 x_2 E_{k-3}(\tilde{x})] -$$

$$\frac{1}{k} \cdot \binom{n}{k}^{-\frac{1}{k}} \cdot (E_k(x))^{\frac{1}{k}-1} [x_1 E_{k-1}(\tilde{x}) + x_1 x_2 E_{k-2}(\tilde{x})]$$

同理

$$x_2 f'_2(x) = \frac{1}{k-1} \cdot \binom{n}{k-1}^{-\frac{1}{k-1}} \cdot (E_{k-1}(x))^{\frac{1}{k-1}-1} \cdot$$
$$[x_2 E_{k-2}(\tilde{x}) + x_1 x_2 E_{k-3}(\tilde{x})] -$$
$$\frac{1}{k} \cdot \binom{n}{k}^{-\frac{1}{k}} \cdot (E_k(x))^{\frac{1}{k}-1} [x_2 E_{k-1}(\tilde{x}) + x_1 x_2 E_{k-2}(\tilde{x})]$$

故

$$(\ln x_1 - \ln x_2)(x_1 f'_1 - x_2 f'_2) = (\ln x_1 - \ln x_2) \cdot \frac{1}{k-1} \cdot \binom{n}{k-1}^{-\frac{1}{k-1}} \cdot$$
$$(E_{k-1}(x))^{\frac{1}{k-1}-1} \cdot (x_1 - x_2) \cdot E_{k-2}(\tilde{x}) -$$
$$(\ln x_1 - \ln x_2) \cdot \frac{1}{k} \cdot \binom{n}{k}^{-\frac{1}{k}} \cdot$$
$$(E_k(x))^{\frac{1}{k}-1} \cdot (x_1 - x_2) \cdot E_{k-1}(\tilde{x})$$

欲证上式为非负，只要证

$$\frac{1}{k-1} \cdot \binom{n}{k-1}^{-\frac{1}{k-1}} \cdot (E_{k-1}(x))^{\frac{1}{k-1}-1} \cdot E_{k-2}(\tilde{x}) -$$
$$\frac{1}{k} \cdot \binom{n}{k}^{-\frac{1}{k}} \cdot (E_k(x))^{\frac{1}{k}-1} \cdot E_{k-1}(\tilde{x}) \geq 0$$
$$k P_{k-1}(x) \cdot E_k(x) \cdot E_{k-2}(\tilde{x}) - (k-1) \cdot P_k(x) \cdot E_{k-1}(x) \cdot E_{k-1}(\tilde{x}) \geq 0$$

由式(3.4.5)知，只要证

$$k[(x_1 + x_2) E_{k-1}(\tilde{x}) + x_1 x_2 E_{k-2}(\tilde{x})] \cdot E_{k-2}(\tilde{x}) -$$
$$(k-1)[(x_1 + x_2) E_{k-2}(\tilde{x}) + x_1 x_2 E_{k-3}(\tilde{x})] \cdot E_{k-1}(\tilde{x}) \geq 0$$

即

$$(x_1 + x_2) E_{k-1}(\tilde{x}) \cdot E_{k-2}(\tilde{x}) +$$
$$x_1 x_2 [k E_{k-2}^2(\tilde{x}) - (k-1) E_{k-3}(\tilde{x}) \cdot E_{k-1}(\tilde{x})] \geq 0$$

由式(3.4.1)知上式成立，定理3.4.6成立.

对于 $n \geq 3, k = 2$ 的情形，$P_1(x) - P_2(x)$ 的 S - 几何凸凹性是不确定的. 当 $n = 2$，或 $n \geq 3, 2 \leq k - 1 < k \leq n$ 时，若有向量 x 对数控制 y，则有

$$P_{k-1}(x) - P_k(x) \geq P_{k-1}(y) - P_k(y) \quad (3.4.6)$$

进一步有

$$P_{k-1}(x) - P_k(x) \geq P_{k-1}(\bar{G}(x)) - P_k(\bar{G}(x)) = 0$$

虽然上式有循环论证之嫌，但不影响定理3.4.6即式(3.4.6)的内涵.

3.5 几个正数平均的 S – 几何凸性

设 $r,s \in \mathbb{R}, x,y \in \mathbb{R}_{++}$. x,y 的 Gini 平均定义为(参见文献[6]P.44)

$$G(r,s;x,y) = \begin{cases} \left(\dfrac{x^s + y^s}{x^r + y^r}\right)^{\frac{1}{s-r}}, & s \neq r; \\ \exp\left(\dfrac{x^s\ln x + y^s\ln y}{x^s + y^s}\right), & s = r. \end{cases}$$

文献[35] 首先讨论了 $G(r,s;x,y)$ 关于参数 (r,s) 在 $\mathbb{R}^2_{++}$ 上的 S – 凸性和 S – 几何凸性,分别得到一个充分条件. 文献[36] 得到它们的充分必要条件,完整地解决了此问题.

定理 3.5.1 当 $s+r \geq 0$ 时,$G(r,s;x,y)$ 关于 $x,y \in \mathbb{R}^2_{++}$ 是 S – 几何凸函数;当 $s+r \leq 0$ 时,$G(r,s;x,y)$ 关于 $x,y \in \mathbb{R}^2_{++}$ 是 S – 几何凹函数.

证明 (ⅰ) 由于 $G(r,s;x,y)$ 关于 (r,s) 为对称的,所以不妨设 $s \geq r$.

先考虑 $s > r$,设 $F(r,s;x,y) = \dfrac{x^s + y^s}{x^r + y^r}$,则

$$x\frac{\partial F}{\partial x} = \frac{(s-r)x^{s+r} + sx^sy^r - rx^ry^s}{(x^r+y^r)^2}, \quad y\frac{\partial F}{\partial y} = \frac{(s-r)y^{s+r} + sx^ry^s - rx^sy^r}{(x^r+y^r)^2}$$

此时

$$(\ln x - \ln y)(xF'_1 - yF'_2) = (\ln x - \ln y) \times$$
$$\frac{(s-r)(x^{r+s} - y^{r+s}) + (s+r)(x^sy^r - x^ry^s)}{(x^r+y^r)^2}$$

由于上式关于 x,y 对称,所以欲判定其非负时,不妨设 $x \geq y$. 此时只需证

$$(s-r)(x^{r+s} - y^{r+s}) + (s+r)(x^sy^r - x^ry^s) \geq 0$$
$$\Leftrightarrow (s-r)(t^{r+s} - 1) + (s+r)(t^s - t^r) \geq 0$$

其中 $t = \dfrac{x}{y} \geq 1$,因 $s+r \geq 0, s > r, t^{r+s} - 1 \geq 0, t^s \geq t^r$,所以上式成立,至此有

$$(\ln x - \ln y)(xF'_1 - yF'_2) \geq 0$$

知 $F(r,s;x,y)$ 为 S – 几何凸函数,由 S – 几何凸函数的定义知 $G(r,s;x,y)$ 关于 $x,y \in \mathbb{R}^2_{++}$ 为 S – 几何凸函数. 当 $s = r \geq 0$ 时,由 $G(r,s;x,y)$ 关于 r,s 的连续性及 S – 几何凸函数的定义知,$G(r,s;x,y)$ 也为 S – 几何凸函数.

(ⅱ) 当 $s + r \leq 0$ 时,由于 $G(r,s;x,y)$ 关于 r,s 为对称的,所以不妨设 $s \geq r$. 先考虑 $s > r$,此时欲证 $(\ln x - \ln y)(xF'_1 - yF'_2) \leq 0$,由对称性,不妨设 $x \geq y$,所以只要证

$$(s-r)(x^{r+s}-y^{r+s})+(s+r)(x^sy^r-x^ry^s) \leqslant 0$$
$$\Leftrightarrow (s-r)(t^{r+s}-1)+(s+r)(t^s-t^r) \leqslant 0 \tag{3.5.1}$$

其中 $t=\dfrac{x}{y} \geqslant 1$，由于 $s-r \geqslant 0, r+s \leqslant 0$，则 $t^{r+s}-1 \leqslant 0, t^s \geqslant t^r$. 所以式 (3.5.1) 成立. 至此知 $F(r,s;x,y)$ 为 S - 几何凹函数, 由 S - 几何凹函数的定义知, 此时 $G(r,s;x,y)$ 关于 $(x,y) \in \mathbb{R}^2_{++}$ 为 S - 几何凹函数.

对于 $s=r \leqslant 0$ 的情形, 由 $G(r,s;x,y)$ 关于 r,s 连续性和 S - 几何凹函数的定义知, $G(r,s;x,y)$ 关于 $(x,y) \in \mathbb{R}^2_{++}$ 也为几何凹函数.

定理 3.5.1 证毕.

设 $(x,y) \in \mathbb{R}^2_{++}$, x,y 的 Lehme 平均, 定义为(见文献[141]或文献[6]的 P.43):

$$L_p(a,b)=\dfrac{a^p+b^p}{a^{p-1}+b^{p-1}}, \quad -\infty < p < +\infty$$

文献[127]证明了如下定理 3.5.2.

定理3.5.2 当 $p \geqslant \dfrac{1}{2}$ 时, $L_p(a,b)$ 关于 (a,b) 在 $\mathbb{R}^2_{++}$ 上 S - 几何凸的; 而当 $p \leqslant \dfrac{1}{2}$ 时, $L_p(a,b)$ 关于 (a,b) 在 $\mathbb{R}^2_{++}$ 上 S - 几何凹的.

1993 年, H. - J. Seiffert 在文献[142]中提出了如下有关两个正实数 a,b 的新的平均:

$$P(x,y)=\begin{cases} \dfrac{x-y}{4\arctan\sqrt{\dfrac{x}{y}}-\pi}, & x \neq y \\ y, & x=y \end{cases}$$

文献[143]证明了如下定理 3.5.3.

定理 3.5.3 关于 $P(x,y)$ 关于 $(x,y) \in \mathbb{R}^2_{++}$ 为 S - 几何凸的.

上述两个定理, 我们不再给出它们的证明, 读者也不妨试着一证.

下面我们讨论 n 个正数的平均的几何凸性.

定义 3.5.4[7,P.182][44][144] 设 $\boldsymbol{a}=(a_1,a_2,\cdots,a_n) \in \mathbb{R}^n_{++}$

$$E_{n-1}=\left\{(x_1,x_2,\cdots,x_{n-1}) \mid x_i > 0, \sum_{i=1}^{n-1} x_i < 1; i=1,2,\cdots,n-1 \right\} \subseteq \mathbb{R}^{n-1}_{++} \tag{3.5.2}$$

记 $ds=dx_1 dx_2 \cdots dx_{n-1}, x_n=1-\sum_{i=1}^{n-1}x_i$, 则称

$$I(\boldsymbol{a})=\exp\left[(n-1)! \int_{E_{n-1}} \ln\left(\sum_{i=1}^n a_i x_i\right) ds\right]$$

称为 $a_1,a_2,\cdots,a_n$ 的指数平均.

定理 3.5.5 指数平均函数 $I:\mathbb{R}_{++}^n \to \mathbb{R}_{++}$ 是 S - 几何凸的.

证明 记

$$H(\boldsymbol{a}) = \int_{E_{n-1}} \ln\left(a_1 x_1 + a_2 x_2 \sum_{i=3}^n a_i x_i\right) \mathrm{d}s \tag{3.5.3}$$

根据对称性知,函数 H 又可表示为

$$H(\boldsymbol{a}) = \int_{E_{n-1}} \ln\left(a_2 x_1 + a_1 x_2 + \sum_{i=3}^n a_i x_i\right) \mathrm{d}s \tag{3.5.4}$$

由式(3.5.3) 和式(3.5.4) 分别有

$$a_1 H'_1 = \int_{E_{n-1}} \frac{a_1 x_1}{a_1 x_1 + a_2 x_2 + \sum_{i=3}^n a_i x_i} \mathrm{d}s$$

$$a_2 H'_2 = \int_{E_{n-1}} \frac{a_2 x_1}{a_2 x_1 + a_1 x_2 + \sum_{i=3}^n a_i x_i} \mathrm{d}s$$

所以有

$(\ln a_1 - \ln a_2)(a_1 H'_1 - a_2 H'_2) =$

$(\ln a_1 - \ln a_2) \int_{E_{n-1}} \left[\frac{a_1 x_1}{a_1 x_1 + a_2 x_2 + \sum_{i=3}^n a_i x_i} - \frac{a_2 x_1}{a_2 x_1 + a_1 x_2 + \sum_{i=3}^n a_i x_i}\right] \mathrm{d}s =$

$(a_1 - a_2)(\ln a_1 - \ln a_2) \cdot$

$$\int_{E_{n-1}} \left[\frac{x_1 x_2 (a_1 + a_2) + x_1 \sum_{i=3}^n a_i x_i}{\left(a_1 x_1 + a_2 x_2 + \sum_{i=3}^n a_i x_i\right)\left(a_2 x_1 + a_1 x_2 + \sum_{i=3}^n a_i x_i\right)}\right] \mathrm{d}s \geqslant 0$$

所以知函数 H 是 S - 几何凸函数,故对于任何向量 $\boldsymbol{b}, \boldsymbol{c} \in \mathbb{R}_{++}^n$,当 $\ln \boldsymbol{b} \succ \ln \boldsymbol{c}$ 时

$$H(\boldsymbol{b}) \geqslant H(\boldsymbol{c}), \quad \int_{E_{n-1}} \ln\left(\sum_{i=1}^n b_i x_i\right) \mathrm{d}s \geqslant \int_{E_{n-1}} \ln\left(\sum_{i=1}^n c_i x_i\right), I(\boldsymbol{b}) \geqslant I(\boldsymbol{c})$$

由 S - 几何凸函数的定义知, I 是 S - 几何凸的.

文献[145]、[146]、[147] 中研究了一类更广泛的 n 元单参数平均:设 $a \in \mathbb{R}_{++}^n$.

$$L_r(\boldsymbol{a}) = \begin{cases} \left((n-1)! \int_{E_{n-1}} \left(\sum_{i=1}^n a_i x_i\right)^r \mathrm{d}s\right)^{\frac{1}{r}}, & r \neq 0 \\ \exp\left((n-1)! \int_{E_{n-1}} \ln\left(\sum_{i=1}^n a_i x_i\right) \mathrm{d}s\right), & r = 0 \end{cases} \tag{3.5.5}$$

其中有关符号如定义 3.5.4 所设. 文献[65]、[59] 分别讨论了 $L_r : \boldsymbol{a} \in \mathbb{R}_{++}^n \to L_r(\boldsymbol{a})$ 的 S – 凸和 S – 几何凸性,其中 S – 几何凸性介绍如下. 且定理 3.5.6 包含了定理 3.5.5.

定理 3.5.6 当 $r \geqslant 0$ 时,n 元单参数平均 $L_r(\boldsymbol{a})$ 是几何凸函数,进而为 S – 几何凸函数.

证明 先证 $r > 0$ 的情形. 对于任意给定的 $(x_1, x_2, \cdots, x_{n-1}) \in E_{n-1}$,易证 $a_i x_i$ 关于变量 a_i 在 $\mathbb{R}_{++}^n$ 为几何凸的,所以 $\sum_{i=1}^n a_i x_i$ 为几何凸的,根据定理 4.2.1 知 $\int_E \left(\sum_{i=1}^n a_i x_i \right)^r \mathrm{d}s$ 关于 $(a_1, a_2, \cdots, a_n)$ 在 $\mathbb{R}_{++}^n$ 为几何凸的,最后由几何凸函数的定义知 $L_r(\boldsymbol{a})$ 几何凸的. 令 $r \to 0_+$,再根据定理 2.3.13,知 $L_0(\boldsymbol{a})$ 是几何凸的.

由定理 3.1.9 知,当 $r \geqslant 0$ 时,$L_r(\boldsymbol{a})$ 为 S – 几何凸函数.

定理 3.5.7 当 $-n < r < 0$ 时,n 元单参数平均 $L_r(\boldsymbol{a})$ 是 S – 几何凸函数.

定理 3.5.7 的证明有些繁琐,我们不在此处复述.

推论 3.5.8[44] 设 $\boldsymbol{a} \in \mathbb{R}_{++}^n, r > -n$,则 $L_r(\boldsymbol{a}) \geqslant G(\boldsymbol{a})$.

证明 因 $\boldsymbol{a} \succ (G(\boldsymbol{a}), G(\boldsymbol{a}), \cdots, G(\boldsymbol{a}))$,根据定理 3.5.6 和定理 3.5.7,我们有:当 $r \neq 0$ 时,

$$L_r(\boldsymbol{a}) \geqslant L_r(G(\boldsymbol{a})) = \left((n-1)! \int_{E_{n-1}} \left(\sum_{i=1}^n G(\boldsymbol{a}) x_i \right)^r \mathrm{d}s \right)^{\frac{1}{r}} =$$

$$G(\boldsymbol{a}) \left((n-1)! \int_{E_{n-1}} \left(\sum_{i=1}^n x_i \right)^r \mathrm{d}s \right)^{\frac{1}{r}} =$$

$$G(\boldsymbol{a}) \left((n-1)! \int_{E_{n-1}} \mathrm{d}s \right)^{\frac{1}{r}} =$$

$$G(\boldsymbol{a}) \left((n-1)! \int_{E_{n-2}} \left(1 - \sum_{i=1}^{n-2} x_i \right) \mathrm{d}x_1 \mathrm{d}x_2 \cdots \mathrm{d}x_{n-2} \right)^{\frac{1}{r}} =$$

$$G(\boldsymbol{a}) \left(\frac{(n-1)!}{2} \int_{E_{n-3}} \left(1 - \sum_{i=1}^{n-3} x_i \right)^2 \mathrm{d}x_1 \mathrm{d}x_2 \cdots \mathrm{d}x_{n-3} \right)^{\frac{1}{r}} = \cdots =$$

$$G(\boldsymbol{a})$$

当 $r = 0$ 时

$$L_r(\boldsymbol{a}) \geqslant L_r(G(\boldsymbol{a})) = \exp \left((n-1)! \int_{E_{n-1}} \ln \left(\sum_{i=1}^n G(\boldsymbol{a}) x_i \right) \mathrm{d}s \right) =$$

$$\exp \left((n-1)! \int_{E_{n-1}} \ln G(\boldsymbol{a}) \mathrm{d}s \right) = \exp \left((n-1)! \ln G(\boldsymbol{a}) \int_{E_{n-1}} \mathrm{d}s \right) =$$

$$\exp(\ln G(\boldsymbol{a})) = G(\boldsymbol{a})$$

两个正数的广义平均(定义见式(2.8.2))是一种应用较广泛的平均,下面我们介绍一下它的 S – 凸性,其改进了文献[114]、[115]中的结果.

引理 3.5.9 设 $f(t) = \dfrac{r}{s} \cdot [(s-r)(t^{s+r-1}-1) - s(t^{s-1}-t^r) + r(t^{r-1}-t^s)]$,其中 $s,r \in \mathbb{R}, s \neq 0, t > 1$,则

(ⅰ) 当 $s > r > 1, s+r-3 \geq 0$ 时,$f(t) \geq 0$.

(ⅱ) 当 $s > r > 1, s+r-3 < 0$ 时,$f(t)$ 在 $(1,+\infty)$ 有正有负.

(ⅲ) 当 $s > 1 > r, s+r-3 > 0$ 时,$f(t)$ 在 $(1,+\infty)$ 有正有负.

(ⅳ) 当 $s > 0, s > r, r < 1, s+r-3 \leq 0$ 时,$f(t) \leq 0$.

(ⅴ) 当 $0 > s > r$ 时,$f(t) \leq 0$.

证明 (ⅰ)

$$f'(t) = \dfrac{r}{s}(s-r)(s+r-1)t^{s+r-2} - r(s-1)t^{s-2} + r^2 t^{r-1} + \dfrac{r^2}{s}(r-1)t^{r-2} - r^2 t^{s-1}$$

$$t^{2-r}f'(t) = \dfrac{r}{s}(s-r)(s+r-1)t^s - r(s-1)t^{s-r} + r^2 t + \dfrac{r^2}{s}(r-1) - r^2 t^{s-r+1} \tag{3.5.6}$$

$$(t^{2-r}f'(t))' = r(s-r)(s+r-1)t^{s-1} - r(s-1)(s-r)t^{s-r-1} + r^2 - r^2(s-r+1)t^{s-r} \tag{3.5.7}$$

$$(t^{2-r}f'(t))'' = r(s-r)(s+r-1)(s-1)t^{s-2} - r(s-1)(s-r)(s-r-1)t^{s-r-2} - r^2(s-r+1)(s-r)t^{s-r-1}$$

$$t^{2+r-s}(t^{2-r}f'(t))'' = r(s-r)(s+r-1)(s-1)t^r - r(s-1)(s-r)(s-r-1) - r^2(s-r+1)(s-r)t \tag{3.5.8}$$

则

$$[t^{2+r-s}(t^{2-r}f'(t))'']' = r^2(s-r)(s+r-1)(s-1)t^{r-1} - r^2(s-r+1)(s-r) > r^2(s-r)(s+r-1)(s-1) - r^2(s-r+1)(s-r) = r^2 s(s-r)(s+r-3) \geq 0$$

故 $t^{2+r-s}(t^{2-r}f'(t))''$ 关于 t 在 $(1,+\infty)$ 上单调增加,又由式(3.5.8) 知

$$\lim_{t \to 1^+} t^{2+r-s}(t^{2-r}f'(t))'' = r^2(s-r)(s+r-3) \geq 0$$

我们有 $t^{2+r-s}(t^{2-r}f'(t))'' \geq 0, (t^{2-r}f'(t))'' \geq 0. (t^{2-r}f'(t))'$ 关于 t 在 $(1,+\infty)$ 上单调增加,且根据式(3.5.7)易知 $\lim\limits_{t \to 1^+}(t^{2-r}f'(t))' = 0$,故有

115

$(t^{2-r}f'(t))' \geq 0$. $t^{2-r}f'(t)$ 关于 t 在 $(1, +\infty)$ 上单调增加,且由式(3.5.6)易知 $\lim_{t \to 1^+} t^{2-r}f'(t) = 0$,故有 $t^{2-r}f'(t) \geq 0$, $f'(t) \geq 0$. $f(t)$ 关于 t 在 $(1, +\infty)$ 上单调增加,又有 $\lim_{t \to 1^+} f(t) = 0$,最后我们有 $f(t) \geq 0$.

(ii) 因 $[t^{2+r-s}(t^{2-r}f'(t))'']' = r^2(s-r)(s+r-1)(s-1)t^{r-1} - r^2(s-r+1)(s-r))$,故 $\lim_{t \to 1^+} [t^{2+r-s}(t^{2-r}f'(t))'']' = r^2 s(s-r)(s+r-3) < 0$,则存在 $\delta_1 > 0$,使得 $[t^{2+r-s}(t^{2-r}f'(t))'']'$ 在 $(1, 1+\delta_1)$ 为负, $t^{2+r-s}(t^{2-r}f'(t))''$ 在 $(1, 1+\delta_1)$ 严格单调减少,又有

$$\lim_{t \to 1^+} t^{2+r-s}(t^{2-r}f'(t))'' = r^2(s-r)(s+r-3) < 0$$

所以 $t \in (1, 1+\delta_1)$ 时, $t^{2+r-s}(t^{2-r}f'(t))'' < 0$, $(t^{2-r}f'(t))'' < 0$,以(i)相类似,我们反复可推得 $f(t)$ 在 $(1, 1+\delta_1)$ 为负. 我们易知 $f(t)$ 中 t 的最高次为 $s+r-1$,且相应系数为正,则易知 $\lim_{t \to +\infty} f(t) = +\infty$. 结论(ii)证毕.

(iii) 由于 $\lim_{t \to 1^+} [t^{2+r-s}(t^{2-r}f'(t))'']' = r^2 s(s-r)(s+r-3) > 0$,故存在 $\delta_2 > 0$,使得 $[t^{2+r-s}(t^{2-r}f'(t))'']'$ 在 $(1, 1+\delta_2)$ 为正, $t^{2+r-s}(t^{2-r}f'(t))''$ 在 $(1, 1+\delta_2)$ 严格单调增加,又有 $\lim_{t \to 1^+} t^{2+r-s}(t^{2-r}f'(t))'' = r^2(s-r)(s+r-3) > 0$,所以 $t \in (1, 1+\delta_2)$ 时, $t^{2+r-s}(t^{2-r}f'(t))'' > 0$, $(t^{2-r}f'(t))'' > 0$,反复推之,我们可得 $f(t)$ 在 $(1, 1+\delta_1)$ 为正. 此时 $f(t)$ 关于 t 的最高次为 s,其相应系数为负,故有 $\lim_{t \to +\infty} f(t) = -\infty$. 结论(iii)得证.

(iv) 当 $(s+r-1)(s-1) \geq 0$ 时
$$\begin{aligned}[t^{2+r-s}(t^{2-r}f'(t))'']' &= r^2(s-r)(s+r-1)(s-1)t^{r-1} - \\ & \quad r^2(s-r+1)(s-r) < \\ & \quad r^2(s-r)(s+r-1)(s-1) - \\ & \quad r^2(s-r+1)(s-r) = \\ & \quad sr^2(s-r)(s+r-3) < 0\end{aligned}$$

当 $(s+r-1)(s-1) < 0$ 时
$$\begin{aligned}[t^{2+r-s}(t^{2-r}f'(t))'']' &= r^2(s-r)(s+r-1)(s-1)t^{r-1} - \\ & \quad r^2(s-r+1)(s-r) \leq \\ & \quad -r^2(s-r+1)(s-r) < 0\end{aligned}$$

总之, $t^{2+r-s}(t^{2-r}f'(t))''$ 关于 t 在 $(1, +\infty)$ 上单调减少,又

$$\lim_{t \to 1^+} t^{2+r-s}(t^{2-r}f'(t))'' = r^2(s-r)(s+r-3) \leq 0$$

则 $t^{2+r-s}(t^{2-r}f'(t))'' \leq 0$, $(t^{2-r}f'(t))'' \leq 0$,这样反复推之,我们有 $f(t) \leq 0$.

(v) 当 $r < s < 0$ 时

$$t^{-s-r+1}f(t) = -\frac{r}{s}(s-r)(t^{-s-r+1}-1) - r(t^{-r}-t^{-s+1}) + \frac{r^2}{s}(t^{-s}-t^{-r+1})$$

$$t^{1+s}(t^{-s-r+1}f(t))' = -\frac{r}{s}(s-r)(-s-r+1)t^{1-r} + r^2 t^{s-r} +$$
$$r(-s+1)t - r^2 - \frac{r^2}{s}(-r+1)t^{1+s-r}$$

则有

$$[t^{1+s}(t^{-s-r+1}f(t))']' = -\frac{r}{s}(s-r)(-s-r+1)(1-r)t^{-r} +$$
$$r^2(s-r)t^{s-r-1} + r(-s+1) -$$
$$\frac{r^2}{s}(-r+1)(1+s-r)t^{s-r}$$

$$[t^{1+s}(t^{-s-r+1}f(t))']''t^{-s+r+2} = \frac{r^2}{s}(s-r)(-s-r+1)(1-r)t^{1-s} +$$
$$r^2(s-r)(s-r-1) -$$
$$\frac{r^2}{s}(-r+1)(1+s-r)(s-r)t$$

$$\{[t^{1+s}(t^{-s-r+1}f(t))']''t^{-s+r+2}\}' = \frac{r^2}{s}(s-r)(-s-r+1)(1-r)(1-s)t^{-s} -$$
$$\frac{r^2}{s}(-r+1)(1+s-r)(s-r) \leqslant$$
$$\frac{r^2}{s}(s-r)(-s-r+1)(1-r)(1-s) -$$
$$\frac{r^2}{s}(-r+1)(1+s-r)(s-r) =$$
$$r^2(s-r)(1-r)(s+r-3) < 0$$

所以 $[t^{1+s}(t^{-s-r+1}f(t))']''t^{-s+r+2}$ 关于 t 在 $(1, +\infty)$ 上单调减少，又

$$\lim_{t \to 1^+} [t^{1+s}(t^{-s-r+1}f(t))']''t^{-s+r+2} = r^2(s-r)(s+r-3) < 0$$

故有 $[t^{1+s}(t^{-s-r+1}f(t))']''t^{-s+r+2} < 0$，$[t^{1+s}(t^{-s-r+1}f(t))']'' < 0$，这样反复推之，我们有 $f(t) \leqslant 0$.

引理证毕.

引理 3.5.10 设 $1 < r < \frac{3}{2}$, $h(t) = -r(t^{r-1}+t^r)\ln t + (t^{r-1}+1)(t^r-1)$, $t > 1$, 则 $h(t)$ 在 $(1, +\infty)$ 有正有负.

证明 $h'(t) = -r((r-1)t^{r-2} + rt^{r-1})\ln t + (2r-1)t^{2r-2} - (2r-1)t^{r-2}$

$$t^{2-r}h'(t) = -r((r-1) + rt)\ln t + (2r-1)t^r - (2r-1)$$

$$(t^{2-r}h'(t))' = -r^2\ln t - r\left(\frac{r-1}{t} + r\right) + r(2r-1)t^{r-1} \qquad (3.5.9)$$

117

$$(t^{2-r}h'(t))'' = -\frac{r^2}{t} + \frac{r(r-1)}{t^2} + r(2r-1)(r-1)t^{r-2} \quad (3.5.10)$$

由式(3.5.10)知 $\lim\limits_{t \to 1^+}(t^{2-r}h'(t))'' = r^2(2r-3) < 0$, 故我们知存在 δ_3, 使得 $(t^{2-r}h'(t))'$ 在 $(1,1+\delta_3)$ 上严格单调减少, 又由式(3.5.9)知 $\lim\limits_{t \to 1^+}(t^{2-r}h'(t))' = 0$, 故 $(t^{2-r}h'(t))' < 0$. 反复推之, 我们可知 $h(t)$ 在 $(1,1+\delta_3)$ 上为负. 又易知 $\lim\limits_{t \to +\infty}h(t) = \lim\limits_{t \to +\infty}(t^{r-1}+1)(t^r-1) = +\infty$. 至此引理证毕.

定理 3.5.11 （i）$E(r,s;x,y)$ 关于 $x,y \in \mathbb{R}_{++}$ 为 S-凸函数, 当且仅当 $s \geq 1, r \geq 1$ 和 $s+r \geq 3$.

（ii）$E(r,s;x,y)$ 关于 $x,y \in \mathbb{R}_{++}$ 为 S-凹函数, 当且仅当 $s+r \leq 3, r \leq 1$ 或 $s \leq 1$.

证明 我们对 s,r 平面内的每一区域分类讨论如下. 由引理 2.8.7, 知 E 关于 $(x,y) \in \mathbb{R}_{++}^2$ 为可微, 由定理 0.4.4, 我们只要讨论 $(y-x)\left(\frac{\partial E}{\partial y} - \frac{\partial E}{\partial x}\right)$ 的非正或非负问题. 对于直线 $y=x$ 上的点, 显然 $(y-x)\left(\frac{\partial E}{\partial y} - \frac{\partial E}{\partial x}\right) \geq 0$, 又 $(y-x)\left(\frac{\partial E}{\partial y} - \frac{\partial E}{\partial x}\right)$ 关于 x,y 对称, 所以我们在下面都假设在有 $y > x$.

（i）我们先假设 $s > r$, $F(r,s;x,y) = \frac{r}{s} \cdot \frac{y^s - x^s}{y^r - x^r}$, 其中 $s \geq 1, r \geq 1$ 和 $s+r \geq 3$. 则

$$\frac{\partial E}{\partial y} = \frac{1}{s-r} \cdot F^{\frac{1}{s-r}-1} \cdot \frac{\partial F}{\partial y}, \quad \frac{\partial E}{\partial x} = \frac{1}{s-r} \cdot F^{\frac{1}{s-r}-1} \cdot \frac{\partial F}{\partial x}$$

$$\frac{\partial F}{\partial y} = \frac{r}{s} \cdot \frac{sy^{s-1}(y^r - x^r) - ry^{r-1}(y^s - x^s)}{(y^r - x^r)^2} =$$

$$\frac{r}{s} \cdot \frac{(s-r)y^{s+r-1} - sy^{s-1}x^r + ry^{r-1}x^s}{(y^r - x^r)^2}$$

$$\frac{\partial F}{\partial x} = \frac{r}{s} \cdot \frac{-sx^{s-1}(y^r - x^r) + rx^{r-1}(y^s - x^s)}{(y^r - x^r)^2} =$$

$$\frac{r}{s} \cdot \frac{(s-r)x^{s+r-1} - sy^r x^{s-1} + ry^s x^{r-1}}{(y^r - x^r)^2}$$

$$(y-x)\left(\frac{\partial E}{\partial y} - \frac{\partial E}{\partial x}\right) = \frac{1}{s-r} \cdot F^{\frac{1}{s-r}-1} \cdot (y-x) \cdot \left(\frac{\partial F}{\partial y} - \frac{\partial F}{\partial x}\right)$$

其中

$$\left(\frac{\partial F}{\partial y} - \frac{\partial F}{\partial x}\right) =$$

$$\frac{r}{s} \cdot \frac{(s-r)(y^{s+r-1} - x^{s+r-1}) - s(y^{s-1}x^r - y^r x^{s-1}) + r(y^{r-1}x^s - y^s x^{r-1})}{(y^r - x^r)^2}$$

令 $f(t) = \frac{r}{s}[(s-r)(t^{s+r-1}-1) - s(t^{s-1}-t^r) + r(t^{r-1}-t^s)]$, $t > 1$, 由引理 3.5.9 的结论（ⅰ）知 $f(t) \geq 0$, 令 $t = \frac{y}{x}$, 即得 $(y-x)\left(\frac{\partial E}{\partial y} - \frac{\partial E}{\partial x}\right) \geq 0$, 我们知 $E(r,s;x,y)$ 关于 $x,y \in \mathbb{R}_{++}$ 为 S–凸函数.

对于 $r > s$, 由于 $E(r,s;x,y) = E(s,r;x,y)$, 再根据 S–凸函数的定义知 $E(r,s;x,y)$ 关于 $x,y \in \mathbb{R}_{++}$ 为 S–凸函数.

当 $r \neq s, s \geq 1, r \geq 1$ 和 $s + r \geq 3$ 时. 对于任何 $x,y \in \mathbb{R}_{++}$, 因 $(x,y) \succ (u,v)$, 所以有 $E(r,s;x,y) \geq E(r,s;u,v)$, 令 $s \to r$, 有 $E(s,s;x,y) \geq E(s,s;u,v)$, 所以对于 $s = r \geq \frac{3}{2}$, $E(r,s;x,y)$ 关于 $x,y \in \mathbb{R}_{++}$ 为 S–凸函数.

（ⅱ）对于 $s > 1, r > 1, s + r - 3 < 0$, 我们不妨先假设 $s > r$. 此时由引理 3.5.9 的结论（ⅱ）知 $f(t) = \frac{r}{s} \cdot [(s-r)(t^{s+r-1}-1) - s(t^{s-1}-t^r) + r(t^{r-1}-t^s)]$ 在 $t \in (1, +\infty)$ 有正有负. 若取 $t = \frac{y}{x}$, 我们知对不同数对 $(x,y) \in \mathbb{R}_{++}^2 (y > x)$, $\frac{\partial F}{\partial y} - \frac{\partial F}{\partial x}$ 有正有负, 进而 $\frac{\partial E}{\partial y} - \frac{\partial E}{\partial x}$ 有正有负, 由定理 0.4.4 知, $E(r,s;x,y)$ 在此范围内即不是 S–凸函数也不是 S–凹函数. 对于 $r > s, s > 1, r > 1, s + r - 3 < 0$, 我们也类似讨论可知, $E(r,s;x,y)$ 在此范围内即不是 S–凸函数也不是 S–凹函数.

对于 $s > 1, r > 1, s + r - 3 < 0$ 且 $r = s$ 的情形, 也即当 $1 < r = s < \frac{3}{2}$ 时, 因

$$\ln E(r,r;x,y) = \frac{x^r \ln x - y^r \ln y}{x^r - y^r} - \frac{1}{r}$$

$$\frac{\partial E}{\partial y} = \frac{E(r,r;x,y)}{(x^r - y^r)^2}[ry^r x^{r-1}(\ln y - \ln x) - x^{r-1}(y^r - x^r)]$$

$$\frac{\partial E}{\partial x} = \frac{E(r,r;x,y)}{(x^r - y^r)^2}[ry^r x^{r-1}(\ln y - \ln x) - x^{r-1}(y^r - x^r)]$$

则

$$(y-x)\left(\frac{\partial E}{\partial y} - \frac{\partial E}{\partial x}\right) = E(r,r;x,y)\frac{y-x}{(x^r-y^r)^2}[-(rx^r y^{r-1} + ry^r x^{r-1}) \times$$
$$(\ln y - \ln x) + (y^{r-1} + x^{r-1})(y^r - x^r)]$$

在引理 3.5.10 中若令 $t = \frac{y}{x}$, 我们不难知, 对于 $x, y \in \mathbb{R}_{++}$, $(y-x)\left(\frac{\partial E}{\partial y} - \frac{\partial E}{\partial x}\right) \geq 0$ 有正有负, 知 $E(r,s;x,y)$ 在此范围内即不是 S–凸函数也不是 S–凹函数.

(iii) 对于 $s > 1 > r$ 和 $s + r - 3 > 0$,或 $r > 1 > s$ 和 $s + r - 3 > 0$,我们可由引理 3.5.9 的结论(iii),与情形(ii)相仿我们可证 $E(r,s;x,y)$ 在此范围内即不是 S - 凸函数也不是 S - 凹函数.

(iv) 对于 $s > 0, s > r, r < 1$ 和 $s + r - 3 \leqslant 0$,或 $r > 0, r > s, s < 1$ 和 $s + r - 3 \leqslant 0$,我们可由引理 3.5.9 的结论(iv),可证 $E(r,s;x,y)$ 在此范围内为 S - 凹函数. 详细过程在此略,读者不妨一试.

(v) 对于 $0 > s > r$ 或 $0 > r > s$ 时,参考引理 3.5.9 的结论(v)我们易证 $E(r,s;x,y)$ 在此范围内为 S - 凹函数.

由 S - 凸(凹)函数的定义知,$E(r,s;x,y)$ 关于 $x, y \in \mathbb{R}_{++}$ 为 S - 凸(凹)函数的参数 r, s 的集合是闭区域. 由于以上已对所有的 $r, s \in \mathbb{R}$ 进行分类讨论,所以定理得证.

练习 3

下设 $a \in \mathbb{R}_{++}^n, A(a) = A, G(a) = G$ 分别为其算术平均和几何平均.

1.[5,P.172] 设 $\alpha \in \mathbb{R}_{++}, \beta \in \mathbb{R}, \beta \neq 0$,

(i) 若 $\min\limits_{1 \leqslant i \leqslant n}\{a_i\} > \dfrac{\alpha}{\beta}$,则有 $\sum\limits_{i=1}^{n}(\alpha + a_i)^{-\beta} \leqslant n(\alpha + G)^{-\beta}$.

(ii) 若 $\max\limits_{1 \leqslant i \leqslant n}\{a_i\} < \dfrac{\alpha}{\beta}$,则有 $\sum\limits_{i=1}^{n}(\alpha + a_i)^{-\beta} \geqslant n(\alpha + G)^{-\beta}$.

2. (王挽澜不等式)[32] (i) 若 $0 < p < 1$,则 $\prod\limits_{i=1}^{n}[(a_i + 1)^p - 1] \leqslant [(G+1)^p - 1]^n$.

(ii) 若 $p > 1$,则 $\prod\limits_{i=1}^{n}[(a_i + 1)^p - 1] \geqslant [(G+1)^p - 1]^n$.

(iii) 若 $p > 0$,则 $\prod\limits_{i=1}^{n}[(a_i + 1)^p + 1] \geqslant [(G+1)^p + 1]^n$.

(iv) 若 $p < 0, a \in \left(0, \dfrac{1}{|p|}\right)^n$,则

$$\prod_{i=1}^{n}[(a_i + 1)^p + 1] \leqslant [(G+1)^p + 1]^n.$$

3.[6,P.48] 设 $a, b > 0$,和 $G = \sqrt{ab}, A = \dfrac{(a+b)}{2}, B = (a^a b^b)^{\frac{1}{a+b}}$,则 $B^2 + G^2 \geqslant 2A^2$.

4. 设 $m \in \mathbb{N}, k > 0$,则

(i) 若 $\min\limits_{1 \leqslant i \leqslant n}\{a_i\} \geqslant \dfrac{m}{k}$,有 $\sum\limits_{i=1}^{n}(1 + ka_i)^{-\frac{1}{m}} \geqslant \dfrac{n}{\sqrt[m]{1+kG}}$.

(ii) 若 $\max\limits_{1\leqslant i\leqslant n}\{a_i\}\leqslant \dfrac{m}{k}$，有 $\sum\limits_{i=1}^{n}(1+ka_i)^{-\frac{1}{m}}\leqslant \dfrac{n}{\sqrt[m]{1+kG}}$.

5. 设锐角 β_0 满足 $2\beta_0-\cos\beta_0-\beta_0\sin\beta_0=0$，锐角 α_0 满足 $\alpha_0=\cos\alpha_0$，

(i) 若 $0<a_1,a_2,\cdots,a_n<\beta_0$，求证：

$$\frac{n}{1+\sin G}\geqslant \sum_{i=1}^{n}\frac{1}{1+\sin a_i}\geqslant n\sqrt[n]{\prod_{i=1}^{n}\frac{1}{1+\sin a_i}}\geqslant \frac{n}{1+\sin A}.$$

(ii) 若 $\beta_0<a_1,a_2,\cdots,a_n<\alpha_0$，求证：

$$\sum_{i=1}^{n}\frac{1}{1+\sin a_i}\geqslant \frac{n}{1+\sin G}\geqslant n\sqrt[n]{\prod_{i=1}^{n}\frac{1}{1+\sin a_i}}\geqslant \frac{n}{1+\sin A}.$$

(iii) 若 $\alpha_0<a_1,a_2,\cdots,a_n<\dfrac{\pi}{2}$，求证：

$$\sum_{i=1}^{n}\frac{1}{1+\sin a_i}\geqslant n\sqrt[n]{\prod_{i=1}^{n}\frac{1}{1+\sin a_i}}\geqslant \frac{n}{1+\sin G}\geqslant \frac{n}{1+\sin A}.$$

6. 设 $0<a_1,a_2,\cdots,a_n<\dfrac{\pi}{4}$，求证：$\sum\limits_{i=1}^{n}(1+\tan a_i)^{-1}\leqslant \dfrac{n}{1+\tan G}$.

7. 设锐角 β_0 满足 $1-3\beta_0\tan\beta_0-\beta_0^2=0$，锐角 α_0 满足 $1-\alpha_0\tan\alpha_0=0$，

(i) 若 $0<a_1,a_2,\cdots,a_n<\beta_0$，求证：

$$nA\cos A\geqslant \sum_{i=1}^{n}a_i\cos a_i\geqslant nG\cos G\geqslant n\sqrt[n]{\prod_{i=1}^{n}a_i\cos a_i}.$$

(ii) 若 $\beta_0<a_1,a_2,\cdots,a_n<\alpha_0$，求证：

$$nA\cos A\geqslant nG\cos G\geqslant \sum_{i=1}^{n}a_i\cos a_i\geqslant n\sqrt[n]{\prod_{i=1}^{n}a_i\cos a_i}.$$

(iii) 若 $\alpha_0<a_1,a_2,\cdots,a_n<\dfrac{\pi}{2}$，求证：

$$nG\cos G\geqslant nA\cos A\geqslant \sum_{i=1}^{n}a_i\cos a_i\geqslant n\sqrt[n]{\prod_{i=1}^{n}a_i\cos a_i}.$$

8. 设 $0<a_1,a_2,\cdots,a_n<\dfrac{\pi}{4}$，求证：$\sum\limits_{i=1}^{n}(1+\cot a_i)^{-1}\geqslant \dfrac{n}{1+\cot G}$.

9. 设 $m,M>0,\boldsymbol{a}\in[m,M]^n$，求证：

$$A(\boldsymbol{a})-G(\boldsymbol{a})-\frac{1}{4M}(A(\boldsymbol{a}^2)-G(\boldsymbol{a}^2))\geqslant$$

$$\max\left\{0,\frac{3M^2+(4n-4)Mm-(n-1)m^2}{4nM}-\right.$$

$$\left.M^{\frac{n-1}{n}}m^{\frac{1}{n}}+\frac{1}{4}M^{\frac{n-2}{n}}m^{\frac{2}{n}}\right\}.$$

10. 设 $m,M>0,\boldsymbol{a}\in[m,M]^n$，对于 $k=1,2,\cdots,n$，记 $\lambda(k)=\dfrac{k^2-k}{n^2-n}$ 和

$$Q^{[k]}(\boldsymbol{a}) = \left[\prod_{1 \leq i_1 < \cdots < i_k \leq n} \left(\frac{a_{i_1} + a_{i_2} + \cdots + a_{i_k}}{k}\right)\right]^{\frac{1}{\binom{n}{k}}}, k = 1, 2, \cdots, n.$$

求证：$Q^{[k]}(\boldsymbol{a}) \geq A^{\lambda(k)}(\boldsymbol{a}) \cdot G^{1-\lambda(k)}(\boldsymbol{a})$.

11. 设 $f(\boldsymbol{a}) = \sum_{i \neq j} \dfrac{a_i a_j}{a_i + a_j}$，则 f 是 $\mathbb{R}_{++}^n$ 上的 S - 几何凹函数①.

12.[129]（ⅰ）求证方程 $t - \dfrac{\ln t}{e} - \dfrac{3}{2} = 0$ 在 $\left(0, \dfrac{1}{e}\right)$ 上有唯一实根，记为 α，则 $\alpha = 0.01779\cdots$.

（ⅱ）方程 $t(1 - \ln t) + \dfrac{1}{(\ln t - 1)} - 1 = 0$ 在 (e, e^2) 上的有唯一实根，记为 β，则 $\beta = e^{1.389867\cdots} = 4.014292\cdots$.

（ⅲ）设 $x, y > 0, G = \sqrt{xy}$，当 $x, y \in \left[\alpha, \dfrac{1}{e}\right]$ 或 $x, y \in \left[\dfrac{1}{e}, \beta\right]$，有 $x^y + y^x \leq 2G^G$.

---

① 此函数的 S - 凸性可见文献[3]P.91.

几何凸函数的积分不等式

本章将讨论有关几何凸函数的一些积分不等式,相应地给出一些应用.

4.1 连续函数的平均

设 $n \geq 2, n \in \mathbb{N}, \boldsymbol{a} = (a_1, a_2, \cdots, a_n) \in \mathbb{R}_{++}^n$,我们知道,$\boldsymbol{a}$ 的几何平均和算术平均分别为

$$G(\boldsymbol{a}) = \sqrt[n]{\prod_{i=1}^{n} a_i}, A(\boldsymbol{a}) = \frac{1}{n}\sum_{i=1}^{n} a_i$$

若再设 $p = (p_1, p_2, \cdots, p_n) \in \mathbb{R}_+^n$,且 $\sum_{i=1}^{n} p_i = 1$,则 $\boldsymbol{a}$ 的加权几何平均和加权算术平均分别为

$$G(\boldsymbol{a}, p) = \prod_{i=1}^{n} a_i^{p_i}, \quad A(\boldsymbol{a}, p) = \sum_{i=1}^{n} p_i a_i$$

则有 $A(\boldsymbol{a}, p) \geq G(\boldsymbol{a}, p)$(证明可参见定理 6.2.3).

下设 $b > a > 0$,记 $\Delta = b - a$.

函数 $f:[a, b] \to \mathbb{R}_{++}$ 连续,则其算术平均和几何平均分别定义为

$$A(f;a,b) = \frac{1}{b-a}\int_a^b f(x)\,dx, \quad G(f;a,b) = e^{\frac{1}{b-a}\int_a^b \ln f(x)\,dx} \quad (4.1.1)$$

它们的定义的科学性可参考

$$\lim_{n\to+\infty}\frac{\Delta}{n}\sum_{i=1}^n f\left(a+\frac{i}{n}(b-a)\right) = A(f;a,b)$$

及下定理.

定理4.1.1 设$f:[a,b]\to\mathbb{R}_{++}$连续,$\Delta = b-a$,则 $\lim_{n\to+\infty}\sqrt[n]{\prod_{i=1}^n f\left(a+\frac{i\Delta}{n}\right)} = G(f;b,a)$.

证明 由定积分定义,我们有

$$\lim_{n\to+\infty}\sqrt[n]{\prod_{i=1}^n f\left(a+\frac{i}{n}\Delta\right)} = \lim_{n\to+\infty}\exp\left(\ln\sqrt[n]{\prod_{i=1}^n f\left(a+\frac{i}{n}\Delta\right)}\right) =$$

$$\exp\left(\lim_{n\to+\infty}\frac{1}{n}\sum_{i=1}^n \ln f\left(a+\frac{i}{n}\Delta\right)\right) =$$

$$\exp\left(\frac{1}{\Delta}\lim_{n\to+\infty}\frac{\Delta}{n}\sum_{i=1}^n \ln f\left(a+\frac{i}{n}\Delta\right)\right) =$$

$$e^{\frac{1}{b-a}\int_a^b \ln f(x)\,dx}$$

定理4.1.2 设函数$f:[a,b]\to\mathbb{R}_{++}$连续,则 $A(f;a,b) \geq G(f;a,b)$.

证明
$$A(f;a,b) = \lim_{n\to+\infty}\frac{1}{n}\sum_{i=1}^n f\left(a+\frac{i}{n}\Delta\right) \geq$$

$$\lim_{n\to+\infty}\sqrt[n]{\prod_{i=1}^n f\left(a+\frac{i}{n}\Delta\right)} = G(f;a,b)$$

例4.1.3 求$f(x) = x$在$[a,b]$上的算术平均和几何平均.

解
$$A(f;a,b) = \frac{1}{b-a}\int_a^b x\,dx = \frac{a+b}{2}$$

$$G(f;a,b) = e^{\frac{1}{b-a}\int_a^b \ln x\,dx} = e^{\frac{1}{b-a}(x\ln x - x)\big|_a^b} = e^{-1}b^{\frac{b}{b-a}}a^{\frac{a}{a-b}}$$

若再设函数$p:[a,b]\to\mathbb{R}_+$,且$\int_a^b p(x)\,dx = 1$,则函数f的加权几何平均和加权算术平均分别为

$$G(f,p;a,b) = e^{\int_a^b p(x)\ln f(x)\,dx} \triangleq \exp\left(\int_a^b p(x)\ln f(x)\,dx\right)$$

$$A(f,p;a,b) = \int_a^b p(x)f(x)\,dx$$

定理4.1.4 设$f:[a,b]\to\mathbb{R}_{++}$连续,$p:[a,b]\to\mathbb{R}_+$,且$\int_a^b p(x)\,dx = 1$,则

$$G(f,p;a,b) \leq A(f,p;a,b)$$

证明 由定积分的定义,易知

$$G(f,p;a,b) = \lim_{n \to +\infty} e^{\frac{\Delta}{n}\sum_{i=1}^{n} p\left(a+\frac{i\Delta}{n}\right) \ln f\left(a+\frac{i\Delta}{n}\right)} =$$

$$\lim_{n \to +\infty} \left[\prod_{i=1}^{n} \left(f\left(a+\frac{i\Delta}{n}\right)\right)^{p\left(a+\frac{i\Delta}{n}\right)}\right]^{\frac{\Delta}{n}} =$$

$$\lim_{n \to +\infty} \left[\prod_{i=1}^{n} \left(f\left(a+\frac{i\Delta}{n}\right)\right)^{\frac{p\left(a+\frac{i\Delta}{n}\right)}{\sum_{i=1}^{n} p\left(a+\frac{i\Delta}{n}\right)}}\right]^{\frac{\Delta\left(\sum_{i=1}^{n} p\left(a+\frac{i\Delta}{n}\right)\right)}{n}}$$

由加权几何平均小于等于加权算术平均,则有

$$G(f,p;a,b) \leqslant \lim_{n \to +\infty} \left[\sum_{i=1}^{n} \frac{p\left(a+\frac{i\Delta}{n}\right)}{\sum_{i=1}^{n} p\left(a+\frac{i\Delta}{n}\right)} f\left(a+\frac{i\Delta}{n}\right)\right]^{\frac{\Delta\left(\sum_{i=1}^{n} p\left(a+\frac{i\Delta}{n}\right)\right)}{n}} =$$

$$\lim_{n \to +\infty} \left[\frac{1}{\frac{\Delta\sum_{i=1}^{n} p\left(a+\frac{i\Delta}{n}\right)}{n}} \cdot \frac{\Delta}{n}\sum_{i=1}^{n} p\left(a+\frac{i\Delta}{n}\right) f\left(a+\frac{i\Delta}{n}\right)\right]^{\frac{\Delta\left(\sum_{i=1}^{n} p\left(a+\frac{i\Delta}{n}\right)\right)}{n}} =$$

$$\left[\frac{1}{\int_{a}^{b} p(x) dx} \cdot \int_{a}^{b} p(x) f(x) dx\right]^{\int_{a}^{b} p(x) dx} = A(f,p;a,b)$$

4.2 几何凸函数的积分的几何凸性

定理 4.2.1 设 $n,m \in \mathbb{N}_{++}, E \subseteq \mathbb{R}_{++}^{n}, F \subseteq \mathbb{R}_{++}^{m}, z:E \times F \to \mathbb{R}_{++}$,且对于任何 $\boldsymbol{y} \in F, z = z(\boldsymbol{x},\boldsymbol{y})$ 在 E 上的限制为几何凸函数,$u(\boldsymbol{x}) = \int_{\boldsymbol{y} \in F} z(\boldsymbol{x},\boldsymbol{y}) d\sigma$(其中 σ 为面积元素,下同)有意义,则 $u:\boldsymbol{x} \in E \to \mu(\boldsymbol{x})$ 为几何凸函数.

证明 设 $\boldsymbol{x},\boldsymbol{w} \in E$ 为任意两个向量,则有

$$u(\boldsymbol{x}^{\frac{1}{2}}\boldsymbol{w}^{\frac{1}{2}}) = \int_{\boldsymbol{y} \in F} z(\boldsymbol{x}^{\frac{1}{2}}\boldsymbol{w}^{\frac{1}{2}},\boldsymbol{y}) d\sigma \leqslant \int_{\boldsymbol{y} \in F} z^{\frac{1}{2}}(\boldsymbol{x},\boldsymbol{y}) z^{\frac{1}{2}}(\boldsymbol{w},\boldsymbol{y}) d\sigma$$

由 Holder 不等式知

$$u(\boldsymbol{x}^{\frac{1}{2}}\boldsymbol{w}^{\frac{1}{2}}) \leqslant \left(\int_{\boldsymbol{y} \in F} z(\boldsymbol{x},\boldsymbol{y}) d\sigma \cdot \int_{\boldsymbol{y} \in F} z(\boldsymbol{w},\boldsymbol{y}) d\sigma\right)^{\frac{1}{2}} = u^{\frac{1}{2}}(\boldsymbol{x}) u^{\frac{1}{2}}(\boldsymbol{w})$$

命题得证.

例 4.2.2 设 $f(x) = \int_0^{\frac{\pi}{2}} \left(\dfrac{v}{\sin v}\right)^x dv, x \in \mathbb{R}_{++}$,则 f 为几何凸函数.

证明 对于 $\left(0, \dfrac{\pi}{2}\right)$ 上的任一 v,有 $\dfrac{v}{\sin v} \geq 1$,由例 1.1.4 知,$\left(\dfrac{v}{\sin v}\right)^x$ 关于 $x \in \mathbb{R}_{++}$ 为几何凸的,据定理 4.2.1 知 f 为几何凸函数.

例 4.2.3 设 $a, b \in \mathbb{R}_{++}$ 为常数,$D \subseteq \mathbb{R}^2$ 为有限区域,对于任何 $(x, y) \in E \subseteq \mathbb{R}^2_{++}$,定义

$$f(x, y) = \iint_{(u,v) \in D} (a x^{-u^2 - v^2} + b y^{u^2 + v^2}) d\sigma$$

则 f 是 E 上的几何凸函数.

证明 对于 D 上的任一点 (u, v),$x^{-u^2 - v^2}$ 和 $y^{u^2 + v^2}$ 关于 (x, y) 为几何凸函数,进而 $a x^{-u^2 - v^2} + b y^{u^2 + v^2}$ 几何凸函数,据定理 4.2.1 知 f 为几何凸函数.

如果把定理 4.2.1 中的几何凸改为几何凹,则相应结果不成立. 但有以下结果为真.

定理 4.2.4 设 $n, m \in \mathbb{N}_{++}, E \subseteq \mathbb{R}^n_{++}, F \subseteq \mathbb{R}^m_{++}, z: E \times F \to \mathbb{R}_{++}$,且对于任何 $y \in F, z = z(x, y)$ 在 E 上的限制为 S - 几何凸(凹)函数,$u(x) = \int_{y \in F} z(x, y) d\sigma$ 有意义,则 $u: x \in E \to \mu(x)$ 为 S - 几何凸(凹) 函数.

证明 设任取 $x, w \in E$,使得 $\ln x > \ln w$,则对于任何 $y \in F$,有 $z(x, y) \geq (\leq) z(w, y)$. 根据定积分性质有

$$u(x) = \int_{y \in F} z(x, y) d\sigma \geq (\leq) \int_{y \in F} z(w, y) d\sigma = u(w)$$

故 u 在 E 上的为 S - 几何凸(凹) 函数.

下面这个定理出自于文献[23],文献[11]称其为"惊奇"的结果,其中的证法二是我们给出的.

定理 4.2.5 设 $b \in \mathbb{R}_{++}$ 为常数,$f:[0, b) \to [0, +\infty)$ 为连续,在 $(0, b)$ 上为几何凸的,那么

$$F: x \in (0, b) \to \int_0^x f(t) dt$$

为几何凸函数.

证法一 设任取 $x, y \in (0, b)$,对于任何 $n \in \mathbb{N}, n \geq 2$,由 Cauchy 不等式及几何凸函数的定义知

$$\left[\sum_{i=0}^{n-1} f\left(\dfrac{i}{n} x\right)\right]\left[\sum_{i=0}^{n-1} f\left(\dfrac{i}{n} y\right)\right] \geq \left[\sum_{i=0}^{n-1} \sqrt{f\left(\dfrac{i}{n} x\right) f\left(\dfrac{i}{n} y\right)}\right]^2 \geq$$

$$\left[\sum_{i=0}^{n-1} f\left(\sqrt{\frac{i}{n}x \cdot \frac{i}{n}y}\right)\right]^2$$

$$\left[\frac{x}{n}\sum_{i=0}^{n-1} f\left(\frac{i}{n}x\right)\right]\left[\frac{y}{n}\sum_{i=0}^{n-1} f\left(\frac{i}{n}y\right)\right] \geq \left[\frac{\sqrt{xy}}{n}\sum_{i=0}^{n-1} f\left(\frac{i}{n}\sqrt{xy}\right)\right]^2$$

在上式中令 $n \to +\infty$,考虑到定积分定义,我们有

$$(F(\sqrt{xy}))^2 \leq F(x)F(y), \quad F(\sqrt{xy}) \leq \sqrt{F(x)F(y)}$$

定理 4.2.5 得证.

证法二 因

$$F(x) = \int_0^x f(t)\,dt = \lim_{n\to+\infty}\left[\frac{x}{n}\sum_{k=0}^{n-1} f\left(\frac{k}{n}x\right)\right] \qquad (4.2.1)$$

而根据定理 1.3.8 知,对于式(4.2.1)中的各 $f\left(\frac{kx}{n}\right)$ 为 $(0,b)$ 上的几何凸函数,所以 $\frac{x}{n} \cdot \sum_{k=0}^{n-1} f\left(\frac{kx}{n}\right)$ 也为 $(0,b)$ 上的几何凸函数.再根据定理 1.4.1 知式(4.2.1)中的右边为几何凸函数.定理 4.2.5 得证.

推论 4.2.6 设 $b \in \mathbb{R}_{++}$ 为常数,$f:[0,b] \to \mathbb{R}$ 是可微函数,且 f' 在 $(0,b)$ 上为几何凸函数,则 $f(x) - f(0)$ 是 $(0,b)$ 上的几何凸函数.

推论由定理 4.2.5 直接得到.相对于定理 4.2.5,以下结果更优美.

定理 4.2.7 设 $b > a > 0$,$f:[a,b] \to \mathbb{R}_{++}$ 为几何凹,对于 $x \in [a,b)$,设 $g(x) = \int_x^b f(t)\,dt$,对于 $x \in (a,b]$ $h(x) = \int_a^x f(t)\,dt$,则 g, h 为几何凹函数.

证明 先假定 f 为可微函数.我们有 $g'(x) = -f(x)$,$g''(x) = -f'(x)$,故

$$x[g(x) \cdot g''(x) - (g'(x))^2] + g(x) \cdot g'(x) =$$
$$-(xf'(x) + f(x))\int_x^b f(t)\,dt - xf^2(x) \qquad (4.2.2)$$

设集合

$$E = \left\{x \in [a,b]; xf'(x) + f(x) \geq 0\right\} = \left\{x \in [a,b]; x\frac{f'(x)}{f(x)} \geq -1\right\}$$

（ⅰ）若 $b \in E$. 由定理 1.2.3 知 $x\frac{f'(x)}{f(x)}$ 在 $[a,b]$ 上为单调减少,则 $[a,b] \subseteq E$,且

$$-(xf'(x) + f(x))\int_x^b f(t)\,dt - xf^2(x) \leq 0$$

对于 $x \in [a,b]$ 恒成立.联立式(4.2.2)知,g 为几何凹.

（ⅱ）若 $a \notin E$.因 $x\frac{f'(x)}{f(x)}$ 在 $[a,b]$ 上为单调减少,则任取 $x \in [a,b]$,都有 $xf'(x) + f(x) < 0$.此时再令

$$g_1(x) = -\int_x^b f(t)\mathrm{d}t - \frac{xf^2(x)}{xf'(x)+f(x)}, x \in [a,b] \qquad (4.2.3)$$

则有

$g'_1(x) = f(x) - $

$$\frac{[f^2(x)+2xf(x)\cdot f'(x)][xf'(x)+f(x)] - xf^2(x)[2f'(x)+xf''(x)]}{[xf'(x)+f(x)]^2} =$$

$$xf(x) \cdot \frac{f(x)\cdot f'(x) - x(f'(x))^2 + xf(x)\cdot f''(x)}{[xf'(x)+f(x)]^2}$$

因 f 为几何凹,则知 $g'_1(x) \le 0, g_1$ 为单调减少函数

$$g_1(x) \le g_1(b) = -\frac{bf^2(b)}{bf'(b)+f(b)} > 0 \qquad (4.2.4)$$

联立式(4.2.4),式(4.2.3),式(4.2.2)及 $xf'(x)+f(x) < 0$,知 g 为几何凹.

(iii) 若 $a \in E, b \notin E$.则有

$$\frac{af'(a)}{f(a)} \ge -1, \quad \frac{bf'(b)}{f(b)} < -1$$

因 $x\frac{f'(x)}{f(x)}$ 在 $[a,b]$ 上为单调减少,则存在唯一的 $x_0 \in [a,b]$,使得 $x \in [a,x_0], x \in (x_0,b]$ 时,分别有

$$x\frac{f'(x)}{f(x)} \ge -1, \quad x\frac{f'(x)}{f(x)} < -1$$

此时对于 $x \in [a,x_0]$,已有

$$-(xf'(x)+f(x))\int_x^b f(t)\mathrm{d}t - xf^2(x) \le 0 \qquad (4.2.5)$$

对于 $x \in (x_0,b]$,同样可设

$$g_1(x) = -\int_x^b f(t)\mathrm{d}t - \frac{xf^2(x)}{xf'(x)+f(x)}, x \in (x_0,b]$$

同理可证 $g_1(x) \ge g_1(b) > 0$ 及式(4.2.5)成立.进而 g 为几何凹.

当 f 不为可微函数时.由定理 1.4.7 知,在 $[a,b]$ 存在几何凹函数列 $\{f_n\}_{n=1}^{+\infty}$,使得 f_n 具有无限次导数,且在 $[a,b]$ 上一致收敛于 f.设 $g_n(x) = \int_x^b f_n(t)\mathrm{d}t, x \in [a,b]$.由以上证明知 $\{g_n\}_{n=1}^{+\infty}$ 都为几何凹.同时对于 $x \in [a,b]$,因有 $\lim_{n \to +\infty} g_n(x) = g(x)$,根据定理 1.4.1 知 g 为几何凹.

关于 h 的几何凹性,为同理可证.

推论 4.2.8 (i) 设 $b > 0, f:(0,b] \to \mathbb{R}_{++}$ 为几何凹,对于 $x \in (0,b]$, $h(x) = \int_0^x f(t)\mathrm{d}t$ 有意义,则 h 为几何凹函数.

(ii) 设 $a > 0, f:[a,+\infty) \to \mathbb{R}_{++}$ 为几何凹,对于 $x \in [a,+\infty)$,

$g(x) = \int_x^{+\infty} f(t) \mathrm{d}t$ 有意义，则 g 为几何凹函数.

证明 在定理 4.2.7 中，分别令 $a \to 0^+$, $b \to +\infty$，再根据定理 1.4.1 知推论为真.

借助以上结果，我们可以构造一大批几何凸函数.

例 4.2.9 已知 $y = \tan x, x \in \left(0, \dfrac{\pi}{2}\right)$ 为几何凸函数，则 $y = \int_0^x \tan t \mathrm{d}t = \ln \sec x$ 在 $\left(0, \dfrac{\pi}{2}\right)$ 上为几何凸函数，进而 Lobacevski 函数 $y = \int_0^x \ln \sec t \mathrm{d}t$ 在 $\left(0, \dfrac{\pi}{2}\right)$ 上为几何凸函数.

例 4.2.10 定义函数 $y(0) = 1, y(t) = \dfrac{t}{\sin t}, t \in \left(0, \dfrac{\pi}{2}\right)$，其在 $x = 0$ 处右连续，且明显在 $\left(0, \dfrac{\pi}{2}\right)$ 上为几何凸函数，所以 $y = \int_0^x \left(\dfrac{t}{\sin t}\right) \mathrm{d}t$ 在 $\left(0, \dfrac{\pi}{2}\right)$ 上几何凸函数.

例 4.2.11 考虑函数 $y = \exp(t^2), t \in (0, +\infty)$，由其幂级数展开式知为几何凸函数，所以 $y = \int_0^x \exp(t^2) \mathrm{d}t$ 在 $\mathbb{R}_{++}$ 上为几何凸函数，则对于任两个正数 x_1, x_2，成立

$$\left(\int_0^{\sqrt{x_1 x_2}} \mathrm{e}^{t^2} \mathrm{d}t\right)^2 \leqslant \int_0^{x_1} \mathrm{e}^{t^2} \mathrm{d}t \cdot \int_0^{x_2} \mathrm{e}^{t^2} \mathrm{d}t$$

因函数 $y = \exp(-t^2)$ 在 $\mathbb{R}_{++}$ 上几何凹函数，则对于任两个正数 x_1, x_2，易证如下二个结果成立

$$\left(\int_0^{\sqrt{x_1 x_2}} \mathrm{e}^{-t^2} \mathrm{d}t\right)^2 \geqslant \int_0^{x_1} \mathrm{e}^{-t^2} \mathrm{d}t \cdot \int_0^{x_2} \mathrm{e}^{-t^2} \mathrm{d}t$$

$$\left(\int_{\sqrt{x_1 x_2}}^{+\infty} \mathrm{e}^{-t^2} \mathrm{d}t\right)^2 \geqslant \int_{x_1}^{+\infty} \mathrm{e}^{-t^2} \mathrm{d}t \cdot \int_{x_2}^{+\infty} \mathrm{e}^{-t^2} \mathrm{d}t$$

定理 4.2.12 设 $a > 0, f:[a, +\infty) \to \mathbb{R}_{++}$ 为几何凸函数，且 $\int_a^{+\infty} f(x) \mathrm{d}x$ 存在，设 $g(x) = \int_x^{+\infty} f(t) \mathrm{d}t, x \in [a, +\infty)$，则 g 在 $[a, +\infty)$ 上为几何凸.

证明 $g\left(\dfrac{1}{x}\right) = \int_{\frac{1}{x}}^{+\infty} f(t) \mathrm{d}t = \int_x^0 f\left(\dfrac{1}{s}\right) \mathrm{d}\left(\dfrac{1}{s}\right) = \int_0^x \dfrac{1}{s^2} f\left(\dfrac{1}{s}\right) \mathrm{d}s$

因为 $f\left(\dfrac{1}{s}\right)$，进而 $\dfrac{f\left(\dfrac{1}{s}\right)}{s^2}$ 为 $[0, a]$ 上的几何凸函数，由定理 4.2.5 知 $g\left(\dfrac{1}{x}\right)$ 为几何凸函数，从而 $g(x)$ 为几何凸函数.

下面这个定理是对定理 4.2.5 的推广.

定理 4.2.13 设 $b = (b_1, b_2, \cdots, b_n) \in \mathbb{R}_{++}, f(u_1, u_2, \cdots, u_n)$ 在 $\prod_{i=1}^{n}[0, b_i]$ 上为连续，在 $\prod_{i=1}^{n}(0, b_i)$ 上为几何凸函数，任取 $x = (x_1, x_2, \cdots, x_n) \in \prod_{i=1}^{n}(0, b_i)$，定义

$$g(x) = \int_0^{x_n} \cdots \int_0^{x_2} \int_0^{x_1} f(u_1, u_2, \cdots, u_n) \mathrm{d}u_1 \mathrm{d}u_2 \cdots \mathrm{d}u_n$$

则 g 为 $\prod_{i=1}^{n}(0, b_i)$ 上的几何凸函数.

证明 由于 f 是连续函数，所以

$$g(x) = \lim_{k \to +\infty} \frac{x_1 x_2 \cdots x_n}{k^n} \sum_{i_n=1}^{k} \cdots \sum_{i_2=1}^{k} \sum_{i_1=1}^{k} f\left(\frac{i_1 x_1}{k}, \frac{i_2 x_2}{k}, \cdots, \frac{i_n x_n}{k}\right)$$

又 $f\left(\frac{i_1 x_1}{k}, \frac{i_2 x_2}{k}, \cdots, \frac{i_n x_n}{k}\right)$, $\sum_{i_n=1}^{k} \cdots \sum_{i_2=1}^{k} \sum_{i_1=1}^{k} f\left(\frac{i_1 x_1}{k}, \frac{i_2 x_2}{k}, \cdots, \frac{i_n x_n}{k}\right)$, 和

$$\frac{x_1 x_2 \cdots x_n}{k^n} \sum_{i_n=1}^{k} \cdots \sum_{i_2=1}^{k} \sum_{i_1=1}^{k} f\left(\frac{i_1 x_1}{k}, \frac{i_2 x_2}{k}, \cdots, \frac{i_n x_n}{k}\right)$$

均为 $\prod_{i=1}^{n}(0, b_i)$ 上的几何凸函数，故

$$\lim_{k \to +\infty} \frac{x_1 x_2 \cdots x_n}{k^n} \sum_{i_n=1}^{k} \cdots \sum_{i_2=1}^{k} \sum_{i_1=1}^{k} f\left(\frac{i_1 x_1}{k}, \frac{i_2 x_2}{k}, \cdots, \frac{i_n x_n}{k}\right)$$

在 $\prod_{i=1}^{n}(0, b_i)$ 上为几何凸，即 g 是几何凸函数.

定理 4.2.14 设 $b \geqslant a > 0, f:[a, b] \to \mathbb{R}$ 为可微，$\int_a^x f(t) \mathrm{d}t$ 恒正，且 $xf'(x) + f(x) \leqslant 0$ 对于 $x \in [a, b]$ 都成立，此时若设 $g(x) = \int_a^x f(t) \mathrm{d}t, x \in (a, b]$，则 g 为几何凹函数.

证明 $x[g(x)g''(x) - (g'(x))^2] + g(x)g'(x) =$
$(xf'(x) + f(x)) \int_a^x f(t) \mathrm{d}t - x f^2(x)$

由定理所设知 g 为几何凹函数.

同理可证以下结果.

定理 4.2.15 设 $b \geqslant a > 0, f:[a, b] \to \mathbb{R}_{++}$ 为可微，$xf'(x) + f(x) \geqslant 0$ 恒成立，则 $g: x \in [a, b) \to \int_x^b f(t) \mathrm{d}t$ 为几何凹函数.

定理 4.2.16 设 $b \geqslant a > 0, f:[a, b] \to \mathbb{R}_{++}$ 为可微的几何凸函数，$xf'(x) + f(x) < 0$ 恒成立，$\frac{af^2(a)}{af'(a) + f(a)} + \int_a^b f(t) \mathrm{d}t < 0$，则 $g: x \in$

$[a,b] \to \int_x^b f(t)\,dt$ 为几何凹函数.

定理 4.2.17 设 $b \geq a > 0, f:[a,b] \to \mathbb{R}_{++}$ 为二阶可微的几何凸函数，$xf'(x)+f(x)$ 恒正，则 $g: x \in [a,b] \to \int_a^x f(t)\,dt + \dfrac{af^2(a)}{f(a)+af'(a)}$ 为几何凸.

定理 4.2.18[9] 设 $b \geq a > 0, f:[a,b] \to \mathbb{R}$ 为单调增加（减少），则
$$g: x \in [a,b] \to \exp\left(\int_a^x \frac{f(t)}{t}\,dt\right)$$
为几何凸（凹）的.

为了证明下定理 4.2.20，在此先证一个引理.

引理 4.2.19 设 $f:[a,b] \to \mathbb{R}_{++}$ 为二阶可微的几何凸（凹）函数，且 $xf'(x)+f(x)$ 在 $[a,b]$ 取恒号，则
$$\int_a^b f(t)\,dt \geq (\leq) \frac{bf^2(b)}{f(b)+bf'(b)} - \frac{af^2(a)}{f(a)+af'(a)}$$

证明 这里仅对 $f(x)$ 为 $[a,b]$ 上的几何凸函数的情形进行证明.

设 $g(x) = -\int_a^x f(t)\,dt + \dfrac{xf^2(x)}{f(x)+xf'(x)} - \dfrac{af^2(a)}{f(a)+af'(a)}$，则

$g'(x) = -f(x) + \dfrac{(f^2(x)+2xf(x)f'(x))(f(x)+xf'(x)) - xf^2(x)(2f'(x)+xf''(x))}{(f(x)+xf'(x))^2} = $

$-\dfrac{xf(x)[f(x)\cdot f'(x) - x(f'(x))^2 + xf(x)\cdot f''(x)]}{(f(x)+xf'(x))^2}$

根据定理 1.2.2 知 $g'(x) \leq 0$. $g(x)$ 为单调减少，则 $g(a) \geq g(x)$，即 $g(b) \leq 0$，引理得证.

定理 4.2.20 设 $f:[a,b] \to \mathbb{R}_{++}$ 为二阶可微的几何凹函数，$xf'(x)+f(x)$ 为在 $[a,b]$ 取恒号，任取 $c \in [a,b]$，定义 $G(x,y) = \int_y^x f(t)\,dt, y \in [a,c], x \in (c,b]$，则 G 为几何凹函数.

证明 $G \cdot G''_{xx} + \dfrac{G}{x} G'_x - (G'_x)^2 = \int_y^x f(t)\,dt \cdot f'(x) + \dfrac{\int_y^x f(t)\,dt}{x} \cdot f(x) - f^2(x)$

由定理 4.2.6 的证明过程知，对于 $x \in (a,b)$，有
$$G \cdot G''_{xx} + \frac{G}{x} \cdot G'_x - (G'_x)^2 \leq 0$$

又易证

$G \cdot G''_{yy} + \dfrac{G}{y} \cdot G'_y - (G'_y)^2 = -f'(y)\int_y^x f(t)\,dt - \dfrac{\int_y^x f(t)\,dt}{y} \cdot f(y) - f^2(y)$

$$G \cdot G''_{xy} - G'_x \cdot G'_y = f(x) \cdot f(y)$$

则

$$\begin{vmatrix} G \cdot G''_{xx} + \dfrac{G}{x} \cdot G'_x - (G'_x)^2 & G \cdot G''_{xy} - G'_x \cdot G'_y \\ G \cdot G''_{xy} - G'_x \cdot G'_y & G \cdot G''_{yy} + \dfrac{G}{y} \cdot G'_y - (G'_y)^2 \end{vmatrix} =$$

$$\left[f'(x) \int_y^x f(t)\,dt + \dfrac{\int_y^x f(t)\,dt}{x} f(x) - f^2(x) \right] \times$$

$$\left[-f'(y) \int_y^x f(t)\,dt - \dfrac{\int_y^x f(t)\,dt}{y} f(y) - f^2(y) \right] - f^2(x) f^2(y) =$$

$$-f'(x)f'(y)\left(\int_y^x f(t)\,dt\right)^2 - \dfrac{f(y)f'(x)}{y}\left(\int_y^x f(t)\,dt\right)^2 -$$

$$f'(x)f^2(y)\int_y^x f(t)\,dt - \dfrac{f'(y)f(x)}{x}\left(\int_y^x f(t)\,dt\right)^2 -$$

$$\dfrac{f(x)f(y)}{xy}\left(\int_y^x f(t)\,dt\right)^2 - \dfrac{f(x)f^2(y)}{x}\int_y^x f(t)\,dt +$$

$$f^2(x)f'(y)\int_y^x f(t)\,dt + \dfrac{f(y)f^2(x)}{y}\int_y^x f(t)\,dt$$

要证上式为非负,只要证

$$f^2(x)f'(y) + \dfrac{f(y)f^2(x)}{y} - \dfrac{f(x)f^2(y)}{x} - f'(x)f^2(y) \geqslant$$

$$\left(f'(x)f'(y) + \dfrac{f(y)f'(x)}{y} + \dfrac{f(x)f'(y)}{x} + \dfrac{f(x)f(y)}{xy} \right) \int_y^x f(t)\,dt$$

$$f^2(x)[yf'(y) + f(y)] - f^2(y)[xf'(x) + f(x)] \geqslant$$

$$(xf'(x) + f(x))(yf'(y) + f(y)) \int_y^x f(t)\,dt$$

即

$$\int_y^x f(t)\,dt \leqslant \dfrac{xf^2(x)}{xf'(x) + f(x)} - \dfrac{yf^2(y)}{yf'(y) + f(y)}$$

由引理 4.2.19 知定理 4.2.20 为真.

定理 4.2.21 设 $0 < a < b, f:[a,b] \to \mathbb{R}_{++}$ 为二阶可微函数,且 $3f'(x) + xf''(x) \geqslant (\leqslant) 0$ 对任取 $x \in [a,b]$ 都成立,定义 $G:[a,b]^2 \to \mathbb{R}_{++}$ 如下:

$$G(c,d) = \begin{cases} \dfrac{\int_c^d f(x)\,dx}{d-c}, & c \neq d; \\ f(c), & c = d. \end{cases} \quad (4.2.6)$$

则 G 为 S - 几何凸(凹) 函数.

证明 我们这里仅证 $3f'(x) + xf''(x) \geq 0$ 的情形.

$$\frac{\partial G}{\partial d} = \frac{(d-c)f(d) - \int_c^d f(x)\,dx}{(c-d)^2}, \frac{\partial G}{\partial c} = \frac{-(d-c)f(c) + \int_c^d f(x)\,dx}{(c-d)^2}$$

下证

$$(\ln d - \ln c)\left(d\frac{\partial G}{\partial d} - c\frac{\partial G}{\partial c}\right) = (\ln d - \ln c) \times$$

$$\frac{(d-c)(df(d) + cf(c)) - (d+c)\int_c^d f(x)\,dx}{(c-d)^2} \geq 0$$

不妨设 $d > c$, 设 $g(d) = (d-c)(df(d) + cf(c)) - (d+c)\int_c^d f(x)\,dx$, 则

$$\frac{g(d)}{d+c} = \frac{d-c}{d+c}(df(d) + cf(c)) - \int_c^d f(x)\,dx$$

$$\left(\frac{g(d)}{d+c}\right)' = \frac{(d+c) - (d-c)}{(d+c)^2}(df(d) + cf(c)) +$$

$$\frac{d-c}{d+c}(f(d) + df'(d)) - f(d) \quad (4.2.6)$$

$$\left(\frac{g(d)}{c+d}\right)'(d+c)^2 = 2c^2f(c) - 2c^2f(d) + d^3f'(d) - dc^2f'(d) \tag{4.2.7}$$

$$\left[\left(\frac{g(d)}{d+c}\right)'(d+c)^2\right]' = -2c^2f'(d) + 3d^2f'(d) + d^3f''(d) -$$
$$c^2f'(d) - dc^2f''(d) =$$
$$(d^2 - c^2)(3f'(d) + df''(d))$$

由题设知 $\left[\left(\frac{g(d)}{d+c}\right)'(d+c)^2\right]' \geq 0$, 则 $\left(\frac{g(d)}{d+c}\right)'(d+c)^2$ 单调增加, 由式(4.2.7) 知 $\lim_{d \to c^+} \left(\frac{g(d)}{d+c}\right)'(d+c)^2 = 0$, 故 $\left(\frac{g(d)}{d+c}\right)'(d+c)^2 \geq 0$. $\frac{g(d)}{d+c}$ 单调增加, 再由式(4.2.6) 知 $\lim_{d \to c^+} \frac{g(d)}{d+c} = 0$. 同理得 $g(d) \geq 0$, 此时 $(\ln d - \ln c)\left(d\frac{\partial G}{\partial d} - c\frac{\partial G}{\partial c}\right) \geq 0$, 定理得证.

对于式(4.2.6) 的 S - 凸性, 文献[210] 有以下结果.

定理 4.2.22 设 $I \subseteq \mathbb{R}$ 为一区间, $f: I \to \mathbb{R}$ 为连续, 则

$$\phi(a,b) = \begin{cases} \frac{1}{b-a}\int_a^b f(t)\,dt, & a,b \in I, \quad a \neq b; \\ f(a), & a = b \in I, \end{cases}$$

是 I^2 上的 S – 凸(S – 凹) 函数当且仅当 f 是上的凸(凹) 函数.

现我们将它加强为如下结果.

定理 4.2.23　设 $I \subseteq \mathbb{R}$ 为一区间,$f: I \to \mathbb{R}$ 为连续,则

$$\phi(a,b) = \begin{cases} \dfrac{1}{b-a}\int_a^b f(t)\,\mathrm{d}t, & a,b \in I,\ a \neq b; \\ f(a), & a = b \in I, \end{cases}$$

是 I^2 上的凸(凹) 函数当且仅当 f 是上的凸(凹) 函数.

先介绍二个引理. 根据凸函数的定义, 引理 4.2.24 显然成立.

引理 4.2.24　若 $D \subseteq \mathbb{R}^n$ 为一凸集,$\{\phi_n: D \to \mathbb{R}\}_{n=1}^{+\infty}$ 为一凸函数列,且 $\lim\limits_{n \to +\infty} \phi_n(x) = \phi(x), x \in D$. 则 ϕ 也为凸函数.

引理 4.2.25　设 $I \subseteq \mathbb{R}$ 为一区间,f 在 I 上有二阶连续的导函数,且为凸,记

$$\phi(a,b) = \begin{cases} \dfrac{1}{b-a}\int_a^b f(t)\,\mathrm{d}t, & a,b \in I,\ a \neq b; \\ f(a), & a = b \in I, \end{cases}$$

则 ϕ 是 I^2 上的凸函数.

证明　当 $a \neq b$ 时

$$\phi'_1(a,b) = \frac{-(b-a)f(a) + \int_a^b f(t)\,\mathrm{d}t}{(b-a)^2}$$

$$\phi'_2(a,b) = \frac{(b-a)f(b) - \int_a^b f(t)\,\mathrm{d}t}{(b-a)^2}$$

$$\phi''_{12}(a,b) = \phi''_{21}(a,b) = \frac{(b-a)(f(b)+f(a)) - 2\int_a^b f(t)\,\mathrm{d}t}{(b-a)^3}$$

$$\phi''_{11}(a,b) = \frac{(b-a)^2 f'(a) + 2(b-a)f(a) - 2\int_a^b f(t)\,\mathrm{d}t}{-(b-a)^3}$$

$$\phi''_{22}(a,b) = \frac{(b-a)^2 f'(b) - 2(b-a)f(b) + 2\int_a^b f(t)\,\mathrm{d}t}{(b-a)^3}$$

（ⅰ）当 $b > a$ 时,设 $g(t) = (t-a)^2 f'(a) + 2(t-a)f(a) - 2\int_a^t f(t)\,\mathrm{d}t$,$t \in [a,b]$,则有

$$g'(t) = 2(t-a)\left(f'(a) - \frac{f(t)-f(a)}{t-a}\right)$$

由拉格朗日中值定理知,存在 $\xi_1(t) \in (a,t)$,$\xi_2(t) \in (a, \xi_1(t))$ 使得

$$g'(t) = 2(t-a)(f'(a) - f'(\xi_1(t))) = -2(t-a)(\xi_1(t) - a)f''(\xi_2(t))$$

由定理 0.2.7 知 $f''(\xi_2(t)) \geq 0$, g 为单调减少, 即有 $g(b) \leq g(a) = 0$. 故知 $\phi_{11}''(a,b) \geq 0$.

① 若 $f'(x)$ 在 (a,b) 上都有 $f'(x) > f'(a)$, 设

$$h(s,t) = -2\int_s^t f(t)\mathrm{d}t + \frac{(t-s)^2 f'(t)f'(s) - 2(t-s)(f(t)f'(s) - f'(t)f(s)) + (f(t) - f(s))^2}{f'(t) - f'(s)}$$

其中 $a \leq s < t \leq b$. 则

$$\frac{\partial h}{\partial t} = -2f(t) + \frac{(t-s)^2 f''(t)f'(s) - 2f(t)f'(s) + 2(t-s)f''(t)f(s) + 2f(t)f'(t)}{f'(t) - f'(s)} -$$

$$f''(t)\frac{(t-s)^2 f'(t)f'(s) - 2(t-s)(f(t)f'(s) - f'(t)f(s)) + (f(t) - f(s))^2}{(f'(t) - f'(s))^2} =$$

$$-\frac{f''(t)}{(f'(t) - f'(s))^2}[f(t) - f(s) - (t-s)f'(s)]^2 \leq 0$$

故 $h(s,t)$ 关于 t 为单调减少, 又可证

$$\frac{\partial h}{\partial t} = \frac{f''(s)}{(f'(t) - f'(s))^2}[f(t) - f(s) - (t-s)f'(t)]^2 \geq 0$$

故 h 关于 s 为单调增加. 若 $f''(a) \neq 0$, 则

$$h(a,b) \leq -2\lim_{t \to a^+}\int_a^t f(t)\mathrm{d}t =$$

$$\lim_{t \to a^+}\frac{(t-a)^2 f'(t)f'(a) - 2(t-a)(f(t)f'(a) - f'(t)f(a)) + (f(t) - f(a))^2}{f'(t) - f'(a)} =$$

$$\lim_{t \to a^+}[(t-a)^2 f'(a) + 2(t-a)f(a)] +$$

$$\lim_{t \to a^+}\frac{(t-a)^2 (f'(a))^2 - 2(t-a)f(t)f'(a) + 2(t-a)f'(a)f(a) + (f(t) - f(a))^2}{f'(t) - f'(a)} =$$

$$\lim_{t \to a^+}\frac{[f(t) - f(a) - (t-a)f'(a)]^2}{f'(t) - f'(a)} =$$

$$\lim_{t \to a^+}\frac{2[f(t) - f(a) - (t-a)f'(a)](f'(t) - f'(a))}{f''(t)} = 0$$

若 $f''(a) = 0$, 我们可选择 $c \in (a,b)$, 使得 $f''(c) \neq 0$, 则有

$$h(a,b) \leq h(c,b) \leq \lim_{b \to c^+} h(c,b) = 0$$

总之有

$$-2\int_a^b f(t)\mathrm{d}t +$$

$$\frac{(b-a)^2 f'(b)f'(a) - 2(b-a)(f(b)f'(a) - f'(b)f(a)) + (f(b) - f(a))^2}{f'(b) - f'(a)} \leqslant 0$$

$$-(b-a)^4 f'(b)f'(a) + 2(b-a)^3 (f(b)f'(a) - f'(b)f(a)) +$$
$$2(b-a)^2 (f'(b) - f'(a)) \int_a^b f(t)\,dt \geqslant$$
$$(b-a)^2 (f(b) - f(a))^2$$

上式即为 $\phi''_{11}\phi''_{22} - \phi''_{21}\phi''_{22} \geqslant 0$.

② 若有 $f'(b) = f'(a)$,则 $y = f'(t)$ 在 (a,b) 上为常函数, $y = f(t)$ 在 (a,b) 上为直线段,不难验证 $\phi''_{11}\phi''_{22} - \phi''_{21}\phi''_{22} \geqslant 0$ 也成立.

③ 若存在 $c \in (a,b)$,使得
$$f'(t) = f'(a), t \in [a,c]; f'(t) > f'(a), t \in (c,b]$$
则当 $t \in [a,c] f(t) = f(a) + (t-a)f'(c)$.且由情形 ① 知
$$-(b-c)^2 f'(b)f'(c) + 2(b-c)(f(b)f'(c) - f'(b)f(c)) +$$
$$2(f'(b) - f'(c)) \int_c^b f(t)\,dt \geqslant (f(b) - f(c))^2$$

不难验证 $\phi''_{11}\phi''_{22} - \phi''_{21}\phi''_{22} \geqslant 0$ 也成立.

至此我们已证当 $b > a$ 时, $\begin{pmatrix} \phi''_{11} & \phi''_{12} \\ \phi''_{21} & \phi''_{22} \end{pmatrix}$ 在 I^2 为半正定.

(ii) 当 $b < a$ 时,考虑到函数 ϕ 的对称性,我们只要证明 $\begin{pmatrix} \phi''_{11} & \phi''_{12} \\ \phi''_{21} & \phi''_{22} \end{pmatrix}$ 为半正定即可,这等同于情形(i).

(iii) 当 $b = a$ 时,由导数定义和拉格朗日中值定理可以证明 $\phi'_1(a,a)$, $\phi'_2(a,a)$, $\phi''_{12}(a,a) = \phi''_{21}(a,a)$, $\phi''_{11}(a,a)$, $\phi''_{22}(a,a)$ 存在,且由 ϕ 的二阶导数的连续性知,此时 $\begin{pmatrix} \phi''_{11} & \phi''_{12} \\ \phi''_{21} & \phi''_{22} \end{pmatrix}$ 为半正定.

由定理 0.2.8 知 ϕ 是 I^2 上的凸函数.引理证毕.

定理 4.2.23 的证明 我们只证 f 为凸函数的情形,对于 f 为凹函数,只要考虑 $-f$ 即可.

(Ⅰ) 先证"⇒".若对称函数 ϕ 是 I^2 上的凸函数,由定理 0.4.3 知其也是 I^2 上的 S - 凸函数,由定理 4.2.22 知, f 是上的凸函数.

(Ⅱ) 再证"⇐".对于 I^2 内的任意二点 (c_1, d_1), (c_2, d_2),一定存在 $c, d \in I$,使得 (c_1, d_1), $(c_2, d_2) \in [c, d]^2$.由引理 1.4.6 知,在 $[c,d]$ 上存在凸函数列 f_n,使得 $f''_n(x)$ 存在且连续及 $\lim_{n \to +\infty} f_n(x) = f(x), x \in [c,d]$.记

$$\phi_n(a,b) = \begin{cases} \dfrac{1}{b-a} \int_a^b f_n(t)\,dt, & a,b \in [c,d], a \neq b; \\ f_n(a), & a = b \in [c,d]. \end{cases}$$

则由引理 4.2.25 知，$\phi_n:[c,d]^2 \to \mathbb{R}$ 为凸函数. 又由于

$$\lim_{n\to+\infty}\phi_n(a,b) = \begin{cases} \dfrac{1}{b-a}\int_a^b \lim_{n\to+\infty}f_n(t)\mathrm{d}t, & a,b\in[c,d], a\neq b; \\ f_n(a) & a=b\in[c,d] \end{cases} =$$

$$\begin{cases} \dfrac{1}{b-a}\int_a^b f(t)\mathrm{d}t, & a,b\in[c,d], a\neq b; \\ f(a) & a=b\in[c,d] \end{cases} = \phi(a,b)$$

根据引理 4.2.24 知 $\phi:[c,d]^2 \to \mathbb{R}$ 为凸函数，则有

$$\phi\left(\frac{c_1+c_2}{2}, \frac{d_1+d_2}{2}\right) \leqslant \phi\left(\frac{c_1}{2}, \frac{d_1}{2}\right) + \phi\left(\frac{c_2}{2}, \frac{d_2}{2}\right)$$

由凸函数的定义知 ϕ 是 I^2 上的凸函数. 定理证毕.

4.3 有关几何凸函数的几何平均的不等式

本节要介绍有关几何凸函数的几何平均的几个不等式，其中的定理 4.3.2 和定理 4.3.4 由作者和杨定华先生共同得到. 除非特殊说明，本节一般设 $b \geqslant a > 0, \Delta = b - a$.

引理 4.3.1 设 $x_1, x_2 \in [a,b] \subseteq \mathbb{R}_{++}, 1 \leqslant i \leqslant n$，则有

$$\left[a + \frac{i}{n}(\sqrt{x_1 x_2} - a)\right]^2 \leqslant \left[a + \frac{i}{n}(x_1 - a)\right]\left[a + \frac{i}{n}(x_2 - a)\right]$$

证明 其实只要证明 $f(x) = a + \dfrac{i(x-a)}{n} = \dfrac{ix}{n} + \left(1 - \dfrac{i}{n}\right)a$ 在 $[a,b]$ 上为几何凸函数，这可由第 1 章的定理 1.3.2 的 (iii) 得出.

定理 4.3.2 设 $f:[a,b] \to \mathbb{R}_{++}$ 为单调增加（减少）的几何凸（凹）函数，则

$$g:x \in (a,b] \to \exp\left(\frac{1}{x-a}\int_a^x \ln f(x)\mathrm{d}x\right)$$

是 $(a,b]$ 上的几何凸（凹）函数.

证明 因 f 为单调递增，由引理 4.3.1 及几何凸函数的定义知，任取 x_1, $x_2 \in (a,b]$

$$g(\sqrt{x_1 x_2}) = \exp\left(\frac{1}{\sqrt{x_1 x_2}-a}\int_a^{\sqrt{x_1 x_2}}\ln f(x)\mathrm{d}x\right) =$$

$$\lim_{n\to+\infty}\sqrt[n]{\prod_{i=1}^n f\left(a + \frac{i}{n}(\sqrt{x_1 x_2}-a)\right)} \leqslant (\geqslant)$$

$$\lim_{n\to+\infty}\sqrt[n]{\prod_{i=1}^n f\left[\left(a + \frac{i}{n}(x_1-a)\right)^{\frac{1}{2}}\left(a + \frac{i}{n}(x_2-a)\right)^{\frac{1}{2}}\right]} \leqslant (\geqslant)$$

$$\lim_{n \to +\infty} \sqrt[n]{\prod_{i=1}^{n} \left[f\left(a + \frac{i}{n}(x_1 - a)\right) f\left(a + \frac{i}{n}(x_2 - a)\right) \right]^{\frac{1}{2}}} = \sqrt{g(x_1) g(x_2)}$$

故 g 是几何凸(凹)的.

引理 4.3.3 设 $b > a > 0, a_n(i) = a + \frac{i\Delta}{n}, i = 1, 2, \cdots, n, L$ 为 a, b 的对数平均(见定义 0.1.13),则存在自然数 k_n (相当于引理 2.7.7 中的 k_0),使得

$$\ln\left(\underbrace{b, \cdots, b}_{k_n \uparrow}, \frac{\prod_{i=1}^{n} a_n(i)}{a^{n-k_n-1} b^{k_n}}, a, \cdots, a\right) > \ln(a_n(n), a_n(n-1), \cdots, a_n(1))$$

且有 $\lim_{n \to +\infty} \frac{k_n}{n} = \frac{b - L}{b - a}$.

证明 根据 k_n 的定义有

$$a^{n-k_n} b^{k_n} \leqslant \prod_{i=1}^{n} \left(a + \frac{i}{n}\Delta\right) < a^{n-k_n-1} b^{k_n+1}$$

$$\left(\frac{b}{a}\right)^{k_n} \leqslant \prod_{i=1}^{n} \left(1 + \frac{i}{na}\Delta\right) < \left(\frac{b}{a}\right)^{k_n+1}$$

$$\log_a^{\frac{b}{a}}\left(\prod_{i=1}^{n}\left(1 + \frac{i}{na}\Delta\right)\right) - 1 < k_n \leqslant \log_a^{\frac{b}{a}}\left(\prod_{i=1}^{n}\left(1 + \frac{i}{na}\Delta\right)\right) k_n$$

$$\log_a^{\frac{b}{a}}\left[\frac{1}{a}\left(\prod_{i=1}^{n}\left(a + \frac{i}{n}\Delta\right)\right)^{\frac{1}{n}}\right] - \frac{1}{n} < \frac{k_n}{n} \leqslant \log_a^{\frac{b}{a}}\left[\frac{1}{a}\left(\prod_{i=1}^{n}\left(a + \frac{i}{n}\Delta\right)\right)^{\frac{1}{n}}\right]$$

由极限的夹逼定理及引理 4.3.3,即知

$$\lim_{n \to +\infty} \frac{k_n}{n} = \log_a^{\frac{b}{a}}\left(\frac{1}{ae} \cdot b^{\frac{b}{b-a}} a^{\frac{a}{a-b}}\right) = \frac{b}{b-a} - \frac{1}{\ln b - \ln a}$$

引理证毕.

定理 4.3.4 设 I 为 a, b 的指数平均(见定义 0.1.13), $f:[a, b] \to \mathbb{R}_{++}$ 为几何凸(凹) 函数,则

$$f(I) \leqslant (\geqslant) \exp\left(\frac{1}{b-a} \int_a^b \ln f(x) \, dx\right) \leqslant (\geqslant)$$

$$(f(a))^{\frac{L-a}{b-a}} (f(b))^{\frac{b-L}{b-a}} \tag{4.3.1}$$

证明 (ⅰ) 在下面的定理 4.3.5 中. 令 $p(x) = \frac{1}{b - a}$,再参考例 4.1.3,知式(4.3.1) 的左式成立.

(ⅱ) 设 f 在 $[a, b]$ 最大(小) 值为 $M(m)$. 根据推论 2.4.4 和引理 4.3.3 知,对任何正整数 n 有

$$\exp\left(\frac{1}{b-a}\int_a^b \ln f(x)\,\mathrm{d}x\right) = \lim_{n\to+\infty} \sqrt[n]{\prod_{i=1}^n f\left(a+\frac{i}{n}\Delta\right)} \leqslant (\geqslant)$$

$$\lim_{n\to+\infty} \sqrt[n]{f^{n-k_n-1}(a)\cdot f^{k_n}(b)\cdot f\left(\frac{\prod_{i=1}^n \left(a+\frac{i\Delta}{n}\right)}{a^{n-k_n-1}b^{k_n}}\right)} \leqslant$$

$$\lim_{n\to+\infty} f^{\frac{n-k_n-1}{n}}(a) f^{\frac{k_n}{n}}(b) M^{\frac{1}{n}}(\text{或 } m^{\frac{1}{n}}) =$$

$$(f(a))^{\frac{a}{a-b}-\frac{1}{\ln a-\ln b}}(f(b))^{\frac{b}{b-a}-\frac{1}{\ln b-\ln a}}$$

定理为真.

下面介绍一个加权不等式.

定理 4.3.5 设 $f:[a,b]\to \mathbb{R}_+$ 为几何凸(凹) 函数,$p:[a,b]\to \mathbb{R}_+$,且 $\int_a^b p(x)\,\mathrm{d}x = 1$,则对于 f 的加权几何平均,有

$$\exp\left(\int_a^b p(x)\ln f(x)\,\mathrm{d}x\right) \geqslant (\leqslant) f\left[\exp\left(\int_a^b p(x)\ln x\cdot \mathrm{d}x\right)\right]$$

证明 由定理 4.1.4 证明过程及几何凸函数的定义,我们有

$$\exp\left(\int_a^b p(x)\ln f(x)\,\mathrm{d}x\right) = \lim_{n\to+\infty}\left\{\prod_{i=1}^n \left[f\left(a+\frac{i}{n}\Delta\right)\right]^{\frac{p\left(a+\frac{i\Delta}{n}\right)}{\sum_{i=1}^n p\left(a+\frac{i\Delta}{n}\right)}}\right\}^{\frac{\Delta \sum_{i=1}^n p\left(a+\frac{i\Delta}{n}\right)}{n}} \geqslant (\leqslant)$$

$$\lim_{n\to+\infty}\left\{f\left(\prod_{i=1}^n \left(a+\frac{i}{n}\Delta\right)^{\frac{p\left(a+\frac{i\Delta}{n}\right)}{\sum_{i=1}^n p\left(a+\frac{i\Delta}{n}\right)}}\right)\right\}^{\int_a^b p(x)\,\mathrm{d}x} =$$

$$f\left(\lim_{n\to+\infty}\left[\prod_{i=1}^n \left(a+\frac{i}{n}\Delta\right)^{\frac{p\left(a+\frac{i\Delta}{n}\right)}{\sum_{i=1}^n p\left(a+\frac{i\Delta}{n}\right)}}\right]^n\right) =$$

$$f\left(\lim_{n\to+\infty}\left[\exp\left(\frac{1}{n}\sum_{i=1}^n p\left(a+\frac{i\Delta}{n}\right)\ln\left(a+\frac{i}{n}\Delta\right)\right)\right]^{\frac{\Delta}{\int_a^b p(x)\,\mathrm{d}x}}\right) =$$

$$f\left(\left[\exp\left(\frac{1}{\Delta}\int_a^b p(x)\ln x\,\mathrm{d}x\right)\right]^{\Delta}\right) =$$

$$f\left(\exp\left(\int_a^b p(x)\ln x\,\mathrm{d}x\right)\right)$$

4.4 几何凸函数的 Hadamard 不等式

19 世纪末,在凸函数性质研究中,Hermite,C. 得到了 Hadamard 不等式(见定理 0.2.12).本节的目的就是对几何凸函数建立一个相应的不等式.对于 $b \geqslant$

$a > 0$,下设 $\Delta = b - a, L(a,b) = L, I(a,b) = I$ 为 a,b 的对数平均和指数平均(见定义 0.1.13).

引理 4.4.1 设 $b \geqslant a > 0, x > 0, f(x) = \dfrac{b^x - a^x}{xa^x}$,则 f 为单调增加.

证明 不妨设 $b > a > 0$

$$f'(x) = \frac{(b^x \ln b - a^x \ln a)xa^x - (b^x \ln b - a^x \ln a)(a^x + xa^x \ln a)}{x^2 a^{2x}}$$

$$\frac{xa^x f'(x)}{\ln b - \ln a} = b^x - \frac{b^x - a^x}{x(\ln b - \ln a)} = b^x - L(b^x, a^x)$$

由式(0.1.29) 知 $f'(x) \geqslant 0, f$ 为单调增加.

引理 4.4.2 设 $b \geqslant a > 0$, 函数 $f:[a,b] \to \mathbb{R}_{++}$ 为几何凸(凹),记
$\eta(a) = 1 + \dfrac{af'_+(a)}{f(a)}$,则

$$\int_a^b f(x)\,dx \geqslant (\leqslant) \begin{cases} \dfrac{f(a)}{\eta(a) \cdot a^{\eta(a)-1}} \cdot (b^{\eta(a)} - a^{\eta(a)}), & \eta(a) \neq 0; \\ a(\ln b - \ln a) \cdot f(a), & \eta(a) = 0. \end{cases}$$
(4.4.1)

等号成立当且仅当 f 是幂函数或常函数.

证明 此处只证 f 是几何凸函数,且 $b > a$ 的情形,几何凹函数的情形类似证明.

当 $\eta(a) = 1 + \dfrac{af'_+(a)}{f(a)} \neq 0$ 时,我们有

$$\lim_{x \to a+0} \frac{\ln f(x) - \ln f(a)}{\ln x - \ln a} = \lim_{x \to a+0} \frac{\ln f(e^{\ln x}) - \ln f(e^{\ln a})}{\ln x - \ln a} =$$

$$(\ln f(e^x))'_+ \big|_{x = \ln a} = \frac{e^x f'_+(e^x)}{f(e^x)} \bigg|_{x = \ln a} =$$

$$\frac{a \cdot f'_+(a)}{f(a)} \neq -1$$

故可选择 $c \in (a,b)$,使得 $\dfrac{\ln f(c) - \ln f(a)}{\ln c - \ln a} \neq -1$. 对于 $c \leqslant x \leqslant b$ 的任一 x,我们先待定 t 值,使 $c = a^t x^{1-t}$,即有 $\left(\dfrac{x}{a}\right)^t = \dfrac{x}{c}, t = \dfrac{\ln x - \ln c}{\ln x - \ln a}$,从而知 $0 \leqslant t \leqslant 1$ 且 $f(c) = f(a^t x^{1-t})$,由几何凸函数的定义知

$$f(c) \leqslant (f(a))^t (f(x))^{1-t}, \quad (f(c))^{\frac{1}{1-t}}(f(a))^{-\frac{t}{1-t}} \leqslant f(x)$$

$$(f(c))^{\frac{\ln x - \ln a}{\ln c - \ln a}}(f(a))^{-\frac{\ln x - \ln c}{\ln c - \ln a}} \leqslant f(x)$$

因此有

$$\int_c^b f(x)\,dx \geqslant \int_c^b (f(c))^{\frac{\ln x - \ln a}{\ln c - \ln a}}(f(a))^{-\frac{\ln x - \ln c}{\ln c - \ln a}}dx =$$

$$(f(c))^{-\frac{\ln a}{\ln c-\ln a}}(f(a))^{\frac{\ln c}{\ln c-\ln a}} \times$$
$$\int_c^b (f(c))^{\frac{\ln x}{\ln c-\ln a}}(f(a))^{-\frac{\ln x}{\ln c-\ln a}} \mathrm{d}x$$

作变量代换,令 $\ln x = u, u = \mathrm{e}^x$,则有

$$\int_c^b f(x)\,\mathrm{d}x \geqslant (f(c))^{-\frac{\ln a}{\ln c-\ln a}}(f(a))^{\frac{\ln c}{\ln c-\ln a}} \cdot$$

$$\int_c^b [\mathrm{e}(f(c))^{\frac{1}{\ln c-\ln a}}(f(a))^{-\frac{1}{\ln c-\ln a}}]^u \mathrm{d}u =$$

$$(f(c))^{-\frac{\ln a}{\ln c-\ln a}}(f(a))^{\frac{\ln c}{\ln c-\ln a}} \cdot$$

$$\frac{b(f(c))^{\frac{\ln b}{\ln c-\ln a}}(f(a))^{-\frac{\ln b}{\ln c-\ln a}} - c(f(c))^{\frac{\ln c}{\ln c-\ln a}}(f(a))^{-\frac{\ln c}{\ln c-\ln a}}}{1 + \frac{\ln f(c)}{\ln c-\ln a} - \frac{\ln f(a)}{\ln c-\ln a}} =$$

$$f(c) \cdot \frac{b \cdot \exp\left(\frac{\ln b - \ln c}{\ln c - \ln a} \cdot (\ln f(c) - \ln f(a))\right) - c}{1 + \frac{\ln f(c) - \ln f(a)}{\ln c - \ln a}} \tag{4.4.2}$$

在式(4.4.2)中,令 $c \to a + 0$,有

$$\int_a^b f(x)\,\mathrm{d}x \geqslant f(a) \frac{b \cdot \exp\left(a(\ln b - \ln a)\frac{f'_+(a)}{f(a)}\right) - a}{1 + \frac{a \cdot f'_+(a)}{f(a)}} =$$

$$\frac{f^2(a)}{(f(a) + af'_+(a))a^{\frac{af'_+(a)}{f(a)}}}\left(b^{1+\frac{af'_+(a)}{f(a)}} - a^{1+\frac{af'_+(a)}{f(a)}}\right) =$$

$$\frac{f(a)}{\eta(a) \cdot a^{\eta(a)-1}} \cdot (b^{\eta(a)} - a^{\eta(a)})$$

以上不等式等号成立当且仅式(4.4.1)取等,即 f 是幂函数或常函数.

假若 $\eta(a) = 1 + \frac{af'_+(a)}{f(a)} = 0$. 设 $E = \left\{x \in [a,b] \mid \frac{xf'_+(x)}{f(x)} = -1\right\}$.

由定理 1.4.5 的(ⅱ)知,$\frac{xf'_+(x)}{f(x)}$ 为单调增加函数,则存在 $d \in [a,b]$,使得 $[a,d] = E$ 或 $[a,d) = E$. 当 $x \in E$ 时,我们有

$$\frac{f'(x)}{f(x)} = -\frac{1}{x}, \int_a^x \frac{f'(t)}{f(t)}\mathrm{d}t = -\int_a^x \frac{1}{t}\mathrm{d}t$$

$$\ln f(x) - \ln f(a) = -\ln x + \ln a, f(x) = \frac{af(a)}{x}$$

因为 $\eta(t)$ 在 $[a,b]$ 单调增加函数,可设 $\lim_{t \to d} \eta(t) = \bar{\eta}(d) \geqslant 0$,我们有

$$\int_a^b f(x)\,\mathrm{d}x = \int_a^d \frac{af(a)}{x}\mathrm{d}x + \int_d^b f(x)\,\mathrm{d}x =$$

$$a(\ln d - \ln a)f(a) + \lim_{t \to d^+} \int_t^b f(x)\,dx \geq$$

$$a(\ln d - \ln a)f(a) + \lim_{t \to d^+} \frac{f(t)}{\eta(t) \cdot t^{\eta(t)-1}} \cdot (b^{\eta(t)} - t^{\eta(t)}) =$$

$$a(\ln d - \ln a)f(a) +$$
$$f(d)\lim_{t \to d^+}\left[\frac{b^{\eta(t)} - d^{\eta(t)}}{\eta(t) \cdot d^{\eta(t)-1}} \cdot \frac{b^{\eta(t)} - t^{\eta(t)}}{b^{\eta(t)} - d^{\eta(t)}} \cdot \left(\frac{d}{t}\right)^{\eta(t)-1}\right] =$$

$$a(\ln d - \ln a)f(a) +$$
$$f(d)\lim_{t \to d^+}\left[\frac{b^{\eta(t)} - d^{\eta(t)}}{\eta(t) \cdot d^{\eta(t)-1}} \cdot \frac{b^{\bar\eta(d)} - d^{\bar\eta(d)}}{b^{\bar\eta(d)} - d^{\bar\eta(d)}} \cdot \right] =$$

$$a(\ln d - \ln a)f(a) + df(d)\lim_{t \to d^+}\frac{b^{\eta(t)} - d^{\eta(t)}}{\eta(t) \cdot d^{\eta(t)}}$$

由引理 4.4.1 知

$$\int_a^b f(x)\,dx \geq a(\ln d - \ln a)f(a) + df(d)\lim_{x \to 0^+}\frac{b^x - d^x}{x \cdot d^x} =$$
$$a(\ln d - \ln a)f(a) + d(\ln b - \ln d)f(d) =$$
$$a(\ln d - \ln a)f(a) + d(\ln b - \ln d)\frac{af(a)}{d} =$$
$$a(\ln b - \ln a)f(a)$$

引理 4.4.2 证毕.

同理可证下引理.

引理 4.4.3 设 $b \geq a > 0$, 函数 $f:[a,b] \to \mathbb{R}_{++}$ 为几何凸(凹), 记 $\eta(a) = 1 + \dfrac{bf'_-(b)}{f(b)}$, 则

$$\cdot \int_a^b f(x)\,dx \geq (\leq) \begin{cases} \dfrac{f(b)}{\eta(b) \cdot b^{\eta(b)-1}} \cdot (b^{\eta(b)} - a^{\eta(b)}), & \eta(b) \neq 0 \\ b(\ln b - \ln a) \cdot f(b), & \eta(b) = 0 \end{cases} \quad (4.4.3)$$

等号成立当且仅当 f 是幂函数或常函数.

推论 4.4.4 设 $b \in \mathbb{R}_{++}$, 函数 $f:[0,b] \to \mathbb{R}_+$ 为连续, 在 $(0,b]$ 上为几何凸(凹)函数, 且 $f(b) + bf'_-(b) > 0$, 则

$$\int_0^b f(x)\,dx \geq (\leq) \frac{b(f(b))^2}{f(b) + bf'_-(b)} \quad (4.4.4)$$

等号成立当且仅当 f 是幂函数或常函数.

证明 因 $f(b) + bf'_-(b) > 0$, 故 $1 + \dfrac{bf'_-(b)}{f(b)} > 0$, 在式(4.4.3)中, 令 $a \to \mathbb{R}_+$ 即得式(4.4.4).

下面研究几何凸(凹)函数定积分的上(下)界.

引理 4.4.5 设 $b \geq a > 0$, 函数 $f:[a,b] \to \mathbb{R}_{++}$ 为几何凸(凹)函数, 则

$$\int_a^b f(x)\,\mathrm{d}x \leqslant (\geqslant) \begin{cases} \dfrac{bf(b) - af(a)}{\ln(bf(b)) - \ln(af(a))} \cdot \ln\dfrac{b}{a}, & af(a) \neq bf(b) \\ a(\ln b - \ln a)f(a), & af(a) = bf(b) \end{cases}$$
(4.4.5)

等号成立当且仅当 f 是幂函数或常函数.

证明 此处只证 f 是几何凸函数,$b > a > 0$ 的情形,几何凹函数的情形类似证明. 在积分 $\int_a^b f(x)\,\mathrm{d}x$ 中,令 $\alpha = \log_a^b\left(\dfrac{x}{a}\right)$,则 $x = a^{1-\alpha}b^\alpha$ 和

$$\int_a^b f(x)\,\mathrm{d}x = \int_0^1 f(a^{1-\alpha}b^\alpha)a^{1-\alpha}b^\alpha \cdot \ln\dfrac{b}{a}\,\mathrm{d}\alpha \leqslant$$
$$\int_0^1 f^{1-\alpha}(a) \cdot f^\alpha(b) \cdot a^{1-\alpha}b^\alpha \cdot \ln\dfrac{b}{a}\,\mathrm{d}\alpha$$

当 $af(a) \neq bf(b)$ 时,有

$$\int_a^b f(x)\,\mathrm{d}x \leqslant af(a) \cdot \ln\dfrac{b}{a} \cdot \int_0^1 \left(\dfrac{bf(b)}{af(a)}\right)^\alpha \mathrm{d}\alpha =$$
$$\dfrac{af(a)}{\ln\left(\dfrac{bf(b)}{(af(a))}\right)} \cdot \ln\dfrac{b}{a} \cdot \left(\dfrac{bf(b)}{af(a)}\right)^\alpha \Big|_0^1 =$$
$$\dfrac{bf(b) - af(a)}{\ln(bf(b)) - \ln(af(a))} \cdot \ln\dfrac{b}{a}$$

当 $af(a) = bf(b)$ 时,有

$$\int_a^b f(x)\,\mathrm{d}x \leqslant \int_0^1 f^{1-\alpha}(a) \cdot f^\alpha(b) \cdot a^{1-\alpha}b^\alpha \cdot \ln\dfrac{b}{a}\,\mathrm{d}\alpha = af(a) \cdot \ln\dfrac{b}{a}$$

从证明过程易知,式(4.4.5)等号成立当且仅当 f 是幂函数或常函数.

结合引理 4.4.3,引理 4.4.5 和公式 $\int_a^b f(x)\,\mathrm{d}x = \int_a^c f(x)\,\mathrm{d}x + \int_c^b f(x)\,\mathrm{d}x$,我们可得到一个结果.

定理 4.4.6 设 $b \geqslant a > 0$,函数 $f:[a,b] \to \mathbb{R}_{++}$ 为几何凸(凹)函数,任取 $c \in [a,b]$,记 $\eta_-(c) = 1 + \dfrac{cf'_-(c)}{f(c)}$,$\eta_+(c) = 1 + \dfrac{cf'_+(c)}{f(c)}$,当满足 $\eta_-(c) \neq 0$,$\eta_+(c) \neq 0$ 和 $af(a) \neq bf(b)$ 时,则有

$$\dfrac{f(c)}{\eta_-(c)c^{\eta_-(c)-1}} \cdot (c^{\eta_-(c)} - a^{\eta_-(c)}) + \dfrac{f(c)}{\eta_+(c)c^{\eta_+(c)-1}} \cdot$$
$$(b^{\eta_+(c)} - c^{\eta_+(c)}) \leqslant (\geqslant)$$
$$\int_a^b f(x)\,\mathrm{d}x \leqslant (\geqslant) \dfrac{bf(b) - af(a)}{\ln(bf(b)) - \ln(af(a))} \cdot \ln\dfrac{b}{a} \quad (4.4.6)$$

等号成立当且仅当 f 是幂函数或常函数.

推论 4.4.7 设 $b > a > 0$,函数 $f:[a,b] \to \mathbb{R}_{++}$ 为几何凸(凹)函数,$c \in$

$[a,b]$,且 $f'(c)$ 存在,$\eta(c) = 1 + \dfrac{cf'(c)}{f(c)} \neq 0, af(a) \neq bf(b)$ 时,则有

$$\dfrac{f(c)}{\eta(c)c^{\eta(c)-1}} \cdot (b^{\eta(c)} - a^{\eta(c)}) \leqslant (\geqslant) \int_a^b f(x)\,\mathrm{d}x \leqslant (\geqslant)$$
$$\dfrac{bf(b) - af(a)}{\ln(bf(b)) - \ln(af(a))} \cdot \ln\dfrac{b}{a} \tag{4.4.7}$$

等号成立当且仅当 f 是幂函数或常函数.

推论 4.4.8 设 $b > a > 0$,函数 $f:[a,b] \to \mathbb{R}_{++}$ 为几何凸(凹)函数,$c \in [a,b]$,且 $f'(c)$ 存在,记 $\eta(c) = 1 + \dfrac{cf'(c)}{f(c)}$,则有

$$f(c)\left(\dfrac{S_{\eta(c)}(a,b)}{c}\right)^{\eta(c)-1} \leqslant (\geqslant) \dfrac{1}{b-a}\int_a^b f(x)\,\mathrm{d}x \leqslant (\geqslant)$$
$$\dfrac{L(bf(b), af(a))}{L(b,a)} \tag{4.4.8}$$

其中 $S_{\eta(c)}, L$ 的定义见式 $(0.1.27)$,等号成立当且仅当 f 是幂函数或常函数.

与推论 4.4.7 相比较,推论 4.4.8 之所以少了一些条件限制,主要因为在 $S_{\eta(c)}, L$ 的定义中,$S_0(a,b) = \lim\limits_{\eta(c) \to 0} S_{\eta(c)}(a,b), L(af(a), af(a)) = \lim\limits_{b \to a} L(bf(b), af(a))$ 都有意义的.

我们称式 $(4.4.8)$ 为几何凸函数的 Hadamard 不等式.

定理 4.4.9 设 $b > a > 0, f:[a,b] \to \mathbb{R}_{++}$ 为连续,则 f 为几何凸(凹)函数的充要条件为:任取 $[a,b]$ 两点 $c,d, c < d$ 时,有

$$\dfrac{1}{d-c}\int_c^d f(t)\,\mathrm{d}t \leqslant (\geqslant) \dfrac{L(cf(c), df(d))}{L(c,d)}$$

证明 我们在这里仅阐述 f 为几何凸函数的充要条件,因对于几何凹的条件为同理可证. 推论 4.4.8 说明必要性已成立,下证充分性.

若 f 不是几何凸函数,存在 $u, v \in [a,b], u < v$,和 $\alpha_0 \in (0,1)$,使得

$$f(u^{1-\alpha_0}v^{\alpha_0}) > f^{1-\alpha_0}(u) \cdot f^{\alpha_0}(v)$$

则存在区间 (α_1, α_2),使得当 $\alpha \in (\alpha_1, \alpha_2)$ 时,有 $f(u^{1-\alpha}v^{\alpha}) > f^{1-\alpha}(u) \cdot f^{\alpha}(v)$,且对于 $i = 1, 2$ 有

$$f(u^{1-\alpha_i}v^{\alpha_i}) = f^{1-\alpha_i}(u) \cdot f^{\alpha_i}(v) \tag{4.4.9}$$

又显然有 $u^{1-\alpha_1}v^{\alpha_1} < u^{1-\alpha_2}v^{\alpha_2}$,令 $c = u^{1-\alpha_1}v^{\alpha_1}, d = u^{1-\alpha_2}v^{\alpha_2}$,则对于 $\alpha \in (\alpha_1, \alpha_2)$,有

$$u^{1-\alpha}v^{\alpha} \cdot f(u^{1-\alpha}v^{\alpha}) > u^{1-\alpha}v^{\alpha} \cdot f^{1-\alpha}(u) \cdot f^{\alpha}(v)$$
$$\int_{\alpha_1}^{\alpha_2} u^{1-\alpha}v^{\alpha}f(u^{1-\alpha}v^{\alpha})\,\mathrm{d}\alpha > \int_{\alpha_1}^{\alpha_2} u^{1-\alpha}v^{\alpha}f^{1-\alpha}(u)f^{\alpha}(v)\,\mathrm{d}\alpha$$

前积分中令 $t = u^{1-\alpha}v^{\alpha}$ 代换，则 $\alpha = \log_{\frac{v}{u}}\left(\frac{t}{u}\right)$，有

$$\frac{1}{\ln\left(\frac{v}{u}\right)}\int_c^d t \cdot f(t) \cdot \frac{1}{t}dt > uf(u)\int_{\alpha_1}^{\alpha_2}\left(\frac{vf(v)}{uf(u)}\right)^{\alpha}d\alpha$$

若 $vf(v) \neq uf(u)$，则有

$$\int_c^d f(t)dt > uf(u) \cdot \ln\frac{v}{u} \cdot \frac{\left(\frac{vf(v)}{uf(u)}\right)^{\alpha_2} - \left(\frac{vf(v)}{uf(u)}\right)^{\alpha_1}}{\ln(vf(v)) - \ln(uf(u))} =$$

$$\ln\frac{v}{u} \cdot \frac{(uf(u))^{1-\alpha_2}(vf(v))^{\alpha_2} - (uf(u))^{1-\alpha_1}(vf(v))^{\alpha_1}}{\ln(vf(v)) - \ln(uf(u))}$$

把式(4.4.9)代入上式有

$$\int_c^d f(t)dt > \ln\frac{v}{u} \cdot \frac{u^{1-\alpha_2}v^{\alpha_2}f(u^{1-\alpha_2}v^{\alpha_2}) - u^{1-\alpha_1}v^{\alpha_1}f(u^{1-\alpha_1}v^{\alpha_1})}{\ln(vf(v)) - \ln(uf(u))} =$$

$$\ln\frac{v}{u} \cdot \frac{df(d) - cf(c)}{\ln(vf(v)) - \ln(uf(u))} =$$

$$\ln\left(\frac{u^{1-\alpha_2}v^{\alpha_2}}{u^{1-\alpha_1}v^{\alpha_1}}\right) \cdot \frac{df(d) - cf(c)}{\ln\left(\frac{u^{1-\alpha_2}v^{\alpha_2} \cdot f^{1-\alpha_2}(u) \cdot f^{\alpha_2}(v)}{u^{1-\alpha_1}v^{\alpha_1} \cdot f^{1-\alpha_1}(u) \cdot f^{\alpha_1}(v)}\right)} =$$

$$\ln\frac{d}{c} \cdot \frac{df(d) - cf(c)}{\ln\left(\frac{d \cdot f(u^{1-\alpha_2}v^{\alpha_2})}{c \cdot f(u^{1-\alpha_1}v^{\alpha_1})}\right)} = \frac{df(d) - cf(c)}{\ln(df(d)) - \ln(cf(c))} \cdot \ln\frac{d}{c}$$

与题设矛盾. 若 $vf(v) = uf(u)$，则有

$$\int_c^d f(t)dt > u\ln\frac{v}{u} \cdot f(u) \cdot (\alpha_2 - \alpha_1) =$$

$$(\alpha_2 - \alpha_1)u^{1-\alpha_1}\ln\frac{v}{u} \cdot f^{1-\alpha_1}(u)(uf(u))^{\alpha_1} =$$

$$(\alpha_2 - \alpha_1)u^{1-\alpha_1}v^{\alpha_1}\ln\frac{v}{u} \cdot f^{1-\alpha_1}(u)f^{\alpha_1}(v) =$$

$$u^{1-\alpha_1}v^{\alpha_1}(\ln u^{1-\alpha_2}v^{\alpha_2} - \ln(u^{1-\alpha_1}v^{\alpha_1}))f(u^{1-\alpha_1}v^{\alpha_1}) =$$

$$c(\ln d - \ln c)f(c)$$

与题设矛盾.

下面我们证明一个较弱的结果.

定理 4.4.10 设 $b > a > 0$，函数 $f:[a,b] \to \mathbb{R}_{++}$ 为几何凸函数，则

$$\frac{1}{b-a}\int_a^b f(x)dx \leq \frac{L-a}{b-a}f(a) + \frac{b-L}{b-a}f(b) \qquad (4.4.10)$$

证明 设 f 的最大值为 M. 根据推论 2.4.5，$\sum_{i=1}^{n} f(x_i)$ 在 $[a,b]^n$ 上为几何凸函数，由引理 4.3.4 知

$$\sum_{i=1}^{n} f\left(a + \frac{i}{n}\Delta\right) \le (n - k_n - 1)f(a) + k_n f(b) + f\left(\frac{\prod_{i=1}^{n}\left(a + \frac{i\Delta}{n}\right)}{a^{n-k_n-1}b^{k_n}}\right)$$

$$\frac{\Delta}{n}\sum_{i=1}^{n} f\left(a + \frac{i}{n}\Delta\right) \le \Delta\left(\frac{n - k_n - 1}{n}f(a) + \frac{k_n}{n}f(b) + \frac{M}{n}\right)$$

令 $n \to +\infty$, 由引理 4.4.4 结果知

$$\int_a^b f(x)\mathrm{d}x \le \lim_{n \to +\infty}\Delta\left[\frac{n - k_n - 1}{n}f(a) + \frac{k_n}{n}f(b) + \frac{M}{n}\right] = $$
$$(L - a)f(a) + (b - L)f(b)$$

定理 4.4.10 得证.

式(4.4.10)弱于式(4.4.8)的右式的证明可见文献[138]. 但我们有以下推论.

推论 4.4.11　设 $b > a > 0$, 则有

(ⅰ) $\sqrt{ab} \le L \le I \le \dfrac{4}{9}\left(\dfrac{a + b + \sqrt{ab}}{\sqrt{a} + \sqrt{b}}\right)^2$.

(ⅱ) $\dfrac{a + b + 2\sqrt{ab}}{4} \le I \le \dfrac{a + b}{2}$.

(ⅲ) 当 $n > 1$ 时, 有 $S_{1-\frac{1}{n}}(a, b) \le I \le S_{1+\frac{1}{n}}(a, b)$.

证明　由函数在区间上的几何平均与算术平均的关系及定理 4.3.5 和定理 4.4.9, 我们知: 对于 $f:[a, b] \to \mathbb{R}_{++}$, 有

$$f(I) \le \frac{1}{b-a}\int_a^b f(x)\mathrm{d}x \le \frac{L-a}{b-a}f(a) + \frac{b-L}{b-a}f(b) \quad (4.4.11)$$

在式(4.4.11), 分别令几何凸函数 $f(x) = x, \dfrac{1}{x}, \sqrt{x}, \dfrac{1}{\sqrt{x}}, \sqrt[n]{x}$ 和 $\dfrac{1}{\sqrt[n]{x}}$, 则知推论 4.4.11 成立, 详细计算过程在此从略.

引理 4.4.12[5,P.385]　设 $b > a$, 函数 $f:[a, b] \to \mathbb{R}_{++}$, 则成立

$$\frac{1}{b-a}\int_a^b \ln f(x)\mathrm{d}x \le \ln\left(\frac{1}{b-a}\int_a^b f(x)\mathrm{d}x\right).$$

证明　命题等价

$$\exp\left(\frac{1}{b-a}\int_a^b \ln f(x)\mathrm{d}x\right) \le \frac{1}{b-a}\int_a^b f(x)\mathrm{d}x$$

即 $G(f; a, b) \le A(f; a, b)$.

定理 4.4.13　设函数 $f:[a, b] \to \mathbb{R}_{++}$ 为几何凸函数, 则有

(ⅰ) $\dfrac{1}{b-a}\int_a^b (f(x))^{\frac{1}{x}}\mathrm{d}x \ge [f(\sqrt{ab})]^{\frac{1}{L}}$.

(ⅱ) $\dfrac{1}{b-a}\int_a^b \dfrac{f(x)}{x}\mathrm{d}x \ge \dfrac{f(\sqrt{ab})}{L}$ \hfill (4.4.12)

$$(\text{iii}) \quad \frac{1}{b-a}\int_a^b f(x)\,\mathrm{d}x \geqslant \frac{\sqrt{ab}}{L}f(\sqrt{ab}) \tag{4.4.13}$$

证明 （ⅰ）$\ln f(e^x)$ 在 $[\ln a, \ln b]$ 上为凸函数，所以由 Hadamard 不等式（见定理 0.2.12）有

$$\ln f\left(\exp\left(\frac{\ln a+\ln b}{2}\right)\right) \leqslant \frac{1}{\ln b-\ln a}\int_{\ln a}^{\ln b}\ln f(e^x)\,\mathrm{d}x \tag{4.4.14}$$

$$\ln f(\sqrt{ab}) \leqslant \frac{1}{\ln b-\ln a}\int_a^b \frac{\ln f(t)}{t}\,\mathrm{d}t$$

$$\ln f(\sqrt{ab}) \leqslant \frac{b-a}{\ln b-\ln a}\cdot\frac{1}{b-a}\int_a^b \ln(f(t))^{\frac{1}{t}}\,\mathrm{d}t$$

再由引理 4.4.12，知

$$\ln f(\sqrt{ab}) \leqslant L\ln\left(\frac{1}{b-a}\int_a^b (f(t))^{\frac{1}{t}}\,\mathrm{d}t\right)$$

$$[f(\sqrt{ab})]^{\frac{1}{L}} \leqslant \frac{1}{b-a}\int_a^b (f(x))^{\frac{1}{x}}\,\mathrm{d}t$$

（ⅱ）由式(4.4.14)和引理 4.4.12，有

$$\ln f\left(\exp\left(\frac{\ln a+\ln b}{2}\right)\right) \leqslant \ln\left(\frac{1}{\ln b-\ln a}\int_{\ln a}^{\ln b}f(e^x)\,\mathrm{d}x\right)$$

$$f(\sqrt{ab}) \leqslant \frac{1}{\ln b-\ln a}\int_a^b \frac{f(t)}{t}\,\mathrm{d}t, \quad \frac{1}{b-a}\int_a^b \frac{f(x)}{x}\,\mathrm{d}x \geqslant \frac{f(\sqrt{ab})}{L}$$

（ⅲ）因为 $xf(x)$ 也是 $[a,b]$ 上的几何凸函数，联立式(4.4.12)，知式 (4.4.13) 成立.

定理 4.4.14 设函数 $f:[a,b] \to \mathbb{R}_{++}$ 为几何凹函数，则有

(ⅰ) $\dfrac{1}{b-a}\int_a^b (f(x))^{\frac{1}{x}}\mathrm{d}x \geqslant (\sqrt{f(a)f(b)})^{\frac{1}{L}}$.

(ⅱ) $\dfrac{1}{b-a}\int_a^b \dfrac{f(x)}{x}\mathrm{d}x \geqslant \dfrac{\sqrt{f(a)f(b)}}{L}$.

(ⅲ) $\dfrac{1}{b-a}\int_a^b f(x)\mathrm{d}x \geqslant \dfrac{\sqrt{ab}}{L}\sqrt{f(a)f(b)}$.

证明 （ⅰ）$\ln f(e^x)$ 在 $[\ln a, \ln b]$ 上为凹函数，所以由 Hadamard 不等式有

$$\frac{1}{\ln b-\ln a}\int_{\ln a}^{\ln b}\ln f(e^x)\,\mathrm{d}x \geqslant \frac{\ln f(\exp(\ln a))+\ln f(\exp(\ln b))}{2}$$

$$\frac{1}{\ln b-\ln a}\int_a^b \frac{\ln f(t)}{t}\,\mathrm{d}x \geqslant \frac{\ln f(a)+\ln f(b)}{2}$$

再由引理 4.4.12 知

$$\frac{b-a}{\ln b-\ln a}\ln\left[\frac{1}{b-a}\int_a^b (f(t))^{\frac{1}{t}}\,\mathrm{d}t\right] \geqslant \frac{\ln f(a)+\ln f(b)}{2}$$

$$\frac{1}{\ln b - \ln a}\int_a^b \frac{\ln f(t)}{t}dx \geq \frac{\ln f(a) + \ln f(b)}{2}$$

类似定理 4.4.13,可证结论(ⅱ)(ⅲ),此处从略.

4.5 几个基本初等函数的台劳展开式余项估计

本节将利用几何凸函数的性质,对指数函数 e^x, e^{-x} 和三角函数 $\sin x, \cos x$ 台劳勒展开式的余项进行估计,有些强于已知结果.

设 $x > 0, n \in \mathbb{N}_{++}, S_n(x) = \sum_{k=0}^{n}\frac{x^k}{k!}, T_n(x) = e^x - S_n(x)$. 由幂级数知识,我们易知 $T_n(x) = \sum_{k=n+1}^{+\infty}\frac{x^k}{k!}$ 是 e^x 的幂级数展开式的余项. 对于这个余项,文献 [2] 的 P.368、文献 [6] 的 P.290 和文献 [148] 中有这样的一个估计:当 $0 < x < n+1$ 时,有

$$T_n(x) \leq \frac{x^{n+1}}{(n-x+1)n!} \tag{4.5.1}$$

定理 4.5.1 (ⅰ)[1] 当 $n \geq 1, 0 < x < n+2$ 时,有

$$T_n(x) \leq \frac{(n+2)x^{n+1}}{(n+2-x)(n+1)!} \tag{4.5.2}$$

(ⅱ) 当 $n \geq 1, x > 0$ 时,有

$$T_n(x) \geq \frac{x - n + \sqrt{(n+2)^2 - 2nx + x^2}}{2} \cdot \frac{x^{n+1}}{(n+1)!} = $$

$$\frac{2}{\sqrt{(n+2)^2 - 2nx + x^2} + n - x} \cdot \frac{x^{n+1}}{n!} \tag{4.5.3}$$

证明 (ⅰ) 易知 $\frac{x^k}{k!}$ $(k = n+1, n+2, \cdots)$ 在 $\mathbb{R}_{++}$ 上为几何凸,从而 $T_n(x) = \sum_{k=n+1}^{+\infty}\frac{x^k}{k!}$ 也是 $\mathbb{R}_{++}$ 上的几何凸函数. 由式(4.4.6)知

$$\int_a^x T_n(t)dt \leq \frac{xT_n(x) - aT_n(a)}{\ln(xT_n(x)) - \ln(aT_n(a))} \cdot \ln\frac{x}{a}$$

令 $a \to 0^+$,有

$$\int_0^x T_n(t)dt \leq xT_n(x) \cdot \lim_{a\to 0^+}\frac{\ln x - \ln a}{\ln(xT_n(x)) - \ln(aT_n(a))}$$

---

[1] 另一结果参见定理 5.2.1,二者不分强弱.

$$T_n(x) - \frac{x^{n+1}}{(n+1)!} \leqslant xT_n(x) \cdot \lim_{a\to 0^+} \frac{-\frac{1}{a}}{-\frac{T_n(a) + aT'_n(a)}{aT_n(a)}} =$$

$$xT_n(x) \cdot \lim_{a\to 0^+} \frac{1}{1 + \frac{aT'_n(a)}{T_n(a)}} =$$

$$xT_n(x) \cdot \lim_{a\to 0^+} \frac{1}{1 + \frac{T'_n(a) + aT''_n(a)}{T'_n(a)}} =$$

$$xT_n(x) \cdot \lim_{a\to 0^+} \frac{1}{2 + \frac{aT''_n(a)}{T'_n(a)}}$$

在多次使用洛必达法则后,有

$$T_n(x) - \frac{x^{n+1}}{(n+1)!} \leqslant xT_n(x) \cdot \lim_{a\to 0^+} \frac{1}{n+1 + \frac{ae^a}{(e^a - 1)}} = \frac{x}{n+2} T_n(x)$$

$$(n+2-x)T_n(x) \leqslant \frac{(n+2)x^{n+1}}{(n+1)!}, \quad T_n(x) \leqslant \frac{(n+2)x^{n+1}}{(n+2-x)(n+1)!}$$

(ⅱ) 由式(4.4.1),我们有

$$\int_a^x T_n(t)\,dt \geqslant \frac{T_n^2(x)}{(T_n(x) + xT'_n(x))x^{\frac{xT'_n(x)}{T_n(x)}}} \cdot \left(x^{1+\frac{xT'_n(x)}{T_n(x)}} - a^{1+\frac{xT'_n(x)}{T_n(x)}}\right)$$

因 $1 + \frac{xT'_n(x)}{T_n(x)} > 0$,在上式令 $a \to 0^+$,有

$$\int_0^x T_n(t)\,dt \geqslant \frac{xT_n^2(x)}{T_n(x) + xT'_n(x)}$$

$$T_n(x) - \frac{x^{n+1}}{(n+1)!} \geqslant \frac{xT_n^2(x)}{T_n(x) + x\left(T_n(x) + \frac{x^n}{n!}\right)}$$

$$T_n^2(x) + \frac{(nx^{n+1} - x^{n+2})}{(n+1)!} T_n(x) - \frac{x^{2n+2}}{n!(n+1)!} \geqslant 0$$

解此不等式,有

$$T_n(x) \geqslant \frac{\frac{x^{n+2} - nx^{n+1}}{(n+1)!} + \sqrt{\frac{(nx^{n+1} - x^{n+2})^2}{((n+1)!)^2} + \frac{4x^{2n+2}}{n!(n+1)!}}}{2} =$$

$$\frac{x - n + \sqrt{(n+2)^2 - 2nx + x^2}}{2} \cdot \frac{x^{n+1}}{(n+1)!} =$$

$$\frac{2}{\sqrt{(n+2)^2 - 2nx + x^2} + n - x} \cdot \frac{x^{n+1}}{n!}$$

定理证毕.

式(4.5.2)明显强于式(4.5.1).

推论 4.5.2 设 $T = e - \sum_{i=0}^{n} \frac{1}{n!}$,则有

$$\frac{2}{\sqrt{n^2 + 2n + 5} + n - 1} \cdot \frac{1}{n!} \leq T \leq \frac{n+2}{(n+1)(n+1)!} \quad (4.5.4)$$

式(4.5.4)也强于文献[6]的 P.290 中的结果: $\frac{1}{(n+1)!} < T < \frac{3}{(n+1)!}$.

定理 4.5.3 设 $x \in \mathbb{R}_{++}, n \in \mathbb{N}_{++}$ 和 $K_n(x) = e^{-x} - 1 + x - \frac{x^2}{2!} + \cdots + (-1)^{n-1}\frac{x^n}{n!}$.

(ⅰ) 若 $0 < x < \frac{n+2}{n+1}$,则有

$$\frac{2(n+1)}{n + x + \sqrt{(n+2+x)^2 - 4x}} \cdot \frac{x^{n+1}}{(n+1)!} \leq$$

$$|K_n(x)| \leq \frac{n+2}{n+2+x} \cdot \frac{x^{n+1}}{(n+1)!} \quad (4.5.5)$$

(ⅱ) 若 $x \geq \frac{n+2}{n+1}$,则有

$$\frac{2(n+1)}{n + x + \sqrt{(n+2+x)^2 - 4x}} \cdot \frac{x^{n+1}}{(n+1)!} \leq |K_n(x)| \leq$$

$$\frac{2(n+1)}{n+1+x+\sqrt{(n+1+x)^2 - 4x}} \cdot \frac{x^{n+1}}{(n+1)!}$$
$$(4.5.6)$$

证明 若 n 为奇数,设 $n = 2m - 1, m \geq 1$. 若 n 为偶数,则设 $n = 2m, m \geq 1$. 我们有

$$K_{2m-1}(x) = e^{-x} - 1 + x - \frac{x^2}{2!} + \cdots + \frac{x^{2m-1}}{(2m-1)!} \geq 0$$

$$-K_{2m}(x) = -e^{-x} + 1 - x + \frac{x^2}{2!} + \cdots + \frac{x^{2m}}{(2m)!} \geq 0$$

假设 $f(x) = e^{-x}, x \in \mathbb{R}_{++}$,则 f 是几何凹函数,因

$$\int_0^x e^{-t}dt = 1 - e^{-x}, \int_0^x (1 - e^{-t})dt = e^{-x} - 1 + x$$

$$\int_0^x (e^{-t} - 1 + x)dt = -e^{-x} + 1 - x + \frac{x^2}{2}, \cdots$$

根据推论 4.2.8,知 T_{2m-1} 和 $-T_{2m}$ 都为几何凹函数. 对于 $0 < a < x$, 再设 $\eta =$

$\dfrac{xT'_{2m-1}(x)}{T_{2m-1}(x)}$,由式(4.4.6),我们有

$$\int_a^x K_{2m-1}(x)\,\mathrm{d}x \leqslant \dfrac{K_{2m-1}(x)}{(1+\eta)x^\eta}\cdot(x^{1+\eta}-a^{1+\eta}) \qquad (4.5.7)$$

由于

$$\eta=\dfrac{xK'_{2m-1}(x)}{K_{2m-1}(x)}=\dfrac{x\left(-\mathrm{e}^{-x}+1-x+\cdots+\dfrac{x^{2m-2}}{(2m-2)!}\right)}{T_{2m-1}(x)}>0$$

我们可在式(4.5.7)中,令 $a\to 0^+$

$$-\mathrm{e}^{-x}+1-x+\dfrac{x^2}{2!}+\cdots+\dfrac{x^{2m}}{(2m)!} \leqslant \dfrac{xK_{2m-1}(x)}{1+\dfrac{xK'_{2m-1}(x)}{K_{2m-1}(x)}}$$

$$-K_{2m-1}(x)+\dfrac{x^{2m}}{(2m)!} \leqslant \dfrac{xK^2_{2m-1}(x)}{K_{2m-1}(x)+x\left(-\mathrm{e}^{-x}+1-x+\cdots+\dfrac{x^{2m-2}}{(2m-2)!}\right)}$$

$$-K_{2m-1}(x)+\dfrac{x^{2m}}{(2m)!} \leqslant \dfrac{xK^2_{2m-1}(x)}{K_{2m-1}(x)+x\left(-K_{2m-1}(x)+\dfrac{x^{2m-1}}{(2m-1)!}\right)}$$

$$K^2_{2m-1}(x)+\dfrac{(2m-1+x)x^{2m}}{(2m)!}K_{2m-1}(x)-\dfrac{x^{4m}}{(2m)!(2m-1)!}\geqslant 0$$

解上不等式,有

$$K_{2m-1}(x)\geqslant\dfrac{-\dfrac{(2m-1+x)x^{2m}}{(2m)!}+\sqrt{\dfrac{(2m-1+x)^2x^{4m}}{((2m)!)^2}+\dfrac{4x^{4m}}{(2m)!(2m-1)!}}}{2}=$$

$$\dfrac{-(2m-1+x)+\sqrt{(2m-1+x)^2+8m}}{2}\cdot\dfrac{x^{2m}}{(2m)!}=$$

$$\dfrac{4m}{\sqrt{(2m-1+x)^2+8m}+2m-1+x}\cdot\dfrac{x^{2m}}{(2m)!}=$$

$$\dfrac{4m}{\sqrt{(2m+1+x)^2-4x}+2m-1+x}\cdot\dfrac{x^{2m}}{(2m)!} \qquad (4.5.8)$$

同理,有

$$-K_{2m}(x)\geqslant\dfrac{4m+2}{\sqrt{(2m+2+x)^2-4x}+2m+x}\cdot\dfrac{x^{2m+1}}{(2m+1)!} \qquad (4.5.9)$$

对于 $0<a<x$,根据式(4.4.7)

$$\int_a^x K_{2m-1}(t)\,\mathrm{d}t\geqslant(xK_{2m-1}(x)-aT_{2m-1}(a))\cdot$$

$$\dfrac{\ln x-\ln a}{\ln(xK_{2m-1}(x))-\ln(aK_{2m-1}(a))}$$

令 $a \to 0^+$，根据罗必塔法则

$$\int_0^x K_{2m-1}(t)\,dt \geq x K_{2m-1}(x) \cdot \lim_{a\to 0^+} \frac{-\dfrac{1}{a}}{-\dfrac{K_{2m-1}(a)+aK'_{2m-1}(a)}{K_{2m-1}(a)}}$$

$$-e^{-x}+1-x+\frac{x^2}{2!}+\cdots+\frac{x^{2m}}{(2m)!} \geq \frac{xK_{2m-1}(x)}{1+\lim\limits_{a\to 0^+}\dfrac{aK'_{2m-1}(a)}{K_{2m-1}(a)}}$$

$$-K_{2m-1}(x)+\frac{x^{2m}}{(2m)!} \geq \frac{xK_{2m-1}(x)}{2+\lim\limits_{a\to 0^+}\dfrac{aK''_{2m-1}(a)}{K'_{2m-1}(a)}},\cdots$$

$$-K_{2m-1}(x)+\frac{x^{2m}}{(2m)!} \geq \frac{xK_{2m-1}(x)}{2m+\lim\limits_{a\to 0^+}\dfrac{ae^{-a}}{1-e^{-a}}}$$

$$-K_{2m-1}(x)+\frac{x^{2m}}{(2m)!} \geq \frac{xK_{2m-1}(x)}{2m+1}$$

$$K_{2m-1}(x) \leq \frac{(2m+1)}{(2m+1+x)} \cdot \frac{x^{2m}}{(2m)!} \tag{4.5.10}$$

同理，对于 $-K_{2m}(x)$，可以得到

$$-K_{2m}(x) \leq \frac{(2m+2)}{(2m+2+x)} \cdot \frac{x^{2m+1}}{(2m+1)!} \tag{4.5.11}$$

又因 $K_{2m-1}(x)$ 是几何凹函数，知

$$x(K_{2m-1}(x) \cdot K''_{2m-1}(x)-(K'_{2m-1}(x))^2)+K_{2m-1}(x) \cdot K'_{2m-1}(x) \leq 0 \tag{4.5.12}$$

而

$$K'_{2m-1}(x) = -K_{2m-1}(x)+\frac{x^{2m-1}}{(2m-1)!}$$

$$K''_{2m-1}(x) = K_{2m-1}(x)+\frac{x^{2n-2}}{(2m-2)!}-\frac{x^{2n-1}}{(2m-1)!}$$

把上两式代入式 (4.5.12)，整理有

$$K_{2m-1}^2(x)-\frac{2nx^{2m-1}+x^{2m}}{(2m-1)!}K_{2m-1}(x)+\frac{x^{4m-1}}{((2m-1)!)^2} \geq 0$$

解一元二次不等式，有

$$K_{2m-1} \leq \frac{2m+x-\sqrt{(x+2m)^2-4x}}{2} \cdot \frac{x^{2m-1}}{(2m-1)!} =$$

$$\frac{4m}{2m+x+\sqrt{(2m+x)^2-4x}} \cdot \frac{x^{2m}}{(2m)!} \tag{4.5.13}$$

同理，对于几何凹函数 $-T_{2m}(x)$，运用定理 1.2.2，同样可得

$$-K_{2m}(x) \leqslant \frac{4m+2}{2m+1+x+\sqrt{(2m+1+x)^2-4x}} \cdot \frac{x^{2m+1}}{(2m+1)!}$$
(4.5.14)

那么式(4.5.10)和式(4.5.13)、式(4.5.11)与式(4.5.14)孰强孰弱呢?通过简单计算我们可知:当 $0 < x \leqslant \frac{2n+1}{2n}$ 时,式(4.5.10)比式(4.5.13)强;当 $x \geqslant \frac{2n+1}{2n}$ 时,式(4.5.13)比式(4.5.10)强;当 $0 < x \leqslant \frac{2n+2}{2n+1}$ 时,式(4.5.11)比式(4.5.14)强;当 $x \geqslant \frac{2n+2}{2n+1}$ 时,式(4.5.14)比式(4.5.11)强.至此定理证毕.

推论 4.5.4 设 $K = e^{-1} - \frac{1}{2!} + \cdots + (-1)^{n-1}\frac{1}{n!}$,则

$$\frac{2}{n+1+\sqrt{n^2+6n+5}} \cdot \frac{1}{n!} \leqslant |K| \leqslant \frac{n+2}{(n+3)(n+1)!} \quad (4.5.15)$$

定理 4.5.5 设 $n \in \mathbb{N}_{++}, x \in \left(0, \frac{\pi}{2}\right)$

$$S_n(x) = \sin x - x + \frac{x^3}{3!} + \cdots + (-1)^n \frac{x^{2n-1}}{(2n-1)!}$$

$$P_n(x) = \cos x - 1 + \frac{x^2}{2!} + \cdots + (-1)^{n+1} \frac{x^{2n}}{(2n)!}$$

则

$$\frac{x^{2n+1}}{(2n+1)!} \cdot \frac{2n(2n+1)}{2n(2n+1)+x^2} \leqslant |S_n(x)| \leqslant \frac{x^{2n+1}}{(2n+1)!} \cdot \frac{(2n+2)(2n+3)}{(2n+2)(2n+3)+x^2} \quad (4.5.16)$$

$$\frac{x^{2n+2}}{(2n+2)!} \cdot \frac{(2n+1)(2n+2)}{(2n+1)(2n+2)+x^2} \leqslant |P_n(x)| \leqslant \frac{x^{2n+2}}{(2n+2)!} \cdot \frac{(2n+3)(2n+4)}{(2n+3)(2n+4)+x^2} \quad (4.5.17)$$

证明 当 $x \in \left(0, \frac{\pi}{2}\right)$ 时,设

$$f_{-1}(x) = -\sin x + x - \frac{x^3}{3!} - \cdots + \frac{x^{4n-3}}{(4n-3)!}$$

$$f_0(x) = \cos x - 1 + \frac{x^2}{2!} - \cdots + \frac{x^{4n-2}}{(4n-2)!}$$

$$f_1(x) = \sin x - x + \frac{x^3}{3!} - \cdots + \frac{x^{4n-1}}{(4n-1)!}$$

$$f_2(x) = -\cos x + 1 - \frac{x^2}{2!} + \cdots + \frac{x^{4n}}{(4n)!}$$

$$f_3(x) = -\sin x + x - \frac{x^3}{3!} - \cdots + \frac{x^{4n+1}}{(4n+1)!}$$

$$f_4(x) = \cos x - 1 + \frac{x^2}{2!} - \cdots + \frac{x^{4n+2}}{(4n+2)!}$$

$$f_5(x) = \sin x - x + \frac{x^3}{3!} - \cdots + \frac{x^{4n+3}}{(4n+3)!}$$

$$f_6(x) = -\cos x + 1 - \frac{x^2}{2!} - \cdots + \frac{x^{4n+4}}{(4n+4)!}$$

因为 $\sin : x \to x\sin x$ 在 $\left(0, \frac{\pi}{2}\right)$ 上为几何凹函数, 知其在 $(0, x)$ 的积分也为几何凹函数, 依此类推, 可得 $f_i(i = -1, 0, \cdots, 5, 6)$ 在 $\left(0, \frac{\pi}{2}\right)$ 上都为几何凹函数. 进而对于 $i = -1, 0, \cdots, 5, 0 < a < x$, 由式 (4.4.7) 知

$$\int_a^x f_i(t)\,dt \geqslant \frac{xf_i(x) - af_i(a)}{\ln(xf_i(x)) - \ln(af_i(a))} \cdot (\ln x - \ln a)$$

令 $a \to 0^+$ 有

$$\int_0^x f_i(t)\,dt \geqslant \frac{xf_i(x)}{1 + \lim_{a \to 0^+} \frac{a \cdot f'_i(a)}{f_i(a)}}$$

$$f_{i+1}(x) \geqslant \frac{xf_i(x)}{1 + \lim_{a \to 0^+} \frac{a \cdot f'_i(a)}{f_i(a)}}$$

在多次利用洛必塔法则后, 我们有

$$f_{i+1}(x) \geqslant \frac{xf_i(x)}{4n + i + 1} \qquad (4.5.18)$$

由式 (4.5.18) 知 $f_1(x) \geqslant \frac{xf_0(x)}{4n+1}, f_0(x) \geqslant \frac{xf_{-1}(x)}{4n}, f_2(x) \geqslant \frac{xf_1(x)}{4n+2}$ 和 $f_3(x) \geqslant \frac{xf_2(x)}{4n+3}$, 故有

$$f_1(x) \geqslant \frac{xf_0(x)}{4n+1} \geqslant \frac{x^2 f_{-1}(x)}{4n(4n+1)} = \frac{x^2}{4n(4n+1)}\left(-f_1(x) + \frac{x^{4n-1}}{(4n-1)!}\right)$$

$$4n(4n+1)f_1(x) \geqslant -x^2 f_1(x) + \frac{x^{4n+1}}{(4n-1)!}$$

$$f_1(x) \geqslant \frac{x^{4n+1}}{(4n+1)!} \cdot \frac{4n(4n+1)}{4n(4n+1) + x^2} \qquad (4.5.19)$$

同时

$$\frac{xf_1(x)}{4n+2} \leqslant f_2(x) \leqslant \frac{4n+3}{x}f_3(x) = \frac{4n+3}{x}\left(-f_1(x) + \frac{x^{4n+1}}{(4n+1)!}\right)$$

$$x^2 f_1(x) \leq -(4n+2)(4n+3)f_1(x) + (4n+2)(4n+3)\frac{x^{4n+1}}{(4n+1)!}$$

$$f_1(x) \leq \frac{x^{4n+1}}{(4n+1)!} \cdot \frac{(4n+2)(4n+3)}{(4n+2)(4n+3)+x^2} \quad (4.5.20)$$

联立(4.5.19)(4.5.20)两式有

$$\frac{x^{4n+1}}{(4n+1)!} \cdot \frac{4n(4n+1)}{4n(4n+1)+x^2} \leq f_1(x) \leq$$

$$\frac{x^{4n+1}}{(4n+1)!} \cdot \frac{(4n+2)(4n+3)}{(4n+2)(4n+3)+x^2}$$

$$(4.5.21)$$

同理可得

$$\frac{x^{4n+2}}{(4n+2)!} \cdot \frac{(4n+1)(4n+2)}{(4n+1)(4n+2)+x^2} \leq f_2(x) \leq$$

$$\frac{x^{4n+2}}{(4n+2)!} \cdot \frac{(4n+3)(4n+4)}{(4n+3)(4n+4)+x^2}$$

$$(4.5.22)$$

$$\frac{x^{4n+3}}{(4n+3)!} \cdot \frac{(4n+2)(4n+3)}{(4n+2)(4n+3)+x^2} \leq f_3(x) \leq$$

$$\frac{x^{4n+3}}{(4n+3)!} \cdot \frac{(4n+4)(4n+5)}{(4n+4)(4n+5)+x^2}$$

$$(4.5.23)$$

$$\frac{x^{4n+4}}{(4n+4)!} \cdot \frac{(4n+3)(4n+4)}{(4n+3)(4n+4)+x^2} \leq f_4(x) \leq$$

$$\frac{x^{4n+4}}{(4n+4)!} \cdot \frac{(4n+5)(4n+6)}{(4n+5)(4n+6)+x^2}$$

$$(4.5.24)$$

我们可以把式(4.5.21)~(4.5.23)合写成式(4.5.16)和式(4.5.17),定理得证.

4.6 其他一些应用

以下例4.6.1~4.6.2是文献[6]第596~607页内中的几个结果.下面我们用推论4.4.7统一证明.

例4.6.1 设$\alpha > 0, x \in \left(0, \frac{\pi}{2}\right)$,则$\int_0^x (\tan t)^\alpha dt \leq \frac{x(\tan x)^\alpha}{\alpha+1}$.

证明 因$\tan x$在$\left(0, \frac{\pi}{2}\right)$上是几何凸函数,故知$(\tan x)^\alpha$在$\left(0, \frac{\pi}{2}\right)$上是几

何凸函数. 设 $0 < a < x$, 由式(4.4.7)的右式知

$$\int_a^x (\tan t)^\alpha dt \le (x(\tan x)^\alpha - a(\tan a)^\alpha) \frac{\ln x - \ln a}{\ln [x(\tan x)^\alpha] - \ln [a(\tan a)^\alpha]}$$

令 $a \to 0^+$ 有

$$\int_0^x (\tan t)^\alpha dt \le x(\tan x)^\alpha \lim_{a \to 0^+} \frac{\ln x - \ln a}{\ln [x(\tan x)^\alpha] - \ln [a(\tan a)^\alpha]} =$$

$$x(\tan x)^\alpha \lim_{a \to 0^+} \frac{-\dfrac{1}{a}}{-\dfrac{(a(\tan a)^\alpha)'}{a(\tan a)^\alpha}} =$$

$$x(\tan x)^\alpha \lim_{a \to 0^+} \frac{1}{1 + \dfrac{a((\tan a)^\alpha)'}{a(\tan a)^\alpha}} =$$

$$x(\tan x)^\alpha \lim_{a \to 0^+} \frac{1}{1 + \dfrac{a\alpha (\tan a)^{\alpha-1} \cdot (\sec a)^2}{a(\tan a)^\alpha}} = \frac{x(\tan x)^\alpha}{\alpha + 1}$$

例 4.6.2 设 $p > 0, x \in \left(0, \dfrac{\pi}{2}\right), \int_0^x (\sin t)^p dt \ge \dfrac{x(\sin x)^p}{p+1}$.

证明 $\sin x$ 在 $\left(0, \dfrac{\pi}{2}\right)$ 上是几何凹函数, 易知 $(\sin x)^p$ 在 $\left(0, \dfrac{\pi}{2}\right)$ 上是几何凹函数. 以下证明与例 4.6.1 相类似, 不过所有不等式要反向, 详细过程在此略.

例 4.6.3 设 $f_n(x) = \int_0^x \dfrac{t^n}{1-t} dt, 0 < x < 1$, 则

$$f_n(x) \le \frac{x^{n+1}}{(1-x)(n+1)}$$

证明 易证 $1 - x$ 在 $(0,1)$ 上为几何凹函数, $\dfrac{x^n}{1-x}$ 在 $(0,1)$ 上为几何凸函数, 以下证明与例 4.6.1 的证明相同在此略.

例 4.6.4 ~ 4.6.10 是一些新建不等式, 一般都强于一些已有的结果.

例 4.6.4 设 $\alpha > 0, x \in \left(0, \dfrac{\pi}{2}\right)$, 则 $\int_0^x (\tan t)^\alpha dt \ge \dfrac{x(\tan x)^\alpha \cdot \sin 2x}{\sin 2x + 2\alpha x}$.

证明 由于 $\tan x$ 在 $\left(0, \dfrac{\pi}{2}\right)$ 上为几何凸函数, 故 $(\tan x)^\alpha$ 在 $\left(0, \dfrac{\pi}{2}\right)$ 上也为几何凸函数. 设 $0 < a < x$ 和

$$\eta = 1 + \frac{x((\tan x)^\alpha)'}{(\tan x)^\alpha} = 1 + \frac{\alpha x(\tan x)^{\alpha-1}(\sec x)^2}{(\tan x)^\alpha} = 1 + \frac{2\alpha x}{\sin 2x}$$

利用式(4.4.7)的左式知

$$\int_a^x (\tan t)^\alpha dt \ge \frac{(\tan x)^\alpha}{\eta x^{\eta-1}} (x^\eta - a^\eta)$$

令 $a \to 0^+$ 有

$$\int_a^x (\tan t)^\alpha dt \geq \frac{x(\tan x)^\alpha}{\eta}, \int_a^x (\tan t)^\alpha dt \geq \frac{x(\tan x)^\alpha \cdot \sin 2x}{\sin 2x + 2\alpha x}$$

命题得证.

推论 4.6.5 设 $\alpha > 0$, 则 $\int_0^{\frac{\pi}{4}} (\tan x)^\alpha dx \geq \frac{\pi}{4 + 2\alpha\pi}$.

在例 4.6.4 中, 令 $x = \frac{\pi}{4}$, 可得推论 4.6.5, 其结果强于文献 [6] 第 607 页中的相应结果.

例 4.6.6 $\frac{\pi^2}{12 - \sqrt{3}\pi}\left(3^{2 - \frac{\sqrt{3}\pi}{6}} - \frac{1}{3}\right) \leq \int_{\frac{\pi}{6}}^{\frac{\pi}{2}} \frac{x}{\sin x} dx \leq \frac{7\pi^2 \ln 3}{72\ln 3 - 36\ln 2}$.

证明 因 x 在 $\left(0, \frac{\pi}{2}\right]$ 上几何凸函数, $\sin x$ 在 $\left(0, \frac{\pi}{2}\right]$ 上几何凹函数, 则 $\frac{x}{\sin x}$ 在 $\left(0, \frac{\pi}{2}\right]$ 上几何凸函数. 所以由式 (4.4.7) 的右式有

$$\int_{\frac{\pi}{6}}^{\frac{\pi}{2}} \frac{x}{\sin x} dx \leq \frac{\frac{\pi^2}{4} - \frac{\pi^2}{18}}{\ln\left(\frac{\pi^2}{4}\right) - \ln\left(\frac{\pi^2}{18}\right)} \cdot \ln 3 = \frac{7\pi^2 \ln 3}{72\ln 3 - 36\ln 2}$$

若设

$$\eta(x) = 1 + \frac{x \cdot \left(\frac{x}{\sin x}\right)'}{\frac{x}{\sin x}} = 1 + \frac{\sin x - x\cos x}{\sin x} = 2 - x\cot x$$

则 $\eta\left(\frac{\pi}{6}\right) = 2 - \frac{\sqrt{3}\pi}{6}$, 由式 (4.4.7) 的左式知

$$\int_{\frac{\pi}{6}}^{\frac{\pi}{2}} \frac{x}{\sin x} dx \geq \frac{\frac{\pi}{3}}{\left(2 - \frac{\sqrt{3}\pi}{6}\right) \cdot \left(\frac{\pi}{6}\right)^{1 - \frac{\sqrt{3}\pi}{6}}} \left(\left(\frac{\pi}{2}\right)^{2 - \frac{\sqrt{3}\pi}{6}} - \left(\frac{\pi}{6}\right)^{2 - \frac{\sqrt{3}\pi}{6}}\right) =$$

$$\frac{2\pi}{12 - \sqrt{3}\pi}\left(\frac{\pi}{2} \cdot 3^{2 - \frac{\sqrt{3}\pi}{6}} - \frac{\pi}{6}\right) = \frac{\pi^2}{12 - \sqrt{3}\pi}\left(3^{2 - \frac{\sqrt{3}\pi}{6}} - \frac{1}{3}\right)$$

例 4.6.6 的结果都比文献 [6] 第 606 页中的相应结果强.

例 4.6.7 $\int_{\frac{\pi}{4}}^{\frac{\pi}{2}} \frac{\sin x}{x} dx \leq \frac{2\sqrt{2}(2^{\frac{\pi}{4}} - 1)}{\pi}$.

证明 可以证明 $\frac{\sin x}{x}$ 在 $\left(0, \frac{\pi}{2}\right]$ 上几何凹函数. 若再设 $0 < a < b \leq \frac{\pi}{2}$, 利用式 (4.4.7), 可证

$$\int_a^b \frac{\sin x}{x} dx \leq \frac{\sin a \cdot \tan a}{a}\left[\left(\frac{b}{a}\right)^{\frac{a}{\tan a}} - 1\right]$$

令 $b = \frac{\pi}{2}, a = \frac{\pi}{4}$,可知例 4.6.7 成立.

例 4.6.7 的结果强于文献[6] 第 604 页中的相应结果.

例 4.6.8 设 $f_n(x) = \int_0^x \frac{t^n}{1-t} dt, 0 < x < 1$,则 $f_n(x) \geq \frac{x^{n+1}}{n+1-nx}$.

证明 易证 $1-x$ 在 $(0,1)$ 上为几何凹函数,$\frac{x^n}{1-x}$ 在 $(0,1)$ 上为几何凸函数,设 $0 < a < x < 1$ 和

$$\eta = 1 + \frac{x}{\frac{x^n}{1-x}} \cdot \left(\frac{x^n}{1-x}\right)' = 1 + \frac{n+(1-n)x}{1-x}$$

则利用式(4.4.7) 的左式有

$$\int_a^x \frac{t^n}{1-t} dx \geq \frac{\frac{x^n}{1-x}}{\eta x^{\eta-1}} \cdot (x^\eta - a^\eta)$$

令 $a \to 0^+$ 有

$$\int_0^x \frac{t^n}{1-t} dx \geq \frac{\frac{x^{n+1}}{1-x}}{\eta}, \int_0^x \frac{t^n}{1-t} dx \geq \frac{x^{n+1}}{n+1-nx}$$

例 4.6.8 的结果强于文献[6] 第 599 页中的相应结果.

例 4.6.9 设 $p > 0, q, \alpha > 0, 0 < b < 1$,则

$$\int_0^b \frac{x^{p-1}}{1-x^{\alpha q}} \geq \max\left\{\frac{b^p(1-b^\alpha)^{1-q}}{p+(\alpha q - p)b^\alpha}, \frac{b^p}{p}\right\}$$

证明 由于 $\frac{1}{1-x^\alpha} \geq 1$,则

$$\int_0^b \frac{x^{p-1}}{1-x^{\alpha q}} dx \geq \int_0^b x^{p-1} dx = \frac{b^p}{p}.$$

又我们可证 $1-x^\alpha$ 在 $\mathbb{R}_{++}$ 上为几何凹函数,$\frac{1}{1-x^\alpha}$ 在 $\mathbb{R}_{++}$ 上为几何凸函数,进而知 $\frac{x^{p-1}}{(1-x^\alpha)^q}$ 在 $\mathbb{R}_{++}$ 上为几何凸函数. 又

$$\eta(x) = 1 + x \cdot \left[\frac{x^{p-1}}{(1-x^\alpha)^q}\right]' \cdot \frac{(1-x^\alpha)^q}{x^{p-1}} = p + \frac{\alpha q x^\alpha}{1-x^\alpha}$$

设 $0 < a < b$,在区间 $[a,b]$ 上运用式(4.4.7) 的左式,有

$$\int_a^b \frac{x^{p-1}}{(1-x^\alpha)^q} dx \geq \frac{b^{p-1}}{(1-b^\alpha)^q \eta(b) b^{\eta(b)-1}} (b^{\eta(b)} - a^{\eta(b)})$$

令 $a \to 0^+$,有

$$\int_0^b \frac{x^{p-1}}{(1-x^\alpha)^q}\mathrm{d}x \geq \frac{b^p}{(1-b^\alpha)^q\left(p+\dfrac{\alpha q b^\alpha}{1-b^\alpha}\right)} = \frac{b^p(1-b^\alpha)^{1-q}}{p+(\alpha q - p)b^\alpha}$$

命题证毕.

例 4.6.10 设 $p,q,\alpha>0$ 和 $2p>\alpha q$,则 $\int_0^1 \dfrac{x^{p-1}}{(1+x^\alpha)^q}\mathrm{d}x < \dfrac{2}{2^q(2p-\alpha q)}$.

证明 可证 $1+x^\alpha$ 在 $(0,+\infty)$ 上为几何凸函数, $\dfrac{1}{1+x^\alpha}$ 在 $\mathbb{R}_{++}$ 上为几何凹函数,进而知 $\dfrac{x^{p-1}}{(1+x^\alpha)^q}$ 在 $\mathbb{R}_{++}$ 上为几何凹函数,设 $0<a<1$,在区间 $[a,1]$ 上运用式(4.4.7),再令 $a\to 0^+$ 可知命题成立.

推论 4.6.11 设 $b\in\left(0,\dfrac{\pi}{2}\right)$,则

(ⅰ) $\tan b \geq b \geq \sin b$.

(ⅱ) $2(b\sin b + \cos b - 1) \geq b^2 \cos b$.

(ⅲ) $3\sin b - 3b\cos b \geq b^2 \sin b$.

(ⅳ) $3\tan b - 3b \geq b\tan^2 b$.

证明 (ⅰ) $y=\cos x$ 在 $\left(0,\dfrac{\pi}{2}\right)$ 上是几何凹函数,令 $0<a<b<\dfrac{\pi}{2}$,代入式(4.4.7)的右式有

$$\int_a^b \cos t\,\mathrm{d}t \geq \frac{b\cos b - a\cos a}{\ln(b\cos b) - \ln(a\cos a)} \cdot \ln\frac{b}{a}$$

$$\sin b - \sin a \geq (b\cos b - a\cos a)\cdot \frac{\ln b - \ln a}{\ln(b\cos b) - \ln(a\cos a)}$$

上式中令 $a\to 0^+$ 有

$$\sin b \geq b\cos b \lim_{a\to 0} \frac{-\dfrac{1}{a}}{-\dfrac{\cos a - a\sin a}{a\cos a}}$$

$$\sin b \geq b\cos b, \quad \tan b \geq b$$

又 $y=\sec^2 x$ 在 $\left(0,\dfrac{\pi}{2}\right)$ 上是几何凸函数,代入式(4.4.7)后有

$$\tan b - \tan a \leq (b\sec^2 b - a\sec^2 a)\cdot \frac{\ln b - \ln a}{\ln(b\sec^2 b) - \ln(a\sec^2 a)}$$

令 $a\to 0^+$ 可得

$$\tan b \leq b\sec^2 b \cdot \lim_{a\to 0}\frac{\ln b - \ln a}{\ln(b\sec^2 b) - \ln(a\sec^2 a)}$$

$$\tan b \leq b\sec^2 b \cdot \lim_{a\to 0}\frac{-\dfrac{1}{a}}{-\dfrac{\sec^2 a + 2a\sec^2 a\tan a}{a\sec^2 a}}$$

$$\tan b \leqslant b\sec^2 b, \sin 2b \leqslant 2b$$

在 $2b$ 处用 b 代入,即知结论(ⅰ)为真.

(ⅱ)因 $y = x\cos x$ 在 $\left(0, \dfrac{\pi}{2}\right)$ 上,为两个几何凹函数的乘积,也是几何凹函数;代入式(4.4.7)的右式后,再令 $a \to 0^+$ 可得 $2(b\sin b + \cos b - 1) \geqslant b^2\cos b$,详细过程在此略.

(ⅲ)因 $y = x\sin x$ 在 $\left(0, \dfrac{\pi}{2}\right)$ 上,为两个几何凹函数的乘积,也是几何凹函数,代入式(4.4.7)的右式后,再令 $a \to 0^+$ 可得 $3\sin b - 3b\cos b \geqslant b^2\sin b$,详细过程在此略.

(ⅳ)因 $y = \tan^2 x$ 在 $\left(0, \dfrac{\pi}{2}\right)$ 上几何凸函数,代入式(4.4.7)的右式后,再令 $a \to 0^+$ 可得 $3\tan b - 3b \leqslant b\tan^2 b$. 详细过程在此略.

推论 4.6.12 (ⅰ)设 $b \in (0,1)$,则 $2\sqrt{1-b^2} + b\arcsin b \leqslant 2$.

(ⅱ)设 $b \in \mathbb{R}_{++}$,则 $b\arctan b \geqslant \ln(1+b^2)$.

(ⅲ)设 $n \in \mathbb{N}_{++}, b \in \mathbb{R}_{++}$,则 $e^b \geqslant 1 + b + \dfrac{b^2}{2!} + \cdots + \dfrac{b^n}{n!}$.

(ⅳ)设 $n \in \mathbb{N}_{++}, b \in \mathbb{R}_{++}$,则

$$1 - b + \frac{b^2}{2!} - \cdots - \frac{b^{2n+1}}{(2n+1)!} \leqslant e^{-b} \leqslant 1 - b + \frac{b^2}{2!} - \cdots + \frac{b^{2n+2}}{(2n+2)!}$$

证明 (ⅰ)因 $y = \arcsin x$ 在 $(0,1)$ 上为几何凸函数,代入式(4.4.7)的右式后,再令 $a \to 0^+$ 可得

$$2\sqrt{1-b^2} + b\arcsin b \leqslant 2$$

详细过程在此略.

(ⅱ)因 $y = \arctan x$ 在 $(0, +\infty)$ 上为几何凹函数,代入式(4.4.7)的右式后,再令 $a \to 0$ 可得

$$b\arctan b \geqslant \ln(1+b^2)$$

详细过程在此略.

(ⅲ)由多次分部积分知 $\int x^n e^{-x} dx = -e^{-x}\sum\limits_{k=0}^{n}\dfrac{n!x^{n-k}}{(n-k)!}$. 又易知函数 $y = x^n e^{-x}$ 在 $\mathbb{R}_{++}$ 上为几何凹函数,把其代入式(4.4.7)的右式,得

$$-e^{-b}\sum_{k=0}^{n}\frac{n!}{(n-k)!}b^{n-k} + e^{-a}\sum_{k=0}^{n}\frac{n!}{(n-k)!}a^{n-k} \geqslant$$
$$\frac{b^{n+1}e^{-b} - a^{n+1}e^{-a}}{\ln(b^{n+1}e^{-b}) - \ln(a^{n+1}e^{-a})} \cdot \ln\frac{b}{a}$$

令 $a \to 0^+$ 可得

$$-e^{-b}\sum_{k=0}^{n}\frac{n!}{(n-k)!}b^{n-k}+n! \geqslant b^{n+1}e^{-b}\lim_{a\to 0^+}\frac{\ln b - \ln a}{\ln(b^{n+1}e^{-b})-\ln(a^{n+1}e^{-a})}=$$

$$b^{n+1}e^{-b}\lim_{a\to 0^+}\frac{-\frac{1}{a}}{-\frac{(n+1)a^n e^{-a}-a^{n+1}e^{-a}}{a^{n+1}e^{-a}}}=$$

$$\frac{1}{n+1}b^{n+1}e^{-b}$$

整理上式,即知结论(iii)成立.

(iv) 设 $m\in\mathbb{N}_{++}$,由多次分部积分知 $\int x^m e^x dx = e^x \sum_{k=0}^{m}(-1)^k \frac{m! x^{m-k}}{(m-k)!}$,

又易知函数 $y = x^m e^x$ 在 $\mathbb{R}_{++}$ 上为几何凸函数,把其代入式(4.4.7)后,得

$$e^b\sum_{k=0}^{m}(-1)^k\frac{m!}{(m-k)!}b^{m-k}-e^a\sum_{k=0}^{m}(-1)^k\frac{m!}{(m-k)!}a^{m-k} \leqslant$$

$$\frac{b^{m+1}e^b - a^{m+1}e^a}{\ln(b^{m+1}e^b)-\ln(a^{m+1}e^a)}\cdot\ln\frac{b}{a}$$

再令 $a\to 0^+$ 可得

$$e^b\sum_{k=0}^{m}(-1)^k\frac{m!}{(m-k)!}b^{m-k}-(-1)^m m! \leqslant \frac{1}{m+1}b^{m+1}e^b \quad (4.6.1)$$

当 m 为偶数 $2n$ 时,整理式(4.6.1)可得

$$e^{-b} \geqslant 1 - b + \frac{b^2}{2!} - \cdots - \frac{b^{2n+1}}{(2n+1)!}$$

当 m 为奇数 $2n+1$ 时,整理式(4.6.1)可得

$$e^{-b} \leqslant 1 - b + \frac{b^2}{2!} - \cdots + \frac{b^{2n+2}}{(2n+2)!}$$

至此知结论(iv)成立.

4.7 与几何凸函数有关的函数的准线性和单调性

设函数 f 是区间 I 上的凸函数,任取 $x,y\in I, x<y$,则著名的 Hadamard 不等式为:

$$f\left(\frac{x+y}{2}\right) \leqslant \frac{1}{y-x}\int_x^y f(t)dt \leqslant \frac{f(x)+f(y)}{2}$$

为了深入研究此不等式,文献[149]定义了

$$H(f;x,y) := \int_x^y f(t)dt - (y-x)f\left(\frac{x+y}{2}\right)$$

等多个函数,证明了:对于 $x,z,y\in I, x<z<y$ 有

$$0 \leqslant H(f;x,z) + H(f;z,y) \leqslant H(f;x,y) \qquad (4.7.1)$$

成立等众多结果. 其把 $H(f;a,d)$ 满足不等式(4.7.1)的这一特性称为准线性. 至于关于凸函数的单调性问题,也可参考文献[161]、[162].

它们的目的是为了更深刻地地揭示所研究对象的性质.

本文在此也将讨论一些与几何凸函数有关的函数的准线性问题,并由此得到了一些函数的单调性,推广了6.4中的一些结果.

设 $d \geqslant a > 0, f:[a,d] \to \mathbb{R}_{++}$ 为几何凸函数,在6.4中,已有以下结果.

$$f\left(\frac{1}{e} \cdot d^{d/(d-a)} a^{a/(a-d)}\right) \leqslant \frac{1}{d-a} \int_a^d f(x) \, \mathrm{d}x \leqslant$$
$$\left(\frac{1}{\ln d - \ln a} - \frac{a}{d-a}\right) f(a) +$$
$$\left(\frac{d}{d-a} - \frac{1}{\ln d - \ln a}\right) f(d) \qquad (4.7.2)$$

$$(\ln d - \ln a) \sqrt{ad} f(\sqrt{ad}) \leqslant \int_a^d f(x) \, \mathrm{d}x \leqslant$$
$$(\ln d - \ln a) \frac{df(d) - af(a)}{\ln(df(d)) - \ln(af(a))}$$
$$\qquad (4.7.3)$$

$$\int_a^d (f(x))^{\frac{1}{x}} \mathrm{d}x \geqslant (d-a)(f(\sqrt{ad}))^{(\ln d - \ln a)/(d-a)} \qquad (4.7.4)$$

和

$$\int_a^d \frac{f(x)}{x} \mathrm{d}x \geqslant (\ln d - \ln a) f(\sqrt{ad}) \qquad (4.7.5)$$

对于 $x \in [a,d]$, 如果定义

$$A(f;a,x) = \int_a^x f(t) \, \mathrm{d}t - (x-a) f(e^{-1} x^{x/(x-a)} a^{a/(a-x)})$$

$$B(f;a,x) = \left(\frac{x-a}{\ln x - \ln a} - a\right) f(a) + \left(x - \frac{x-a}{\ln x - \ln a}\right) f(x) - \int_a^x f(t) \, \mathrm{d}t$$

$$C(f;a,x) = \int_a^x f(t) \, \mathrm{d}t - (\ln x - \ln a) \sqrt{ax} f(\sqrt{ax})$$

$$D(f;a,x) = (\ln x - \ln a) \frac{xf(x) - af(a)}{\ln(xf(x)) - \ln(af(a))} - \int_a^x f(t) \, \mathrm{d}t$$

$$E(f;a,x) = \int_a^x (f(t))^{\frac{1}{t}} \mathrm{d}t - (x-a)(f(\sqrt{ax}))^{(\ln x - \ln a)/(x-a)}$$

$$F(f;a,x) = \int_a^x \frac{f(t)}{t} \mathrm{d}t - (\ln x - \ln a) f(\sqrt{ax})$$

则有

$$A(f;a,d) \geqslant 0, \quad B(f;a,d) \geqslant 0, \quad C(f;a,d) \geqslant 0$$
$$D(f;a,d) \geqslant 0, \quad E(f;a,d) \geqslant 0, \quad F(f;a,d) \geqslant 0$$

我们还需以下引理.

引理 4.7.1 设 $d \geqslant b \geqslant a > 0$, $f:[a,d] \to \mathbb{R}_{++}$ 为几何凸函数,则

$$\left(\frac{d-b}{\ln d - \ln b} - \frac{b-a}{\ln b - \ln a}\right)f(b) \leqslant \left(\frac{d-a}{\ln d - \ln a} - \frac{b-a}{\ln b - \ln a}\right)f(a) +$$
$$\left(\frac{d-b}{\ln d - \ln b} - \frac{d-a}{\ln d - \ln a}\right)f(d)$$

证明 利用凹函数 $\ln: x \to x\ln x$ 的单侧导数的性质知

$$\frac{\ln d - \ln b}{d - b} \leqslant \frac{\ln b - \ln a}{b - a}, \quad \frac{d - b}{\ln d - \ln b} \geqslant \frac{b - a}{\ln b - \ln a},$$

$$\frac{d - b}{\ln d - \ln b} - \frac{b - a}{\ln b - \ln a} \geqslant 0$$

又据 $b = a^{(\ln d - \ln b)/(\ln d - \ln a)} d^{(\ln b - \ln a)/(\ln d - \ln a)}$ 和几何凸函数的定义知

$$\left(\frac{d-b}{\ln d - \ln b} - \frac{b-a}{\ln b - \ln a}\right)f(b) \leqslant \left(\frac{d-b}{\ln d - \ln b} - \frac{b-a}{\ln b - \ln a}\right) \times$$
$$(f(a))^{(\ln d - \ln b)/(\ln d - \ln a)} \times$$
$$(f(d))^{(\ln b - \ln a)/(\ln d - \ln a)}$$

再由 Young 不等式得

$$\left(\frac{d-b}{\ln d - \ln b} - \frac{b-a}{\ln b - \ln a}\right)f(b) \leqslant \left(\frac{d-b}{\ln d - \ln b} - \frac{b-a}{\ln b - \ln a}\right) \cdot$$
$$\frac{\ln d - \ln b}{\ln d - \ln a} \cdot f(a) +$$
$$\left(\frac{d-b}{\ln d - \ln b} - \frac{b-a}{\ln b - \ln a}\right) \cdot \frac{\ln b - \ln a}{\ln d - \ln a} \cdot$$
$$f(d) =$$
$$\left(\frac{d-a}{\ln d - \ln a} - \frac{b-a}{\ln b - \ln a}\right)f(a) +$$
$$\left(\frac{d-b}{\ln d - \ln b} - \frac{d-a}{\ln d - \ln a}\right)f(d)$$

至此引理证毕.

引理 4.7.2 设 $\bar{a}, \bar{b}, \bar{d} > 0$,且全不相同,则

$$\frac{\bar{b}(\ln \bar{d} - \ln \bar{a}) + \bar{d}(\ln \bar{a} - \ln \bar{b}) + \bar{a}(\ln \bar{b} - \ln \bar{d})}{(\ln \bar{b} - \ln \bar{a})(\ln \bar{d} - \ln \bar{b})(\ln \bar{a} - \ln \bar{d})} \geqslant 0$$

证明 设 $u = \ln \bar{a}, v = \ln \bar{b}, w = \ln \bar{d}$,和 $f(x) = e^x, x \in (-\infty, +\infty)$,则 f 是凸函数.根据文献[6] 的 P.351 中的结果,有

$$\frac{e^u}{(u-v)(u-w)} + \frac{e^v}{(v-u)(v-w)} + \frac{e^w}{(w-v)(w-u)} \geqslant 0$$

$$\frac{e^v(w-u) + e^w(u-v) + e^u(v-w)}{(v-u)(w-v)(u-w)} \geqslant 0$$

引理证毕.

引理 4.7.3(Young 不等式)[6,P.136][2,P.61-63] 设 $a,b,p,q \in \mathbb{R}_{++}, \dfrac{1}{p} + \dfrac{1}{q} = 1$，则

$$\frac{1}{p}a + \frac{1}{q}b \geq a^{\frac{1}{p}}b^{\frac{1}{q}}$$

Young 不等式有时也被称为二元加权算术 – 几何不等式.

定理 4.7.4 设 $d \geq b \geq a > 0, f:[a,d] \to \mathbb{R}_{++}$ 为几何凸函数，则

$$0 \leq A(f;a,b) + A(f;b,d) \leq A(f;a,d) \quad (4.7.6)$$
$$0 \leq B(f;a,b) + B(f;b,d) \leq B(f;a,d) \quad (4.7.7)$$

证明 $A(f;a,b) + A(f;b,d) \geq 0$ 和 $B(f;a,b) + B(f;b,d) \geq 0$ 是显然的，同时，由 Young 不等式和几何凸函数的定义知

$$A(f;a,b) + A(f;b,d) = \int_a^d f(x)\,\mathrm{d}x - (d-a) \cdot$$

$$\left[\frac{b-a}{d-a} f\left(\frac{1}{e} \cdot b^{b/(b-a)} a^{a/(a-b)} \right) + \right.$$

$$\left. \frac{d-b}{d-a} f\left(\frac{1}{e} \cdot d^{d/(d-b)} b^{b/(b-d)} \right) \right] \leq$$

$$\int_a^d f(x)\,\mathrm{d}x - (d-a)\left[f\left(\frac{1}{e} \cdot b^{b/(b-a)} a^{a/(a-b)} \right) \right]^{(b-a)/(d-a)} \cdot$$

$$\left[f\left(\frac{1}{e} \cdot d^{d/(d-b)} b^{b/(b-d)} \right) \right]^{(d-b)/(d-a)} \leq$$

$$\int_a^d f(x)\,\mathrm{d}x - (d-a)f\left[\left(\frac{1}{e} \cdot b^{b/(b-a)} a^{a/(a-b)} \right)^{(b-a)/(d-a)} \cdot \right.$$

$$\left. \left(\frac{1}{e} \cdot d^{d/(d-b)} b^{b/(b-d)} \right)^{(d-b)/(d-a)} \right] =$$

$$\int_a^d f(x)\,\mathrm{d}x - (d-a)f\left(\frac{1}{e} \cdot d^{d/(d-a)} a^{a/(a-d)} \right) =$$

$$A(f;a,d)$$

至此式(4.7.6) 得证.

同时

$$B(f;a,b) + B(f;b,d) = \frac{b-a}{\ln b - \ln a}f(a) - af(a) +$$

$$\left(\frac{d-b}{\ln d - \ln b} - \frac{b-a}{\ln b - \ln a} \right)f(b) +$$

$$df(d) - \frac{d-b}{\ln d - \ln b}f(d) - \int_a^d f(x)\,\mathrm{d}x =$$

$$B(f;a,d) + \left(\frac{b-a}{\ln b - \ln a} - \frac{d-a}{\ln d - \ln a} \right)f(a) +$$

$$\left(\frac{d-b}{\ln d-\ln b}-\frac{b-a}{\ln b-\ln a}\right)f(b)+$$
$$\left(\frac{d-a}{\ln d-\ln a}-\frac{d-b}{\ln d-\ln b}\right)f(d)\leqslant$$
$$B(f;a,d).$$

而最后一式是由引理 4.7.1 推得的. 至此定理 4.7.4 证毕.

推论 4.7.5 设 $d \geqslant b \geqslant c \geqslant a > 0, f:[a,d] \to \mathbb{R}_{++}$ 为几何凸函数，则

(ⅰ) $A(f;a,d) \geqslant A(f;b,c), B(f;a,d) \geqslant B(f;b,c)$.

(ⅱ) $A(f;a,x):[a,d] \to [0,+\infty)$ 和 $B(f;a,x):[a,d] \to [0,+\infty)$ 为单调增加函数.

证明 (ⅰ) 由定理 4.7.3 知
$$A(f;a,d) \geqslant A(f;a,b) + A(f;b,c) + A(f;c,d) \geqslant A(f;b,c)$$
对于 $B(f;a,d) \geqslant B(f;b,c)$, 可类似证明.

(ⅱ) 由定理 4.7.3 知, 当 $b < c$ 时, $A(f;a,c) \geqslant A(f;a,b) + A(f;b,c) \geqslant A(f;a,b)$, 同理可证 $B(f;a,c) \geqslant B(f;a,b)$, 故结论 (ⅱ) 为真.

定理 4.7.6 设 $d \geqslant b \geqslant a > 0, f:[a,d] \to \mathbb{R}_{++}$ 为几何凸函数，则
$$0 \leqslant C(f;a,b) + C(f;b,d) \leqslant C(f;a,d) \tag{4.7.8}$$
$$0 \leqslant D(f;a,b) + D(f;b,d) \leqslant D(f;a,d) \tag{4.7.9}$$

证明 $C(f;a,b) + C(f;b,d) \geqslant 0$ 和 $D(f;a,b) + D(f;b,d) \geqslant 0$ 显然成立, 同时

$$C(f;a,b) + C(f;b,d) = \int_a^d f(x)\mathrm{d}x - (\ln b - \ln a)\sqrt{ab}f(\sqrt{ab}) -$$
$$(\ln d - \ln b)\sqrt{bd}f(\sqrt{bd}) =$$
$$C(f;a,d) + (\ln d - \ln a) \times$$
$$\left[\sqrt{ad}f(\sqrt{ad}) - \frac{\ln b - \ln a}{\ln d - \ln a}\sqrt{ab}f(\sqrt{ab}) - \frac{\ln d - \ln b}{\ln d - \ln a}\sqrt{bd}f(\sqrt{bd})\right]$$

由 Young 不等式和几何凸函数的定义知
$$C(f;a,b) + C(f;b,d) \leqslant C(f;a,d) + (\ln d - \ln a) \cdot$$
$$\left[\sqrt{ad}f(\sqrt{ad}) - (\sqrt{ab}f(\sqrt{ab}))^{(\ln b - \ln a)/(\ln d - \ln a)} \cdot \right.$$
$$\left.(\sqrt{bd}f(\sqrt{bd}))^{(\ln d - \ln b)/(\ln d - \ln a)}\right]$$

又因 $b = a^{(\ln d - \ln b)/(\ln d - \ln a)} \cdot d^{(\ln b - \ln a)/(\ln d - \ln a)}$, 故
$$C(f;a,b) + C(f;b,d) \leqslant C(f;a,d) + (\ln d - \ln a) \cdot \left[\sqrt{ad}f(\sqrt{ad}) - \right.$$
$$\left.\sqrt{ad}f((\sqrt{ab})^{(\ln b - \ln a)/(\ln d - \ln a)}\right.\cdot$$

$$(\sqrt{bd})^{(\ln d - \ln b)/(\ln d - \ln a)})] =$$
$$C(f;a,d) + (\ln d - \ln a) \cdot$$
$$(\sqrt{ad}f(\sqrt{ad}) - \sqrt{ad}f(\sqrt{ad})) =$$
$$C(f;a,d)$$

式(4.7.8)得证.

同时

$$D(f;a,b) + D(f;b,d) - D(f;a,d) =$$
$$(\ln b - \ln a)\frac{bf(b) - af(a)}{\ln(bf(b)) - \ln(af(a))} +$$
$$(\ln d - \ln b)\frac{df(d) - bf(b)}{\ln(df(d)) - \ln(bf(b))} -$$
$$(\ln d - \ln a)\frac{df(d) - af(a)}{\ln(df(d)) - \ln(af(a))} =$$
$$\ln b \cdot \left(\frac{bf(b) - af(a)}{\ln(bf(b)) - \ln(af(a))} - \frac{df(d) - bf(b)}{\ln(df(d)) - \ln(bf(b))}\right) +$$
$$\ln a \cdot \left(\frac{df(d) - af(a)}{\ln(df(d)) - \ln(af(a))} - \frac{bf(b) - af(a)}{\ln(bf(b)) - \ln(af(a))}\right) +$$
$$\ln d \cdot \left(\frac{df(d) - bf(b)}{\ln(df(d)) - \ln(bf(b))} - \frac{df(d) - af(a)}{\ln(df(d)) - \ln(af(a))}\right)$$

如果此时设

$$\Delta_1 = bf(b)[\ln(df(d)) - \ln(af(a))] +$$
$$df(d)[\ln(af(a)) - \ln(bf(b))] +$$
$$af(a)[\ln(bf(b)) - \ln(df(d))]$$
$$\Delta_2 = (\ln(bf(b)) - \ln(af(a)))(\ln(df(d)) - \ln(bf(b))) \times$$
$$(\ln(af(a)) - \ln(df(d)))$$

由引理 4.7.2 知 $\frac{\Delta_1}{\Delta_2} \geq 0$,故

$$D(f;a,b) + D(f;b,d) - D(f;a,d) =$$
$$\Delta_1\left[\frac{\ln b}{\ln\left(\frac{bf(b)}{af(a)}\right) \cdot \ln\left(\frac{df(d)}{bf(b)}\right)} - \frac{\ln a}{\ln\left(\frac{df(d)}{af(a)}\right) \cdot \ln\left(\frac{bf(b)}{af(a)}\right)}\right] -$$
$$\Delta_1 \frac{\ln d}{\ln\left(\frac{df(d)}{bf(b)}\right) \cdot \ln\left(\frac{df(d)}{af(a)}\right)} =$$
$$\frac{\Delta_1}{\Delta_2}[-\ln f(a) \cdot (\ln d - \ln b) +$$
$$\ln f(b) \cdot (\ln d - \ln a) - \ln f(d) \cdot (\ln b - \ln a)] =$$
$$\frac{\Delta_1(\ln d - \ln a)}{\Delta_2} \cdot [\ln f(b) - \ln[(f(a))^{\frac{\ln d - \ln b}{\ln d - \ln a}} \cdot (f(d))^{\frac{\ln b - \ln a}{\ln d - \ln a}}]]$$

再利用几何凸函数的定义有
$$D(f;a,b) + D(f;b,d) - D(f;a,d) \leqslant$$
$$\frac{\Delta_1(\ln d - \ln a)}{\Delta_2} \cdot [\ln f(b) - \ln(f(a^{\frac{\ln d - \ln b}{\ln d - \ln a}} d^{\frac{\ln b - \ln a}{\ln d - \ln a}}))] =$$
$$\frac{\Delta_1(\ln d - \ln a)}{\Delta_2}(\ln f(b) - \ln f(b)) = 0$$

至此定理证毕.

类似以上分析证明,可证以下结果,详细过程在此略,读者不妨一试.

推论 4.7.7 设 $d \geqslant b \geqslant c \geqslant a > 0, f:[a,d] \to \mathbb{R}_{++}$ 为几何凸函数,则

(ⅰ) $C(f;a,d) \geqslant C(f;b,c), D(f;a,d) \geqslant D(f;b,c)$.

(ⅱ) $C(f;a,x):[a,d] \to [0,+\infty)$ 和 $D(f;a,x):[a,d] \to [0,+\infty)$ 为单调增加函数.

定理 4.7.8 设 $d \geqslant b \geqslant a > 0, f:[a,d] \to \mathbb{R}_{++}$ 为几何凸函数,则
$$0 \leqslant E(f;a,b) + E(f;b,d) \leqslant E(f;a,d)$$
$$0 \leqslant F(f;a,b) + F(f;b,d) \leqslant F(f;a,d)$$

推论 4.7.9 设函数 f 在 $[a,d]$ 上为几何凸函数,则

(ⅰ) $E(f;a,d) \geqslant E(f;b,c), F(f;a,d) \geqslant F(f;b,c)$.

(ⅱ) $E(f;a,x):[a,d] \to [0,+\infty)$ 和 $F(f;a,x):[a,d] \to [0,+\infty)$ 为单调增加函数.

定理 4.7.10 设 $b \geqslant a > 0, f:[a,b] \to \mathbb{R}_{++}$ 是几何凸函数,任取 $x_i \in [a,b], i = 1,2,\cdots$,记 $F(n) = \sum_{i=1}^{n} f(x_i) - nf\left(\sqrt[n]{\prod_{i=1}^{n} x_i}\right)$,则数列 $\{F(n)\}_{n=1}^{+\infty}$ 为单调递增数列.

证明 因 $F(n+1) - F(n) = f(x_{n+1}) - (n+1)f\left(\sqrt[n+1]{\prod_{i=1}^{n+1} x_i}\right) + nf\left(\sqrt[n]{\prod_{i=1}^{n} x_i}\right)$,故 $F(n+1) - F(n) \geqslant 0$ 等价于

$$\frac{1}{n+1}f(x_{n+1}) + \frac{n}{n+1}f\left(\sqrt[n]{\prod_{i=1}^{n} x_i}\right) \geqslant f\left(\sqrt[n+1]{\prod_{i=1}^{n+1} x_i}\right)$$

利用 Young 不等式及几何凸函数的定义知

$$\frac{1}{n+1}f(x_{n+1}) + \frac{n}{n+1}f\left(\sqrt[n]{\prod_{i=1}^{n} x_i}\right) \geqslant (f(x_{n+1}))^{\frac{1}{n+1}}\left(f\left(\sqrt[n]{\prod_{i=1}^{n} x_i}\right)\right)^{\frac{n}{n+1}} \geqslant$$

$$f\left(x_{n+1}^{\frac{1}{n+1}} \cdot \left(\sqrt[n]{\prod_{i=1}^{n} x_i}\right)^{\frac{n}{n+1}}\right) =$$

$$f\left(\sqrt[n+1]{\prod_{i=1}^{n+1} x_i}\right)$$

至此定理得证.

引理 4.7.11[163,P.234] 设 $n \in \mathbb{N}_+, x_i, y_i \in \mathbb{R}(i=1,2,\cdots,n), x_1 \geqslant x_2 \geqslant \cdots \geqslant x_n, \sum_{i=1}^n x_i = \sum_{i=1}^n y_i$,若存在 $k \in \mathbb{N}_{++}, 1 \leqslant k \leqslant n$,使得

$$x_i \leqslant y_i (i = 1,2,\cdots,k); \quad x_i \geqslant y_i (i = k+1, k+2, \cdots, n)$$

则 $x \prec y$.

引理 4.7.12[4,P.6] 设 $n, m \in \mathbb{N}_{++}, u, v \in \mathbb{R}^n, x, y \in \mathbb{R}^m$,且 $u \prec v$ 和 $x \prec y$,则 $(x, u) \prec (y, v)$.

引理 4.7.13 设 $\lambda > 1, n \in \mathbb{N}_{++}$,则 $(n+1)(n+2)$ 维向量

$$y = (\underbrace{\lambda, \cdots, \lambda}_{n+2}, \underbrace{\lambda^{\frac{n-1}{n}}, \cdots, \lambda^{\frac{n-1}{n}}}_{n+2}, \underbrace{\lambda^{\frac{n-2}{n}}, \cdots, \lambda^{\frac{n-2}{n}}}_{n+2}, \cdots, \underbrace{1, \cdots, 1}_{n+2})$$

对数控制

$$x = (\underbrace{\lambda, \cdots, \lambda}_{n+1}, \underbrace{\lambda^{\frac{n}{n+1}}, \cdots, \lambda^{\frac{n}{n+1}}}_{n+1}, \underbrace{\lambda^{\frac{n-1}{n+1}}, \cdots, \lambda^{\frac{n-1}{n+1}}}_{n+1}, \cdots, \underbrace{1, \cdots, 1}_{n+1})$$

证明 记

$$v = \left(\underbrace{1, \cdots, 1}_{n+2}, \underbrace{\frac{n-1}{n}, \cdots, \frac{n-1}{n}}_{n+2}, \underbrace{\frac{n-2}{n}, \cdots, \frac{n-2}{n}}_{n+2}, \cdots, \underbrace{\frac{1}{n}, \cdots, \frac{1}{n}}_{n+2}, \underbrace{0, \cdots 0}_{n+2}\right)$$

$$u = \left(\underbrace{1, \cdots, 1}_{n+1}, \underbrace{\frac{n}{n+1}, \cdots, \frac{n}{n+1}}_{n+1}, \underbrace{\frac{n-1}{n+1}, \cdots, \frac{n-1}{n+1}}_{n+1}, \cdots, \underbrace{\frac{1}{n+1}, \cdots, \frac{1}{n+1}}_{n+1}, \underbrace{0, \cdots, 0}_{n+1}\right)$$

则 $\ln x = (\ln \lambda) \cdot u, \ln y = (\ln \lambda) \cdot v$. 因 $\lambda > 1$,所以 $\ln \lambda > 0$. 欲证 $\ln x \prec \ln y$,只需证 $u \prec v$.

将 v 和 u 的分量按先后顺序分成 $(n+2)$ 组,每组 $n+1$ 个分量,则第 i 组分别为

$$q = \left(\underbrace{\frac{n-i+1}{n}, \cdots \frac{n-i+1}{n}}_{i}, \underbrace{\frac{n-i}{n}, \cdots \frac{n-i}{n}}_{n-i+1}\right)$$

$$p = \left(\underbrace{\frac{n-i+1}{n+1}, \cdots, \frac{n-i+1}{n+1}}_{n+1}\right), i = 0, 1, \cdots n+1$$

由引理 4.7.11 知 $p \prec q, i = 0,1,\cdots n+1$,再根据引理 4.7.12 知 $u \prec v$.

定理 4.7.14 设 $b > a > 0, f:[a,b] \to \mathbb{R}_{++}$ 是几何凸函数,记

$$F(n) = \sqrt[n+1]{\prod_{i=0}^{n} f\left(\sqrt[n]{a^{n-i}b^i}\right)}$$

则数列 $\{F(n)\}_{n=1}^{+\infty}$ 为单调递减数列,且收敛于

$$\exp\left(\frac{1}{\ln b - \ln a} \cdot \int_{\ln a}^{\ln b} \ln f(e^x) dx\right)$$

证明 在引理 4.7.13 中令 $\lambda = \frac{b}{a} > 1$,知

$$\Big(\underbrace{\frac{b}{a}, \cdots, \frac{b}{a}}_{n+2}, \underbrace{\Big(\frac{b}{a}\Big)^{\frac{n-1}{n}}, \cdots, \Big(\frac{b}{a}\Big)^{\frac{n-1}{n}}}_{n+2}, \underbrace{\Big(\frac{b}{a}\Big)^{\frac{n-2}{n}}, \cdots, \Big(\frac{b}{a}\Big)^{\frac{n-2}{n}}}_{n+2}, \cdots, \underbrace{1, \cdots, 1}_{n+2}\Big)$$

对数控制

$$\Big(\underbrace{\frac{b}{a}, \cdots, \frac{b}{a}}_{n+1}, \underbrace{\Big(\frac{b}{a}\Big)^{\frac{n}{n+1}}, \cdots, \Big(\frac{b}{a}\Big)^{\frac{n}{n+1}}}_{n+1}, \underbrace{\Big(\frac{b}{a}\Big)^{\frac{n-1}{n+1}}, \cdots, \Big(\frac{b}{a}\Big)^{\frac{n-1}{n+1}}}_{n+1}, \cdots, \underbrace{1, \cdots, 1}_{n+1}\Big)$$

进而有

$$\Big(\underbrace{b, \cdots, b}_{n+2}, \underbrace{b^{\frac{n-1}{n}}a^{\frac{1}{n}}, \cdots, b^{\frac{n-1}{n}}a^{\frac{1}{n}}}_{n+2}, \underbrace{b^{\frac{n-2}{n}}a^{\frac{2}{n}}, \cdots, b^{\frac{n-2}{n}}a^{\frac{2}{n}}}_{n+2}, \cdots, \underbrace{a, \cdots, a}_{n+2}\Big)$$

对数控制

$$\Big(\underbrace{b, \cdots, b}_{n+1}, \underbrace{b^{\frac{n}{n+1}}a^{\frac{1}{n+1}}, \cdots, b^{\frac{n}{n+1}}a^{\frac{1}{n+1}}}_{n+1}, \underbrace{b^{\frac{n-1}{n+1}}a^{\frac{2}{n+1}}, \cdots, b^{\frac{n-1}{n+1}}a^{\frac{2}{n+1}}}_{n+1}, \cdots, \underbrace{a, \cdots, a}_{n+1}\Big)$$

又易知函数 $\prod_{i=1}^{n} f(x_i)$ 在 $[a,b]^{(n+1)(n+2)}$ 上为几何凸函数,所以有

$$\Big(\prod_{i=0}^{n} f\big(\sqrt[n]{a^{n-i}b^i}\big)\Big)^{n+2} \geqslant \Big(\prod_{i=0}^{n+1} f\big(\sqrt[n+1]{a^{n+1-i}b^i}\big)\Big)^{n+1}$$

此时

$$\Big(\frac{F(n+1)}{F(n)}\Big)^{(n+1)(n+2)} = \frac{\Big(\prod_{i=0}^{n+1} f\big(\sqrt[n+1]{a^{n+1-i}b^i}\big)\Big)^{n+1}}{\Big(\prod_{i=0}^{n} f\big(\sqrt[n]{a^{n-i}b^i}\big)\Big)^{n+2}} \leqslant 1$$

故数列 $\{F(n)\}_{n=1}^{+\infty}$ 为单调递减数列,且有

$$\ln F(n) = \frac{1}{n+1}\sum_{i=0}^{n} \ln f\big(\sqrt[n]{a^{n-i}b^i}\big) =$$

$$\frac{1}{n+1}\sum_{i=0}^{n} \ln\Big[f\Big(\exp\Big(\frac{n-i}{n}\ln a + \frac{i}{n}\ln b\Big)\Big)\Big] =$$

$$\frac{1}{\ln b - \ln a} \cdot \frac{\ln b - \ln a}{n+1} \cdot \sum_{i=0}^{n} \ln\Big[f\Big(\exp\Big(\frac{n-i}{n}\ln a + \frac{i}{n}\ln b\Big)\Big)\Big]$$

所以当 $n \to +\infty$ 时,有

$$\ln F(n) \to \frac{1}{\ln b - \ln a}\int_{\ln a}^{\ln b} \ln f(e^x) dx$$

$$F(n) \to \exp\left(\frac{1}{\ln b - \ln a}\int_{\ln a}^{\ln b}\ln f(e^x)\,dx\right)$$

定理证毕.

定理 4.7.15 设 $b > a > 0, f:[a,b] \to \mathbb{R}_{++}$ 是几何凸函数,记

$$F(n) = \frac{1}{n+1}\sum_{i=0}^{n}f(\sqrt[n]{a^{n-i}b^i})$$

则数列 $\{F(n)\}_{n=1}^{+\infty}$ 为单调递减数列,且收敛于 $\dfrac{1}{\ln b - \ln a}\cdot\int_{\ln a}^{\ln b}f(e^x)\,dx$.

证明 因函数 $\sum_{i=1}^{(n+1)(n+2)}f(x_i)$ 在 $[a,b]^{(n+1)(n+2)}$ 上为几何凸函数,由引理 4.7.13 知

$$(n+2)\sum_{i=0}^{n}f(\sqrt[n]{a^{n-i}b^i}) \geqslant (n+1)\sum_{i=0}^{n+1}f(\sqrt[n+1]{a^{n+1-i}b^i})$$
$$F(n) \geqslant F(n+1)$$

又当 $n \to +\infty$ 时,有

$$F(n) = \frac{1}{n+1}\sum_{i=1}^{n}f(\sqrt[n]{a^{n-i}b^i}) =$$
$$\frac{1}{n+1}\sum_{i=1}^{n}\left[f\left(\exp\left(\frac{n-i}{n}\ln a + \frac{i}{n}\ln b\right)\right)\right] \to$$
$$\frac{1}{\ln b - \ln a}\int_{\ln a}^{\ln b}f(e^x)\,dx$$

定理证毕.

推论 4.7.16(Rado 不等式) 设 $x_i > 0(i=1,2,\cdots)$,记

$$A_n(x) = \frac{\sum_{i=1}^{n}x_i}{n},\ G_n(x) = \sqrt[n]{\prod_{i=1}^{n}x_i},\ R_n(x) = n[A_n(x) - G_n(x)]$$

则 $R_{n-1}(x) \leqslant R_n(x)$.

若设 $a_n = \min\{x_1,x_2,\cdots,x_n\}, b_n = \max\{x_1,x_2,\cdots,x_n\}$,则易证 $f(x) = x$ 是 $[a_n,b_n]$ 上的几何凸函数,再由定理 4.7.10 知推论 4.7.16 为真.

推论 4.7.17 设 $b > a > 0, n \geqslant 2$,则

$$\frac{a+b}{2} \geqslant \frac{a+\sqrt{ab}+b}{3} \geqslant \cdots \geqslant \frac{a + a^{\frac{(n-1)}{n}}b^{\frac{1}{n}} + \cdots + a^{\frac{1}{n}}b^{\frac{(n-1)}{n}} + b}{n+1} \geqslant \cdots \geqslant$$
$$\frac{b-a}{\ln b - \ln a}.$$

易证 $f(x) = x$ 是 $[a,b]$ 上的几何凸函数,再由定理 4.7.15 知推论 4.7.17 为真.

定理 4.7.18 设 $b > a > 0, f$ 为 $[a,b]$ 上的几何凸函数,则 $f(x) + f(a) -$

$2f(\sqrt{xa})$ 在 $[a,b]$ 上为单调增加函数.

证明 任取 $z_1, z_2 \in [a,b]$, $z_1 < z_2$ 下证
$$f(z_2) + f(a) - 2f(\sqrt{z_2 a}) \geq f(z_1) + f(a) - 2f(\sqrt{z_1 a})$$
$$f(z_2) + 2f(\sqrt{z_1 a}) \geq f(z_1) + 2f(\sqrt{z_2 a}) \qquad (4.7.10)$$

又因 $f(x_1) + f(x_2) + f(x_3)$ 为 $[a,b]^3$ 几何凸函数,且当 $\sqrt{z_2 a} \geq z_1$ 时,有
$$z_2 \geq \sqrt{z_2 a}, \quad z_2 \cdot \sqrt{z_1 a} \geq \sqrt{z_1 a} \cdot \sqrt{z_2 a}$$
$$z_2 \sqrt{z_1 a} \sqrt{z_1 a} = \sqrt{z_2 a} \cdot \sqrt{z_2 a} \cdot z_1$$

当 $\sqrt{z_2 a} \leq z_1$ 时,有
$$z_2 \geq z_1, \quad z_2 \sqrt{z_1 a} \geq z_1 \sqrt{z_2 a}$$
$$z_2 \sqrt{z_1 a} \sqrt{z_1 a} = z_1 \cdot \sqrt{z_2 a} \cdot \sqrt{z_2 a}$$

总之 $(z_2, \sqrt{z_1 a}, \sqrt{z_1 a})$ 几何控制 $(z_1, \sqrt{z_2 a}, \sqrt{z_2 a})$,从而知式 (4.7.10) 成立, 至此定理得证.

定理 4.7.19 设 $b > a > 0$, f 是 $[a,b]$ 上的几何凸,任取 $\alpha, \beta \in (0,1)$, 且 $\alpha + \beta = 1$,则 $\dfrac{f^\alpha(x) f^\beta(a)}{f(x^\alpha a^\beta)}$ 在 $[a,b]$ 上为单调增加函数.

证明 任取 $z_1, z_2 \in [a,b]$, $z_1 < z_2$, 下证
$$\frac{f^\alpha(z_2) f^\beta(a)}{f(z_2^\alpha a^\beta)} \geq \frac{f^\alpha(z_1) f^\beta(a)}{f(z_1^\alpha a^\beta)}, \frac{f(z_2)}{f(z_1)} \geq \left(\frac{f(z_2^\alpha a^\beta)}{f(z_1^\alpha a^\beta)}\right)^{\frac{1}{\alpha}} \qquad (4.7.11)$$

若 $z_1 = a$,式 (4.7.11) 易由几何凸函数定义推得;若 $z_1 \neq a$,则有 $z_1^\alpha a^\beta < z_2^\alpha a^\beta < z_2, z_1^\alpha a^\beta < z_1 < z_2$,和 $\dfrac{z_2}{z_1} = \left(\dfrac{z_2^\alpha a^\beta}{z_1^\alpha a^\beta}\right)^{\frac{1}{\alpha}}$ 成立,再由定理 2.6.5 可推得式 (4.7.11) 成立,至此知定理得证.

4.8 二个概率积分不等式的改进

设 $x > 0$,则 $R(x) = e^{\frac{x^2}{2}} \int_x^{+\infty} e^{-\frac{t^2}{2}} dt$ 称为 Mill 比,它在概率统计中占有十分重要的地位,关于它有许多研究.同时,文献[6]介绍了 Conte 不等式:设 $x > 0$, 则
$$\left(x + \frac{x^2}{24} + \frac{x^3}{12}\right) e^{-\frac{3x^2}{4}} < e^{-x^2} \int_0^x e^{t^2} dx < \frac{\pi^2}{8x}(1 - e^{-x^2}) \qquad (4.8.1)$$

本节将介绍文献[247]、[248]中的结果,就是利用几何凸函数的积分性质,首先给出关于 Mill 比二个更强的新结果,后再改进 (4.8.1) 此不等式,而且使形式更

合理.

关于 Mill 比,第一个结果是由 R. D. Gordon 在文献[219]得到了(也可见文献[6]、[2]):

$$\frac{x}{x^2+1} \leq R(x) \leq \frac{1}{x} \qquad (4.8.2)$$

而后,Z. W. Brinbaum, M. R. Sampford, R. F. Tate 和 Y. Komatu 都对式(4.8.2)进行了加强(见文献[225]、[226]),H. O. Pollak 在文献[236]中得到了一个最佳式:

$$\frac{2}{\sqrt{x^2+\alpha}+x} < R(x) < \frac{2}{\sqrt{x^2+\beta}+x} \qquad (4.8.3)$$

其中 $\alpha = 4, \beta = \dfrac{8}{\pi}$ 为最佳. A. V. Boyd 在文献[237]中也得到另一形式的最佳式:

$$\frac{\pi}{\sqrt{x^2+2\pi}+(\pi-1)x} < R(x) < \frac{\pi}{\sqrt{(\pi-2)^2 x^2+2\pi}+2x} \qquad (4.8.4)$$

为了以下的需要,我们先介绍下引理.

引理 4.8.1 设 $x > 0, T_1(x) = \displaystyle\int_x^{+\infty} e^{-\frac{t^2}{2}} dt$,则

(i) $T_2(x) \triangleq \displaystyle\int_x^{+\infty} T_1(t) dt = e^{-\frac{x^2}{2}} - xT_1(x).$

(ii) $T_3(x) \triangleq \displaystyle\int_x^{+\infty} T_2(t) dt = \frac{1}{2}(1+x^2) T_1(x) - \frac{1}{2} x e^{-\frac{x^2}{2}}.$

(iii) $T_4(x) \triangleq \displaystyle\int_x^{+\infty} T_3(t) dt = \left(\frac{1}{6} x^2 + \frac{1}{3}\right) e^{-\frac{x^2}{2}} - \left(\frac{1}{2} x + \frac{1}{6} x^3\right) T_1(x).$

证明 $T_2(x) = \displaystyle\int_x^{+\infty}\left(\int_t^{+\infty} e^{-\frac{u^2}{2}} du\right) dt = \int_x^{+\infty} e^{-\frac{u^2}{2}}(u-x) du =$

$e^{-\frac{x^2}{2}} - xT_1(x)$

$T_3(x) = \displaystyle\int_x^{+\infty}(e^{-\frac{t^2}{2}} - tT_1(t)) dt = T_1(x) - \int_x^{+\infty}\left(\int_x^u t e^{-\frac{u^2}{2}} dt\right) du =$

$\left(1 + \dfrac{1}{2} x^2\right) T_1(x) - \dfrac{1}{2}\displaystyle\int_x^{+\infty} u^2 e^{-\frac{u^2}{2}} du = \dfrac{1}{2}(1+x^2) T_1(x) - \dfrac{1}{2} x e^{-\frac{x^2}{2}}$

$T_4(x) = \dfrac{1}{2}\displaystyle\int_x^{+\infty}[(1+t^2) T_1(t) - t e^{-\frac{t^2}{2}}] dt =$

$\dfrac{1}{2}\left[\displaystyle\int_x^{+\infty} e^{-\frac{u^2}{2}}\left(u - x + \frac{1}{3} u^3 - \frac{1}{3} x^3\right) du - e^{-\frac{x^2}{2}}\right] =$

$\dfrac{1}{2}\left[-\dfrac{1}{3}\displaystyle\int_x^{+\infty} u^2 d(e^{-\frac{u^2}{2}}) - \left(x + \frac{1}{3} x^3\right) T_1(x)\right] =$

$$\left(\frac{1}{6}x^2 + \frac{1}{3}\right)e^{-\frac{x^2}{2}} - \left(\frac{1}{2}x + \frac{1}{6}x^3\right)T_1(x)$$

引理 4.8.1 证毕.

定理 4.8.1 （1）若 $x \geqslant \sqrt{\dfrac{2}{\pi + 2}} = 0.6236\cdots$，则

$$R(x) \leqslant \frac{2x}{\sqrt{x^4 + 6x^2 + 1} + x^2 - 1} \tag{4.8.5}$$

（2）若 $x \geqslant \sqrt{\dfrac{\pi}{30 - 6\pi}} = 0.5307\cdots$，则

$$R(x) \geqslant \frac{6x}{\sqrt{x^4 + 10x^2 + 1} + 5x^2 + 1} \tag{4.8.6}$$

证明 由定理 1.2.2 易知 $e^{-\frac{x^2}{2}}$ 在 $(0, +\infty)$ 为几何凹函数，由推论 4.2.8 的（ii）知 $T_1(x)$ 在 $(0, +\infty)$ 为几何凹函数，进而 $T_2(x)$ 和 $T_3(x)$ 在 $(0, +\infty)$ 都为几何凹函数. 由引理 4.8.1 和式 (4.8.3) 知，当 $x \geqslant \sqrt{\dfrac{2}{\pi + 2}}$ 时

$$T_2(x) + xT_2'(x) = e^{-\frac{x^2}{2}} - 2xT_1(x) = e^{-\frac{x^2}{2}}(1 - 2xR(x)) <$$

$$e^{-\frac{x^2}{2}}\left(1 - 2x \cdot \frac{\pi}{\sqrt{x^2 + 2\pi} + (\pi - 1)x}\right) \leqslant 0$$

即知 $T_2(x) + xT_2'(x)$ 在 $\left[\sqrt{\dfrac{2}{(\pi + 2)}}, +\infty\right)$ 上不变号. 根据引理 4.2.19，对于 $\sqrt{\dfrac{2}{\pi + 2}} \leqslant x < b$，都有

$$\int_x^b T_2(t)\,dt \leqslant \frac{b(e^{-\frac{b^2}{2}} - bT_1(b))^2}{e^{-\frac{b^2}{2}} - 2bT_1(b)} - \frac{x(e^{-\frac{x^2}{2}} - xT_1(x))^2}{e^{-\frac{x^2}{2}} - 2xT_1(x)}$$

$$\int_x^b T_2(t)\,dt \leqslant \frac{xe^{-\frac{x^2}{2}}(1 - xR(x))^2}{2xR(x) - 1} - \frac{be^{-\frac{b^2}{2}}(1 - bR(b))^2}{2bR(b) - 1} \tag{4.8.7}$$

在式 (4.8.7) 中令 $b \to +\infty$，由于 $R(b) = O\left(\dfrac{1}{b}\right)$，易有

$$\lim_{b \to +\infty} \frac{be^{-\frac{b^2}{2}}(1 - bR(b))^2}{2bR(b) - 1} = 0$$

所以有

$$\int_x^{+\infty} T_2(t)\,dt = T_3(x) \leqslant \frac{xe^{-\frac{x^2}{2}}(1 - xR(x))^2}{2xR(x) - 1}$$

$$\frac{1}{2}(1 + x^2)T_1(x) - \frac{1}{2}xe^{-\frac{x^2}{2}} \leqslant \frac{xe^{-\frac{x^2}{2}}(1 - xR(x))^2}{2xR(x) - 1}$$

$$2xR^2(x) + (x^2 - 1)R(x) - x \leqslant 0$$

$$R(x) \leqslant \frac{2x}{\sqrt{x^4 + 6x^2 + 1} + x^2 - 1}$$

同理,当 $x \geqslant \sqrt{\dfrac{\pi}{30 - 6\pi}}$ 时,由式(4.8.4) 知

$$T_3(x) + xT_3'(x) = T_3(x) - xT_2(x) = \frac{1}{2}\mathrm{e}^{-\frac{x^2}{2}}[(1 + 3x^2)R(x) - 3x] <$$

$$\frac{1}{2}\mathrm{e}^{-\frac{x^2}{2}}\left[(1 + 3x^2)\frac{\pi}{\sqrt{(\pi - 2)^2 x^2 + 2\pi} + 2x} - 3x\right] < 0$$

知 $T_3(x) + xT_3'(x)$ 在 $\left[\sqrt{\dfrac{\pi}{30 - 6\pi}}, +\infty\right)$ 上不变号. 当 $\sqrt{\dfrac{\pi}{30 - 6\pi}} \leqslant x < b$ 时,由引理4.2.19,我们有

$$\int_x^b T_3(t)\,\mathrm{d}t \leqslant \frac{bT_3^2(b)}{T_3(b) - bT_2(b)} - \frac{xT_3^2(x)}{T_3(x) - xT_2(x)}$$

$$\int_x^b T_3(t)\,\mathrm{d}t \leqslant \frac{b\left[\frac{1}{2}(1 + b^2)T_1(b) - \frac{1}{2}b\mathrm{e}^{-\frac{b^2}{2}}\right]^2}{\frac{1}{2}(1 + b^2)T_1(b) - \frac{1}{2}b\mathrm{e}^{-\frac{b^2}{2}} - b(\mathrm{e}^{-\frac{b^2}{2}} - bT_1(b))} -$$

$$\frac{x\left[\frac{1}{2}(1 + x^2)T_1(x) - \frac{1}{2}x\mathrm{e}^{-\frac{x^2}{2}}\right]^2}{\frac{1}{2}(1 + x^2)T_1(x) - \frac{1}{2}x\mathrm{e}^{-\frac{x^2}{2}} - x(\mathrm{e}^{-\frac{x^2}{2}} - xT_1(x))}$$

$$\int_x^b T_3(t)\,\mathrm{d}t \leqslant \frac{x\mathrm{e}^{-\frac{x^2}{2}}[(1 + x^2)R(x) - x]^2}{6x - (2 + 6x^2)R(x)} - \frac{b\mathrm{e}^{-\frac{b^2}{2}}[(1 + b^2)R(b) - b]^2}{6b - (2 + 6b^2)R(b)}$$

(4.8.8)

当 $b \to +\infty$ 时,由式(4.8.3) 知

$$\lim_{b \to +\infty} \frac{b\mathrm{e}^{-\frac{b^2}{2}}[(1 + b^2)R(b) - b]^2}{6b - (2 + 6b^2)R(b)} \leqslant \lim_{b \to +\infty} \frac{b\mathrm{e}^{-\frac{b^2}{2}}[(1 + b^2)R(b) - b]^2}{6b - (2 + 6b^2)\dfrac{2}{\sqrt{b^2 + \dfrac{8}{\pi}} + b}} = 0$$

所以在式(4.8.8),若令 $b \to +\infty$,有

$$T_4(x) \leqslant \frac{x\mathrm{e}^{-\frac{x^2}{2}}[(1 + x^2)R(x) - x]^2}{6x - (2 + 6x^2)R(x)}$$

根据引理 4.8.1

$$\left(\frac{1}{6}x^2 + \frac{1}{3}\right)\mathrm{e}^{-\frac{x^2}{2}} - \left(\frac{1}{2}x + \frac{1}{6}x^3\right)T_1(x) \leqslant \frac{x\mathrm{e}^{-\frac{x^2}{2}}[(1 + x^2)R(x) - x]^2}{6x - (2 + 6x^2)R(x)}$$

$$2x^3 R^2(x) - (5x^2 + 1) R(x) + 3x \leqslant 0$$

$$R(x) \geqslant \frac{6x}{\sqrt{x^4 + 10x^2 + 1} + 5x^2 + 1}$$

定理证毕.

可以证明:当 $x > 1.14$ 时,式(4.8.5) 强于式(4.8.3) 的右式;当 $x > 2.1$ 时,式(4.8.5) 强于式(4.8.6) 的右式;当 $x > \frac{\sqrt{2}}{2}$ 时,式(4.8.6) 强于式(4.8.3) 的左式;当 $x > 1.61$ 时,式(4.8.6) 强于式(4.8.7) 的左式.

引理 4.8.3 设 $x > 0$
$$H_1(x) = \int_0^x e^{x_1^2} dx_1, \quad H_n(x) = \int_0^x dx_1 \int_0^{x_1} dx_2 \cdots \int_0^{x_{n-1}} e^{x_n^2} dx_n$$
其中 $n = 2, 3, \cdots$,则

(ⅰ) $H_2(x) = x T_1(x) - \frac{1}{2}(e^{x^2} - 1)$.

(ⅱ) $H_3(x) = \left(\frac{1}{2}x^2 - \frac{1}{4}\right) T_1(x) - \frac{x}{4} e^{x^2} + \frac{x}{2}$.

(ⅲ) $H_4(x) = \left(\frac{1}{6}x^3 - \frac{x}{4}\right) T_1(x) - \left(\frac{x^2}{12} - \frac{1}{12}\right) e^{x^2} + \frac{x^2}{4} - \frac{1}{12}$.

证明 (ⅰ) $H_2(x) = \int_0^x dx_1 \int_0^{x_1} e^{x_2^2} dx_2 = \int_0^x e^{x_2^2} dx_2 \int_{x_2}^x dx_1 =$

$$\int_0^x e^{x_2^2}(x - x_2) dx_2 = x H_1(x) - \frac{1}{2}(e^{x^2} - 1)$$

(ⅱ) 我们先证:当 $n \geqslant 3$ 时,有 $H_n(x) = x H_{n-1}(x) - \int_0^x x_1 H_{n-2}(x_1) dx_1$. 改变 $T_n(x)$ 的积分顺序,我们有

$$H_n(x) = \int_0^x (x - x_2) \left(\int_0^{x_2} dx_3 \cdots \int_0^{x_{n-1}} e^{x_n^2} dx_n\right) dx_2 =$$

$$x \int_0^x \left(\int_0^{x_2} dx_3 \cdots \int_0^{x_{n-1}} e^{x_n^2} dx_n\right) dx_2 -$$

$$\int_0^x x_2 \left(\int_0^{x_2} dx_3 \cdots \int_0^{x_{n-1}} e^{x_n^2} dx_n\right) dx_2 =$$

$$x H_{n-1}(x) - \int_0^x x_2 H_{n-2}(x_2) dx_2$$

所以

$$H_3(x) = x \left[x H_1(x) - \frac{1}{2}(e^{x^2} - 1)\right] - \int_0^x x_1 \int_0^{x_1} e^{u^2} du =$$

$$x^2 H_1(x) - \frac{x}{2} e^{x^2} + \frac{x}{2} - \int_0^x e^{u^2} du \int_u^x x_1 dx_1 =$$

$$\frac{1}{2}x^2 H_1(x) - \frac{x}{2}\mathrm{e}^{x^2} + \frac{x}{2} + \frac{1}{4}\int_0^x u\,\mathrm{d}(\mathrm{e}^{u^2}) =$$

$$\left(\frac{1}{2}x^2 - \frac{1}{4}\right)H_1(x) - \frac{x}{4}\mathrm{e}^{x^2} + \frac{x}{2}$$

(ⅲ) $H_4(x) = x\left[\left(\frac{1}{2}x^2 - \frac{1}{4}\right)H_1(x) - \frac{x}{4}\mathrm{e}^{x^2} + \frac{x}{2}\right] -$

$$\int_0^x x_1\left[x_1 H_1(x_1) - \frac{1}{2}(\mathrm{e}^{x_1^2} - 1)\right]\mathrm{d}x_1 =$$

$$\left(\frac{1}{2}x^3 - \frac{x}{4}\right)H_1(x) - \left(\frac{x^2}{4} - \frac{1}{4}\right)\mathrm{e}^{x^2} + \frac{x^2}{4} - \frac{1}{4} -$$

$$\int_0^x \mathrm{e}^{u^2}\mathrm{d}u\int_u^x x_1^2\,\mathrm{d}x_1 =$$

$$\left(\frac{1}{6}x^3 - \frac{x}{4}\right)H_1(x) - \left(\frac{x^2}{4} - \frac{1}{4}\right)\mathrm{e}^{x^2} + \frac{x^2}{4} - \frac{1}{4} +$$

$$\frac{1}{6}\int_0^x u^2\,\mathrm{d}(\mathrm{e}^{u^2}) =$$

$$\left(\frac{1}{6}x^3 - \frac{x}{4}\right)H_1(x) - \left(\frac{x^2}{12} - \frac{1}{12}\right)\mathrm{e}^{x^2} + \frac{x^2}{4} - \frac{1}{12}$$

引理 4.8.4 设 $a > 0$, $H_n(x)$ ($n = 1,2,3$) 如引理 4.8.4 所设,则 $\lim\limits_{a \to 0^+} \frac{aH_2(a)}{H_3(a)} = 3$.

证明 $\lim\limits_{a \to 0^+} \frac{aH_2(a)}{H_3(a)} = \lim\limits_{a \to 0^+} \frac{(aH_2(a))'}{H_3'(a)} = \lim\limits_{a \to 0^+} \frac{H_2(a) + aH_1(a)}{H_2(a)} =$

$$\lim_{a \to 0^+}\left(1 + \frac{H_1(a) + a\mathrm{e}^{a^2}}{H_1(a)}\right) = \lim_{a \to 0^+}\left(2 + \frac{(a\mathrm{e}^{a^2})'}{H_1'(a)}\right) = 3$$

定理 4.8.5 (ⅰ) $x > 0$ 若

$$\mathrm{e}^{-x^2}\int_0^x \mathrm{e}^{t^2}\mathrm{d}x \geqslant \frac{x - x\mathrm{e}^{-x^2}}{2x^2 - 1 + \mathrm{e}^{-x^2}} \tag{4.8.9}$$

(ⅱ) 若 $x > \frac{3\sqrt{2}}{2}$,则

$$\mathrm{e}^{-x^2}\int_0^x \mathrm{e}^{t^2}\mathrm{d}x \leqslant \frac{x^2 - 4 - (6x^2 - 4)\mathrm{e}^{-x^2}}{2x^3 - 9x} \tag{4.8.10}$$

证明(ⅰ) 由定理 1.2.2 易证函数 e^{x^2} ($x > 0$) 为几何凸函数,由定理 4.2.1 知 $H_1(x) = \int_0^x \mathrm{e}^{t^2}\mathrm{d}t$ 为几何凸函数,进而

$$H_2(x) = \int_0^x H_1(t)\,\mathrm{d}t,\ H_3(x) = \int_0^x H_2(t)\,\mathrm{d}t$$

都为几何凸函数. 当 $x > a > 0$ 时,对于 $H_1(x)$,应用引理 4.2.19,关令 $a \to 0^+$,我们有

$$H_2(x) \geq \frac{xH_1^2(x)}{H_1(x) + xe^{x^2}} - \lim_{a \to 0^+} \frac{H_1(a)}{\frac{1}{a} + \frac{e^{a^2}}{H_1(a)}} = \frac{xH_1^2(x)}{H_1(x) + xe^{x^2}} \quad (4.8.11)$$

根据引理 4.8.3,上式化为

$$\left[xH_1(x) - \frac{1}{2}(e^{x^2} - 1)\right](H_1(x) + xe^{x^2}) \geq xH_1^2(x)$$

$$(2x^2 e^{x^2} - e^{x^2} + 1) H_1(x) \geq x e^{x^2}(e^{x^2} - 1)$$

易证当 $x > 0$ 时, $2x^2 e^{x^2} - e^{x^2} + 1 > 0$. 故

$$e^{-x^2} H_1(x) \geq \frac{x(e^{x^2} - 1)}{2x^2 e^{x^2} - e^{x^2} + 1} = \frac{x - e^{-x^2}}{2x^2 - 1 + e^{-x^2}}$$

此即为式(4.8.9).

(ⅱ)对于 $H_3(x)$,应用引理 4.2.19,我们有

$$\int_a^x H_3(t)\,dt \leq \frac{xH_3(x) - aH_3(a)}{\ln(xH_3(x)) - \ln(aH_3(a))} \cdot \ln \frac{x}{a}$$

在上式令 $a \to 0^+$,有

$$\int_0^x H_3(x)\,dx \leq xH_3(x) \cdot \lim_{a \to 0^+} \frac{\ln x - \ln a}{\ln(xH_3(x)) - \ln(aH_3(a))}$$

$$H_4(x) \leq xH_3(x) \cdot \lim_{a \to 0^+} \frac{-\frac{1}{a}}{-\frac{1}{a} - \frac{H_2(a)}{H_3(a)}} \quad (4.8.12)$$

根据引理 4.8.4,式(4.8.12)化为 $H_4(x) \leq \frac{1}{4} xH_3(x)$. 根据引理 4.8.3,我们有

$$\left(\frac{1}{6}x^3 - \frac{x}{4}\right)H_1(x) - \left(\frac{x^2}{12} - \frac{1}{12}\right)e^{x^2} + \frac{x^2}{4} - \frac{1}{12} \leq$$

$$\frac{1}{4}x\left[\left(\frac{1}{2}x^2 - \frac{1}{4}\right)H_1(x) - \frac{x}{4}e^{x^2} + \frac{x}{2}\right]$$

$$H_1(x) \leq \frac{(x^2 - 4)e^{x^2} - 6x^2 + 4}{2x^3 - 9x}$$

定理 4.8.5 证毕.

考虑到 $\lim\limits_{x \to +\infty} e^{-x^2} \cdot x \int_0^x e^{t^2}\,dt = \frac{1}{2}$,当 $x \to +\infty$, $e^{-x^2} \int_0^x e^{t^2}\,dt$ 与 $\frac{1}{2x}$ 为等价无穷小量,所以式(4.8.9)、式(4.8.10)更合理,式(4.8.1)是一个较弱的不等式.

练习 4

1. 设 $b > a > 0, d > c > 0, z = f(x,y)$ 为 $D = [a,b] \times [c,d]$ 上的几何凸函数,则有

$$f(\mathrm{e}^{-1} b^{\frac{b}{b-a}} a^{\frac{a}{a-b}}, \mathrm{e}^{-1} d^{\frac{d}{d-c}} c^{\frac{c}{c-d}}) \leq \frac{1}{(b-a)(c-d)} \iint_D f(x,y) \mathrm{d}x \mathrm{d}y$$

2. 设 $d \geq b \geq a > 0, f:[a,d] \to \mathbb{R}_{++}$ 为几何凹函数,对于 $x \in [a,d]$,定义

$$A(f;a,x) = \int_a^x f(t)\mathrm{d}t - (x-a) \cdot (f(a))^{\frac{a}{a-x} - \frac{1}{\ln a - \ln x}} \cdot$$
$$(f(x))^{\frac{x}{x-a} - \frac{1}{\ln x - \ln a}}$$

$$B(f;a,x) = \int_a^x f(t)\mathrm{d}t - (\ln x - \ln a) \frac{xf(x) - af(a)}{\ln(xf(x)) - \ln(af(a))}$$

$$C(f;a,x) = \int_a^x (f(t))^{\frac{1}{t}}\mathrm{d}t - (x-a)(\sqrt{f(a)f(x)})^{\frac{\ln x - \ln a}{x-a}}$$

$$D(f;a,x) = \int_a^x \frac{f(t)}{t}\mathrm{d}t - (\ln x - \ln a)\sqrt{f(a)f(x)}$$

试证:(ⅰ) $0 \leq A(f;a,b) + A(f;b,d) \leq A(f;a,d)$,$A(f;a,x)$ 为单调增加函数.

(ⅱ) $0 \leq B(f;a,b) + B(f;b,d) \leq B(f;a,d)$,$B(f;a,x)$ 为单调增加函数.

(ⅲ) $0 \leq C(f;a,b) + C(f;b,d) \leq C(f;a,d)$,$C(f;a,x)$ 为单调增加函数.

(ⅳ) $0 \leq D(f;a,b) + D(f;b,d) \leq D(f;a,d)$,$D(f;a,x)$ 为单调增加函数.

3. 设 $b > a > 0, f:[a,b] \to \mathbb{R}_{++}$ 为单调增加的几何凸函数,则 $f^\alpha(x)f^\beta(a) - f(x^\alpha a^\beta)$ 在 $[a,b]$ 上为增函数.

4. 设 $b > a > 0, f:[a,b] \to \mathbb{R}_{++}$ 为单调增加的几何凸函数,则 $f(x)f^{\frac{\beta}{\alpha}}(a) - f^{\frac{1}{\alpha}}(x^\alpha a^\beta)$ 在 $[a,b]$ 上为增函数.

5. 设 $b > a > 0, f:[a,b] \to \mathbb{R}_{++}$ 为单调增加的几何凸函数,则 $\frac{f(x)f(a)}{f(\sqrt{ax})} - f(\sqrt{ax})$ 在 $[a,b]$ 为增函数.

6. 设 $f:[a,b] \to \mathbb{R}_{++}$ 为二阶可微的几何凸函数,且 $xf'(x) + f(x)$ 在 $[a,b]$ 取恒号,则 $\int_a^x f(t)\mathrm{d}t - \frac{xf^2(x)}{f(x) + xf'(x)}$ 在 $[a,b]$ 上为单调增加函数.

7. 设 $f:[a,b] \to \mathbb{R}$ 为凸函数.试证

$$\frac{1}{b-a}\int_a^b f(t)\,dt \geq f\left(\frac{b+a}{2}\right) + \frac{b-a}{8}\left(f'_+\left(\frac{b+a}{2}\right) - f'_-\left(\frac{b+a}{2}\right)\right)$$

$$\frac{1}{b-a}\int_a^b f(t)\,dt \geq \frac{f(a)+f(b)}{2} - \frac{b-a}{4}(f'_-(b) - f'_+(a))$$

8.（ⅰ）若 $0 < y < x < \dfrac{\pi}{2}$，则 $\left(\dfrac{x}{y}\right)^{\frac{x}{\tan x}-1} \leq \dfrac{\sin x}{x} \cdot \dfrac{y}{\sin y} \leq \left(\dfrac{x}{y}\right)^{\frac{y}{\tan y}-1}$.

（ⅱ）若 $0 < y < x < \dfrac{\pi}{2}$，则 $\left(\dfrac{x}{y}\right)^{\frac{x}{\tan x}} \leq \dfrac{\sin x}{\sin y} \leq \left(\dfrac{x}{y}\right)^{\frac{y}{\tan y}}$.

（ⅲ）若 $0 < y < \dfrac{\pi}{4}$，则 $2^{\frac{2y}{\tan 2y}-1} \leq \cos y \leq 2^{\frac{y}{\tan y}-1}$.

对数凸函数,GA 凸函数和不等式

本章将通过研究对数凸函数和 GA 凸函数的性质,来建立一些新的不等式. 当 $b > a > 0, A = A(a,b), I = I(a,b)$, $L = L(a,b)$ 和 $G = G(a,b)$ 分别记为 a,b 的算术平均,指数平均,对数平均和几何平均(定义见 0.1.13).

5.1 对数凸函数的定义及其性质

所谓对数凸函数其定义为如下.

定义 5.1.1 设 $I \subseteq \mathbb{R}$ 是一区间.

(ⅰ)若 $f: I \to \mathbb{R}_{++}$ 为连续,且对任意的 $x,y \in I, \alpha \in [0,1]$,都有

$$f(\alpha x + (1-\alpha)y) \leq (\geq)(f(x))^\alpha (f(y))^{1-\alpha}$$

成立,则称 f 为 I 上的对数凸(凹)函数.

参考 0.2 的有关知识,仿定理 1.4.5 的证明,我们知下列定理成立.

定理 5.1.2 设 $f: I \subseteq \mathbb{R} \to \mathbb{R}_{++}$,则 f 是 I 上的对数凸(凹)函数,当且仅当 $\ln f: x \in I \to \ln f(x)$ 为 I 上的凸(凹)函数,故此时 f 在每一处都存在单侧导数,且 $f'_+(x) \geq (\leq) f'_-(x)$.

定理 5.1.3 设 $I \subseteq \mathbb{R}$ 是一区间. 设 $f: I \to \mathbb{R}_{++}$ 为二阶可微, 则 f 是 I 上的对数凸(凹)函数, 当且仅当

$$f''(x)f(x) - (f'(x))^2 \geq (\leq) 0 \tag{5.1.1}$$

对任意的 $x \in I$ 成立.

证明 由定理 5.1.2 和定理 0.2.7, 知 f 是 I 上的对数凸(凹)函数, 当且仅当 $(\ln f(x))'' \geq (\leq) 0$ 对任意的 $x \in I$ 成立. 即

$$\frac{f''(x)f(x) - (f'(x))^2}{f^2(x)} \geq (\leq) 0$$

上式显然与式(5.1.1)等价.

定理 5.1.4 (ⅰ) 设 $b > a, f:[a,b] \to [0, +\infty)$ 为一阶可微的单调减少函数, 且当 $x \neq a$ 时, $f(x) > 0$, 积分 $F(x) = \int_a^x f(t) \mathrm{d}t$ 在 $(a,b]$ 上存在, 则 F 为对数凹函数.

(ⅱ) 设 $b > a, f:[a,b] \to [0, +\infty)$ 为二阶可导的严格单调增加的对数凹函数, 且当 $x \neq a$ 时, $f(x) > 0$, 积分 $F(x) = \int_a^x f(t) \mathrm{d}t$ 在 $(a,b]$ 上存在, 则 F 为对数凹函数.

(ⅲ) 设 $b > a, f:[a,b] \to [0, +\infty)$ 为二阶可导的严格单调增加的对数凸函数, 且当 $x \neq a$ 时, $f(x) > 0$, 积分 $F(x) = \int_a^x f(t) \mathrm{d}t$ 在 $(a,b]$ 上存在, $\lim\limits_{x \to a^+} \dfrac{f^2(x)}{f'(x)} = 0$, 则 F 为对数凸函数.

证明 我们这里只给出结论(ⅱ)的证明, 其余结论同理可证.

$$F''(x)F(x) - (F'(x))^2 = f'(x) \cdot \int_a^x f(t) \mathrm{d}t - f^2(x)$$

$$G(x) = \frac{F''(x)F(x) - (F'(x))^2}{f'(x)} = \int_a^x f(t) \mathrm{d}t - \frac{f^2(x)}{f'(x)}$$

$$G'(x) = f(x) \cdot \frac{f(x)f''(x) - (f'(x))^2}{(f'(x))^2} \leq 0$$

即 G 为单调减少函数, 从而

$$G(x) \leq \lim_{x \to a^+} G(x) = -\lim_{x \to a^+} \frac{f^2(x)}{f'(x)} \leq 0$$

$$F''(x)F(x) - (F'(x))^2 \leq 0$$

由定理 5.1.3 知, 结论(ⅱ)成立.

文献[222]给出了以下结果.

定理 5.1.5 设 $b > a, f:[a,b] \to \mathbb{R}_{++}$ 为对数凸(凹)函数, 记

$$M = \begin{cases} \dfrac{(b-a)(f(b)-f(a))}{\ln f(b) - \ln f(a)}, & f(a) \neq f(b) \\ (b-a)f(a), & f(a) = f(b) \end{cases}$$

有 $\int_a^b f(t)\,\mathrm{d}t \leqslant (\geqslant) M$.

证明 任取 $x \in [a,b]$，有 $x = (1-t)a + tb$，其中 $t = \dfrac{x-a}{b-a}$. 则有

$$f(x) = f((1-t)a + tb) \leqslant (\geqslant) f^{1-t}(a) \cdot f^t(b) = (f(a))^{\frac{b-x}{b-a}} (f(b))^{\frac{x-a}{b-a}}$$

$$\int_a^b f(x)\,\mathrm{d}x \leqslant (\geqslant) \int_a^b (f(a))^{\frac{b-x}{b-a}} (f(b))^{\frac{x-a}{b-a}} \mathrm{d}x =$$

$$(f(a))^{\frac{b}{b-a}} (f(b))^{\frac{-a}{b-a}} \int_a^b \left(\frac{f(b)}{f(a)}\right)^{\frac{x}{b-a}} \mathrm{d}x \quad (5.1.2)$$

先假设 $f(a) \neq f(b)$，由式(5.1.2)知

$$\int_a^b f(x)\,\mathrm{d}x \leqslant (\geqslant) \frac{b-a}{\ln f(b) - \ln f(a)} (f(b) - f(a))$$

当 $f(a) = f(b)$，由式(5.1.2)知，定理也为真.

下面，我们给出一个反向不等式.

定理5.1.6 设 $b > a, f:[a,b] \subseteq \mathbb{R} \to \mathbb{R}_{++}$ 为对数凸(凹)函数，任取 $c \in [a,b]$，且 $f'_-(c) \neq 0$ 和 $f'_+(c) \neq 0$，则有

$$\int_a^b f(t)\,\mathrm{d}t \geqslant (\leqslant) \frac{(f(c))^2}{f'_-(c)}\left[1 - \exp\left(-(c-a)\frac{f'_-(c)}{f(c)}\right)\right] +$$

$$\frac{(f(c))^2}{f'_+(c)}\left[\exp\left((b-c)\frac{f'_+(c)}{f(c)}\right) - 1\right]$$

等式成立当且仅当 f 为形如 $p\exp(qx)$ 的函数，其中 $p > 0, q \in \mathbb{R}$ 为常数.

证明 因 $f'_+(c) \neq 0$，故我们可选择 $d \in (c,b)$，使得 $f(d) \neq f(c)$；当 $t \in (d,b)$，有 $d = (1-\alpha)c + \alpha t$，其中 $\alpha = \dfrac{d-c}{t-c}$，则

$$f(d) = f((1-\alpha)c + \alpha t) \leqslant (\geqslant) (f(c))^{(1-\alpha)} (f(t))^{\alpha}$$

$$(f(d))^{\frac{1}{\alpha}} \cdot (f(c))^{-\frac{1-\alpha}{\alpha}} \leqslant (\geqslant) f(t)$$

$$f(t) \geqslant (\leqslant) (f(d))^{\frac{t-c}{d-c}} \cdot (f(c))^{-\frac{t-d}{d-c}}$$

从而

$$\int_d^b f(t)\,\mathrm{d}t \geqslant (\leqslant) \int_d^b (f(d))^{\frac{t-c}{d-c}} \cdot (f(c))^{-\frac{t-d}{d-c}} \mathrm{d}t =$$

$$\frac{(f(c))^{\frac{d}{d-c}}}{(f(d))^{\frac{c}{d-c}}} \int_d^b \left(\frac{f(d)}{f(c)}\right)^{\frac{t}{d-c}} \mathrm{d}t =$$

$$\frac{(d-c)(f(c))^{\frac{d}{d-c}}}{(f(d))^{\frac{c}{d-c}}(\ln f(d) - \ln f(c))}\left[\left(\frac{f(d)}{f(c)}\right)^{\frac{b}{d-c}} - \left(\frac{f(d)}{f(c)}\right)^{\frac{d}{d-c}}\right] =$$

$$\frac{(d-c)f(d)\left[\left(\frac{f(d)}{f(c)}\right)^{\frac{b-d}{d-c}} - 1\right]}{\ln f(d) - \ln f(c)}$$

令 $d \to c^+$,有

$$\int_c^b f(t)\,dt \geqslant (\leqslant) \lim_{d\to c^+} \frac{f(d)\left\{\exp\left[\frac{(b-d)(\ln f(d)-\ln f(c))}{d-c}\right]-1\right\}}{\frac{\ln f(d)-\ln f(c)}{d-c}} =$$

$$f(c)\lim_{d\to c^+}\frac{\left\{\exp\left[(b-c)\frac{\ln f(d)-\ln f(c)}{f(d)-f(c)}\cdot\frac{f(d)-f(c)}{d-c}\right]-1\right\}}{\frac{\ln f(d)-\ln f(c)}{f(d)-f(c)}\cdot\frac{f(d)-f(c)}{d-c}} =$$

$$\frac{f^2(c)}{f'_+(c)}\left\{\exp\left((b-c)\frac{f'_+(c)}{f(c)}\right)-1\right\}$$

同理可证 $\int_a^c f(t)\,dt \geqslant (\leqslant) \frac{f^2(c)}{f'_-(c)}\left\{1-\exp\left[-(c-a)\frac{f'_-(c)}{f(c)}\right]\right\}$,故

$$\int_a^b f(t)\,dt = \int_a^c f(t)\,dt + \int_c^b f(t)\,dt \geqslant (\leqslant)$$

$$\frac{f^2(c)}{f'_-(c)}\left[1 - \exp\left(-(c-a)\frac{f'_-(c)}{f(c)}\right)\right] +$$

$$\frac{f^2(c)}{f'_+(c)}\left[\exp\left((b-c)\frac{f'_+(c)}{f(c)}\right)-1\right]$$

从以上证明过程可知,使等号成立的条件为:对于任意的 $x, y \in [a,b]$, $\alpha \in (0,1)$,都有 $f(\alpha x+(1-\alpha)y) = (f(x))^\alpha \cdot (f(y))^{1-\alpha}$ 成立,进而

$$\ln f(\alpha x + (1-\alpha)y) = \alpha \ln f(x) + (1-\alpha)\ln f(y)$$

因函数 $\ln f(x)$ 既为凸函数又为凹函数,则其一定为一次函数,即存在实数 q, m,使得 $\ln f(x) = qx + m$,即 $f(x) = e^m(e^q)^x$,所以 f 为形如 $p\exp(qx)$ 的函数.

定理证毕.

推论 5.1.7 设 $f:[a,b] \subset \mathbb{R} \to \mathbb{R}_{++}$ 为对数凸(凹)函数, $c \in [a,b]$, 且 $f'(c) \neq 0$, 则

$$\int_a^b f(t)\,dt \geqslant (\leqslant) \frac{f^2(c)}{f'(c)}\left[\exp\left((b-c)\frac{f'(c)}{f(c)}\right) - \exp\left(-(c-a)\frac{f'(c)}{f(c)}\right)\right]$$

特别地当 $f'(a) \neq 0, f'(b) \neq 0$ 或 $f'\left(\frac{a+b}{2}\right) \neq 0$ 时,分别有

$$\int_a^b f(t)\,dt \geqslant (\leqslant) \frac{f^2(a)}{f'(a)}\left(e^{(b-a)\frac{f'(a)}{f(a)}} - 1\right)$$

183

$$\int_a^b f(t)\,\mathrm{d}t \geq (\leq) \frac{f^2(b)}{f'(b)}(1 - e^{-(b-a)\frac{f'(b)}{f(b)}}) \tag{5.1.3}$$

$$\int_a^b f(t)\,\mathrm{d}t \geq (\leq) \frac{f^2((a+b)/2)}{f'((a+b)/2)}\Big[\exp\Big(\frac{b-a}{2}\cdot\frac{f'((a+b)/2)}{f((a+b)/2)}\Big) -$$

$$\exp\Big(-\frac{b-a}{2}\cdot\frac{f'((a+b)/2)}{f((a+b)/2)}\Big)\Big] \geq$$

$$(b-a)f\Big(\frac{a+b}{2}\Big)$$

等式成立当且仅当 f 为形如 $p\exp(qx)$ 函数,其中 $p>0, q\in\mathbb{R}$ 为常数.

若 $I\subseteq\mathbb{R}$ 为一区间,$f: I\to\mathbb{R}_{++}$ 为可导的对数凸函数,则易知 $\frac{f'(x)}{f(x)}$ 在 I 单调增加. 我们可用拉格朗日中值定理可证得

定理 5.1.8 若 $I\subseteq\mathbb{R}$ 为一区间,$f: I\to\mathbb{R}_{++}$ 为可导的对数凸(凹)函数,则对任意的 $x,y\in I, x>y$,有

$$\exp\Big\{(x-y)\frac{f'(y)}{f(y)}\Big\}\leq(\geq)\frac{f(x)}{f(y)}\leq(\geq)\exp\Big\{(x-y)\frac{f'(x)}{f(x)}\Big\}$$

5.2 再论三个台劳展开式余项的估计

定理 5.2.1 设 $n\in\mathbb{N}, x\in\mathbb{R}_{++}, T_n(x) = e^x - \sum_{i=0}^{n}\frac{x^i}{i!}$,则

(ⅰ)① $T_n(x) \leq \dfrac{2n+2}{\sqrt{(n+1-x)^2 + 4x(n+1)e^{-x-n-1}} + (n+1-x)} \cdot$

$$\frac{x^{n+1}}{(n+1)!} \tag{5.2.1}$$

(ⅱ) 当 $n\geq 2, 0<x\leq c$ 时,有

$$T_n(x) \leq \frac{2n+2}{\sqrt{(n+1-x)^2 + 4x(n+1)\exp\Big(-\frac{cT_{n-1}(c)}{T_n(c)}\Big)} + (n+1-x)} \cdot$$

$$\frac{x^{n+1}}{(n+1)!} \tag{5.2.2}$$

证明 (ⅰ) 不难验证 $T_{-1}(x) \triangleq e^x$ 满足定理 5.1.4 结论(ⅱ)的条件,其中 $a=0$,故 $\int_0^x T_{-1}(t)\,\mathrm{d}t = e^x - 1$ 在 $\mathbb{R}_{++}$ 为对数凹函数,易证其单调增加,且仍满足定理 5.1.4 结论(ⅱ)的条件. 反复推之,可知 $T_n(x)$ 为 $\mathbb{R}_{++}$ 上的对数凹函数.

---

① 另一结果参见定理 4.5.1,二者不分强弱.

若在式(5.1.3)中令 $b = x, a = 0, f(x) = T_n(x), n \geq 0$,我们有

$$\int_0^x T_n(t)\,dt \leq \frac{T_n^2(x)}{T'_n(x)}\left[1 - \exp\left(-x\frac{T'_n(x)}{T_n(x)}\right)\right]$$

$$T_{n+1}(x) \leq \frac{T_n^2(x)}{T_{n-1}(x)}\left[1 - \exp\left(-\frac{xT_{n-1}(x)}{T_n(x)}\right)\right]$$

$$T_{n+1}(x)T_{n-1}(x) \leq T_n^2(x)\left[1 - \exp\left(-\frac{xT_{n-1}(x)}{T_n(x)}\right)\right]$$

$$\exp\left(-\frac{xT_{n-1}(x)}{T_n(x)}\right)\cdot T_n^2(x) + \left(\frac{x^n}{n!} - \frac{x^{n+1}}{(n+1)!}\right)T_n(x) - \frac{x^{2n+1}}{n!(n+1)!} \leq 0$$

$$T_n(x) \leq \frac{-\left(\frac{x^n}{n!} - \frac{x^{n+1}}{(n+1)!}\right) + \sqrt{\left(\frac{x^n}{n!} - \frac{x^{n+1}}{(n+1)!}\right)^2 + 4\exp\left(-\frac{xT_{n-1}(x)}{T_n(x)}\right)\cdot\frac{x^{2n+1}}{n!(n+1)!}}}{2\exp\left(-\frac{xT_{n-1}(x)}{T_n(x)}\right)} =$$

$$\frac{2x^{n+1}}{n!\sqrt{(n+1-x)^2 + 4x(n+1)\exp\left(-\frac{xT_{n-1}(x)}{T_n(x)}\right)} + n!(n+1-x)} \quad (5.2.3)$$

因 $e^x = \sum_{i=0}^{+\infty}\frac{x^i}{i!}$,我们不难证明 $\frac{xT_{n-1}(x)}{T_n(x)} \leq (x + n + 1)$,把其代入式(5.2.3),可得式(5.2.1).

(ⅱ) 在定理 4.5.1 的证明过程中,已证 $T_n(x)$ 为几何凸函数,故 $\frac{xT'_n(x)}{T_n(x)} = \frac{xT_{n-1}(x)}{T_n(x)}$ 为单调增加函数,则当 $x \in [0, c]$ 时,由式(5.2.3)知式(5.2.2) 成立.

定理 5.2.2 设 $n \in \mathbb{N}, x \in \left(0, \frac{\pi}{2}\right)$

$$P_n(x) = \left|\cos x - 1 + \frac{x^2}{2!} - \cdots + (-1)^{n+1}\frac{x^{2n}}{(2n)!}\right|$$

$$S_n(x) = \left|\sin x - x + \frac{x^3}{3!} - \cdots + (-1)^n\frac{x^{2n-1}}{(2n-1)!}\right|$$

和 $A_n = (1 - e^{-n-3})(1 - e^{-n-2})^2(1 - e^{-n-1})$,则

(ⅰ) $\frac{2}{1 + \frac{x^2}{(2n+1)(2n+2)} + \sqrt{\left(1 + \frac{x^2}{(2n+1)(2n+2)}\right)^2 - 4\frac{(1-A_{2n})x^2}{(2n+1)(2n+2)}}} \cdot$

$\frac{x^{2n+2}}{(2n+2)!} \leq P_n(x) \leq$

$$\frac{2A_{2n+2}\frac{x^{2n+2}}{(2n+2)!}}{2A_{2n+2}-1+\frac{x^2}{(2n+3)(2n+4)}+\sqrt{\left(2A_{2n+2}-1+\frac{x^2}{(2n+3)(2n+4)}\right)^2+4A_{2n+2}(1-A_{2n+2})}}$$

(ii) $\dfrac{2}{1+\dfrac{x^2}{2n(2n+1)}+\sqrt{\left(1+\dfrac{x^2}{2n(2n+1)}\right)^2-\dfrac{4(1-A_{2n-1})x^2}{2n(2n+1)}}} \cdot \dfrac{x^{2n+1}}{(2n+1)!} \leqslant$

$S_n(x) \leqslant$

$$\frac{2A_{2n+1}\frac{x^{2n+1}}{(2n+1)!}}{2A_{2n+1}-1+\frac{x^2}{(2n+2)(2n+3)}+\sqrt{\left(2A_{2n+1}-1+\frac{x^2}{(2n+2)(2n+3)}\right)^2+4A_{2n+1}(1-A_{2n+1})}}$$

证明 设 $f(x) = \cos x, x \in \left(0, \dfrac{\pi}{2}\right)$,则 f 满足当 $a = 0$ 时的定理 5.1.4 的结论(i)的条件. 故 $\int_0^x f(t)\,dt = \sin x$ 在 $\left(0, \dfrac{\pi}{2}\right)$ 为对数凹函数,且易证其为单调增加,满足定理 5.1.4 结论(ii)的条件. 后反复应用 5.1.4 结论(ii)推之,我们知当 $n \geqslant 1$ 时

$$S_n(x) = \left|\sin x - x + \frac{x^3}{3!} - \cdots + (-1)^n \frac{x^{2n-1}}{(2n-1)!}\right|$$

$$P_n(x) = \left|\cos x - 1 + \frac{x^2}{2!} - \cdots + (-1)^{n+1} \frac{x^{2n}}{(2n)!}\right|$$

都是对数凹函数.

若在式(5.1.3)中,令 $b = x, a = 0, f(x) = P_n(x)$,有

$$S_{n+1}(x) \leqslant \frac{(P_n(x))^2}{S_n(x)} \left\{1 - \exp\left[-x\frac{S_n(x)}{P_n(x)}\right]\right\}$$

在定理(4.5.5)的证明过程中,我们知 $P_n(x)$ 为几何凹函数,故知 $x\dfrac{P'_n(x)}{P_n(x)} = x\dfrac{S_n(x)}{P_n(x)}$ 在 $\left(0, \dfrac{\pi}{2}\right)$ 上单调减少,且在多次利用洛必塔法则后,我们也易知 $\lim\limits_{x \to 0^+} x\dfrac{S_n(x)}{P_n(x)} = 2n+2$,则

$$S_{n+1}(x) \leqslant \frac{(P_n(x))^2}{S_n(x)}(1 - e^{-2n-2}), \quad \frac{S_{n+1}(x)}{P_n(x)} \leqslant \frac{P_n(x)}{S_n(x)}(1 - e^{-2n-2})$$

若在式(5.1.3)中令 $b = x, a = 0, f(x) = S_n(x)$,同理也有 $x\dfrac{S'_n(x)}{S_n(x)} = x\dfrac{P_{n-1}(x)}{S_n(x)}$ 在 $\left(0, \dfrac{\pi}{2}\right)$ 上单调减少,且 $\lim\limits_{x \to 0^+} x\dfrac{P_{n-1}(x)}{S_n(x)} = 2n+1$,所以有

$$\frac{P_n(x)}{S_n(x)} \leqslant \frac{S_n(x)}{P_{n-1}(x)}(1 - e^{-2n-1})$$

(i) $\dfrac{P_{n+1}(x)}{S_{n+1}(x)} \leqslant \dfrac{S_{n+1}(x)}{P_n(x)}(1 - e^{-2n-3}) \leqslant \dfrac{P_n(x)}{S_n(x)}(1 - e^{-2n-2})(1 - e^{-2n-3})$

$$\frac{P_{n+1}(x)}{P_n(x)} \leqslant \frac{S_{n+1}(x)}{S_n(x)}(1 - e^{-2n-2})(1 - e^{-2n-3}) \qquad (5.2.4)$$

或者

$$\frac{S_{n+1}(x)}{P_n(x)} \leqslant \frac{P_n(x)}{S_n(x)}(1 - e^{-2n-2}) \leqslant \frac{S_n(x)}{P_{n-1}(x)}(1 - e^{-2n-2})(1 - e^{-2n-1})$$

$$\frac{P_{n-1}(x)}{P_n(x)} \leqslant \frac{S_n(x)}{S_{n+1}(x)}(1 - e^{-2n-2})(1 - e^{-2n-1}) \qquad (5.2.5)$$

因 $A_{2n} = (1 - e^{-2n-3})(1 - e^{-2n-2})^2(1 - e^{-2n-1})$，由式(5.2.4)、(5.2.5)，知

$$\frac{P_{n-1}(x)P_{n+1}(x)}{(P_n(x))^2} \leqslant A_{2n} \qquad (5.2.6)$$

$$\left(-P_n(x) + \frac{x^{2n+2}}{(2n+2)!}\right)\left(-P_n(x) + \frac{x^{2n}}{(2n)!}\right) \leqslant A_{2n}(P_n(x))^2$$

$$(1 - A_{2n})(P_n(x))^2 - \left(\frac{x^{2n}}{(2n)!} + \frac{x^{2n+2}}{(2n+2)!}\right)P_n(x) + \frac{x^{4n+2}}{(2n)!(2n+2)!} \leqslant 0$$

$$P_n(x) \geqslant \frac{\frac{x^{2n}}{(2n)!} + \frac{x^{2n+2}}{(2n+2)!} - \sqrt{\left(\frac{x^{2n}}{(2n)!} + \frac{x^{2n+2}}{(2n+2)!}\right)^2 - 4(1 - A_{2n})\frac{x^{4n+2}}{(2n)!(2n+2)!}}}{2(1 - A_{2n})} =$$

$$\frac{2}{1 + \frac{x^2}{(2n+1)(2n+2)} + \sqrt{\left(1 + \frac{x^2}{(2n+1)(2n+2)}\right)^2 - 4\frac{(1 - A_{2n})x^2}{(2n+1)(2n+2)}}} \cdot \frac{x^{2n+2}}{(2n+2)!} \qquad (5.2.7)$$

由式(5.2.6) 知

$$\frac{P_n(x)P_{n+2}(x)}{(P_{n+1}(x))^2} \leqslant A_{2n+2}, \quad \frac{P_n(x)\left(P_n(x) - \frac{x^{2n+2}}{(2n+2)!} + \frac{x^{2n+4}}{(2n+4)!}\right)}{\left(-P_n(x) + \frac{x^{2n+2}}{(2n+2)!}\right)^2} \leqslant A_{2n+2}$$

$$(1 - A_{2n+2})(P_n(x))^2 + \left((2A_{2n+2} - 1)\frac{x^{2n+2}}{(2n+2)!} + \frac{x^{2n+4}}{(2n+4)!}\right)P_n(x) -$$

$$A_{2n+2}\left(\frac{x^{2n+2}}{(2n+2)!}\right)^2 \leqslant 0 \qquad (5.2.8)$$

若设 $C_n = (2A_{2n+2} - 1)\dfrac{x^{2n+2}}{(2n+2)!} + \dfrac{x^{2n+4}}{(2n+4)!}$

$$D_n = \left((2A_{2n+2} - 1)\frac{x^{2n+2}}{(2n+2)!} + \frac{x^{2n+4}}{(2n+4)!}\right)^2 +$$

$$4(1 - A_{2n+2})A_{2n+2}\left(\frac{x^{2n+2}}{(2n+2)!}\right)^2$$

解不等式(5.2.8),我们有

$$P_n(x) \leq \frac{-C_n + \sqrt{D_n}}{2(1-A_{2n+2})} = \frac{2A_{2n+2}\left(\frac{x^{2n+2}}{(2n+2)!}\right)^2}{C_n + \sqrt{D_n}} =$$

$$\frac{2A_{2n+2}\frac{x^{2n+2}}{(2n+2)!}}{2A_{2n+2} - 1 + \frac{x^2}{(2n+3)(2n+4)} + \sqrt{\left(2A_{2n+2} - 1 + \frac{x^2}{(2n+3)(2n+4)}\right)^2 + 4A_{2n+2}(1-A_{2n+2})}}$$

(ⅱ) 由

$$\frac{S_{n+1}(x)}{P_n(x)} \leq \frac{P_n(x)}{S_n(x)}(1-e^{-2n-2}), \quad \frac{P_n(x)}{S_n(x)} \leq \frac{S_n(x)}{P_{n-1}(x)}(1-e^{-2n-1})$$

知

$$\frac{S_{n+1}(x)}{P_n(x)} \leq \frac{S_n(x)}{P_{n-1}(x)}(1-e^{-2n-2})(1-e^{-2n-1})$$

$$\frac{P_{n-1}(x)}{P_n(x)} \leq \frac{S_n(x)}{S_{n+1}(x)}(1-e^{-2n-2})(1-e^{-2n-1})$$

$$\frac{P_n(x)}{P_{n+1}(x)} \leq \frac{S_{n+1}(x)}{S_{n+2}(x)}(1-e^{-2n-4})(1-e^{-2n-3})$$

联立式(5.2.4)知 $S_n(x)S_{n+2}(x) \leq (S_{n+1}(x))^2 A_{2n+1}$,余下证明类似于(ⅰ)中的证明,故略. 定理证毕.

推论 5.2.3 ①设

$$P_n(x) = \left|\cos x - 1 + \frac{x^2}{2!} - \cdots + (-1)^{n+1}\frac{x^{2n}}{(2n)!}\right|$$

$$S_n(x) = \left|\sin x - x + \frac{x^3}{3!} - \cdots + (-1)^n\frac{x^{2n-1}}{(2n-1)!}\right|$$

其中 $n = 0,1,2\cdots, 0 < x < \frac{\pi}{2}$,则

$$\frac{(2n+1)(2n+2)}{(2n+1)(2n+2)+x^2} \cdot \frac{x^{2n+2}}{(2n+2)!} \leq |P_n(x)| \leq$$

$$\frac{(2n+3)(2n+4)}{(2n+3)(2n+4)+x^2} \cdot \frac{x^{2n+2}}{(2n+2)!}$$

$$\frac{2n(2n+1)}{2n(2n+1)+x^2} \cdot \frac{x^{2n+1}}{(2n+1)!} \leq |S_n(x)| \leq$$

$$\frac{(2n+2)(2n+3)}{(2n+2)(2n+3)+x^2} \cdot \frac{x^{2n+1}}{(2n+1)!}$$

证明 由于 $0 < A_n < 1$,我们可以验证

---

① 即定理 4.5.5.

$$\frac{(2n+1)(2n+2)}{(2n+1)(2n+2)+x^2} \leqslant$$

$$\frac{2}{1+\frac{x^2}{(2n+1)(2n+2)}+\sqrt{\left(1+\frac{x^2}{(2n+1)(2n+2)}\right)^2-4\frac{(1-A_{2n})x^2}{(2n+1)(2n+2)}}}$$

$$\frac{2A_{2n+2} \cdot \frac{x^{2n+2}}{(2n+2)!}}{2A_{2n+2}-1+\frac{x^2}{(2n+3)(2n+4)}+\sqrt{\left(2A_{2n+2}-1+\frac{x^2}{(2n+3)(2n+4)}\right)^2+4A_{2n+2}(1-A_{2n+2})}} \leqslant$$

$$\frac{(2n+3)(2n+4)}{(2n+3)(2n+4)+x^2}$$

和

$$\frac{2n(2n+1)}{2n(2n+1)+x^2} \leqslant$$

$$\frac{2}{1+\frac{x^2}{2n(2n+1)}+\sqrt{\left(1+\frac{x^2}{2n(2n+1)}\right)^2-4\frac{(1-A_{2n-1})x^2}{2n(2n+1)}}} \cdot \frac{x^{2n+1}}{(2n+1)!}$$

$$\frac{2A_{2n+1} \cdot \frac{x^{2n+1}}{(2n+1)!}}{2A_{2n+1}-1+\frac{x^2}{(2n+2)(2n+3)}+\sqrt{\left(2A_{2n+1}-1+\frac{x^2}{(2n+2)(2n+3)}\right)^2+4A_{2n+1}(1-A_{2n+1})}} \leqslant$$

$$\frac{(2n+2)(2n+3)}{(2n+2)(2n+3)+x^2}$$

故由定理 5.2.2 知推论成立.

5.3 二个新的 $\Gamma(x)/\Gamma(y)$ 型不等式及 $(2n-1)!!/(2n)!!$ 的估计

本文将证明如下两个新的 $\frac{\Gamma(x)}{\Gamma(y)}$ 型不等式,其中 $x,y \in \mathbb{R}_{++}$,作为应用,给出了 $\frac{\Gamma(x+1)}{\Gamma\left(x+\frac{1}{2}\right)}(x>0)$ 和 $\frac{(2n-1)!!}{(2n)!!}(n \geqslant 1, n \in \mathbb{N})$ 新的较强的上下界. 以前关于 $\frac{\Gamma(x)}{\Gamma(y)}$ 型不等式的研究可见综合文献 [150].

引理 5.3.1 设 $x > 0, \psi''(x) < -\frac{1}{x^2} - \frac{1}{x^3}$.

证明 当 $x \geqslant \frac{\sqrt{3}}{3}$ 时,在式(0.5.9)中令 $m=1$,我们有

$$\psi''(x) = -\frac{1}{x^2} - \frac{1}{x^3} - \frac{1}{2x^4} + \frac{\theta}{6x^6} < -\frac{1}{x^2} - \frac{1}{x^3} - \frac{1}{2x^4} + \frac{1}{6x^6} =$$

$$-\frac{1}{x^2} - \frac{1}{x^3} + \frac{1}{6x^6}(1 - 3x^2) \leqslant -\frac{1}{x^2} - \frac{1}{x^3} \quad (5.3.1)$$

当 $0 < x < \frac{\sqrt{3}}{3}$ 时,对式(0.5.11)的两边求导,有

$$\psi'(x+1) = -\frac{1}{x^2} + \psi'(x), \psi''(x+1) = \frac{2}{x^3} + \psi''(x)$$

所以得 $\psi''(x) + \frac{1}{x^2} + \frac{1}{x^3} = \psi''(x+1) + \frac{1}{x^2} - \frac{1}{x^3}$. 又由式(5.3.1)知

$$\psi''(x) + \frac{1}{x^2} + \frac{1}{x^3} = -\frac{1}{(x+1)^2} - \frac{1}{(x+1)^3} - \frac{1}{2(x+1)^4} + \frac{\theta}{6(x+1)^6} + \frac{1}{x^2} - \frac{1}{x^3} <$$

$$-\frac{1}{(x+1)^2} - \frac{1}{(x+1)^3} - \frac{1}{2(x+1)^4} + \frac{1}{6(x+1)^6} + \frac{1}{x^2} - \frac{1}{x^3} <$$

$$-\frac{1}{(x+1)^2} - \frac{1}{(x+1)^3} + \frac{1}{x^2} - \frac{1}{x^3} < \frac{1}{x^2} - \frac{1}{x^3} = \frac{1}{x^3}(x-1) < 0$$

至此引理证毕.

引理 5.3.2[6,P.291-292][173] 设 $f(x) = 1 + \frac{1}{12x^2 + 12x + 3}, g(x) = 1 + \frac{1}{12x^2 + 12x}$,其中 $x > 0$,则 $e^{f(x)} < \left(1 + \frac{1}{x}\right)^{x + \frac{1}{2}} < e^{g(x)}$.

定理 5.3.3 设 $x > y > 0$,则

$$\frac{x^{x-\frac{1}{2}}}{y^{y-\frac{1}{2}}} \exp\left[(x-y)\left(\psi(y) - \ln y - 1 + \frac{1}{2y}\right)\right] \overset{(5.3.2)}{<} \frac{\Gamma(x)}{\Gamma(y)} \overset{(5.3.3)}{<}$$

$$\frac{x^{x-\frac{1}{2}}}{y^{y-\frac{1}{2}}} \exp\left[(x-y)\left(\psi(y) - \ln y - 1 + \frac{1}{2y} + \frac{1}{12y^2} - \frac{1}{12xy}\right)\right]$$

证明 设 $f(x) = \frac{\Gamma(x)}{x^{x-\frac{1}{2}}}, x > 0$,则

$$(\ln f(x))' = \frac{f'(x)}{f(x)} = \psi(x) - \ln x - 1 + \frac{1}{2x} \quad (5.3.4)$$

$$(\ln f(x))'' = \psi'(x) - \frac{1}{x} - \frac{1}{2x^2} \quad (5.3.5)$$

由式(1.6.6)知 f 为严格的对数凸函数,由定理 5.1.8 知,当 $x > y > 0$ 时

$$\frac{f(x)}{f(y)} > \exp\left[(x-y)\frac{f'(y)}{f(y)}\right]$$

$$\frac{\Gamma(x)}{\Gamma(y)} > \frac{x^{x-\frac{1}{2}}}{y^{y-\frac{1}{2}}} \exp\left[(x-y)\left(\psi(y) - \ln y - 1 + \frac{1}{2y}\right)\right] \quad (5.3.6)$$

设 $g(x) = \dfrac{\Gamma(x)}{e^{\frac{1}{12x}}x^{x-\frac{1}{2}}}, x > 0$,则

$$(\ln g(x))' = \frac{g'(x)}{g(x)} = \psi(x) - \ln x - 1 + \frac{1}{2x} + \frac{1}{12x^2} \quad (5.3.7)$$

$$(\ln g(x))'' = \psi'(x) - \frac{1}{x} - \frac{1}{2x^2} - \frac{1}{6x^3} \quad (5.3.8)$$

在式(0.5.8)令 $m = 1$,故知 g 为严格对数凹函数,由定理 $5.1.8^*$ 知,当 $x > y > 0$ 时

$$\frac{g(x)}{g(y)} < \exp\left[(x-y)\frac{g'(y)}{g(y)}\right]$$

$$\frac{\Gamma(x)}{\Gamma(y)} < \frac{e^{\frac{1}{12x}}x^{x-\frac{1}{2}}}{e^{\frac{1}{12y}}y^{y-\frac{1}{2}}}\exp\left[(x-y)\left(\psi(y) - \ln y - 1 + \frac{1}{2y} + \frac{1}{12y^2}\right)\right]$$

$$\frac{\Gamma(x)}{\Gamma(y)} < \frac{x^{x-\frac{1}{2}}}{y^{y-\frac{1}{2}}}\exp\left[(x-y)\left(\psi(y) - \ln y - 1 + \frac{1}{2y} + \frac{1}{12y^2} - \frac{1}{12xy}\right)\right]$$

(5.3.9)

联立(5.3.6)、(5.3.9) 两式知定理成立.

定理 5.3.4 设 $x > y > 0$,则

$$\frac{x^{x-\frac{1}{2}}}{y^{y-\frac{1}{2}}}\exp\left[(x-y)\left(\psi\left(\frac{x+y}{2}\right) - \ln\frac{x+y}{2} - 1 + \frac{1}{x+y} + \frac{1}{3(x+y)^2} - \frac{1}{12xy}\right)\right] < \quad (5.3.10)$$

$$\frac{\Gamma(x)}{\Gamma(y)} \stackrel{(5.3.11)}{<} \frac{x^{x-\frac{1}{2}}}{y^{y-\frac{1}{2}}}\exp\left[(x-y)\left(\psi\left(\frac{x+y}{2}\right) - \ln\frac{x+y}{2} - 1 + \frac{1}{x+y}\right)\right]$$

证明 f, g 的定义如定理 5.3.3 的证明中所述. 由式(5.3.5) 知

$$(\ln f(x))''' = \left(\frac{f'(x)}{f(x)}\right)'' = \psi''(x) + \frac{1}{x^2} + \frac{1}{x^3}$$

由引理 5.3.1 知 $\dfrac{f'(x)}{f(x)}$ 在 $\mathbb{R}_{++}$ 为严格凹函数. 由定理 0.2.12 知

$$\frac{1}{x-y}\int_y^x \frac{f'(t)}{f(t)}dt < \frac{f'\left(\frac{x+y}{2}\right)}{f\left(\frac{x+y}{2}\right)}$$

$$\ln\frac{f(x)}{f(y)} < (x-y)\frac{f'\left(\frac{x+y}{2}\right)}{f\left(\frac{x+y}{2}\right)}$$

由式(5.3.4) 得

$$\frac{\Gamma(x)}{\Gamma(y)} < \frac{x^{x-\frac{1}{2}}}{y^{y-\frac{1}{2}}}\exp\left[(x-y)\left(\psi\left(\frac{x+y}{2}\right) - \ln\frac{x+y}{2} - 1 + \frac{1}{x+y}\right)\right]$$

(5.3.12)

同时由式(5.3.8)知

$$(\ln g(x))''' = \psi''(x) + \frac{1}{x^2} + \frac{1}{x^3} + \frac{1}{2x^4}$$

在式(0.5.9)中令 $m=1$ 易知,$(\ln g(x))' = \frac{g'(x)}{g(x)}$ 在 $\mathbb{R}_{++}$ 为严格凸函数. 再由定理 0.2.12 知

$$\frac{1}{x-y}\int_y^x \frac{g'(t)}{g(t)}\mathrm{d}t > \frac{g'\left(\frac{(x+y)}{2}\right)}{g\left(\frac{(x+y)}{2}\right)}, \ln \frac{g(x)}{g(y)} > (x-y)\frac{g'\left(\frac{(x+y)}{2}\right)}{g\left(\frac{(x+y)}{2}\right)}$$

$$\frac{\Gamma(x)}{\Gamma(y)} > \frac{\mathrm{e}^{\frac{1}{12x}}x^{x-\frac{1}{2}}}{\mathrm{e}^{\frac{1}{12y}}y^{y-\frac{1}{2}}}\exp\Big[(x-y)\Big(\psi\Big(\frac{x+y}{2}\Big) - \ln\frac{x+y}{2} - 1 + \frac{1}{x+y} + \frac{1}{3(x+y)^2}\Big)\Big]$$

$$\frac{\Gamma(x)}{\Gamma(y)} > \frac{x^{x-\frac{1}{2}}}{y^{y-\frac{1}{2}}}\exp\Big[(x-y)\Big(\psi\Big(\frac{x+y}{2}\Big) - \ln\frac{x+y}{2} - 1 + \frac{1}{x+y} + \frac{1}{3(x+y)^2} - \frac{1}{12xy}\Big)\Big] \quad (5.3.13)$$

联立式(5.3.12)、(5.3.13)知定理 5.3.4 成立.

同时式(5.3.2)、(5.3.11)可以分别表述为

$$\left(\frac{I}{y}\right)^{x-y}\mathrm{e}^{\frac{\ln x - \ln y}{2y}(L-y)}\mathrm{e}^{(x-y)\psi(y)} \stackrel{(5.3.2)}{<} \frac{\Gamma(x)}{\Gamma(y)} \stackrel{(5.3.11)}{<} \left(\frac{I}{A}\right)^{x-y}\mathrm{e}^{\frac{\ln x - \ln y}{x+y}(L-A)}\mathrm{e}^{(x-y)\psi\left(\frac{x+y}{2}\right)}$$

由于 $y < L < I < A < x$,可推得下推论.

推论 5.3.5 设 $x > y > 0$,则

$$\mathrm{e}^{(x-y)\psi(y)} < \left(\frac{I}{y}\right)^{x-y}\mathrm{e}^{(x-y)\psi(y)} < \frac{\Gamma(x)}{\Gamma(y)} < \left(\frac{I}{A}\right)^{x-y}\mathrm{e}^{(x-y)\psi\left(\frac{x+y}{2}\right)} < \mathrm{e}^{(x-y)\psi\left(\frac{x+y}{2}\right)}$$

推论 5.3.6 设 $x > y > 0$,则

$$\frac{x^{x-\frac{1}{2}}}{y^{y-\frac{1}{2}}}\exp\Big[(x-y)\Big(-1 - \frac{1}{12xy}\Big)\Big] < \frac{\Gamma(x)}{\Gamma(y)} < \frac{x^{x-\frac{1}{2}}}{y^{y-\frac{1}{2}}}\exp\Big[(x-y)\Big(-1 - \frac{1}{3(x+y)^2} + \frac{2}{15(x+y)^4}\Big)\Big] \quad (5.3.14)$$

证明 在(0.5.7)中令 $m=1$ 和 $m=2$ 可分别得

$$\ln x - \frac{1}{2x} - \frac{1}{12x^2} < \psi(x) < \ln x - \frac{1}{2x} - \frac{1}{12x^2} + \frac{1}{120x^4}$$

进而有

$$\ln\frac{x+y}{2} - \frac{1}{x+y} - \frac{1}{3(x+y)^2} < \psi\left(\frac{x+y}{2}\right) <$$

$$\ln\frac{x+y}{2} - \frac{1}{x+y} - \frac{1}{3(x+y)^2} + \frac{2}{15(x+y)^4}$$

再根据定理 5.3.4 知推论成立.

推论 5.3.7 设 $x > 0, c_1 = \frac{7}{12} = 0.583\cdots, c_2 = \frac{83}{240} = 0.345\cdots$ 则

$$\frac{(2x+1)^{\frac{3}{4}}}{2^{\frac{3}{4}}(x+1)^{\frac{1}{3}}}\exp\left(-\frac{x^2+1.5x+c_1}{(x+1)(2x+1)(4x+3)^2}\right) < \frac{\Gamma(x+1)}{\Gamma\left(x+\frac{1}{2}\right)} <$$

$$\frac{(2x+1)^{\frac{3}{4}}}{2^{\frac{3}{4}}(x+1)^{\frac{1}{4}}}\exp\left(-\frac{x^2+1.5x+c_2}{(x+1)(2x+1)(4x+3)^2}\right)$$

证明 在式(5.3.14)中令 x 为 $x+1$, y 为 $x+\frac{1}{2}$ 有

$$\frac{(x+1)^{x+\frac{1}{2}}}{\left(x+\frac{1}{2}\right)^x}\exp\left[\frac{1}{2}\left(-1 - \frac{1}{6(x+1)(2x+1)}\right)\right] < \frac{\Gamma(x+1)}{\Gamma\left(x+\frac{1}{2}\right)} <$$

$$\frac{(x+1)^{x+\frac{1}{2}}}{\left(x+\frac{1}{2}\right)^x}\exp\left[\frac{1}{2}\left(-1 - \frac{1}{3\left(2x+\frac{3}{2}\right)^2} + \frac{2}{15\left(2x+\frac{3}{2}\right)^4}\right)\right]$$

即

$$\sqrt{x+1}\left(1+\frac{1}{2x+1}\right)^x\exp\left(-\frac{1}{2} - \frac{1}{12(x+1)(2x+1)}\right) < \frac{\Gamma(x+1)}{\Gamma\left(x+\frac{1}{2}\right)} <$$

$$\sqrt{x+1}\left(1+\frac{1}{2x+1}\right)^x\exp\left(-\frac{1}{2} - \frac{2}{3(4x+3)^2} + \frac{16}{15(4x+3)^4}\right) \quad (5.3.15)$$

$$\frac{\sqrt{x+1}}{\sqrt{\left(1+\frac{1}{(2x+1)}\right)^{\frac{3}{2}}}}\sqrt{\left(1+\frac{1}{2x+1}\right)^{2x+\frac{3}{2}}}\exp\left(-\frac{1}{2} - \frac{1}{12(x+1)(2x+1)}\right) <$$

$$\frac{\Gamma(x+1)}{\Gamma\left(x+\frac{1}{2}\right)} < \frac{\sqrt{x+1}}{\sqrt{\left(1+\frac{1}{(2x+1)}\right)^{\frac{3}{2}}}}\sqrt{\left(1+\frac{1}{2x+1}\right)^{2x+\frac{3}{2}}} \cdot$$

$$\exp\left(-\frac{1}{2} - \frac{2}{3(4x+3)^2} + \frac{16}{15(4x+3)^4}\right)$$

由引理 5.3.2 知

$$\frac{\sqrt{x+1}}{\sqrt{\left(1+\frac{1}{(2x+1)}\right)^{\frac{3}{2}}}}\sqrt{e^{1+\frac{1}{12(2x+1)^2+12(2x+1)+3}}}\exp\left(-\frac{1}{2}-\frac{1}{12(x+1)(2x+1)}\right)<$$

$$\frac{\Gamma(x+1)}{\Gamma\left(x+\frac{1}{2}\right)}<\frac{\sqrt{x+1}}{\sqrt{\left(1+\frac{1}{(2x+1)}\right)^{\frac{3}{2}}}}\sqrt{e^{1+\frac{1}{12(2x+1)(2x+2)}}}\cdot$$

$$\exp\left(-\frac{1}{2}-\frac{2}{3(4x+3)^2}+\frac{16}{15(4x+3)^4}\right),$$

$$\frac{(2x+1)^{\frac{3}{4}}}{2^{\frac{3}{4}}(x+1)^{\frac{1}{4}}}\exp\left(\frac{2(x+1)(2x+1)-(4x+3)^2}{12(x+1)(2x+1)(4x+3)^2}\right)<\frac{\Gamma(x+1)}{\Gamma\left(x+\frac{1}{2}\right)}<\frac{(2x+1)^{\frac{3}{4}}}{2^{\frac{3}{4}}(x+1)^{\frac{1}{4}}}\times$$

$$\exp\left(\frac{5(4x+3)^4-160(4x+3)^2(2x+1)(x+1)+256(2x+1)(x+1)}{240(x+1)(2x+1)(4x+3)^4}\right)$$

整理有

$$\frac{(2x+1)^{\frac{3}{4}}}{2^{\frac{3}{4}}(x+1)^{\frac{1}{4}}}\exp\left(-\frac{x^2+1.5x+c_1}{(x+1)(2x+1)(4x+3)^2}\right)<\frac{\Gamma(x+1)}{\Gamma\left(x+\frac{1}{2}\right)}<$$

$$\frac{(2x+1)^{\frac{3}{4}}}{2^{\frac{3}{4}}(x+1)^{\frac{1}{4}}}\exp\left(\frac{-(4x+3)^2(x^2+1.5x+c_2)-\frac{32}{240}}{(2x+1)(x+1)(4x+3)^4}\right)$$

至此知推论成立.

推论 5.3.8 设 $x>0$,则有

$$\sqrt{x+1}\exp\left(-\frac{48x^4+148x^3+169x^2+84.84x+15.75}{(x+1)(2x+1)(4x+3)^3}\right)<\frac{\Gamma(x+1)}{\Gamma\left(x+\frac{1}{2}\right)}<$$

$$\sqrt{x+1}\exp\left(-\frac{48x^4+148x^3+169x^2+83.88x+15.1}{(x+1)(2x+1)(4x+3)^3}\right) \qquad (5.3.16)$$

证明 在引理 5.3.2 中令 x 为 $2x+1$ 有

$$e^{\frac{48x^2+72x+28}{48x^2+72x+27}}<\left(1+\frac{1}{2x+1}\right)^{\frac{4x+3}{2}}<e^{\frac{48x^2+72x+25}{48x^2+72x+24}}$$

$$e^{\frac{48x^2+72x+28}{48x^2+72x+27}\cdot\frac{2}{4x+3}}<1+\frac{1}{2x+1}<e^{\frac{48x^2+72x+25}{48x^2+72x+24}\cdot\frac{2}{4x+3}} \qquad (5.3.17)$$

联立式(5.3.15)、(5.3.17)有

$$\sqrt{x+1}\exp\left(-\frac{1}{2}-\frac{1}{12(x+1)(2x+1)}+\frac{48x^2+72x+28}{48x^2+72x+27}\cdot\frac{2x}{4x+3}\right)<$$

$$\frac{\Gamma(x+1)}{\Gamma\left(x+\frac{1}{2}\right)}<$$

$$\sqrt{x+1}\exp\left(-\frac{1}{2} - \frac{2}{3(4x+3)^2} + \frac{16}{15(4x+3)^4} + \frac{48x^2+72x+25}{48x^2+72x+24} \cdot \frac{2x}{4x+3}\right)$$

整理有

$$\sqrt{x+1}\exp\left(-\frac{576x^4+1\,776x^3+2\,028x^2+1\,018x+189}{12(x+1)(2x+1)(4x+3)^3}\right) < \frac{\Gamma(x+1)}{\Gamma\left(x+\frac{1}{2}\right)} <$$

$$\sqrt{x+1}\exp\left(-\frac{11\,520x^5+44\,160x^4+67\,200x^3+50\,552x^2+18\,723x+2\,726}{60(x+1)(2x+1)(4x+3)^4}\right) \quad (5.3.18)$$

经过简单放缩,可知推论 5.3.8 成立.

推论 5.3.9 $x \geqslant 1$,则

$$\sqrt{ex}\left(1+\frac{1}{2x}\right)^{-x+\frac{1}{12x+4.25}} < \frac{\Gamma(x+1)}{\Gamma\left(x+\frac{1}{2}\right)} < \sqrt{ex}\left(1+\frac{1}{2x}\right)^{-x+\frac{1}{12x+2.592}}$$

证明 在式(5.3.14)中,令 x 为 $x+\frac{1}{2}$, y 为 x 有

$$\frac{\left(x+\frac{1}{2}\right)^x}{x^{x-\frac{1}{2}}}\exp\left[\frac{1}{2}\left(-1-\frac{1}{6x(2x+1)}\right)\right] < \frac{\Gamma\left(x+\frac{1}{2}\right)}{\Gamma(x)} <$$

$$\frac{\left(x+\frac{1}{2}\right)^x}{x^{x-\frac{1}{2}}}\exp\left[\frac{1}{2}\left(-1-\frac{1}{3\left(2x+\frac{1}{2}\right)^2}+\frac{2}{15\left(2x+\frac{1}{2}\right)^4}\right)\right]$$

$$\frac{1}{\sqrt{ex}}\left(1+\frac{1}{2x}\right)^x e^{-\frac{1}{12x(2x+1)}} < \frac{\Gamma\left(x+\frac{1}{2}\right)}{\Gamma(x+1)} <$$

$$\frac{1}{\sqrt{ex}}\left(1+\frac{1}{2x}\right)^x e^{-\frac{2}{3(4x+1)^2}+\frac{16}{15(4x+1)^4}}$$

(5.3.19)

在引理 5.3.2 中令 x 为 $2x$ 有

$$e^{\frac{48x^2+24x+4}{48x^2+24x+3}} < \left(1+\frac{1}{2x}\right)^{2x+\frac{1}{2}} < e^{\frac{48x^2+24x+1}{48x^2+24x}}$$

$$\left(1+\frac{1}{2x}\right)^{\frac{4x+1}{2} \cdot \frac{48x^2+24x}{48x^2+24x+1}} < e < \left(1+\frac{1}{2x}\right)^{\frac{4x+1}{2} \cdot \frac{48x^2+24x+3}{48x^2+24x+4}} \quad (5.3.20)$$

联立式(5.3.19)、(5.3.20) 有

$$\frac{1}{\sqrt{ex}}\left(1+\frac{1}{2x}\right)^x\left(1+\frac{1}{2x}\right)^{-\frac{4x+1}{2} \cdot \frac{48x^2+24x+3}{48x^2+24x+4} \cdot \frac{1}{12x(2x+1)}} < \frac{\Gamma\left(x+\frac{1}{2}\right)}{\Gamma(x+1)} <$$

$$\frac{1}{\sqrt{ex}}\left(1+\frac{1}{2x}\right)^x\left(1+\frac{1}{2x}\right)^{\frac{4x+1}{2}\cdot\frac{48x^2+24x}{48x^2+24x+1}\left(-\frac{2}{3(4x+1)^2}+\frac{16}{15(4x+1)^4}\right)}$$

即

$$\frac{1}{\sqrt{ex}}\left(1+\frac{1}{2x}\right)^{x-\frac{(4x+1)^3}{32x(2x+1)(12x^2+6x+1)}} < \frac{\Gamma\left(x+\frac{1}{2}\right)}{\Gamma(x+1)} <$$

$$\frac{1}{\sqrt{ex}}\left(1+\frac{1}{2x}\right)^{x-\frac{4x(2x+1)}{48x^2+24x+1}\left(\frac{2}{4x+1}-\frac{16}{5(4x+1)^3}\right)} \tag{5.3.21}$$

此时可证

$$\frac{(4x+1)^3}{32x(2x+1)(12x^2+6x+1)} \leqslant \frac{1}{12x+2.592}$$

$$\frac{4x(2x+1)}{48x^2+24x+1}\left(\frac{2}{4x+1}-\frac{16}{5(4x+1)^3}\right) > \frac{1}{12x+4.25}$$

上两式代入式(5.3.21),再各自取倒数即知推论成立.

推论 5.3.10 设 $n \in \mathbb{N}_{++}$,则

$$\frac{1}{\sqrt{e\pi n}}\left(1+\frac{1}{2n}\right)^{n-\frac{1}{12n+2.592}} < \frac{(2n-1)!!}{(2n)!!} < \frac{1}{\sqrt{e\pi n}}\left(1+\frac{1}{2n}\right)^{n-\frac{1}{12n+4.25}}$$

证明 在推论 5.3.9 中,取 $x = n$,由于 $\Gamma(n+1) = n!$,$\Gamma\left(n+\frac{1}{2}\right) = \frac{\sqrt{\pi}(2n-1)!!}{2^n}$,知推论为真.

当 $n \geqslant 2$ 时,推论 5.3.10 强于式[174]中的

$$\frac{1}{\sqrt{\pi\left(n+\frac{4}{\pi}-1\right)}} \leqslant \frac{(2n-1)!!}{(2n)!!} \leqslant \frac{1}{\sqrt{\pi\left(n+\frac{1}{4}\right)}}$$

对于 $n \in \mathbb{N}_{++}$,文献[6]P.96~97 中介绍了 $\frac{(2n-1)!!}{(2n)!!} > \frac{e^{-\frac{1}{8n}}}{\sqrt{n\pi}}$,我们不仅可以证明推论 5.3.9 的结果强于此结果,而且我们可得以下推论.

推论 5.3.11 (ⅰ) 设 $x > 0$,则有 $\frac{\Gamma(x+1)}{\Gamma\left(x+\frac{1}{2}\right)} < \sqrt{x}e^{\frac{1}{8x}}$.

(ⅱ) 设 $x \geqslant 1$,则有 $\frac{\Gamma(x+1)}{\Gamma\left(x+\frac{1}{2}\right)} > \sqrt{x}e^{\frac{1}{8x+0.375}}$.

(ⅲ) 设 $n \geqslant 1$,$n \in \mathbb{N}$,则 $\frac{1}{\sqrt{\pi n}}e^{-\frac{1}{8n}} < \frac{(2n-1)!!}{(2n)!!} < \frac{1}{\sqrt{\pi n}}e^{-\frac{1}{8n+0.375}}$.

证明 (ⅰ) 由式(5.3.18)的右式知

$$\frac{\Gamma(x+1)}{\Gamma\left(x+\frac{1}{2}\right)} < \sqrt{x}\sqrt{1+\frac{1}{x}} \cdot$$

$$\exp\left(-\frac{11\,520x^5 + 44\,160x^4 + 67\,200x^3 + 50\,552x^2 + 18\,723x + 2\,726}{60(x+1)(2x+1)(4x+3)^4}\right)$$

再由引理 5.3.2 知

$$\left(1+\frac{1}{x}\right)^{\frac{2x+1}{2}} < e^{\frac{12x^2+12x+1}{12x^2+12x}}, \quad \sqrt{1+\frac{1}{x}} < e^{\frac{12x^2+12x+1}{12x^2+12x} \cdot \frac{1}{2x+1}}$$

联立上两式有

$$\frac{\Gamma(x+1)}{\Gamma\left(x+\frac{1}{2}\right)} < \sqrt{x}\exp\left(\frac{12x^2+12x+1}{12x^2+12x} \cdot \frac{1}{2x+1} - \right.$$

$$\left. \frac{11\,520x^5 + 44\,160x^4 + 67\,200x^3 + 50\,552x^2 + 18\,723x + 2\,726}{60(x+1)(2x+1)(4x+3)^4}\right) =$$

$$\sqrt{x}\exp\left(\frac{3\,840x^6 + 17\,280x^5 + 32\,000x^4 + 31\,048x^3 + 16\,377x^2 + 4\,294x + 405}{60x(x+1)(2x+1)(4x+3)^4}\right)$$

通过一些计算,我们可证明结论(ⅰ)成立.

(ⅱ) 由式(5.3.18) 的左式知

$$\frac{\Gamma(x+1)}{\Gamma\left(x+\frac{1}{2}\right)} > \sqrt{x}\sqrt{1+\frac{1}{x}}\exp\left(-\frac{576x^4 + 1\,776x^3 + 2\,028x^2 + 1\,018x + 189}{12(x+1)(2x+1)(4x+3)^3}\right)$$

再由引理 5.3.2 知

$$\left(1+\frac{1}{x}\right)^{\frac{2x+1}{2}} > e^{\frac{12x^2+12x+4}{12x^2+12x+3}}, \quad \sqrt{1+\frac{1}{x}} > e^{\frac{12x^2+12x+4}{12x^2+12x+3} \cdot \frac{1}{2x+1}}$$

联立上两式知

$$\frac{\Gamma(x+1)}{\Gamma\left(x+\frac{1}{2}\right)} > \sqrt{x}\exp\left(-\frac{576x^4 + 1\,776x^3 + 2\,028x^2 + 1\,018x + 189}{12(x+1)(2x+1)(4x+3)^3} + \frac{12x^2+12x+4}{3(2x+1)^3}\right) =$$

$$\sqrt{x}\exp\left(\frac{768x^6 + 3\,648x^5 + 7\,312x^4 + 7\,944x^3 + 4\,952x^2 + 1\,682x + 243}{12(x+1)(2x+1)^3(4x+3)^3}\right)$$

通过一些计算,我们可证明:当 $x \geq 1$ 时,有

$$\frac{768x^6 + 3\,648x^5 + 7\,312x^4 + 7\,944x^3 + 4\,952x^2 + 1\,682x + 243}{12(x+1)(2x+1)^3(4x+3)^3} > \frac{8}{64x+3}$$

成立,故当 $x \geq 1$ 有结论(ⅱ)成立.

(ⅲ) 在结论(ⅰ),(ⅱ)中令 $x = n$,考虑到 $\Gamma(n+1) = n!$,$\Gamma\left(n+\frac{1}{2}\right) = \frac{\sqrt{\pi}(2n-1)!!}{2^n}$ 知结论(ⅲ)成立.

5.4 GA 凸函数的定义及其性质

定义 5.4.1[11][40] 设区间 $I \subseteq \mathbb{R}_{++}, f: I \to \mathbb{R}$ 为连续,且对任意的 $x, y \in I, \alpha \in [0,1]$,都有
$$f(x^\alpha y^{1-\alpha}) \leqslant (\geqslant) \alpha f(x) + (1-\alpha) f(y)$$
成立,则称 f 为 I 上的 GA 凸(凹) 函数.

定理 5.4.2 (ⅰ) 设 $f: I \subseteq \mathbb{R}_{++} \to \mathbb{R}, J = \{\ln x | x \in I\}$,则 f 为 I 上的 GA 凸(凹) 函数,当且仅当 $g: x \in J \to f(e^x)$ 为 J 上的凸(凹) 函数,故此时 f 在每一处都存在单侧导数.故此时 f 在每一处都存在单侧导数,且 $f'_+ \geqslant (\leqslant) f'_-$ ($x \in I$) 成立.

(ⅱ) 设 $f: I \subseteq \mathbb{R}_{++} \to \mathbb{R}$ 为二阶可导,则 f 为 I 上的 GA 凸(凹) 函数,当且仅当
$$f'(x) + x f''(x) \geqslant (\leqslant) 0 \tag{5.4.1}$$
对任意的 $x \in I$ 成立.

证明 (ⅰ) 关于 f 在每一处都存在单侧导数的存在性,和 $f'_+(x) \geqslant (\leqslant) f'_-(x)$,可以仿定理 1.4.5 的证明,我们在此略.

(ⅱ) 由定理 0.2.7,则 f 为 I 上的 GA 凸(凹) 函数,当且仅当 $(f(e^t))'' \geqslant (\leqslant) 0$ 对任何 $t \in \{\ln x | x \in I\}$ 成立. 即
$$e^t f'(e^t) + e^{2t} f''(e^t) \geqslant (\leqslant) 0$$
再令 $e^t = x$,即得式 (5.4.1).

我们称下定理为 GA 凸函数的 Hadamard 不等式.

定理 5.4.3 设 $b > a > 0, f:[a,b] \to \mathbb{R}$ 为 GA 凸(凹) 函数,则
$$f(I) \leqslant (\geqslant) \frac{1}{b-a} \int_a^b f(t) dt \leqslant (\geqslant) \frac{b-L}{b-a} f(b) + \frac{L-a}{b-a} f(a) \tag{5.4.2}$$
等式成立当且仅当 f 为型如 $p\log x + q$ 的函数,其中 $m, n \in \mathbb{R}$ 为常数.

证明 先设 $c \neq b, x \in [c, b]$ 设 $c_1 = \ln c, x_1 = \ln x$ 和 $g: t \in [\ln a, \ln b] \to f(\exp t)$,则知 g 为凸(凹) 函数.由凸函数的性质知
$$\frac{g(x_1) - g(c_1)}{x_1 - c_1} \geqslant (\leqslant) g'_+(c_1)$$
即
$$\frac{f(\exp x_1) - f(\exp c_1)}{\ln x - \ln c} \geqslant (\leqslant) (f(\exp t))'_+ \Big|_{t=c_1}$$

$$\frac{f(x)-f(c)}{\ln x - \ln c} \geq (\leq) e^t f'_+(e^t)\big|_{t=c_1} = cf'_+(c)$$

$$f(x)-f(c) \geq (\leq) c(\ln x - \ln c)f'_+(c) \tag{5.4.3}$$

再设 $h(x) = \int_c^x f(t)\,dt - (x-c)f(c) - c[x(\ln x - \ln c) - x + c]f'_+(c)$，其中 $x \in [c,b]$. 则有

$$h'(x) = f(x) - f(c) - c(\ln x - \ln c)f'_+(c)$$

由式(3.1)知 $h'(x) \geq (\leq) 0$，所以 $h(x) \geq (\leq) h(c) = 0$，故有

$$\int_c^b f(t)\,dt \geq (\leq)(b-c)f(c) + c(b\ln b - b\ln c - b + c)f'_+(c) =$$
$$(b-c)f(c) + c(\ln b - \ln c)(b - L(c,b))f'_+(c) \tag{5.4.4}$$

几乎同理，我们可证

$$\int_a^c f(t)\,dt \geq (\leq) = (c-a)f(c) + c(\ln c - \ln a)[a - L(a,c)]f'_-(c)$$

所以

$$\int_a^b f(t)\,dt = \int_a^c f(t)\,dt + \int_c^b f(t)\,dt \geq (\leq)$$
$$(b-a)f(c) + c(\log c - \log a)[a - L(a,c)]f'_-(c) +$$
$$c(\log b - \log c)(b - L(c,b))f'_+(c)$$

在上式中，取 $c = I$，我们可以把其化为

$$(b-a)f(I) + \left(I - \frac{ab}{L}\right)(f'_+(c) - f'_-(c)) \leq (\geq) \int_a^b f(t)\,dt$$

因 $I > \sqrt{ab}$, $L > \sqrt{ab}$，再由引理式(5.4.2)，知 $f'_+(I) \geq f'_-(I)$，式(5.4.2) 的左式得证.

设 $t \in [a,b]$，则 $t = a^{1-\alpha}b^\alpha$，其中 $\alpha = \frac{\ln t - \ln a}{\ln b - \ln a}$.

$$\int_a^b f(t)\,dt \xrightarrow{t = a^{1-\alpha}b^\alpha} \int_0^1 f(a^{1-\alpha}b^\alpha)\,d(a^{1-\alpha}b^\alpha) \leq (\geq)$$

$$a \int_0^1 [(1-\alpha)f(a) + \alpha f(b)]\,d\left(\frac{b}{a}\right)^\alpha =$$

$$a[(1-\alpha)f(a) + \alpha f(b)]\left(\frac{b}{a}\right)^\alpha \bigg|_0^1 -$$

$$a\int_0^1 \left(\frac{b}{a}\right)^\alpha d[(1-\alpha)f(a) + \alpha f(b)] =$$

$$bf(b) - af(a) - a(f(b) - f(a))\int_0^1 \left(\frac{b}{a}\right)^\alpha d\alpha =$$

$$bf(b) - af(a) - L[f(b) - f(a)] =$$

$$(b-L)f(b)+(L-a)f(a) \qquad (5.4.5)$$

欲使式(5.4.3)和式(5.4.5)等号成立，即要求存在实数 p,q，使得 $f(\exp t)=pt+q$. 若令 $x=\exp t$，有 $f(x)=p\ln x+q$，其中 $x\in[a,b]$. 反之 $f(x)=p\ln x+q, x\in[a,b]$，我们也易验证式(5.4.2)取等.

定理 5.4.4 若 $b>a>0, f:[a,b]\to\mathbb{R}$ 为 $[a,b]$ 上的 GA 凸函数，设

$$g: x\in[a,b]\to \int_a^x f(t)\mathrm{d}t-(x-a)f(I(a,x))$$

$$h: x\in[a,b]\to (x-L(a,x))f(x)+(L(a,x)-a)f(a)-\int_a^x f(t)\mathrm{d}t$$

则 g,h 为单调增加函数.

证明 设 $a<v<u<b$，则

$$g(u)-g(v)=\int_a^u f(t)\mathrm{d}t-(u-a)f(I(a,u))-$$
$$\int_a^v f(t)\mathrm{d}t+(v-a)f(I(a,v))=$$
$$\int_v^u f(t)\mathrm{d}t-(u-a)f(I(a,u))+(v-a)f(I(a,v))$$

由式(5.4.2)知，$\int_v^u f(t)\mathrm{d}t\geqslant(u-v)f((I(u,v)))$，故有

$$g(u)-g(v)\geqslant(u-v)f(I(v,u))-(u-a)f(I(a,u))+$$
$$(v-a)f(I(a,v))=$$
$$(u-a)\left(\frac{u-v}{u-a}f(I(v,u))+\frac{v-a}{u-a}f(I(a,v))\right)-$$
$$(u-a)f(I(a,u))$$

再由 GA 凸函数的定义知

$$g(u)-g(v)\geqslant(u-a)\cdot f[(I(v,u))^{\frac{u-v}{u-a}}\cdot(I(a,v))^{\frac{v-a}{u-a}}]-$$
$$(u-a)f(I(a,u)) \qquad (5.4.6)$$

又易证

$$(I(v,u))^{\frac{u-v}{u-a}}\cdot(I(a,v))^{\frac{v-a}{u-a}}=\frac{1}{e}\cdot u^{\frac{u}{u-a}}v^{-\frac{v}{u-a}}\cdot v^{\frac{v}{u-a}}a^{-\frac{a}{u-a}}=I(a,u)$$
$$(5.4.7)$$

联立式(5.4.6)和式(5.4.7)，我们知 $g(u)-g(v)\geqslant 0, g$ 为单调增加函数.

同时

$$h(u)-h(v)=(u-L(a,u))f(u)+(L(a,u)-a)f(a)-\int_a^u f(t)\mathrm{d}t-$$
$$(v-L(a,v))f(v)-(L(a,v)-a)f(a)+\int_a^v f(t)\mathrm{d}t=$$
$$(u-L(a,u))f(u)+(L(a,u)-L(a,v))f(a)-$$

$$\int_v^u f(t)\,dt - (v - L(a,v))f(v)$$

由式(5.4.2)知 $\int_v^u f(t)\,dt \leqslant (u - L(v,u))f(u) + (L(v,u) - v)f(v)$,则

$$h(u) - h(v) \geqslant (L(v,u) - L(a,u))f(u) + (L(a,u) - L(a,v))f(a) -$$
$$(L(v,u) - L(a,v))f(v) =$$
$$(L(v,u) - L(a,v))\left[\frac{L(v,u) - L(a,u)}{L(v,u) - L(a,v)}f(u) + \right.$$
$$\left.\frac{L(a,u) - L(a,v)}{L(v,u) - L(a,v)}f(a) - f(v)\right]$$

我们易证 $L(v,u) - L(a,v) > 0, 0 \leqslant \frac{L(v,u) - L(a,u)}{L(v,u) - L(a,v)} \leqslant 1$,故由 GA 凸函数的定义知

$$h(u) - h(v) \geqslant (L(v,u) - L(a,v)) \cdot$$
$$(f(u^{\frac{L(v,u) - L(a,u)}{L(v,u) - L(a,v)}} \cdot a^{\frac{L(a,u) - L(a,v)}{L(v,u) - L(a,v)}}) - f(v)) \qquad (5.4.8)$$

又

$$\frac{u - v}{\ln u - \ln v}(\ln u - \ln v) - \frac{u - a}{\ln u - \ln a}(\ln u - \ln a) +$$
$$\frac{v - a}{\ln v - \ln a}(\ln v - \ln a) = 0$$

$$\left(\frac{u - v}{\ln u - \ln v} - \frac{u - a}{\ln u - \ln a}\right)\ln u + \left(\frac{u - a}{\ln u - \ln a} - \frac{v - a}{\ln v - \ln a}\right)\ln a =$$
$$\left(\frac{u - v}{\ln u - \ln v} - \frac{v - a}{\ln v - \ln a}\right)\ln v \left(\frac{u - v}{\ln u - \ln v} - \frac{u - a}{\ln u - \ln a}\right)\ln u +$$
$$\left(\frac{u - a}{\ln u - \ln a} - \frac{v - a}{\ln v - \ln a}\right)\ln a = \left(\frac{u - v}{\ln u - \ln v} - \frac{v - a}{\ln v - \ln a}\right)\ln v$$

$$\ln\left(u^{\frac{u-v}{\ln u - \ln v} - \frac{u-a}{\ln u - \ln a}} \cdot a^{\frac{u-a}{\ln u - \ln a} - \frac{v-a}{\ln v - \ln a}}\right) = \ln v^{\frac{u-v}{\ln u - \ln v} - \frac{v-a}{\ln v - \ln a}}$$
$$u^{L(v,u) - L(a,u)} \cdot a^{L(a,u) - L(a,v)} = v^{L(v,u) - L(a,v)}$$
$$u^{\frac{L(v,u) - L(a,u)}{L(v,u) - L(a,v)}} \cdot a^{\frac{L(a,u) - L(a,v)}{L(v,u) - L(a,v)}} = v \qquad (5.4.9)$$

联立式(5.4.8)和式(5.4.9)知 $h(u) \geqslant h(v)$, h 为单调增加函数.

定理得证.

定理 5.4.5 若 $b > a > 0, f:[a,b] \to \mathbb{R}$ 为 $[a,b]$ 上的 GA 凸函数,设

$$g: x \in [a,b] \to \int_x^b f(t)\,dt - (b - x)f(I(x,b))$$

$$h: x \in [a,b] \to (b - L(x,b))f(b) + (L(x,b) - x)f(x) - \int_x^b f(t)\,dt$$

则 g, h 为单调减少函数.

证明 设 $a < v < u < b$,则

$$g(u) - g(u) = \int_u^b f(t)\mathrm{d}t - (b-u)f(I(u,b)) - \int_v^b f(t)\mathrm{d}t +$$
$$(b-v)f(I(v,b)) =$$
$$-\int_v^u f(t)\mathrm{d}t - (b-u)f(I(u,b)) + (b-v)f(I(v,b))$$

由式(5.4.2)知和 GA 凸的定义知
$$g(u) - g(v) \leqslant -(u-v)f(I(v,u)) - (b-u)f(I(u,b)) +$$
$$(b-v)f(I(v,b)) =$$
$$-(b-v)\left[\frac{u-v}{b-v}f(I(v,u)) + \frac{b-u}{b-v}f(I(u,b)) - f(I(v,b))\right] \leqslant$$
$$-(b-v)\left[f[(I(v,u))^{\frac{u-v}{b-v}}(I(u,b))^{\frac{b-u}{b-v}}] - f(I(v,b))\right] =$$
$$-(b-v)\left[f\left(\left(\frac{1}{\mathrm{e}}u^{\frac{u}{u-v}}v^{\frac{v}{v-u}}\right)^{\frac{u-v}{b-v}}\left(\frac{1}{\mathrm{e}}b^{\frac{b}{b-u}}u^{\frac{u}{u-b}}\right)^{\frac{b-u}{b-v}}\right] - f(I(v,b))\right] =$$
$$-(b-v)\left[f\left(\frac{1}{\mathrm{e}}b^{\frac{b}{b-v}}v^{\frac{v}{v-b}}\right) - f(I(v,b))\right] = 0$$

g 为单调减少函数.

同时
$$h(u) - h(v) = (b - L(u,b))f(b) + (L(u,b) - u)f(u) -$$
$$\int_u^b f(t)\mathrm{d}t - (b - L(v,b))f(b) -$$
$$(L(v,b) - v)f(v) + \int_v^b f(t)\mathrm{d}t =$$
$$-(L(u,b) - L(v,b))f(b) + (L(u,b) - u)f(u) -$$
$$(L(v,b) - v)f(v) + \int_v^u f(t)\mathrm{d}t \leqslant$$
$$-(L(u,b) - L(v,b))f(b) + (L(u,b) - u)f(u) -$$
$$(L(v,b) - v)f(v) + (u - L(u,v))f(u) +$$
$$(L(u,v) - v)f(v) =$$
$$(L(u,b) - L(u,v))\left[f(u) - \frac{L(u,b) - L(v,b)}{L(u,b) - L(u,v)}f(b) -\right.$$
$$\left.\frac{L(v,b) - L(u,v)}{L(u,b) - L(u,v)}f(v)\right] \leqslant$$
$$(L(u,b) - L(u,v))[f(u) -$$
$$f(b^{\frac{L(u,b) - L(v,b)}{L(u,b) - L(u,v)}}v^{\frac{L(v,b) - L(u,v)}{L(u,b) - L(u,v)}})] \tag{5.4.10}$$

与式(5.4.9)的证明相仿,我们可得 $b^{\frac{L(u,b) - L(v,b)}{L(u,b) - L(u,v)}}v^{\frac{L(v,b) - L(u,v)}{L(u,b) - L(u,v)}} = u$. 至此由式(5.4.10)知 $h(u) - h(v) \leqslant 0, h$ 为单调减少函数.

定理 2 证毕.

由于 f 是 GA 凸函数, 当且仅当 $-f$ 是 GA 凹函数, 所以我们也有以下结果.

定理 5.4.6 若 $b > a > 0, f:[a,b] \to \mathbb{R}$ 为 $[a,b]$ 上的 GA 凹函数, 设
$$g:x \in [a,b] \to \int_a^x f(t)\,\mathrm{d}t - (x-a)f(I(a,x))$$
$$h:x \in [a,b] \to (x - L(a,x))f(x) + (L(a,x) - a)f(a) - \int_a^x f(t)\,\mathrm{d}t$$
则 g, h 为单调减少函数.

定理 5.4.7 若 $b > a > 0, f:[a,b] \to \mathbb{R}$ 为 $[a,b]$ 上的 GA 凹函数, 设
$$g:x \in [a,b] \to \int_x^b f(t)\,\mathrm{d}t - (b-x)f(I(x,b))$$
$$h:x \in [a,b] \to (b - L(x,b))f(b) + (L(x,b) - x)f(x) - \int_x^b f(t)\,\mathrm{d}t$$
则 g, h 为单调增加函数.

5.5 GA 凸函数的 Hadamard 不等式的一些应用

W. Gautschi 在文献 [181] 给出如下一个结果: 设 $x > 0, 0 < s < 1$, 则
$$x^{1-s} < \frac{\Gamma(x+1)}{\Gamma(x+s)} < \exp[(1-s)\psi(x+1)] \tag{5.5.1}$$

在文献 [104] 的一个结果为: 设 $x > 0, 0 < s < 1$, 则
$$\exp[(1-s)\psi(x+\sqrt{s})] < \frac{\Gamma(x+1)}{\Gamma(x+s)} < \exp\left[(1-s)\psi\left(x + \frac{s+1}{2}\right)\right] \tag{5.5.2}$$

文献 [103], [109] 中分别有: 设 $0 < a < b$, 则
$$\frac{b^{b-1}}{a^{a-1}}\mathrm{e}^{a-b} \leq \frac{\Gamma(b)}{\Gamma(a)} \leq \frac{b^{b-\frac{1}{2}}}{a^{a-\frac{1}{2}}}\mathrm{e}^{a-b} \tag{5.5.3}$$

$$(b-a)\psi(a) < \ln\Gamma(b) - \ln\Gamma(a) < (b-a)\psi(b) \tag{5.5.4}$$

文献 [62], [82] 将上两式加强为
$$\mathrm{e}^{a-b}\frac{b^b}{a^a}\left(\frac{b}{a}\right)^{a(\psi(a)-\log a)} \leq \frac{\Gamma(b)}{\Gamma(a)} \leq \mathrm{e}^{a-b}\frac{b^b}{a^a}\left(\frac{b}{a}\right)^{\frac{a+b}{2}\cdot\left(\psi\left(\frac{a+b}{2}\right)-\ln\frac{a+b}{2}\right)} \tag{5.5.5}$$

同时, 文献 [7] 根据 ψ 为凹函数和 Hadamard, 得到了: 若 $0 < a < b$
$$(b-a)\frac{\psi(a)+\psi(b)}{2} \leq \ln\frac{\Gamma(b)}{\Gamma(a)} \leq (b-a)\psi\left(\frac{x+y}{2}\right) \tag{5.5.6}$$

文献 [100], [180], [183] 中有

$$(b-a)\psi(L(a,b)) \leqslant \ln\Gamma(b) - \ln\Gamma(a) \leqslant (b-a)\psi(I(a,b))$$
(5.5.7)

本节将通过研究一些特殊函数的 GA 凸性,加强以上结果. 为了本节的展开,先介绍一些引理.

引理 5.5.1
$$\sum_{n=1}^{+\infty} \frac{1}{n^3} < 1.203 \tag{5.5.8}$$

证明
$$\sum_{n=1}^{+\infty} \frac{1}{n^3} = \sum_{n=1}^{20} \frac{1}{n^3} + \sum_{n=21}^{+\infty} \frac{1}{n^3} < \sum_{n=1}^{20} \frac{1}{n^3} + \sum_{n=21}^{+\infty} \frac{1}{(n-1)n(n+1)} =$$
$$\sum_{n=1}^{20} \frac{1}{n^3} + \sum_{n=21}^{+\infty} \left(\frac{1}{2(n-1)n} - \frac{1}{2n(n+1)} \right) =$$
$$\sum_{n=1}^{20} \frac{1}{n^3} + \frac{1}{2 \times 20 \times 21} < 1.203$$

引理证毕.

引理 5.5.2[175] 设 $x > 0$,则 $x^2 \psi'(1+x) + x^3 \psi''(1+x) < \frac{1}{2}$ (5.5.9)

引理 5.5.3 设 $f: x \in \mathbb{R}_{++} \to \psi(x) + \frac{1}{2x}$,则 f 为 GA 凹函数.

证明 对式(0.5.11)两边求导,有
$$\psi'(1+x) = -\frac{1}{x^2} + \psi'(x), \quad \psi''(1+x) = \frac{2}{x^3} + \psi''(x) \tag{5.5.10}$$

把式(5.5.10)代入式(5.5.9)有
$$x^2 \psi'(x) + x^3 \psi''(x) + \frac{1}{2} < 0 \tag{5.5.11}$$

同时
$$f'(x) + xf''(x) = \psi'(x) - \frac{1}{2x^2} + x\left(\psi''(x) + \frac{1}{x^3} \right) = \psi'(x) + x\psi''(x) + \frac{1}{2x^2}$$

联立上式与式(5.5.11),知 $f'(x) + xf''(x) < 0$,由定理 5.4.2 知引理成立.

引理 5.5.4 设 $g: x \in \mathbb{R}_{++} \to \psi(x) + \frac{1}{2x} + \frac{1}{12x^2}$,则 g 为 GA 凸函数.

证明 易验证 $g'(x) + xg(x) = \psi'(x) + x\psi''(x) + \frac{1}{2x^2} + \frac{1}{3x^3}$. 由定理 5.4.2 知,只要证 $g'(x) + xgf(x) \geqslant 0$,即只要证
$$\psi'(x) + x\psi''(x) + \frac{1}{2x^2} + \frac{1}{3x^3} > 0 \tag{5.5.12}$$

情形 1: 若 $x \geqslant \frac{\sqrt{5}}{2}$.

在式(0.5.8)令 $m = 2$ 有, $\psi'(x) = \frac{1}{x} + \frac{1}{2x^2} + \frac{1}{6x^3} - \frac{1}{30x^5} + \theta_1 \frac{B_3}{x^7}$,则知

$$\psi'(x) = \frac{1}{x} + \frac{1}{2x^2} + \frac{1}{6x^3} - \frac{1}{30x^5}.$$ 同样在式(0.5.9)中令 $m = 2$,则知 $\psi''(x) > - \frac{1}{x^2} - \frac{1}{x^3} - \frac{1}{2x^4} + \frac{1}{6x^6} - \frac{1}{6x^8}$. 此时有

$$\psi'(x) + x\psi''(x) + \frac{1}{2x^2} + \frac{1}{3x^3} > \frac{2}{15x^5} - \frac{1}{6x^7} \geq 0$$

情形 2:若 $1 \leq x < \frac{\sqrt{5}}{2}$. 由于式(0.5.5) 和式(0.5.6),故

$$x^3 \psi'(x) + x^4 \psi''(x) + \frac{x}{2} + \frac{1}{3} = x^3 \sum_{k=0}^{\infty} \frac{1}{(k+x)^2} -$$

$$x^4 \sum_{k=0}^{\infty} \frac{2}{(k+x)^3} + \frac{x}{2} + \frac{1}{3} =$$

$$\sum_{k=0}^{\infty} \frac{x^3(k-x)}{(k+x)^3} + \frac{x}{2} + \frac{1}{3} =$$

$$\frac{1}{3} - \frac{x}{2} + \frac{x^3 - x^4}{(1+x)^3} + \frac{x^3(2-x)}{(2+x)^3} + x \sum_{k=3}^{\infty} \frac{x^2(k-x)}{(k+x)^3}$$

由于当 $k \geq 3$ 时,易证 $\frac{x^2(k-x)}{(k+x)^3}$ 关于 x 在 $\left[1, \frac{\sqrt{5}}{2}\right)$ 为单调增加函数,所以有

$$x^3 \psi'(x) + x^4 \psi''(x) + \frac{x}{2} + \frac{1}{3} \geq \frac{1}{3} - \frac{x}{2} + \frac{x^3 - x^4}{(1+x)^3} + \frac{x^3(2-x)}{(2+x)^3} +$$

$$x \sum_{k=3}^{\infty} \frac{(k-1)}{(k+1)^3} =$$

$$\frac{1}{3} - \frac{x}{2} + \frac{x^3 - x^4}{(1+x)^3} + \frac{x^3(2-x)}{(2+x)^3} +$$

$$x \sum_{k=3}^{\infty} \left[\frac{1}{(k+1)^2} - \frac{2}{(k+1)^3} \right]$$

又由 $\sum_{n=1}^{+\infty} \frac{1}{n^2} = \frac{\pi^2}{6}$ 及引理 5.5.1 知

$$x^3 \psi'(x) + x^4 \psi''(x) + \frac{x}{2} + \frac{1}{3} \geq \frac{1}{3} - \frac{x}{2} + \frac{x^3 - x^4}{(1+x)^3} + \frac{x^3(2-x)}{(2+x)^3} +$$

$$x \left(\frac{\pi^2}{6} - 1 - \frac{1}{4} - \frac{1}{9} - 2\left(1.203 - 1 - \frac{1}{8} - \frac{1}{27}\right) \right) >$$

$$\frac{1}{3} - 0.298\,2x + \frac{1-x}{\left(\frac{1}{x}+1\right)^3} + \frac{2-x}{\left(\frac{2}{x}+1\right)^3} >$$

$$\frac{1}{3} - 0.298\,2 \times \frac{\sqrt{5}}{2} + \frac{1-\frac{\sqrt{5}}{2}}{\left(\frac{2}{\sqrt{5}}+1\right)^3} + \frac{2-\frac{\sqrt{5}}{2}}{(2+1)^3} > 0$$

即有 $\psi'(x) + x\psi''(x) + \frac{1}{2x^2} + \frac{1}{3x^3} > 0$.

情形 3:若 $0 < x < 1$.

易证当 $k \geq 1$ 时,$\frac{k-x}{(k+x)^3}$ 关于 x 在 $(0,1]$ 为单调减少函数,所以有

$$x^3\psi'(x) + x^4\psi''(x) + \frac{x}{2} + \frac{1}{3} = x^3\sum_{k=0}^{\infty}\frac{k-x}{(k+x)^3} + \frac{x}{2} + \frac{1}{3} =$$

$$x^3\sum_{k=1}^{\infty}\frac{k-x}{(k+x)^3} - x + \frac{x}{2} + \frac{1}{3} \geq$$

$$\frac{1}{3} - \frac{x}{2} + x^3\sum_{k=1}^{\infty}\frac{k-1}{(k+1)^3} =$$

$$\frac{1}{3} - \frac{x}{2} + x^3\sum_{k=1}^{\infty}\left(\frac{1}{(k+1)^2} - \frac{2}{(k+1)^3}\right)$$

由引理 5.5.1 知

$$x^3\psi'(x) + x^4\psi''(x) + \frac{x}{2} + \frac{1}{3} > \frac{1}{3} - \frac{x}{2} + x^3\left[\frac{\pi^2}{6} - 1 - 2(1.203-1)\right] >$$

$$\frac{1}{3} - \frac{x}{2} + 0.238x^3$$

此时易证 $\frac{1}{3} - \frac{x}{2} + 0.238x^3$ 在区间 $(0,1)$ 上,在 $x = \sqrt{\frac{1}{1.428}}$ 取最小值,所以有

$$x^3\psi'(x) + x^4\psi''(x) + \frac{x}{2} + \frac{1}{3} > \frac{1}{3} - \frac{1}{2\sqrt{1.428}} + 0.238\frac{1}{(\sqrt{1.428})^3} > 0$$

至此我们已证得式(5.5.12)对于 $x > 0$ 都成立. g 为 GA 凸函数.

定理 5.5.5 设 $b > a > 0$,则

$$\psi(I) - \frac{I-L}{2LI} - \frac{I^2-G^2}{12I^2G^2} < \frac{\log\Gamma(b) - \log\Gamma(a)}{b-a} < \psi(I) - \frac{I-L}{2LI}$$

(5.5.13)

定理 5.5.6 设 $b > a > 0$,则

$$\frac{b-L}{b-a}\psi(b) + \frac{L-a}{b-a}\psi(a) + \frac{L^2-G^2}{2LG^2} < \frac{\log\Gamma(b) - \log\Gamma(a)}{b-a} <$$

$$\frac{b-L}{b-a}\psi(b) + \frac{L-a}{b-a}\psi(a) + \frac{L^2-G^2}{2LG^2} + \frac{LA-G^2}{6G^4}$$

(5.5.14)

定理 5.5.5 和定理 5.5.6 的证明:

由引理 5.5.3 和定理 5.4.3,知

$$\frac{b-L}{b-a}\left(\psi(b) + \frac{1}{2b}\right) + \frac{L-a}{b-a}\left(\psi(a) + \frac{1}{2a}\right) < \frac{1}{b-a}\int_a^b\left(\psi(t) + \frac{1}{2t}\right)dt <$$

$$\psi(I) + \frac{1}{2I}$$

$$\frac{b-L}{b-a}\psi(b)+\frac{L-a}{b-a}\psi(a)+\frac{1}{2ab} < \frac{\log\Gamma(b)-\log\Gamma(a)}{b-a}+\frac{1}{2L} < \psi(I)+\frac{1}{2I}$$

$$\frac{b-L}{b-a}\psi(b)+\frac{L-a}{b-a}\psi(a)+\frac{L^2-G^2}{2LG^2} < \frac{\log\Gamma(b)-\log\Gamma(a)}{b-a} < \psi(I)-\frac{I-L}{2LI}$$
(5.5.15)

由引理 5.5.4 和定理 5.4.3,知

$$\psi(I)+\frac{1}{2I}+\frac{1}{12I^2} < \frac{1}{b-a}\int_a^b\left(\psi(t)+\frac{1}{2t}+\frac{1}{12t^2}\right)dt <$$

$$\frac{b-L}{b-a}\left(\psi(b)+\frac{1}{2b}+\frac{1}{12b^2}\right)+$$

$$\frac{L-a}{b-a}\left(\psi(a)+\frac{1}{2a}+\frac{1}{12a^2}\right)$$

$$\psi(I)-\frac{I-L}{2LI}-\frac{I^2-G^2}{12I^2G^2} < \frac{\log\Gamma(b)-\log\Gamma(a)}{b-a} <$$

$$\frac{b-L}{b-a}\psi(b)+\frac{L-a}{b-a}\psi(a)+\frac{L^2-G^2}{2LG^2}+\frac{LA-G^2}{6G^4}$$
(5.5.16)

式(5.5.15) 和(5.5.16) 经过重新组合即为式(5.5.13),(5.5.14).

定理 5.5.7 ψ 为 GA 凹函数.

证明 由式(1.6.6) 和式(1.6.7),知

$$\psi'(x)+x\psi''(x) < \frac{1}{x}-\psi'(x) < -\frac{1}{2x^2} < 0$$

根据定理 5.4.2,易知结论成立.

推论 5.5.8 (ⅰ) 任取 $x,y \in (0,+\infty)$ 有

$$\psi\left(\frac{x+y}{2}\right) \geq \psi(\sqrt{xy}) \geq \frac{\psi(x)+\psi(y)}{2}$$
(5.5.17)

进而知 ψ 为 $\mathbb{R}_{++}$ 上的凹函数.

(ⅱ) 设 $b > a > 0$,则有

$$\frac{b-L}{b-a}\psi(b)+\frac{L-a}{b-a}\psi(a) < \frac{\log\Gamma(b)-\log\Gamma(a)}{b-a} < \psi(I) \quad (5.5.18)$$

证明 由定理 5.5.7 知 $\psi(\sqrt{xy}) \geq \frac{(\psi(x)+\psi(y))}{2}$,又由式(1.6.6) 知 ψ 为单调增加函数,所以有 $\psi\left(\frac{(x+y)}{2}\right) \geq \psi(\sqrt{xy})$.

由定理 5.5.7 和定理 5.4.3 知式(5.5.18) 为真.

其实(5.5.13) 的右式和(5.5.14) 的左式强于式(5.5.18).那么(5.5.18) 的左式是否强于(5.5.7) 的左式呢? 文献[164] 提出了这个问题. 文献[69] 证明了:若 $\sqrt[3]{5} \leq a < b$,则

$$(b-a)\psi(L) \leqslant (b-L)\psi(b) + (L-a)\psi(a)$$

其证明过程,我们不再在此引入.

对于 ψ 的各阶导数,文献 [176] 给出了:设 $b > a > 0, n \in \mathbb{N}_{++}$,则有

$$|\psi^{(n+1)}(A)| < \frac{|\psi^{(n)}(b) - \psi^{(n)}(a)|}{b-a} < |\psi^{(n+1)}(L_{-(n+2)}(a,b))| \tag{5.5.19}$$

文献 [100],[178] 对其进行了改进,可归纳为

$$\frac{|\psi^{(n)}(b) - \psi^{(n)}(a)|}{b-a} > |\psi^{(n+1)}(I)| \tag{5.5.20}$$

和

$$\frac{|\psi^{(n)}(b) - \psi^{(n)}(a)|}{b-a} > |\psi^{(n+1)}(L_{-(n+1)}(a,b))|$$

下面我们介绍一下类似的不等式.

引理 5.5.9[179] 设 $n \in \mathbb{N}, 0 \leqslant \alpha \leqslant n$,则 $x|\psi^{(n+1)}(x)| - \alpha|\psi^{(n)}(x)| > 0$.

定理 5.5.10 设 $b > a > 0, n \in \mathbb{N}$,则 $(-1)^n \psi^{(n)}(x)$ 为 GA 凹函数.

证明 定理 5.5.7 说明 $n = 0$ 时,命题已为真.下设 $n \geqslant 1$.由式 (0.5.5) 和式 (0.5.6) 可知 $(-1)^{n+1}\psi^{(n)}(x) > 0$.由于

$$(-1)^{n+1}\psi^{(n+1)}(x) + (-1)^{n+1}x\psi^{(n+2)}(x) =$$
$$-|\psi^{(n+1)}(x)| + x|\psi^{(n+2)}(x)| =$$
$$x|\psi^{(n+2)}(x)| - |\psi^{(n+1)}(x)|$$

由引理 5.5.9 知 $(-1)^{n+1}\psi^{(n)}$ 在 $\mathbb{R}_{++}$ 为 GA 凸函数,$(-1)^n\psi^{(n)}$ 为 GA 凹函数.定理证毕.

至此,我们有以下结果.

推论 5.5.11 设 $b > a > 0, n \in \mathbb{N}$,则有

$$\frac{|\psi^{(n)}(b) - \psi^{(n)}(a)|}{b-a} < \frac{b-L}{b-a}|\psi^{(n+1)}(b)| + \frac{L-a}{b-a}|\psi^{(n+1)}(a)|$$

5.6 一个积分不等式的上界和应用

H. Alzer 在文献 [224] 给出如下一个结论:

定理 5.6.1 设 $b > a > 0, f:[a,b] \to \mathbb{R}$ 为严格单调增加的函数,$\frac{1}{f^{-1}}$ 为凸函数,则

$$\frac{1}{b-a}\int_a^b f(t)\,\mathrm{d}t \geqslant f(L(a,b)) \tag{5.6.1}$$

文献[6]的 P.40 称其为一个有趣的不等式.

本节给出式(5.6.1)的上界及其他的若干应用.

引理 5.6.2 设 $0 < p < 1, 0 < a \leqslant c < b, p = \dfrac{a(b-c)}{cb-ca}$ 则

$$\int_p^1 \frac{1}{x(b-c+cx)^2} dx = \frac{1}{(b-c)^2}\ln\frac{c}{a} + \frac{a-c}{b(b-c)^2}$$

证明

$$\int_p^1 \frac{1}{x(b-c+cx)^2} dx = \int_p^1 \frac{1}{(b-c)^2 x} dx -$$

$$\int_p^1 \frac{c}{(b-c)^2(b-c+cx)} dx -$$

$$\int_p^1 \frac{c}{(b-c)(b-c+cx)^2} dx =$$

$$-\frac{1}{(b-c)^2}\ln b + \frac{1}{(b-c)b} - \frac{1}{(b-c)^2}\ln p +$$

$$\frac{1}{(b-c)^2}\ln(b-c+cp) - \frac{1}{(b-c)(b-c+cp)} =$$

$$\frac{1}{(b-c)^2}\ln\frac{c}{a} + \frac{a-c}{b(b-c)^2}$$

首先证明比式(5.6.1)略强的一个结果.

定理 5.6.3 设 $b > a > 0, f:[a,b] \to \mathbb{R}$ 为严格单调增加的函数, f^{-1} 为其反函数,且 $\dfrac{1}{f^{-1}}$ 为凸(凹)函数,则

$$\int_a^b f(t) dt \geqslant (\leqslant)(b-a)f(L) + L^2\left(\frac{b}{L} - 1 - \ln\frac{b}{L}\right)(f_+'(L) - f_-'(L)) \tag{5.6.2}$$

其中 $f_+'(L), f_-'(L)$ 为 f 在 L 处的右左侧导数.

证明 先证 $\dfrac{1}{f^{-1}}$ 为凸函数的情形,设 $f(a) = c, f(b) = d$,则 $f^{-1}: [c,d] \to [a,b]$.任取 $x \in [0,1]$,根据凸函数的定义,我们有

$$\frac{1}{f^{-1}(xc+(1-x)d)} \leqslant \frac{x}{f^{-1}(c)} + \frac{1-x}{f^{-1}(d)}$$

$$\frac{1}{f^{-1}(xf(a)+(1-x)f(b))} \leqslant \frac{x}{a} + \frac{1-x}{b}$$

$$xf(a) + (1-x)f(b) \geqslant f\left(\frac{ab}{xb+(1-x)a}\right) \tag{5.6.3}$$

设 $a \leqslant t \leqslant c < b$,则由式(5.6.3)知,对任何 $x \in [0,1]$ 都有

$$xf(t) + (1-x)f(b) \geqslant f\left(\frac{tb}{xb+(1-x)t}\right)$$

特别地当 $x = \dfrac{t(b-c)}{cb-ct}$,即 $t = \dfrac{xcb}{b-c+xc}$ 时,上式化为

$$xf(t) + (1-x)f(b) \geq f(c), \quad f(t) \geq \dfrac{f(c) - (1-x)f(b)}{x}$$

此时,当 $t = c$ 时,可知 $x = 1$;当 $t = a$ 时,可知 $x = \dfrac{a(b-c)}{cb-ca} \triangleq p$,则有

$$\dfrac{1}{c-a}\int_a^c f(t)\,\mathrm{d}t \geq \dfrac{1}{c-a}\int_p^1 \dfrac{f(c) - (1-x)f(b)}{x}\,\mathrm{d}\left(\dfrac{xcb}{b-c+xc}\right) =$$

$$\dfrac{bc(b-c)}{c-a}\left[(f(c) - f(b))\int_p^1 \dfrac{1}{x(b-c+cx)^2}\,\mathrm{d}x + \int_p^1 \dfrac{f(b)}{(b-c+cx)^2}\,\mathrm{d}x\right]$$

由引理 5.6.2 知

$$\dfrac{1}{c-a}\int_a^c f(t)\,\mathrm{d}t \geq \dfrac{bc(b-c)}{c-a}\left[(f(c)-f(b))\left(\dfrac{1}{(b-c)^2}\ln\dfrac{c}{a} + \dfrac{a-c}{b(b-c)^2}\right) + f(b)\dfrac{b-a}{bc(b-c)}\right] =$$

$$-\dfrac{bc}{c-a} \cdot \dfrac{f(b) - f(c)}{b-c}\left(\ln\dfrac{c}{a} + \dfrac{a-c}{b}\right) + f(b)\dfrac{b-a}{c-a}$$

在上式中令 $c \to b^-$,则有

$$\dfrac{1}{b-a}\int_a^b f(t)\,\mathrm{d}t \geq -\dfrac{b^2}{b-a} \cdot f'_-(b)\left(\ln\dfrac{b}{a} + \dfrac{a-b}{b}\right) + f(b)$$

$$\int_a^b f(t)\,\mathrm{d}t \geq (b-a)f(b) + \left(b(b-a) - b^2\ln\dfrac{b}{a}\right)f'_-(b) \quad (5.6.4)$$

同理,我们可设 $0 < a < c \leq t \leq b$,对任何 $x \in [0,1]$,由式(5.6.3)知

$$xf(t) + (1-x)f(a) \geq f\left(\dfrac{ta}{xa + (1-x)t}\right)$$

特别地当 $x = \dfrac{t(c-a)}{ct-ca}$,$t = \dfrac{cax}{a-c+cx}$ 时,上式化为

$$xf(t) + (1-x)f(a) \geq f(c), f(t) \geq \dfrac{f(c) - f(a)}{x} + f(a)$$

$$\dfrac{1}{b-c}\int_c^b f(t)\,\mathrm{d}t \geq \dfrac{1}{b-c}\int_1^{\frac{b(c-a)}{c(b-a)}} \left(\dfrac{f(c) - f(a)}{x} + f(a)\right)\mathrm{d}\left(\dfrac{cax}{a-c+cx}\right)$$

以下求出上式右边的定积分,再令 $c \to a^+$,我们可求得

$$\dfrac{1}{b-a}\int_a^b f(t)\,\mathrm{d}t \geq f(a) + \left(a - \dfrac{a^2}{L}\right)f'_+(a)$$

详细过程在此略. 此时有

$$\int_a^b f(t)\,\mathrm{d}t \geq (b-a)f(a) + \left(a(b-a) - a^2\ln\dfrac{b}{a}\right)f'_+(a) \quad (5.6.5)$$

在式(5.6.4)中令 b 为 L,在式(5.6.5)中令 a 为 L,分别有

$$\int_a^L f(t)\,dt \geq (L-a)f(L) + \left(L(L-a) - L^2\ln\frac{L}{a}\right)f'_-(L)$$

$$\int_L^b f(t)\,dt \geq (b-L)f(L) + \left(L(b-L) - L^2\ln\frac{b}{L}\right)f'_+(L)$$

两式相加有

$$\int_a^b f(t)\,dt \geq (b-a)f(L) + \left(L(b-L) - L^2\ln\frac{b}{L}\right)f'_+(L) +$$
$$\left(L(L-a) - L^2\ln\frac{L}{a}\right)f'_-(L)$$

此时易证

$$L(L-a) - L^2\ln\frac{L}{a} = -L(b-L) - L^2\ln\frac{b}{L}$$

由此知式(5.6.2)成立.

若 $\dfrac{1}{f^{-1}}$ 为凹函数,则式(5.6.3)反向成立,进而式(5.6.2)反向成立. 定理证毕.

若设 $y > x > 0$,令 $f(y) = \dfrac{y}{x} - 1 - \ln\left(\dfrac{y}{x}\right)$,则有 $f'(y) > 0$,f 为严格单调增加函数,且 $f(x^+) = 0$,故有 $f(y) > 0$. 依此结果及 $L < b$ 知 $\dfrac{b}{L} - 1 - \ln\left(\dfrac{b}{L}\right) > 0$. 又因 $\dfrac{1}{f^{-1}(y)}$ 为凸函数,则其右侧导数不小于左侧导数,即有

$$-\frac{1}{(f^{-1}(y))^2}(f^{-1}(y))'_+ \geq -\frac{1}{(f^{-1}(y))^2}(f^{-1}(y))'_-, -(f^{-1}(y))'_+ \geq$$
$$-(f^{-1}(y))'_-$$

因 f 和 f^{-1} 为严格单调增加的函数,故 $0 \geq -(f^{-1}(y))'_+ \geq -(f^{-1}(y))'_-$. 若设 $f^{-1}(y) = x$,则 $y = f(x)$,若此时 $(f^{-1}(y))'_+ = 0$,由 $f'(x)(f^{-1}(y))'_+ = 1$ 知 $f'_+(x) = +\infty$,$f'_+(x) \geq f'_-(x)$ 成立;同样 $-(f^{-1}(y))'_- = -\infty$,则 $f'_-(x) = 0$,$f'_+(x) \geq f'_-(x)$ 成立;若 $(f^{-1}(y))'_+ \neq 0$ 和 $-(f^{-1}(y))'_- \neq -\infty$,知 $-\dfrac{1}{f'_+(x)} \geq -\dfrac{1}{f'_-(x)}$,$f'_+(x) \geq f'_-(x)$. 总之 $f'_+(L) \geq f'_-(L)$ 成立. 至此我们知式(5.6.2)强于式(5.6.1).

定理 5.6.4 设 $b > a > 0$,$f:[a,b] \to \mathbb{R}$ 为严格单调增加的函数,f^{-1} 为其反函数,且 $\dfrac{1}{f^{-1}}$ 为凸(凹)函数,则

$$\frac{1}{b-a}\int_a^b f(t)\,dt \leq (\geq) \frac{b(L-a)f(b) + a(b-L)f(a)}{L \cdot (b-a)} \quad (5.6.6)$$

证明 对于 $t \in [a,b]$,若令 $t = \dfrac{ab}{xb+(1-x)a}$,则 $x = \dfrac{ab}{tb-ta} - \dfrac{a}{b-a}$

$$\frac{1}{b-a}\int_a^b f(t)\,dt = \frac{1}{b-a}\int_1^0 f\left(\frac{ab}{xb+(1-x)a}\right)d\left(\frac{ab}{xb+(1-x)a}\right) =$$

$$ab\int_0^1 \frac{1}{[xb+(1-x)a]^2} f\left(\frac{ab}{xb+(1-x)a}\right)dx$$

联立式(5.6.3)有

$$\frac{1}{b-a}\int_a^b f(t)\,dt \le ab\int_0^1 \frac{xf(a)+(1-x)f(b)}{[(b-a)x+a]^2}dx =$$

$$ab(f(a)-f(b))\int_0^1 \frac{x}{[(b-a)x+a]^2}dx +$$

$$abf(b)\int_0^1 \frac{1}{[(b-a)x+a]^2}dx =$$

$$\frac{b(L-a)f(b)+a(b-L)f(a)}{L\cdot(b-a)}$$

显然当函数 $\dfrac{1}{f^{-1}}$ 为严格凸(凹)函数时,式(5.6.1),(5.6.6)也相应可改进为严格不等式.

下面我们继续介绍新 Gautschi 型不等式. 我们在上一节介绍了它的主要研究成果,读者可也参考综合评述文献[150].

引理 5.6.5 设 $b > a > 0, f:[a,b] \to \mathbb{R}$ 为二阶可微,若 $2f'(x) + xf''(x) \ge (\le) 0$ 和 $f'(x) > 0$,则 f^{-1} 存在且 $\dfrac{1}{f^{-1}}$ 为凸(凹)函数.

证明 由于 $f'(x) > 0$, f 为严格单调增加函数,故知 f^{-1} 存在. 其反函数记为 $x = f^{-1}(y)$,则 $f(x) = y$,两边对 y 求导有

$$f'(x)\cdot x' = 1 \qquad (5.6.7)$$

$$f''(x)\cdot (x')^2 + f'(x)\cdot x'' = 0 \qquad (5.6.8)$$

此时

$$\left(\frac{1}{f^{-1}(y)}\right)' = -\frac{1}{(f^{-1}(y))^2}\cdot (f^{-1}(y))'$$

$$\left(\frac{1}{f^{-1}(y)}\right)'' = \frac{2}{(f^{-1}(y))^3}\cdot [(f^{-1}(y))']^2 - \frac{1}{(f^{-1}(y))^2}\cdot (f^{-1}(y))''$$

$$\left(\frac{1}{f^{-1}(y)}\right)'' = \frac{2}{x^3}(x')^2 - \frac{1}{x^2}x'' \qquad (5.6.9)$$

联立式(5.6.7),(5.6.8),(5.6.9),我们有

$$\left(\frac{1}{f^{-1}(y)}\right)'' = \frac{2}{x^3(f'(x))^2} + \frac{1}{x^2}\cdot \frac{f''(x)\cdot(x')^2}{f'(x)} =$$

$$\frac{2}{x^3(f'(x))^2} + \frac{1}{x^2}\cdot \frac{f''(x)}{(f'(x))^3} = \frac{2f'(x)+xf''(x)}{x^3(f'(x))^2}$$

再根据引理的条件不难知其成立.

定理 5.6.6 （ⅰ）[1] $\psi(L) \leq \dfrac{\ln \Gamma(b) - \ln \Gamma(a)}{b-a} \leq \psi(L) + \ln I - \ln L$

(5.6.10)

（ⅱ） $\dfrac{b(L-a)\psi(b) + a(b-L)\psi(a)}{L(b-a)} - \dfrac{L^2 - ab}{L^2} \leq$

$\dfrac{\ln \Gamma(b) - \ln \Gamma(a)}{b-a} \leq \dfrac{b(L-a)\psi(b) + a(b-L)\psi(a)}{L(b-a)}$ (5.6.11)

证明 考虑定义在 $\mathbb{R}_{++}$ 上的 Psi 函数 ψ, 由式(0.5.5) 和式(0.5.6), 知 $\psi'(x) > 0$ 和

$$2\psi'(x) + x\psi''(x) = \sum_{k=0}^{\infty} \dfrac{2}{(k+x)^2} - \sum_{k=0}^{\infty} \dfrac{2x}{(k+x)^3} = \sum_{k=0}^{\infty} \dfrac{2k}{(k+x)^2} > 0$$

根据引理 5.6.5, 定理 5.6.1 和定理 5.6.4, 我们有

$$\psi(L(a,b)) \leq \dfrac{1}{b-a} \int_a^b \psi(t) dt \leq \dfrac{b(L-a)\psi(b) + a(b-L)\psi(a)}{L(b-a)}$$

$$\psi(L(a,b)) \leq \dfrac{\ln \Gamma(b) - \ln \Gamma(a)}{b-a} \leq \dfrac{b(L-a)\psi(b) + a(b-L)\psi(a)}{L(b-a)}$$

(5.6.12)

（ⅱ）设 $f(x) = \psi(x) - \ln x, x > 0$, 由式(1.6.6) 知 $f'(x) = \psi'(x) - \dfrac{1}{x} > 0$. 又由式(1.6.7) 知 $2f'(x) + xf''(x) = 2\psi'(x) + x\psi''(x) - \dfrac{1}{x} < 0$. 由引理 5.6.5 和定理 5.6.1 和定理 5.6.4, 我们有

$\dfrac{b(L-a)(\psi(b) - \ln b) + a(b-L)(\psi(a) - \ln a)}{L(b-a)} \leq$

$\dfrac{1}{b-a} \int_a^b (\psi(t) - \ln t) dt \leq \psi(L) - \ln L$

$\dfrac{b(L-a)(\psi(b) - \ln b) + a(b-L)(\psi(a) - \ln a)}{L(b-a)} \leq$

$\dfrac{\ln \Gamma(b) - \ln \Gamma(a)}{b-a} - \ln I \leq \psi(L) - \ln L$

$\dfrac{b(L-a)\psi(b) + a(b-L)\psi(a)}{L(b-a)} + \dfrac{ab}{L^2} - 1 \leq \dfrac{\ln \Gamma(b) - \ln \Gamma(a)}{b-a} \leq$

$\psi(L) + \ln I - \ln L$ (5.6.13)

式(5.6.12) 与式(5.6.13) 即为式(5.6.10) 和式(5.6.11). 定理证毕.

要说明式(5.6.10) 的右式强于式(5.5.7) 的右式, 只要证明 $\psi(L) + \ln I -$

---

[1] 左式的由来参见式(5.5.7).

$\ln L \leqslant \psi(I)$. 在此只要证更一般的结论：设 $x > y > 0$，有 $f(x) = \psi(x) - \psi(y) - \ln x + \ln y > 0$ 成立即可. 而 $f'(x) = \psi'(x) - \frac{1}{x}$, 知 f 为严格单调增加函数，$f(x) > 0$ 为显然.

为了说明式(5.6.10)与式(5.6.11)的强弱，下面我们来证明这样一个有趣的结论：

定理 5.6.7 任取 $u_0 \in (0,1)$，当 $\dfrac{5 + \sqrt{265 - 240 u_0}}{60 - 60 u_0} \leqslant a < b$，有

$$\psi(L) + u_0(\ln I - \ln L) \leqslant \frac{\ln \Gamma(b) - \log \Gamma(a)}{b - a} \leqslant$$

$$\frac{b(L - a)\psi(b) + a(b - L)\psi(a)}{L \cdot (b - a)} - u_0 \frac{L^2 - ab}{L^2}$$

证明 设 $g(x) = \psi(x) - u_0 \ln x$, $x \geqslant \dfrac{5 + \sqrt{265 - 240 u_0}}{60(1 - u_0)}$, 则 $g'(x) = \psi'(x) - \dfrac{u_0}{x}$, 由式(1.6.6)知 $g'(x) > 0$. 在式(0.5.8)中，令 $m = 2$，则有

$$\psi'(x) = \frac{1}{x} + \frac{1}{2x^2} + \frac{1}{6x^3} - \frac{1}{30x^5} + \theta_1 \frac{1}{42x^7} > \frac{1}{x} + \frac{1}{2x^2} + \frac{1}{6x^3} - \frac{1}{30x^5}$$

(5.6.14)

在式(0.5.9)中令 $m = 1$

$$\psi''(x) = -\frac{1}{x^2} - \frac{1}{x^3} - \frac{1}{2x^4} + \theta_2 \frac{1}{6x^6} > -\frac{1}{x^2} - \frac{1}{x^3} - \frac{1}{2x^4} \quad (5.6.15)$$

同时

$$2g'(x) + xg''(x) = 2\psi'(x) + x\psi''(x) - \frac{u_0}{x} \quad (5.6.16)$$

联立式(5.6.14),(5.6.15),(5.6.16)三式

$$2g'(x) + xg''(x) > \frac{1}{30x^5}[30(1 - u_0)x^4 - 5x^2 - 2]$$

由于 $x \geqslant \dfrac{5 + \sqrt{265 - 240 u_0}}{60(1 - u_0)}$，知 $2g'(x) + xg''(x) > 0$. 引理5.6.5和定理5.6.1和定理5.6.4，我们有

$$\psi(L) - u_0 \ln L \leqslant \frac{1}{b - a} \int_a^b (\psi(t) - u_0 \ln t) \, dt \leqslant$$

$$\frac{b(L - a)(\psi(b) - u_0 \ln b) + a(b - L)(\psi(a) - u_0 \ln a)}{L \cdot (b - a)}$$

$$\psi(L) - u_0 \ln L \leqslant \frac{\ln \Gamma(b) - \ln \Gamma(a)}{b - a} - u_0 \ln I \leqslant$$

$$\frac{b(L-a)(\psi(b)-u_0\ln b)+a(b-L)(\psi(a)-u_0\ln a)}{L\cdot(b-a)}-$$

$$u_0\frac{b(L-a)\ln b+a(b-L)\ln a}{L\cdot(b-a)}$$

$$\psi(L)+u_0\ln I-u_0\ln L \leq \frac{\log\Gamma(b)-\log\Gamma(a)}{b-a} \leq$$

$$\frac{b(L-a)\psi(b)+a(b-L)\psi(a)}{L\cdot(b-a)}+u_0\frac{ab}{L^2}-u_0$$

文献[69]还给出了定理 5.6.1 和定理 5.6.4 在二元平均上中的一些应用,这里也不再涉及.

练习 5

试用 (5.6.1) 和 (5.6.6) 两式,证明练习 1~7.

1. 设 $b>a>0, \alpha>0$,则

$$\frac{\alpha+1}{\alpha}\cdot\frac{ab(b^\alpha-a^\alpha)}{b^{\alpha+1}-a^{\alpha+1}} < L(a,b) < \left[\frac{b^{\alpha+1}-a^{\alpha+1}}{(\alpha+1)(b-a)}\right]^{\frac{1}{\alpha}}$$

2. 设 $b>a>0$,则 $G(a,b)<L(a,b)<I(a,b)$.

3. 设 $b>a>0$,则 $\ln\dfrac{e^b-e^a}{b-a} < L(a,b) < \dfrac{ab(e^b-e^a)}{(b-1)e^b-(a-1)e^a}$.

4. 若 $0<a<b<\dfrac{\pi}{2}$,则

$$\frac{ab(\tan b-\tan a)}{(b\tan b+\ln\cos b)-(a\tan a+\ln\cos a)} < \tan L(a,b) < \frac{\ln\cos a-\ln\cos b}{b-a}$$

5. 若 $0<a<b<\dfrac{\pi}{3}$,则

$$\sin L(a,b) < \frac{\cos a-\cos b}{b-a}$$

$$L(a,b) > \frac{ab(\sin b-\sin a)}{(b\sin b+\cos b)-(a\sin a+\cos a)}$$

6. 设 $b>a>0$,则 $L(a,b) > \dfrac{2ab(\arctan b-\arctan a)}{\ln(1+b^2)-\ln(1+a^2)}$.

7. 若 $0<a<b<1$,则 $L(a,b) > \dfrac{ab(\arcsin b-\arcsin a)}{\sqrt{1-a^2}-\sqrt{1-b^2}}$.

8. 设 $f:[a,b]\to\mathbb{R}_{++}$ 为对数凸函数,和

$$g:[a,b]\to\frac{f(x)f(a)}{f^2\left(\frac{x+a}{2}\right)}, h:[a,b]\to\frac{f(x)f(b)}{f^2\left(\frac{x+b}{2}\right)}$$

则 g 为单调增加函数,h 为单调减少函数.

9. 设 $f:[a,b] \to \mathbb{R}_{++}$ 为对数凸函数,$\alpha, \beta \in (0,1)$,$\alpha + \beta = 1$,和
$$g: x \in [a,b] \to \frac{f^\alpha(x) f^\beta(a)}{f(\alpha x + \beta a)}, h: x \in [a,b] \to \frac{f^\alpha(x) f^\beta(b)}{f(\alpha x + \beta b)}$$
则 g 为单调增加函数,h 为单调减少函数.

最值压缩定理及其应用[①]

第 6 章

在本章,我们设 $n \in \mathbb{N}_{++}, n \geq 2, \boldsymbol{x} = (x_1, x_2, \cdots, x_n) \in \mathbb{R}^n, A(\boldsymbol{x}) = \dfrac{\sum_{i=1}^{n} x_i}{n}$ 为 $\boldsymbol{x}$ 的算术平均. 若 $\boldsymbol{x} \in \mathbb{R}_{++}^n$,记

$$M_p(\boldsymbol{x}) = \left(\dfrac{\sum_{i=1}^{n} x_i^p}{n}\right)^{\frac{1}{p}} (p \neq 0), M_0(\boldsymbol{x}) = \sqrt[n]{\prod_{i=1}^{n} x_i}$$

为 $\boldsymbol{x}$ 的 p 次幂平均. $A(\boldsymbol{x}) = M_1(\boldsymbol{x}), G(\boldsymbol{x}) = M_0(\boldsymbol{x})$ 和 $H(\boldsymbol{x}) = M_{-1}(\boldsymbol{x})$ 为 $\boldsymbol{x}$ 的算术平均、几何平均和调和平均. 记 $\overline{A}(\boldsymbol{x}) = (A(\boldsymbol{x}), A(\boldsymbol{x}), \cdots, A(\boldsymbol{x}))$,同样可记 $\overline{G}(\boldsymbol{x})$ 和 $\overline{H}(\boldsymbol{x})$.

S-凸(凹)函数是一类极其重要的函数,是建立和发现不等式的重要工具. 同时它在控制理论和图论等研究领域有广泛的应用. 其基本定理(即定理 0.4.4)不等式理论中占据重要地位. 读者可参见文献[1],文献[3],文献[4],可见一斑. 但在使用其基本定理证明形如 $f(\boldsymbol{x}) \geq (\leq) f(\overline{A}(\boldsymbol{x}))$ 不等式时,我们发现,我们发现此定理不仅要求函数对称,且对任何 x_i, $x_j (1 \leq i, j \leq n)$,都需满足条件 $(x_i - x_j)\left(\dfrac{\partial f}{\partial x_i} - \dfrac{\partial f}{\partial x_j}\right) \geq (\leq) 0$ 也比较苛刻. 其结论为:对任何 $\boldsymbol{x} \succ \boldsymbol{y}$,都有 $f(\boldsymbol{x}) \geq (\leq) f(\boldsymbol{y})$. 而我们欲证的 $f(\boldsymbol{x}) \geq (\leq) f(\overline{A}(\boldsymbol{x}))$,不过是其中的一情形. 本章的目的是,建立一个新的定理,使在证形如 $f(\boldsymbol{x}) \geq (\leq)$

[①] 定理 6.1.2 的证明较难理解,其思想与定理 7.1.1 有些相同,故读者也可先阅读第七章.

$f(\overline{A}(x))$ 不等式时,起到弱化 S-凸(凹)函数基本定理的条件和克服其缺陷的作用. 作为应用,我们不仅可以统一证明 A-G-H 不等式、Holder 不等式和 Minkowski 不等式等著名不等式,而且还可以发现一些新的不等式.

6.1 最值压缩定理的证明

首先我们建立如下引理,在本文主要定理的证明过程中,它起着重要的作用.

引理 6.1.1 设区间 $I=[m,M]\subset \mathbb{R}, f: I^2 \to \mathbb{R}$ 的偏导数存在且连续,若 $D=\{(x_1,x_2) \mid m \leqslant x_2 \leqslant x_1 \leqslant M\} \subset I^2$,则 $\dfrac{\partial f}{\partial x_1} \geqslant (\leqslant) \dfrac{\partial f}{\partial x_2}$ 在 D 上恒成立的充要条件为对满足 $b < b+l \leqslant a-l < a$ 的任意 $a,b \in I$ 和 l,有 $f(a,b) \geqslant (\leqslant) f(a-l,b+l)$.

证明 只考虑 $f(a,b) \geqslant f(a-l,b+l)$ 的情形,对 $f(a,b) \leqslant f(a-l,b+l)$ 的情形类似可证. 任取 $x_1,x_2 \in D$,不妨设 $x_1 > x_2$. 取 l 使得 $m \leqslant x_2 < x_2+l \leqslant x_1-l < x_1 \leqslant M$,则
$$f(x_1-l, x_2+l) - f(x_1,x_2) \leqslant 0$$
由拉格朗日中值定理知,存在 $\xi_l \in (0,l)$,使得
$$l\left(-\dfrac{\partial f(x_1-\xi_l, x_2+\xi_l)}{\partial x_1} + \dfrac{\partial f(x_1-\xi_l, x_2+\xi_l)}{\partial x_2}\right) \leqslant 0$$
$$-\dfrac{\partial f(x_1-\xi_l, x_2+\xi_l)}{\partial x_1} + \dfrac{\partial f(x_1-\xi_l, x_2+\xi_l)}{\partial x_2} \leqslant 0$$
令 $l \to 0^+$ 直接可得
$$\dfrac{\partial f(x_1,x_2)}{\partial x_1} \geqslant \dfrac{\partial f(x_1,x_2)}{\partial x_2}$$

反之,若 $\dfrac{\partial f}{\partial x_1} \geqslant \dfrac{\partial f}{\partial x_2}$ 在 D 上恒成立,任取 $a,b \in I$ 和 l,且 $b < b+l \leqslant a-l < a$,由拉格朗日中值定理知,存在 $\xi_l(0 < \xi < l)$,使得
$$f(a,b) - f(a-l,b+l) = -(f(a-l,b+l) - f(a,b)) =$$
$$-l\left(-\dfrac{\partial f(a-\xi_l, b+\xi_l)}{\partial x_1} + \dfrac{\partial f(a-\xi_l, b+\xi_l)}{\partial x_2}\right) =$$
$$l\left(\dfrac{\partial f(a-\xi_l, b+\xi_l)}{\partial x_1} - \dfrac{\partial f(a-\xi_l, b+\xi_l)}{\partial x_2}\right)$$
此时,因 $(a-\xi_l, b+\xi_l) \subseteq D$,故
$$\dfrac{\partial f(a-\xi, b+\xi)}{\partial x_1} - \dfrac{\partial f(a-\xi, b+\xi)}{\partial x_2} \geqslant 0$$

从而有 $f(a,b) \geqslant f(a-l, b+l)$.

定理 6.1.2(最值压缩定理) 设集合 $D \subseteq \mathbb{R}^n$ 是有内点的对称凸集，$f: D \to \mathbb{R}$ 连续且存在连续偏导数，对于 $i = 1, 2, \cdots, n$，记

$$\check{D}_i = \{\boldsymbol{x} \in D \mid x_i = \max_{1 \leqslant k \leqslant n}\{x_k\}\} - \{\boldsymbol{x} \in D \mid x_1 = x_2 = \cdots = x_n\}$$

$$\widehat{D}_i = \{\boldsymbol{x} \in D \mid x_i = \min_{1 \leqslant k \leqslant n}\{x_k\}\} - \{\boldsymbol{x} \in D \mid x_1 = x_2 = \cdots = x_n\}$$

若 $j \neq i$ 时，不等式 $\frac{\partial f}{\partial x_i} > (<) \frac{\partial f}{\partial x_j}$ 在 $\check{D}_i \cap \widehat{D}_j$ 上恒成立，则对于任意的 $\boldsymbol{a} \in D$，都有 $f(\boldsymbol{a}) \geqslant (\leqslant) f(\bar{A}(\boldsymbol{a}))$，等号成立当且仅当 $a_1 = a_2 = \cdots = a_n$.

证明 若 $n = 2$，由引理 6.1.1 易知结论成立. 下设 $n \geqslant 3$，由于 D 对称凸集，我们不难说明以下所论及的点 $\boldsymbol{a}$ 都在 D 内.

先证 $\frac{\partial f}{\partial x_i} > \frac{\partial f}{\partial x_j}$ 成立的情形. 若 $a_1 = a_2 = \cdots = a_n$，则结论显然成立. 下设 $\max_{1 \leqslant i \leqslant n}\{a_i\} \neq \max_{1 \leqslant j \leqslant n}\{a_j\}$，不妨设 $a_1 = \max_{1 \leqslant i \leqslant n}\{a_i\}$, $a_n = \max_{1 \leqslant i \leqslant n}\{a_i\}$.

(ⅰ) 若 $a_1 > \max_{2 \leqslant i \leqslant n}\{a_i\}$，$a_n < \min_{1 \leqslant i \leqslant n-1}\{a_i\}$，因 $\frac{\partial f}{\partial x_i} > \frac{\partial f}{\partial x_j}$ 在 $\check{D}_1 \cap \widehat{D}_n$ 上成立，由引理 6.1.1 知，我们可以调整 a_1, a_n 为 $a_1^{(1)}, a_n^{(1)}$，满足 $l = a_1 - a_1^{(1)} = a_n^{(1)} - a_n > 0$，直至 $a_1^{(1)}$ 等于某个 $a_i (i \neq 1)$，不妨设其为 a_2，或 $a_n^{(1)}$ 等于某个 $a_i (i \neq n)$，不妨设其为 a_{n-1}，但都有

$$f(a_1, a_2, a_3, \cdots, a_n) \geqslant f(a_1^{(1)}, a_2, a_3, \cdots, a_n^{(1)})$$

为了统一记号，不妨记 $a_i^{(1)} = a_i, 2 \leqslant i \leqslant n-1$，则有

$$f(a_1, a_2, a_3, \cdots, a_n) \geqslant f(a_1^{(1)}, a_2^{(1)}, a_3^{(1)}, \cdots, a_n^{(1)})$$

若此时已有 $a_1^{(1)} = a_2^{(1)} = \cdots = a_n^{(1)}$，由定理结论成立. 不然对于 $a_1^{(1)} = a_2^{(1)} > a_n^{(1)}$ 的情形，根据定理条件

$$\left.\frac{\partial f(\boldsymbol{x})}{\partial x_1}\right|_{\boldsymbol{x} = (a_1^{(1)}, a_2^{(1)}, a_3^{(1)}, \cdots, a_n^{(1)})} > \left.\frac{\partial f(\boldsymbol{x})}{\partial x_n}\right|_{\boldsymbol{x} = (a_1^{(1)}, a_2^{(1)}, a_3^{(1)}, \cdots, a_n^{(1)})}$$

仍成立，利用偏导数的连续性，存在 $\varepsilon > 0$，使得

$$\left.\frac{\partial f(\boldsymbol{x})}{\partial x_1}\right|_{\boldsymbol{x} = (s, a_2^{(1)}, a_3^{(1)}, \cdots, t)} > \left.\frac{\partial f(\boldsymbol{x})}{\partial x_n}\right|_{\boldsymbol{x} = (s, a_2^{(1)}, a_3^{(1)}, \cdots, t)}$$

$s \in [a_1^{(1)} - \varepsilon, a_1^{(1)}]$，$t \in [a_n^{(1)}, a_n^{(1)} + \varepsilon]$. 令 $a_1^{(2)}$ 为 $a_1^{(1)} - \varepsilon$，$a_n^{(2)}$ 为 $a_n^{(1)} + \varepsilon$，其余仍设 $a_i^{(2)} = a_i^{(1)}$，$2 \leqslant i \leqslant n-1$，由引理 6.1.1 知

$$f(a_1^{(1)}, a_2^{(1)}, a_3^{(1)}, \cdots, a_n^{(1)}) \geqslant f(a_1^{(2)}, a_2^{(2)}, a_3^{(2)}, \cdots, a_n^{(2)})$$

至此 $a_2^{(2)} = \max_{1 \leqslant i \leqslant n}\{a_i^{(2)}\}$. 对于 $a_1^{(1)} > a_{n-1}^{(1)} = a_n^{(1)}$ 的情形，我们可做类似处理，使得 $a_{n-1}^{(2)} = \min_{1 \leqslant i \leqslant n}\{a_i^{(2)}\}$. 反复进行这种最大值与最小值，但总和保持不变

的调整,若经过 i 次调整后,数组 $\{a_1^{(i)}, a_2^{(i)}, \cdots, a_n^{(i)}\}$ 满足 $a_1^{(i)} = a_2^{(i)} = \cdots = a_n^{(i)}$,则命题已得证. 不然我们设诸数组 $\{a_1^{(i)}, a_2^{(i)}, \cdots, a_n^{(i)}\}$ ($i = 1, 2, \cdots$) 中最大值的下确界为 α,不妨设 $\max\{a_1^{(i)}, a_2^{(i)}, \cdots, a_n^{(i)}\} = a_{i_0}^{(i)}$ ($i = 1, 2, \cdots, 1 \leqslant i_0 \leqslant n$) 的极限值为 α. 对于众多的 i_0,我们也不妨设有无穷个 $i_0 = 1$,即存在 $i = 1, 2, \cdots$ 的一个子列 i_j ($j = 1, 2, \cdots$),使得

$$\max\{a_1^{(i_j)}, a_2^{(i_j)}, \cdots, a_n^{(i_j)}\} = a_1^{(i_j)} \to \alpha$$

由于调整是在始终在最大值与最小值之间进行,所以若 $a_i \geqslant (\leqslant) A(\boldsymbol{a})$,$i = 2, 3, \cdots, n$,则 $\{a_i^{(j)}, j = 1, 2, \cdots\}$ 是单调减少(增加)数列,因此 $\lim\limits_{j \to +\infty} a_i^j$ ($i = 2, 3, \cdots n$) 都存在,设为 b_i,即有

$$\lim_{j \to +\infty} (a_1^{(i_j)}, a_2^{(i_j)}, \cdots, a_n^{(i_j)}) = (\alpha, b_2, b_3, \cdots, b_n)$$

因 $\max\{a_1^{(i_j)}, a_2^{(i_j)}, \cdots, a_n^{(i_j)}\} = a_1^{(i_j)}$,故 $\max\{\alpha, b_2, b_3, \cdots, b_n\} = \alpha$. 由 f 的连续性,我们知

$$f(a_1, a_2, a_3, \cdots, a_n) \geqslant f(\alpha, b_2, b_3, \cdots, b_n)$$

若 $\alpha = b_2 = b_3 = \cdots = b_n$,则命题得证,若不然,$\alpha$ 与 $\min\{\alpha, b_2, b_3, \cdots, b_n\}$ 还可以调整,不断地重复以上工作. 设诸向量的分量的最大值的下确界 β,分量的最小值的上确界为 γ,则必有 $\beta = \gamma = A(\boldsymbol{a})$,不然 β 与 γ 还可以继续调整,而保持函数值 f 不增,这与 β 的定义矛盾. 由此可得

$$f(a_1, a_2, a_3, \cdots, a_n) \geqslant f(\bar{A}(\boldsymbol{a}))$$

成立.

(ii) 对于 $a_1 = \max\limits_{2 \leqslant i \leqslant n}\{a_i\}$ 或 $a_n = \min\limits_{1 \leqslant i \leqslant n-1}\{a_i\}$ 的情形,已在(i)中已证明. 对于 $\dfrac{\partial f}{\partial x_i} < \dfrac{\partial f}{\partial x_j}$ 在 $\check{D}_i \cap \widehat{D}_j$ 上恒成立的情形,我们只需考虑函数 $-f$ 即可. 等号成立,当且仅当上述调整停止,即 $a_1 = a_2 = \cdots = a_n$. 定理证毕.

为什么称此定理是最值压缩定理呢?从以上证明中,我们可以看出,调整是在始终在最大值与最小值之间进行,直至 $\boldsymbol{x}$ 各量调整到 $\bar{A}(\boldsymbol{x})$ 为止.

推论 6.1.3 设集合 $D \subseteq \mathbb{R}^n$ 是有内点的对称凸集,$f: D \to \mathbb{R}$ 为连续的对称函数,且存在连续偏导数,记

$$\check{D} = \{\boldsymbol{x} \in D \mid x_1 = \max_{1 \leqslant k \leqslant n}\{x_k\}\}, \widehat{D} = \{\boldsymbol{x} \in D \mid x_2 = \min_{1 \leqslant k \leqslant n}\{x_k\}\}$$

$$D^0 = \check{D} \cap \widehat{D} - \{\boldsymbol{x} \mid x_1 = x_2 = \cdots = x_n\}$$

若不等式 $\dfrac{\partial f}{\partial x_1} > (<) \dfrac{\partial f}{\partial x_2}$ 在 D^0 上恒成立,则对于任意的 $\boldsymbol{a} \in D$,都有 $f(\boldsymbol{a}) \geqslant (\leqslant) f(\bar{A}(\boldsymbol{a}))$,等号成立当且仅当 $a_1 = a_2 = \cdots = a_n$.

证明 因 f 为对称函数,$\frac{\partial f}{\partial x_1} > (<) \frac{\partial f}{\partial x_2}$ 在

$$\breve{D}_1 \cap \widehat{D}_2 = (\breve{D} - \{x \mid x_1 = x_2 = \cdots = x_n\}) \cap$$
$$(\widehat{D} - \{x \mid x_1 = x_2 = \cdots = x_n\}) =$$
$$\breve{D} \cap \widehat{D} - \{x \mid x_1 = x_2 = \cdots = x_n\} = D$$

上恒成立时,必有 $\frac{\partial f}{\partial x_i} > (<) \frac{\partial f}{\partial x_j}$ 在 $\breve{D}_i \cap \widehat{D}_j$ 上恒成立,由定理6.1.2直接可得推论 6.1.3.

6.2 一些著名不等式的统一证明

本节皆设 $1 \leqslant i, j \leqslant n, a, b \in \mathbb{R}_{++}^n$

$$\breve{D}_i = \{b \in \mathbb{R}_{++}^n \mid b_i = \max_{1 \leqslant k \leqslant n}\{b_k\}\} - \{b \in \mathbb{R}_{++}^n \mid b_1 = b_2 = \cdots = b_n\}$$

$$\widehat{D}_i = \{b \in \mathbb{R}_{++}^n \mid b_i = \min_{1 \leqslant k \leqslant n}\{b_k\}\} - \{b \in \mathbb{R}_{++}^n \mid b_1 = b_2 = \cdots = b_n\}$$

定理 6.2.1(Holder 不等式)[①] 设 $(x_1, x_2, \cdots, x_n), (y_1, y_2, \cdots, y_n) \in \mathbb{R}_+^n$, $p, q > 1$,且 $\frac{1}{p} + \frac{1}{q} = 1$,则

$$\left(\sum_{k=1}^{n} x_k^p\right)^{\frac{1}{p}} \left(\sum_{k=1}^{n} y_k^q\right)^{\frac{1}{q}} \geqslant \sum_{k=1}^{n} x_k y_k$$

等式成立当且仅当 $\frac{x_1^p}{y_1^q} = \frac{x_2^p}{y_2^q} = \cdots = \frac{x_n^p}{y_n^q}$(其中当分母为 0,分子亦要求为 0).

证明 由于连续性,我们不妨假定 $x, y \in \mathbb{R}_{++}^n$. 再设函数

$$f: b \to \left(\sum_{k=1}^{n} a_k\right)^{\frac{1}{p}} \left(\sum_{k=1}^{n} a_k b_k\right)^{\frac{1}{q}} - \sum_{k=1}^{n} a_k b_k^{\frac{1}{q}}$$

有 $\frac{\partial f}{\partial b_i} = \frac{1}{q} \cdot \left(\sum_{k=1}^{n} a_k\right)^{\frac{1}{p}} \left(\sum_{k=1}^{n} a_k b_k\right)^{\frac{1}{q}-1} a_i - \frac{1}{q} \cdot a_i b_i^{\frac{1}{q}-1}$,故知

$$\frac{\partial f}{\partial b_i} - \frac{\partial f}{\partial b_j} = \frac{1}{q} \left(\frac{\sum_{k=1}^{n} a_k}{\sum_{k=1}^{n} b_k a_k}\right)^{\frac{1}{p}} (a_i - a_j) - \frac{1}{q}(a_i b_i^{-\frac{1}{p}} - a_j b_j^{-\frac{1}{p}})$$

当 $b \in \breve{D}_i \cap \widehat{D}_j$ 时. 若 $a_i \geqslant a_j$,

---
[①] 即定理 0.1.4.

$$\frac{\partial f}{\partial b_i} - \frac{\partial f}{\partial b_j} \geq \frac{1}{q}\left(\frac{\sum_{k=1}^{n} a_k}{b_i \sum_{k=1}^{n} a_k}\right)^{\frac{1}{p}} (a_i - a_j) - \frac{1}{q}(a_i b_i^{-\frac{1}{p}} - a_j b_j^{-\frac{1}{p}}) =$$

$$\frac{1}{q} a_j (b_j^{-\frac{1}{p}} - b_i^{-\frac{1}{p}}) > 0$$

当 $a_i \leq a_j$ 时

$$\frac{\partial f}{\partial b_i} - \frac{\partial f}{\partial b_j} \geq \frac{1}{q}\left(\frac{\sum_{k=1}^{n} a_k}{b_j \sum_{k=1}^{n} a_k}\right)^{\frac{1}{p}} (a_i - a_j) - \frac{1}{q}(a_i b_i^{-\frac{1}{p}} - a_j b_j^{-\frac{1}{p}}) =$$

$$\frac{1}{q} a_i (b_j^{-\frac{1}{p}} - b_i^{-\frac{1}{p}}) > 0$$

由定理 6.1.2 知 $f(\boldsymbol{b}) \geq f(\bar{A}(\boldsymbol{b}))$,即 $\left(\sum_{k=1}^{n} a_k\right)^{\frac{1}{p}} \left(\sum_{k=1}^{n} a_k b_k\right)^{\frac{1}{q}} - \sum_{k=1}^{n} a_k b_k^{\frac{1}{q}} \geq 0.$ 令 $a_k = x_k^p$,, $b_k = \frac{y_k^q}{x_k^p}$,即知 Holder 不等式成立,等号成立当且仅当 $b_k = \frac{y_k^q}{x_k^p}$ 皆相等.

定理 6.2.2(Minkowski 不等式) 设 $(x_1, x_2, \cdots, x_n)$,$(y_1, y_2, \cdots, y_n) \in \mathbb{R}_+^n$,$p > 1$,则

$$\left(\sum_{k=1}^{n} x_k^p\right)^{\frac{1}{p}} + \left(\sum_{k=1}^{n} y_k^p\right)^{\frac{1}{p}} \geq \left(\sum_{k=1}^{n} (x_k + y_k)^p\right)^{\frac{1}{p}}$$

等式成立当且仅当 $\frac{x_1^p}{y_1^q} = \frac{x_2^p}{y_2^q} = \cdots = \frac{x_n^p}{y_n^q}$(其中当分母为 0,分子亦要求为 0).

证明 由于连续性,我们不妨假定 $x, y \in \mathbb{R}_{++}^n$,再设

$$f: \boldsymbol{b} \to \left(\sum_{k=1}^{n} a_k b_k\right)^{\frac{1}{p}} - \left(\sum_{k=1}^{n} a_k (b_k^{\frac{1}{p}} + 1)^p\right)^{\frac{1}{p}}$$

则

$$\frac{\partial f}{\partial b_i} = \frac{1}{p} a_i \left(\sum_{k=1}^{n} a_k b_k\right)^{\frac{1}{p}-1} - \frac{1}{p} a_i b_i^{\frac{1}{p}-1} (b_i^{\frac{1}{p}} + 1)^{p-1} \left(\sum_{k=1}^{n} a_k (b_k^{\frac{1}{p}} + 1)^p\right)^{\frac{1}{p}-1} =$$

$$\frac{1}{p} a_i \left(\sum_{k=1}^{n} a_k b_k\right)^{\frac{1}{p}-1} - \frac{1}{p} a_i (1 + b_i^{-\frac{1}{p}})^{p-1} \left(\sum_{k=1}^{n} a_k (b_k^{\frac{1}{p}} + 1)^p\right)^{\frac{1}{p}-1}$$

$$p\left(\frac{\partial f}{\partial b_i} - \frac{\partial f}{\partial b_j}\right) = (a_i - a_j) \left(\sum_{k=1}^{n} a_k b_k\right)^{\frac{1}{p}-1} - [a_i (1 + b_i^{-\frac{1}{p}})^{p-1} -$$

$$a_j (1 + b_j^{-\frac{1}{p}})^{p-1}] \left(\sum_{k=1}^{n} a_k (b_k^{\frac{1}{p}} + 1)^p\right)^{\frac{1}{p}-1}$$

当 $\boldsymbol{b} \in \check{D}_i \cap \hat{D}_j$ 时,$\frac{\partial f}{\partial b_i} > \frac{\partial f}{\partial b_j}$ 等价于

$$(a_i - a_j)^{\frac{p}{p-1}} \cdot \sum_{k=1}^{n} a_k (b_k^{\frac{1}{p}} + 1)^p >$$
$$\left(\sum_{k=1}^{n} a_k b_k\right) \left[a_i (1 + b_i^{-\frac{1}{p}})^{p-1} - a_j (1 + b_j^{-\frac{1}{p}})^{p-1} \right]^{\frac{p}{p-1}}$$
$$\sum_{k=1}^{n} \left[a_k (b_k^{\frac{1}{p}} + 1)^p (a_i - a_j)^{\frac{p}{p-1}} \right] >$$
$$\sum_{k=1}^{n} \left[a_k b_k \left(a_i (1 + b_i^{-\frac{1}{p}})^{p-1} - a_j (1 + b_j^{-\frac{1}{p}})^{p-1} \right)^{\frac{p}{p-1}} \right]$$

只要证对于任何 $k(1 \leqslant k \leqslant n)$ 都有

$$(b_k^{\frac{1}{p}} + 1)^p (a_i - a_j)^{\frac{p}{p-1}} > b_k \left[a_i (1 + b_i^{-\frac{1}{p}})^{p-1} - a_j (1 + b_j^{-\frac{1}{p}})^{p-1} \right]^{\frac{p}{p-1}} \Leftrightarrow$$

$$(b_k^{\frac{1}{p}} + 1)^{p-1} (a_i - a_j) > b_k^{\frac{p-1}{p}} \left[a_i (1 + b_i^{-\frac{1}{p}})^{p-1} - a_j (1 + b_j^{-\frac{1}{p}})^{p-1} \right] \Leftrightarrow$$

$$a_i \left((b_k^{\frac{1}{p}} + 1)^{p-1} - b_k^{\frac{p-1}{p}} (1 + b_i^{-\frac{1}{p}})^{p-1} \right) +$$
$$a_j \left(b_k^{\frac{p-1}{p}} (1 + b_j^{-\frac{1}{p}})^{p-1} - (b_k^{\frac{1}{p}} + 1)^{p-1} \right) > 0 \Leftrightarrow$$

$$a_i \left((b_k^{\frac{1}{p}} + 1)^{p-1} - \left(b_k^{\frac{1}{p}} + \left(\frac{b_k}{b_i}\right)^{\frac{1}{p}} \right)^{p-1} \right) +$$
$$a_j \left(\left(b_k^{\frac{1}{p}} + \left(\frac{b_k}{b_j}\right)^{\frac{1}{p}} \right)^{p-1} - (b_k^{\frac{1}{p}} + 1)^{p-1} \right) > 0 \tag{6.2.1}$$

由于 $b_j \leqslant b_k \leqslant b_i$，且 $b_j < b_i$，我们易知式(6.2.1)为真. 由定理6.1.2知 $f(\boldsymbol{b}) \geqslant f(\bar{A}(\boldsymbol{b}))$，即 $\left(\sum_{k=1}^{n} a_k b_k\right)^{\frac{1}{p}} - \left(\sum_{k=1}^{n} a_k (b_k^{\frac{1}{p}} + 1)^p\right)^{\frac{1}{p}} \geqslant 0$. 再用 $a_k = x_k^p, b_k = \frac{y_k^p}{x_k^p}$，整理即得 Minkowski 不等式，等号成立当且仅当 $b_k = \frac{y_k^q}{x_k^p}$ 皆相等.

定理 6.2.3（加权算术 – 几何不等式） 设 $0 < p_i < 1, i = 1, 2, \cdots, n$，且 $\sum_{i=1}^{n} p_i = 1, \boldsymbol{b} \in \mathbb{R}_{++}^n$，则 $\sum_{k=1}^{n} p_k b_k \geqslant \prod_{k=1}^{n} b_k^{p_k}$.

证明 设 $f: \boldsymbol{b} \to \sum_{k=1}^{n} p_k b_k - \prod_{k=1}^{n} b_k^{p_k}$，则有

$$\frac{\partial f}{\partial b_i} = p_i - \frac{p_i}{b_i} \prod_{k=1}^{n} b_k^{p_k}$$

$$\frac{\partial f}{\partial b_i} - \frac{\partial f}{\partial b_j} = p_i - p_j - \left(\frac{p_i}{b_i} - \frac{p_j}{b_j} \right) \prod_{k=1}^{n} b_k^{p_k}$$

当 $\boldsymbol{b} \in \check{D}_i \cap \widehat{D}_j$ 时，$\frac{\partial f}{\partial b_i} > \frac{\partial f}{\partial b_j}$ 等价于

$$(p_i - p_j)\prod_{k=1}^{n} b_k^{-p_k} - \left(\frac{p_i}{b_i} - \frac{p_j}{b_j}\right) > 0. \tag{6.2.2}$$

当 $p_i \geqslant p_j$ 时,我们有

$$(p_i - p_j)\prod_{k=1}^{n} b_k^{-p_k} - \left(\frac{p_i}{b_i} - \frac{p_j}{b_j}\right) \geqslant (p_i - p_j)\frac{1}{b_i} - \left(\frac{p_i}{b_i} - \frac{p_j}{b_j}\right) > 0$$

当 $p_i \leqslant p_j$ 时,我们有

$$(p_i - p_j)\prod_{k=1}^{n} b_k^{-p_k} - \left(\frac{p_i}{b_i} - \frac{p_j}{b_j}\right) \geqslant (p_i - p_j)\frac{1}{b_j} - \left(\frac{p_i}{b_i} - \frac{p_j}{b_j}\right) > 0$$

总之式(6.2.2)成立.有知 $f(\boldsymbol{b}) \geqslant f(\bar{A}(\boldsymbol{b}))$,即加权算术 - 几何不等式得证.

定理 6.2.4(幂平均不等式[①]**)** 设 $r \in \mathbb{R}$,$M_r(\boldsymbol{a})$ 为 $\boldsymbol{a}$ 的幂平均,则 $M_r(\boldsymbol{a})$ 关于 r 为单调增加;且当 a_i($i = 1,2,\cdots,n$)不全相等时,$M_r(\boldsymbol{a})$ 关于 r 为严格单调增加.

证明 任取 $r,s \in \mathbb{R}$,$r > s$,下证 $M_r(\boldsymbol{a}) \geqslant M_s(\boldsymbol{a})$,等号成立当且仅当 $a_1 = a_2 = \cdots = a_n$.由于 $M_r(\boldsymbol{a})$ 关于 $r \in \mathbb{R}$ 的连续性,我们只要证 $r,s \neq 0$ 的情形.设函数

$$f(\boldsymbol{b}) = \left(\frac{1}{n}\sum_{i=1}^{n} b_i^{\frac{r}{s}}\right)^{\frac{1}{r}} - \left(\frac{1}{n}\sum_{i=1}^{n} b_i\right)^{\frac{1}{s}}$$

有

$$\frac{\partial f}{\partial b_1} = \frac{1}{ns} b_1^{\frac{r}{s}-1}\left(\frac{1}{n}\sum_{i=1}^{n} b_i^{\frac{r}{s}}\right)^{\frac{1}{r}-1} - \frac{1}{ns}\left(\frac{1}{n}\sum_{i=1}^{n} b_i\right)^{\frac{1}{s}-1}$$

$$\frac{\partial f}{\partial b_1} - \frac{\partial f}{\partial b_2} = \frac{1}{ns}\left(b_1^{\frac{r}{s}-1} - b_2^{\frac{r}{s}-1}\right)\left(\frac{1}{n}\sum_{i=1}^{n} b_i^{\frac{r}{s}}\right)^{\frac{1}{r}-1}\frac{r}{s} - 1$$

当 $\boldsymbol{b} \in \check{D}_i \cap \check{D}_j$ 时,若 $r > s > 0$ 或 $r > 0 > s$,则易有 $\frac{\partial f(\boldsymbol{b})}{\partial b_1} > \frac{\partial f(\boldsymbol{b})}{\partial b_2}$;若 $0 > r > s$,则有 $\frac{r}{s} - 1 < 0$,也有 $\frac{\partial f(\boldsymbol{b})}{\partial b_1} > \frac{\partial f(\boldsymbol{b})}{\partial b_2}$.至此由推论 6.1.3,知 $f(\boldsymbol{b}) \geqslant f(\bar{A}(\boldsymbol{b}))$,即 $\left(\frac{\sum_{i=1}^{n} b_i^{\frac{r}{s}}}{n}\right)^{\frac{1}{r}} \geqslant \left(\frac{\sum_{i=1}^{n} b_i}{n}\right)^{\frac{1}{s}}$.再令 $b_i = a_i^s$,易知 $M_r(\boldsymbol{a}) \geqslant M_s(\boldsymbol{a})$,等号成立的条件也为明显.

我们还要可证以下 Fanky 型不等式.详细过程在此略

定理 6.2.5[6,P.69] 设 $0 < a_i \leqslant \frac{1}{2}$,$i = 1,2,\cdots,n$,则

$$\frac{1}{G(1-\boldsymbol{a})} - \frac{1}{G(\boldsymbol{a})} \geqslant \frac{1}{H(1-\boldsymbol{a})} - \frac{1}{H(\boldsymbol{a})}$$

[①] 即定理 0.1.1.

定理 6.2.6[6,P.71]　设 $0 < a_i \leq \dfrac{1}{2}, i = 1,2,\cdots,n$,则
$$A(\boldsymbol{a}) - A(1-\boldsymbol{a}) \geq H(\boldsymbol{a}) - H(1-\boldsymbol{a})$$

6.3　改进一些已知不等式

本节也皆设 $\boldsymbol{a} = (a_1, a_2, \cdots, a_n) \in \mathbb{R}_{++}^n$. 著名的 Sierpinski 不等式[1,P.21][6,P.39] 为
$$[A(\boldsymbol{a})]^{n-1} H(\boldsymbol{a}) \geq [G(\boldsymbol{a})]^n \geq A(\boldsymbol{a})[H(\boldsymbol{a})]^{n-1}$$
现在,我们把其改进为以下二个定理.

定理 6.3.1　设 $\beta > 0 > \alpha$,则当 $\lambda < \inf\limits_{t>1}\left[\dfrac{(n-1+t)(1-t^{\frac{\alpha}{\beta}})}{(nt - nt^{\frac{\alpha}{\beta}})}\right]$ 时,特别地当 $\beta + \alpha > 0, \lambda = \dfrac{-2\alpha}{n(\beta - \alpha)}$ 时,或当 $\beta + \alpha \leq 0, \lambda = \dfrac{1}{n}$ 时,成立
$$G(\boldsymbol{a}) \geq [M_\alpha(\boldsymbol{a})]^{1-\lambda} \cdot [M_\beta(\boldsymbol{a})]^\lambda \qquad (6.3.1)$$

证明　设 $f(\boldsymbol{a}) = \dfrac{\sum\limits_{k=1}^n \ln a_i}{n\beta} - \dfrac{1-\lambda}{\alpha} \cdot \ln\left(\dfrac{\sum\limits_{k=1}^n a_k^{\frac{\alpha}{\beta}}}{n}\right)$. 则

$$\frac{\partial f}{\partial a_1} = \frac{1}{n\beta} \cdot \frac{1}{a_1} - \frac{1-\lambda}{\beta} \cdot \frac{a_1^{\frac{\alpha-\beta}{\beta}}}{\sum\limits_{k=1}^n a_k^{\frac{\alpha}{\beta}}}$$

$$\frac{\partial f}{\partial a_1} - \frac{\partial f}{\partial a_1} = -\frac{1}{n\beta} \cdot \frac{a_1 - a_2}{a_1 a_2} + \frac{1-\lambda}{\beta} \cdot \frac{a_2^{\frac{\alpha-\beta}{\beta}} - a_1^{\frac{\alpha-\beta}{\beta}}}{\sum\limits_{k=1}^n a_k^{\frac{\alpha}{\beta}}}$$

则当 $a_1 = \max\limits_{1\leq i\leq n}\{a_i\} > a_2 = \min\limits_{1\leq i\leq n}\{a_i\} > 0$ 时

$$\frac{\partial f}{\partial a_1} - \frac{\partial f}{\partial a_2} \geq -\frac{1}{n\beta} \cdot \frac{a_1 - a_2}{a_1 a_2} + \frac{1-\lambda}{\beta} \cdot \frac{a_2^{\frac{\alpha-\beta}{\beta}} - a_1^{\frac{\alpha-\beta}{\beta}}}{(n-1)a_2^{\frac{\alpha}{\beta}} + a_1^{\frac{\alpha}{\beta}}} =$$

$$\frac{1}{\beta a_1 a_2[(n-1)a_2^{\frac{\alpha}{\beta}} + a_1^{\frac{\alpha}{\beta}}]}\left[(1-\lambda)(a_1 a_2^{\frac{\alpha}{\beta}} - a_1^{\frac{\alpha}{\beta}} a_2) - \frac{1}{n}(a_1 - a_2)((n-1)a_2^{\frac{\alpha}{\beta}} + a_1^{\frac{\alpha}{\beta}})\right]$$

若设 $\dfrac{a_1}{a_2} = t$,则 $t > 1$

$$\frac{\partial f}{\partial a_1} - \frac{\partial f}{\partial a_2} \geqslant$$

$$\frac{1}{\beta a_1[(n-1) + t^{\frac{\alpha}{\beta}}]} \left[(1-\lambda)(t - t^{\frac{\alpha}{\beta}}) - \frac{1}{n}(t-1)((n-1) + t^{\frac{\alpha}{\beta}}) \right] =$$

$$\frac{1}{\beta a_1(n-1 + t^{\frac{\alpha}{\beta}})} \left[\frac{n-1+t}{n}(1 - t^{\frac{\alpha}{\beta}}) - \lambda(t - t^{\frac{\alpha}{\beta}}) \right] \tag{6.3.2}$$

因 λ 满足题意,则 $\frac{\partial f}{\partial a_1} - \frac{\partial f}{\partial a_2} > 0$. 由推论 6.1.3,有 $f(a) \geqslant f(\bar{A}(a))$,即

$$\frac{1}{n\beta} \sum_{k=1}^{n} \ln a_i - \frac{1-\lambda}{\alpha} \cdot \ln\left(\frac{1}{n} \sum_{k=1}^{n} a_k^{\frac{\alpha}{\beta}}\right) \geqslant \frac{\lambda}{\beta} \ln A(a)$$

令诸 a_i 为 a_i^β,有

$$\ln G(\boldsymbol{a}) - (1-\lambda) \cdot \ln M_\alpha(\boldsymbol{a}) \geqslant \lambda \ln M_\beta(\boldsymbol{a})$$

式(6.3.1)成立.

当 $\beta + \alpha > 0, \lambda = \frac{-2\alpha}{n(\beta - \alpha)}$ 时,式(6.3.2)化为

$$\frac{\partial f}{\partial a_1} - \frac{\partial f}{\partial a_2} \geqslant \frac{1}{n\beta a_1(n-1 + t^{\frac{\alpha}{\beta}})} \left[(n-1+t)(1 - t^{\frac{\alpha}{\beta}}) + \frac{2\alpha}{\beta - \alpha}(t - t^{\frac{\alpha}{\beta}}) \right] =$$

$$\frac{1}{n\beta a_1(n-1 + t^{\frac{\alpha}{\beta}})} \times$$

$$\left(n-1 + \frac{\beta + \alpha}{\beta - \alpha} t - \frac{(n-1)\beta - (n-3)\alpha}{\beta - \alpha} t^{\frac{\alpha}{\beta}} - t^{1+\frac{\alpha}{\beta}} \right) \tag{6.3.3}$$

若令 $g(t) = n - 1 + \frac{\beta + \alpha}{\beta - \alpha} t - \frac{(n-1)\beta - (n-3)\alpha}{\beta - \alpha} t^{\frac{\alpha}{\beta}} - t^{1+\frac{\alpha}{\beta}}, t > 1$,则

$$g'(t) = \frac{\beta + \alpha}{\beta - \alpha} - \frac{(n-1)\alpha\beta - (n-3)\alpha^2}{\beta^2 - \alpha\beta} t^{\frac{\alpha}{\beta}-1} - \left(1 + \frac{\alpha}{\beta}\right) t^{\frac{\alpha}{\beta}}$$

$$(t^{-\frac{\alpha}{\beta}+1} g'(t))' = \frac{\beta + \alpha}{\beta} t^{-\frac{\alpha}{\beta}} - 1 - \frac{\alpha}{\beta} > 0$$

所以 $t^{-\frac{\alpha}{\beta}+1} g'(t)$ 为严格单调增加函数,又

$$\lim_{t \to 1^+} t^{-\frac{\alpha}{\beta}+1} g'(t) = \frac{\beta + \alpha}{\beta - \alpha} + \frac{-(n-1)\beta\alpha + (n-3)\alpha^2}{\beta(\beta - \alpha)} - \frac{\beta + \alpha}{\beta} =$$

$$\frac{-(n-2)\alpha}{n\beta} \geqslant 0$$

所以 $t^{-\frac{\alpha}{\beta}+1} g'(t), g'(t) > 0, g(t)$ 为严格单调增加函数. 同时显然易知 $\lim_{t \to 1^+} g(t) = 0$,所以我们有 $g(t) > 0$. 联立式(6.3.3),知 $\frac{\partial f}{\partial a_1} - \frac{\partial f}{\partial a_2} > 0$.

式(6.3.1)成立.

当 $\beta + \alpha \leqslant 0, 0 \leqslant \lambda \leqslant \frac{1}{n}$ 时,由式(6.3.2)化为

$$\frac{\partial f}{\partial a_1} - \frac{\partial f}{\partial a_2} \geq \frac{t^{\frac{\alpha}{\beta}}[(n-1)t^{-\frac{\alpha}{\beta}} - n + 2 - t]}{n\beta a_1(n - 1 + t^{\frac{\alpha}{\beta}})} \geq$$

$$\frac{t^{\frac{\alpha}{\beta}}[(n-1)t - n + 2 - t]}{n\beta a_1(n - 1 + t^{\frac{\alpha}{\beta}})} > 0$$

从而式(6.3.1)成立.

同理我们可证以下结果,作者可做其为练习.

定理 6.3.2 $\beta > 0 > \alpha$,则当 $\lambda = \sup\limits_{t>1}\left[\dfrac{(nt-t+1)(1-t^{\frac{\alpha}{\beta}})}{(nt - nt^{\frac{\alpha}{\beta}})}\right]$ 时,特别地 当 $\beta + \alpha \geq 0, \lambda = \dfrac{n-1}{n}$ 时,或当 $\beta + \alpha < 0, \lambda = 1 - \dfrac{2\beta}{n\beta - n\alpha}$ 时,成立

$$G(\boldsymbol{a}) \leq [M_\alpha(\boldsymbol{a})]^{1-\lambda} \cdot [M_\beta(\boldsymbol{a})]^\lambda$$

在文献[177],文献[6]P.39 有这样一个不等式:

$$\frac{n-1}{n}A(\boldsymbol{a}) + \frac{1}{n}H(\boldsymbol{a}) \geq G(\boldsymbol{a}) \tag{6.3.4}$$

这里我们把加强为下如下两个定理.

定理 6.3.3 设 $p = \dfrac{1 - n - \sqrt{5n^2 - 6n + 1}}{2n}$,则

$$\frac{n-1}{n} \cdot A(\boldsymbol{a}) + \frac{1}{n} \cdot M_p(\boldsymbol{a}) \geq G(\boldsymbol{a}) \tag{6.3.5}$$

证明 设 $f(\boldsymbol{a}) = \sqrt[n]{\prod\limits_{i=1}^{n} a_i^{\frac{1}{p}}} - \dfrac{n-1}{n^2} \cdot \sum\limits_{i=1}^{n} a_i^{\frac{1}{p}}$,则

$$\frac{\partial f}{\partial a_1} = \frac{1}{npa_1}\sqrt[n]{\prod_{i=1}^{n} a_i^{\frac{1}{p}}} - \frac{n-1}{n^2 p}a_1^{\frac{1}{p}-1}$$

$$\frac{\partial f}{\partial a_1} - \frac{\partial f}{\partial a_2} = -\frac{a_1 - a_2}{npa_1 a_2}\prod_{i=1}^{n} a_i^{\frac{1}{np}} - \frac{n-1}{n^2 p}(a_1^{\frac{1}{p}-1} - a_2^{\frac{1}{p}-1})$$

当 $a_1 = \max\limits_{1\leq i\leq n}\{a_i\} > a_2 = \min\limits_{1\leq i\leq n}\{a_i\} > 0$ 时,若设 $\dfrac{a_1}{a_2} = t$,则 $t > 1$. 又因 $p < 0$, $-\dfrac{a_1 - a_2}{npa_1 a_2} > 0$,则

$$\frac{\partial f}{\partial a_1} - \frac{\partial f}{\partial a_2} \leq -\frac{a_1 - a_2}{npa_1 a_2}a_1^{\frac{1}{np}}a_2^{\frac{n-1}{np}} - \frac{n-1}{n^2 p}(a_1^{\frac{1}{p}-1} - a_2^{\frac{1}{p}-1}) =$$

$$\frac{a_1^{\frac{1}{p}-1}}{n^2 p}\left[-n\frac{t-1}{t}t^{1-\frac{n-1}{np}} - (n-1)(1 - t^{1-\frac{1}{p}})\right] \tag{6.3.6}$$

设 $g(t) = -nt^{1-\frac{n-1}{np}} + nt^{-\frac{n-1}{np}} + (n-1)t^{1-\frac{1}{p}} - (n-1), t > 1$,我们有

$$g'(t) = \left(-n + \frac{n-1}{p}\right)t^{-\frac{n-1}{np}} - \frac{n-1}{p}t^{-1-\frac{n-1}{np}} + (n-1)\left(1 - \frac{1}{p}\right)t^{-\frac{1}{p}}$$

$$t^{1+\frac{n-1}{np}}g'(t) = \left(-n + \frac{n-1}{p}\right)t - \frac{n-1}{p} + (n-1)\left(1 - \frac{1}{p}\right)t^{1-\frac{1}{np}}$$

$$(t^{1+\frac{n-1}{np}}g'(t))' = \left(-n + \frac{n-1}{p}\right) + (n-1)\left(1 - \frac{1}{p}\right)\left(1 - \frac{1}{np}\right)t^{-\frac{1}{np}} >$$

$$\left(-n + \frac{n-1}{p}\right) + (n-1)\left(1 - \frac{1}{p}\right)\left(1 - \frac{1}{np}\right) = 0$$

所以 $t^{1+\frac{n-1}{np}}g'(t)$ 是严格单调增加函数,又

$$\lim_{t \to 1^+} t^{1+\frac{n-1}{np}}g'(t) = \lim_{t \to 1^+}\left[\left(-n + \frac{n-1}{p}\right)t - \frac{n-1}{p} + (n-1)\left(1 - \frac{1}{p}\right)t^{1-\frac{1}{np}}\right] =$$

$$-1 - \frac{n-1}{p} \geqslant 0$$

所以 $t^{1+\frac{n-1}{np}}g'(t) > 0, g'(t) > 0, g(t)$ 是严格单调增加函数. 同时易证 $\lim_{t \to 1^+} g(t) = 0$, 故 $g(t) > 0$. 由式(6.3.6)知 $\frac{\partial f}{\partial a_1} - \frac{\partial f}{\partial a_2} < 0$, 则根据推论6.1.3,有

$f(\boldsymbol{a}) \leqslant f(\bar{A}(\boldsymbol{a}))$,即 $\sqrt[n]{\prod_{i=1}^{n} a_i^{\frac{1}{p}}} - \frac{n-1}{n^2} \cdot \sum_{i=1}^{n} a_i^{\frac{1}{p}} \leqslant \frac{1}{n} \cdot A^{\frac{1}{p}}(\boldsymbol{a})$. 再令诸 a_i 为 a_i^p,则知式(6.3.5) 成立.

可证 $p = \frac{1 - n - \sqrt{5n^2 - 6n + 1}}{2n} \leqslant -1$,再根据幂平均关于参数 p 为单调增加,所以式(6.3.5)强于式(6.3.4).

定理 6.3.4 设 $p = \frac{n^2}{n^2 + 4n - 4}$, 则

$$pA(\boldsymbol{a}) + (1-p)H(\boldsymbol{a}) \geqslant G(\boldsymbol{a}) \tag{6.3.7}$$

证明 先假定 $p > \frac{n^2}{n^2 + 4n - 4}$, 设 $f(\boldsymbol{b}) = \frac{p}{n} \cdot \sum_{i=1}^{n} e^{b_i} + (1-p)n \cdot \left(\sum_{i=1}^{n} e^{-b_i}\right)^{-1}$, 其中 $\boldsymbol{b} = (b_1, b_2, \cdots, b_n) \in \mathbb{R}^n$.

$$\frac{\partial f}{\partial b_1} = \frac{p}{n}e^{b_1} + (1-p)\frac{n}{\left(\sum_{i=1}^{n} e^{-b_i}\right)^2}e^{-b_1}$$

$$\frac{\partial f}{\partial b_1} - \frac{\partial f}{\partial b_2} = \frac{p}{n}(e^{b_1} - e^{b_2}) - (1-p)\frac{n}{\left(\sum_{i=1}^{n} e^{-b_i}\right)^2}(e^{-b_2} - e^{-b_1})$$

当 $b_1 = \max_{1 \leqslant i \leqslant n}\{b_i\} > b_2 = \min_{1 \leqslant i \leqslant n}\{b_i\}$ 时,若令 $t = e^{b_1 - b_2}$, 则 $t > 1$, 有

$$\frac{\partial f}{\partial b_1} - \frac{\partial f}{\partial b_2} \geqslant \frac{p}{n}(e^{b_1} - e^{b_2}) - (1-p)\frac{n}{((n-1)e^{-b_1} + e^{-b_2})^2}(e^{-b_2} - e^{-b_1}) =$$

$$\frac{(e^{b_1} - e^{b_2})}{n((n-1)e^{b_2} + e^{b_1})^2}[p((n-1)e^{b_2} + e^{b_1})^2 - (1-p)n^2 e^{b_1} e^{b_2}] =$$

$$\frac{e^{3b_2}(t-1)}{n((n-1)e^{b_2} + e^{b_1})^2}[p(n-1+t)^2 - n^2 t + pn^2 t]$$

由于 $p > \dfrac{n^2}{n^2 + 4n - 4}$,故

$$\frac{\partial f}{\partial b_1} - \frac{\partial f}{\partial b_2} > \frac{e^{3b_2}(t-1)}{n((n-1)e^{b_2} + e^{b_1})^2} \times$$

$$\left[\frac{n^2}{n^2 + 4n - 4}(n-1+t)^2 - n^2 t + \frac{n^2}{n^2 + 4n - 4} n^2 t\right] =$$

$$\frac{n e^{3b_2}(t-1)(t-n+1)^2}{(n^2 + 4n - 4)((n-1)e^{b_2} + e^{b_1})^2} \geqslant 0$$

则根据推论 6.1.3,有 $f(\boldsymbol{b}) \geqslant f(\bar{A}(\boldsymbol{b}))$,即

$$\frac{p}{n}\sum_{i=1}^{n} e^{b_i} + (1-p)\frac{n}{\sum_{i=1}^{n} e^{-b_i}} \geqslant e^{A(\boldsymbol{b})} = \sqrt[n]{\prod_{i=1}^{n} e^{b_i}}$$

在上式中,令 $e^{b_i} = a_i$,即得式(6.3.7). 由于连续性,$p = \dfrac{n^2}{n^2 + 4n - 4}$ 时,式(6.3.7)显然也成立.定理证毕.

易证当 $n \geqslant 2$ 时,$p = \dfrac{n^2}{n^2 + 4n - 4} \leqslant \dfrac{n-1}{n}$,故式(6.3.7)强于式(6.3.4).

在文献[1]的 P.39 和文献[165]中,有这样一个结果:设 $0 < a_1 \leqslant a_2 \leqslant \cdots \leqslant a_n$,则

$$\frac{1}{2n^2} \cdot \frac{a_1^3}{a_n^4} \sum_{1 \leqslant i < j \leqslant n} (a_i - a_j)^2 \leqslant G - H \leqslant \frac{1}{2n^2} \cdot \frac{a_n^3}{a_1^4} \sum_{1 \leqslant i < j \leqslant n} (a_i - a_j)^2$$

在这里,我们将把加强为:

$$\frac{1}{2n^2} \cdot \frac{a_1^{\frac{n-1}{n}}}{a_n^{\frac{2n-1}{n}}} \sum_{1 \leqslant i < j \leqslant n} (a_i - a_j)^2 \leqslant G - H \leqslant \frac{1}{2n^2} \cdot \frac{a_n^{\frac{n-3}{n}}}{a_1^{\frac{2n-3}{n}}} \sum_{1 \leqslant i < j \leqslant n} (a_i - a_j)^2$$

其等价于下定理 6.3.5.

定理 6.3.5 设 $a \in \mathbb{R}_{++}^n, n \geqslant 2$,且 $M = \max_{1 \leqslant i \leqslant n}\{a_i\}, m = \min_{1 \leqslant i \leqslant n}\{a_i\}$,则有

$$\frac{1}{2n^2} \cdot \frac{m^{\frac{n-1}{n}}}{M^{\frac{2n-1}{n}}} \sum_{1 \leqslant i < j \leqslant n} (a_i - a_j)^2 \leqslant G - H \leqslant$$

$$\frac{1}{2n^2} \cdot \frac{M^{\frac{n-3}{n}}}{m^{\frac{2n-3}{n}}} \sum_{1 \leqslant i < j \leqslant n} (a_i - a_j)^2 \quad (6.3.8)$$

证明 当 $n = 2$ 时,不妨设 $a_2 \leqslant a_1$,欲证式(6.3.8),只要证

$$\frac{1}{8}\cdot\frac{a_2(a_1-a_2)^2}{a_1\sqrt{a_1a_2}}\leqslant G-H\leqslant\frac{1}{8}\cdot\frac{(a_1-a_2)^2}{\sqrt{a_1a_2}}$$

此式为易证,在此略.

当 $n\geqslant 3$ 时,设

$$f(\boldsymbol{b})=\frac{1}{2n^2}\cdot\frac{M^{\frac{n-3}{n}}}{m^{\frac{2n-3}{n}}}\sum_{1\leqslant i<j\leqslant n}\left(\frac{1}{b_i}-\frac{1}{b_j}\right)^2-\frac{1}{G(\boldsymbol{b})},$$

$$\frac{1}{M}\leqslant b_i\leqslant\frac{1}{m},\ i=1,2,\cdots,n$$

则有

$$\frac{\partial f}{\partial b_1}=\frac{1}{n^2}\cdot\frac{M^{\frac{n-3}{n}}}{m^{\frac{2n-3}{n}}}\left(-\frac{1}{b_1^2}\right)\sum_{2\leqslant j\leqslant n}\left(\frac{1}{b_1}-\frac{1}{b_j}\right)+\frac{1}{nb_1G(\boldsymbol{b})}$$

$$\frac{\partial f}{\partial b_1}-\frac{\partial f}{\partial b_2}=\frac{1}{n^2}\cdot\frac{M^{\frac{n-3}{n}}}{m^{\frac{2n-3}{n}}}\Bigg[(n-1)\left(\frac{1}{b_2^3}-\frac{1}{b_1^3}\right)+$$

$$\left(\frac{1}{b_1^2}-\frac{1}{b_2^2}\right)\sum_{3\leqslant j\leqslant n}\frac{1}{b_j}+\frac{1}{b_1^2b_2}-\frac{1}{b_1b_2^2}\Bigg]+\frac{1}{nG(\boldsymbol{b})}\left(\frac{1}{b_1}-\frac{1}{b_2}\right)=$$

$$\frac{1}{n^2}\cdot\frac{M^{\frac{n-3}{n}}(b_1-b_2)}{m^{\frac{2n-3}{n}}b_1^3b_2^3}\Big[(n-1)(b_1^2+b_1b_2+b_2^2)-$$

$$b_1b_2(b_1+b_2)\sum_{3\leqslant j\leqslant n}\frac{1}{b_j}-b_1b_2\Big]-\frac{b_1-b_2}{nb_1b_2G(\boldsymbol{b})}$$

当 $b_1=\max\limits_{1\leqslant i\leqslant n}\{b_i\}>b_2=\min\limits_{1\leqslant i\leqslant n}\{b_i\}$ 时

$$\frac{\partial f}{\partial b_1}-\frac{\partial f}{\partial b_2}\geqslant\frac{1}{n^2}\cdot\frac{M^{\frac{n-3}{n}}(b_1-b_2)}{m^{\frac{2n-3}{n}}b_1^3b_2^3}\Big[(n-1)(b_1^2+b_1b_2+b_2^2)-$$

$$b_1b_2(b_1+b_2)\frac{n-2}{b_2}-b_1b_2\Big]-\frac{b_1-b_2}{nb_1b_2b_1^{\frac{1}{n}}b_2^{\frac{n-1}{n}}}=$$

$$\frac{1}{n^2}\cdot\frac{M^{\frac{n-3}{n}}(b_1-b_2)}{m^{\frac{2n-3}{n}}b_1^3b_2^3}\Big[b_1^2+(n-1)b_2^2\Big]-$$

$$\frac{b_1-b_2}{nb_1b_2b_1^{\frac{1}{n}}b_2^{\frac{n-1}{n}}}$$

因 $m\leqslant\frac{1}{b_i}\leqslant M,\ i=1,2,\cdots,n$,若设 $\frac{b_1}{b_2}=t$,则 $t>1$ 且

$$\frac{\partial f}{\partial b_1}-\frac{\partial f}{\partial b_2}\geqslant\frac{1}{n^2}\cdot\frac{\left(\frac{1}{b_2}\right)^{\frac{n-3}{n}}(b_1-b_2)}{\left(\frac{1}{b_1}\right)^{\frac{2n-3}{n}}b_1^3b_2^3}\Big[b_1^2+(n-1)b_2^2\Big]-\frac{b_1-b_2}{nb_1^{1+\frac{1}{n}}b_2^{2-\frac{1}{n}}}=$$

$$\frac{b_1 - b_2}{n^2 b_1^{1+\frac{3}{n}} b_2^{4-\frac{3}{n}}} [(b_1^2 + (n-1) b_2^2) - n b_1^{\frac{2}{n}} b_2^{2-\frac{2}{n}}] =$$

$$\frac{b_1 - b_2}{n^2 b_1^{1+\frac{3}{n}} b_2^{2-\frac{3}{n}}} (t^2 + n - 1 - n t^{\frac{2}{n}}) =$$

$$\frac{b_1 - b_2}{n^2 b_1^{1+\frac{3}{n}} b_2^{2-\frac{3}{n}}} (t^2 + \underbrace{1 + 1 \cdots + 1}_{n-1} - n t^{\frac{2}{n}}) >$$

$$\frac{b_1 - b_2}{n^2 b_1^{1+\frac{3}{n}} b_2^{2-\frac{3}{n}}} (n \sqrt[n]{t^2} - n t^{\frac{2}{n}}) = 0$$

则根据推论 6.1.3,有 $f(\boldsymbol{b}) \geq f(\overline{A}(\boldsymbol{b}))$,即

$$\frac{1}{2n^2} \cdot \frac{M^{\frac{n-3}{n}}}{m^{\frac{2n-3}{n}}} \sum_{1 \leq i < j \leq n} \left(\frac{1}{b_i} - \frac{1}{b_j}\right)^2 - \frac{1}{G(\boldsymbol{b})} \geq -\frac{1}{A(\boldsymbol{b})} = -\frac{n}{\sum_{i=1}^n b_i}$$

在上式中令 $b_i = \dfrac{1}{a_i}, i = 1, 2, \cdots, n$,则知式(6.3.8) 的右式成立.

对于式(6.3.8) 的左式,为可理可证,在此略.

6.4 新建一些不等式

本节设 $a = (a_1, a_2, \cdots, a_n) \in \mathbb{R}_{++}^n$. 在研究优化不等式过程中,成都大学文家金先生提出了一个问题. 现以下定理的形式解答.

定理 6.4.1 $n \geq 3, 1 \leq k \leq n, k \in \mathbb{N}, p = \dfrac{k-1}{n-1}$ 和 $\prod_n^k (\boldsymbol{a}) = \left(\prod_{1 \leq i_1 < \cdots < i_k \leq n} k^{-1} \sum_{j=1}^k a_{i_j}\right)^{\frac{1}{\binom{n}{k}}}$,则

$$\prod_n^k (\boldsymbol{a}) \geq [A(\boldsymbol{a})]^p [G(\boldsymbol{a})]^{1-p} \qquad (6.4.1)$$

成立,其中 p 为最佳.

证明 设 $f(\boldsymbol{a}) = \left[\prod_{i=1}^n a_i\right]^{-\frac{(n-k) \cdot \binom{n}{k}}{n(n-1)}} \cdot \prod_{1 \leq i_1 < \cdots < i_k \leq n} k^{-1} \sum_{j=1}^k a_{i_j}$,则

$$\frac{\partial f}{\partial a_1} = -\frac{(n-k) \cdot \binom{n}{k}}{n(n-1) a_1} \left[\prod_{i=1}^n a_i\right]^{-\frac{(n-k) \cdot \binom{n}{k}}{n(n-1)}} \cdot \prod_{1 \leq i_1 < \cdots < i_k \leq n} k^{-1} \sum_{j=1}^k a_{i_j} +$$

$$\Big[\prod_{i=1}^{n} a_i\Big]^{-\frac{(n-k)\cdot\binom{n}{k}}{n(n-1)}} \cdot \prod_{1\leqslant i_1<\cdots<i_k\leqslant n} k^{-1}\sum_{j=1}^{k} a_{i_j} \cdot$$

$$\Bigg(\sum_{2\leqslant i_1<\cdots i_{k-1}\leqslant n} \frac{1}{a_1+\sum_{i=1}^{k-1} a_{i_j}}\Bigg)$$

$$\frac{\partial f}{\partial a_1} - \frac{\partial f}{\partial a_2} = -\frac{(n-k)\cdot\binom{n}{k}}{n(n-1)}\Big[\prod_{i=1}^{n} a_i\Big]^{-\frac{(n-k)\cdot\binom{n}{k}}{n(n-1)}} \cdot$$

$$\prod_{1\leqslant i_1<\cdots<i_k\leqslant n} k^{-1}\sum_{j=1}^{k} a_{i_j}\Big(\frac{1}{a_1} - \frac{1}{a_2}\Big) +$$

$$\Big[\prod_{i=1}^{n} a_i\Big]^{-\frac{(n-k)\cdot\binom{n}{k}}{n(n-1)}} \cdot \prod_{1\leqslant i_1<\cdots<i_k\leqslant n} k^{-1}\sum_{j=1}^{k} a_{i_j} \cdot$$

$$\Bigg(\sum_{3\leqslant i_1<\cdots i_{k-1}\leqslant n}\Bigg(\frac{1}{a_1+\sum_{i=1}^{k-1}a_{i_j}} - \frac{1}{a_2+\sum_{i=1}^{k-1}a_{i_j}}\Bigg)\Bigg) =$$

$$\frac{(n-k)\cdot\binom{n}{k}}{n(n-1)a_1 a_2}\Big[\prod_{i=1}^{n} a_i\Big]^{-\frac{(n-k)\cdot\binom{n}{k}}{n(n-1)}} \cdot$$

$$\prod_{1\leqslant i_1<\cdots<i_k\leqslant n} k^{-1}\sum_{j=1}^{k} a_{i_j}(a_1-a_2) -$$

$$\Big[\prod_{i=1}^{n} a_i\Big]^{-\frac{(n-k)\cdot\binom{n}{k}}{n(n-1)}} \cdot \prod_{1\leqslant i_1<\cdots<i_k\leqslant n} k^{-1}\sum_{j=1}^{k} a_{i_j} \cdot$$

$$\sum_{3\leqslant i_1<\cdots i_{k-1}\leqslant n} \frac{a_1-a_2}{\Big(a_1+\sum_{i=1}^{k-1} a_{i_j}\Big)\Big(a_2+\sum_{i=1}^{k-1} a_{i_j}\Big)}$$

则当 $a_1 = \max_{1\leqslant i\leqslant n}\{a_i\} > a_2 = \min_{1\leqslant i\leqslant n}\{a_i\} > 0$ 时, $\frac{\partial f}{\partial a_1} - \frac{\partial f}{\partial a_2} > 0$ 等价于

$$\frac{(n-k)\cdot\binom{n}{k}}{n(n-1)a_1 a_2} > \sum_{3\leqslant i_1<\cdots i_{k-1}\leqslant n} \frac{1}{\Big(a_1+\sum_{i=1}^{k-1} a_{i_j}\Big)\Big(a_2+\sum_{i=1}^{k-1} a_{i_j}\Big)}$$

只要证

$$\frac{(n-k)\cdot\binom{n}{k}}{n(n-1)a_1 a_2} > \sum_{3\leqslant i_1<\cdots i_{k-1}\leqslant n} \frac{1}{(a_1+(k-1)a_2)ka_2}$$

$$\frac{(n-k)\cdot\binom{n}{k}}{n(n-1)a_1a_2} > \frac{\binom{n-2}{k-1}}{ka_2(a_1+(k-1)a_2)} \Leftrightarrow a_1+(k-1)a_2 > a_1$$

上式显然成立. 至此由推论 6.1.3, 有 $f(\boldsymbol{a}) \geqslant f(\bar{A}(\boldsymbol{a}))$, 即

$$\left[\prod_{i=1}^n a_i\right]^{-\frac{(n-k)\cdot\binom{n}{k}}{n(n-1)}} \cdot \prod_{1\leqslant i_1<\cdots<i_k\leqslant n} k^{-1}\sum_{j=1}^k a_{i_j} \geqslant$$

$$A(\boldsymbol{a})^{-\frac{(n-k)\cdot\binom{n}{k}}{n-1}} \cdot \prod_{1\leqslant i_1<\cdots<i_k\leqslant n} A(\boldsymbol{a}) =$$

$$A(\boldsymbol{a})^{\binom{n}{k}\left[1-\frac{n-k}{n-1}\right]} = A(\boldsymbol{a})^{\binom{n}{k}\frac{k-1}{n-1}}$$

上式即为式(6.4.1).

令 $a_1 = a_2 = \cdots = a_{n-1} = 1, a_n = x$, 式(6.4.1) 化为

$$\left(\frac{x+k-1}{k}\right)^{\frac{\binom{n-1}{k-1}}{\binom{n}{k}}} \geqslant \left(\frac{x+n-1}{n}\right)^p (\sqrt[n]{x})^{1-p}$$

$$p \leqslant \frac{\frac{k}{n}\cdot\ln\frac{(x+k-1)}{k} - \frac{\ln x}{n}}{\ln(x+n-1) - \ln n\sqrt[n]{x}}$$

令 $x \to +\infty$, 则上式化为

$$p \leqslant \lim_{x\to+\infty} \frac{\frac{k}{n}\cdot\frac{1}{x+k-1} - \frac{1}{nk}}{\frac{1}{x+n-1} - \frac{1}{nx}} = \lim_{x\to+\infty} \frac{\frac{kx}{x+k-1}-1}{\frac{nx}{x+n-1}-1} = \frac{k-1}{n-1}$$

故知 $p = \frac{k-1}{n-1}$ 为最佳系数.

定理 6.4.2(Crux247[166], Crux395) 设 $a_1 \geqslant a_2 \geqslant \cdots \geqslant a_n$, 则有

$$\frac{\sum_{1\leqslant i<j\leqslant n}(a_i-a_j)^2}{2n^2 a_1} \leqslant A(\boldsymbol{a}) - G(\boldsymbol{a}) \leqslant \frac{\sum_{1\leqslant i<j\leqslant n}(a_i-a_j)^2}{2n^2 a_n}$$

证明 对于 $n=2$, 定理 6.4.2 为易证, 下设 $n \geqslant 3$.

我们仅证其的等价命题: 设 $0 < m \leqslant a_1, a_2, \cdots, a_n \leqslant M$, 则有

$$\frac{\sum_{1\leqslant i<j\leqslant n}(a_i-a_j)^2}{2n^2 M} \leqslant A(\boldsymbol{a}) - G(\boldsymbol{a}) \leqslant \frac{\sum_{1\leqslant i<j\leqslant n}(a_i-a_j)^2}{2n^2 m} \quad (6.4.2)$$

为此设 $f(\boldsymbol{a}) = A(\boldsymbol{a}) - G(\boldsymbol{a}) - \frac{\sum_{1\leqslant i<j\leqslant n}(a_i-a_j)^2}{2n^2 M}$, 在

$$M \geqslant a_1 = \max_{1 \leqslant i \leqslant n}\{a_i\} > a_2 = \min_{1 \leqslant i \leqslant n}\{a_i\} \geqslant m > 0$$

条件下,有

$$\frac{\partial f(\boldsymbol{a})}{\partial a_1} = \frac{1}{n} - \frac{1}{na_1}\sqrt[n]{\prod_{i=1}^{n} a_i} - \frac{\sum\limits_{2\leqslant j\leqslant n}(a_1 - a_j)}{n^2 M}$$

$$\frac{\partial f(\boldsymbol{a})}{\partial a_1} - \frac{\partial f(\boldsymbol{a})}{\partial a_2} = \left(\frac{1}{na_2} - \frac{1}{na_1}\right)\sqrt[n]{\prod_{i=1}^{n} a_i} - \frac{na_1 - na_2}{n^2 M} =$$

$$\frac{a_1 - a_2}{nMa_1 a_2}\left(M\sqrt[n]{\prod_{i=1}^{n} a_i} - a_1 a_2\right) >$$

$$\frac{a_1 - a_2}{nMa_1 a_2}\left(Ma_1^{\frac{1}{n}} a_2^{\frac{n-1}{n}} - a_1 a_2\right) =$$

$$\frac{a_1 - a_2}{nMa_1 a_2} a_1^{\frac{1}{n}} a_2^{\frac{n-1}{n}}\left(M - a_1^{\frac{n-1}{n}} a_2^{\frac{1}{n}}\right) > 0 \tag{6.4.3}$$

根据由推论 6.1.3, $f(\boldsymbol{a}) \geqslant f(\bar{A}(\boldsymbol{a}))$,此即为式(6.4.2) 的左式.

再设 $g(\boldsymbol{a}) = \dfrac{\sum\limits_{1\leqslant i<j\leqslant n}(a_i - a_j)^2}{2n^2 m} - A(\boldsymbol{a}) + G(\boldsymbol{a})$,在

$$M \geqslant a_1 = \max_{1 \leqslant i \leqslant n}\{a_i\} > a_2 = \min_{1 \leqslant i \leqslant n}\{a_i\} \geqslant m > 0$$

条件下,有

$$\frac{\partial g(\boldsymbol{a})}{\partial a_1} = \frac{(n-1)a_1 - \sum\limits_{2\leqslant j\leqslant n} a_j}{n^2 m} - \frac{1}{n} + \frac{1}{na_1} G(\boldsymbol{a})$$

$$\frac{\partial g(\boldsymbol{a})}{\partial a_1} - \frac{\partial g(\boldsymbol{a})}{\partial a_2} = \frac{a_1 - a_2}{nm} + \frac{a_2 - a_1}{na_1 a_2}\sqrt[n]{\prod_{i=1}^{n} a_i} =$$

$$\frac{a_1 - a_2}{nma_1 a_2}\left(a_1 a_2 - m\sqrt[n]{\prod_{i=1}^{n} a_i}\right) >$$

$$\frac{a_1 - a_2}{nma_1 a_2}\left(a_1 a_2 - ma_1^{\frac{n-1}{n}} a_2^{\frac{1}{n}}\right) > 0 \tag{6.4.4}$$

根据推论 6.1.3, $g(\boldsymbol{a}) \geqslant g(\bar{A}(\boldsymbol{a}))$,此即为式(6.4.2) 的右式.

参见式(6.4.3) 和式(6.4.4),我们还可把定理 6.4.2 加强为下定理 6.4.4.

定理 6.4.3 设 $0 < m \leqslant a_1, a_2, \cdots, a_n \leqslant M$,则有

$$\frac{\sum\limits_{1\leqslant i<j\leqslant n}(a_i - a_j)^2}{2n^2 M^{\frac{n-1}{n}} A^{\frac{1}{n}}(\boldsymbol{a})} \leqslant A(\boldsymbol{a}) - G(\boldsymbol{a}) \leqslant \frac{\sum\limits_{1\leqslant i<j\leqslant n}(a_i - a_j)^2}{2n^2 m^{\frac{n-1}{n}} A^{\frac{1}{n}}(\boldsymbol{a})}$$

证明方法相似,本文在此略.

定理 6.4.4 设 $0 < m \leqslant a_1, a_2, \cdots, a_n \leqslant M$, $k_1 = \min\left\{\dfrac{1}{n^2}, \dfrac{1}{2(n-1)^2}\right\}$,和

$k_2 = \min\left\{\dfrac{1}{n^2}, \dfrac{1}{8n-16}\right\}$,则有

$$k_1 \frac{\sum\limits_{1 \leq i < j \leq n}(a_i - a_j)^2}{M} \leq A(\boldsymbol{a}) - H(\boldsymbol{a}) \leq k_2 \frac{\sum\limits_{1 \leq i < j \leq n}(a_i - a_j)^2}{m} \quad (6.4.5)$$

证明 对于 $n = 2$,命题为易证,下设 $n \geq 3$.

设 $f(\boldsymbol{a}) = A(\boldsymbol{a}) - H(\boldsymbol{a}) - k_1 \dfrac{\sum\limits_{1 \leq i < j \leq n}(a_i - a_j)^2}{M}$,在

$$M \geq a_1 = \max_{1 \leq i \leq n}\{a_i\} > a_2 = \min_{1 \leq i \leq n}\{a_i\} \geq m > 0$$

条件下,有

$$\frac{\partial f(\boldsymbol{a})}{\partial a_1} = \frac{1}{n} - \frac{n}{a_1^2 \left(\sum\limits_{i=1}^{n} a_i^{-1}\right)^2} - 2k \frac{(n-1)a_1 - \sum\limits_{2 \leq j \leq n} a_j}{M}$$

$$\frac{\partial f(\boldsymbol{a})}{\partial a_1} - \frac{\partial f(\boldsymbol{a})}{\partial a_2} = \frac{n(a_1^2 - a_2^2)}{a_1^2 a_2^2 \left(\sum\limits_{i=1}^{n} a_i^{-1}\right)^2} - 2k \frac{na_1 - na_2}{M} =$$

$$\frac{n(a_1 - a_2)}{M a_1^2 a_2^2 \left(\sum\limits_{i=1}^{n} a_i^{-1}\right)^2}\left[M(a_1 + a_2) - 2k a_1^2 a_2^2 \left(\sum\limits_{i=1}^{n} a_i^{-1}\right)^2\right] >$$

$$\frac{n(a_1 - a_2)}{M a_1^2 a_2^2 \left(\sum\limits_{i=1}^{n} a_i^{-1}\right)^2}\left[M(a_1 + a_2) - 2k a_1^2 a_2^2 \left(\frac{n-1}{a_2} + \frac{1}{a_1}\right)^2\right] =$$

$$\frac{n(a_1 - a_2)}{M a_1^2 a_2^2 \left(\sum\limits_{i=1}^{n} a_i^{-1}\right)^2}\left[M(a_1 + a_2) - 2k((n-1)a_1 + a_2)^2\right]$$

而 $M(a_1 + a_2) - 2k((n-1)a_1 + a_2)^2$ 关于 a_1 为开口向下的抛物线,令 $a_2 \to 0^+$ 和 $a_2 \to a_1^-$,再根据 k_1 的定义知 $M(a_1 + a_2) - 2k((n-1)a_1 + a_2)^2 \geq 0$. 至此知 $\dfrac{\partial f(\boldsymbol{a})}{\partial a_1} - \dfrac{\partial f(\boldsymbol{a})}{\partial a_2} > 0$,根据推论 6.1.3,$f(\boldsymbol{a}) \geq f(\overline{A}(\boldsymbol{a}))$,此即为式 (6.4.5) 的左式.

再设 $g(\boldsymbol{a}) = k_2 \dfrac{\sum\limits_{1 \leq i < j \leq n}(a_i - a_j)^2}{m} - A(\boldsymbol{a}) + H(\boldsymbol{a})$,在

$$M \geq a_1 = \max_{1 \leq i \leq n}\{a_i\} > a_2 = \min_{1 \leq i \leq n}\{a_i\} \geq m > 0$$

条件下,易有

$$\frac{\partial g(a)}{\partial a_1} - \frac{\partial g(a)}{\partial a_2} = \frac{na_1 - na_2}{ma_1^2 a_2^2 (\sum_{i=1}^{n} a_i^{-1})^2} \left[2k_2 a_1^2 a_2^2 \left(\sum_{i=1}^{n} a_i^{-1} \right)^2 - m(a_1 + a_2) \right] >$$

$$\frac{na_1 - na_2}{ma_1^2 a_2^2 (\sum_{i=1}^{n} a_i^{-1})^2} \left[2k_2 a_1^2 a_2^2 \left(\frac{n-1}{a_1} + \frac{1}{a_2} \right)^2 - m(a_1 + a_2) \right] \geq$$

$$\frac{na_1 - na_2}{ma_1^2 a_2^2 (\sum_{i=1}^{n} a_i^{-1})^2} \left[2k_2 ((n-1)a_2 + a_1)^2 - a_2(a_1 + a_2) \right] =$$

$$\frac{2(na_1 - na_2)(a_1 + (n-1)a_2)^2}{ma_1^2 a_2^2 (\sum_{i=1}^{n} a_i^{-1})^2} \left[k_2 - \frac{t+1}{2(t+n-1)^2} \right]$$

其中 $t = \frac{a_1}{a_2} > 1$. 当 $n = 3,4$ 时, $\frac{t+1}{2(t+n-1)^2}$ 为单调减少, 由 k_2 的定义知 $k_2 \geq \frac{t+1}{2(t+n-1)^2}$, 当 $n \geq 5$ 时, $\frac{t+1}{2(t+n-1)^2}$ 在 $t = n-3$ 时取最大值, 由 k_2 的定义知 $k_2 \geq \frac{t+1}{2(t+n-1)^2}$. 至此知 $\frac{\partial g(a)}{\partial a_1} - \frac{\partial g(a)}{\partial a_2} > 0$, 根据推论 6.1.3, 知 $g(a) \geq g(\bar{A}(a))$, 此即为式 (6.4.5) 的右式.

6.5 S - 几何凸函数基本定理的改进及应用

本节将以定理 6.5.1 的形式, 在条件和结论上对定理 3.1.4 进行减弱. 但不影响其主要应用, 即证明 $f(x) \geq (\leq) f(\bar{G}(x))$ 型不等式. 在此类不等式时, 可以附加虚拟条件, 而不影响结论是否成立.

定理 6.5.1 设 $0 \leq m < M$ (M 可为 $+\infty$), $I = (m, M)$, $f:(m,M)^n \to \mathbb{R}$ 为对称函数, 且有连续偏导数, 记

$$D = \{x \mid x_j \in I, j = 1,2,\cdots,n; x_1 = \max_{1 \leq k \leq n} \{x_k\}\}$$
$$\bar{D} = \{x \mid x_j \in I, j = 1,2,\cdots,n; x_2 = \min_{1 \leq k \leq n} \{x_k\}\}$$
$$D^0 = D \cap \bar{D} - \{x \mid x_1 = x_2 = \cdots = x_n\}$$

若不等式 $x_1 \frac{\partial f}{\partial x_1} > (<) x_2 \frac{\partial f}{\partial x_2}$ 在 D^0 上恒成立, 则对于任意的 $a \in I^n$, 都有
$$f(a) \geq (\leq) f(\bar{G}(a))$$

证明 设函数 $y_1 = f(x), x = e^z, y_2 = f(e^z)$, 其中 $x \in (m, M)^n, z \in (\ln m, \ln M)^n$ (若 $m = 0$, 则 $\ln m = -\infty$) 则

$$\frac{\partial y_2}{\partial z_1} = e^z \frac{\partial y_1(e^z)}{\partial x_1}$$

$$\frac{\partial y_2}{\partial z_1} - \frac{\partial y_2}{\partial z_2} = e^{z_1}\frac{\partial y_1(e^z)}{\partial x_1} - e^{z_2}\frac{\partial y_1(e^z)}{\partial x_2} = x_1\frac{\partial y_1(\boldsymbol{x})}{\partial x_1} - x_2\frac{\partial y_1(\boldsymbol{x})}{\partial x_2}$$

当 $x_1 = \max\limits_{1\leqslant i\leqslant n}\{x_i\} > x_2 = \min\limits_{1\leqslant i\leqslant n}\{x_i\}$，也即 $z_1 = \max\limits_{1\leqslant i\leqslant n}\{z_i\} > z_2 = \min\limits_{1\leqslant i\leqslant n}\{z_i\}$，由定理 1 的条件知 $\frac{\partial y_2}{\partial z_1} - \frac{\partial y_2}{\partial z_2} > 0$. 由定理 6.1.2(最值压缩定理) 可得

$$f(e^z) \geqslant f(e^{A(z)})$$

$$f(e^z) \geqslant f\left(\sqrt[n]{\prod_{i=1}^{n}e^{z_i}}, \sqrt[n]{\prod_{i=1}^{n}e^{z_i}}, \cdots, \sqrt[n]{\prod_{i=1}^{n}e^{z_i}}\right)$$

即 $f(x) \geqslant f(\bar{G}(x))$，定理证毕．

定理 6.5.1 与定理 3.1.4 相比较，多了 x_1 在诸 x_i 为最大，x_2 为最小的这二个条件，此条件在证 $x_1\frac{\partial f}{\partial x_1} > (<) x_2\frac{\partial f}{\partial x_2}$ 时，有时会起到决定性的作用，这样可以扩大定理 3.1.4 的使用范畴. 其实定理 6.5.1 是推论 6.1.3 一种变形，不过有关多元几何平均的命题特别多，所以我们有必要特此阐明此定理.

文献[167]提出了这样一个不等式: 设 $\boldsymbol{a} \in \mathbb{R}_{++}^n, r \geqslant 1$，则

$$A^{r-1}(\boldsymbol{a})G(\boldsymbol{a}) \leqslant \lambda A(\boldsymbol{a}^r) + (1-\lambda)G(\boldsymbol{a}^r) \tag{6.5.1}$$

其中 $\lambda = \dfrac{r^2 - r + 1}{r^2}$.

文献[6]在其附录《152 个未解决的问题》的问题 2 中提出了，使不等式(6.5.1) 成立的最佳 λ 为多少? 此类问题常被称为平均值之间的优化问题. 读者可参考文献[168]，[169].

我们这里把此式改进为下定理.

定理 6.5.2 设 $\boldsymbol{a} \in \mathbb{R}_{++}^n, r \geqslant 1$，则

$$A^{r-1}(\boldsymbol{a})G(\boldsymbol{a}) \leqslant \lambda A(\boldsymbol{a}^r) + (1-\lambda)G(\boldsymbol{a}^r) \tag{6.5.2}$$

其中 $\lambda = \dfrac{(r-1)(nr-r+1)}{(n-1)r^2 + 2r - 1}$.

证明 设

$$f(\boldsymbol{a}) = \frac{\lambda A(\boldsymbol{a}^r) + (1-\lambda)G(\boldsymbol{a}^r)}{A^{r-1}(\boldsymbol{a})} =$$

$$\frac{\lambda}{n}\sum_{i=1}^{n}a_i^r \cdot \left(\frac{\sum_{i=1}^{n}a_i}{n}\right)^{1-r} + (1-\lambda)\sqrt[n]{\left(\prod_{i=1}^{n}a_i\right)^r} \cdot \left(\frac{\sum_{i=1}^{n}a_i}{n}\right)^{1-r}$$

则

$$\frac{\partial f}{\partial a_1} = \frac{\lambda r}{n}a_1^{r-1} \cdot \left(\frac{\sum_{i=1}^{n}a_i}{n}\right)^{1-r} + \frac{\lambda(1-r)}{n^2}\sum_{i=1}^{n}a_i^r \cdot \left(\frac{\sum_{i=1}^{n}a_i}{n}\right)^{-r} +$$

$$\frac{(1-\lambda)r}{na_1}\sqrt[n]{\left(\prod_{i=1}^{n}a_i\right)^r}\cdot\left(\frac{\sum_{i=1}^{n}a_i}{n}\right)^{1-r}+$$

$$\frac{(1-\lambda)(1-r)}{n}\sqrt[n]{\left(\prod_{i=1}^{n}a_i\right)^r}\cdot\left(\frac{\sum_{i=1}^{n}a_i}{n}\right)^{-r}$$

$$a_1\frac{\partial f}{\partial a_1}-a_2\frac{\partial f}{\partial a_2}=\frac{\lambda r}{n}(a_1^r-a_2^r)\cdot\left(\frac{\sum_{i=1}^{n}a_i}{n}\right)^{1-r}+$$

$$\frac{\lambda(1-r)(a_1-a_2)}{n^2}\sum_{i=1}^{n}a_i^r\cdot\left(\frac{\sum_{i=1}^{n}a_i}{n}\right)^{-r}+$$

$$\frac{(1-\lambda)(1-r)(a_1-a_2)}{n}\sqrt[n]{\left(\prod_{i=1}^{n}a_i\right)^r}\cdot\left(\frac{\sum_{i=1}^{n}a_i}{n}\right)^{-r}=$$

$$\frac{1}{n}\left(\frac{\sum_{i=1}^{n}a_i}{n}\right)^{1-r}\left[\lambda r(a_1^r-a_2^r)+\lambda(1-r)(a_1-a_2)\frac{\sum_{i=1}^{n}a_i^r}{\sum_{i=1}^{n}a_i}+\right.$$

$$\left.n(1-\lambda)(1-r)(a_1-a_2)\frac{\sqrt[n]{\left(\prod_{i=1}^{n}a_i\right)^r}}{\sum_{i=1}^{n}a_i}\right] \tag{6.5.3}$$

设 $g(a_1)=\lambda a_1^r-(1-\lambda)(r-1)a_1^{\frac{(n-1)(r-1)}{n}+1}a_2^{\frac{r-1}{n}}+(r-1-\lambda r)a_2^r$,其中 $a_1>a_2$.则

$$g'(a_1)=a_1^{\frac{(n-1)(r-1)}{n}}[\lambda r a_1^{\frac{r-1}{n}}-$$

$$a_1^{\frac{(n-1)(r-1)}{n}}a_2^{\frac{r-1}{n}}\left[\lambda r-(1-\lambda)(r-1)\left(\frac{n-1}{n}(r-1)+1\right)\right]$$

因 $\lambda=\frac{(r-1)(nr-r+1)}{(n-1)r^2+2r-1}$,故知 $g'(a_1)>0$ 和

$$g(a_1)>g(a_2)=\lambda a_2^r-(1-\lambda)(r-1)a_2^r+(r-1-\lambda r)a_2^r=0$$

所以在 $a_1=\max_{1\leq i\leq n}\{a_i\}>a_2=\min_{1\leq i\leq n}\{a_i\}$ 条件下

$$\lambda a_1^r-(1-\lambda)(r-1)a_1^{\frac{(n-1)(r-1)}{n}+1}a_2^{\frac{r-1}{n}}+(r-1-\lambda r)a_2^r>0$$

$$\lambda a_1^r-\lambda r a_2^r+\lambda(r-1)a_1^{r-1}a_2-(1-\lambda)(r-1)(a_1-a_2)a_1^{\frac{(n-1)(r-1)}{n}}a_2^{\frac{r-1}{n}}>0$$

$$\lambda r(a_1^r-a_2^r)-\lambda(r-1)(a_1-a_2)a_1^{r-1}-$$

$$(1-\lambda)(r-1)(a_1-a_2)\sqrt[n]{\left(\prod_{i=1}^{n}a_i\right)^{r-1}}\geq 0$$

$$\lambda r(a_1^r - a_2^r) - \lambda(r-1)(a_1 - a_2)\frac{\sum_{i=1}^n a_i^r}{\sum_{i=1}^n a_i} - $$

$$n(1-\lambda)(r-1)(a_1 - a_2)\frac{\sqrt[n]{(\prod_{i=1}^n a_i)^r}}{\sum_{i=1}^n a_i} > 0$$

再联立式(6.5.3)知 $a_1\frac{\partial f}{\partial a_1} - a_2\frac{\partial f}{\partial a_2} > 0$. 由定理 6.5.1 知而 $f(\boldsymbol{a}) \geqslant f(\bar{G}(\boldsymbol{a}))$, 即知式(6.5.2)成立.

当 $r \geqslant 1$, 我们易证

$$\frac{(r-1)(nr-r+1)}{(n-1)r^2 + 2r - 1} \leqslant \frac{r-1}{r} < \frac{r^2 - r + 1}{r^2}$$

故不等式式(6.5.2)强于式(6.5.1). 还知下推论成立.

推论 6.5.3 设 $\boldsymbol{a} \in \mathbb{R}_{++}^n, r \geqslant 1$, 则

$$rA^{r-1}(\boldsymbol{a})G(\boldsymbol{a}) \leqslant (r-1)A(\boldsymbol{a}^r) + G(\boldsymbol{a}^r)$$

定理 6.5.4(Janos Suranyi 不等式) 设 $\boldsymbol{a} \in \mathbb{R}_{++}^n$, 则

$$(n-1)\sum_{i=1}^n a_i^n + n\prod_{i=1}^n a_i \geqslant \sum_{i=1}^n a_i \cdot \sum_{i=1}^n a_i^{n-1} \qquad (6.5.4)$$

证明 对于 $n = 2$, 易证命题成立, 下设 $n \geqslant 3$ 和

$$f(\boldsymbol{a}) = (n-1)\sum_{i=1}^n a_i^n - \sum_{i=1}^n a_i \cdot \sum_{i=1}^n a_i^{n-1}$$

则

$$\frac{\partial f}{\partial a_1} = n(n-1)a_1^{n-1} - \sum_{i=1}^n a_i^{n-1} - (n-1)a_1^{n-2}\sum_{i=1}^n a_i$$

$$a_1\frac{\partial f}{\partial a_1} - a_2\frac{\partial f}{\partial a_2} = n(n-1)(a_1^n - a_2^n) - (a_1 - a_2)\sum_{i=1}^n a_i^{n-1} - $$

$$(n-1)(a_1^{n-1} - a_2^{n-1})\sum_{i=1}^n a_i$$

在 $a_1 = \max_{1 \leqslant i \leqslant n}\{a_i\} > a_2 = \min_{1 \leqslant i \leqslant n}\{a_i\}$ 条件下, 欲证 $a_1\frac{\partial f}{\partial a_1} - a_2\frac{\partial f}{\partial a_2} > 0$ 等价于

$$n(n-1)(a_1^n - a_2^n) - (a_1 - a_2)[(n-1)a_1^{n-1} + a_2^{n-1}] - $$
$$(n-1)(a_1^{n-1} - a_2^{n-1})[(n-1)a_1 + a_2] > 0$$
$$(n^2 - 2n)a_2^{n-2}(a_1 - a_2) > 0$$

对于 $n \geqslant 3$, 上式成立, 由定理 6.5.1 知 $f(\boldsymbol{a}) \geqslant f(\bar{G}(\boldsymbol{a}))$, 此即为式(6.5.4).

Janous 等又在文献[184]提出一个猜想, 即下定理 6.5.5, 后被文献[185]解

决,现在我们简证如下.

定理 6.5.5 $\left(\sum\limits_{i=1}^{n} a_i\right)^n \leq (n-1)^{n-1} \sum\limits_{i=1}^{n} a_i^n + n(n^{n-1} - (n-1)^{n-1}) \prod\limits_{i=1}^{n} a_i$
$$\tag{6.5.5}$$

证明 不妨假定 $n \geq 3$, 设

$$f(\boldsymbol{a}) = (n-1)^{n-1} \sum_{i=1}^{n} a_i^n + n(n^{n-1} - (n-1)^{n-1}) \prod_{i=1}^{n} a_i - \left(\sum_{i=1}^{n} a_i\right)^n$$

则有

$$\frac{\partial f(\boldsymbol{a})}{\partial a_1} = n(n-1)^{n-1} a_1^{n-1} + n(n^{n-1} - (n-1)^{n-1}) \prod_{i=2}^{n} a_i - n\left(\sum_{i=1}^{n} a_i\right)^{n-1}$$

$$\frac{\partial f(\boldsymbol{a})}{\partial a_2} = n(n-1)^{n-1} a_2^{n-1} + n(n^{n-1} - (n-1)^{n-1}) a_1 a_3 a_4 \cdots a_n - n\left(\sum_{i=1}^{n} a_i\right)^{n-1}$$

在 $a_1 = \max\limits_{1 \leq i \leq n}\{a_i\} > a_2 = \min\limits_{1 \leq i \leq n}\{a_i\} \geq 0$ 条件下,有(其中 $t = \dfrac{a_1}{a_2} > 1$)

$$a_1 \frac{\partial f(\boldsymbol{a})}{\partial a_1} - a_2 \frac{\partial f(\boldsymbol{a})}{\partial a_2} = n(n-1)^{n-1}(a_1^n - a_2^n) - n(a_1 - a_2)\left(\sum_{i=1}^{n} a_i\right)^{n-1} \geq$$

$$n(n-1)^{n-1}(a_1^n - a_2^n) - n(a_1 - a_2)((n-1)a_1 + a_2)^{n-1} =$$

$$n(n-1)^{n-1} a_2^n \left[(t^n - 1) - (t-1)\left(t + \frac{1}{n-1}\right)^{n-1}\right] =$$

$$n(n-1)^{n-1}(t-1) a_2^n \left[(t^{n-1} + t^{n-2} + \cdots + t + 1) - \sum_{i=0}^{n-1} \binom{n-1}{i}\left(\frac{1}{n-1}\right)^i t^{n-1-i}\right]$$

而在 $n \geq 3, i \geq 2$ 时,有 $\binom{n-1}{i}\left(\dfrac{1}{n-1}\right)^i = \dfrac{1}{i!} \prod\limits_{j=1}^{i} \dfrac{n-j}{n-1} < 1$. 故由上式知

$$a_1 \frac{\partial f(\boldsymbol{a})}{\partial a_1} - a_2 \frac{\partial f(\boldsymbol{a})}{\partial a_2} > 0$$

所以有 $f(\boldsymbol{a}) \geq f(\bar{G}(\boldsymbol{a}))$,此即为式(6.5.5).

根据同样的道理,我们可以简证文献[185]中的定理 2,本文在此略.

为了证明下定理 6.5.7,这里需介绍一个文献[186]中的一个结果.

引理 6.5.6 设 $x \geq y > 0, r \geq \dfrac{n}{n-1}$,则

$$(x-y)[x + (n-1)y]^{r-1} \geq x^r - y^r \tag{6.5.6}$$

从其证明过程得知,上式等号成立当且仅当 $x = y$.

定理 6.5.7[73]① 设 $r \geq \dfrac{n}{n-1}$,则

---

① 另一简证见定理 7.2.4.

$$\left(\sum_{i=1}^{n} a_i\right)^r \geq \sum_{i=1}^{n} a_i^r + (n^r - n) G^r(\boldsymbol{a}) \tag{6.5.7}$$

证明 设 $f(\boldsymbol{a}) = \left(\sum_{i=1}^{n} a_i\right)^r - \sum_{i=1}^{n} a_i^r$,在 $a_1 = \max\limits_{1 \leq i \leq n}\{a_i\} > a_2 = \min\limits_{1 \leq i \leq n}\{a_i\} \geq 0$ 条件下,有

$$\frac{\partial f(\boldsymbol{a})}{\partial a_1} = r\left(\sum_{i=1}^{n} a_i\right)^{r-1} - r a_1^{r-1}$$

$$a_1 \frac{\partial f(\boldsymbol{a})}{\partial a_1} - a_2 \frac{\partial f(\boldsymbol{a})}{\partial a_2} = r\left[(a_1 - a_2)\left(\sum_{i=1}^{n} a_i\right)^{r-1} - (a_1^r - a_2^r)\right] \geq$$
$$r[(a_1 - a_2)(a_1 + (n-1)a_2)^{r-1} - (a_1^r - a_2^r)]$$

由式(6.5.7)及其成立的条件知 $a_1 \frac{\partial f(\boldsymbol{a})}{\partial a_1} - a_2 \frac{\partial f(\boldsymbol{a})}{\partial a_2} > 0$,故 $f(\boldsymbol{a}) \geq f(\bar{G}(\boldsymbol{a}))$,此即为式(6.5.7).

6.6 最值压缩定理的变形与应用

本节我们将对最值压缩定理作更一般的变形,并给出一些应用.

设区间 $I \subseteq R, g: I \to g(I) \subseteq \mathbb{R}, \boldsymbol{a} \in I^n$,本节记 $\tilde{g}(\boldsymbol{a}) = (g(a_1), g(a_2), \cdots g(a_n))$;又设 $D \subseteq I^n \subseteq R^n$,记 $\tilde{g}(D) = \{(g(x_1), g(x_2), \cdots, g(x_n)) \mid x \in D\}$.

定理 6.6.1 设 $I, J \subseteq \mathbb{R}$ 为二区间,$g: I \to g(I) \subseteq \mathbb{R}$ 和其反函数 $g^{-1}: g(I) \to I$ 都为严格单调的可微函数,$J^n \subseteq \tilde{g}(I)$,且 $f: J^n \to \mathbb{R}$ 为对称且有连续偏导数. 记

$$D = \{\boldsymbol{a} \mid a_j \in J, j = 1, 2, \cdots, n; a_1 = \max_{1 \leq k \leq n}\{a_k\}\}$$
$$\bar{D} = \{\boldsymbol{a} \mid a_j \in J, j = 1, 2, \cdots, n; a_2 = \min_{1 \leq k \leq n}\{a_k\}\}$$
$$D^0 = D \cap \bar{D} - \{\boldsymbol{a} \mid a_1 = a_2 = \cdots = a_n\}$$

若不等式

$$(g^{-1}(a_1) - g^{-1}(a_2))\left(g'(g^{-1}(a_1))\frac{\partial f(\boldsymbol{a})}{\partial a_1} - g'(g^{-1}(a_2))\frac{\partial f(\boldsymbol{a})}{\partial a_2}\right) > (<) 0 \tag{6.6.1}$$

在 D^0 上恒成立,则对于任意的 $\boldsymbol{a} \in J^n$,都有

$$f(\boldsymbol{a}) \geq (\leq) f\left(\tilde{g}\left(\frac{1}{n}\sum_{i=1}^{n} g^{-1}(a_i)\right)\right) \tag{6.6.2}$$

证明 这里我们只给出

$$\left(g^{-1}(a_1) - g^{-1}(a_2)\right)\left(g'(g^{-1}(a_1))\frac{\partial f(a)}{\partial a_1} - g'(g^{-1}(a_2))\frac{\partial f(a)}{\partial a_2}\right) > 0$$

时的证明,因为对于另一情形,证明是同理的.

考虑函数 $F = f \circ \tilde{g}^{-1} : \tilde{g}^{-1}(J^n) \to \mathbb{R}$,若设 $a = \tilde{g}(x), x \in \tilde{g}^{-1}(J^n)$,则

$$\frac{\partial F}{\partial x_1} - \frac{\partial F}{\partial x_2} = \frac{\partial f(\tilde{g}(x))}{\partial a_1} g'(x_1) - \frac{\partial f(\tilde{g}(x))}{\partial a_2} g'(x_2) =$$

$$g'(g^{-1}(a_1))\frac{\partial f(a)}{\partial a_1} - g'(g^{-1}(a_2))\frac{\partial f(a)}{\partial a_2}$$

(ⅰ) 若 g^{-1}, g 严格单调增加,则 $a \in D^0$ 当且仅当 $x = \tilde{g}^{-1}(a)$ 的诸分量中,第一分量最大,第二分量最小,此时由条件知

$$g'(g^{-1}(a_1))\frac{\partial f(a)}{\partial a_1} - g'(g^{-1}(a_2))\frac{\partial f(a)}{\partial a_2} > 0$$

即 $\frac{\partial F}{\partial x_1} - \frac{\partial F}{\partial x_2} > 0$,由推论 6.1.3 知 $F(x) \geq F(\bar{A}(x))$,即

$$f(a) \geq (\leq) f\left(\tilde{g}\left(\frac{1}{n}\sum_{i=1}^{n} g^{-1}(a_i)\right)\right)$$

(ⅱ) 若 g^{-1}, g 严格单调减少时,则 $a \in D^0$ 当且仅当 $x = \tilde{g}^{-1}(a)$ 的诸分量中,第一分量最小,第二分量最大,此时由条件知

$$\frac{\partial f(a)}{\partial a_1} g'(g^{-1}(a_1)) - \frac{\partial f(a)}{\partial a_2} g'(g^{-1}(a_2)) < 0$$

$$\frac{\partial F}{\partial x_1} - \frac{\partial F}{\partial x_2} < 0, \ (x_1 - x_2)\left(\frac{\partial F}{\partial x_1} - \frac{\partial F}{\partial x_2}\right) > 0$$

由推论 6.1.3 知 $F(x) \geq F(\bar{A}(x))$,即

$$f(a) \geq (\leq) f\left(\tilde{g}\left(\frac{1}{n}\sum_{i=1}^{n} g^{-1}(a_i)\right)\right)$$

推论 6.6.2 设 $p \neq 0$,区间 $J \leq \mathbb{R}_{++}$,且 $f : J^n \to \mathbb{R}$ 为对称且有连续偏导数. 记

$$D = \{a \mid a_j \in J, j = 1, 2, \cdots, n; a_1 = \max_{1 \leq k \leq n}\{a_k\}\}$$

$$\bar{D} = \{a \mid a_j \in J, j = 1, 2, \cdots, n; a_2 = \min_{1 \leq k \leq n}\{a_k\}\}$$

$$D^0 = D \cap \bar{D} - \{a \mid a_1 = a_2 = \cdots = a_n\}$$

若不等式

$$a_1^{1-p}\frac{\partial f}{\partial a_1} - a_2^{1-p}\frac{\partial f}{\partial a_2} > (<) 0$$

在 D^0 上恒成立,则对于任意的 $a \in J^n$,都有 $f(a) \geq (\leq) f(\bar{M}_p(a))$.

证明 若令 $g(x) = x^{\frac{1}{p}}, x \in \mathbb{R}_{++}$,式(6.6.1) 化为

$$(a_1^p - a_2^p)\left(\frac{1}{p}(a_1^p)^{\frac{1}{p}-1}\frac{\partial f(a)}{\partial a_1} - \frac{1}{p}(a_2^p)^{\frac{1}{p}-1}\frac{\partial f(a)}{\partial a_2}\right) > (<) 0$$

$$\frac{1}{p}(a_1^p - a_2^p)\left(a_1^{1-p}\frac{\partial f(\boldsymbol{a})}{\partial a_1} - a_2^{1-p}\frac{\partial f(\boldsymbol{a})}{\partial a_2}\right) > (<)0$$

又易知 $\dfrac{a_1^p - a_2^p}{p}$ 与 $a_1 - a_2$ 都为正,此时式(6.6.1)成立,相应式(6.6.2)化为

$$f(\boldsymbol{a}) \geqslant (\leqslant) f\left(\left(\frac{1}{n}\sum_{i=1}^n a_i^p\right)^{\frac{1}{p}}, \left(\frac{1}{n}\sum_{i=1}^n a_i^p\right)^{\frac{1}{p}}, \cdots, \left(\frac{1}{n}\sum_{i=1}^n a_i^p\right)^{\frac{1}{p}}\right)$$

即 $f(\boldsymbol{a}) \geqslant (\leqslant) f(\bar{M}_p(\boldsymbol{a}))$.

作为应用,我们给关于优化的二个结果.

定理 6.6.3 设 $\beta > 1 > r > 0$,

$$\lambda \leqslant \max\left\{\frac{(1-r)}{(\beta-1)n + (1-r)}, \frac{r(2\beta-1)}{\beta(n\beta - n + r)}\right\}$$

则有

$$(1-\lambda)G(\boldsymbol{a})^r + \lambda[M_\beta(\boldsymbol{a})]^r \leqslant A^r(\boldsymbol{a}) \tag{6.6.3}$$

证明 设 $f(\boldsymbol{a}) = A^r(\boldsymbol{a}) - (1-\lambda)G(\boldsymbol{a})^r = \left(\dfrac{\sum_{i=1}^n a_i}{n}\right)^r - (1-\lambda) \cdot \left(\prod_{i=1}^n a_i\right)^{\frac{r}{n}}$,则

$$\frac{\partial f}{\partial a_1} = \frac{r}{n}\left(\frac{1}{n}\sum_{i=1}^n a_i\right)^{r-1} - \frac{r(1-\lambda)}{na_1}\left(\prod_{i=1}^n a_i\right)^{\frac{r}{n}}$$

$$a_1^{1-\beta}\frac{\partial f}{\partial a_1} - a_2^{1-\beta}\frac{\partial f}{\partial a_1} = \frac{r}{n}(a_1^{1-\beta} - a_2^{1-\beta})\left(\frac{1}{n}\sum_{i=1}^n a_i\right)^{r-1} - \frac{r(1-\lambda)}{n}\left(\frac{1}{a_1^\beta} - \frac{1}{a_2^\beta}\right)\left(\prod_{i=1}^n a_i\right)^{\frac{r}{n}}$$

$a_1^{1-\beta}\dfrac{\partial f(\boldsymbol{a})}{\partial a_1} - a_2^{1-\beta}\dfrac{\partial f(\boldsymbol{a})}{\partial a_2} > 0$ 等价于

$$\frac{r}{n}(a_1 a_2^\beta - a_1^\beta a_2)\left(\frac{1}{n}\sum_{i=1}^n a_i\right)^{r-1} - \frac{r(1-\lambda)}{n}(a_2^\beta - a_1^\beta)\left(\prod_{i=1}^n a_i\right)^{\frac{r}{n}} > 0$$

$$(1-\lambda)(a_1^\beta - a_2^\beta)\left(\prod_{i=1}^n a_i\right)^{\frac{r}{n}}\left(\frac{1}{n}\sum_{i=1}^n a_i\right)^{1-r} > (a_1^\beta a_2 - a_1 a_2^\beta)$$

当 $a_1 = \max\limits_{1\leqslant i\leqslant n}\{a_i\} > a_2 = \min\limits_{1\leqslant i\leqslant n}\{a_i\}$ 时,只要证

$$(1-\lambda)(a_1^\beta - a_2^\beta)(a_1 a_2^{n-1})^{\frac{r}{n}}\left(\frac{1}{n}a_1 + \frac{n-1}{n}a_2\right)^{1-r} > (a_1^\beta a_2 - a_1 a_2^\beta)$$

若令 $\dfrac{a_1}{a_2} = t > 1$,则上式化为

$$(1-\lambda)(t^\beta - 1)t^{\frac{r}{n}}(t + n - 1)^{1-r} > n^{1-r}(t^\beta - t) \tag{6.6.4}$$

（ⅰ）若
$$\lambda \le \max\left\{\frac{(1-r)}{(\beta-1)n+(1-r)}, \frac{r(2\beta-1)}{\beta(n\beta-n+r)}\right\} = \frac{r(2\beta-1)}{\beta(n\beta-n+r)}$$
欲证式(6.6.4),只要证
$$(1-\lambda)(t^\beta-1)t^{\frac{r}{n}} > t^\beta - t, (1-\lambda)(t^\beta-1) > t^{\beta-\frac{r}{n}} - t^{1-\frac{r}{n}} \quad (6.6.5)$$
设 $f(t) = (1-\lambda)(t^\beta-1) - t^{\beta-\frac{r}{n}} + t^{1-\frac{r}{n}}, t \in (1, +\infty)$,则
$$f'(t) = (1-\lambda)\beta t^{\beta-1} - \left(\beta - \frac{r}{n}\right)t^{\beta-\frac{r}{n}-1} + \left(1 - \frac{r}{n}\right)t^{-\frac{r}{n}}$$
$$[t^{\frac{r}{n}}f'(t)]' = (1-\lambda)\beta\left(\beta + \frac{r}{n} - 1\right)t^{\beta+\frac{r}{n}-2} - \left(\beta - \frac{r}{n}\right)(\beta-1)t^{\beta-2} =$$
$$\frac{1}{n}t^{\beta-2}[(1-\lambda)\beta(n\beta+r-n)t^{\frac{r}{n}} - (n\beta-r)(\beta-1)] >$$
$$\frac{1}{n}t^{\beta-2}\left[\left(1 - \frac{r(2\beta-1)}{\beta(n\beta-n+r)}\right)\beta(n\beta+r-n) - \right.$$
$$\left.(n\beta-r)(\beta-1)\right] = 0$$
故 $t^{\frac{r}{n}}f'(t)$ 在 $(1, +\infty)$ 上严格单调增加,又知
$$\lim_{t\to 1^+} t^{\frac{r}{n}}f'(t) = \lim_{t\to 1^+}\left[(1-\lambda)\beta t^{\beta+\frac{r}{n}-1} - \left(\beta - \frac{r}{n}\right)t^{\beta-1} + \left(1 - \frac{r}{n}\right)\right] =$$
$$-\lambda\beta + 1 \ge \left[-\beta\frac{r(2\beta-1)}{\beta(n\beta-n+r)} + 1\right] > 0$$
进而有 $f'(t) > 0, f(t)$ 在 $(1, +\infty)$ 上严格单调增加,$f(t) > 0$,即式(6.6.5)成立.

（ⅱ）若
$$\lambda \le \max\left\{\frac{(1-r)}{(\beta-1)n+(1-r)}, \frac{r(2\beta-1)}{\beta(n\beta-n+r)}\right\} = \frac{(1-r)}{(\beta-1)n+(1-r)}$$
欲证式(6.6.4),只要证
$$(1-\lambda)(t^\beta-1)(t+n-1)^{1-r} > n^{1-r}(t^\beta - t) \quad (6.6.6)$$
设 $g(t) = (1-\lambda)(t^\beta-1)(t+n-1)^{1-r} - n^{1-r}(t^\beta - t), t \in (1, +\infty)$,则
$$g'(t) = (1-\lambda)\beta t^{\beta-1}(t+n-1)^{1-r} + (1-\lambda)(1-r)(t^\beta-1)(t+n-1)^{-r} -$$
$$n^{1-r}(\beta t^{\beta-1} - 1) >$$
$$(1-\lambda)\beta t^{\beta-1}(t+n-1)^{1-r} - n^{1-r}(\beta t^{\beta-1} - 1) \triangleq h(t)$$
$$t^{2-\beta}h'(t) = (1-\lambda)\beta[(\beta-1)(t+n-1)^{1-r} +$$
$$(1-r)t(t+n-1)^{-r}] - n^{1-r}\beta(\beta-1) >$$
$$(1-\lambda)\beta[(\beta-1)n^{1-r} + (1-r)n^{-r}] - n^{1-r}\beta(\beta-1) =$$
$$n^{-r}\beta[(1-r) - \lambda(n(\beta-1) + (1-r))] \ge 0$$
所以 $h'(t) > 0$,所以 $h(t)$ 在 $(1, +\infty)$ 上严格单调增加,又 $\lim_{t\to 1^+} h(t) =$
$n^{1-r}(1-\lambda\beta) > 0$,故 $g'(t) > 0, g(t)$ 在 $(1, +\infty)$ 上严格单调增加,易验证

$g(1^+) = 0$,式(6.6.6)成立.

至此式(6.6.4)得证,$a_1^{1-\beta}\dfrac{\partial f(\boldsymbol{a})}{\partial a_1} - a_2^{1-\beta}\dfrac{\partial f(\boldsymbol{a})}{\partial a_2} > 0$ 成立,由推论 6.6.2 知定理为真.

同理我们可证以下定理,详细过程在此略.

定理 6.6.5 设 $0 < r < \beta, \lambda \geq \dfrac{n(\beta+1)-r}{(\beta+1)(n+r)}$,则
$$(1-\lambda)H^r(\boldsymbol{a}) + \lambda[M_\beta(\boldsymbol{a})]^r \geq G^r(\boldsymbol{a})$$

福建陈胜利先生在中国不等式研究的论坛等处,提出一个猜想.

猜想 6.6.6 设 $n \in \mathbb{N}^+, a_i \in \mathbb{R}_{++}(i=1,2,\cdots,n), \sum_{i=1}^n a_i^2 = n$,则有
$$\sum_{i=1}^n \frac{1}{a_i} + 2\sum_{i=1}^n a_i \geq 3n \tag{6.6.7}$$

四川杨路研究员用反例说明:当 $n \geq 23$ 时,猜想不成立.同时用他们开发的数学软件证明了如下结果

命题 6.6.7 设 $n \in \mathbb{N}, 2 \leq n \leq 9, a_i \in \mathbb{R}_{++}(i=1,2,\cdots,n)$,则有
$$\frac{1}{n}\sum_{i=1}^n a_i^2 \sum_{i=1}^n \frac{1}{a_i} + 2\sum_{i=1}^n a_i \geq 3\sqrt{n\sum_{i=1}^n a_i^2} \tag{6.6.8}$$

详情可见 http://www.irgoc.org/bbs/dispbbs.asp?boardID = 4&ID = 2450&page = 1.同时我们也易知式(6.6.7)和式(6.6.8)为等价.

在这里,我们将证明以下结果.

定理 6.6.8 设 $n \in \mathbb{N}, 2 \leq n \leq 18, a_i \in \mathbb{R}_{++}(i=1,2,\cdots,n)$,则
$$\frac{1}{n}\sum_{i=1}^n a_i^2 \sum_{i=1}^n \frac{1}{a_i} + 2\sum_{i=1}^n a_i \geq 3\sqrt{n\sum_{i=1}^n a_i^2}$$

先证下引理.

引理 6.6.9 (i) 设 $q(s) = 4s^3 + 3s^2 - 18s + 16.1, s > 1$,则 $q(s) > 0$.

(ii) 设 $s > 1, 2 \leq n \leq 18$ 为常数
$$l(t) = t^4 + t^3 - (sn - 0.95n + 1)t + n - 1, x \in (s, s + 0.05]$$
则函数 l 为严格单调增加函数.

证明 (i) $q'(s) = 12s^2 + 6s - 18 = 6(s-1)(2s+3) > 0$,则函数 q 为严格单调增加,所以有 $q(s) > q(1^+) = 5.1 > 0$.

(ii) $l'(t) = 4t^3 + 3t^2 - (sn - 0.95n + 1) > 4s^3 + 3s^2 - (s - 0.95)n - 1 \geq$
$$4s^3 + 3s^2 - (s - 0.95)18 - 1 = 4s^3 + 3s^2 - 18s + 16.1$$

由第一结论知 $l'(t) > 0$.

定理 6.6.8 的证明 设 $f(\boldsymbol{a}) = \dfrac{1}{n} \cdot \sum_{i=1}^n a_i^2 \sum_{i=1}^n \dfrac{1}{a_i} + 2\sum_{i=1}^n a_i$,则有

$$\frac{\partial f(\boldsymbol{a})}{\partial a_1} = \frac{2}{n} a_1 \sum_{i=1}^{n} \frac{1}{a_i} - \frac{1}{na_1^2} \sum_{i=1}^{n} a_i^2 + 2$$

$$\frac{1}{a_1} \cdot \frac{\partial f(\boldsymbol{a})}{\partial a_1} = \frac{2}{n} \sum_{i=1}^{n} \frac{1}{a_i} - \frac{1}{na_1^3} \sum_{i=1}^{n} a_i^2 + \frac{2}{a_1}$$

当 $a_1 = \max\limits_{1 \le i \le n}\{a_i\} > a_2 = \min\limits_{1 \le i \le n}\{a_i\}$ 时,若令 $t = \dfrac{a_1}{a_2}$,则有 $t > 1$,且

$$\frac{1}{a_1} \cdot \frac{\partial f(\boldsymbol{a})}{\partial a_1} - \frac{1}{a_2} \cdot \frac{\partial f(\boldsymbol{a})}{\partial a_2} = \left(\frac{1}{na_2^3} - \frac{1}{na_1^3}\right) \sum_{i=1}^{n} a_i^2 + \frac{2}{a_1} - \frac{2}{a_2} =$$

$$\frac{a_1 - a_2}{na_1^3 a_2^3} \left[(a_1^2 + a_1 a_2 + a_2^2) \sum_{i=1}^{n} a_i^2 - 2na_1^2 a_2^2 \right] \ge$$

$$\frac{a_1 - a_2}{na_1^3 a_2^3} \left[(a_1^2 + a_1 a_2 + a_2^2)(a_1^2 + (n-1)a_2^2) - 2na_1^2 a_2^2 \right] =$$

$$\frac{a_1 - a_2}{na_1^3} a_2 [(t^2 + t + 1)(t^2 + n - 1) - 2nt^2] =$$

$$\frac{a_1 - a_2}{na_1^3} a_2 [t^4 + t^3 - nt^2 + (n-1)t + n - 1] \tag{6.6.9}$$

(Ⅰ) 若 $2 \le n \le 14$,则有

$$\frac{1}{a_1} \cdot \frac{\partial f(\boldsymbol{a})}{\partial a_1} - \frac{1}{a_2} \cdot \frac{\partial f(\boldsymbol{a})}{\partial a_2} >$$

$$\frac{a_1 - a_2}{na_1^3} a_2 \left(2\sqrt{(n-1)t^4} + 2\sqrt{t^3 \cdot (n-1)t} - nt^2 \right) =$$

$$\frac{a_1 - a_2}{na_1^3} a_2 t^2 (4\sqrt{n-1} - n) > 0$$

(Ⅱ)① 若 $15 \le n \le 18$,设 $g(t) = t^4 + t^3 - nt^2 + (n-1)t + n - 1$,则
$$g'(t) = 4t^3 + 3t^2 - 2nt + (n-1), g''(t) = 12t^2 + 6t - 2n$$

(ⅰ) 当 $t \ge 2.5$ 时,$g''(t) \ge g''(2.5) = 90 - 2n > 0$,则 $g'(t)$ 在 $[2.5, +\infty)$ 上为单调增加,$g'(t) \ge g'(2.5) = 80.25 - 4n \ge 0$,故
$$g(t) \ge g(2.5) = 39.0625 + 15.625 - 6.25n + 2.5(n-1) + n - 1 =$$
$$51.1875 - 2.75n > 0$$

(ⅱ) 当 $1 < t \le 2.15$ 时,我们分区间 $[s, s+0.05]$ 证明 $g(t) > 0$,其中 $s = 1, 1.05, 1.1, 1.15, \cdots, 2.05, 2.1$. 对于 $t \in (s, s+0.05]$,我们有
$$g(t) = t^4 + t^3 - nt^2 + (n-1)t + n - 1 \ge$$
$$t^4 + t^3 - n(s + 0.05)t + (n-1)t + n - 1 =$$
$$t^4 + t^3 - (sn - 0.95n + 1)t + n - 1 \triangle$$

---

① 这部分结果预先由杨路老师用他们的 Bottema 软件验证得到.

$$l(t)(t \in (s, s+0.05])$$

由引理 6.6.9 知

$$l(x) > l(s) = s^4 + s^3 - ns^2 + (0.95n - 1)s + n - 1$$

由于 $l(s)$ 关于 n 为线性,欲证 $l(s) > 0$,只要证当 $n = 0$ 和 $n = 18$ 成立即可. 即下二式

$$s^4 + s^3 - s - 1 > 0 \tag{6.6.10}$$

$$s^4 + s^3 - 18s^2 + 16.1s + 17 > 0 \tag{6.6.11}$$

式(6.6.10)对于 $s > 1$ 为显然,至于式(6.6.11),对 $s = 1, 1.05, 1.1, 1.15, \cdots, 2.05, 2.1$,易验证为真.

(iii) 当 $2.15 < t \leq 2.5$ 时,我们分区间 $(s, s+0.02]$ 证明 $g(t) > 0$,其中 $s = 2.15, 2.17, 2.19, \cdots 2.47, 2.49$. 对于 $t \in (s, s+0.02]$,同理我们有

$$g(t) = t^4 + t^3 - nt^2 + (n-1)t + n - 1 \geq$$
$$t^4 + t^3 - n(s+0.02)t + (n-1)t + n - 1 =$$
$$t^4 + t^3 - (sn - 0.98n + 1)t + n - 1 \geq$$
$$s^4 + s^3 - (sn - 0.98n + 1)s + n - 1 =$$
$$s^4 + s^3 - ns^2 - (0.98n - 1)s + n - 1$$

只要证当 $n = 0$ 和 $n = 18$ 成立即可. 即式(6.6.10) 和

$$s^4 + s^3 - 18s^2 + 16.64s + 17 > 0$$

上式对于 $s = 2.15, 2.17, 2.19, \cdots 2.47, 2.49$ 易验证成立.

至此,我们知,对于 $t > 1$,有 $g(t) = t^4 + t^3 - nt^2 + (n-1)t + n - 1 > 0$. 根据式(6.6.9) 及推论 6.6.2(其中 $p = 2$) 知 $f(\boldsymbol{a}) \geq f(\overline{M}_2(\boldsymbol{a}))$,即

$$\frac{1}{n}\sum_{i=1}^{n} a_i^2 \sum_{i=1}^{n} \frac{1}{a_i} + 2\sum_{i=1}^{n} a_i \geq \frac{1}{n}\sum_{i=1}^{n} M_2^2(\boldsymbol{a}) \sum_{i=1}^{n} \frac{1}{M_2(\boldsymbol{a})} + 2\sum_{i=1}^{n} M_2(\boldsymbol{a}) =$$

$$M_2^2(\boldsymbol{a}) \cdot \frac{n}{M_2(\boldsymbol{a})} + 2nM_2(\boldsymbol{a}) =$$

$$3nM_2(\boldsymbol{a}) = 3n\sqrt{\frac{1}{n}\sum_{i=1}^{n} a_i^2} = 3\sqrt{n\sum_{i=1}^{n} a_i^2}$$

命题证毕.

6.7 有限项 Carleman 不等式和 Hardy 不等式的加强

本节将讨论有限项 Carleman 不等式和 Hardy 不等式的加强,提示它们内在一个性质. 先介绍最大值"定于"最佳位置的一个定理.

定理 6.7.1 设 $I \subseteq \mathbb{R}$ 为一区间,$f: I^n \to \mathbb{R}$ 存在连续偏导数,记

$$D_l = \{\boldsymbol{b} = (b_1, \cdots, b_{n-1}, b_n) \in I^n \mid b_l = \max_{1 \leq k \leq n-1}\{b_k\} > b_n\}, l = 1, 2, \cdots n-1$$

若 $\dfrac{\partial f(\boldsymbol{b})}{\partial b_l} > \dfrac{\partial f(\boldsymbol{b})}{\partial b_n}$ 在 D_l 上恒成立，则任取 $\boldsymbol{b} \in I^n$，存在 $\boldsymbol{c} \in I^n$，使得 $c_n = \max_{0 \leq k \leq n}\{c_k\}$，$\min_{0 \leq k \leq n}\{c_k\} \geq \min_{0 \leq k \leq n}\{b_k\}$ 和 $f(\boldsymbol{b}) \geq f(\boldsymbol{c})$ 成立.

证明 任取 $\boldsymbol{b} \in I^n$，若 $b_n \neq \max_{1 \leq k \leq n}\{b_k\}$，则存在 l，有 $b_n < b_l = \max_{1 \leq k \leq n-1}\{b_k\}$，由于在 D_l 上有 $\dfrac{\partial f(\boldsymbol{b})}{\partial b_l} > \dfrac{\partial f(\boldsymbol{b})}{\partial b_n}$ 成立，由偏导数的连续性，知存在 $\varepsilon > 0$，使得 $b_l - \varepsilon \geq b_n + \varepsilon$，且 $\dfrac{\partial f(\boldsymbol{b})}{\partial b_l} > \dfrac{\partial f(\boldsymbol{b})}{\partial b_n}$ 在

$$C_l(\boldsymbol{b}) = \{(b_1, b_2, \cdots b_{l-1}, x, b_{l+1}, \cdots, b_{n-1}, y) \mid x \in [b_l - \varepsilon, b_l], y \in [b_n, b_n + \varepsilon]\}$$

仍成立. 由引理 6.1.1 知 $f(\boldsymbol{b}) \geq f(\boldsymbol{d})$，其中 $\boldsymbol{d} = (b_1, b_2, \cdots b_{l-1}, b_l - \varepsilon, b_{l+1}, \cdots, b_{n-1}, b_n + \varepsilon)$. 若此时 $b_n + \varepsilon$ 已为 $\boldsymbol{d}$ 的各分量的最大值，则定理得证，若还不是 $\boldsymbol{d}$ 的各分量的最大值，继续以上调整工作，直至满足为止，或无限次地调整下去. 则把前 $n-1$ 个分量的下确界和第 n 个分量的上确界组成的向量设为 $\boldsymbol{c}$，我们易证此向量满足 $f(\boldsymbol{b}) \geq f(\boldsymbol{c})$ 和 $c_n = \max_{0 \leq k \leq n}\{c_k\}$. 在原向量 $\boldsymbol{b}$ 中，小于或等于原 b_n 的分量一直没有改变，所以 $\min_{0 \leq k \leq n}\{c_k\} \geq \min_{0 \leq k \leq n}\{b_k\}$.

定理证毕.

同理，我们可证关于最小值的类似结果.

定理 6.7.2 设 $I \subseteq \mathbb{R}$ 为一区间，$f: I^n \to \mathbb{R}$ 存在连续偏导数，记

$$D_l = \{\boldsymbol{b} = (b_1, \cdots, b_{n-1}, b_n) \in I^n \mid b_l = \min_{1 \leq k \leq n-1}\{b_k\} < b_n\}, l = 1, 2, \cdots n-1.$$

若 $\dfrac{\partial f(\boldsymbol{b})}{\partial b_l} < \dfrac{\partial f(\boldsymbol{b})}{\partial b_n}$ 在 D_l 上恒成立，则任取 $\boldsymbol{b} \in I^n$，存在 $\boldsymbol{c} \in I^n$，使得 $c_n = \min_{0 \leq k \leq n}\{c_k\}$ 和 $\max_{0 \leq k \leq n}\{c_k\} \leq \max_{0 \leq k \leq n}\{b_k\}$ 和 $f(\boldsymbol{b}) \geq f(\boldsymbol{c})$ 成立.

引理 6.7.3 设 $n \geq 1, n \in \mathbb{N}$，则 $n!e^n > (n+1)^n$.

可利用数学归纳法证明此引理，我们在此略详细过程，推论 6.7.8 的证明过程也说明此结果成立，或直接参考文献[6]P.92 的第五行结果.

引理 6.7.4 设 $l, n \in \mathbb{N}, 1 \leq l < n$，则

$$e\left(\frac{1}{l} - \frac{1}{n}\right) > \sum_{k=l}^{n-1} \frac{1}{k(k!)^{\frac{1}{k}}} \tag{6.7.1}$$

证明 我们对 n 用数学归纳法证明.

当 $n = l + 1$ 时，式 (6.7.1) 化为 $\dfrac{e}{l(l+1)} > \dfrac{1}{l(l!)^{\frac{1}{l}}}$，即 $l!e^l > (l+1)^l$，由引理 6.7.3 知此式为真.

假设式 (6.7.1) 对于 $n = m$ 成立，则当 $n = m+1$ 时，有

$$e\left(\frac{1}{l} - \frac{1}{m+1}\right) - \sum_{k=l}^{m} \frac{1}{k(k!)^{\frac{1}{k}}} =$$
$$e\left(\frac{1}{l} - \frac{1}{m}\right) - \sum_{k=l}^{m-1} \frac{1}{k(k!)^{\frac{1}{k}}} + \frac{e}{m} - \frac{e}{m+1} - \frac{1}{m(m!)^{\frac{1}{m}}} >$$
$$\frac{e}{m(m+1)} - \frac{1}{m(m!)^{\frac{1}{m}}}$$

由引理 6.7.3 知 $\frac{e}{m(m+1)} - \frac{1}{m(m!)^{\frac{1}{m}}} > 0$. 从而引理对于 $n = m+1$ 也成立.

引理 6.7.5 设 $n \geq 1, n \in \mathbb{N}$, 则 $(2\pi k)^{\frac{1}{2k}} > 1 + \frac{1}{k}$.

证明 设 $f(x) = \ln 2\pi + \ln x - 2x\ln\left(1 + \frac{1}{x}\right)$, 其中 $x \geq 1$. 则
$$f'(x) = \frac{1}{x} - 2\ln\left(1 + \frac{1}{x}\right) + \frac{2}{x+1} \geq \frac{2}{x} - 2\ln\left(1 + \frac{1}{x}\right)$$

由于 $e > \left(1 + \frac{1}{x}\right)^x$ 知 $\frac{2}{x} - 2\ln\left(1 + \frac{1}{x}\right) > 0$. 所以 f 为单调增加函数, 故 $f(x) \geq f(1) > 0, 2\pi x > \left(1 + \frac{1}{x}\right)^{2x}$. 当 $x = k$ 时知引理为真.

这著名的 Carleman 不等式[6,P.486][7,P.249–250]为: 设 $a_k > 0, n \geq 1, n \in \mathbb{N}$, $\sum_{i=1}^{+\infty} a_i$ 收敛, 则
$$\sum_{k=1}^{+\infty} \left(\prod_{i=1}^{k} a_i\right)^{1/k} < e\left(\sum_{k=1}^{+\infty} a_k\right)$$
其中这里常数 e 为最佳.

已有众多文章研究 Carleman 不等式的加强, 如文献[151] ~ [160] 和文献[190] ~ [193]. 下面的定理和推论从一个新的角度来研究此不等式.

定理 6.7.6 设 $n \in \mathbb{N}_{++}, a_k > 0, k = 1, 2, \cdots, n$, 则
$$e\sum_{k=1}^{n} a_k - \sum_{k=1}^{n} \left(\prod_{i=1}^{k} a_i\right)^{\frac{1}{k}} \geq \min_{1 \leq k \leq n} \{ka_k\} \left[e\sum_{k=1}^{n} \frac{1}{k} - \sum_{k=1}^{n} \frac{1}{(k!)^{\frac{1}{k}}}\right] \quad (6.7.2)$$

等号成立当且仅当 ka_k 为常数.

证明 记 $a_k = \frac{b_k}{k}$, 则式(6.7.2) 等价于
$$e\sum_{k=1}^{n} \frac{b_k}{k} - \sum_{k=1}^{n} \left(\frac{1}{k!}\prod_{i=1}^{k} b_i\right)^{\frac{1}{k}} \geq \min_{1 \leq k \leq n} \{b_k\} \left[e\sum_{k=1}^{n} \frac{1}{k} - \sum_{k=1}^{n} \frac{1}{(k!)^{\frac{1}{k}}}\right]$$
(6.7.3)

我们用数学归纳法证明式(6.7.3).

$n = 1$ 时, 式(6.7.3) 显然成立. 假设 $n = m$ 时, 式(6.7.3) 也为真.

$n = m+1$ 时,设
$$f(\boldsymbol{b}) = \mathrm{e}\Big(\sum_{k=1}^{m+1}\frac{b_k}{k}\Big) - \sum_{k=1}^{m+1}\Big(\frac{1}{k!}\prod_{i=1}^{k}b_i\Big)^{\frac{1}{k}}$$
$$D_l = \{\boldsymbol{b} \mid b_l = \max_{1\le j\le m}\{b_j\} > b_{m+1}\}, l = 1,2,\cdots,m$$

其中 $\boldsymbol{b} = (b_1, b_2, \cdots, b_{m+1}) \in (0, +\infty)^{m+1}$. 故

$$\frac{\partial f(\boldsymbol{b})}{\partial b_l} = \frac{\mathrm{e}}{l} - \sum_{k=l}^{m+1}\frac{1}{kb_l}\Big(\frac{1}{k!}\prod_{i=1}^{k}b_i\Big)^{\frac{1}{k}}$$

$$\frac{\partial f(\boldsymbol{b})}{\partial b_{m+1}} = \frac{\mathrm{e}}{m+1} - \frac{1}{(m+1)b_{m+1}}\Big(\frac{1}{(m+1)!}\prod_{i=1}^{m+1}b_i\Big)^{\frac{1}{m+1}}$$

我们有

$$\frac{\partial f(\boldsymbol{b})}{\partial b_l} - \frac{\partial f(\boldsymbol{b})}{\partial b_{m+1}} = \mathrm{e}\Big(\frac{1}{l} - \frac{1}{m+1}\Big) - \frac{1}{b_l}\sum_{k=l}^{m}\frac{1}{k}\Big(\frac{1}{k!}\prod_{i=1}^{k}b_i\Big)^{\frac{1}{k}} + $$
$$\frac{1}{m+1}\Big(\frac{1}{(m+1)!}\prod_{i=1}^{m+1}b_i\Big)^{\frac{1}{m+1}}\Big(\frac{1}{b_{m+1}} - \frac{1}{b_l}\Big)$$

在 D_l 上,因 $\dfrac{1}{b_{m+1}} > \dfrac{1}{b_l}$,我们有

$$\frac{\partial f(\boldsymbol{b})}{\partial b_l} - \frac{\partial f(\boldsymbol{b})}{\partial b_{m+1}} > \mathrm{e}\Big(\frac{1}{l} - \frac{1}{m+1}\Big) - \frac{1}{b_l}\sum_{k=l}^{m}\frac{1}{k}\Big(\frac{1}{k!}\prod_{i=1}^{k}b_i\Big)^{\frac{1}{k}} > $$
$$\mathrm{e}\Big(\frac{1}{l} - \frac{1}{m+1}\Big) - \frac{1}{b_l}\sum_{k=l}^{m}\frac{1}{k}\Big(\frac{1}{k!}b_l^k\Big)^{\frac{1}{k}} = $$
$$\mathrm{e}\Big(\frac{1}{l} - \frac{1}{m+1}\Big) - \sum_{k=l}^{m}\frac{1}{k(k!)^{\frac{1}{k}}}$$

由引理 6.7.4 知 $\dfrac{\partial f(\boldsymbol{b})}{\partial b_l} > \dfrac{\partial f(\boldsymbol{b})}{\partial b_{m+1}}$. 至此由定理 6.7.1 知存在 $c \in \mathbb{R}_{++}^{m+1}$,使得 $f(\boldsymbol{b}) \geqslant f(\boldsymbol{c})$,且 $c_{m+1} = \max_{0\le k\le m+1}\{c_k\}, \min_{0\le k\le m+1}\{c_k\} \geqslant \min_{0\le k\le m+1}\{b_k\}$.

由归纳假设知

$$\mathrm{e}\sum_{k=1}^{m}\frac{c_k}{k} - \sum_{k=1}^{m}\Big(\frac{1}{k!}\prod_{i=1}^{k}c_i\Big)^{\frac{1}{k}} \geqslant \min_{1\le k\le m}\{c_k\}\Big[\mathrm{e}\sum_{k=1}^{m}\frac{1}{k} - \sum_{k=1}^{m}\frac{1}{(k!)^{\frac{1}{k}}}\Big]$$

所以

$$f(\boldsymbol{c}) = \mathrm{e}\sum_{k=1}^{m}\frac{c_k}{k} - \sum_{k=1}^{m}\Big(\frac{1}{k!}\prod_{i=1}^{k}c_i\Big)^{\frac{1}{k}} + $$
$$\mathrm{e}\frac{c_{m+1}}{m+1} - \Big(\frac{1}{(m+1)!}\prod_{i=1}^{m+1}c_i\Big)^{\frac{1}{m+1}} \geqslant $$
$$\min_{1\le k\le m}\{c_k\}\Big[\mathrm{e}\sum_{k=1}^{m}\frac{1}{k} - \sum_{k=1}^{m}\frac{1}{(k!)^{\frac{1}{k}}}\Big] + $$

$$e\frac{c_{m+1}}{m+1} - \left(\frac{1}{(m+1)!}\prod_{i=1}^{m+1} c_i\right)^{\frac{1}{m+1}} \geq$$

$$\min_{1 \leq k \leq m}\{c_k\}\left[e\sum_{k=1}^{m}\frac{1}{k} - \sum_{k=1}^{m}\frac{1}{(k!)^{\frac{1}{k}}}\right] +$$

$$e\frac{c_{m+1}}{m+1} - \frac{c_{m+1}}{(m+1)!^{\frac{1}{m+1}}}$$

根据引理 6.7.3 知 $\frac{e}{m+1} - \frac{1}{(m+1)!^{\frac{1}{m+1}}} > 0$,且由 $c_{m+1} \geq \min_{1 \leq k \leq m}\{c_k\}$. 我们有

$$f(\boldsymbol{b}) \geq f(\boldsymbol{c}) \geq \min_{1 \leq k \leq m+1}\{c_k\}\left[e\sum_{k=1}^{m+1}\frac{1}{k} - \sum_{k=1}^{m+1}\frac{1}{(k!)^{\frac{1}{k}}}\right] \geq$$

$$\min_{1 \leq k \leq m+1}\{b_k\}\left[e\sum_{k=1}^{m+1}\frac{1}{k} - \sum_{k=1}^{m+1}\frac{1}{(k!)^{\frac{1}{k}}}\right]$$

故式(6.7.3) 对于 $n = m+1$ 也成立.

定理得证.

推论 6.7.7 设 $n \in \mathbb{R}_{++}, a_k > 0 (k = 1,2,\cdots,n)$,则

$$e\sum_{k=1}^{n} a_k - \sum_{k=1}^{n}\left(\prod_{i=1}^{k} a_i\right)^{\frac{1}{k}} \geq (e-1) \cdot \min_{1 \leq k \leq n}\{ka_k\}$$

证明 设 $h(n) = e\sum_{k=1}^{n}\frac{1}{k} - \sum_{k=1}^{n}\frac{1}{(k!)^{\frac{1}{k}}}$. 对于 $n \geq 2$,由引理 6.7.4 易知

$$h(n) - h(n-1) = \frac{e}{n} - \frac{1}{(n!)^{\frac{1}{n}}} > 0$$

故 $h(n)$ 为单调增加数列,则 $h(n) \geq h(1) = e - 1$. 根据定理 6.7.6 知推论为真.

推论 6.7.8 设 $n \in \mathbb{R}_{++}, a_k > 0 (k = 1,2,\cdots,n)$,则

$$e\sum_{k=1}^{n} a_k - \sum_{k=1}^{n}\left(\prod_{i=1}^{k} a_i\right)^{\frac{1}{k}} > \min_{1 \leq k \leq n}\{ka_k\} \cdot \frac{en}{n+1}$$

证明 由著名的 Stirling 公式[6,P.91][2,P.246-247] $k! = \sqrt{2\pi k}\left(\frac{k}{e}\right)^k e^{\frac{\theta_n}{12n}}, 0 < \theta_n < 1$,知

$$k! > \sqrt{2\pi k}\left(\frac{k}{e}\right)^k, (k!)^{\frac{1}{k}} > (2\pi k)^{\frac{1}{2k}}\frac{k}{e}$$

由引理 6.7.5 知 $(k!)^{\frac{1}{k}} > \frac{k+1}{e}$,代入式(6.7.2) 有

$$e\sum_{k=1}^{n} a_k - \sum_{k=1}^{n}\left(\prod_{i=1}^{k} a_i\right)^{\frac{1}{k}} > \min_{1 \leq k \leq n}\{ka_k\}\left[e\sum_{k=1}^{n}\frac{1}{k} - e\sum_{k=1}^{n}\frac{1}{k+1}\right] =$$

$$\min_{1 \leq k \leq n}\{ka_k\} \cdot \frac{en}{n+1}$$

关于 Hardy 不等式的介绍,可见式(0.1.26)及文献[130]~[134],下面我们研究其另一个内在性质.先介绍有关引理.

引理 6.7.9 设 $p > 1$,则

$$(\text{i})\sum_{k=1}^{n}\frac{1}{k^{\frac{1}{p}}} \leqslant \frac{p}{p-1}\left(n^{1-\frac{1}{p}}-\frac{1}{p}\right) \tag{6.7.4}$$

$$(\text{ii})\sum_{k=1}^{n} k^{\frac{1}{p}-2} \geqslant \frac{2p}{(p-1)(2^{2-\frac{1}{p}}+1)}(1-n^{\frac{1}{p}-1})+1 \tag{6.7.5}$$

证明 (i)可用数学归纳法证明.

(ii)用数学归纳法证明. $n=1$ 时,式(6.7.5)取等,显然成立.

假设式(6.7.4)对 $n=m$ 成立,则当 $n=m+1$ 时

$$\sum_{k=1}^{m+1} k^{\frac{1}{p}-2} \geqslant \frac{2p}{(p-1)(2^{2-\frac{1}{p}}+1)}(1-m^{\frac{1}{p}-1})+1+(m+1)^{\frac{1}{p}-2}=$$

$$\frac{2p}{(p-1)(2^{2-\frac{1}{p}}+1)}(1-(m+1)^{\frac{1}{p}-1})+1+(m+1)^{\frac{1}{p}-2}+$$

$$\frac{2p}{(p-1)(2^{2-\frac{1}{p}}+1)}((m+1)^{\frac{1}{p}-1}-m^{\frac{1}{p}-1})=$$

$$\frac{2p}{(p-1)(2^{2-\frac{1}{p}}+1)}(1-(m+1)^{\frac{1}{p}-1})+$$

$$1+(m+1)^{\frac{1}{p}-2}-\frac{2}{2^{2-\frac{1}{p}}+1}\int_{m}^{m+1} x^{\frac{1}{p}-2}\mathrm{d}x$$

易证 $x^{\frac{1}{p}-2}$ 关于 x 在 $(0,+\infty)$ 上为凸函数.由 Hadamard 不等式(见式0.2.8)知

$$\sum_{k=1}^{m+1} k^{\frac{1}{p}-2} \geqslant \frac{2p}{(p-1)(2^{2-\frac{1}{p}}+1)}(1-(m+1)^{\frac{1}{p}-1})+$$

$$1+(m+1)^{\frac{1}{p}-2}-\frac{(m+1)^{\frac{1}{p}-2}+m^{\frac{1}{p}-2}}{2^{2-\frac{1}{p}}+1}=$$

$$\frac{2p}{(p-1)(2^{2-\frac{1}{p}}+1)}(1-(m+1)^{\frac{1}{p}-1})+1+$$

$$\frac{2^{2-\frac{1}{p}}-\left(1+\frac{1}{m}\right)^{2-\frac{1}{p}}}{(2^{2-\frac{1}{p}}+1)(m+1)^{2-\frac{1}{p}}}$$

显然 $2^{2-\frac{1}{p}}-\left(1+\frac{1}{m}\right)^{2-\frac{1}{p}} \geqslant 0$,所以 $n=m+1$ 时,式(6.7.5)也为真.

引理证毕.

引理 6.7.10 设 $n \in \mathbb{N}_{++}, p \geqslant 2$,则

$$\left(1+\frac{1}{2n}\right)^{2-\frac{1}{p}}\left(1-\frac{1}{pn^{1-\frac{1}{p}}}\right)^{p-1} \leqslant 1 \qquad (6.7.6)$$

证明 对于 $0 \leqslant x \leqslant 1$,我们易证 $\ln(1+x) \leqslant x - \frac{x^2}{2} + \frac{x^3}{3}$ 和 $\ln(1-x) \leqslant -x - \frac{x^2}{2}$. 则有

$$\left(2-\frac{1}{p}\right)\ln\left(1+\frac{1}{2n}\right) + (p-1)\ln\left(1-\frac{1}{pn^{1-\frac{1}{p}}}\right) \leqslant$$
$$\left(2-\frac{1}{p}\right)\left(\frac{1}{2n} - \frac{1}{8n^2} + \frac{1}{24n^3}\right) - (p-1)\left(\frac{1}{pn^{1-\frac{1}{p}}} + \frac{1}{2p^2 n^{2-\frac{2}{p}}}\right) =$$
$$\frac{1}{24n^3 p^2}[(2p^2 - p)(12n^2 - 3n + 1) -$$
$$12(p-1)(2pn^{2+\frac{1}{p}} + n^{1+\frac{2}{p}})] \qquad (6.7.7)$$

令 $g(t) = (2p^2 - p)(12t^2 - 3t + 1) - 12(p-1)(2pt^{2+\frac{1}{p}} + t^{1+\frac{2}{p}}), t \geqslant 1$,我们有

$$g'''(t) = 12(p-1)t^{\frac{2}{p}-2}\left[\frac{2}{p}\left(1+\frac{2}{p}\right)\left(1-\frac{2}{p}\right) - \frac{1}{p}(4p+2)\left(1+\frac{1}{p}\right)t^{1-\frac{1}{p}}\right] \leqslant$$
$$12(p-1)t^{\frac{2}{p}-2}\left[\frac{2}{p}\left(1+\frac{2}{p}\right)\left(1-\frac{2}{p}\right) - \frac{1}{p}(4p+2)\left(1+\frac{1}{p}\right)\right] =$$
$$12\frac{p-1}{p^3}t^{\frac{2}{p}-2}(-4p^3 - 4p^2 - 2p - 8) \leqslant 0$$

所以

$$g''(t) \leqslant g''(1) = 24(2p^2 - p) -$$
$$12(p-1)\left[(4p+2)\left(1+\frac{1}{p}\right) + \frac{2}{p}\left(1+\frac{2}{p}\right)\right] < 0$$

$$g'(t) \leqslant g'(1) = 21(2p^2 - p) - 12(p-1)\left[(4p+2) + \left(1+\frac{2}{p}\right)\right] < 0$$

$$g(n) \leqslant g(1) = 10(2p^2 - p) - 12(p-1)(2p+1) = -2(p-2)(2p+3) \leqslant 0 \qquad (6.7.8)$$

联立式(6.7.7) 和式(6.7.8),知式(6.7.6) 成立.

引理 6.7.11 设 $l, n \in \mathbb{N}, 1 \leqslant l \leqslant n, p \geqslant 2$,则

$$\left(\frac{p}{p-1}\right)^p \left(\frac{1}{l} - \frac{1}{n}\right) l^{\frac{1}{p}} + \frac{l^{\frac{1}{p}}}{n^{p+\frac{1}{p}}}\left(\sum_{k=1}^{n}\frac{1}{k^{\frac{1}{p}}}\right)^{p-1} \geqslant \sum_{k=l}^{n}\frac{1}{k}\left(\frac{1}{k}\sum_{i=1}^{k}\frac{1}{i^{\frac{1}{p}}}\right)^{p-1} \qquad (6.7.9)$$

证明 我们用倒数学归纳法证明之. 首先 $l = n$ 显然成立,假设 $l = m + 1$ 命题成立,则当 $l = m$ 时

$$\sum_{k=m}^{n} \frac{1}{k} \left(\frac{1}{k} \sum_{i=1}^{k} \frac{1}{i^{\frac{1}{p}}} \right)^{p-1} =$$

$$\frac{1}{m} \left(\frac{1}{m} \sum_{k=1}^{m} \frac{1}{k^{\frac{1}{p}}} \right)^{p-1} + \sum_{k=m+1}^{n} \frac{1}{k} \left(\frac{1}{k} \sum_{i=1}^{k} \frac{1}{i^{\frac{1}{p}}} \right)^{p-1} \leqslant$$

$$\frac{1}{m} \left(\frac{1}{m} \sum_{k=1}^{m} \frac{1}{k^{\frac{1}{p}}} \right)^{p-1} + \left(\frac{p}{p-1} \right)^{p} \left(\frac{1}{m+1} - \frac{1}{n} \right) (m+1)^{\frac{1}{p}} +$$

$$\frac{(m+1)^{\frac{1}{p}}}{n^{p+\frac{1}{p}}} \left(\sum_{k=1}^{n} \frac{1}{k^{\frac{1}{p}}} \right)^{p-1} =$$

$$\left(\frac{p}{p-1} \right)^{p} \left(\frac{1}{m} - \frac{1}{n} \right) m^{\frac{1}{p}} + \frac{m^{\frac{1}{p}}}{n^{p+\frac{1}{p}}} \left(\sum_{k=1}^{n} \frac{1}{k^{\frac{1}{p}}} \right)^{p-1} +$$

$$\frac{1}{m} \left(\frac{1}{m} \sum_{k=1}^{m} \frac{1}{k^{\frac{1}{p}}} \right)^{p-1} +$$

$$\left(\frac{p}{p-1} \right)^{p} \left(\frac{1}{(m+1)^{1-\frac{1}{p}}} - \frac{1}{m^{1-\frac{1}{p}}} \right) -$$

$$((m+1)^{\frac{1}{p}} - m^{\frac{1}{p}}) \left[\left(\frac{p}{p-1} \right)^{p} \frac{1}{n} - \frac{1}{n^{p+\frac{1}{p}}} \left(\sum_{k=1}^{n} \frac{1}{k^{\frac{1}{p}}} \right)^{p-1} \right] \tag{6.7.10}$$

由引理 6.7.9 知

$$\left(\frac{p}{p-1} \right)^{p} \frac{1}{n} - \frac{1}{n^{p+\frac{1}{p}}} \left(\sum_{k=1}^{n} \frac{1}{k^{\frac{1}{p}}} \right)^{p-1} \geqslant$$

$$\left(\frac{p}{p-1} \right)^{p} \frac{1}{n} - \frac{1}{n^{p+\frac{1}{p}}} \left(\frac{p}{p-1} \left(n^{1-\frac{1}{p}} - \frac{1}{p} \right) \right)^{p-1} \geqslant$$

$$\left(\frac{p}{p-1} \right)^{p} \frac{1}{n} - \frac{1}{n^{p+\frac{1}{p}}} \left(\frac{p}{p-1} n^{1-\frac{1}{p}} \right)^{p-1} =$$

$$\left(\frac{p}{p-1} \right)^{p} \frac{1}{n} - \left(\frac{p}{p-1} \right)^{p-1} \frac{1}{n^{2}} > 0 \tag{6.7.11}$$

又由引理 6.7.9 和凸函数的 Hadamard 不等式(见 0.2.8 式),知

$$\frac{1}{m} \left(\frac{1}{m} \sum_{k=1}^{m} \frac{1}{i^{\frac{1}{p}}} \right)^{p-1} + \left(\frac{p}{p-1} \right)^{p} \left(\frac{1}{(m+1)^{1-\frac{1}{p}}} - \frac{1}{m^{1-\frac{1}{p}}} \right) \leqslant$$

$$\frac{1}{m^{p}} \left(\frac{p}{p-1} \left(m^{1-\frac{1}{p}} - \frac{1}{p} \right) \right)^{p-1} - \left(\frac{p}{p-1} \right)^{p-1} \int_{m}^{m+1} x^{-2+\frac{1}{p}} dx \leqslant$$

$$\left(\frac{p}{p-1} \right)^{p-1} \left[\frac{1}{m^{p}} \left(m^{1-\frac{1}{p}} - \frac{1}{p} \right)^{p-1} - \left(m + \frac{1}{2} \right)^{-2+\frac{1}{p}} \right] =$$

$$\left(\frac{p}{p-1} \right)^{p-1} \left(m + \frac{1}{2} \right)^{-2+\frac{1}{p}} \left[\left(1 + \frac{1}{2m} \right)^{2-\frac{1}{p}} \left(1 - \frac{1}{pm^{1-\frac{1}{p}}} \right)^{p-1} - 1 \right] \leqslant 0 \tag{6.7.12}$$

最后一个结论由引理 6.7.10 所致,联立(6.7.10)(6.7.11)(6.7.12) 三式,我们有

$$\sum_{k=m}^{n} \frac{1}{k}\left(\frac{1}{k}\sum_{i=1}^{k}\frac{1}{i^{\frac{1}{p}}}\right)^{p-1} \leqslant \left(\frac{p}{p-1}\right)^{p}\left(\frac{1}{m} - \frac{1}{n}\right)m^{\frac{1}{p}} + \frac{m^{\frac{1}{p}}}{n^{p+\frac{1}{p}}}\left(\sum_{k=1}^{n}\frac{1}{k^{\frac{1}{p}}}\right)^{p-1}$$

式(6.7.9) 对于 $l = m$ 也成立. 引理得证.

引理 6.7.12 设 $p > 1, 0 < x \leqslant \frac{1}{p}$,则

$$(1 - x)^{p} \leqslant 1 - p\left(1 - \left(1 - \frac{1}{p}\right)^{p}\right)x \tag{6.7.13}$$

证明 $f(x) = 1 - p\left(1 - \left(1 - \frac{1}{p}\right)^{p}\right)x - (1 - x)^{p}, 0 < x \leqslant \frac{1}{p}$. 易证 $f''(x) \leqslant 0$,所以 f 为凹函数.且我们有 $f(0) = 0, f\left(\frac{1}{p}\right) = 0$. 所以在 $\left(0, \frac{1}{p}\right)$ 上,有 $f(x) \geqslant 0$.

定理 6.7.13 若 $n \in \mathbb{N}_{++}, a_k > 0 (k = 1, 2, \cdots, n), p \geqslant 2$,则

$$\left(\frac{p}{p-1}\right)^{p}\sum_{k=1}^{n} a_k^p - \sum_{k=1}^{n}\left(\frac{1}{k}\sum_{i=1}^{k} a_i\right)^p \geqslant$$

$$\min_{1 \leqslant k \leqslant n}\{ka_k^p\}\left[\left(\frac{p}{p-1}\right)^{p}\sum_{k=1}^{n}\frac{1}{k} - \sum_{k=1}^{n}\left(\frac{1}{k}\sum_{i=1}^{k}\frac{1}{i^{\frac{1}{p}}}\right)^{p}\right] \tag{6.7.14}$$

证明 记 $a_k = \frac{b_k}{\sqrt[p]{k}}$,则式(6.7.14) 等价于

$$\left(\frac{p}{p-1}\right)^{p}\sum_{k=1}^{n}\frac{b_k^p}{k} - \sum_{k=1}^{n}\left(\frac{1}{k}\sum_{i=1}^{k}\frac{b_i}{i^{\frac{1}{p}}}\right)^{p} \geqslant$$

$$(\min_{1 \leqslant k \leqslant n}\{b_k\})^p\left[\left(\frac{p}{p-1}\right)^{p}\sum_{k=1}^{n}\frac{1}{k} - \sum_{k=1}^{n}\left(\frac{1}{k}\sum_{i=1}^{k}\frac{1}{i^{\frac{1}{p}}}\right)^{p}\right] \tag{6.7.15}$$

我们用数学归纳法证明上式. $n = 1$ 时,式(6.7.15) 显然成立.假设 $n = m$ 时,式(6.7.15) 也为真. $n = m + 1$ 时,设

$$f(\boldsymbol{b}) = \left(\frac{p}{p-1}\right)^{p}\sum_{k=1}^{m+1}\frac{b_k^p}{k} - \sum_{k=1}^{m+1}\left(\frac{1}{k}\sum_{i=1}^{k}\frac{b_i}{i^{\frac{1}{p}}}\right)^{p}$$

$$D_l = \{b | b_l = \max_{1 \leqslant j \leqslant m}\{b_j\} > b_{m+1}\}. l = 1, 2, \cdots, m$$

其中 $\boldsymbol{b} = (b_1, b_2, \cdots, b_{m+1}) \in \mathbb{R}_{++}^{m+1}$. 故

$$\frac{\partial f(\boldsymbol{b})}{\partial b_l} = p\left(\frac{p}{p-1}\right)^{p}\frac{b_l^{p-1}}{l} - \frac{p}{l^{\frac{1}{p}}}\sum_{k=l}^{m+1}\frac{1}{k}\left(\frac{1}{k}\sum_{i=1}^{k}\frac{b_i}{i^{\frac{1}{p}}}\right)^{p-1}$$

$$\frac{\partial f(\boldsymbol{b})}{\partial b_{m+1}} = p\left(\frac{p}{p-1}\right)^{p}\frac{b_{m+1}^{p-1}}{m+1} - \frac{p}{(m+1)(m+1)^{\frac{1}{p}}}\left(\frac{1}{m+1}\sum_{k=1}^{m+1}\frac{b_k}{k^{\frac{1}{p}}}\right)^{p-1}$$

则

$$\frac{\partial f(\boldsymbol{b})}{\partial b_l} - \frac{\partial f(\boldsymbol{b})}{\partial b_{m+1}} = p\Big(\frac{p}{p-1}\Big)^p \Big(\frac{b_l^{p-1}}{l} - \frac{b_{m+1}^{p-1}}{m+1}\Big) - \frac{p}{l^{\frac{1}{p}}} \sum_{k=l}^{m} \frac{1}{k}\Big(\frac{1}{k}\sum_{i=1}^{k} \frac{b_i}{i^{\frac{1}{p}}}\Big)^{p-1} -$$

$$\frac{p}{m+1}\Big(\frac{1}{l^{\frac{1}{p}}} - \frac{1}{(m+1)^{\frac{1}{p}}}\Big)\Big(\frac{1}{m+1}\sum_{k=1}^{m+1}\frac{b_k}{k^{\frac{1}{p}}}\Big)^{p-1}$$

在 D_l 上,我们有

$$\frac{1}{p}\Big(\frac{\partial f(\boldsymbol{b})}{\partial b_l} - \frac{\partial f(\boldsymbol{b})}{\partial b_{m+1}}\Big) > \Big(\frac{p}{p-1}\Big)^p \Big(\frac{b_l^{p-1}}{l} - \frac{b_l^{p-1}}{m+1}\Big) - \frac{1}{l^{\frac{1}{p}}} \sum_{k=l}^{m} \frac{1}{k}\Big(\frac{1}{k}\sum_{i=1}^{k} \frac{b_l}{i^{\frac{1}{p}}}\Big)^{p-1} -$$

$$\frac{1}{m+1}\Big(\frac{1}{l^{\frac{1}{p}}} - \frac{1}{(m+1)^{\frac{1}{p}}}\Big)\Big(\frac{1}{m+1}\sum_{k=1}^{m+1}\frac{b_l}{k^{\frac{1}{p}}}\Big)^{p-1}$$

$$\frac{1}{p b_l^{p-1}}\Big(\frac{\partial f(\boldsymbol{b})}{\partial b_l} - \frac{\partial f(\boldsymbol{b})}{\partial b_{m+1}}\Big) > \Big(\frac{p}{p-1}\Big)^p \Big(\frac{1}{l} - \frac{1}{m+1}\Big) - \frac{1}{l^{\frac{1}{p}}} \sum_{k=l}^{m} \frac{1}{k}\Big(\frac{1}{k}\sum_{i=1}^{k} \frac{1}{i^{\frac{1}{p}}}\Big)^{p-1} -$$

$$\frac{1}{m+1}\Big(\frac{1}{l^{\frac{1}{p}}} - \frac{1}{(m+1)^{\frac{1}{p}}}\Big)\Big(\frac{1}{m+1}\sum_{k=1}^{m+1}\frac{1}{k^{\frac{1}{p}}}\Big)^{p-1} =$$

$$\Big(\frac{p}{p-1}\Big)^p \Big(\frac{1}{l} - \frac{1}{m+1}\Big) - \frac{1}{l^{\frac{1}{p}}} \sum_{k=l}^{m+1} \frac{1}{k}\Big(\frac{1}{k}\sum_{i=1}^{k} \frac{1}{i^{\frac{1}{p}}}\Big)^{p-1} +$$

$$\frac{1}{(m+1)^{p+\frac{1}{p}}}\Big(\sum_{k=1}^{m+1}\frac{1}{k^{\frac{1}{p}}}\Big)^{p-1}$$

由引理 6.7.11 知 $\frac{\partial f(\boldsymbol{b})}{\partial b_l} > \frac{\partial f(\boldsymbol{b})}{\partial b_{m+1}}$. 由定理 6.7.1 知存在 $\boldsymbol{c} \in \mathbb{R}_{++}^{m+1}$, 使得 $f(\boldsymbol{b}) \geqslant f(\boldsymbol{c})$, 且 $c_{m+1} = \max_{0 \leqslant k \leqslant m+1}\{c_k\}$, $\min_{0 \leqslant k \leqslant m+1}\{c_k\} \geqslant \min_{0 \leqslant k \leqslant m+1}\{b_k\}$.

由假设知

$$f(\boldsymbol{c}) \geqslant (\min_{1 \leqslant k \leqslant m}\{c_k\})^p \Big[\Big(\frac{p}{p-1}\Big)^p \sum_{k=1}^{m} \frac{1}{k} - \sum_{k=1}^{m}\Big(\frac{1}{k}\sum_{i=1}^{k}\frac{1}{i^{\frac{1}{p}}}\Big)^p\Big] +$$

$$\Big(\frac{p}{p-1}\Big)^p \frac{c_{m+1}^p}{m+1} - \Big(\frac{1}{m+1}\sum_{k=1}^{m+1}\frac{c_k}{k^{\frac{1}{p}}}\Big)^p \geqslant$$

$$(\min_{1 \leqslant k \leqslant m}\{c_k\})^p \Big[\Big(\frac{p}{p-1}\Big)^p \sum_{k=1}^{m} \frac{1}{k} - \sum_{k=1}^{m}\Big(\frac{1}{k}\sum_{i=1}^{k}\frac{1}{i^{\frac{1}{p}}}\Big)^p\Big] +$$

$$c_{m+1}^p \Big[\Big(\frac{p}{p-1}\Big)^p \frac{1}{m+1} - \Big(\frac{1}{m+1}\sum_{k=1}^{m+1}\frac{1}{k^{\frac{1}{p}}}\Big)^p\Big]$$

由引理 6.7.9 易知

$$\Big(\frac{1}{m+1}\sum_{k=1}^{m+1}\frac{1}{k^{\frac{1}{p}}}\Big)^p \leqslant \Big(\frac{p}{p-1}\Big)^p \frac{1}{m+1}\Big(1 - \frac{1}{p}(m+1)^{-1+\frac{1}{p}}\Big)^p <$$

$$\left(\frac{p}{p-1}\right)^p \frac{1}{m+1} \tag{6.7.16}$$

所以有

$$f(c) \geq (\min_{1 \leq k \leq m+1}\{c_k\})^p \left[\left(\frac{p}{p-1}\right)^p \sum_{k=1}^{m+1}\frac{1}{k} - \sum_{k=1}^{m+1}\left(\frac{1}{k}\sum_{i=1}^{k}\frac{1}{i^{\frac{1}{p}}}\right)^p\right]$$

因 $f(b) \geq f(c)$ 和 $\min_{0 \leq k \leq m+1}\{c_k\} \geq \min_{0 \leq k \leq m+1}\{b_k\}$. 所以式(6.7.15) 对于 $n = m+1$ 也成立. 至此定理得证.

推论 6.7.14 设 $n \in \mathbb{N}_{++}, a_k > 0 (k = 1,2,\cdots,n), p \geq 2$ 则

$$\left(\frac{p}{p-1}\right)^p \sum_{k=1}^{n} a_k^p - \sum_{k=1}^{n}\left(\frac{1}{k}\sum_{i=1}^{k} a_i\right)^p \geq$$

$$\min_{1 \leq k \leq n}\{ka_k^p\}\left(\left(\frac{p}{p-1}\right)^p - 1\right)\left[\frac{2p}{(p-1)(2^{2-\frac{1}{p}}+1)}(1 - n^{\frac{1}{p}-1}) + 1\right].$$

证明 由引理 6.7.9, 定理 6.7.13 和引理 6.7.12, 知

$$\left(\frac{p}{p-1}\right)^p \sum_{k=1}^{n} a_k^p - \sum_{k=1}^{n}\left(\frac{1}{k}\sum_{i=1}^{k} a_i\right)^p \geq$$

$$\min_{1 \leq k \leq n}\{ka_k^p\}\left[\left(\frac{p}{p-1}\right)^p \sum_{k=1}^{n}\frac{1}{k} - \sum_{k=1}^{n}\left[\frac{1}{k}\frac{p}{p-1}\left(k^{1-\frac{1}{p}} - \frac{1}{p}\right)\right]^p\right] =$$

$$\min_{1 \leq k \leq n}\{ka_k^p\}\left(\frac{p}{p-1}\right)^p\left[\sum_{k=1}^{n}\frac{1}{k} - \sum_{k=1}^{n}\frac{1}{k}\left(1 - \frac{1}{pk^{1-\frac{1}{p}}}\right)^p\right] \geq$$

$$\min_{1 \leq k \leq n}\{ka_k^p\}\left(\frac{p}{p-1}\right)^p\left[\sum_{k=1}^{n}\frac{1}{k} - \sum_{k=1}^{n}\frac{1}{k}\left(1 - \left(1 - \frac{1}{p}\right)^p\right)\frac{1}{k^{1-\frac{1}{p}}}\right] =$$

$$\min_{1 \leq k \leq n}\{ka_k^p\}\left(\left(\frac{p}{p-1}\right)^p - 1\right)\sum_{k=1}^{n} k^{\frac{1}{p}-2}$$

再由引理 6.7.9 的式(6.7.5) 知推论成立.

由推论 6.7.14 可得下推论 6.7.15, 但我们为了说明式(6.7.14) 右边式子的一个性质, 我们给出另一证明如下.

推论 6.7.15 设 $n \in \mathbb{N}_{++}, a_k > 0 (k = 1,2,\cdots,n), p \geq 2$ 则

$$\left(\frac{p}{p-1}\right)^p \sum_{k=1}^{n} a_k^p - \sum_{k=1}^{n}\left(\frac{1}{k}\sum_{i=1}^{k} a_i\right)^p \geq \min_{1 \leq k \leq n}\{ka_k^p\} \cdot \left[\left(\frac{p}{p-1}\right)^p - 1\right]$$

证明 设 $f(n) = \left(\frac{p}{p-1}\right)^p \sum_{k=1}^{n}\frac{1}{k} - \sum_{k=1}^{n}\left(\frac{1}{k}\sum_{i=1}^{k}\frac{1}{i^{\frac{1}{p}}}\right)^p$, 其中 $n \geq 1, n \in \mathbb{N}$, 则

$$f(n+1) - f(n) = \left(\frac{p}{p-1}\right)^p \frac{1}{n+1} - \left(\frac{1}{n+1}\sum_{i=1}^{n+1}\frac{1}{i^{\frac{1}{p}}}\right)^p$$

由式(6.7.16) 易知, $f(n+1) > f(n)$. f 为单调增加. 再利用定理 6.7.13 知

$$\left(\frac{p}{p-1}\right)^p \sum_{k=1}^n a_k^p - \sum_{k=1}^n \left(\frac{1}{k}\sum_{i=1}^k a_i\right)^p \geq \min_{1\leq k\leq n}\{ka_k^p\}\cdot f(n) \geq$$

$$\min_{1\leq k\leq n}\{ka_k^p\}\cdot f(1) = \min_{1\leq k\leq n}\{ka_k^p\}\cdot\left[\left(\frac{p}{p-1}\right)^p - 1\right]$$

练习 6

1. 设 $x,y,z > 0$, 则 $x^3 + y^3 + z^3 - x^2(y+z) - y^2(z+x) - z^2(x+y) + 3xyz \geq 0$.

2. 设 $x,y,z > 0$, 则 $\dfrac{x}{y+z} + \dfrac{y}{z+x} + \dfrac{z}{x+y} \geq \dfrac{3}{2}$.

3. 试用定理 6.5.1 证明 Sierpinski 不等式:
$$H^{\frac{n-1}{n}}(\boldsymbol{a})\cdot A^{\frac{1}{n}}(\boldsymbol{a}) \leq G(\boldsymbol{a}) \leq H^{\frac{1}{n}}(\boldsymbol{a})\cdot A^{\frac{n-1}{n}}(\boldsymbol{a}).$$

4. (Kober 不等式)[6,P.42] 设 $a_i > 0, i = 1,2,\cdots,n$. 则有
$$(n-2)A(\boldsymbol{a}) + G(\boldsymbol{a}) - \frac{2}{n}\sum_{1\leq i<j\leq n}\sqrt{a_i a_j} \geq 0.$$

5. (王王不等式)[189] 设 $a_i > 0, i = 1,2,\cdots,n$. 则有
$$\frac{H(\boldsymbol{a})}{H(1-\boldsymbol{a})} \leq \frac{G(\boldsymbol{a})}{G(1-\boldsymbol{a})}.$$

6. 设 $n \in \mathbb{N}_{++}, a_i > 0 (i=1,2,\cdots,n), 0 < r < 1, p \geq 2$, 则
$$\left(\frac{1}{n}\sum_{i=1}^n a_i^r\right)^p \leq \left(\frac{1}{n}\sum_{i=1}^n a_i^p\right)^r - \frac{1}{2n^2}\sum_{i=1}^n\sum_{j=1}^n |a_i^r - a_j^r|^p ①$$

7. [188] 设 $n \in \mathbb{N}_{++}, a_i > 0(i=1,2,\cdots,n), 0 < \gamma < 1, \lambda \geq \left[\dfrac{(n-1)}{n}\right]^{1-\gamma}$, 则有
$$(1-\lambda)G^\gamma(\boldsymbol{a}) + \lambda A^\gamma(\boldsymbol{a}) \geq A(\boldsymbol{a}^\gamma)$$
其中 $\left[\dfrac{(n-1)}{n}\right]^{1-\gamma}$ 为最佳.

8. [169] 矩阵 $A = (a_{ij})_{n\times n}$ 为复矩阵, 则称
$$perA = |a_{ij}|_n^+ = \begin{vmatrix} a_{11} & a_{12} & \cdots & a_{1n} \\ a_{21} & a_{22} & \cdots & a_{2n} \\ \vdots & \vdots & \vdots & \vdots \\ a_{n1} & a_{n2} & \cdots & a_{nn} \end{vmatrix}_n^+ =$$

$$\sum_{i_1 i_2\cdots i_n} a_{i_1 1} a_{i_2 2}\cdots a_{i_n n} = \sum_{j_1 j_2\cdots j_n} a_{1 j_1} a_{2 j_2}\cdots a_{n j_n}$$

为 n 阶 Permanent 行列式. 其中 $i_1 i_2\cdots i_n, j_1 j_2\cdots j_n$ 分别为 $1,2,\cdots,n$ 的全排列. 现

---

① 此式强于文献[187]中的定理 1.

设 $0 \leqslant a_{i1} \leqslant a_{i2} \leqslant \cdots \leqslant a_{in}, i = 1, 2, \cdots, n$,则

$$PerA = \begin{vmatrix} a_{11} & a_{12} & \cdots & a_{1n} \\ a_{21} & a_{22} & \cdots & a_{2n} \\ \vdots & \vdots & \vdots & \vdots \\ a_{n1} & a_{n2} & \cdots & a_{nn} \end{vmatrix}_n^+ \leqslant \prod_{i=1}^{n} \left(\frac{1}{n} \sum_{j=1}^{n} a_{ij} \right)$$

9. 可以用有关的数学软件验证:函数 $g(t) = t^4 + t^3 - 9t^2 + 8t + 8$ 在 $(1, +\infty)$ 取值为正. 则当 $n \in \mathbb{N}_{++}, 2 \leqslant n \leqslant 9, x_i > 0 (i = 1, 2, \cdots, n)$,成立

$$\left(\sum_{i=1}^{n} x_i \right)^4 \sum_{i=1}^{n} \frac{1}{x_i^2} - n^4 \left(\sum_{i=1}^{n} x_i^2 \right) \geqslant 0. ①$$

---

① 据悉四川姚勇证明此不等式成立的充要条件为 $2 \leqslant n \leqslant 10$.

最值单调定理及其应用

本章主要介绍一个最值单调性定理,及其他的应用,包括 Hilbert 不等式和 Carleman 不等式的一些加强式.

7.1 最值单调性定理

在这里介绍二个定理如下,我们称之为最大(小)值单调性定理.

定理 7.1.1 设 $a,b \in \mathbb{R}, f:[a,b]^n \to \mathbb{R}$ 有连续偏导数,$c \in [a,b]$,令

$$D_i = \{(x_1,x_2,\cdots,x_{n-1},c) \mid \min_{1 \leqslant k \leqslant n-1}\{x_k\} \geqslant c,$$

$$x_i = \max_{1 \leqslant k \leqslant n-1}\{x_k\} \neq c\} \bigcap [a,b]^n, i=1,2,\cdots,n-1$$

若在 D_i 内都有 $\frac{\partial f}{\partial x_i} > 0$,则对于 $c \leqslant y_i \leqslant b$ ($i=1,2,\cdots,n-1$),都有

$$f(y_1,y_2,\cdots,y_{n-1},c) \geqslant f(c,c,\cdots c,c),$$

等号成立当且仅当 $y_1 = y_2 = \cdots = y_{n-1} = c$.

证明 为了便于说明情况,不妨以三元函数为例,且设 $y_1 > y_2 > c$. 对于 $x_1 \in [y_2,y_1]$,因 $(x_1,y_2,c) \in D_1$,则有 $f'_{x_1}(x)\big|_{x=(x_1,y_2,c)} > 0, f(x_1,y_2,c)$ 关于 x_1 在 $[y_2,y_1]$ 上严格

单调增加. 但此时仍有 $f'_{x_1}(x)\big|_{x=(y_2,y_2,c)} > 0$, 由偏导数的连续性, 知存在 $\varepsilon > 0$, 使得当 $y_2 - \varepsilon \geqslant c, x_1 \in [y_2 - \varepsilon, y_2]$, 有 $f'_{x_1}(x)\big|_{x=(x_1,y_2,c)} > 0$. 所以 $f(x_1, y_2, c)$ 关于 x_1 在 $[y_2 - \varepsilon, y_2] \cup [y_2, y_1] = [y_2 - \varepsilon, y_1]$ 上严格单调增加. 至此有

$$f(y_1, y_2, c) > f(y_2, y_2, c) > f(y_2 - \varepsilon, y_2, c)$$

此时不难发现对于 $x_2 \in (y_2 - \varepsilon, y_2], (y_2 - \varepsilon, x_2, c) \in D_2$, 据 f 在 D_2 内的性质, 我们有 $f'_{x_2}(y_2 - \varepsilon, x_2, c) > 0$, 则

$$f(y_1, y_2, c) > f(y_2, y_2, c) > f(y_2 - \varepsilon, y_2, c) > f(y_2 - \varepsilon, y_2 - \varepsilon, c)$$

若 $y_2 - \varepsilon = c$, 则命题已得证, 否则继续以上工作. 这些不等式中, f 的第一分量和第二分量都是单调减少, 且大于等于 c, 设它们的极限分别为 s, t, 由于连续性, 我们有 $f(y_1, y_2, c) > f(s, t, c)$, 若此时 $s \neq c$ 或 $t \neq c$, 不断重复以上工作, 设它们的下确界为 p, q. 则必有 $p = q = c$, 若不然, 可继续以上工作, 这与下确界的定义矛盾. 定理证毕.

同理可证定理 7.1.2.

定理 7.1.2 设 $a, b \in \mathbb{R}, f:[a, b]^n \to \mathbb{R}$ 有连续偏导数, $c \in [a, b]$, 令
$$D_i = \{(c, x_2, x_3 \cdots, x_n) \mid \max_{2 \leqslant k \leqslant n}\{x_k\} \leqslant c, x_i = \min_{2 \leqslant k \leqslant n}\{x_k\} \neq c\}, i = 2, 3, \cdots, n$$
若在 D_i 内都有 $\frac{\partial f}{\partial x_i} < 0$, 则对于 $a \leqslant x_i \leqslant c$ 都有

$$f(c, x_2, x_3 \cdots, x_n) \geqslant f(c, c, \cdots c, c)$$

等号成立当且仅当 $x_1 = x_2 = \cdots = x_{n-1} = c$.

若以上两个定理中的 f 是对称函数, 则在诸 D_i 中, 我们只要考虑 D_1 即可. 即得以下两个推论.

推论 7.1.3 设 $a, b \in \mathbb{R}, f:[a, b]^n \to \mathbb{R}$ 为有连续偏导数的对称函数
$$D_1 = \{(x_1, x_2, \cdots, x_n) \mid a \leqslant \min_{1 \leqslant k \leqslant n}\{x_k\} < x_1 = \max_{1 \leqslant k \leqslant n}\{x_k\} \leqslant b\}$$
若在 D_1 上都有 $\frac{\partial f}{\partial x_1} > 0$, 则对于 $a \leqslant x_i \leqslant b, i = 1, 2, \cdots, n, x_{\min} = \min_{1 \leqslant k \leqslant n}\{x_k\}$, 都有

$$f(x_1, x_2, \cdots, x_n) \geqslant f(x_{\min}, x_{\min}, \cdots, x_{\min})$$

等号成立当且仅当 $x_1 = x_2 = \cdots = x_n$.

推论 7.1.4 设 $a, b \in \mathbb{R}, f:[a, b]^n \to \mathbb{R}$ 为有连续偏导数的对称函数
$$D_n = \{(x_1, x_2, \cdots, x_n) \mid a \leqslant x_n = \min_{1 \leqslant k \leqslant n}\{x_k\} < \max_{1 \leqslant k \leqslant n}\{x_k\} \leqslant b\}$$
若在 D_n 内都有 $\frac{\partial f}{\partial x_n} < 0$, 则对于 $a \leqslant x_i \leqslant b, i = 1, 2, \cdots, n, x_{\max} = \max_{1 \leqslant k \leqslant n}\{x_k\}$, 都有

$$f(x_1,x_2,\cdots,x_n) \geqslant f(x_{\max},x_{\max},\cdots,x_{\max})$$

等号成立当且仅当 $x_1 = x_2 = \cdots = x_n$.

7.2 一些已知不等式的统一证明

不加特殊说明,本节设 $n \in \mathbb{N}, n \geqslant 2, a = (a_1,a_2,\cdots,a_n) \in \mathbb{R}_{++}^n, a_{\min} = \min\limits_{1 \leqslant k \leqslant n}\{a_i\}$,和 $D_1 = \{a \mid 0 < \min\limits_{1 \leqslant k \leqslant n}\{a_k\} < a_1 = \max\limits_{1 \leqslant k \leqslant n}\{a_k\}\}, \bar{a}_{\min} = \{a_{\min},a_{\min},\cdots,a_{\min}\}$.

对于本节每一例子,都有相应的一个多元函数关于最大值为单调增加的,这也揭示这些不等式内在一个本质.

定理 7.2.1(幂平均不等式①) 设 $r \in \mathbb{R}, M_r(a)$ 为 a 的幂平均,则 $M_r(a)$ 关于 r 为单调增加;且当 $a_i(i=1,2,\cdots,n)$ 不全相等时,$M_r(a)$ 关于 r 为严格单调增加.

证明 任取 $r,s \in \mathbb{R}, r > s$,下证 $M_r(a) \geqslant M_s(a)$,等号成立当且仅当 $a_1 = a_2 = \cdots = a_n$. 由于 $M_r(a)$ 关于 $r \in \mathbb{R}$ 的连续性,我们只要证 $r,s \neq 0$ 的情形. 设

$$f(a) = \frac{1}{r}\ln\left(\frac{\sum_{i=1}^n a_i^r}{n}\right) - \frac{1}{s}\ln\left(\frac{\sum_{i=1}^n a_i^s}{n}\right), a \in \mathbb{R}_{++}^n$$

则有

$$\frac{\partial f(a)}{\partial a_1} = \frac{a_1^{r-1}}{\sum_{i=1}^n a_i^r} - \frac{a_1^{s-1}}{\sum_{i=1}^n a_i^s} = \frac{\sum_{i=2}^n (a_1^{r-1}a_i^s - a_1^{s-1}a_i^r)}{\sum_{i=1}^n a_i^r \cdot \sum_{i=1}^n a_i^s} = \frac{\sum_{i=2}^n a_1^{s-1}a_i^r[(a_1/a_i)^{r-s}-1]}{\sum_{i=1}^n a_i^r \cdot \sum_{i=1}^n a_i^s}$$

在 D_1 内,我们易知 $\dfrac{\partial f(a)}{\partial a_1} > 0$. 由推论 7.1.3,可得 $f(a) \geqslant f(\bar{a}_{\min}) = 0$,即

$$\left(\frac{\sum_{i=1}^n a_i^r}{n}\right)^{\frac{1}{r}} \geqslant \left(\frac{\sum_{i=1}^n a_i^s}{n}\right)^{\frac{1}{s}}, M_r(a) \geqslant M_s(a)$$

---

① 即定理 0.1.1.

等号成立当且仅当 $a_1 = a_2 = \cdots = a_n = a_{\min}$.

定理 7.2.2(Hölder 不等式) 设 $(x_1, x_2, \cdots, x_n), (y_1, y_2, \cdots, y_n) \in \mathbb{R}_{++}^n$, $p, q > 1$, 且 $\dfrac{1}{p} + \dfrac{1}{q} = 1$, 则

$$\left(\sum_{k=1}^n x_k^p\right)^{\frac{1}{p}} \left(\sum_{k=1}^n y_k^q\right)^{\frac{1}{q}} \geqslant \sum_{k=1}^n x_k y_k$$

证明 设 $\boldsymbol{b} = (b_1, b_2, \cdots, b_n) \in \mathbb{R}_{++}^n$ 和 $f(\boldsymbol{a}) = \left(\sum_{k=1}^n b_k\right)^{\frac{1}{p}} \left(\sum_{k=1}^n b_k a_k\right)^{\frac{1}{q}} - \sum_{k=1}^n b_k a_k^{\frac{1}{q}}$, 在 D_1 上有

$$\frac{\partial f(\boldsymbol{a})}{\partial a_1} = \frac{1}{q} b_1 \left(\sum_{k=1}^n b_k\right)^{\frac{1}{p}} \left(\sum_{k=1}^n b_k a_k\right)^{\frac{1}{q}-1} - \frac{1}{q} b_1 a_1^{\frac{1}{q}-1} =$$

$$\frac{1}{q} b_1 a_1^{-\frac{1}{p}} \left(\sum_{k=1}^n b_k a_k\right)^{-\frac{1}{p}} \left[\left(\sum_{k=1}^n b_k\right)^{\frac{1}{p}} a_1^{\frac{1}{p}} - \left(\sum_{k=1}^n b_k a_k\right)^{\frac{1}{p}}\right] >$$

$$\frac{1}{q} b_1 a_1^{-\frac{1}{p}} \left(\sum_{k=1}^n b_k a_k\right)^{-\frac{1}{p}} \left[\left(\sum_{k=1}^n b_k\right)^{\frac{1}{p}} a_1^{\frac{1}{p}} - \left(\sum_{k=1}^n b_k a_1\right)^{\frac{1}{p}}\right] = 0$$

类似可定义 $D_i (i = 2, 3, \cdots, n)$, 且同理可证在 $D_i (i = 2, 3, n)$ 上, 都有 $\dfrac{\partial f(\boldsymbol{a})}{\partial a_i} > 0$ 成立. 由定理 7.1.1 知

$$f(\boldsymbol{a}) \geqslant f(\bar{\boldsymbol{a}}_{\min}) = 0, \left(\sum_{k=1}^n b_k\right)^{\frac{1}{p}} \left(\sum_{k=1}^n b_k a_k\right)^{\frac{1}{q}} \geqslant \sum_{k=1}^n b_k a_k^{\frac{1}{p}}$$

在上式上令 $a_k = \dfrac{y_k^q}{x_k^p}, b_k = x_k^p$, 即得 Holder 不等式.

定理 7.2.3(Minkowski 不等式) 设 $(x_1, x_2, \cdots, x_n), (y_1, y_2, \cdots, y_n) \in \mathbb{R}_{++}^n, p > 1$, 则

$$\left(\sum_{k=1}^n x_k^p\right)^{\frac{1}{p}} + \left(\sum_{k=1}^n y_k^p\right)^{\frac{1}{p}} \geqslant \left(\sum_{k=1}^n (x_k + y_k)^p\right)^{\frac{1}{p}}$$

证明 设 $f(\boldsymbol{a}) = \left(\sum_{k=1}^n b_k a_k\right)^{\frac{1}{p}} - \left(\sum_{k=1}^n b_k (a_k^{\frac{1}{p}} + 1)^p\right)^{\frac{1}{p}}$, 在 D_1 上有

$$\frac{\partial f(\boldsymbol{a})}{\partial a_1} = \frac{1}{p} b_1 \left(\sum_{k=1}^n b_k a_k\right)^{\frac{1}{p}-1} - \frac{1}{p} b_1 a_1^{\frac{1}{p}-1} (a_1^{\frac{1}{p}} + 1)^{p-1} \left(\sum_{k=1}^n b_k (a_k^{\frac{1}{p}} + 1)^p\right)^{\frac{1}{p}-1} =$$

$$\frac{1}{p} b_1 \left(\sum_{k=1}^n b_k a_k\right)^{\frac{1}{p}-1} \left(\sum_{k=1}^n b_k (a_k^{\frac{1}{p}} + 1)^p\right)^{\frac{1}{p}-1} \cdot$$

$$\left[\left(\sum_{k=1}^n b_k (a_k^{\frac{1}{p}} + 1)^p\right)^{1-\frac{1}{p}} - (1 + a_1^{-\frac{1}{p}})^{p-1} \left(\sum_{k=1}^n b_k a_k\right)^{1-\frac{1}{p}}\right] =$$

$$\frac{1}{p} b_1 \left(\sum_{k=1}^n b_k a_k\right)^{\frac{1}{p}-1} \left(\sum_{k=1}^n b_k (a_k^{\frac{1}{p}} + 1)^p\right)^{\frac{1}{p}-1} \cdot$$

$$\left[\left(\sum_{k=1}^n b_k(a_k^{\frac{1}{p}}+1)^p\right)^{1-\frac{1}{p}} - \left(\sum_{k=1}^n b_k(a_k^{\frac{1}{p}}+a_k^{\frac{1}{p}}a_1^{-\frac{1}{p}})^p\right)^{1-\frac{1}{p}}\right] >$$

$$\frac{1}{p}b_1\left(\sum_{k=1}^n b_k a_k\right)^{\frac{1}{p}-1}\left(\sum_{k=1}^n b_k(a_k^{\frac{1}{p}}+1)^p\right)^{\frac{1}{p}-1} \cdot$$

$$\left[\left(\sum_{k=1}^n b_k(a_k^{\frac{1}{p}}+1)^p\right)^{1-\frac{1}{p}} - \left(\sum_{k=1}^n b_k(a_k^{\frac{1}{p}}+a_1^{\frac{1}{p}}a_1^{-\frac{1}{p}})^p\right)^{1-\frac{1}{p}}\right] = 0$$

类似可定义 $D_i(i=2,3,\cdots,n)$, 且同理可证在 $D_i(i=2,3,\cdots,n)$ 上, 都有 $\frac{\partial f(\boldsymbol{a})}{\partial a_i} > 0$ 成立. 由定理 7.1.1 知

$$f(\boldsymbol{a}) \geqslant f(\bar{\boldsymbol{a}}_{\min}) = 0, \left(\sum_{k=1}^n b_k a_k\right)^{\frac{1}{p}} \geqslant \left(\sum_{k=1}^n b_k(a_k^{\frac{1}{p}}+1)^p\right)^{\frac{1}{p}} - \left(\sum_{k=1}^n b_k\right)^{\frac{1}{p}}$$

在上式中令 $a_k = \frac{y_k^p}{x_k^p}, b_k = x_k^p$, 整理即得 Minkowski 不等式.

定理 7.2.4[73] 设 $r \geqslant \frac{n}{n-1}$, 则有

$$\left(\sum_{i=1}^n a_i\right)^r \geqslant \sum_{i=1}^n a_i^r + (n^r - n)\left(\sqrt[n]{\prod_{i=1}^n a_i}\right)^r$$

证明 设 $0 < t \leqslant a_1^{\frac{m-r}{n}}$ 和

$$g(t) = a_1^{1-\frac{r}{n}}(a_1 + (n-1)t^{\frac{n}{m-r}})^{r-1} - a_1^{r-\frac{r}{n}} - (n^{r-1}-1)t$$

$$g'(t) = \frac{(r-1)n}{r}a_1^{1-\frac{r}{n}}(a_1 + (n-1)t^{\frac{n}{m-r}})^{r-2}t^{\frac{n-m+r}{m-r}} - (n^{r-1}-1)$$

$$g''(t) = \frac{(r-1)n}{r^2}a_1^{1-\frac{r}{n}}(a_1 + (n-1)t^{\frac{n}{m-r}})^{r-3}t^{\frac{n}{m-r}-2} \cdot$$

$$\left[(r-2)nt^{\frac{n}{m-r}} + \frac{n-rn+r}{n-1}(a_1 + (n-1)t^{\frac{n}{m-r}})\right] \leqslant$$

$$\frac{(r-1)n}{r^2}a_1^{1-\frac{r}{n}}(a_1 + (n-1)t^{\frac{n}{m-r}})^{r-3}t^{\frac{n}{m-r}-2} \cdot$$

$$\left[(r-2)nt^{\frac{n}{m-r}} - \frac{rn-n-r}{n-1}(t^{\frac{n}{m-r}} + (n-1)t^{\frac{n}{m-r}})\right] =$$

$$\frac{(r-1)n}{r^2} \cdot \frac{2n-n^2}{n-1}a_1^{1-\frac{r}{n}}(a_1 + (n-1)t^{\frac{n}{m-r}})^{r-3}t^{\frac{2n}{m-r}-2} \leqslant 0$$

故 $g(t)$ 关于 t 为凹函数.

同时, 可设 $f(\boldsymbol{a}) = \left(\sum_{i=1}^n a_i\right)^r - \sum_{i=1}^n a_i^r - (n^r-n)\left(\sqrt[n]{\prod_{i=1}^n a_i}\right)^r$, 在 D_1 内有

$$\frac{\partial f(\boldsymbol{a})}{\partial a_1} = \frac{r}{a_1^{1-\frac{r}{n}}}\left[a_1^{1-\frac{r}{n}}\left(\sum_{i=1}^n a_i\right)^{r-1} - a_1^{r-\frac{r}{n}} - (n^{r-1}-1)\left(\sqrt[n]{\prod_{i=2}^n a_i}\right)^r\right] >$$

$$\frac{r}{a_1^{1-\frac{r}{n}}}\Big[a_1^{1-\frac{r}{n}}\Big(a_1+(n-1)\sqrt[n]{\prod_{i=2}^{n}a_i}\Big)^{r-1}-$$

$$a_1^{r-\frac{r}{n}}-(n^{r-1}-1)\Big(\sqrt[n]{\prod_{i=2}^{n}a_i}\Big)^r\Big]$$

根据闭区间上的凹函数在二个端点的函数值,必有一个为函数的最小值这个性质,由于 $0 < \Big(\sqrt[n]{\prod_{i=2}^{n}a_i}\Big)^r \leq a_1^{\frac{rn-r}{n}}$,和 $g(0+)$ 的存在性,知

$$\frac{\partial f(\boldsymbol{a})}{\partial a_1} > \frac{r}{a_1^{1-\frac{r}{n}}}\Big[a_1^{1-\frac{r}{n}}\big(a_1+(n-1)\sqrt[n-1]{0}\big)^{r-1}-a_1^{r-\frac{r}{n}}-(n^{r-1}-1)\big(\sqrt[n]{0}\big)^r\Big]=0$$

或

$$\frac{\partial f(\boldsymbol{a})}{\partial a_1} > \frac{r}{a_1^{1-\frac{r}{n}}}\Big[a_1^{1-\frac{r}{n}}\big(a_1+(n-1)\sqrt[n-1]{a_1^{n-1}}\big)^{r-1}-$$

$$a_1^{r-\frac{r}{n}}-(n^{r-1}-1)\big(\sqrt[n]{a_1^{n-1}}\big)^r\Big]=0$$

之一成立. 总之 $\frac{\partial f(\boldsymbol{a})}{\partial a_1} > 0$,由推论 1 知 $f(\boldsymbol{a}) \geq f(\bar{\boldsymbol{a}}_{\min})=0$,即知命题得证.

著名的 k 次对称平均定义为 $P(\boldsymbol{a},k)=\left(\dfrac{E_n(\boldsymbol{a},k)}{\binom{n}{k}}\right)^{\frac{1}{k}}$,其中 $1 \leq k \leq n$,

$$E(\boldsymbol{a},k)=\sum_{1\leq i_1<i_2<\cdots<i_k\leq n}\prod_{j=1}^{k}a_{i_j}.$$

定理 7.2.5[6,P.65-66] (**Maclaurin 不等式**) 设 $1 \leq k \leq n-1$,则 $P(\boldsymbol{a},k) \geq P(\boldsymbol{a},k+1)$.

证明 我们用数学归纳法证之,假设定理对于 $n-1,(n \geq 3)$ 是成立. 设

$$f(\boldsymbol{a}(n))=\left(\binom{n}{k}^{-1}E(\boldsymbol{a}(n),k)\right)^{\frac{k+1}{k}}-\binom{n}{k+1}^{-1}E(\boldsymbol{a}(n),k+1)$$

在 D_1 内我们有

$$\frac{\partial f(\boldsymbol{a}(n))}{\partial a_1}=\frac{k+1}{k}\binom{n}{k}^{-\frac{k+1}{k}}\Big(\sum_{1\leq i_1<i_2<\cdots<i_k\leq n}\prod_{j=1}^{k}a_{i_j}\Big)^{\frac{1}{k}}\cdot\sum_{2\leq i_2<\cdots<i_k\leq n}\prod_{j=2}^{k}a_{i_j}-$$

$$\binom{n}{k+1}^{-1}\sum_{2\leq i_2<\cdots<i_{k+1}\leq n}\prod_{j=2}^{k+1}a_{i_j}=$$

$$\frac{k+1}{k}\binom{n}{k}^{-\frac{k+1}{k}}\binom{n-1}{k-1}\times$$

$$\Big(\sum_{2\leq i_2<\cdots<i_k\leq n}\big(a_1\prod_{j=2}^{k}a_{i_j}\big)+\sum_{2\leq i_1<i_2<\cdots<i_k\leq n}\prod_{j=1}^{k}a_{i_j}\Big)^{\frac{1}{k}}.$$

$$\left(\binom{n-1}{k-1}^{-1}\sum_{2\leqslant i_2<\cdots<i_k\leqslant n}\prod_{j=2}^{k}a_{i_j}\right)-$$

$$\binom{n}{k+1}^{-1}\sum_{2\leqslant i_2<\cdots<i_{k+1}\leqslant n}\prod_{j=2}^{k+1}a_{i_j}$$

由数学归纳法和 D_1 的定义知

$$\frac{\partial f(\boldsymbol{a}(n))}{\partial a_1}>\frac{k+1}{k}\binom{n}{k}^{-\frac{k+1}{k}}\binom{n-1}{k-1}\times$$

$$\left(\sum_{2\leqslant i_2<\cdots<i_k\leqslant n}\left(\frac{1}{n-k}\sum_{i_t\neq i_2,\cdots,i_n}a_{i_t}\cdot\prod_{j=2}^{k}a_{i_j}\right)+\sum_{2\leqslant i_1<i_2<\cdots<i_k\leqslant n}\prod_{j=1}^{k}a_{i_j}\right)^{\frac{1}{k}}\cdot$$

$$\left(\binom{n-1}{k}^{-1}\sum_{2\leqslant i_2<\cdots<i_{k+1}\leqslant n}\prod_{j=2}^{k+1}a_{i_j}\right)^{\frac{(k-1)}{k}}-\binom{n}{k+1}^{-1}\sum_{2\leqslant i_2<\cdots<i_{k+1}\leqslant n}\prod_{j=2}^{k+1}a_{i_j}=$$

$$\frac{k+1}{k}\binom{n}{k}^{-\frac{k+1}{k}}\binom{n-1}{k-1}\binom{n-1}{k}^{-\frac{(k-1)}{k}}\cdot$$

$$\left(\binom{n-1}{k-1}\binom{n-1}{k}^{-1}\sum_{2\leqslant i_2<\cdots<i_{k+1}\leqslant n}\prod_{j=2}^{k+1}a_{i_j}+\sum_{2\leqslant i_1<i_2<\cdots<i_k\leqslant n}\prod_{j=1}^{k}a_{i_j}\right)^{\frac{1}{k}}\cdot$$

$$\left(\sum_{2\leqslant i_1<\cdots<i_k\leqslant n}\prod_{j=1}^{k}a_{i_j}\right)^{\frac{(k-1)}{k}}-\binom{n}{k+1}^{-1}\sum_{2\leqslant i_1<\cdots<i_k\leqslant n}\prod_{j=1}^{k}a_{i_j}=$$

$$\frac{k+1}{k}\binom{n}{k}^{-\frac{k+1}{k}}\binom{n-1}{k-1}\binom{n-1}{k}^{-\frac{(k-1)}{k}}\cdot$$

$$\left(\frac{n}{n-k}\right)^{\frac{1}{k}}\left(\sum_{2\leqslant i_1<i_2<\cdots<i_k\leqslant n}\prod_{j=1}^{k}a_{i_j}\right)^{\frac{1}{k}}\cdot$$

$$\left(\sum_{2\leqslant i_1<\cdots<i_k\leqslant n}\prod_{j=1}^{k}a_{i_j}\right)^{\frac{(k-1)}{k}}-\binom{n}{k+1}^{-1}\sum_{2\leqslant i_1<\cdots<i_k\leqslant n}\prod_{j=1}^{k}a_{i_j}=$$

$$\binom{n}{k+1}^{-1}\sum_{2\leqslant i_1<i_2<\cdots<i_k\leqslant n}\prod_{j=1}^{k}a_{i_j}-\binom{n}{k+1}^{-1}\sum_{2\leqslant i_1<\cdots<i_1\leqslant n}\prod_{j=1}^{k}a_{i_j}=0$$

由推论 7.1.3 知 $f(\boldsymbol{a})\geqslant f(\overline{\boldsymbol{a}}_{\min})=0$,即知命题得证.

Hamy 对称函数为 $F_n(\boldsymbol{a},k)=\sum_{1\leqslant i_1<\cdots<i_k\leqslant n}\left(\prod_{j=1}^{k}a_{i_j}\right)^{\frac{1}{k}}$,其相应 Hamy 平均为

$$\sigma_n(n,k)=\frac{F_n(a,k)}{\binom{n}{k}}.$$

定理 7.2.6[6,P.67] 设 $1\leqslant k\leqslant n-1$,则 $\sigma_n(n,k+1)\leqslant\sigma_n(n,k)$.

证明 我们用数学归纳法证之,假设命题对于 $n-1(n \geq 3)$ 成立.

不妨假定 $k \geq 2$,设

$$f(\boldsymbol{a}) = \binom{n}{k}^{-1} \sum_{1 \leq i_1 < \cdots < i_k \leq n} \Big(\prod_{j=1}^{k} a_{i_j}\Big)^{\frac{1}{k}} - \binom{n}{k+1}^{-1} \sum_{1 \leq i_1 < \cdots < i_{k+1} \leq n} \Big(\prod_{j=1}^{k+1} a_{i_j}\Big)^{\frac{1}{k+1}}$$

在 D_1 内,我们有

$$\frac{\partial f(\boldsymbol{a})}{\partial a_1} = \frac{1}{k}\binom{n}{k}^{-1} a_1^{\frac{1}{k}-1} \sum_{2 \leq i_2 < \cdots < i_k \leq n} \Big(\prod_{j=2}^{k} a_{i_j}\Big)^{\frac{1}{k}} -$$

$$\frac{1}{k+1} a_1^{\frac{1}{k+1}-1} \binom{n}{k+1}^{-1} \sum_{2 \leq i_2 < \cdots < i_{k+1} \leq n} \Big(\prod_{j=2}^{k+1} a_{i_j}\Big)^{\frac{1}{k+1}} =$$

$$\frac{1}{n}\binom{n-1}{k-1}^{-1} a_1^{\frac{1}{k}-1} \sum_{2 \leq i_2 < \cdots < i_k \leq n} \Big(\prod_{j=2}^{k} a_{i_j}^{\frac{k-1}{k}}\Big)^{\frac{1}{k-1}} -$$

$$\frac{1}{k+1} a_1^{\frac{1}{k+1}-1} \binom{n}{k+1}^{-1} \sum_{2 \leq i_2 < \cdots < i_{k+1} \leq n} \Big(\prod_{j=2}^{k+1} a_{i_j}\Big)^{\frac{1}{k+1}} \geq$$

$$\frac{1}{n}\binom{n-1}{k}^{-1} a_1^{\frac{1}{k}-1} \sum_{2 \leq i_2 < \cdots < i_{k+1} \leq n} \Big(\prod_{j=2}^{k+1} a_{i_j}^{\frac{k-1}{k}}\Big)^{\frac{1}{k}} -$$

$$\frac{1}{k+1} a_1^{\frac{1}{k+1}-1} \binom{n}{k+1}^{-1} \sum_{2 \leq i_2 < \cdots < i_{k+1} \leq n} \Big(\prod_{j=2}^{k+1} a_{i_j}\Big)^{\frac{1}{k+1}} =$$

$$\frac{1}{n}\binom{n-1}{k}^{-1} a_1^{\frac{1}{k+1}-1} \Big[\sum_{2 \leq i_2 < \cdots < i_{k+1} \leq n} \Big(\prod_{j=2}^{k+1} \big(a_1^{\frac{1}{k^2}-1} a_{i_j}\big)\Big)^{\frac{k-1}{k^2}} -$$

$$\sum_{2 \leq i_2 < \cdots < i_{k+1} \leq n} \Big(\prod_{j=2}^{k+1} a_{i_j}\Big)^{\frac{1}{k+1}} \Big] >$$

$$\frac{1}{n}\binom{n-1}{k}^{-1} a_1^{\frac{1}{k+1}-1} \Big[\sum_{2 \leq i_2 < \cdots < i_{k+1} \leq n} \Big(\prod_{j=2}^{k+1} \big(a_{i_j}^{\frac{1}{k^2}-1} a_{i_j}\big)\Big)^{\frac{k-1}{k^2}} -$$

$$\sum_{2 \leq i_2 < \cdots < i_{k+1} \leq n} \Big(\prod_{j=2}^{k+1} a_{i_j}\Big)^{\frac{1}{k+1}} \Big] = 0$$

由推论 7.1.3 知 $f(\boldsymbol{a}) \geq f(\overline{\boldsymbol{a}}_{\min}) = 0$,即知命题得证.

定理 7.2.7 Sierpinski 不等式(可见文献[1]的 P.21):

$$\frac{1}{n}\sum_{i=1}^{n} a_i \Bigg(\frac{n}{\sum_{i=1}^{n} a_i^{-1}}\Bigg)^{n-1} \leq \prod_{i=1}^{n} a_i \leq \Big(\frac{1}{n}\sum_{i=1}^{n} a_i\Big)^{n-1} \cdot \frac{n}{\sum_{i=1}^{n} a_i^{-1}} \quad (7.2.1)$$

证明 对于 $n = 2$,易证命题成立,下设 $n = 3$.

设 $f(\boldsymbol{a}) = \sum_{i=1}^{n} \ln a_i - \ln \sum_{i=1}^{n} a_i - (n-1)\Big(\ln n - \ln \sum_{i=1}^{n} a_i^{-1}\Big) - \ln n$,在 D_1,我们有

$$\frac{\partial f(\boldsymbol{a})}{\partial a_1} = \frac{1}{a_1} - \frac{1}{\sum_{i=1}^{n} a_i} - (n-1)\frac{1}{a_1^2 \sum_{i=1}^{n} a_i^{-1}} =$$

$$\frac{1}{a_1 \sum_{i=1}^{n} a_i \sum_{i=1}^{n} a_i^{-1}} \left[\sum_{i=2}^{n} a_i \sum_{i=2}^{n} a_i^{-1} - (n-1) - (n-2)\frac{\sum_{i=2}^{n} a_i}{a_1} \right]$$

由 Cauchy 不等式(见推论 0.1.6) 及 D_1 的定义知

$$\frac{\partial f(\boldsymbol{a})}{\partial a_1} > \frac{1}{a_1 \sum_{i=1}^{n} a_i \sum_{i=1}^{n} a_i^{-1}} \left[(n-1)^2 - (n-1) - (n-2)\frac{\sum_{i=2}^{n} a_i}{\frac{\sum_{i=2}^{n} a_i}{n-1}} \right] = 0$$

由推论 7.1.3 知 $f(\boldsymbol{a}) \geqslant f(\bar{\boldsymbol{a}}_{\min}) = 0$, 即知式(7.2.1) 的左式成立.

设 $g(\boldsymbol{a}) = (n-1)\left(\ln \sum_{i=1}^{n} a_i - \ln n \right) - \ln \sum_{i=1}^{n} a_i^{-1} - \sum_{i=1}^{n} \ln a_i + \ln n$, 则

$$\frac{\partial g(\boldsymbol{a}(n))}{\partial a_n} = (n-1)\frac{1}{\sum_{i=1}^{n} a_i} + \frac{1}{a_n^2 \sum_{i=1}^{n} a_i^{-1}} - \frac{1}{a_n} =$$

$$\frac{1}{a_n \sum_{i=1}^{n} a_i \sum_{i=1}^{n} a_i^{-1}} \left[n - 1 + (n-2) \sum_{i=1}^{n-1} \frac{a_n}{a_i} - \sum_{i=1}^{n-1} a_i \sum_{i=1}^{n-1} a_i^{-1} \right]$$

设 $D_2 = \{ \boldsymbol{a} \in \mathbb{R}_{++}^n \mid a_n = \min_{1 \leqslant k \leqslant n} \{ a_k \} < \max_{1 \leqslant k \leqslant n} \{ a_k \} \}$, 在 D_2 内, 由 Cauchy 不等式知

$$\frac{\partial g(\boldsymbol{a}(n))}{\partial a_n} < \frac{1}{a_n \sum_{i=1}^{n} a_i \sum_{i=1}^{n} a_i^{-1}} [n - 1 + (n-2)(n-1) - (n-1)^2] = 0$$

由推论 7.1.4 知 $f(\boldsymbol{a}(n)) \geqslant f(\bar{\boldsymbol{a}}_{\max}) = 0$, 其中 $\bar{\boldsymbol{a}}_{\max} = \{ a_{\max}, a_{\max}, \cdots, a_{\max} \}$, 即知式(7.2.1) 的右式成立.

例 7.2.8(Fanky 不等式)[6,P.67]   设 $0 < a_k \leqslant \frac{1}{2}, k = 1, 2, \cdots, n$, 则

$$\frac{\prod_{k=1}^{n} a_k}{\left(\sum_{k=1}^{n} a_k \right)^n} \leqslant \frac{\prod_{k=1}^{n} (1 - a_k)}{\left(\sum_{k=1}^{n} (1 - a_k) \right)^n}$$

证明   所证不等式可化为

$$\ln \prod_{k=1}^{n} a_k + \ln \left(n - \sum_{k=1}^{n} a_k \right)^n \leqslant \ln \left(\sum_{k=1}^{n} a_k \right)^n + \ln \prod_{k=1}^{n} (1 - a_k)$$

即

$$\sum_{k=1}^{n} \ln a_k + n\ln\left(n - \sum_{k=1}^{n} a_k\right) \leq n\ln\left(\sum_{k=1}^{n} a_k\right) + \sum_{k=1}^{n} \ln(1 - a_k) \quad (7.2.2)$$

设函数

$$f(a_1, a_2, \cdots, a_n) = n\ln\left(\sum_{k=1}^{n} a_k\right) + \sum_{k=1}^{n} \ln(1 - a_k) - \sum_{k=1}^{n} \ln a_k - n\ln\left(n - \sum_{k=1}^{n} a_k\right)$$

则在 D_1 内

$$\frac{\partial f}{\partial a_1} = \frac{n}{\sum_{k=1}^{n} a_k} - \frac{1}{1 - a_1} - \frac{1}{a_1} + \frac{n}{n - \sum_{k=1}^{n} a_k} =$$

$$\frac{na_1 - \sum_{k=1}^{n} a_k}{a_1 \sum_{k=1}^{n} a_k} + \frac{n(1 - a_1) - \left(n - \sum_{k=1}^{n} a_k\right)}{(1 - a_1)\left(n - \sum_{k=1}^{n} a_k\right)} =$$

$$\left(na_1 - \sum_{k=1}^{n} a_k\right)\left[\frac{1}{a_1 \sum_{k=1}^{n} a_k} - \frac{1}{(1 - a_1)\left(n - \sum_{k=1}^{n} a_k\right)}\right]$$

此时易知 $\dfrac{1}{a_1 \sum_{k=1}^{n} a_k} - \dfrac{1}{(1 - a_1)\left(n - \sum_{k=1}^{n} a_k\right)} > 0$ 和 $na_1 - \sum_{k=1}^{n} a_k > 0$. 故 $\dfrac{\partial f}{\partial a_1} > 0$.

由推论 7.1.3 知 $f(\boldsymbol{a}) \geq f(\bar{\boldsymbol{a}}_{\min}) = 0$. 此即为式(7.2.2).

同理，我们还可证明如下 Fanky 型不等式.

定理 7.2.9[6,P.69]
$$\frac{\sum_{k=1}^{n} a_k}{n + \sum_{k=1}^{n} a_k} \geq \frac{\sqrt[n]{\prod_{k=1}^{n} a_i}}{\sqrt[n]{\prod_{k=1}^{n}(1 + a_i)}}.$$

定理 7.2.10[6,P.69] 若 $a_k > 1, k = 1, 2, \cdots, n$, 则

$$\frac{\sqrt[n]{\prod_{k=1}^{n} a_i}}{\sqrt[n]{\prod_{k=1}^{n}(a_i - 1)}} \geq \frac{\sum_{k=1}^{n} a_k}{\sum_{k=1}^{n} a_k - n}$$

定理 7.2.11[6,P.69] 若 $q_k > 0, 0 \leq a_k < \dfrac{1}{2}, k = 1, 2, \cdots, n, \sum_{k=1}^{n} q_k = 1$, 则

$$\frac{\prod_{k=1}^{n} a_k^{q_k}}{\prod_{k=1}^{n}(1 - a_k)^{q_k}} \leq \frac{\sum_{k=1}^{n} q_k a_k}{\sum_{k=1}^{n} q_k(1 - a_k)}$$

7.3 Hardy 不等式的一些注记

著名的 Hardy 不等式(见式 0.1.26)在分析学中有许多应用,近几十年来,对其推广和加强也出现了较多结果,如文献[130]~[134],特别是不等式专著[134],对 2005 年前的一些研究作了总结.最近,文献[191]证明了,当 $p = -1$ 时也为真,即

$$\sum_{i=1}^{\infty}\left(\frac{1}{i}\sum_{j=1}^{i} a_j\right)^{-1} < 2\sum_{i=1}^{\infty} a_i^{-1} \tag{7.3.1}$$

其中 $a_i > 0 (i = 1,2,\cdots)$,$\sum_{i=1}^{\infty} a_i^{-1}$ 收敛.文献[194]还说明了式(7.3.1)的系数 2 为最佳,文献[195]得到了

$$\sum_{i=1}^{n}\left(\frac{1}{i}\sum_{j=1}^{i} a_j\right)^{-1} < 2\sum_{i=1}^{n}\left(1 - \frac{\pi^2 - 9}{3i}\right) a_i^{-1} \tag{7.3.2}$$

本节将利用最值单调性定理,把上两式分别改进为三个非严格不等式,且不等式不分强弱,同时也介绍若干推论.一般设 $n \in \mathbb{N}, n \geq 1, a_i > 0 (i = 1,2,\cdots)$,和

$$\overline{D}_t = \{(b_1, b_2, \cdots, b_n) \mid b_t = \min_{1 \leq i \leq n}\{b_i\} \neq \max_{1 \leq i \leq n}\{b_i\}\}, t = 1,2,\cdots,n$$

引理 7.3.1 设 $n \in \mathbb{N}_{++}, f(n) = 4n^2 \sum_{i=n}^{\infty} \frac{1}{i(i+1)^2}$,则

$$f(n) \leq 2\left(1 - \frac{\pi^2 - 9}{3n}\right) < 2 \tag{7.3.3}$$

其证明已由文献[195]中定理 2.1 的证明中给出.

定理 7.3.2 设 $A_n = \max\left\{\frac{a_i}{i} \leq i \leq n\right\}$,则

$$2\sum_{i=1}^{n} a_i^{-1} - \sum_{i=1}^{n}\left(\frac{1}{i}\sum_{j=1}^{i} a_j\right)^{-1} \geq \frac{2}{A_n}\left(1 - \frac{1}{n+1}\right) \tag{7.3.4}$$

等号成立当且仅当 $a_1 = \frac{a_2}{2} = \cdots = \frac{a_n}{n}$.

证明 设 $b_i = \frac{a_i}{i}$,则不等式化为

$$2\sum_{i=1}^{n} \frac{1}{ib_i} - \sum_{i=1}^{n}\left(\frac{1}{i}\sum_{j=1}^{i} jb_j\right)^{-1} \geq \frac{2}{B_n}\left(1 - \frac{1}{n+1}\right) \tag{7.3.5}$$

且 $A_n = \max\{b_i, 1 \leq i \leq n\}$.再设函数

$$f(b_1, b_2, \cdots, b_n) = 2\sum_{i=1}^{n} \frac{1}{ib_i} - \sum_{i=1}^{n}\left(\frac{1}{i}\sum_{j=1}^{i} jb_j\right)^{-1}$$

则在 $\bar{D}_t$ 内,有

$$\frac{\partial f}{\partial b_t} = -\frac{2}{tb_t^2} + t\sum_{i=t}^{n}\frac{i}{\left(\sum_{j=1}^{i}jb_j\right)^2} < -\frac{2}{tb_t^2} + t\sum_{i=t}^{n}\frac{i}{\left(\sum_{j=1}^{i}jb_t\right)^2} =$$

$$-\frac{2}{tb_t^2} + \frac{t}{b_t^2}\sum_{i=t}^{n}\frac{i}{\left(\sum_{j=1}^{i}j\right)^2} < \frac{1}{tb_t^2}\left(4t^2\sum_{i=t}^{+\infty}\frac{1}{i(i+1)^2} - 2\right)$$

由引理 1 知 $\frac{\partial f}{\partial b_t} < 0$. 至此由定理 7.1.2 知

$$f(b_1,b_2,\cdots,b_n) \geqslant f(A_n,A_n,\cdots,A_n) = 2\sum_{i=1}^{n}\frac{1}{iA_n} - \sum_{i=1}^{n}\left(\frac{1}{i}\sum_{j=1}^{i}jA_n\right)^{-1} =$$

$$\frac{1}{A_n}\left(2\sum_{i=1}^{n}\frac{1}{i} - \sum_{i=1}^{n}\frac{2}{i+1}\right) = \frac{2}{A_n}\left(1 - \frac{1}{n+1}\right)$$

即知式(7.3.5)成立,进而知式(7.3.4)为真. 等号成立当且仅当 $b_1 = b_2 = \cdots = b_n$, 即 $a_1 = \frac{a_2}{2} = \cdots = \frac{a_n}{n}$.

由于 $n \geqslant 1$,则可立得下推论 7.3.3.

推论 7.3.3 设 $A_n = \max\{a_i/i, 1 \leqslant i \leqslant n\}$,则

$$2\sum_{i=1}^{n}a_i^{-1} - \sum_{i=1}^{n}\left(\frac{1}{i}\sum_{j=1}^{i}a_j\right)^{-1} \geqslant \frac{1}{A_n}$$

定理 7.3.4 设 $A_n = \max\{a_i/i, 1 \leqslant i \leqslant n\}$,则

$$2\sum_{i=1}^{n}\left(1 - \frac{\pi^2-9}{3i}\right)a_i^{-1} - \sum_{i=1}^{n}\left(\frac{1}{i}\sum_{j=1}^{i}a_j\right)^{-1} \geqslant \frac{2}{A_n}\left(1 - \frac{1}{n+1} - \frac{\pi^2-9}{3}\sum_{i=1}^{n}\frac{1}{i^2}\right)$$
(7.3.6)

等号成立当且仅当 $a_1 = \frac{a_2}{2} = \cdots = \frac{a_n}{n}$.

证明 设 $b_i = \frac{a_i}{i}$,则不等式化为

$$2\sum_{i=1}^{n}\left(1 - \frac{\pi^2-9}{3i}\right)\frac{1}{ib_i} - \sum_{i=1}^{n}\left(\frac{1}{i}\sum_{j=1}^{i}jb_j\right)^{-1} \geqslant \frac{2}{A_n}\left(1 - \frac{1}{n+1} - \frac{\pi^2-9}{3}\sum_{i=1}^{n}\frac{1}{i^2}\right)$$
(7.3.7)

且 $A_n = \max\{b_i, 1 \leqslant i \leqslant n\}$. 再设函数

$$f(b_1,b_2,\cdots,b_n) = 2\sum_{i=1}^{n}\left(1 - \frac{\pi^2-9}{3i}\right)\frac{1}{ib_i} - \sum_{i=1}^{n}\left(\frac{1}{i}\sum_{j=1}^{i}jb_j\right)^{-1}$$

则由在 $\bar{D}_t$ 内,有

$$\frac{\partial f}{\partial b_t} = -2\left(1 - \frac{\pi^2-9}{3t}\right)\frac{1}{tb_t^2} + t\sum_{i=t}^{n}\frac{i}{\left(\sum_{j=1}^{i}jb_j\right)^2} <$$

$$-2\left(1-\frac{\pi^2-9}{3t}\right)\frac{1}{tb_t^2}+t\sum_{i=t}^{n}\frac{i}{\left(\sum_{j=1}^{i}jb_t\right)^2}<$$

$$\frac{1}{tb_t^2}\left[4t^2\sum_{i=t}^{\infty}\frac{1}{i(i+1)^2}-2\left(1-\frac{\pi^2-9}{3t}\right)\right]$$

由引理 7.3.1 知 $\frac{\partial f}{\partial b_t}<0$. 至此由定理 7.1.2 知

$$f(b_1,b_2,\cdots,b_n)\geqslant f(A_n,A_n,\cdots,A_n)=$$
$$2\sum_{i=1}^{n}\left(1-\frac{\pi^2-9}{3i}\right)\frac{1}{iA_n}-\sum_{i=1}^{n}\left(\frac{1}{i}\sum_{j=1}^{i}jA_n\right)^{-1}=$$
$$\frac{2}{A_n}\left(1-\frac{1}{n+1}-\frac{\pi^2-9}{3}\sum_{i=1}^{n}\frac{1}{i^2}\right)$$

式(7.3.7) 成立,定理证毕.

推论 7.3.5 设 $A_n=\max\{a_i/i, 1\leqslant i\leqslant n\}$,则

$$2\sum_{i=1}^{n}\left(1-\frac{\pi^2-9}{3i}\right)a_i^{-1}-\sum_{i=1}^{n}\left(\frac{1}{i}\sum_{j=1}^{i}a_j\right)^{-1}\geqslant\frac{1}{A_n}\left(\frac{18+9\pi^2-\pi^4}{9}-\frac{24-2\pi^2}{3(n+1)}\right)$$

证明 由定理 7.3.4 及 $\sum_{n=1}^{\infty}\left(\frac{1}{n^2}\right)=\frac{\pi^2}{6}$ 知

$$2\sum_{i=1}^{n}\left(1-\frac{\pi^2-9}{3i}\right)a_i^{-1}-\sum_{i=1}^{n}\left(\frac{1}{i}\sum_{j=1}^{i}a_j\right)^{-1}\geqslant$$
$$\frac{2}{A_n}\left(1-\frac{1}{n+1}-\frac{\pi^2-9}{3}\cdot\frac{\pi^2}{6}+\frac{\pi^2-9}{3}\sum_{i=n+1}^{\infty}\frac{1}{i^2}\right)\geqslant$$
$$\frac{2}{A_n}\left(1-\frac{1}{n+1}-\frac{\pi^4-9\pi^2}{18}+\frac{\pi^2-9}{3}\sum_{i=n+1}^{\infty}\left(\frac{1}{i}-\frac{1}{i+1}\right)\right)=$$
$$\frac{1}{A_n}\left(\frac{18+9\pi^2-\pi^4}{9}-\frac{24-2\pi^2}{3(n+1)}\right)$$

推论得证.

推论 7.3.6 设 $A_n=\max\{a_i/i, 1\leqslant i\leqslant n\}$,则

$$2\sum_{i=1}^{n}\left(1-\frac{\pi^2-9}{3i}\right)a_i^{-1}-\sum_{i=1}^{n}\left(\frac{1}{i}\sum_{j=1}^{i}a_j\right)^{-1}\geqslant\frac{21-2\pi^2}{3A_n} \quad (7.3.8)$$

证明 设 $\phi(n)=1-\frac{1}{n+1}-\frac{\pi^2-9}{3}\cdot\sum_{i=1}^{n}\frac{1}{i^2}$,易证 $\phi(n)$ 为单调增加数列,则由定理 7.3.4 知

$$2\sum_{i=1}^{n}\left(1-\frac{\pi^2-9}{3i}\right)a_i^{-1}-\sum_{i=1}^{n}\left(\frac{1}{i}\sum_{j=1}^{i}a_j\right)^{-1}\geqslant\frac{2}{A_n}\phi(1)$$

此即为式(7.3.8).

定理 7.3.7 设 $A_n=\max\{a_i/i, 1\leqslant i\leqslant n\}$,则

$$2\sum_{i=1}^{n} a_i^{-1} - \sum_{i=1}^{n}\left(\frac{1}{i+\frac{1}{2}}\sum_{j=1}^{i} a_j\right)^{-1} \geq \frac{n}{(n+1)A_n} \tag{7.3.9}$$

等号成立当且仅当 $a_1 = \frac{a_2}{2} = \cdots = \frac{a_n}{n}$.

证明 设 $b_i = \frac{a_i}{i}$, 则不等式化为

$$2\sum_{i=1}^{n} \frac{1}{ib_i} - \sum_{i=1}^{n} \frac{i+\frac{1}{2}}{\sum_{j=1}^{i} jb_j} \geq \frac{n}{(n+1)A_n}$$

且 $A_n = \max\{b_i, 1 \leq i \leq n\}$. 再设函数

$$f(b_1, b_2, \cdots b_n) = 2\sum_{i=1}^{n} \frac{1}{ib_i} - \sum_{i=1}^{n} \frac{i+\frac{1}{2}}{\sum_{j=1}^{i} jb_j}$$

则由在 $\overline{D}_t$ 内, 有

$$\frac{\partial f}{\partial b_t} = -\frac{2}{tb_t^2} + t\sum_{i=t}^{n} \frac{i+\frac{1}{2}}{(\sum_{j=1}^{i} jb_j)^2} < -\frac{2}{tb_t^2} + t\sum_{i=t}^{n} \frac{i+\frac{1}{2}}{(\sum_{j=1}^{i} jb_t)^2} =$$

$$\frac{1}{tb_t^2}\left(t^2\sum_{i=t}^{n} \frac{4i+2}{i^2(i+1)^2} - 2\right) =$$

$$\frac{2}{tb_t^2}\left(t^2\sum_{i=t}^{n} \left(\frac{1}{i^2} - \frac{1}{(i+1)^2}\right) - 1\right) = 0$$

至此由定理 7.1.2 知

$$f(b_1, b_2, \cdots, b_n) \geq f(A_n, A_n, \cdots, A_n) = 2\sum_{i=1}^{n} \frac{1}{iA_n} - \sum_{i=1}^{n} \frac{i+\frac{1}{2}}{\sum_{j=1}^{i} jA_n} =$$

$$\frac{1}{A_n}\left(2\sum_{i=1}^{n} \frac{1}{i} - \sum_{i=1}^{n} \frac{2i+1}{i(i+1)}\right) =$$

$$\frac{1}{A_n}\left(\sum_{i=1}^{n} \frac{1}{i} - \sum_{i=1}^{n} \frac{1}{i+1}\right) = \frac{1}{A_n}\left(1 - \frac{1}{n+1}\right)$$

定理证毕.

在式(7.3.9) 中, 令 $n \to +\infty$, 立知下推论成立.

推论 7.3.8 设 $\sum_{i=1}^{\infty} a_i^{-1}$ 收敛, 则

$$\sum_{i=1}^{\infty}\left(\frac{1}{i+\frac{1}{2}}\sum_{j=1}^{i}a_j\right)^{-1} \leqslant 2\sum_{i=1}^{\infty}a_i^{-1}$$

对于 Hardy 不等式,当 $p=2$ 时,文献[196] 得到了一个加强式:

$$\sum_{k=1}^{\infty}\left(\frac{1}{k}\sum_{j=1}^{k}a_j\right)^2 < 4\sum_{k=1}^{\infty}\left(1-\frac{\theta}{\sqrt{k}}\right)a_k^2$$

其中 $\theta = 1 - \frac{1}{4} \cdot \sum_{k=1}^{\infty}\left(\frac{1}{k^2}\cdot\sum_{j=1}^{k}\frac{1}{\sqrt{j}}\right) = 0.13788928\cdots$. 我们将证明以下定理作为注记.

定理 7.3.9 设 $B_n = \min_{1\leqslant k\leqslant n}\{ka_k^2\}$,则有

$$4\sum_{k=1}^{n}\left(1-\frac{\theta}{\sqrt{k}}\right)a_k^2 - \sum_{k=1}^{n}\left(\frac{1}{k}\sum_{j=1}^{k}a_j\right)^2 \geqslant B_n\left[4\sum_{k=1}^{n}\left(1-\frac{\theta}{\sqrt{k}}\right)\frac{1}{k} - \sum_{k=1}^{n}\left(\frac{1}{k}\sum_{j=1}^{k}\frac{1}{\sqrt{j}}\right)^2\right]$$
(7.3.10)

其中 θ 如上所设.

先介绍文献[196] 中的一个引理 3,即下引理.

引理 7.3.10 设 $i \in \mathbb{N}_{++}$,则 $\sqrt{i}\sum_{k=i}^{\infty}\left(\frac{1}{k^2}\cdot\sum_{j=1}^{k}\frac{1}{\sqrt{j}}\right) \leqslant 4\left(1-\frac{\theta}{\sqrt{i}}\right)$.

定理 7.3.9 的证明:设 $b_k = \sqrt{k}a_k, k=1,2,\cdots,n$,则式(7.3.10) 化为

$$4\sum_{k=1}^{n}\left(1-\frac{\theta}{\sqrt{k}}\right)\frac{b_k^2}{k} - \sum_{k=1}^{n}\left(\frac{1}{k}\sum_{j=1}^{k}\frac{b_j}{\sqrt{j}}\right)^2 > B_n\left[4\sum_{k=1}^{n}\left(1-\frac{\theta}{\sqrt{k}}\right)\frac{1}{k} - \sum_{k=1}^{n}\left(\frac{1}{k}\sum_{j=1}^{k}\frac{1}{\sqrt{j}}\right)^2\right]$$

其中 $B_n = \min_{1\leqslant k\leqslant n}\{b_k^2\}$,设 $f(b_1,b_2,\cdots,b_n) = 4\sum_{k=1}^{n}\left(1-\frac{\theta}{\sqrt{k}}\right)\frac{b_k^2}{k} - \sum_{k=1}^{n}\left(\frac{1}{k}\sum_{j=1}^{k}\frac{b_j}{\sqrt{j}}\right)^2$,和集合

$$D_i = \{(b_1,b_2,\cdots,b_n) \mid b_i = \max_{1\leqslant k\leqslant n}\{b_k\} > \min_{1\leqslant k\leqslant n}\{b_k\} > 0\}, i=1,2,\cdots,n$$

则在 D_i 内有

$$\frac{\partial f(b_1,b_2,\cdots,b_n)}{b_i} = 8\left(1-\frac{\theta}{\sqrt{i}}\right)\frac{b_i}{i} - 2\sum_{k=i}^{n}\frac{1}{k\sqrt{i}}\left(\frac{1}{k}\sum_{j=1}^{k}\frac{b_j}{\sqrt{j}}\right) >$$
$$2ib_i\left[4\left(1-\frac{\theta}{\sqrt{i}}\right) - \sqrt{i}\sum_{k=i}^{n}\frac{1}{k^2}\sum_{j=1}^{k}\frac{1}{\sqrt{j}}\right]$$

由引理 7.3.10 知 $\frac{\partial f}{\partial b_i} > 0$,再据定理 7.1.1 知 $f(b_1,b_2,\cdots,b_n) \geqslant f(c,c,\cdots,c)$.

其中 $c = \min_{1\leqslant k\leqslant n}\{b_k\}$,此即为式(7.3.10). 定理得证.

推论 7.3.11 设 $B_n = \min_{1\leqslant k\leqslant n}\{ka_k^2\}$,则有

$$4\sum_{k=1}^{n}\left(1-\frac{\theta}{\sqrt{k}}\right)a_k^2 - \sum_{k=1}^{n}\left(\frac{1}{k}\sum_{j=1}^{k}a_j\right)^2 > (3-4\theta)B_n \qquad (7.3.11)$$

其中 θ 如上所设.

证明 设 $H(n) = 4\sum_{k=1}^{n}\frac{\left(1-\frac{\theta}{\sqrt{k}}\right)}{k} - \sum_{k=1}^{n}\left(\frac{1}{k}\cdot\sum_{j=1}^{k}\frac{1}{\sqrt{j}}\right)^2 \ (n=1,2,\cdots)$. 由于 $\frac{1}{\sqrt{x}}$ 在 $\mathbb{R}_{++}$ 为凸函数,则据著名的 Hadamard 不等式(见式(0.2.8))

$$H(n+1) - H(n) = 4\left(1-\frac{\theta}{\sqrt{n+1}}\right) - \frac{1}{n+1}\left(\sum_{j=1}^{n+1}\frac{1}{\sqrt{j}}\right)^2 > 0 >$$

$$4\left(1-\frac{\theta}{\sqrt{n+1}}\right) - \frac{1}{n+1}\left(\int_{\frac{1}{2}}^{n+\frac{3}{2}}\frac{1}{\sqrt{x}}dx\right)^2 =$$

$$\frac{4}{n+1}\left(\sqrt{2n+3} - 1 - \theta\sqrt{n+1}\right)$$

而 $\sqrt{2n+3} - 1 - \theta\sqrt{n+1}$ 易验证为正,至此有 $H(n+1) > H(n)$. 根据定理 7.3.9,我们有

$$4\sum_{k=1}^{n}\left(1-\frac{\theta}{\sqrt{k}}\right)a_k^2 - \sum_{k=1}^{n}\left(\frac{1}{k}\sum_{j=1}^{k}a_j\right)^2 \geqslant B_n H(1)$$

此即为式(7.3.11).

7.4 Carleman 不等式的一些加强

本节将给出 Carleman 不等式的一些加强式. 一般记 $n \in \mathbb{N}_{++}, a_i \in \mathbb{R}_{++}$, $i=1,2,\cdots, \sum_{n=1}^{\infty}a_n$ 收敛,集合

$$D_i = \{(b_1, b_2, \cdots, b_n) \mid b_i = \max_{1 \leqslant k \leqslant n}\{b_k\} > \min_{1 \leqslant k \leqslant n}\{b_k\} > 0\}, i=1,2,\cdots,n.$$

1922 年,Torsten Carleman (1892—1942) 在文献 [151] 发表不等式:设 $a_n \in \mathbb{R}_{++}, n=1,2,\cdots,$ 且 $\sum_{n=1}^{\infty}a_n$ 收敛,则有

$$\sum_{n=1}^{\infty}\left(\prod_{k=1}^{n}a_k\right)^{\frac{1}{n}} < e\sum_{n=1}^{\infty}a_n$$

后来人们称其为 Carleman 不等式,并且对这个不等式进行了众多研究,如文献 [151]~[160] 和 [190]~[193],它们也不过是大量文献中重要的一部分.可以这样说,大多数研究都集中于改进 Carleman 不等式的上界,不过在文献 [197] 中,若令权系数相等,则有

$$\sum_{n=1}^{\infty}\left(1+\frac{1}{2n}\right)\left(\prod_{k=1}^{n}a_k\right)^{\frac{1}{n}} < e\sum_{n=1}^{\infty}a_n \qquad (7.4.1)$$

这是我们唯一能查到的改进 Carleman 不等式下界的文献.

引理 7.4.1 设 $0 \leqslant c \leqslant c_0 = \dfrac{\left(2\sqrt{2}-\dfrac{3}{2}\right)e-3}{\left(\dfrac{3}{2}-\sqrt{2}\right)e} \approx 2.620\,330$,

$F(c) = \left(\dfrac{e}{2}-1\right)(1+c)$, m 为任一正自然数,则有

(i) $\dfrac{e}{m+1} \geqslant \dfrac{1}{(m!)^{\frac{1}{m}}}\left(1+\dfrac{F(c)}{m+c}\right)$ \qquad (7.4.2)

(ii) $\dfrac{e}{m} > \sum_{k=m}^{\infty}\left[\dfrac{1}{k(k!)^{\frac{1}{k}}}\left(1+\dfrac{F(c)}{k+c}\right)\right]$ \qquad (7.4.3)

证明 (i) 对于 $m=1$,易验证式(7.4.2)取等成立.

当 $2 \leqslant m \leqslant 15$ 时,由于易证 $\dfrac{F(c)}{m+c}$ 关于 c 为单调增加函数,所以欲证式 (7.4.2),只要证

$$\frac{e}{m+1} \geqslant \frac{1}{(m!)^{\frac{1}{m}}}\left(1+\frac{F(c_0)}{m+c_0}\right)$$

当 $m=2$ 时,上式取等成立.当 $3 \leqslant m \leqslant 15$ 时,只要证

$$\frac{e}{m+1} \geqslant \frac{1}{(m!)^{\frac{1}{m}}}\left(1+\frac{1.300\,3}{m+2.62}\right)$$

可计算器易验证上式对 $3 \leqslant m \leqslant 15$ 为真.

当 $m \geqslant 16$ 时,因

$$F(c) = \left(\frac{e}{2}-1\right)(1+c) \leqslant \left(\frac{e}{2}-1\right)\left(1+\frac{\left(2\sqrt{2}-\frac{3}{2}\right)e-3}{\left(\frac{3}{2}-\sqrt{2}\right)e}\right) < 1.300\,3$$

我们可验证

$$2\pi m \geqslant e^{2F(c)+2}, \sqrt{2\pi m} \geqslant e^{F(c)+1}$$

因当 $x > 0$ 时,都有 $\left(1+\dfrac{1}{x}\right)^x < e$,所以有

$$\sqrt{2\pi m} \geqslant \left(1+\frac{1}{m}\right)^m\left[\left(1+\frac{F(c)}{m}\right)^{\frac{m}{F(c)}}\right]^{F(c)} > \left(1+\frac{1}{m}\right)^m\left(1+\frac{F(c)}{m+c}\right)^m$$

$$(2\pi m)^{\frac{1}{2m}} \geqslant \frac{m+1}{m}\left(1+\frac{F(c)}{m+c}\right), \frac{e}{m+1} \geqslant \frac{e}{m(2\pi m)^{\frac{1}{2m}}}\left(1+\frac{F(c)}{m+c}\right)$$

由著名的 Stirling 公式[6,P.92] 知 $m! = \sqrt{2\pi m}\left(\dfrac{m}{e}\right)^m \exp\left(\dfrac{\theta_m}{12m}\right)$,其中 $0 < \theta_m < 1$,

知
$$\frac{e}{m+1} \geqslant \frac{1}{(m!)^{\frac{1}{m}}}\left(1+\frac{F(c)}{m+c}\right)$$

式(7.4.2)证毕.

(ⅱ) 设 $H(m) = \frac{e}{m} - \sum_{k=m}^{\infty}\left[\frac{1}{k(k!)^{\frac{1}{k}}}\left(1+\frac{F(c)}{k+c}\right)\right], m = 1,2,\cdots$，则

$$H(m) - H(m+1) = \frac{e}{m} - \frac{e}{m+1} - \frac{1}{m(m!)^{\frac{1}{m}}}\left(1+\frac{F(c)}{m+c}\right) =$$

$$\frac{1}{m}\left[\frac{e}{m+1} - \frac{1}{(m!)^{\frac{1}{m}}}\left(1+\frac{F(c)}{m+c}\right)\right]$$

由式(7.4.2)知 $\{H(m)\}_{m=1}^{\infty}$ 为单调下降数列，同时易知 $\lim_{m \to +\infty} H(m) = 0$，所以知 $H(m) \geqslant 0$，式(7.4.3) 得证.

定理 7.4.2　设 $B_n = \min_{1 \leqslant k \leqslant n}\{ka_k\}$，和

$$0 \leqslant c \leqslant \frac{(4\sqrt{2}-3)e - 6}{(3-2\sqrt{2})e} \approx 2.620\,330$$

$$F(c) = \left(\frac{e}{2} - 1\right)(1+c)$$

则

$$e\sum_{k=1}^{n} a_k - \sum_{k=1}^{n}\left[\left(1+\frac{F(c)}{k+c}\right)\left(\prod_{j=1}^{k} a_j\right)^{\frac{1}{k}}\right] \geqslant$$
$$B_n\left[e\sum_{k=1}^{n}\frac{1}{k} - \sum_{k=1}^{n}\left(\frac{1}{(k!)^{\frac{1}{k}}}\left(1+\frac{F(c)}{k+c}\right)\right)\right]$$

证明　$n = 1$ 时定理显然成立，下设 $n \geqslant 2$，和 $b_k = ka_k, k = 1,2,\cdots,n$，则上式化为

$$e\sum_{k=1}^{n}\frac{b_k}{k} - \sum_{k=1}^{n}\left[\left(1+\frac{F(c)}{k+c}\right)\left(\frac{1}{k!}\prod_{j=1}^{k} b_j\right)^{\frac{1}{k}}\right] \geqslant$$
$$B_n\left[e\sum_{k=1}^{n}\frac{1}{k} - \sum_{k=1}^{n}\left(\frac{1}{(k!)^{\frac{1}{k}}}\left(1+\frac{F(c)}{k+c}\right)\right)\right] \tag{7.4.4}$$

其中 $B_n = \min_{1 \leqslant k \leqslant n}\{b_k\}$. 设函数

$$f(b_1, b_2, \cdots, b_n) = e\sum_{k=1}^{n}\frac{b_k}{k} - \sum_{k=1}^{n}\left[\left(1+\frac{F(c)}{k+c}\right)\left(\frac{1}{k!}\prod_{j=1}^{k} b_j\right)^{\frac{1}{k}}\right]$$

在 D_i 内有

$$\frac{\partial f}{\partial b_i} = \frac{e}{i} - \sum_{k=i}^{n}\left[\frac{1}{kb_i}\left(1+\frac{F(c)}{k+c}\right)\left(\frac{1}{k!}\prod_{j=1}^{k} b_j\right)^{\frac{1}{k}}\right] >$$

$$\frac{e}{i} - \sum_{k=i}^{n} \left[\frac{1}{kb_i} \left(1 + \frac{F(c)}{k+c}\right) \left(\frac{1}{k!} \prod_{j=1}^{k} b_i\right)^{\frac{1}{k}} \right] =$$

$$\frac{e}{i} - \sum_{k=i}^{n} \left[\frac{1}{k(k!)^{\frac{1}{k}}} \left(1 + \frac{F(c)}{k+c}\right) \right] >$$

$$\frac{e}{i} - \sum_{k=i}^{\infty} \left[\frac{1}{k(k!)^{\frac{1}{k}}} \left(1 + \frac{F(c)}{k+c}\right) \right]$$

由式(7.4.2)知 $\frac{\partial f}{\partial b_i} > 0$,根据定理 7.1.1,我们有

$$f(b_1, b_2, \cdots, b_n) \geq f(B_n, B_n, \cdots, B_n)$$

此即为式(7.4.4),定理证毕.

推论 7.4.3 设 $B_n = \min_{1 \leq k \leq n} \{ka_k\}$,和

$$0 \leq c \leq \frac{(4\sqrt{2} - 3)e - 6}{(3 - 2\sqrt{2})e} \approx 2.620\,330, \quad F(c) = \left(\frac{e}{2} - 1\right)(1 + c)$$

则

$$e\sum_{k=1}^{n} a_k - \sum_{k=1}^{n} \left[\left(1 + \frac{F(c)}{k+c}\right) \left(\prod_{j=1}^{k} a_j\right)^{\frac{1}{k}} \right] \geq \frac{e}{2} B_n \quad (7.4.5)$$

证明 由于 $n! \leq (n+1)^n$,则

$$(n!)^{n+1} \leq (n!)^n (n+1)^n, (n!)^{n+1} \leq ((n+1)!)^n (n!)^{\frac{1}{n}} \leq$$
$$((n+1)!)^{\frac{1}{n+1}} \quad (7.4.6)$$

根据式(7.4.1) 和式(7.4.6) 有

$$\frac{e}{n+1} \geq \frac{1}{(n!)^{\frac{1}{n}}} \left(1 + \frac{F(c)}{n+c}\right) \geq \frac{1}{((n+1)!)^{\frac{1}{n+1}}} \left(1 + \frac{F(c)}{n+c}\right) \geq$$

$$\frac{1}{((n+1)!)^{\frac{1}{n+1}}} \left(1 + \frac{F(c)}{n+1+c}\right)$$

若设 $G(n) = e\sum_{k=1}^{n} \frac{1}{k} - \sum_{k=1}^{n} \left[\frac{1}{(k!)^{\frac{1}{k}}} \cdot \left(1 + \frac{F(c)}{(k+c)}\right) \right], n = 1, 2, \cdots$,则

$$G(n+1) - G(n) = \frac{e}{n+1} - \frac{1}{((n+1)!)^{\frac{1}{n+1}}} \left(1 + \frac{F(c)}{n+1+c}\right) > 0$$

知 $\{G(n)\}_{n=1}^{\infty}$ 为单调增加数列,则有 $G(n) \geq G(1) = \frac{e}{2}$,再依据定理 7.4.2,知式(7.4.5) 成立.

定理 7.4.4 设

$$c_0 = \frac{\left(2\sqrt{2} - \frac{3}{2}\right)e - 3}{\left(\frac{3}{2} - \sqrt{2}\right)e} \approx 2.620\,330\cdots, \quad d_0 = \frac{(e-2)(\sqrt{2}e - 3)}{(3 - 2\sqrt{2})e} \approx 1.300\,208\cdots$$

则

$$\sum_{k=1}^{\infty}\left[\left(1+\frac{d_0}{k+c_0}\right)\left(\prod_{j=1}^{k}a_j\right)^{\frac{1}{k}}\right] \leqslant e\sum_{k=1}^{\infty}a_k \qquad (7.4.7)$$

证明 在定理 7.4.2 中,取 $c = c_0$,则知 $F(c_0) = d_0$,所以有

$$e\sum_{k=1}^{n}a_k - \sum_{k=1}^{n}\left[\left(1+\frac{d_0}{k+c_0}\right)\left(\prod_{j=1}^{k}a_j\right)^{\frac{1}{k}}\right] \geqslant$$

$$B_n\left[e\sum_{k=1}^{n}\frac{1}{k} - \sum_{k=1}^{n}\left(\frac{1}{(k!)^{\frac{1}{k}}}\left(1+\frac{F(c)}{k+c}\right)\right)\right] \geqslant 0$$

令 $n \to \infty$,则得式(7.4.7)成立.

显然式(7.4.7)强于 Carleman 不等式. 且当 $k \geqslant 2$ 时,上式中的 $\left(\prod_{j=1}^{k}a_j\right)^{\frac{1}{k}}$ 的系数明显大于式(7.4.1)中的相应系数.

文献[158],[198]有这样两个较好结果:

$$\sum_{n=1}^{\infty}\left(\prod_{k=1}^{n}a_k\right)^{\frac{1}{n}} < e\sum_{n=1}^{\infty}\left(1-\frac{1}{2n+2}\right)a_n \qquad (7.4.8)$$

$$\sum_{n=1}^{\infty}\left(\prod_{k=1}^{n}a_k\right)^{\frac{1}{n}} < e\sum_{n=1}^{\infty}\left(1-\frac{1-\frac{2}{e}}{n}\right)a_n \qquad (7.4.9)$$

为了介绍一个新的且较强的推广,我们先证明一个引理.

引理 7.4.5 设 i 为任一正自然数,则有

(i) $e\left(1-\frac{2}{3i+7}\right)\frac{1}{i} > \sum_{k=i}^{\infty}\frac{1}{k(k!)^{\frac{1}{k}}}$ (7.4.10)

(ii) $e\left(1-\frac{2}{3i+10}\right)\frac{1}{i+1} > \frac{1}{((i+1)!)^{\frac{1}{i+1}}}$ (7.4.11)

证明 (i) 设数列 $\psi(i) = e\left(1-\frac{2}{3i+7}\right)\frac{1}{i} - \sum_{k=i}^{\infty}\frac{1}{k(k!)^{\frac{1}{k}}}$,下证 $\{\psi(i)\}_{i=1}^{\infty}$ 为严格单调减少的,即只要证:对于任何 i,都有 $\psi(i) > \psi(i+1)$,等价于

$$1 - \frac{2i+2}{3i+7} + \frac{2i}{3i+10} > \frac{i+1}{e(i!)^{\frac{1}{i}}} \qquad (7.4.12)$$

对于 $1 \leqslant i \leqslant 16$,易验证上式为真. 对于 $i \geqslant 17$,有

$$\sqrt{2\pi i} \geqslant e^{\frac{7}{3}}, \sqrt{2\pi i} \geqslant e^{\frac{21i^2+71i+70}{9i^2+39i+50}} \qquad (7.4.13)$$

众所周知,对于任何 $x > 0$,都有 $e > \left(1+\frac{1}{x}\right)^x$,所以有

$$e > \left(1+\frac{21i^2+71i+70}{(9i^2+39i+50)i}\right)^{\frac{(9i^2+39i+50)i}{21i^2+71i+70}} \qquad (7.4.14)$$

联立式(7.4.13)和式(7.4.14)两式有

$$\sqrt{2\pi i} > \left(1 + \frac{21i^2 + 71i + 70}{(9i^2 + 39i + 50)i}\right)^i, (2\pi i)^{\frac{1}{2i}} > \frac{(i+1)(3i+7)(3i+10)}{i(9i^2 + 39i + 50)}$$

$$\frac{i+5}{3i+7} + \frac{2i}{3i+10} > \frac{i+1}{i(2\pi i)^{\frac{1}{2i}}} \tag{7.4.15}$$

由著名的 Stirling 公式[6,P.92] $i! = \sqrt{2\pi i}\left(\dfrac{i}{e}\right)^i \exp\left(\dfrac{\theta_i}{12i}\right)$,其中 $0 < \theta_i < 1$,知

$$i! > \sqrt{2\pi i}\left(\frac{i}{e}\right)^i \tag{7.4.16}$$

联立式(7.4.15)和式(7.4.16),知式(7.4.12)成立.

至此知,$\{\psi(i)\}_{i=1}^{\infty}$ 为严格单调减少的. 同时易知 $\lim\limits_{i \to +\infty} \psi(i) = 0$,故有 $\psi(i) > 0$,式(7.4.10)为真.

(ii) 由 Stirling 公式知,欲证式(7.4.11),只要证

$$e\left(1 - \frac{2}{3i+10}\right)\frac{1}{i+1} > \frac{e}{(i+1)(2\pi(i+1))^{\frac{1}{2i+2}}}$$

$$(2\pi(i+1))^{\frac{1}{2i+2}} > \frac{3i+10}{3i+8}, \sqrt{2\pi(i+1)} > \left(1 + \frac{2}{3i+8}\right)^{\frac{3i+8}{2} \cdot \frac{2i+2}{3i+8}}$$

只要证

$$\sqrt{2\pi(i+1)} > e^{\frac{2i+2}{3i+8}}, \sqrt{2\pi(i+1)} > e^{\frac{2}{3}}$$

而上式显然为真. 式(7.4.11)得证.

定理 7.4.6 设 $B_n = \min\limits_{1 \leq k \leq n}\{ka_k\}$,则

$$e\sum_{k=1}^{n}\left(1 - \frac{2}{3k+7}\right)a_k - \sum_{k=1}^{n}\left(\prod_{j=1}^{k} a_j\right)^{\frac{1}{k}} \geq B_n\left[e\sum_{k=1}^{n}\left(1 - \frac{2}{3k+7}\right)\frac{1}{k} - \sum_{k=1}^{n}\frac{1}{(k!)^{\frac{1}{k}}}\right] \tag{7.4.17}$$

证明 设 $b_k = ka_k, k = 1, 2, \cdots, n$,则上式化为

$$e\sum_{k=1}^{n}\left(1 - \frac{2}{3k+7}\right)\frac{b_k}{k} - \sum_{k=1}^{n}\left(\frac{1}{k!}\prod_{j=1}^{k} b_j\right)^{\frac{1}{k}} \geq B_n\left[e\sum_{k=1}^{n}\left(1 - \frac{2}{3k+7}\right)\frac{1}{k} - \sum_{k=1}^{n}\frac{1}{(k!)^{\frac{1}{k}}}\right] \tag{7.4.18}$$

其中 $B_n = \min\limits_{1 \leq k \leq n}\{b_k\}$. 设 $f(b_1, b_2, \cdots, b_n) = e\sum\limits_{k=1}^{n}\left(1 - \dfrac{2}{3k+7}\right)\dfrac{b_k}{k} - \sum\limits_{k=1}^{n}\left(\dfrac{1}{k!}\prod\limits_{j=1}^{k} b_j\right)^{\frac{1}{k}}$. 在 D_i 内有

$$\frac{\partial f}{\partial b_i} = e\left(1 - \frac{2}{3i+7}\right)\frac{1}{i} - \sum_{k=i}^{n}\frac{1}{kb_i}\left(\frac{1}{k!}\prod_{j=1}^{k} b_j\right)^{\frac{1}{k}} >$$

$$\mathrm{e}\left(1-\frac{2}{3i+7}\right)\frac{1}{i} - \sum_{k=i}^{n}\frac{1}{k(k!)^{\frac{1}{k}}} >$$

$$\mathrm{e}\left(1-\frac{2}{3i+7}\right)\frac{1}{i} - \sum_{k=i}^{\infty}\frac{1}{k(k!)^{\frac{1}{k}}}$$

由式(7.4.10)知 $\frac{\partial f}{\partial b_i} > 0$，根据定理 7.1.1，我们有 $f(b_1,b_2,\cdots,b_n) \geqslant f(B_n,B_n,\cdots,B_n)$，此即为式(7.4.18)，定理证毕.

推论 7.4.7 设 $B_n = \min\limits_{1 \leqslant k \leqslant n}\{ka_k\}$，则

$$\mathrm{e}\sum_{k=1}^{n}\left(1-\frac{2}{3k+7}\right)a_k - \sum_{k=1}^{n}\left(\prod_{j=1}^{k}a_j\right)^{\frac{1}{k}} \geqslant B_n\left(\frac{4}{5}\mathrm{e} - 1\right) \quad (7.4.19)$$

证明 若 $T(n) = \mathrm{e}\sum_{k=1}^{n}\left(1-\frac{2}{3k+7}\right)\frac{1}{k} - \sum_{k=1}^{n}\frac{1}{(k!)^{\frac{1}{k}}}$，$n = 1,2,\cdots$，则由式(7.4.11)易知 $\{T(n)\}_{n=1}^{\infty}$ 为单调增加数列，再由式(7.4.17)知

$$\mathrm{e}\sum_{k=1}^{n}\left(1-\frac{2}{3k+7}\right)a_k - \sum_{k=1}^{n}\left(\prod_{j=1}^{k}a_j\right)^{\frac{1}{k}} \geqslant B_nT(n) \geqslant B_nT(1)$$

即知式(7.4.19)成立.

定理 7.4.8
$$\sum_{n=1}^{\infty}\left(\prod_{j=1}^{n}a_j\right)^{\frac{1}{n}} < \mathrm{e}\sum_{n=1}^{\infty}\left(1-\frac{2}{3n+7}\right)a_n \quad (7.4.20)$$

证明 由式(7.4.19)知

$$\mathrm{e}\sum_{k=1}^{n}\left(1-\frac{2}{3k+7}\right)a_k - \sum_{k=1}^{n}\left(\prod_{j=1}^{k}a_j\right)^{\frac{1}{k}} \geqslant 0$$

再令 $n \to +\infty$ 知

$$\sum_{n=1}^{\infty}\left(\prod_{j=1}^{n}a_j\right)^{\frac{1}{n}} \leqslant \mathrm{e}\sum_{n=1}^{\infty}\left(1-\frac{2}{3n+7}\right)a_n$$

同以上证明，我们可以通过一些演算，知上式可加强为

$$\sum_{n=1}^{\infty}\left(\prod_{j=1}^{n}a_j\right)^{\frac{1}{n}} \leqslant \mathrm{e}\sum_{n=1}^{\infty}\left(1-\frac{2.001}{3n+7}\right)a_n$$

进而知式(7.4.20)为真.

我们容易证明，当 $n \geqslant 3$ 时，在式(7.4.20)的右式中，a_n 的系数 $1-\frac{2}{3n+7}$ 小于式(7.4.8)和式(7.4.9)两式中相应的系数.

7.5 从一个新角度研究 Hardy – Hilbert 不等式

Hadry – Hilbert 不等式在分析学中有很重要的价值,对于它的加强和推广穷出不断,如文献[7],文献[84] ~ [88]和文献[199] ~ [203].最近国内的研究

一般体现在各种 Hilbert 型不等式在权系数上改进,其中权系数是我国数学家徐利治先生在文献[84]首次引入的.

设 $p,q > 1, \frac{1}{p} + \frac{1}{q} = 1, a_n > 0, b_n > 0, (n = 1,2,3,\cdots), N \in \mathbb{N}_{++}$,且 $\sum_{n=1}^{\infty} a_n^p < \infty, \sum_{n=1}^{\infty} b_n^q < \infty$,则 Hardy – Hilbert 不等式主要有以下表示形式:

$$\sum_{n=1}^{+\infty}\sum_{m=1}^{+\infty} \frac{a_m b_n}{m+n} < \frac{\pi}{\sin\left(\frac{\pi}{p}\right)} \Big(\sum_{n=1}^{+\infty} a_n^p\Big)^{\frac{1}{p}} \Big(\sum_{n=1}^{+\infty} b_n^q\Big)^{\frac{1}{q}} \tag{7.5.1}$$

$$\sum_{n=1}^{+\infty}\Big(\sum_{m=1}^{+\infty} \frac{a_m}{m+n}\Big)^p < \Big(\frac{\pi}{\sin\left(\frac{\pi}{p}\right)}\Big)^p \sum_{n=1}^{+\infty} a_n^p \tag{7.5.2}$$

$$\sum_{n=1}^{N}\Big(\sum_{m=1}^{N} \frac{a_m}{m+n}\Big)^p < \Big(\frac{\pi}{\sin\left(\frac{\pi}{p}\right)}\Big)^p \sum_{n=1}^{N} a_n^p \tag{7.5.3}$$

本节首先对式(7.5.3)的 a_n 作变换 $a_n = \frac{b_n}{n^{\frac{1}{p}}}$,再利用最值单调定理研究此不等式,发现此不等式之所以成立,与 b_n 本身关系不大,而是众自然数"促使"不等式成立.

引理 7.5.1 设 $x > 0, t > 0$,则

$$\sum_{m=1}^{+\infty} \frac{1}{m^t(x+m)} < x^{-t} \frac{\pi}{\sin(t\pi)} \tag{7.5.4}$$

证明 $\frac{1}{y^t(x+y)}$ 关于 y 在 $(0,+\infty)$ 上单调递减,则

$$\frac{1}{m^t(x+m)} < \int_{m-1}^{m} \frac{1}{y^t(x+y)} dy$$

所以有

$$\sum_{m=1}^{+\infty} \frac{1}{m^t(x+m)} < \int_0^{+\infty} \frac{1}{y^t(x+y)} dy = x^{-t}\int_0^{+\infty} \frac{1}{\left(\frac{y}{x}\right)^t\left(1+\frac{y}{x}\right)} d\left(\frac{y}{x}\right) =$$

$$x^{-t}\int_0^{+\infty} \frac{u^{(1-t)-1}}{1+u} du = x^{-t}\Gamma(1-t)\Gamma(t) = x^{-t}\frac{\pi}{\sin(t\pi)}$$

定理 7.5.2 设 $p > 1, N \in \mathbb{N}_{++}, a_n > 0 (n = 1,2,\cdots,N)$,则

$$\left(\frac{\pi}{\sin\left(\frac{\pi}{p}\right)}\right)^p \sum_{n=1}^{N} a_n^p - \sum_{n=1}^{N}\Big(\sum_{m=1}^{N} \frac{a_m}{m+n}\Big)^p \geq$$

$$\min_{1 \leq k \leq N}\{na_n^p\}\Big[\Big(\frac{\pi}{\sin\left(\frac{\pi}{p}\right)}\Big)^p \sum_{n=1}^{N} \frac{1}{n} - \sum_{n=1}^{N}\Big(\sum_{m=1}^{N} \frac{1}{m^{\frac{1}{p}}(m+n)}\Big)^p\Big] \tag{7.5.5}$$

证明 设 $b_n = n^{\frac{1}{p}} a_n$，则上式化为

$$\left(\frac{\pi}{\sin\left(\frac{\pi}{p}\right)}\right)^p \sum_{n=1}^{N} \frac{b_n^p}{n} - \sum_{n=1}^{N} \left(\sum_{m=1}^{N} \frac{b_m}{m^{\frac{1}{p}}(m+n)}\right)^p \geqslant$$

$$\min_{1 \leqslant k \leqslant N} \{b_n\} \left[\left(\frac{\pi}{\sin\left(\frac{\pi}{p}\right)}\right)^p \sum_{n=1}^{N} \frac{1}{n} - \sum_{n=1}^{N} \left(\sum_{m=1}^{N} \frac{1}{m^{\frac{1}{p}}(m+n)}\right)^p\right] \quad (7.5.6)$$

设 $b_l = \max_{1 \leqslant n \leqslant N} \{b_n\}$，若 $b_l = \min_{1 \leqslant n \leqslant N} \{b_n\}$ 也成立，则上式已成立. 不妨设 $b_l \neq \min_{1 \leqslant n \leqslant N} \{b_n\}$，再设

$$f(b_1, b_2, \cdots, b_N) = \left(\frac{\pi}{\sin\left(\frac{\pi}{p}\right)}\right)^p \sum_{n=1}^{N} \frac{b_n^p}{n} - \sum_{n=1}^{N} \left(\sum_{m=1}^{N} \frac{b_m}{m^{\frac{1}{p}}(m+n)}\right)^p$$

则

$$\frac{\partial f(b_1, b_2, \cdots, b_N)}{\partial b_l} =$$

$$p\left(\frac{\pi}{\sin\left(\frac{\pi}{p}\right)}\right)^p \frac{b_l^{p-1}}{l} - p\sum_{n=1}^{N} \frac{1}{l^{\frac{1}{p}}(n+l)} \left(\sum_{m=1}^{N} \frac{b_m}{m^{\frac{1}{p}}(m+n)}\right)^{p-1} >$$

$$pb_l^{p-1}\left[\left(\frac{\pi}{\sin\left(\frac{\pi}{p}\right)}\right)^p \frac{1}{l} - \sum_{n=1}^{N} \frac{1}{l^{\frac{1}{p}}(n+l)} \left(\sum_{m=1}^{N} \frac{1}{m^{\frac{1}{p}}(m+n)}\right)^{p-1}\right] >$$

$$pb_l^{p-1}\left[\left(\frac{\pi}{\sin\left(\frac{\pi}{p}\right)}\right)^p \frac{1}{l} - \sum_{n=1}^{+\infty} \frac{1}{l^{\frac{1}{p}}(n+l)} \left(\sum_{m=1}^{+\infty} \frac{1}{m^{\frac{1}{p}}(m+n)}\right)^{p-1}\right]$$

由引理 7.5.1 知 $\sum_{m=1}^{+\infty} \frac{1}{[m^t(x+m)]} < \frac{\pi}{\sin(t\pi)} \cdot x^{-t}$

$$\frac{\partial f(b_1, b_2, \cdots, b_N)}{\partial b_l} >$$

$$pb_l^{p-1}\left[\left(\frac{\pi}{\sin\left(\frac{\pi}{p}\right)}\right)^p \frac{1}{l} - \sum_{n=1}^{+\infty} \frac{1}{l^{\frac{1}{p}}(n+l)} \left(n^{-\frac{1}{p}} \frac{\pi}{\sin\left(\frac{\pi}{p}\right)}\right)^{p-1}\right] =$$

$$\frac{pb_l^{p-1}}{l^{\frac{1}{p}}}\left[\left(\frac{\pi}{\sin\left(\frac{\pi}{p}\right)}\right)^p \frac{1}{l^{1-\frac{1}{p}}} - \left(\frac{\pi}{\sin\left(\frac{\pi}{p}\right)}\right)^{p-1} \sum_{n=1}^{+\infty} \frac{1}{(n+l)n^{1-\frac{1}{p}}}\right] >$$

$$\frac{pb_l^{p-1}}{l^{\frac{1}{p}}}\left[\left(\frac{\pi}{\sin\left(\frac{\pi}{p}\right)}\right)^p \frac{1}{l^{1-\frac{1}{p}}} - \right.$$

$$\left.\left(\frac{\pi}{\sin\left(\frac{\pi}{p}\right)}\right)^{p-1} l^{-1+\frac{1}{p}} \frac{\pi}{\sin\left(\left(1-\frac{1}{p}\right)\pi\right)}\right] = 0$$

由定理 7.1.2 知
$$f(b_1, b_2, \cdots, b_N) \geq f(\min_{1 \leq n \leq N}\{b_n\}, \min_{1 \leq n \leq N}\{b_n\}, \cdots, \min_{1 \leq n \leq N}\{b_n\})$$
此即为式(7.5.6). 定理证毕.

引理 7.5.3[202][203] 设 $n \geq 1, p > 1$, 则有 $\sum_{m=1}^{+\infty} \frac{1}{m+n}\left(\frac{n}{m}\right)^{\frac{1}{p}} \leq \frac{\pi}{\sin\left(\frac{\pi}{p}\right)} - \frac{\tau}{n^{1-\frac{1}{p}}}$, 其中 $\tau = 1 - \gamma, \gamma = 0.5772156\cdots$ 为欧拉常数.

引理 7.5.4 设 $0 < x \leq a < 1, p > 1$, 则
$$(1-x)^p \leq 1 - \frac{1-(1-a)^p}{a}x \tag{7.5.7}$$

证明 设 $f(x) = 1 - \frac{[1-(1-a)^p]x}{a} - (1-x)^p$, 则 $f''(x) = -p(p-1)(1-x)^{p-2}$, 则知 f 为 $(0, a]$ 上的凹函数. 此时又有 $f(0) = 0$ 和 $f(a) = 0$, 故 $f(x) \geq 0$, 此即为式(7.5.7).

推论 7.5.5 设 $p > 1, N \in \mathbb{N}^+, a_n > 0 (n = 1, 2, \cdots, N)$, 则
$$\left(\frac{\pi}{\sin\left(\frac{\pi}{p}\right)}\right)^p \sum_{n=1}^{N} a_n^p - \sum_{n=1}^{N}\left(\sum_{m=1}^{N} \frac{a_m}{m+n}\right)^p \geq$$
$$\frac{p}{p-1}\left(\left(\frac{\pi}{\sin\left(\frac{\pi}{p}\right)}\right)^p - \left(\frac{\pi}{\sin\left(\frac{\pi}{p}\right)} - \tau\right)^p\right) \cdot$$
$$\left(1 - \frac{1}{(N+1)^{1-\frac{1}{p}}}\right) \cdot \min_{1 \leq k \leq N}\{na_n^p\} \tag{7.5.8}$$

其中 $\tau = 1 - \gamma, \gamma = 0.5772156\cdots$ 为欧拉常数.

证明 由引理 7.5.3 知
$$\left(\frac{\pi}{\sin\left(\frac{\pi}{p}\right)}\right)^p \sum_{n=1}^{N} \frac{1}{n} - \sum_{n=1}^{N}\left(\sum_{m=1}^{N} \frac{1}{m^{\frac{1}{p}}(m+n)}\right)^p =$$
$$\left(\frac{\pi}{\sin\left(\frac{\pi}{p}\right)}\right)^p \sum_{n=1}^{N} \frac{1}{n} - \sum_{n=1}^{N} \frac{1}{n}\left(\sum_{m=1}^{+\infty} \frac{1}{m+n}\left(\frac{n}{m}\right)^{\frac{1}{p}}\right)^p \geq$$
$$\left(\frac{\pi}{\sin\left(\frac{\pi}{p}\right)}\right)^p \sum_{n=1}^{N} \frac{1}{n} - \sum_{n=1}^{N} \frac{1}{n}\left(\frac{\pi}{\sin\left(\frac{\pi}{p}\right)} - \frac{\tau}{n^{1-\frac{1}{p}}}\right)^p =$$
$$\left(\frac{\pi}{\sin\left(\frac{\pi}{p}\right)}\right)^p \left[\sum_{n=1}^{N} \frac{1}{n} - \sum_{n=1}^{N} \frac{1}{n}\left(1 - \frac{\tau \sin\left(\frac{\pi}{p}\right)}{n^{1-\frac{1}{p}}\pi}\right)^p\right]$$

若记 $a = \dfrac{\tau \sin\left(\dfrac{\pi}{p}\right)}{\pi}$, $x = \dfrac{\tau \sin\left(\dfrac{\pi}{p}\right)}{\left(n^{1-\frac{1}{p}}\pi\right)}$ 显然有 $0 \leqslant a < 1$ 和 $0 < x \leqslant a$. 根据引理 7.5.4 知

$$\left(\dfrac{\pi}{\sin\left(\dfrac{\pi}{p}\right)}\right)^p \sum_{n=1}^N \dfrac{1}{n} - \sum_{n=1}^N \left(\sum_{m=1}^N \dfrac{1}{m^{\frac{1}{p}}(m+n)}\right)^p \geqslant$$

$$\left(\dfrac{\pi}{\sin\left(\dfrac{\pi}{p}\right)}\right)^p \left[\sum_{n=1}^N \dfrac{1}{n} - \sum_{n=1}^N \dfrac{1}{n}\left(1 - \dfrac{1-(1-a)^p}{a}x\right)\right] =$$

$$(1 - (1-a)^p) \left(\dfrac{\pi}{\sin\left(\dfrac{\pi}{p}\right)}\right)^p \sum_{n=1}^N \dfrac{1}{n^{2-\frac{1}{p}}} \geqslant$$

$$\left(1 - \left(1 - \dfrac{\tau \sin\left(\dfrac{\pi}{p}\right)}{\pi}\right)^p\right) \left(\dfrac{\pi}{\sin\left(\dfrac{\pi}{p}\right)}\right)^p \int_1^{N+1} \dfrac{1}{x^{2-\frac{1}{p}}} dx =$$

$$\dfrac{p}{p-1}\left(\left(\dfrac{\pi}{\sin\left(\dfrac{\pi}{p}\right)}\right)^p - \left(\dfrac{\pi}{\sin\left(\dfrac{\pi}{p}\right)} - \tau\right)^p\right)\left(1 - \dfrac{1}{(N+1)^{1-\frac{1}{p}}}\right)$$

再由定理 7.5.2 知, 推论为真.

当 $p = 2$ 时, 式 (7.5.1) ~ (7.5.3) 称为 Hilbert 不等式, 其研究的历史早于 Hardy – Hilbert (见文献 [7]).

引理 7.5.6 设 $N \geqslant 2$ 为正自然数, 则

$$\dfrac{\pi^2}{N} - \sum_{n=1}^{N-1}\left(\dfrac{2}{\sqrt{N}(n+N)}\sum_{m=1}^{N-1}\dfrac{1}{\sqrt{m}(n+m)} + \left(\dfrac{1}{\sqrt{N}(n+N)}\right)^2\right) -$$

$$\left(\sum_{m=1}^N \dfrac{1}{\sqrt{n}(N+n)}\right)^2 > 0$$

证明 $\dfrac{2}{\sqrt{N}(n+N)}$、$\dfrac{1}{\sqrt{m}(n+m)}$、$\left(\dfrac{1}{\sqrt{N}(n+N)}\right)^2$、$\dfrac{1}{\sqrt{n}(N+n)}$ 关于 m,n 都为单调递减函数, 则

$$\dfrac{\pi^2}{N} - \sum_{n=1}^{N-1}\left(\dfrac{2}{\sqrt{N}(n+N)}\sum_{m=1}^{N-1}\dfrac{1}{\sqrt{m}(n+m)} + \left(\dfrac{1}{\sqrt{N}(n+N)}\right)^2\right) -$$

$$\left(\sum_{m=1}^N \dfrac{1}{\sqrt{n}(N+n)}\right)^2 > \dfrac{\pi^2}{N} - \int_0^{N-1}\int_0^{N-1}\dfrac{2}{\sqrt{N}\sqrt{y}(x+N)(x+y)}dxdy -$$

$$\int_0^{N-1}\left(\dfrac{1}{\sqrt{N}(x+N)}\right)^2 dx - \left(\int_0^N \dfrac{1}{\sqrt{x}(N+x)}dx\right)^2 =$$

$$\dfrac{\pi^2}{N} - \dfrac{4}{\sqrt{N}}\int_0^{N-1}\dfrac{\arctan\sqrt{\dfrac{(N-1)}{x}}}{\sqrt{x}(x+N)}dx + \dfrac{1}{2N^2 - N} - \dfrac{1}{N^2} - \dfrac{\pi^2}{4N} =$$

$$\frac{3\pi^2}{4N} - \frac{4}{\sqrt{N}}\int_{+\infty}^{1} \frac{\arctan t}{\sqrt{\frac{N-1}{t^2}\left(\frac{N-1}{t^2}+N\right)}} d\left(\frac{N-1}{t^2}\right) - \frac{N-1}{N^2(2N-1)} =$$

$$\frac{3\pi^2}{4N} - \frac{8\sqrt{N-1}}{\sqrt{N}}\int_{1}^{+\infty} \frac{\arctan t}{(N-1+Nt^2)} dt - \frac{N-1}{N^2(2N-1)} =$$

$$\frac{3\pi^2}{4N} - \frac{8}{N}\int_{1}^{+\infty} \arctan t \, d\left(\arctan\left(t\sqrt{\frac{N}{N-1}}\right)\right) - \frac{N-1}{N^2(2N-1)} =$$

$$\frac{3\pi^2}{4N} - \frac{8}{N}\left[\frac{\pi^2}{4} - \frac{\pi}{4}\arctan\sqrt{\frac{N}{N-1}} - \int_{1}^{+\infty} \frac{\arctan\left(t\sqrt{\frac{N}{(N-1)}}\right)}{1+t^2} dt\right] -$$

$$\frac{N-1}{N^2(2N-1)} = -\frac{5\pi^2}{4N} + \frac{2\pi}{N}\arctan\sqrt{\frac{N}{N-1}} + \frac{8}{N}\int_{1}^{+\infty} \frac{\arctan\left(t\sqrt{\frac{N}{(N-1)}}\right)}{1+t^2} dt -$$

$$\frac{N-1}{N^2(2N-1)} \tag{7.5.9}$$

设 $f(N) = -\frac{5\pi^2}{4} + 2\pi\arctan\sqrt{\frac{N}{N-1}} + 8\int_{1}^{+\infty} \frac{\arctan\left(t\sqrt{\frac{N}{(N-1)}}\right)}{1+t^2} dt -$

$\frac{N-1}{N(2N-1)}$,其中 $N \in [2, +\infty)$,则

$$f'(N) = -\frac{\pi}{(2N-1)\sqrt{N(N-1)}} -$$

$$\frac{4}{\sqrt{N(N-1)}}\int_{1}^{+\infty} \frac{t}{(1+t^2)(N-1+Nt^2)} dt + \frac{2N^2-4N+1}{N^2(2N-1)^2} =$$

$$-\frac{\pi}{(2N-1)\sqrt{N(N-1)}} - \frac{2}{\sqrt{N(N-1)}}\int_{1}^{+\infty} \frac{1}{(1+s)(N-1+Ns)} ds +$$

$$\frac{2N^2-4N+1}{N^2(2N-1)^2} = -\frac{\pi}{(2N-1)\sqrt{N(N-1)}} - \frac{2\ln\left(\frac{2N}{2N-1}\right)}{\sqrt{N(N-1)}} + \frac{2N^2-4N+1}{N^2(2N-1)^2}$$

进一步有

$$\sqrt{N(N-1)}f'(N) = -\frac{\pi}{(2N-1)} - 2\ln\frac{2N}{2N-1} + \frac{(2N^2-4N+1)\sqrt{N-1}}{N^{\frac{3}{2}}(2N-1)^2}$$

$$(\sqrt{N(N-1)}f'(N))' = \frac{2\pi}{(2N-1)^2} + \frac{2}{N(2N-1)} + \frac{(4N-4)\sqrt{N-1}}{N^{\frac{3}{2}}(2N-1)^2} +$$

$$\frac{(2N^2-4N+1)}{2N^{\frac{3}{2}}(2N-1)^2\sqrt{N-1}} - \frac{3(2N^2-4N+1)\sqrt{N-1}}{2N^{\frac{5}{2}}(2N-1)^2} -$$

$$\frac{4(2N^2-4N+1)\sqrt{N-1}}{N^{\frac{3}{2}}(2N-1)^3}$$

$$2N^{\frac{5}{2}}(2N-1)^3\sqrt{N-1}(\sqrt{N(N-1)}f'(N))' =$$
$$4\pi N^{\frac{5}{2}}(2N-1)\sqrt{N-1} + 4N^{\frac{3}{2}}(2N-1)^2\sqrt{N-1} +$$
$$8N(2N-1)(N-1)^2 + N(2N-1)(2N^2-4N+1) -$$
$$3(2N^2-4N+1)(2N-1)(N-1) - 8N(N-1)(2N^2-4N+1)$$

因 $\sqrt{N-1} \geqslant \sqrt{\dfrac{N}{2}}$,且 $\dfrac{4\pi}{\sqrt{2}} > 8, \dfrac{4}{\sqrt{2}} > 2$,所以有

$$2N^{\frac{5}{2}}(2N-1)^3\sqrt{N-1}(\sqrt{N(N-1)}f'(N))' \geqslant$$
$$8N^3(2N-1) + 2N^2(2N-1)^2 + 8N(2N-1)(N-1)^2 +$$
$$(2N^2-4N+1)(-12N^2+16N-3) =$$
$$16N^4 + 24N^3 - 48N^2 + 20N - 3 > 0$$

故有 $(\sqrt{N(N-1)}f'(N))' > 0, \sqrt{N(N-1)}f'(N)$ 严格单调递增,且易知
$$\lim_{N\to+\infty}\sqrt{N(N-1)}f'(N) =$$
$$\lim_{N\to+\infty}\left[-\dfrac{\pi}{(2N-1)} - 2\ln\dfrac{2N}{2N-1} + \dfrac{(2N^2-4N+1)\sqrt{N-1}}{N^{\frac{3}{2}}(2N-1)^2}\right] = 0$$

故 $\sqrt{N(N-1)}f'(N) < 0, f'(N) < 0, f(N)$ 为严格单调递减. 此时
$$\lim_{N\to+\infty}f(N) = \lim_{N\to+\infty}\left[-\dfrac{5\pi^2}{4} + 2\pi\arctan\sqrt{\dfrac{N}{N-1}} +\right.$$
$$\left.8\int_1^{+\infty}\dfrac{\arctan\left(t\sqrt{\dfrac{N}{N-1}}\right)}{1+t^2}dt - \dfrac{N-1}{N(2N-1)}\right] =$$
$$\lim_{N\to+\infty}\left[-\dfrac{3\pi^2}{4} + 8\int_1^{+\infty}\dfrac{\arctan t}{1+t^2}dt\right] =$$
$$\lim_{N\to+\infty}\left[-\dfrac{3\pi^2}{4} + 4\left(\dfrac{\pi^2}{4} - \dfrac{\pi^2}{16}\right)\right] = 0$$

故有 $f(N) > 0$ 成立,再根据式(7.5.9)知引理成立.

推论 7.5.7 设 $a_n \in \mathbb{R}, n=1,2,3,\cdots$,则对于任何正自然数 N,有

$$\pi^2\sum_{n=1}^N a_n^2 - \sum_{n=1}^N\left(\sum_{m=1}^N\dfrac{a_m}{n+m}\right)^2 \geqslant \left(\pi^2 - \dfrac{1}{4}\right)\cdot\min_{1\leqslant n\leqslant N}\{na_n^2\} \quad (7.5.10)$$

证明 不妨假定 $a_n \in \mathbb{R}_{++}, n=1,2,3,\cdots$,由定理 7.5.2 知,我们只要证

$$\pi^2\sum_{n=1}^N\dfrac{1}{n} - \sum_{n=1}^N\left(\sum_{m=1}^N\dfrac{1}{\sqrt{m}(n+m)}\right)^2 \geqslant \pi^2 - \dfrac{1}{4} \quad (7.5.11)$$

令 $f(k) = \pi^2\sum_{n=1}^k\dfrac{1}{n} - \sum_{n=1}^k\left[\sum_{m=1}^k\dfrac{1}{\sqrt{m}(n+m)}\right]^2, k=1,2,3,\cdots$,则

$$f(k+1) = \pi^2\sum_{n=1}^k\dfrac{1}{n} + \dfrac{\pi^2}{k+1} - \sum_{n=1}^k\left(\sum_{m=1}^{k+1}\dfrac{1}{\sqrt{m}(n+m)}\right)^2 -$$

$$\Big(\sum_{m=1}^{k+1}\frac{1}{\sqrt{m}(k+1+m)}\Big)^2 = f(k) + \frac{\pi^2}{k+1} -$$
$$\sum_{n=1}^{k}\Big(2\frac{1}{\sqrt{k+1}(n+k+1)}\sum_{m=1}^{k}\frac{1}{\sqrt{m}(n+m)} +$$
$$\frac{1}{(k+1)(n+k+1)^2}\Big) - \Big(\sum_{m=1}^{k+1}\frac{1}{\sqrt{m}(k+1+m)}\Big)^2$$

由引理 7.5.6(此时 $N = k+1$),知 $f(k+1) \geq f(k)$,所以 $f(N) \geq f(1) = \pi^2 - \frac{1}{4}$,式(7.5.11) 成立.

引理 7.5.8 设 $N \geq 1, x \in [1, N+1], f(x) = \dfrac{\pi^2 - 4\big(\arctan\sqrt{\frac{N}{x}}\big)^2}{x}$,则 $f(x)$ 为单调递减函数.

证明 设 $t = \sqrt{\dfrac{N}{x}}, s = \arctan t$,则
$$f(x) = \frac{t^2[\pi^2 - 4(\arctan t)^2]}{N} = \frac{\pi^2(\tan s)^2 - 4s^2(\tan s)^2}{N}$$

所以只要证
$$h(s) = \pi^2(\tan s)^2 - 4s^2(\tan s)^2$$

在 $\Big[\arctan\sqrt{\dfrac{N}{N+1}}, \arctan\sqrt{N}\Big]$ 单调递增函数即可. 此时
$$h'(s) = \tan s \cdot (\sec s)^2(2\pi^2 - 4s\sin 2s - 8s^2) \tag{7.5.12}$$

而
$$(2\pi^2 - 4s\sin 2s - 8s^2)' = -4\sin 2s - 8s\cos 2s - 16s < 8s - 16s < 0$$

即 $2\pi^2 - 4s\sin 2s - 8s^2$ 关于 s 为单调递减函数,且 $\lim_{s\to\frac{\pi}{2}}(2\pi^2 - 4s\sin 2s - 8s^2) = 0$,所以 $2\pi^2 - 4s\sin 2s - 8s^2 \geq 0$. 我们有 $h'(s) \geq 0$,引理得证.

推论 7.5.9 设 $a_n \in \mathbb{R}, n = 1, 2, 3, \cdots$,则对于任何正自然数 N,有
$$\pi^2\sum_{n=1}^{N}a_n^2 - \sum_{n=1}^{N}\Big(\sum_{m=1}^{N}\frac{a_m}{n+m}\Big)^2 > 2\min_{1\leq n\leq N}\{na_n^2\}\int_{\sqrt{\frac{N}{N+1}}}^{\sqrt{N}}\frac{\pi^2 - 4(\arctan t)^2}{t}\mathrm{d}t$$
$$\tag{7.5.13}$$

证明 不妨假定 $a_n \in \mathbb{R}_{++}, n = 1, 2, 3, \cdots$,由定理 7.5.2 知,只要证
$$\pi^2\sum_{n=1}^{N}\frac{1}{n} - \sum_{n=1}^{N}\Big(\sum_{m=1}^{N}\frac{1}{\sqrt{m}(n+m)}\Big)^2 > 2\int_{\sqrt{\frac{N}{N+1}}}^{\sqrt{N}}\frac{\pi^2 - 4(\arctan t)^2}{t}$$

由于 $\dfrac{1}{\sqrt{m}(n+m)}$ 关于 m 为单调递减,又根据引理 7.5.7,我们有

$$\pi^2 \sum_{n=1}^{N} \frac{1}{n} - \sum_{n=1}^{N} \Big(\sum_{m=1}^{N} \frac{1}{\sqrt{m}(n+m)}\Big)^2 > \pi^2 \sum_{n=1}^{N} \frac{1}{n} - \sum_{n=1}^{N} \Big(\int_0^N \frac{1}{\sqrt{x}(n+x)} dx\Big)^2 =$$

$$\sum_{n=1}^{N} \frac{\pi^2 - 4\big(\arctan\sqrt{\frac{N}{n}}\big)^2}{n} > \int_1^{N+1} \frac{\pi^2 - 4\big(\arctan\sqrt{\frac{N}{x}}\big)^2}{x} dx =$$

$$2\int_{\sqrt{\frac{N}{N+1}}}^{\sqrt{N}} \frac{\pi^2 - 4(\arctan t)^2}{t} dt$$

推论证毕.

7.6 较为精密的 Hardy – Hilbert 不等式的一些研究

设 $p,q > 1, \frac{1}{p} + \frac{1}{q} = 1, a_n > 0, b_n > 0, (n = 1,2,3,\cdots), N \in \mathbb{N}_{++}$,且 $\sum_{n=1}^{+\infty} a_n^p < \infty, \sum_{n=1}^{+\infty} b_n^q < \infty$,则以下三个不等式为等价,它们都被称为"较为精密的 Hardy – Hilbert 不等式".

$$\sum_{n=0}^{+\infty} \sum_{m=0}^{+\infty} \frac{a_m b_n}{m+n+1} < \frac{\pi}{\sin\left(\frac{\pi}{p}\right)} \Big(\sum_{n=0}^{+\infty} a_n^p\Big)^{\frac{1}{p}} \Big(\sum_{n=0}^{+\infty} b_n^q\Big)^{\frac{1}{q}} \qquad (7.6.1)$$

$$\sum_{n=0}^{+\infty} \Big(\sum_{m=0}^{+\infty} \frac{a_m}{m+n+1}\Big)^p < \Big(\frac{\pi}{\sin\left(\frac{\pi}{p}\right)}\Big)^p \sum_{n=0}^{+\infty} a_n^p \qquad (7.6.2)$$

$$\sum_{n=0}^{N} \Big(\sum_{m=0}^{N} \frac{a_m}{m+n+1}\Big)^p < \Big(\frac{\pi}{\sin\left(\frac{\pi}{p}\right)}\Big)^p \sum_{n=0}^{N} a_n^p \qquad (7.6.3)$$

引理 7.6.1 设 $l \geq 1, p > 1$,则有

$$\Big(\frac{\pi}{\sin\left(\frac{\pi}{p}\right)}\Big)^p \frac{1}{\big(l+\frac{1}{2}\big)^{1-\frac{1}{p}}} > \sum_{n=0}^{+\infty} \Big[\frac{1}{n+l+1}\Big(\sum_{m=0}^{+\infty} \frac{1}{(m+n+1)\big(m+\frac{1}{2}\big)^{\frac{1}{p}}}\Big)^{p-1}\Big]$$

证明 设 $f(x) = \dfrac{1}{\big(x+n+\frac{1}{2}\big)x^{\frac{1}{p}}}$,其中 $x > 0, n \geq 1$,则

$$f'(x) = -\frac{1}{\big(x+n+\frac{1}{2}\big)^2 x^{\frac{1}{p}}} - \frac{1}{p\big(x+n+\frac{1}{2}\big)x^{1+\frac{1}{p}}}$$

显然 f' 为单调增加,故 f 为凸函数,由 Hadamard 不等式(见式(0.2.8))及式(0.5.12),知

$$\int_m^{m+1} \frac{1}{\left(x+n+\frac{1}{2}\right)x^{\frac{1}{p}}} \mathrm{d}x > \frac{1}{\left(m+\frac{1}{2}+n+\frac{1}{2}\right)\left(m+\frac{1}{2}\right)^{\frac{1}{p}}} =$$

$$\frac{1}{(m+n+1)\left(m+\frac{1}{2}\right)^{\frac{1}{p}}}$$

其中 $m = 0,1,2,\cdots$. 把以上各式相加有

$$\sum_{m=0}^{+\infty} \frac{1}{(m+n+1)\left(m+\frac{1}{2}\right)^{\frac{1}{p}}} < \int_0^{+\infty} \frac{1}{\left(x+n+\frac{1}{2}\right)x^{\frac{1}{p}}} \mathrm{d}x =$$

$$\frac{1}{\sqrt[p]{n+\frac{1}{2}}} \int_0^{+\infty} \frac{1}{\left(\frac{x}{n+\frac{1}{2}}+1\right)\left(\frac{x}{n+\frac{1}{2}}\right)^{\frac{1}{p}}} \mathrm{d}\left(\frac{x}{n+\frac{1}{2}}\right) =$$

$$\frac{1}{\left(n+\frac{1}{2}\right)^{\frac{1}{p}}} \int_0^{+\infty} \frac{u^{\frac{p-1}{p}-1}}{1+u} \mathrm{d}u = \frac{1}{\left(n+\frac{1}{2}\right)^{\frac{1}{p}}} \Gamma\left(\frac{p-1}{p}\right)\Gamma\left(\frac{1}{p}\right) =$$

$$\frac{\pi}{\sin\left(\frac{\pi}{p}\right)\left(n+\frac{1}{2}\right)^{\frac{1}{p}}}$$

进一步有

$$\sum_{n=0}^{+\infty}\left[\frac{1}{n+l+1}\left(\sum_{m=0}^{+\infty}\frac{1}{(m+n+1)\left(m+\frac{1}{2}\right)^{\frac{1}{p}}}\right)^{p-1}\right] <$$

$$\sum_{n=0}^{+\infty}\left[\frac{1}{n+l+1}\left(\frac{\pi}{\sin\left(\frac{\pi}{p}\right)\left(n+\frac{1}{2}\right)^{\frac{1}{p}}}\right)^{p-1}\right] =$$

$$\left(\frac{\pi}{\sin\left(\frac{\pi}{p}\right)}\right)^{p-1} \sum_{n=0}^{+\infty}\left(\frac{1}{(n+l+1)\left(n+\frac{1}{2}\right)^{1-\frac{1}{p}}}\right)$$

同样易证 $\dfrac{1}{(x+l+1)\left(x+\frac{1}{2}\right)^{1-\frac{1}{p}}}$ 在 $\mathbb{R}_{++}$ 为凸函数,所以我们同样有

$$\sum_{n=0}^{+\infty}\left[\frac{1}{n+l+1}\left(\sum_{m=0}^{+\infty}\frac{1}{(m+n+1)\left(m+\frac{1}{2}\right)^{\frac{1}{p}}}\right)^{p-1}\right] <$$

$$\left(\frac{\pi}{\sin\left(\frac{\pi}{p}\right)}\right)^{p-1} \int_0^{+\infty} \frac{1}{\left(x + l + \frac{1}{2}\right) x^{1-\frac{1}{p}}} \mathrm{d}x =$$

$$\left(\frac{\pi}{\sin\left(\frac{\pi}{p}\right)}\right)^{p-1} \frac{1}{\left(l + \frac{1}{2}\right)^{1-\frac{1}{p}}} \times$$

$$\int_0^{+\infty} \frac{1}{\left(\frac{x}{l+\frac{1}{2}} + 1\right) \cdot \left(\frac{x}{l+\frac{1}{2}}\right)^{1-\frac{1}{p}}} \mathrm{d}\left(\frac{x}{l+\frac{1}{2}}\right) =$$

$$\left(\frac{\pi}{\sin\left(\frac{\pi}{p}\right)}\right)^{p-1} \frac{1}{\left(l+\frac{1}{2}\right)^{1-\frac{1}{p}}} \int_0^{+\infty} \frac{u^{\frac{1}{p}-1}}{u+1} \mathrm{d}u =$$

$$\left(\frac{\pi}{\sin\left(\frac{\pi}{p}\right)}\right)^{p-1} \frac{1}{\left(l+\frac{1}{2}\right)^{1-\frac{1}{p}}} \Gamma\left(\frac{1}{p}\right)\Gamma\left(\frac{1}{p}-1\right) =$$

$$\left(\frac{\pi}{\sin\left(\frac{\pi}{p}\right)}\right)^{p} \frac{1}{\left(l+\frac{1}{2}\right)^{1-\frac{1}{p}}}$$

引理证毕.

定理 7.6.2 设 $p > 1, N \in \mathbb{N}_{++}, a_n > 0 (n = 1, 2, \cdots, N)$，则

$$\left(\frac{\pi}{\sin\left(\frac{\pi}{p}\right)}\right)^{p} \sum_{n=0}^{N} a_n^p - \sum_{n=0}^{N} \left(\sum_{m=0}^{N} \frac{a_m}{m+n+1}\right)^p \geq$$

$$\min_{0 \leq k \leq N}\left\{\left(n+\frac{1}{2}\right) a_n^p\right\} \left[\left(\frac{\pi}{\sin\left(\frac{\pi}{p}\right)}\right)^p \sum_{n=0}^{N} \frac{1}{n+\frac{1}{2}} -\right.$$

$$\left.\sum_{n=0}^{N} \left(\sum_{m=0}^{N} \frac{1}{(m+n+1)\left(m+\frac{1}{2}\right)^{\frac{1}{p}}}\right)^p\right] \quad (7.6.4)$$

证明 设 $a_n = \dfrac{b_n}{\left(n+\frac{1}{2}\right)^{\frac{1}{p}}}$，则上式化为

$$\left(\frac{\pi}{\sin\left(\frac{\pi}{p}\right)}\right)^p \sum_{n=0}^{N} \frac{b_n^p}{n+\frac{1}{2}} - \sum_{n=0}^{N}\left(\sum_{m=0}^{N} \frac{b_m}{(m+n+1)\left(m+\frac{1}{2}\right)^{\frac{1}{p}}}\right)^p \geq$$

$$\min_{0 \leq k \leq N} \{b_n^p\} \left[\left(\frac{\pi}{\sin\left(\frac{\pi}{p}\right)} \right)^p \sum_{n=0}^{N} \frac{1}{n + \frac{1}{2}} - \right.$$

$$\left. \sum_{n=0}^{N} \left(\sum_{m=0}^{N} \frac{1}{(m+n+1)\left(m+\frac{1}{2}\right)^{\frac{1}{p}}} \right)^p \right] \qquad (7.6.5)$$

设 $b_l = \max_{0 \leq n \leq N} \{b_n\}$, 若 $b_l = \min_{0 \leq n \leq N} \{b_n\}$, 则式(7.6.5) 已成立. 不妨设 $b_l \neq \min_{0 \leq n \leq N} \{b_n\}$, 再设

$$f(b_1, b_2, \cdots, b_N) =$$

$$\left(\frac{\pi}{\sin\left(\frac{\pi}{p}\right)} \right)^p \sum_{n=0}^{N} \frac{b_n^p}{n + \frac{1}{2}} - \sum_{n=0}^{N} \left(\sum_{m=0}^{N} \frac{b_m}{(m+n+1)\left(m+\frac{1}{2}\right)^{\frac{1}{p}}} \right)^p$$

则

$$\frac{\partial f(b_1, b_2, \cdots, b_N)}{\partial b_l} = p \left(\frac{\pi}{\sin\left(\frac{\pi}{p}\right)} \right)^p \frac{b_l^{p-1}}{l + \frac{1}{2}} -$$

$$p \sum_{n=0}^{N} \left[\frac{1}{\sqrt[p]{l + \frac{1}{2}}(n+l+1)} \left(\sum_{m=0}^{N} \frac{b_m}{(m+n+1)\left(m+\frac{1}{2}\right)^{\frac{1}{p}}} \right)^{p-1} \right] >$$

$$\frac{p b_l^{p-1}}{\left(l + \frac{1}{2}\right)^{\frac{1}{p}}} \left[\left(\frac{\pi}{\sin\left(\frac{\pi}{p}\right)} \right)^p \frac{1}{\left(l + \frac{1}{2}\right)^{1-\frac{1}{p}}} - \right.$$

$$\left. \sum_{n=0}^{N} \left[\frac{1}{n+l+1} \left(\sum_{m=0}^{N} \frac{1}{(m+n+1)\left(m+\frac{1}{2}\right)^{\frac{1}{p}}} \right)^{p-1} \right] \right] >$$

$$\frac{p b_l^{p-1}}{\left(l + \frac{1}{2}\right)^{\frac{1}{p}}} \left[\left(\frac{\pi}{\sin\left(\frac{\pi}{p}\right)} \right)^p \frac{1}{\left(l + \frac{1}{2}\right)^{1-\frac{1}{p}}} - \right.$$

$$\left. \sum_{n=0}^{\infty} \left[\frac{1}{n+l+1} \left(\sum_{m=0}^{\infty} \frac{1}{\left(m+\frac{1}{2}\right)^{\frac{1}{p}}(n+m+1)} \right)^{p-1} \right] \right]$$

由引理 7.6.1 知 $\frac{\partial f}{\partial b_l} > 0$. 由定理 7.1.2 知

$$f(b_1, b_2, \cdots, b_N) \geq f(\min_{1 \leq n \leq N} \{b_n\}, \min_{1 \leq n \leq N} \{b_n\}, \cdots, \min_{1 \leq n \leq N} \{b_n\})$$

此即为式(7.6.5).定理证毕.

引理 7.6.3[88]　设 $n \in \mathbb{N}_{++}, p > 1$,则

$$\sum_{m=0}^{+\infty} \frac{1}{m+n+1}\left(\frac{2n+1}{2m+1}\right)^{\frac{1}{p}} \leqslant \frac{\pi}{\sin\left(\frac{\pi}{p}\right)} - \frac{\theta}{(2n+1)^{2-\frac{1}{p}}}$$

其中 $\theta = \ln 2 - \gamma, \gamma = 0.5772156\cdots$ 为欧拉常数.

推论 7.6.4　设 $n \in \mathbb{N}_{++}, p > 1, a_n > 0 (n = 1,2,\cdots,N), \gamma = 0.5772156\cdots$ 为欧拉常数,$\theta = \ln 2 - \gamma$.则

$$\left(\frac{\pi}{\sin\left(\frac{\pi}{p}\right)}\right)^p \sum_{n=0}^{N} a_n^p - \sum_{n=0}^{N}\left(\sum_{m=0}^{N} \frac{a_m}{n+m+1}\right)^p >$$

$$\frac{p}{2p-1}\left[\left(\frac{\pi}{\sin\left(\frac{\pi}{p}\right)}\right)^p - \left(\frac{\pi}{\sin\left(\frac{\pi}{p}\right)} - \theta\right)^p\right] \cdot$$

$$\left(1 - \frac{1}{(2N+3)^{2-\frac{1}{p}}}\right) \cdot \min_{0 \leqslant k \leqslant N}\left\{\left(n+\frac{1}{2}\right)a_n^p\right\} \tag{7.6.6}$$

证明　由引理 7.6.3 知

$$\left(\frac{\pi}{\sin\left(\frac{\pi}{p}\right)}\right)^p \sum_{n=0}^{N} \frac{1}{n+\frac{1}{2}} - \sum_{n=0}^{N}\left(\sum_{m=0}^{N} \frac{1}{(m+n+1)\left(m+\frac{1}{2}\right)^{\frac{1}{p}}}\right)^p >$$

$$\left(\frac{\pi}{\sin\left(\frac{\pi}{p}\right)}\right)^p \sum_{n=0}^{N} \frac{1}{n+\frac{1}{2}} - \sum_{n=0}^{N}\left(\sum_{m=0}^{+\infty} \frac{1}{(m+n+1)\left(m+\frac{1}{2}\right)^{\frac{1}{p}}}\right)^p =$$

$$\left(\frac{\pi}{\sin\left(\frac{\pi}{p}\right)}\right)^p \sum_{n=0}^{N} \frac{1}{n+\frac{1}{2}} - \sum_{n=0}^{N}\left[\frac{1}{n+\frac{1}{2}}\left(\sum_{m=0}^{+\infty} \frac{1}{m+n+1}\left(\frac{2n+1}{2m+1}\right)^{\frac{1}{p}}\right)\right]^p >$$

$$\left(\frac{\pi}{\sin\left(\frac{\pi}{p}\right)}\right)^p \sum_{n=0}^{N} \frac{1}{n+\frac{1}{2}} - \sum_{n=0}^{N}\left[\frac{1}{n+\frac{1}{2}}\left(\frac{\pi}{\sin\left(\frac{\pi}{p}\right)} - \frac{\theta}{(2n+1)^{2-\frac{1}{p}}}\right)\right]^p =$$

$$\left(\frac{\pi}{\sin\left(\frac{\pi}{p}\right)}\right)^p \left[\sum_{n=0}^{N} \frac{1}{n+\frac{1}{2}} - \sum_{n=0}^{N}\left[\frac{1}{n+\frac{1}{2}}\left(1 - \frac{\theta\sin\left(\frac{\pi}{p}\right)}{\pi(2n+1)^{2-\frac{1}{p}}}\right)\right]^p\right]$$

易知 $\dfrac{1}{(2x+1)^{3-\frac{1}{p}}}$ 在 $(0, +\infty)$ 上为单调递减函数,再根据引理 7.5.4,我们有

$$\left(\frac{\pi}{\sin\left(\frac{\pi}{p}\right)}\right)^p \sum_{n=0}^{N} \frac{1}{n+\frac{1}{2}} - \sum_{n=0}^{N}\left(\sum_{m=0}^{N} \frac{1}{(m+n+1)\left(m+\frac{1}{2}\right)^{\frac{1}{p}}}\right)^p >$$

$$\left(\frac{\pi}{\sin\left(\frac{\pi}{p}\right)}\right)^p \left[\sum_{n=0}^{N} \frac{1}{n+\frac{1}{2}} - \sum_{n=0}^{N} \left[\frac{1}{n+\frac{1}{2}}\left(1 - \frac{1 - \left(1 - \frac{\theta \sin\left(\frac{\pi}{p}\right)}{\pi}\right)^p}{(2n+1)^{2-\frac{1}{p}}}\right)\right]\right] =$$

$$2\left(\frac{\pi}{\sin\left(\frac{\pi}{p}\right)}\right)^p \left(1 - \left(1 - \frac{\theta \sin\left(\frac{\pi}{p}\right)}{\pi}\right)^p\right) \sum_{n=0}^{N} \frac{1}{(2n+1)^{3-\frac{1}{p}}} >$$

$$2\left[\left(\frac{\pi}{\sin\left(\frac{\pi}{p}\right)}\right)^p - \left(\frac{\pi}{\sin\left(\frac{\pi}{p}\right)} - \theta\right)^p\right] \int_0^{N+1} \frac{1}{(2x+1)^{3-\frac{1}{p}}} dx =$$

$$\frac{p}{2p-1}\left[\left(\frac{\pi}{\sin\left(\frac{\pi}{p}\right)}\right)^p - \left(\frac{\pi}{\sin\left(\frac{\pi}{p}\right)} - \theta\right)^p\right]\left(1 - \frac{1}{(2N+3)^{2-\frac{1}{p}}}\right)$$

再由定理 7.5.2 知推论为真.

当 $p = 2$ 时,式 (7.6.1) ~ (7.6.3) 称为"较为精致的 Hilbert 不等式". 下面我们对其作一些补充研究.

引理 7.6.5 $k \geq 0, f(x) = \dfrac{\arctan\sqrt{\dfrac{k+1}{x+\dfrac{1}{2}}}}{(x+k+2)\sqrt{x+\dfrac{1}{2}}}$,其中 $x \in \left(-\dfrac{1}{2}, k+\dfrac{1}{2}\right]$,则 f 为凸函数.

证明 $f'(x) = -\dfrac{\sqrt{k+1}}{(2x+2k+3)(x+k+2)\left(x+\dfrac{1}{2}\right)} -$

$$\dfrac{\arctan\sqrt{\dfrac{k+1}{x+\dfrac{1}{2}}}}{(x+k+2)^2 \sqrt{x+\dfrac{1}{2}}} -$$

$$\dfrac{\arctan\sqrt{\dfrac{k+1}{x+\dfrac{1}{2}}}}{2(x+k+2)\left(x+\dfrac{1}{2}\right)\sqrt{x+\dfrac{1}{2}}}$$

在 $\left(-\dfrac{1}{2}, k+\dfrac{1}{2}\right]$, $-\dfrac{\sqrt{k+1}}{(2x+2k+3)(x+k+2)\left(x+\dfrac{1}{2}\right)}$,

$$-\frac{\arctan\sqrt{\dfrac{k+1}{x+\dfrac{1}{2}}}}{(x+k+2)^2\sqrt{x+\dfrac{1}{2}}} \text{ 和 } -\frac{\arctan\sqrt{\dfrac{k+1}{x+\dfrac{1}{2}}}}{2(x+k+2)\left(x+\dfrac{1}{2}\right)\sqrt{x+\dfrac{1}{2}}} \text{ 关于 } x \text{ 都为单}$$

调增加函数,所以 $f'(x)$ 为单调增加函数,引理得证.

引理 7.6.6 设 $k \geqslant 0, -\dfrac{1}{2} < x \leqslant k+\dfrac{1}{2}$,则

$$\arctan\sqrt{\frac{k+1}{x+\dfrac{1}{2}}} + \frac{10\sqrt{x+\dfrac{1}{2}}}{41\sqrt{k+\dfrac{3}{2}}(x+k+2)} \leqslant \arctan\sqrt{\frac{k+\dfrac{3}{2}}{x+\dfrac{1}{2}}}.$$

证明 易证

$$\tan\left(\arctan\sqrt{\frac{k+\dfrac{3}{2}}{x+\dfrac{1}{2}}} - \arctan\sqrt{\frac{k+1}{x+\dfrac{1}{2}}}\right) = \frac{\sqrt{x+\dfrac{1}{2}}\left(\sqrt{k+\dfrac{3}{2}} - \sqrt{k+1}\right)}{x+\dfrac{1}{2} + \sqrt{k+1}\sqrt{k+\dfrac{3}{2}}}$$

$$(7.6.7)$$

又有

$$\sqrt{k+1}\sqrt{k+\frac{3}{2}} \leqslant k+\frac{3}{2}, \; x+\frac{1}{2}+\sqrt{k+1}\sqrt{k+\frac{3}{2}} \leqslant x+k+2$$

$$x+\frac{1}{2}+\sqrt{k+1}\sqrt{k+\frac{3}{2}} \leqslant (x+k+2)\frac{2\sqrt{k+\dfrac{3}{2}}}{\sqrt{k+\dfrac{3}{2}}+\sqrt{k+1}}$$

$$x+\frac{1}{2}+\sqrt{k+1}\sqrt{k+\frac{3}{2}} \leqslant 4\sqrt{k+\frac{3}{2}}(x+k+2)\left(\sqrt{k+\frac{3}{2}} - \sqrt{k+1}\right)$$

$$\frac{1}{4\sqrt{k+\dfrac{3}{2}}(x+k+2)} \leqslant \frac{\sqrt{k+\dfrac{3}{2}} - \sqrt{k+1}}{x+\dfrac{1}{2}+\sqrt{k+1}\sqrt{k+\dfrac{3}{2}}}$$

$$\frac{\sqrt{x+\dfrac{1}{2}}}{4\sqrt{k+\dfrac{3}{2}}(x+k+2)} \leqslant \frac{\sqrt{x+\dfrac{1}{2}}\left(\sqrt{k+\dfrac{3}{2}} - \sqrt{k+1}\right)}{x+\dfrac{1}{2}+\sqrt{k+1}\sqrt{k+\dfrac{3}{2}}} \quad (7.6.8)$$

联立式(7.6.8),(7.6.9)知

$$\frac{\sqrt{x+\frac{1}{2}}}{4\sqrt{k+\frac{3}{2}}(x+k+2)} \leqslant \tan\left(\arctan\sqrt{\frac{k+\frac{3}{2}}{x+\frac{1}{2}}} - \arctan\sqrt{\frac{k+1}{x+\frac{1}{2}}}\right)$$

$$\arctan\left(\frac{\sqrt{x+\frac{1}{2}}}{4\sqrt{k+\frac{3}{2}}(x+k+2)}\right) \leqslant \arctan\sqrt{\frac{k+\frac{3}{2}}{x+\frac{1}{2}}} - \arctan\sqrt{\frac{k+1}{x+\frac{1}{2}}}$$

(7.6.9)

同时

$$\frac{10\sqrt{x+\frac{1}{2}}}{41\sqrt{k+\frac{3}{2}}(x+k+2)} \leqslant \frac{10\sqrt{x+\frac{1}{2}}}{82\sqrt{k+\frac{3}{2}}\sqrt{x+\frac{1}{2}}\sqrt{k+\frac{3}{2}}} =$$

$$\frac{10}{82\left(k+\frac{3}{2}\right)} \leqslant \frac{10}{123} \quad (7.6.10)$$

可证当 $0 \leqslant t \leqslant \frac{10}{123}$ 时有 $\tan t \leqslant \frac{41t}{40}$. 根据式(7.6.10),我们可令 $t = \frac{10\sqrt{x+\frac{1}{2}}}{41\sqrt{k+\frac{3}{2}}(x+k+2)}$,有

$$\tan\frac{10\sqrt{x+\frac{1}{2}}}{41\sqrt{k+\frac{3}{2}}(x+k+2)} \leqslant \frac{41}{40} \times \frac{10\sqrt{x+\frac{1}{2}}}{41\sqrt{k+\frac{3}{2}}(x+k+2)}$$

$$\frac{10\sqrt{x+\frac{1}{2}}}{41\sqrt{k+\frac{3}{2}}(x+k+2)} \leqslant \arctan\frac{\sqrt{x+\frac{1}{2}}}{4\sqrt{k+\frac{3}{2}}(x+k+2)} \quad (7.6.11)$$

联立式(7.6.9)和式(7.6.11),知引理 7.6.6 成立.

引理 7.6.7 设 $k \geqslant 0$,则

$$\left(\pi - 2\arctan\sqrt{\frac{k+1}{k+\frac{3}{2}}}\right)^2 - 4\left(\arctan\sqrt{\frac{k+2}{k+\frac{3}{2}}}\right)^2 - \frac{1}{82\left(k+\frac{3}{2}\right)^2} > 0$$

(7.6.12)

证明

$$\left(\pi - 2\arctan\sqrt{\frac{k+1}{k+\frac{3}{2}}}\right)^2 - 4\left(\arctan\sqrt{\frac{k+2}{k+\frac{3}{2}}}\right)^2 - \frac{1}{82\left(k+\frac{3}{2}\right)^2} =$$

$$2\left(\frac{\pi}{2} - \arctan\sqrt{\frac{k+1}{k+\frac{3}{2}}} - \arctan\sqrt{\frac{k+2}{k+\frac{3}{2}}}\right) \times$$

$$\left(\pi - 2\arctan\sqrt{\frac{k+1}{k+\frac{3}{2}}} + 2\arctan\sqrt{\frac{k+2}{k+\frac{3}{2}}}\right) - \frac{1}{82\left(k+\frac{3}{2}\right)^2} =$$

$$2\left(\arctan\left(\frac{1-\sqrt{\frac{k+1}{k+\frac{3}{2}}}\sqrt{\frac{k+2}{k+\frac{3}{2}}}}{\sqrt{\frac{k+1}{k+\frac{3}{2}}}+\sqrt{\frac{k+2}{k+\frac{3}{2}}}}\right)\right) \times$$

$$\left(\pi - 2\arctan\sqrt{\frac{k+1}{k+\frac{3}{2}}} + 2\arctan\sqrt{\frac{k+2}{k+\frac{3}{2}}}\right) - \frac{1}{82\left(k+\frac{3}{2}\right)^2} >$$

$$2\pi\left(\arctan\left(\frac{k+\frac{3}{2} - \sqrt{k^2+3k+2}}{\sqrt{k+\frac{3}{2}}(\sqrt{k+1}+\sqrt{k+2})}\right)\right) - \frac{1}{82\left(k+\frac{3}{2}\right)^2} =$$

$$2\pi\arctan\left(\frac{1}{4\sqrt{k+\frac{3}{2}}(\sqrt{k+1}+\sqrt{k+2})\left(k+\frac{3}{2}+\sqrt{k^2+3k+2}\right)}\right) -$$

$$\frac{1}{82\left(k+\frac{3}{2}\right)^2} > 2\pi\arctan\left(\frac{1}{8\sqrt{k+\frac{3}{2}}\sqrt{k+\frac{3}{2}}\left(k+\frac{3}{2}+k+\frac{3}{2}\right)}\right) -$$

$$\frac{1}{82\left(k+\frac{3}{2}\right)^2} = 2\pi\arctan\left(\frac{1}{16\left(k+\frac{3}{2}\right)^2}\right) - \frac{1}{82\left(k+\frac{3}{2}\right)^2} \quad (7.6.13)$$

可证 $f: t \in \left[0, \frac{1}{36}\right] \to 2t - \tan t$ 为单调增加，则当 $0 \leqslant t \leqslant \frac{1}{36}$ 有 $2t \geqslant \tan t$，取 $t = \left[32\left(k+\frac{3}{2}\right)^2\right]^{-1}$ 有

$$\frac{1}{16\left(k+\frac{3}{2}\right)^2} \geqslant \tan\frac{1}{32\left(k+\frac{3}{2}\right)^2} > \tan\frac{1}{164\pi\left(k+\frac{3}{2}\right)^2}$$

$$2\pi\arctan\left(\cfrac{1}{16\left(k+\cfrac{3}{2}\right)^2}\right) > \cfrac{1}{82\left(k+\cfrac{3}{2}\right)^2} \tag{7.6.14}$$

联立式(7.6.13),式(7.6.14)知引理成立.

推论 7.6.8 设 $a_n \in \mathbb{R}, n = 1,2,3,\cdots$,则对任何自然数有

$$\pi^2 \sum_{n=0}^{N} a_n^2 - \sum_{n=0}^{N}\left(\sum_{m=0}^{N} \frac{a_m}{n+m+1}\right)^2 \geqslant (2\pi^2 - \sqrt{2}) \cdot \min_{0 \leqslant n \leqslant N}\left\{\left(n+\frac{1}{2}\right)a_n^2\right\} \tag{7.6.15}$$

证明 不妨设 $a_n \in \mathbb{R}_{++}$,再设

$$f(N) = \pi^2 \sum_{n=0}^{N} \frac{1}{n+\frac{1}{2}} - \sum_{n=0}^{N}\left(\sum_{m=0}^{N} \frac{1}{\sqrt{m+\frac{1}{2}}(n+m+1)}\right)^2$$

其中 N 为自然数,则对于 $k \geqslant 0$,有

$$f(k+1) = f(k) + \frac{\pi^2}{k+\frac{3}{2}} - \left(\sum_{m=0}^{k+1} \frac{1}{\sqrt{m+\frac{1}{2}}(k+m+2)}\right)^2 -$$

$$2\sum_{n=0}^{k}\sum_{m=0}^{k} \frac{1}{\sqrt{m+\frac{1}{2}}\sqrt{k+\frac{3}{2}}(n+k+2)(n+m+1)} -$$

$$\sum_{n=0}^{k} \frac{1}{\left(k+\frac{3}{2}\right)(n+k+2)^2}$$

易证 $\dfrac{1}{\sqrt{m+\frac{1}{2}}(k+m+2)}$ 关于 $m \in \left(-\frac{1}{2}, k+\frac{3}{2}\right]$, $\dfrac{1}{\sqrt{m+\frac{1}{2}}(n+m+1)}$

关于 $m \in \left(-\frac{1}{2}, k+\frac{1}{2}\right]$, $(n+k+2)^{-2}$ 关于 $n \in \left(-\frac{1}{2}, k+\frac{1}{2}\right]$ 都为凸函数. 由 Hadamard 不等式(见式(0.2.8)),有

$$f(k+1) - f(k) \geqslant \frac{\pi^2}{k+\frac{3}{2}} - \left(\int_{-\frac{1}{2}}^{k+\frac{3}{2}} \frac{1}{\sqrt{x+\frac{1}{2}}(k+x+2)} dx\right)^2 -$$

$$\frac{2}{\sqrt{k+\frac{3}{2}}} \sum_{n=0}^{k} \frac{1}{n+k+2} \int_{-\frac{1}{2}}^{k+\frac{1}{2}} \frac{1}{\sqrt{x+\frac{1}{2}}(n+x+1)} dx -$$

$$\frac{1}{k+\frac{3}{2}} \int_{-\frac{1}{2}}^{k+\frac{1}{2}} \frac{1}{(x+k+2)^2} dx = \frac{\pi^2}{k+\frac{3}{2}} - \frac{4\left(\arctan\sqrt{\frac{k+2}{k+\frac{3}{2}}}\right)^2}{k+\frac{3}{2}} -$$

$$\frac{4}{\sqrt{k+\frac{3}{2}}}\sum_{n=0}^{k}\frac{\arctan\sqrt{\frac{k+1}{n+\frac{1}{2}}}}{(n+k+2)\sqrt{n+\frac{1}{2}}} - \frac{1}{k+\frac{3}{2}}\int_{-\frac{1}{2}}^{k+\frac{1}{2}}\frac{1}{(x+k+2)^2}\mathrm{d}x$$

由引理 7.6.5 有

$$f(k+1) - f(k) \geqslant \frac{\pi^2}{k+\frac{3}{2}} - \frac{4\left(\arctan\sqrt{\frac{k+2}{k+\frac{3}{2}}}\right)^2}{k+\frac{3}{2}} - $$

$$\frac{4}{\sqrt{k+\frac{3}{2}}}\int_{-\frac{1}{2}}^{k+\frac{1}{2}}\frac{\arctan\sqrt{\frac{k+1}{x+\frac{1}{2}}}}{(x+k+2)\sqrt{x+\frac{1}{2}}}\mathrm{d}x -$$

$$\frac{1}{k+\frac{3}{2}}\int_{-\frac{1}{2}}^{k+\frac{1}{2}}\frac{1}{(x+k+2)^2}\mathrm{d}x =$$

$$\frac{\pi^2}{k+\frac{3}{2}} - \frac{4\left(\arctan\sqrt{\frac{k+2}{k+\frac{3}{2}}}\right)^2}{k+\frac{3}{2}} - \frac{4}{\sqrt{k+\frac{3}{2}}} \cdot$$

$$\int_{-\frac{1}{2}}^{k+\frac{1}{2}}\left(\frac{\arctan\sqrt{\frac{k+1}{x+\frac{1}{2}}} + \frac{10\sqrt{x+\frac{1}{2}}}{41\sqrt{k+\frac{3}{2}}(x+k+2)}}{(x+k+2)\sqrt{x+\frac{1}{2}}}\right)\mathrm{d}x -$$

$$\frac{1}{41\left(k+\frac{3}{2}\right)}\int_{-\frac{1}{2}}^{k+\frac{1}{2}}\frac{1}{(x+k+2)^2}\mathrm{d}x$$

由引理 7.6.6,知

$$f(k+1) - f(k) \geqslant \frac{\pi^2}{k+\frac{3}{2}} - \frac{4\left(\arctan\sqrt{\frac{k+2}{k+\frac{3}{2}}}\right)^2}{k+\frac{3}{2}} - $$

$$\frac{4}{\sqrt{k+\frac{3}{2}}}\int_{-\frac{1}{2}}^{k+\frac{1}{2}}\frac{\arctan\sqrt{\frac{k+\frac{3}{2}}{x+\frac{1}{2}}}}{(x+k+2)\sqrt{x+\frac{1}{2}}}\mathrm{d}x -$$

$$\frac{1}{41\left(k+\frac{3}{2}\right)}\int_{-\frac{1}{2}}^{k+\frac{1}{2}}\frac{1}{(x+k+2)^2}\mathrm{d}x =$$

$$\frac{\pi^2}{k+\frac{3}{2}} - \frac{4\left(\arctan\sqrt{\frac{k+2}{k+\frac{3}{2}}}\right)^2}{k+\frac{3}{2}} -$$

$$\frac{8}{k+\frac{3}{2}}\int_{-\frac{1}{2}}^{k+\frac{1}{2}}\left(\frac{\pi}{2} - \arctan\sqrt{\frac{x+\frac{1}{2}}{k+\frac{3}{2}}}\right)d\left(\arctan\sqrt{\frac{x+\frac{1}{2}}{k+\frac{3}{2}}}\right) +$$

$$\frac{1}{41\left(k+\frac{3}{2}\right)} \cdot \left.\frac{1}{x+k+2}\right|_{-\frac{1}{2}}^{k+\frac{1}{2}} =$$

$$\frac{1}{k+\frac{3}{2}}\left[\pi^2 - 4\pi\arctan\sqrt{\frac{k+1}{k+\frac{3}{2}}} - \frac{k+1}{41\left(2k+\frac{5}{2}\right)\left(k+\frac{5}{2}\right)^2}\right] \geqslant$$

$$\frac{1}{k+\frac{3}{2}}\left[\left(\pi - 2\arctan\sqrt{\frac{k+1}{k+\frac{3}{2}}}\right)^2 - \right.$$

$$\left. 4\left(\arctan\sqrt{\frac{k+2}{k+\frac{3}{2}}}\right)^2 - \frac{1}{82\left(k+\frac{3}{2}\right)^2}\right]$$

由引理 7.6.7 知 $f(k+1) \geqslant f(k)$. 又 $f(0) = 2\pi^2 - \sqrt{2}$, 再根据定理 7.6.2, 我们可知式(7.6.15)成立, 推论得证.

7.7 Van Der Corput 不等式的加强

本节设 $S_n = \sum_{k=1}^{n}\frac{1}{k}$ 和 $a_n > 0$, 其中 $n \geqslant 1, n \in \mathbb{N}$. 如果 $\sum_{n=1}^{+\infty}(n+1)a_n$ 收敛,

则 Van Der Corput 在文献[238]中证明了:

$$\sum_{n=1}^{+\infty} \Big(\prod_{k=1}^{n} a_k^{\frac{1}{k}}\Big)^{S_n} < e^{1+\gamma} \sum_{n=1}^{+\infty} (n+1) a_n \qquad (7.7.1)$$

其中 $\gamma = 0.57721566\cdots$ 为欧拉常数,系数 $e^{1+\gamma}$ 中最佳.式(7.7.1)被称为 Van Der Corput 不等式.

近来此不等式的研究众多,文献[239],[240]分别将式(7.7.1)加强为

$$\sum_{n=1}^{+\infty} \Big(\prod_{k=1}^{n} a_k^{\frac{1}{k}}\Big)^{\frac{1}{S_n}} < e^{1+\gamma} \sum_{n=1}^{+\infty} \Big(n - \frac{\ln n}{4}\Big) a_n \qquad (7.7.2)$$

$$\sum_{n=1}^{+\infty} \Big(\prod_{k=1}^{n} a_k^{\frac{1}{k}}\Big)^{\frac{1}{S_n}} < e^{1+\gamma} \sum_{n=1}^{+\infty} e^{-\frac{1}{4n}} \Big(n - \frac{\ln n}{3n}\Big) a_n \qquad (7.7.3)$$

文献[241]研究带参数的 Van Der Corput 型不等式,得到了

$$\sum_{n=1}^{+\infty} \Big(\prod_{k=1}^{n} a_k^{\frac{1}{k^\alpha}}\Big)^{\frac{1}{S_n(\alpha)}} < e \sum_{n=1}^{+\infty} e^{an^{\alpha-1} S_n(\alpha)} a_n \qquad (7.7.4)$$

其中 $\alpha \in [0,1]$, $S_n(\alpha) = \sum_{k=1}^{n} \frac{1}{k^\alpha}$.特别地当 $\alpha = 1$ 时,我们有

$$\sum_{n=1}^{+\infty} \Big(\prod_{k=1}^{n} a_k^{\frac{1}{k}}\Big)^{\frac{1}{S_n}} < e \sum_{n=1}^{+\infty} e^{S_n} a_n \qquad (7.7.5)$$

同样文献[242]也有这样一个结果:

$$\sum_{n=1}^{+\infty} \Big(\prod_{k=1}^{n} a_k^{\frac{1}{k}}\Big)^{\frac{1}{S_n}} < e^{1+\gamma} \sum_{n=1}^{+\infty} \Big(n - \frac{\ln n}{3}\Big) a_n \qquad (7.7.6)$$

文献[243]结果之一为

$$\sum_{n=1}^{+\infty} \Big(\prod_{k=1}^{n} a_k^{\frac{1}{k}}\Big)^{\frac{1}{S_n}} < e^{1+\gamma} \sum_{n=1}^{+\infty} n\Bigg(1 - \frac{\ln n}{3n - \frac{1}{4}}\Bigg) a_n \qquad (7.7.7)$$

而文献[244],[245]分别又有这样的结果:

$$\sum_{n=1}^{+\infty} \Big(\prod_{k=1}^{n} a_k^{\frac{1}{k}}\Big)^{\frac{1}{S_n}} < e^{1+\gamma} \sum_{n=1}^{+\infty} e^{-\frac{6(6n+1)\gamma-9}{(6n+1)(12n+11)}} n\Bigg(1 - \frac{\ln n}{2n + \ln n + \frac{11}{6}}\Bigg) a_n \qquad (7.7.8)$$

$$\sum_{n=1}^{+\infty} \Big(\prod_{k=1}^{n} a_k^{\frac{1}{k}}\Big)^{\frac{1}{S_n}} < e^{1+\gamma} \sum_{n=1}^{+\infty} e^{-\frac{3\gamma}{6n+4}} n\Bigg(1 - \frac{\ln n}{2n + \ln n + \frac{4}{3}}\Bigg) a_n \qquad (7.7.9)$$

文献[246]研究了一个双参数 Van Der Corput 型不等式,其中的结果之一为:

$$\sum_{n=1}^{+\infty} \Big(\prod_{k=1}^{n} a_k^{\frac{1}{k}}\Big)^{\frac{1}{S_n}} < \sum_{n=1}^{+\infty} \Bigg(e \cdot \frac{(n+2)S_n + 1}{(2n+2)S_n + 2}\Bigg)^{1+S_n} a_n \qquad (7.7.10)$$

本节将利用最值单调定理,证明

$$\sum_{n=1}^{+\infty} \Big(\prod_{k=1}^{n} a_k^{\frac{1}{k}}\Big)^{\frac{1}{S_n}} \leq \sum_{n=1}^{+\infty} n^{1-\frac{9}{20n}} e^{1+\gamma - \frac{9}{20n}} a_n \qquad (7.7.11)$$

其中 $\sum_{n=1}^{+\infty} n^{1-\frac{9}{20n}} e^{-\frac{9}{20n} a_n}$ 收敛.

引理 7.7.1 (Franel 不等式)$^{[22],P.77}$ 设 $n \geqslant 1, n \in \mathbb{N}, S_n = \sum_{k=1}^{n} \frac{1}{k}, \gamma = 0.57721566\cdots$ 为欧拉常数,则

$$\ln n + \gamma + \frac{1}{2n} - \frac{1}{8n^2} < S_n < \ln n + \gamma + \frac{1}{2n} \qquad (7.7.12)$$

引理 7.7.2 对于 $0 \leqslant x \leqslant \frac{1}{6}$,有

$$\ln(1+x) \leqslant \frac{x}{1+0.487x} \qquad (7.7.13)$$

证明 设 $f(x) = \frac{x}{1+0.487x} - \ln(1+x), x \in \left[0, \frac{1}{6}\right]$,则有

$$f'(x) = \frac{1}{(1+0.487x)^2} - \frac{1}{1+x} = \frac{x(0.026 - 0.237169x)}{(1+x)(1+0.487x)^2}$$

所以函数 f 在 $\left[0, \frac{0.026}{0.237169}\right]$ 是单调增加,在 $\left[\frac{0.026}{0.237169}, \frac{1}{6}\right]$ 为单调减少. 且有

$$f(0) = 0, f\left(\frac{1}{6}\right) = \frac{1}{6.487} - \ln \frac{7}{6} > 0$$

根据函数 f 的性质知, f 在 $\left[0, \frac{1}{6}\right]$ 上为非负,式(7.7.13)得证.

引理 7.7.3 (ⅰ)当 $x \geqslant 5$ 时,有

$$\frac{0.487\ln x}{x+1.487} + \frac{0.487\gamma}{x+1.487} + \frac{1}{x+2} > \frac{x+1}{2x(x+1.487)} + \frac{9\ln(x+1)+9}{20(x+1)} \qquad (7.7.14)$$

(ⅱ)对于任何正自然数 $n \geqslant 3$,都有

$$2\ln(n+1) + 1 + \gamma - \frac{9\ln(n+1)+9}{20(n+1)} + \ln S_{n+1} >$$
$$(n+1) S_n \left[\ln\left(1+\frac{1}{n+1}\right) + \ln\left(1+\frac{1}{(n+2)S_{n+1}}\right)\right] + \ln(n+2) + \ln S_{n+2} \qquad (7.7.15)$$

证明 (ⅰ)式(7.7.14)等价于

$$0.487(x+1)\ln x + 0.487\gamma(x+1) + \frac{x^2+2.487x+1.487}{x+2} >$$
$$\frac{x^2+2x+1}{2x} + \frac{9\ln(x+1)+9}{20}(x+1.487)$$

由于 $\gamma > 0.577, 0.487\gamma > 0.28, \frac{9}{20} \times 1.487 < 0.67$,所以只要证

$$0.487(x+1)\ln x + 1.28x + 0.28 + \frac{0.487x+1.487}{x+2} >$$

$$\frac{x}{2} + 1 + \frac{1}{2x} + \frac{9\ln(x+1)(x+1.487)}{20} + \frac{9}{20}x + 0.67$$

$$0.487(x+1)\ln x + 0.33x + \frac{0.487x + 1.487}{x+2} >$$

$$\frac{1}{2x} + \frac{9\ln(x+1)(x+1.487)}{20} + 1.39 \quad (7.7.16)$$

对于 $x \geqslant 5$,令

$$f(x) = 0.487(x+1)\ln x + 0.33x + \frac{0.487x + 1.487}{x+2} -$$

$$\frac{1}{2x} - \frac{9\ln(x+1)(x+1.487)}{20} - 1.39$$

易有

$$f'(x) = \frac{9.74\ln x - 9\ln(x+1)}{20} + 0.367 + \frac{0.487}{x} - \frac{0.513}{x+2} + \frac{1}{2x^2} - \frac{4.383}{20(x+1)} >$$

$$-\frac{9\ln\left(1 + \frac{1}{x}\right)}{20} + 0.367 + \frac{0.487}{x} + \frac{1}{2x^2} - \frac{4.383}{20(x+1)} - \frac{0.513}{x+2} >$$

$$-\frac{9}{20x} + 0.367 + \frac{0.487}{x} + \frac{1}{2x^2} - \frac{4.383}{20(x+1)} - \frac{0.513}{x+2} >$$

$$0.367 + \frac{1}{2x^2} - \frac{4.383}{20(x+1)} - \frac{0.513}{x+2} > 0.367 - \frac{4.383}{20 \times 6} - \frac{0.513}{7} > 0$$

其中应用了一个简单性质:$\ln(1+t) < t$,其中 $t = \frac{1}{x} > 0$. 所以 f 为单调增加函数. 又易验证 $f(5) > 0.19$,所以 $f(x) \geqslant f(5) > 0$,式(7.7.16)得证.

(ⅱ) 对于 $n = 3,4$,可直接验证式(7.7.15)为真,下设 $n \geqslant 5$. 式(7.7.15)等价于

$$2\ln(n+1) - \ln(n+2) > (n+1)S_n\ln\left(1 + \frac{1}{n+1}\right) + [(n+1)S_n + 1] \cdot$$

$$\ln\left(1 + \frac{1}{(n+2)S_{n+1}}\right) - 1 - \gamma + \frac{9\ln(n+1) + 9}{20(n+1)}$$

由引理 7.7.2(其中设 $x = \frac{1}{n+1}$)知,只要证

$$2\ln(n+1) - \ln(n+2) > S_n\frac{n+1}{n+1.487} + [(n+1)S_n + 1]\frac{1}{(n+2)S_{n+1}} -$$

$$1 - \gamma + \frac{9\ln(n+1) + 9}{20(n+1)} \Leftrightarrow$$

$$2\ln(n+1) - \ln(n+2) > S_n\frac{n+1}{n+1.487} + \frac{n+1}{n+2} -$$

$$1 - \gamma + \frac{9\ln(n+1) + 9}{20(n+1)}$$

由引理 7.7.1 知,只要证

$$2\ln(n+1) - \ln(n+2) > \left(\ln n + \gamma + \frac{1}{2n}\right)\frac{n+1}{n+1.487} + \frac{n+1}{n+2} -$$
$$1 - \gamma + \frac{9\ln(n+1)+9}{20(n+1)} \Leftrightarrow$$
$$2\ln(n+1) - \ln(n+2) - \ln n >$$
$$-\frac{0.487}{n+1.487}(\ln n + \gamma) + \frac{n+1}{2n(n+1.487)} -$$
$$\frac{1}{n+2} + \frac{9\ln(n+1)+9}{20(n+1)}$$

由于易知 $2\ln(n+1) - \ln(n+2) - \ln n > 0$, 所以只要证

$$\frac{0.487}{n+1.487}(\ln n + \gamma) + \frac{1}{n+2} > \frac{n+1}{2n(n+1.487)} + \frac{9\ln(n+1)+9}{20(n+1)}$$

由式(7.7.14)上式为真.

引理 7.7.4 对任何正自然数 i, 都有

$$(\text{i}) \ S_i[\ln(i+1) + \ln S_{i+1}] < \sum_{k=1}^{i} \frac{2\ln k + 1 + \gamma - \frac{9\ln k + 9}{20k} + \ln S_k}{k} \tag{7.7.17}$$

$$(\text{ii}) \ \frac{1}{S_i} - \sum_{n=i}^{+\infty} \frac{1}{S_n} \left(\prod_{k=1}^{n}\left(\frac{1}{k^{2-\frac{9}{20k}}e^{1+\gamma-\frac{9}{20k}S_k}}\right)^{\frac{1}{k}}\right)^{\frac{1}{S_n}} > 0 \tag{7.7.18}$$

证明 (i) 当 $i = 1, 2, 3$ 时, 易验证式(7.7.17)成立. 对于 $i \geq 3$, 我们用数学归纳法证明式(7.7.17). 当 $i = 3$ 时, 式(7.7.17)成立, 假设命题对一般的 $i = n(n \geq 3)$ 成立, 则当 $i = n+1$ 时

$$\sum_{k=1}^{n+1} \frac{2\ln k + 1 + \gamma - \frac{9\ln k + 9}{20k} + \ln S_k}{k} >$$

$$\frac{2\ln(n+1) + 1 + \gamma - \frac{9\ln(n+1)+9}{20(n+1)} + \ln S_{(n+1)}}{n+1} + S_n[\ln(n+1) + \ln S_{n+1}] =$$

$$S_{n+1}[\ln(n+2) + \ln S_{n+2}] + \frac{2\ln(n+1) + 1 + \gamma - \frac{9\ln(n+1)+9}{20(n+1)} + \ln S_{(n+1)}}{n+1} +$$

$$S_n[\ln(n+1) + \ln S_{n+1}] - \left(S_n + \frac{1}{n+1}\right)[\ln(n+2) + \ln S_{n+2}] =$$

$$S_{n+1}[\ln(n+2) + \ln S_{n+2}] + \frac{2\ln(n+1) + 1 + \gamma - \frac{9\ln(n+1)+9}{20(n+1)} + \ln S_{(n+1)}}{n+1} -$$

$$S_n\left[\ln\left(1 + \frac{1}{n+1}\right) + \ln\left(1 + \frac{1}{(n+2)S_{n+1}}\right)\right] - \frac{1}{n+1}[\ln(n+2) + \ln S_{n+2}]$$

此时由式(7.7.15)知, 当 $i = n+1(n \geq 3)$ 时, 式(7.7.17)式也成立.

(ii) 设 $f(i) = \dfrac{1}{S_i} - \sum\limits_{n=i}^{+\infty} \dfrac{1}{S_n} \left(\prod\limits_{k=1}^{n} \left(\dfrac{1}{k^{2-\frac{9}{20k}} e^{1+\gamma-\frac{9}{20k} S_k}} \right)^{\frac{1}{k}} \right)^{\frac{1}{S_n}}$, 下证 $f(i) > f(i+1)$, 其等价于

$$\dfrac{1}{(i+1) S_{i+1}} > \left(\prod\limits_{k=1}^{i} \left(\dfrac{1}{k^{2-\frac{9}{20k}} e^{1+\gamma-\frac{9}{20k} S_k}} \right)^{\frac{1}{k}} \right)^{\frac{1}{S_i}} \tag{7.7.19}$$

$$S_i [\ln(i+1) + \ln S_{i+1}] < \sum_{k=1}^{i} \dfrac{2\ln k + 1 + \gamma - \dfrac{9\ln k + 9}{20k} + \ln S_k}{k}$$

根据式 (7.7.17) 知 $f(i) > f(i+1)$ 恒成立, 显然 $\lim\limits_{i\to+\infty} f(i) = 0$, 所以有 $f(i) > 0$, 式 (7.7.18) 成立.

定理 7.7.5 设 $N \in \mathbb{N}, N \geq 1, a_n \geq 0 (n = 1, 2, \cdots, N)$, $B_N = \min\limits_{1 \leq n \leq N} \{ n^{2-\frac{9}{20n}} e^{1+\gamma-\frac{9}{20n} S_n} a_n \}$, 则有

$$\sum_{n=1}^{N} n^{1-\frac{9}{20n}} e^{1+\gamma-\frac{9}{20n}} a_n - \sum_{n=1}^{N} \left(\prod_{k=1}^{n} a_k^{\frac{1}{k}} \right)^{\frac{1}{S_n}} \geq$$

$$B_N \left[\sum_{n=1}^{N} \dfrac{1}{n S_n} - \sum_{n=1}^{N} \left(\prod_{k=1}^{n} \left(\dfrac{1}{k^{2-\frac{9}{20k}} e^{1+\gamma-\frac{9}{20k} S_k}} \right)^{\frac{1}{k}} \right)^{\frac{1}{S_n}} \right] \tag{7.7.20}$$

等号成立当且仅当 $a_1 = a_2 = \cdots = a_N$.

证明 令 $b_n = n^{2-\frac{9}{20n}} e^{1+\gamma-\frac{9}{20n} S_n} a_n$, 则式 (7.7.20) 化为

$$\sum_{n=1}^{N} \dfrac{b_n}{n S_n} - \sum_{n=1}^{N} \left(\prod_{k=1}^{n} \left(\dfrac{b_k}{k^{2-\frac{9}{20k}} e^{1+\gamma-\frac{9}{20k} S_k}} \right)^{\frac{1}{k}} \right)^{\frac{1}{S_n}} \geq$$

$$B_N \left[\sum_{n=1}^{N} \dfrac{1}{n S_n} - \sum_{n=1}^{N} \left(\prod_{k=1}^{n} \left(\dfrac{1}{k^{2-\frac{9}{20k}} e^{1+\gamma-\frac{9}{20k} S_k}} \right)^{\frac{1}{k}} \right)^{\frac{1}{S_n}} \right] \tag{7.7.21}$$

其中 $B_N = \min\limits_{1 \leq n \leq N} \{ b_n \}$. 设集合

$$D_i = \{ (b_1, b_2, \cdots, b_N) \mid b_i = \max_{1 \leq k \leq N} \{ b_k \} > \min_{1 \leq k \leq N} \{ b_k \} \geq 0 \}, i = 1, 2, \cdots, N$$

和函数

$$f(b_1, b_2, \cdots, b_N) = \sum_{n=1}^{N} \dfrac{b_n}{n S_n} - \sum_{n=1}^{N} \left(\prod_{k=1}^{n} \left(\dfrac{b_k}{k^{2-\frac{9}{20k}} e^{1+\gamma-\frac{9}{20k} S_k}} \right)^{\frac{1}{k}} \right)^{\frac{1}{S_n}}$$

在 D_i 内有

$$\dfrac{\partial f}{\partial b_i} = \dfrac{1}{i S_i} - \sum_{n=i}^{N} \dfrac{1}{i S_n b_i} \left(\prod_{k=1}^{n} \left(\dfrac{b_k}{k^{2-\frac{9}{20k}} e^{1+\gamma-\frac{9}{20k} S_k}} \right)^{\frac{1}{k}} \right)^{\frac{1}{S_n}} >$$

$$\dfrac{1}{i b_i} \left(\dfrac{b_i}{S_i} - \sum_{n=i}^{N} \dfrac{1}{S_n} \left(\prod_{k=1}^{n} \left(\dfrac{b_i}{k^{2-\frac{9}{20k}} e^{1+\gamma-\frac{9}{20k} S_k}} \right)^{\frac{1}{k}} \right)^{\frac{1}{S_n}} \right) >$$

$$\frac{1}{i}\left(\frac{1}{S_i} - \sum_{n=i}^{+\infty} \frac{1}{S_n}\left(\prod_{k=1}^{n}\left(\frac{1}{k^{2-\frac{9}{20k}}e^{1+\gamma-\frac{9}{20k}}S_k}\right)^{\frac{1}{k}}\right)^{\frac{1}{S_n}}\right)$$

由式(7.7.18)知$\frac{\partial f}{\partial b_i} > 0$在$D_i$内恒成立. 根据定理7.1.1知

$$f(b_1, b_2, \cdots, b_N) \geqslant f(B_N, B_N, \cdots, B_N)$$

此式即为式(7.7.21). 定理证毕.

推论 7.7.6 设 $N \in \mathbb{N}, N \geqslant 1, a_n \geqslant 0(n = 1, 2, \cdots, N), B_N = \min\limits_{1 \leqslant n \leqslant N}\{n^{2-\frac{9}{20n}}e^{1+\gamma-\frac{9}{20n}}S_n a_n\}$,则有

$$\sum_{n=1}^{N} n^{1-\frac{9}{20n}}e^{1+\gamma-\frac{9}{20n}}a_n - \sum_{n=1}^{N}\left(\prod_{k=1}^{n} a_k^{\frac{1}{k}}\right)^{\frac{1}{S_n}} \geqslant B_N(1 - e^{-\gamma-\frac{11}{20}}) \quad (7.7.22)$$

证明 设

$$f(i) = \sum_{n=1}^{i} \frac{1}{nS_n} - \sum_{n=1}^{i}\left(\prod_{k=1}^{n}\left(\frac{1}{k^{2-\frac{9}{20k}}e^{1+\gamma-\frac{9}{20k}}S_k}\right)^{\frac{1}{k}}\right)^{\frac{1}{S_n}}, i = 1, 2, \cdots, N$$

则根据式(7.7.19), 若令$g(k) = k\left(k - \frac{9\ln k}{20}\right)S_k$, 我们有

$$f(i+1) - f(i) > \left(\prod_{k=1}^{i}\left(\frac{1}{k^{2-\frac{9}{20k}}e^{1+\gamma-\frac{9}{20k}}S_k}\right)^{\frac{1}{k}}\right)^{\frac{1}{S_i}} - \left(\prod_{k=1}^{i+1}\left(\frac{1}{k^{2-\frac{9}{20k}}e^{1+\gamma-\frac{9}{20k}}S_k}\right)^{\frac{1}{k}}\right)^{\frac{1}{S_{i+1}}} =$$

$$\left(\prod_{k=1}^{i}\left(\frac{1}{k^{2-\frac{9}{20k}}e^{1+\gamma-\frac{9}{20k}}S_k}\right)^{\frac{1}{k}}\right)^{\frac{1}{S_{i+1}}} \cdot \left[\left(\prod_{k=1}^{i}\left(\frac{1}{k^{2-\frac{9}{20k}}e^{1+\gamma-\frac{9}{20k}}S_k}\right)^{\frac{1}{k}}\right)^{\frac{1}{S_i}-\frac{1}{S_{i+1}}} - \right.$$

$$\left.\left(\left(\frac{1}{(i+1)^{2-\frac{9}{20(i+1)}}e^{1+\gamma-\frac{9}{20(i+1)}}S_{i+1}}\right)^{\frac{1}{(i+1)}}\right)^{\frac{1}{S_{i+1}}}\right] =$$

$$\left(\prod_{k=1}^{i}\left(\frac{1}{k^{2-\frac{9}{20k}}e^{1+\gamma-\frac{9}{20k}}S_k}\right)^{\frac{1}{k}}\right)^{\frac{1}{S_{i+1}}}\left[\left(\prod_{k=1}^{i}\left(\frac{1}{k^{2-\frac{9}{20k}}e^{1+\gamma-\frac{9}{20k}}S_k}\right)^{\frac{1}{k}}\right)^{\frac{1}{(i+1)S_{i+1}}} - \right.$$

$$\left.\left(\frac{1}{(i+1)^{2-\frac{9}{20(i+1)}}e^{1+\gamma-\frac{9}{20(i+1)}}S_{i+1}}\right)^{\frac{1}{(i+1)S_{i+1}}}\right] \quad (7.7.23)$$

同时易知$\left\{2 - \frac{9}{20k}\right\}_{k=1}^{+\infty}$, $\{\ln k\}_{k=1}^{+\infty}$, $\left\{1 + \gamma - \frac{9}{20k}\right\}_{k=1}^{+\infty}$和$\{\ln S_k\}_{k=1}^{+\infty}$都为严格单调增加数列, 所以$\left\{\left(2 - \frac{9}{20k}\right)\ln k + 1 + \gamma - \frac{9}{20k} + \ln S_k\right\}_{k=1}^{+\infty}$, 进而$\left\{k^{2-\frac{9}{20k}}e^{1+\gamma-\frac{9}{20k}}S_k\right\}_{k=1}^{+\infty}$为严格单调增加数列. 再根据式(7.7.23), 我们有$f(i+1) - f(i) > 0$, 至此有

$$f(N) \geqslant f(N-1) \geqslant \cdots \geqslant f(1)$$

又由式(7.7.20)知

$$\sum_{n=1}^{N} n^{1-\frac{9}{20n}} e^{1+\gamma-\frac{9}{20n}} a_n - \sum_{n=1}^{N} \Big(\prod_{k=1}^{n} a_k^{\frac{1}{k}}\Big)^{\frac{1}{S_n}} \geqslant$$

$$B_N f(N) \geqslant B_N f(1) = B_N \Big(1 - e^{-\gamma - \frac{11}{20}}\Big).$$

推论证毕.

在式(7.7.22)令 $N \to +\infty$,则易证下定理成立.

定理 7.7.7 设 $a_n \geqslant 0 (n = 1,2,\cdots)$, $\sum\limits_{n=1}^{+\infty} n^{1-\frac{9}{20n}} e^{-\frac{9}{20n}} a_n$ 收敛,则有

$$\sum_{n=1}^{+\infty} \Big(\prod_{k=1}^{n} a_k^{\frac{1}{k}}\Big)^{\frac{1}{S_n}} \leqslant \sum_{n=1}^{+\infty} n^{1-\frac{9}{20n}} e^{1+\gamma-\frac{9}{20n}} a_n \qquad (7.7.24)$$

同理,我们可以继续加强式(7.7.24),如果在理论上没有突破,就不会有太大价值,但可以把式(7.7.24)改为严格型不等式.

$$\sum_{n=1}^{+\infty} \Big(\prod_{k=1}^{n} a_k^{\frac{1}{k}}\Big)^{\frac{1}{S_n}} < \sum_{n=1}^{+\infty} n^{1-\frac{9}{20n}} e^{1+\gamma-\frac{9}{20n}} a_n \qquad (7.7.25)$$

最后我们提供一个猜想:设 $a_n \geqslant 0 (n = 1,2,\cdots)$, $\sum\limits_{n=1}^{+\infty} n a_n$ 收敛,则有

$$\sum_{n=1}^{+\infty} \Big(\prod_{k=1}^{n} a_k^{\frac{1}{k}}\Big)^{\frac{1}{S_n}} < \sum_{n=1}^{+\infty} n^{1-\frac{a}{n}} e^{1+\gamma-\frac{a}{n}} a_n \qquad (7.7.26)$$

其中 $a = \dfrac{1}{2}$,且为最佳系数.

我们可以证明:式(7.7.11)强于式(7.7.7),进而强于式(7.7.6),式(7.7.2)和式(7.7.3).而式(7.7.8),(7.7.9)与式(7.7.11)不分强弱,详细过程可参考文献[249].总之,不等式(7.7.11)不仅较强而且形式美观.

练习 7

1. 试用最值单调定理证明算术几何不等式.
2. 试证 Schur 不等式:设 $x,y,z \in \mathbb{R}_{++}, \alpha \in \mathbb{R}$,则
$$x^{\alpha}(x-y)(x-z) + y^{\alpha}(y-z)(y-x) + z^{\alpha}(z-x)(z-y) \geqslant 0$$
3. 设 $x,y,z \in \mathbb{R}_{++}$,则
$$x^3 + y^3 + z^3 - x^2(y+z) - y^2(z+x) - z^2(x+y) + 3xyz \geqslant 0$$
4. 设 $x,y,z \in \mathbb{R}_{++}$,则
$$\frac{x}{y+z} + \frac{y}{z+x} + \frac{z}{x+y} \geqslant \frac{3}{2}$$
5. 试用最值单调定理证明:若 $n \in \mathbb{N}_{++}, a_k > 0, k = 1,2,\cdots,n$,则
$$e \sum_{k=1}^{n} a_k - \sum_{k=1}^{n} \Big(\prod_{j=1}^{k} a_j\Big)^{\frac{1}{k}} \geqslant \min_{1 \leqslant k \leqslant n} \{k a_k\} \Big[e \sum_{k=1}^{n} \frac{1}{k} - \sum_{k=1}^{n} \frac{1}{(k!)^{\frac{1}{k}}} \Big]$$

等号成立当且仅当 $k a_k$ 为常数.

6. 试证 Shapiro 不等式: 若 $n \in \mathbb{N}_{++}, 0 \leqslant a_k < 1, k = 1, 2, \cdots, n$. 则有

$$\sum_{k=1}^{n} \frac{a_k}{1-a_k} \geqslant \frac{n \sum_{k=1}^{n} a_k}{n - \sum_{k=1}^{n} a_k}$$

7. 设 $n \in \mathbb{N}_{++}, r > 1$

(i) 若 $\dfrac{r-1}{r+1} \leqslant a_k < 1$, 则 $\sum_{k=1}^{n} \dfrac{a_k}{1-a_k} \geqslant \dfrac{n M_r(\boldsymbol{a})}{1 - M_r(\boldsymbol{a})}$.

(ii) 若 $a_k > 1$, 则 $\sum_{k=1}^{n} \dfrac{a_k}{a_k - 1} \geqslant \dfrac{n M_r(\boldsymbol{a})}{M_r(\boldsymbol{a}) - 1}$.

8. 设 $n \in \mathbb{N}_{++}$

(i)$^{[6, P.68]}$ $x_k \geqslant 1, k = 1, 2 \cdots, n$, 则有 $\sum_{k=1}^{n} \dfrac{1}{1+x_k} \geqslant \dfrac{n}{1 + \sqrt[n]{\prod_{i=1}^{n} x_i}}$

(ii) $0 < x_k \leqslant 1, k = 1, 2 \cdots, n$, 则有 $\sum_{k=1}^{n} \dfrac{1}{1+x_k} \leqslant \dfrac{n}{1 + \sqrt[n]{\prod_{i=1}^{n} x_i}}$.

9. 设 $a_n \in \mathbb{R}, n = 1, 2, 3, \cdots$, 对于任何正自然数 N, 有

(i) $\pi \sum_{n=1}^{N} a_n^2 - \sum_{n=1}^{N} \sum_{m=1}^{N} \dfrac{a_n a_m}{n+m} \geqslant$

$\min_{1 \leqslant n \leqslant N} \{n a_n^2\} \left(\pi \sum_{n=1}^{N} \dfrac{1}{n} - \sum_{n=1}^{N} \sum_{m=1}^{N} \dfrac{1}{\sqrt{n}\sqrt{m}(n+m)} \right)$

(ii) $\pi \sum_{n=1}^{N} a_n^2 - \sum_{n=1}^{N} \sum_{m=1}^{N} \dfrac{a_n a_m}{n+m} \geqslant \left(\pi - \dfrac{1}{2} \right) \cdot \min_{1 \leqslant n \leqslant N} \{n a_n^2\}$

(iii) $\pi \sum_{n=1}^{N} a_n^2 - \sum_{n=1}^{N} \sum_{m=1}^{N} \dfrac{a_n a_m}{n+m} \geqslant$

$\min_{1 \leqslant n \leqslant N} \{n a_n^2\} \int_{1}^{N+1} \left(\dfrac{\pi}{x} - \dfrac{2}{x} \arctan\sqrt{\dfrac{N}{x}} + \dfrac{2}{x} \arctan\sqrt{\dfrac{1}{2x}} \right) \mathrm{d}x$

10. 设 $a_n, b_n \in \mathbb{R}, n = 1, 2, 3, \cdots$, 则对于任何正自然数 N, 有

(i) $\pi^2 \sum_{n=1}^{N} a_n^2 \sum_{n=1}^{N} b_n^2 - \left(\sum_{n=1}^{N} \sum_{m=1}^{N} \dfrac{a_n b_m}{(n+m)} \right)^2 \geqslant$

$\min_{1 \leqslant n \leqslant N} \{n a_n^2\} \cdot \min_{1 \leqslant n \leqslant N} \{n b_n^2\} \left[\pi^2 \left(\sum_{n=1}^{N} \dfrac{1}{n} \right)^2 - \left(\sum_{n=1}^{N} \sum_{m=1}^{N} \dfrac{1}{\sqrt{n}\sqrt{m}(n+m)} \right)^2 \right]$

(ii) 设 $a_n, b_n \in \mathbb{R}$, 则对于任何正自然数 N, 有

$$\pi^2 \sum_{n=1}^{N} a_n^2 \sum_{n=1}^{N} b_n^2 - \Big(\sum_{n=1}^{N} \sum_{m=1}^{N} \frac{a_n b_m}{(n+m)} \Big)^2 \geqslant \Big(\pi^2 - \frac{1}{4} \Big) \min_{1 \leqslant n \leqslant N} \{ n a_n^2 \} \cdot \min_{1 \leqslant n \leqslant N} \{ n b_n^2 \}$$

11. 设 $a_n, b_n \in \mathbb{R}, n = 0, 1, 2, \cdots$,则对于任何自然数 N,都有

（i） $\pi^2 \sum_{n=0}^{N} a_n^2 \sum_{n=0}^{N} b_n^2 - \Big(\sum_{n=0}^{N} \sum_{m=0}^{N} \frac{a_n b_m}{n+m+1} \Big)^2 \geqslant$

$$\min_{0 \leqslant n \leqslant N} \Big\{ \Big(n + \frac{1}{2} \Big) a_n^2 \Big\} \cdot \min_{0 \leqslant n \leqslant N} \Big\{ \Big(n + \frac{1}{2} \Big) b_n^2 \Big\} \cdot$$

$$\Bigg[\pi^2 \Big(\sum_{n=0}^{N} \frac{1}{n+\frac{1}{2}} \Big)^2 - \Big(\sum_{n=0}^{N} \sum_{m=0}^{N} \frac{1}{\sqrt{n+\frac{1}{2}} \sqrt{m+\frac{1}{2}} (n+m+1)} \Big)^2 \Bigg]$$

（ii） $\pi^2 \sum_{n=0}^{N} a_n^2 \sum_{n=0}^{N} b_n^2 - \Big(\sum_{n=0}^{N} \sum_{m=0}^{N} \frac{a_n b_m}{n+m+1} \Big)^2 \geqslant$

$$(4\pi^2 - 4) \min_{0 \leqslant n \leqslant N} \Big\{ \Big(n + \frac{1}{2} \Big) a_n^2 \Big\} \cdot \min_{0 \leqslant n \leqslant N} \Big\{ \Big(n + \frac{1}{2} \Big) b_n^2 \Big\}$$

12. 设 $0 < \sum_{n=1}^{+\infty} a_n^2 < +\infty, 0 < \sum_{n=1}^{+\infty} b_n^2 < +\infty, \theta = \frac{\pi}{2} - \frac{7}{24} = 1.2791\cdots$,则任取 $i, j \in \mathbb{N}_{++}$,都有

$$\pi^2 \sum_{n=1}^{+\infty} a_n^2 \sum_{n=1}^{+\infty} b_n^2 - \Big(\sum_{n=1}^{+\infty} \sum_{m=1}^{+\infty} \frac{a_n b_m}{n+m} \Big)^2 > \Big(\frac{\theta \pi}{\sqrt{i}} + \frac{\theta \pi}{\sqrt{j}} - \frac{\theta^2}{\sqrt{ij}} \Big) a_i^2 b_j^2$$

13. 设 $0 < \sum_{n=0}^{+\infty} a_n^2 < +\infty, 0 < \sum_{n=0}^{+\infty} b_n^2 < +\infty$,则任取 $i, j \in \mathbb{N}_{++}$,都有

$$\pi^2 \sum_{n=0}^{+\infty} a_n^2 \sum_{n=0}^{+\infty} b_n^2 - \Big(\sum_{n=0}^{+\infty} \sum_{m=0}^{+\infty} \frac{a_n b_m}{n+m+1} \Big)^2 > \Big(\frac{5\pi}{6\sqrt{2i+1}} + \frac{5\pi}{6\sqrt{2j+1}} - \frac{25}{36\sqrt{2i+1}\sqrt{2j+1}} \Big) a_i^2 b_j^2$$

14. 设 $p > 1, \frac{1}{p} + \frac{1}{q} = 1, a_n, b_n > 0, n \in \mathbb{N}^+$,且 $\sum_{n=1}^{+\infty} a_n^p < +\infty, \sum_{n=1}^{+\infty} b_n^q < +\infty$,则任取 $i, j \in \mathbb{N}^+$,都有

$$\Big(\frac{\pi}{\sin\big(\frac{\pi}{p}\big)} \Big)^{p+q} \Big(\sum_{n=1}^{+\infty} a_n^p \Big)^q \Big(\sum_{n=1}^{+\infty} b_n^q \Big)^p - \Big(\sum_{n=1}^{+\infty} \sum_{m=1}^{+\infty} \frac{a_n b_m}{n+m} \Big)^{p+q} >$$

$$\Bigg[\Big(\frac{\pi}{\sin\big(\frac{\pi}{p}\big)} \Big)^{p+q} - \Big(\frac{\pi}{\sin\big(\frac{\pi}{p}\big)} - \frac{\lambda}{i^{\frac{1}{p}}} \Big)^q \Big(\frac{\pi}{\sin\big(\frac{\pi}{p}\big)} - \frac{\lambda}{j^{\frac{1}{q}}} \Big)^p \Bigg] (a_i b_j)^{p+q}$$

其中 $\lambda = 1 - \gamma, \gamma = 0.57721566\cdots$ 为欧拉常数.

15. 设 $p > 1, \frac{1}{p} + \frac{1}{q} = 1, a_n, b_n > 0, n \in \mathbb{N}$,且 $\sum_{n=0}^{+\infty} a_n^p < +\infty, \sum_{n=0}^{+\infty} b_n^q < +\infty$,

$\gamma = 0.57721566\cdots$ 为欧拉常数，$\theta = \ln 2 - \gamma$，$\sigma(p) = \dfrac{\pi}{\sin\left(\dfrac{\pi}{p}\right)}$，则任取 $i,j \in \mathbb{N}$，都有

$$(\sigma(p))^{p+q}\left(\sum_{n=0}^{+\infty} a_n^p\right)^q \left(\sum_{n=0}^{+\infty} b_n^q\right)^p - \left(\sum_{n=0}^{+\infty}\sum_{m=0}^{+\infty} \frac{a_n b_m}{n+m+1}\right)^{p+q} >$$

$$\left[(\sigma(p))^{p+q} - \left(\sigma(p) - \frac{\theta}{(2i+1)^{2-\frac{1}{q}}}\right)^q \left(\sigma(p) - \frac{\theta}{(2j+1)^{2-\frac{1}{p}}}\right)^p\right](a_i b_j)^{p+q}$$

16. 设 $n \in \mathbb{N}_{++}$, $a_k > 0$, $k = 1,2\cdots,n$, $B_n = \min\limits_{1 \leqslant k \leqslant n}\{ka_k\}$，试证：

(ⅰ) $\mathrm{e}^{1-\frac{1}{n}} \sum\limits_{k=1}^{n} a_k - \sum\limits_{k=1}^{n}\left(\prod\limits_{j=1}^{k} a_j\right)^{\frac{1}{k}} \geqslant B_n\left(\mathrm{e}^{1-\frac{1}{n}} \sum\limits_{k=1}^{n} \frac{1}{k} - \sum\limits_{k=1}^{n} \frac{1}{(k!)^{\frac{1}{k}}}\right)$

(ⅱ) $\mathrm{e}^{1-\frac{1}{n}} \sum\limits_{k=1}^{n} \frac{n-k+1}{n} a_k - \sum\limits_{k=1}^{n}\left(\prod\limits_{j=1}^{k} a_j\right)^{\frac{1}{k}} \geqslant$

$B_n\left(\mathrm{e}^{1-\frac{1}{n}} \sum\limits_{k=1}^{n} \frac{n-k+1}{kn} - \sum\limits_{k=1}^{n} \frac{1}{(k!)^{\frac{1}{k}}}\right)$

17. 设 c 是 $\triangle ABC$ 的三边 a,b,c 的最小边，则有
$$2ab + 2ac + 2bc \geqslant a^2 + b^2 + 4c^2$$

附录　几个待解决的公开问题

1. 圆为几何凸集的充分必要条件是什么？即：若设 $a > 1, b > 1, 0 \leq \theta_1,\theta_2 \leq \frac{\pi}{2}$，使

$$[a - \sqrt{(a-\cos\theta_1)(a-\cos\theta_2)}]^2 + [b - \sqrt{(b-\sin\theta_1)(b-\sin\theta_2)}]^2 \leq 1$$

成立与 a, b 有关的充要条件是什么？（相关结果见 2.2 节）

2. 设 $n \geq 3, a_i \geq \sqrt{2}r > 0, i = 1, 2, \cdots, n$，猜想超球体 $\sum_{i=1}^{n}(x_i - a_i)^2 \leq r^2$ 为对数凸集．

3. 设 $n \geq 2, n \in \mathbb{N}, a_i \in \mathbb{R}_{++} (i = 1, 2, \cdots, n)$，$G = \sqrt[n]{\prod_{i=1}^{n} a_i}$，则已知当 $\min_{1 \leq i \leq n}\{a_i\} \geq e^{-2}$ 时，有 $\prod_{i=1}^{n} a_i^{a_i} \geq G^{nG}$；当 $G \geq 1$ 时，有 $\prod_{i=1}^{n} a_i^{a_i} \geq G^{nG}$ 成立（见文献 [129]）．问能不能找到一个统一的条件，使得 $\prod_{i=1}^{n} a_i^{a_i} \geq G^{nG}$ 成立．

4. 试解决式 (0.1.27) 中的二元广义平均关于 a, b 的凸性问题．（相关结果见 2.8 节）

5. 定义在 $\mathbb{R}_{++}$ 的 Psi 函数记为 ψ（见式 (0.5.2)），设 $L = \dfrac{b-a}{\ln b - \ln a}$ 为正数 $a, b (a \neq b)$ 的对数平均，在文献 [69] 中，有结果：若 $\sqrt[3]{5} \leq a < b$，则

$$(b-a)\psi(L) \leq (b-L)\psi(b) + (L-a)\psi(a)$$

我们猜测，当 $0 < a < b$ 时，上式也成立．（相关的结果 5.6 节）

6. 设 $x, y \in \mathbb{R}_{++}, G = \sqrt{xy}$，试完全解决 $x^y + y^x - 2G^G$ 的正负问题．（相关已知结果见文献 [25] 的 P.123 ~ 129 和文献 [129]）

7. n 元单参数平均 $L_r(\boldsymbol{a})$ 定义见式 (3.5.5)，猜测

（ⅰ）当 $-n < r < 0$ 时，$L_r(\boldsymbol{a})$ 关于 $\boldsymbol{a}$ 为几何凸函数．

（ⅱ）当 $r < -n$ 时，$L_r(\boldsymbol{a})$ 关于 $\boldsymbol{a}$ 为 S - 几何凹函数，更进一步猜测：$L_r(\boldsymbol{a})$ 关于 $\boldsymbol{a}$ 为几何凹函数．（相关结果见 3.5 节）

8. 为了利用最值单调定理研究 Hardy 不等式，在此提出如下两个猜想：

（ⅰ）设 $p > 1$，猜想 $\left(\dfrac{p}{p-1}\right)^p > \sum_{n=1}^{+\infty} \dfrac{\left(\sum_{k=1}^{n} k^{-\frac{1}{p}}\right)^{p-1}}{n^p}$ 成立．

(ii) 设 $p > 1$, 猜想 $\left(1 + \dfrac{1}{p}\right)^p > \sum\limits_{n=1}^{+\infty} \dfrac{n^p}{\left(\sum\limits_{k=1}^{n} k^{\frac{1}{p}}\right)^{p+1}}$ 成立.

9. 设 $n \in \mathbb{N}_{++}, a_k > 0 (k = 1, 2, \cdots, n), p > 1$, 是否有

$$\left(\dfrac{p}{p-1}\right)^p \sum_{k=1}^{n} a_k^p - \sum_{k=1}^{n}\left(\dfrac{1}{k}\sum_{i=1}^{k} a_i\right)^p \geq$$

$$\min_{1 \leq k \leq n}\{k a_k^p\}\left[\left(\dfrac{p}{p-1}\right)^p \sum_{k=1}^{n} \dfrac{1}{k} - \sum_{k=1}^{n}\left(\dfrac{1}{k}\sum_{i=1}^{k} \dfrac{1}{i^{\frac{1}{p}}}\right)^p\right]$$

成立. (相关结果见定理 6.7.13)

10. 设 $p > 1, f(N) = \left(\dfrac{\pi}{\sin\left(\frac{\pi}{p}\right)}\right)^p \sum\limits_{n=1}^{N} \dfrac{1}{n} - \sum\limits_{n=1}^{N}\left(\sum\limits_{m=1}^{N} \dfrac{1}{m^{\frac{1}{p}}(n+m)}\right)^p$, 和

$$g(N) = \left(\dfrac{\pi}{\sin\left(\frac{\pi}{p}\right)}\right)^p \sum_{n=0}^{N} \dfrac{1}{n+\frac{1}{2}} - \sum_{n=0}^{N}\left(\sum_{m=0}^{N} \dfrac{1}{(m+n+1)\left(m+\frac{1}{2}\right)^{\frac{1}{p}}}\right)^p$$

其中 N 为任一正自然数. 我们猜测 $f(N)$ 和 $g(N)$ 都为单调增加数列. (相关结果见定理 7.5.2 和定理 7.6.2)

11. 设 $p = 2, N \in \mathbb{N}_{++}, a_n > 0 (n = 1, 2, \cdots, N)$, 是否成立

$$\left(\dfrac{\pi}{\sin\left(\frac{\pi}{p}\right)}\right)^p \sum_{n=1}^{N} a_n^p - \sum_{n=1}^{N}\left(\sum_{m=1}^{N} \dfrac{a_m}{m+n}\right)^p \leq$$

$$\max_{1 \leq k \leq N}\{n a_n^p\}\left[\left(\dfrac{\pi}{\sin\left(\frac{\pi}{p}\right)}\right)^p \sum_{n=1}^{N} \dfrac{1}{n} - \sum_{n=1}^{N}\left(\sum_{m=1}^{N} \dfrac{1}{m^{\frac{1}{p}}(m+n)}\right)^p\right]$$

$$\left(\dfrac{\pi}{\sin\left(\frac{\pi}{p}\right)}\right)^p \sum_{n=0}^{N} a_n^p - \sum_{n=0}^{N}\left(\sum_{m=0}^{N} \dfrac{a_m}{m+n+1}\right)^p \leq$$

$$\max_{0 \leq k \leq N}\left\{\left(n+\dfrac{1}{2}\right) a_n^p\right\}\left[\left(\dfrac{\pi}{\sin\left(\frac{\pi}{p}\right)}\right)^p \sum_{n=0}^{N} \dfrac{1}{n+\frac{1}{2}} - \right.$$

$$\left. \sum_{n=0}^{N}\left(\sum_{m=0}^{N} \dfrac{1}{(m+n+1)\left(m+\frac{1}{2}\right)^{\frac{1}{p}}}\right)^p\right]$$

进一步问, 上两式对于 $p > 1$ 是否成立? (相关结果见定理 7.5.2 和定理 7.6.2)

12. 设 $a_n, b_n \in \mathbb{R}_{++}, n = 1, 2, 3, \cdots$, 则对于任何正自然数 N, 是否有

$$\pi\left(\sum_{n=1}^{N} a_n^2 \sum_{n=1}^{N} b_n^2\right)^{\frac{1}{2}} - \sum_{n=1}^{N}\sum_{m=1}^{N} \dfrac{a_n b_m}{n+m} \geq$$

$$\min_{1 \leq n \leq N}\{\sqrt{n} a_n\} \cdot \min_{1 \leq n \leq N}\{\sqrt{n} b_n\}\left[\pi \sum_{n=1}^{N} \dfrac{1}{n} - \sum_{n=1}^{N}\sum_{m=1}^{N} \dfrac{1}{\sqrt{n}\sqrt{m}(n+m)}\right]$$

或

$$\pi^2 \sum_{n=1}^{N} a_n^2 \sum_{n=1}^{N} b_n^2 - \Big(\sum_{n=1}^{N}\sum_{m=1}^{N} \frac{a_n b_m}{(n+m)}\Big)^2 \leqslant$$

$$\max_{1 \leqslant n \leqslant N}\{na_n^2\} \cdot \max_{1 \leqslant n \leqslant N}\{nb_n^2\}\Big[\pi^2\Big(\sum_{n=1}^{N}\frac{1}{n}\Big)^2 - \Big(\sum_{n=1}^{N}\sum_{m=1}^{N}\frac{1}{\sqrt{n}\sqrt{m}(n+m)}\Big)^2\Big]$$

$$\pi\Big(\sum_{n=1}^{N} a_n^2 \sum_{n=1}^{N} b_n^2\Big)^{\frac{1}{2}} - \sum_{n=1}^{N}\sum_{m=1}^{N}\frac{a_n b_m}{n+m} \leqslant$$

$$\max_{1 \leqslant n \leqslant N}\{\sqrt{n}a_n\} \cdot \max_{1 \leqslant n \leqslant N}\{\sqrt{n}b_n\}\Big[\pi\sum_{n=1}^{N}\frac{1}{n} - \sum_{n=1}^{N}\sum_{m=1}^{N}\frac{1}{\sqrt{n}\sqrt{m}(n+m)}\Big]$$

13. 设 $n \in \mathbb{N}_{++}$,

$$S_n(x) = \sin x - x + \frac{x^3}{3!} + \cdots + (-1)^n \frac{x^{2n-1}}{(2n-1)!}$$

$$P_n(x) = \cos x - 1 + \frac{x^2}{2!} + \cdots + (-1)^{n+1} \frac{x^{2n}}{(2n)!}$$

其中 $x \in \mathbb{R}$. 猜测下两式成立

$$\frac{x^{2n+1}}{(2n+1)!} \cdot \frac{2n(2n+1)}{2n(2n+1)+x^2} \leqslant |S_n(x)| \leqslant$$

$$\frac{x^{2n+1}}{(2n+1)!} \cdot \frac{(2n+2)(2n+3)}{(2n+2)(2n+3)+x^2}$$

$$\frac{x^{2n+2}}{(2n+2)!} \cdot \frac{(2n+1)(2n+2)}{(2n+1)(2n+2)+x^2} \leqslant |P_n(x)| \leqslant$$

$$\frac{x^{2n+2}}{(2n+2)!} \cdot \frac{(2n+3)(2n+4)}{(2n+3)(2n+4)+x^2}$$

(相关结果见定理 4.5.5)

14. 设 $b > a, f:[a,b] \to \mathbb{R}_{++}$ 为对数凸函数

$$g: x \in [a,b] \to (x-a)L(f(x),f(a)) - \int_a^x f(t)\mathrm{d}t$$

$$h: x \in [a,b] \to (b-x)L(f(b),f(x)) - \int_x^b f(t)\mathrm{d}t$$

猜测: g 为单调增加函数, h 为单调减少函数.

15. 设 $f: x \in \mathbb{R}_{++} \to \dfrac{\Gamma(x)}{x^x}$, 猜测 f 为几何凹函数. (相关结果见练习 1.15)

16. 设 $S_n = \sum_{k=1}^{n} \dfrac{1}{k}, a_n \geqslant 0 (n=1,2,\cdots), \sum_{n=1}^{+\infty} na_n$ 收敛, 则有

$$\sum_{n=1}^{+\infty} \Big(\prod_{k=1}^{n} a_k^{\frac{1}{k}}\Big)^{\frac{1}{S_n}} < \sum_{n=1}^{+\infty} n^{1-\frac{a}{n}} e^{1+\gamma-\frac{a}{n}} a_n$$

其中 $a = \dfrac{1}{2}$, 且为最佳系数.

参考文献

[1] SMITRINOVIC D, EPECARIC J, FINK A M. Classical and new inequalities in analysis [M]. The Netherlands: Kluwer Publishers, 1993.

[2] 密特利诺维奇 D S. 解析不等式[M]. 张小萍, 王龙, 译. 北京: 科学出版社, 1987.

[3] ALBERT W, MARSHALL, INGRAM OLKIN. Inequalities: theory of majorization and its applications[M]. New York: Academic Press, Inc, 1979.

[4] 王伯英. 控制不等式基础[M]. 北京: 北京师范大学出版社, 1990.

[5] 匡继昌. 常用不等式[M]. 2版. 长沙: 湖南科技出版社, 1993.

[6] 匡继昌. 常用不等式[M]. 3版. 济南: 山东科学技术出版社, 2004.

[7] HARDY G H, LITTLEWOOD J E, POLYA G. Inequalities [M]. 2nd ed. Cambridge: Cambridge Univer. Press, 1952.

[8] LUCHT L G. Mittelwertungleichungen fur losungen gewisser differenz-engleichungen[J]. Aequationes Math., 1990 (39): 204-209.

[9] MATKOWSKI J. L^p-like paranorms, Selected topics in functional equations and iteration Theory[J]. Proceedings of the Austrian-Polish seminar, Graz Math. Ber. 1992 (316): 103-138.

[10] 张承宇. 广义凸函数性质初探[J]. 中学数学, 1998(4): 23-24.

[11] CONSTANTIN P, NICULESCU. Convexity Aacording to the geometric mean[J]. Mathematical Inequalities & Applications, 2000(2): 155-167.

[12] 于小平. 谈广义凸函数[C]//第四届初等数学研究学术交流会. 北京: 2008.

[13] CARLOS E FINOL, MAREK WOJTOWICZ. Multiplicative properties of real functions with applications to Classical Functions[J]. Aequationes Math, 2000, 59(1-2): 134-149.

[14] 杨定华. 有关积凸函数的一个不等式[C]//杨学枝. 不等式研究. 拉萨: 西藏人民出版社, 2000: 71-74.

[15] 杨定华. 关于几何凸函数的不等式[J]. 河北大学学报(自然科学版), 2002, 22(4): 325-328.

[16] 张小明. 几何凸函数的几个定理及其应用[J]. 首都师范大学学报(自然科

学版),2004,25(2):11-13.

[17] 李世杰.广义凸函数定义和性质之我见[J].中学数学,1999(5):4-6.

[18] 张小明,褚玉明,祁峰.GA 凸函数的 Hadamard 不等式和 Psi 函数的 GA 凸性[J].不等式研究通讯(中国不等式研究小组主办),2007,14(3):266-274.

[19] 郑宁国,张小明.S-凸函数基本定理的变形与应用[J].不等式研究通讯(中国不等式研究小组主办),2006,13(4):396-406.

[20] 张小明.S-几何凸函数基本定理的改进及应用[J].不等式研究通讯(中国不等式研究小组主办),2006,13(4):382-389.

[21] 杨路,夏壁灿.不等式机器证明与自动发现[M].北京:科学出版社,2008.

[22] 李世杰.几何凸函数的若干性质[J].数学通讯,2003(5):28-30.

[23] MONTEL P. Sur les functions convexes et les fonctions sousharmoniques[J]. Journal de Math., 1928, 9(7):29-60.

[24] 张小明,吴善和.几何凸函数的一个充要条件及其应用[J].湖南理工学院学报,2003(9):17-19.

[25] 张小明.几何凸函数[M].合肥:安徽大学出版社,2004.

[26] 张小明,褚玉明,张志华.函数$(\Gamma(x))^{\frac{1}{x-1}}$的几何凸性及$\frac{(\Gamma(x+1))^{\frac{1}{x}}}{(\Gamma(y+1))^{\frac{1}{y}}}$的估计[J].不等式研究通讯(中国不等式研究小组主办),2007,14(2):206-214.

[27] 张小明,郑宁国,席博彦.扩大 S-凸函数基本定理使用范畴的一个定理[J].不等式研究通讯(中国不等式研究小组主办),2006,13(4):345-354.

[28] MIHET D. An extension of the inequality Of huygens[J]. Revista Matematica din Timisoara,1999,1(2):6-7.

[29] 张小明.几何凸函数的定义、性质及其应用[J].不等式研究通讯(中国不等式研究小组主办),2003 增刊:1-50.

[30] 谭琳.函数札记[M].杭州:浙江大学出版社,1997.

[31] 王换澜,林祖成.加强琴生不等式的一个猜想[J].成都大学学报:自然科学版,1991(4):9-13.

[32] 王挽澜.对称函数的一些不等式及其应用[J].宁波大学学报:自然科学版,1995(3):27-29.

[33] 张小明,褚玉明.也谈 Carleman 不等式的加强[J].不等式研究通讯(中国不等式研究小组主办),2008,15(4):373-378.

[34] 张小明,石焕南.二个 Gautschi 型不等式及其应用[J].不等式研究通讯(中国不等式研究小组主办),2007,14(2):179-191.

[35] 石焕南. Gini 平均的 Schur 凸性和 Schur 几何凸性[J].不等式研究通讯(中

国不等式研究小组主办),2007,14(2):194-197.

[36] 王梓华,张小明.Gini 平均的 S-凸性和 S-几何凸性的充要条件[J].不等式研究通讯(中国不等式研究小组主办),2007,14(1):14-21.

[37] 张小明.再谈最值压缩定理的应用[J].不等式研究通讯(中国不等式研究小组主办),2007, 14(4):421-426.

[38] LOU HONGWEI. Holder Inequalities of means[J].宁波大学学报(自然科学版),1996(1):7-9.

[39] 吴善和,石焕南.一类无理不等式的控制证明[J].首都师范大学学报(自然科学版),2003,24(3):13-16.

[40] CONSTANTIN P NICULESCU. Convexity according to means[J]. Mathematical Inequalities & Applications,2003,6(4):571-579.

[41] CARLOS E FINOL, MAREK WOJTOWICZ. Multiplicative properties of real functions with applications to classical functions[J]. Aequationes Math,2000,59(1-2):134-149.

[42] LUCHT L G. Mittelwertungleichungen fur losungen gewisser differenzengleichungen[J]. Aequationes Math.,1990,39:204-209.

[43] RAZVAN. SATNOIANU. Improved GA-convexity inequalities.[J/OL] IPAM[2002,3(5)] Art.82. http://jipam.vu.edu.au.

[44] 萧振纲,张志华.n 个正数的 Heron 平均[J].岳阳师范学院学报(自然科学版),2001,14(02):1-5.

[45] 吴善和.几何凸函数与琴生不等式[J].数学的实践与认识,2004(3):156-164.

[46] 钟祥贵.两个新的三角形不等式与应用[J].工科数学,2002,18(5):105-108.

[47] 张小明.最值单调性定理应用例举[J].不等式研究通讯(中国不等式研究小组主办),2008,15(2):239-244.

[48] 张小明.几何凸函数的几个积分不等式[J].不等式研究通讯(中国不等式研究小组主办),2003,10(5):8-11.

[49] 张小明.有关几何凹函数积分的一个猜想[J].青岛职业技术学院学报.2004,17(1):34-35,53.

[50] 张小明,李世杰.若干凸函数不等式在几何凸函数中和移植[J].徐州师范大学学报(自然科学版),2004,22(2):25-28.

[51] KOLIHA J J. Approximation of convex functions[J]. Real Analysis Exchange,2003/2004(29):465-471.

[52] 李世杰.一元二次和三次函数的几何凸性的判别[J].中学数学研究,2004

(1):17-20.

[53] 张小明.有关 GAMMA 函数的几个函数的几何凸性[J].河北大学学报(自然科学版),2004,24(5):455-459.

[54] 张小明.关于几何凸函数的 Hadamard 不等式[J].数学实践与认识,2004,34(9):171-176.

[55] ZHANG XIAOMING, WU YIDONG. Geometrically convex functions and solution of a question. RGMIA,2004,7(4).[J/OL][2008-10-08] http://rgmia.vu.edu.au/v7n4.html.

[56] 张小明,胡英武.由几何凸函数生成的序列的单调性[J].北京联合大学学报,2004,18(4):44-47.

[57] 张小明,郑宁国.由几何凸函数生成的连续函数的单调性[J].成都大学学报(自然科学版),2005,24(2):90-93.

[58] 张小明,续铁权.广义 S-几何凸函数的定义及其应用[J].青岛职业技术学院学报(自然科学版),2005,18(4):60-62.

[59] 周银海,张小明.N 元正数的 Stolarsky 平均的几何凸性[J].北京联合大学学报,2006,20(2):73-79.

[60] 郑宁国,张小明.一些与几何凹函数有关的函数的准线性研究[J].数学实践与认识,2006,36(8):336-341.

[61] 续铁权,张小明,陈纪祖.函数$[\Gamma(x)]^{1/x}e^{\alpha/x}$的几何凸性及其应用[J].青岛职业技术学院学报(自然科学版),2006,19(4):50-56.

[62] ZHANG XIAO MING, XU TIE QUAN, SITU LING BO. Geometric convexity of a function involving Gamma function and applications to inequality[J/OL][2008-10-08].Theory.Journal of Inequalities in Pure and Applied Mathematics,2007,8(1). http://jipam.vu.edu.au/article.php?sid=830

[63] 张小明,李世杰.与初等对称多项式有关的二函数的 S-几何凸性[J].四川师范大学学报(自然科学版),2007,30(2):188-190.

[64] ZHANG XIAO MING. S-geometric convexity of a function involving Maclaurin's elementary symmetric mean. Journal of Inequalities in Pure and Applied Mathematics,2007,8(2). http://jipam.vu.edu.au/article.php?sid=863

[65] ZHENG NING GUO, ZHANG ZHI HUA, ZHANG XIAO MING. Schur-convexity of two types of one-parameter mean values in n variables.[J/OL] Journal of Inequalities and Applications. Vol. 2007[2008-10-08]. http://www.hindawi.com/journals/jia/volume-2007/regular.61.html

[66] ZHANG XIAO MING, YANG ZHEN HANG. Differential criterion of n-dimensional geometrically convex functions[J/OL]. Journal of Applied Analysis,

2007,13（2），197-208［2008-10-08］. http：// www. heldermann. de/JAA/jaacon. htm

[67] ZHANG XIAOMING, CHU YUMING. An inequality involving the Gamma function and the Psi function［J/OL］. International Journal of Modern Mathematics. 2008,3(1),67-73［2008-10-08］. http：// ijmm. dixiewpublishing. com.

[68] CHU YUMING, ZHANG XIAO MING, WANG GENDI. The Schur geometrical convexity of the extended mean values［J/OL］. Journal of Convex Analysis. 2008, 15(4)：707-718［2008-10-08］. http：// www. heldermann. de/JCA/JCA15/jca15. htm

[69] 张小明,褚玉明.二个 Gautschi 型不等式下界的比较[J].不等式研究通讯(中国不等式研究小组主办),2007,14(4):503-507.

[70] 席博彦.一类加强不等式的推广[J].工科数学,2001(4):81-84.

[71] 杨克昌.平均值不等式的一个证明与加强[J].湖南数学通讯,1986(4):19-20.

[72] 李康海.关于广义对数平均的两个不等式[C]∥杨学枝.不等式研究.拉萨:西藏人民出版社.2000:117-118.

[73] 陈计,王振.一个分析不等式的证明[J].宁波大学学报(理工版),1992(2):12-14.

[74] 陈胜利.均值不等式的加强及逆向[J].数学通讯,2000(17):30-31.

[75] 李世杰.对函数的几何凸性若干问题的理论研究[J].浙江万里学院学报(自然科学版),2005(2):76-82.

[76] 李世杰,张小明.关于连续函数的 T 几何凸性问题[J].浙江万里学院学报(自然科学版),2006,19(2):11-15.

[77] 杨镇杭.齐次函数凸性的简易判定及应用[J].高等数学研究,2004,7(4):14-19.

[78] 刘保乾.BOTTEMA-我们看见了什么[M].拉萨:西藏人民出版社,2003.

[79] 杨学枝.不等式研究[M].拉萨:西藏人民出版社,2000.

[80] 菲赫金哥尔茨.微积分学教程(二卷二分册)[M].北京:高等教育出版社,1959.

[81] 数学手册编写组.数学手册[M].北京:高等教育出版社,1979.

[82] 钱伟茂,张小明.一个 Gautschi 型不等式的加强及其应用[J].不等式研究通讯(中国不等式研究小组主办),2007,14(4):509-513.

[83] 张小明,姜卫东.对数凸函数的性质及其应用[J].不等式研究通讯(中国不等式研究小组主办),2007,14(2):144-153.

[84] Hsu L C, Wang Y J. A refinement of Hilbert's double series theorem[J]. Math. Res. Exp.,1991,11(1):143-144.

[85] YANG BI CHENG. On a generalization of Hilbert's double series theorem[J]. Math Ineq Appl,2002,5(2):484-497.

[86] MITRINOVIC D S, PECARIC J E, FINK A M. Inequalities Involving Functions and Their Integrals and Derivatives[M]. Boston: Kluwer Academic Publishers, 1991.

[87] KUANG JICHANG, DEBNATH L. On new generalization of Hilbert's inequality [J]. Math Anal Appl,2000(245):248-265.

[88] 杨必成.较为精密的 Hardy-Hilbert 不等式的一个加强[J].数学学报,1999, 42(6):1103-1110.

[89] 张小明,褚玉明.$p=-1$ 的 Hardy 型不等式的加强[J].不等式研究通讯(中国不等式研究小组主办),2008,15(2):157-161.

[90] 张小明,褚玉明.压缩单调函数的定义及应用[J].不等式研究通讯(中国不等式研究小组主办),2007,14(3):315-327.

[91] 张小明,褚玉明.从新的角度研究有限项 Hilbert 不等式[J].不等式研究通讯(中国不等式研究小组主办),2008,15(1):53-64.

[92] 张小明.一个命题的纯人工思维证明[J].不等式研究通讯(中国不等式研究小组主办),2006,13(3):285-287.

[93] 张小明,褚玉明.最值单调性定理及其应用[J].不等式研究通讯(中国不等式研究小组主办),2008,15(1):1-8.

[94] CHU YUMING, ZHANG XIAOMING. Necessary and sufficient conditions such that extendfd mean values are Schur-convex or Schur-concave[J]. Journal of Mathematics of Kyoto University. 2008,48(1):231-238.

[95] 褚玉明,张小明.双数列有限项 Hilbert 不等式的加强[J].不等式研究通讯(中国不等式研究小组主办),2008,15(2):230-237.

[96] 张小明.一个平均不等式及其一个应用[J].不等式研究通讯(中国不等式研究小组主办),2004,11(1):25-27.

[97] 张小明.几何凹函数定积分的一个上界及其应用[J].不等式研究通讯(中国不等式研究小组主办),2004,11(4):496-500.

[98] 张小明.三个常见函数的泰勒展开式之余项估计[J].不等式研究通讯(中国不等式研究小组主办),2005,12(2):142-147.

[99] F Qi, B N Guo, Ch P Chen. The best bounds in Gautschi-Kershaw inequalities [J/OL]. Math. Inequal. Appl.,2006,9(3),427-436. 或 RGMIA Res. Rep. Coll.,2005,8(2), Art.17[2008-10-08]. http://www.staff.vu.edu.au/rgmia/

v8n2. asp.

[100] QI FENG, GUO SENLIN. New upper bounds in the second Kershaw's double inequality and its generalizations[J/OL]. RGMIA., 2007, 10(2), Art.1[2008-10-08]. http://www.staff.vu.edu.au/rgmia/v10n2.asp.

[101] ERBER T. The gamma function inequalities of Gurland and Gautschi[J]. Skand. Aktuarietidskr., 1961, 1960:27-28.

[102] GAUTSCHI W. Some elementary inequalities relating to the gamma and incomplete gamma functions[J]. Math. Phy., 1959, 38:77-81.

[103] KECLIC J D, VASIC P M. Some inequalities for the gamma function[J]. Publ. Inst. Math. Beograd N.S., 1971, 11:107-114.

[104] KERSHAW D. Some extensions of W[J]. Gautschi's inequalities for the gamma function. Math. Comp., 1983(41):607-611.

[105] ANDERSON G D, QIU S L. A monotoneity property of the gamma function[J]. Proc. Amer. Math. Soc., 1997, 125(11):3355-3362.

[106] ELBERT A, LAFORGIA A. On some properties of the gamma function[J]. Proc. Amer. Math. Soc., 2000, 128(9),:2667-2673.

[107] F Qi, R Q Cui, Ch P Chen, et al. Some completely monotonic functions involving polygamma functions and an application[J]. Math. Anal. Appl., 2005, 310(1):303-308.

[108] DETEMPLE D W. A quicker convergence to Euler's constant[J]. Amer. Math. Monthly, 1993, 100(5):468-470.

[109] PECAARIC J, ALLASIA G, GIORDANO C. Convexity and the Gamma Function [J]. Indian Math., 1999, 41(1):79-93.

[110] MINC H, SATHRE L. Some inequalities involving $(r!)^{1/r}$[J]. Proc. Edlinburgh Math. Soc., 1964/65, 14(2):41-46.

[111] 胡毓达,孟志青. 凸分析与非光滑分析[M]. 上海:上海科学技术出版社, 2000.

[112] STOLARSKY K B. Generalizations of the logarithmic mean[J]. Mag. Math., 1975, 48: 87-92.

[113] LEACH E B, SHOLANDER M C. Extended mean values[J]. Amer. Math. Monthly, 1978, 85:84-90.

[114] QI FENG, SANDOR J, DRAGOMIR S S, et al. Notes on the Schur-convexity of the extended mean values, Taiwanese [J]. Math., 2005, 9(3):411-420.

[115] H N Shi, S H Wu, F Qi. An Alternative note on the Schur-convexity of the extended mean values[J]. Math. Ine. App., 2006, 9(2):219-224.

[116] 周银海,张小明.几个不等式的内在性质[J].不等式研究通讯(中国不等式研究小组主办),2005,12(3-4):377-383.

[117] 钱伟茂,金小萍,张小明.与 GA 凸函数有关的几个单调性定理[J].不等式研究通讯(中国不等式研究小组主办),2007,14(3):376-379.

[118] 张小明,褚玉明.二个有限项 Hilbert 不等式的加强[J].不等式研究通讯(中国不等式研究小组主办),2008,15(2):176-184.

[119] 张小明.几何凸函数的上图像[J].不等式研究通讯(中国不等式研究小组主办),2005,12(2):158-159.

[120] 续铁权,张小明.两个有关平均的不等式[J].不等式研究通讯(中国不等式研究小组主办),2004,11(3):296-301.

[121] 张小明,郑宁国.一些与几何凸函数有关的函数的准线性和单调性[J].不等式研究通讯(中国不等式研究小组主办),2004,11(4):471-475.

[122] 张小明,续铁权,陈纪祖.一类函数的几何凸性及其应用[J].不等式研究通讯(中国不等式研究小组主办),2006,13(1):38-48.

[123] 张小明.关于指数函数的泰勒展开式之余项估计[J].不等式研究通讯(中国不等式研究小组主办),2005,12(2):121-125.

[124] 张小明.利用几何凸函数的性质证几个积分不等式[J].不等式研究通讯(中国不等式研究小组主办),2005,12(2):153-158.

[125] 张小明.几何凸函数定积分的另一个上界及其应用[J].不等式研究通讯(中国不等式研究小组主办),2004,11(1):9-14.

[126] 李大矛,石焕南.广义指数平均的 Schur 凸性和 Schur 几何凸性[J].不等式研究通讯(中国不等式研究小组主办),2007,14(2):137-143.

[127] 顾春,石焕南.Lehme 平均的 Schur 凸性和 Schur 几何凸性[J].不等式研究通讯(中国不等式研究小组主办),2008,15(1):21-26.

[128] SANDOR J. On certain inequaliyies for means, III [J/OL]. RGMIA, 1999, 2(3), Article 8[2008-10-08]. http://rgmia.vu.edu.au/v2n3.html

[129] 张勇,文家金,王挽澜.含幂指数的一个不等式猜想的研究[J].四川师范大学学报(自然科学版),2005,28(2):245-249.

[130] ANNA WEDESTIG. Some new Hardy type inequalities and their limiting ineaualities[J]. Journal of Inequalities in Pure and Applied Mathematics, 2003, 4(3), Art.61.

[131] YANG BICHENG, DEBNATH L. Generalizations of Hardy's integral inequalities [J]. Internat J Math & Math Sci, 1999, 22(3):535-542.

[132] BEEASCK P R. Hardy inequality and its extensions[J]. Pacif J Math, 1961, 11:39-61.

[133] YANG BICHENG, ZENG ZHUOHUA, DEBNATH L. On new generalizations of Hardy's integral inequalities[J]. Math Anal Appl., 1998, 217: 321-327.

[134] PACHPATTE B G. Mathematical inequalities[M]. Netherlands, Elsevier B.V., 2005.

[135] 石焕南,李大矛.凸数列的一个等价条件及其应用[J].曲阜师范大学学报(自然科学版),2001,27(4):4-6.

[136] 杨定华.关于离散 Karamata 不等式及其应用[J].应用数学学报,2002,25(4):681-685.

[137] 郑宁国,张小明,褚玉明.N元指数和对数平均的凸性和几何凸性[J].物理数学学报,2008,28(5):1173-1180.

[138] 杨镇杭.几何凸函数的对称拟算术平均不等式[J].北京联合大学学报(自然科学版),2005,19(3):25-29.

[139] XU TIEQUAN, ZHANG XIAO MING. Two new inequalities with respect to means[J/OL]. RGMIA, 2006, 9(1) [2008-10-08]. http://www.staff.vu.edu.au/rgmia/v9n1.asp

[140] 张小明.一类 n 元单参数平均的另一表达形式[J].不等式研究通讯(中国不等式研究小组主办),2008,15(3):364-369.

[141] RAJENDRA BHATIA, HIDEKI KOSAKI. Mean matrices and infinite divisibility [J]. Linear Algebra and its Applications, 2007, 424(1): 36-54.

[142] SEFFERT H J. Problem 887[J]. Nieuw Arch. Wisk. 1993, 11(4): 176.

[143] 李大矛,石焕南,张鉴.Seiffert 平均的 Schur 凸性和 Schur 几何凸性[J].不等式研究通讯(中国不等式研究小组主办),2007,15(2):168-172.

[144] XIAO ZHENGANG, ZHANG ZHIHUA. The inequalities $G \leqslant L \leqslant I \leqslant A$ in N variables[J]. JIPAM., 2003, 4(2): 1-6.

[145] PEARCE C E M, PECARIC J, SIMIC V. On weighted generalized logarithmic means[J]. Houston of Math., 1998(24): 459-465.

[146] PITTENGER A O. The logarithmic mean in n variables[J]. Amer. Math. Monthly, 1985, 92: 99-104.

[147] XIAO ZHENGANG, ZHANG ZHIHUA, QI FENG. A Type of mean values of several positive numbers with two parameters[J/OL]. RGMIA, 2006, 9(2), Art. 11[2008-10-08]. http://rgmia.vu.edu.au/v9n2.html

[148] MERKLE M. Inequalities for Residuals of Power Series, a Review[J]. Yniv Beograd. Publ. Elektrotehn. Fak. Ser. Mat., 1995, 6: 79-85.

[149] DRAGOMIR S S, PEARCE C E M. Quasilinearity & Hadamard's inequality[J]. Mathematical Inequalities & Applications, 2002, 5(3): .463-471.

[150] QI FENG. Bounds for the ratio of two gamma functions[J/OL]. RGMIA.,2008, 11(3),Art.1[2008-10-08]. http://www.staff.vu.edu.au/rgmia/v11n3.asp

[151] CARLEMAN T. Sur les fonctions quasi-analytiques[J]. Comptes rendus du V e Congres des Mathematiciens Scandinaves,Helsingfors,1922:181-196.

[152] ALZER H. On Carleman's inequality[J]. Portugal. Math.,1993,50(3):331-334.

[153] ALZER H. A refinement of Carleman's inequality[J]. Approx.Theory, 1998,95(3):497-499.

[154] CIZMESIJA A, PECARIC J. Classical Hardy's and Carleman's inequalities and mixed means[J]. Survey on Classical Inequalities. (Ed: Th.M. Rassias), Kluwer Acad. Publ.,Dordrecht- Boston-London,2000:27-65.

[155] DEBRUIJN N G. Carleman's inequality for finite series[J]. Nederl. Akad. Wetensch. Proc. Ser. A,66Indag.Math.,1963,25:505-514.

[156] PECARIC J, STOLARSKYK B. Carleman's inequality: History and new generalizations[J]. Aequationes Math.,2001,61(1-2):49-62.

[157] SUNOUCHI G, TAKAGI N. A generalization of the Carleman's inequality theorem [J]. Proc.Phys. Math.Soc.Japan,1934,16(III):164-166.

[158] YANG BICHENG. DEBNATH L. Some inequalities involving the constant e and an application to Carleman' inequality[J]. Math. Anal. Appl.,1998, 223(1): 347-353.

[159] MARIA JOHANSSON, LARS-ERIK PERSSON, ANNA WEDESTIG. Carleman's inequality- history, proof and some new generalizations [J]. Journal of Inequalities in Pure and Applied Mathematics.2003,4(3),Article 53.

[160] LIU HAIPING, ZHU LING. New strengthened Carleman's inequality and Hardy' s inequality[J/OL]. Journal of Inequalities and Applications, Vol 2007, Article ID 84104, doi:10.1155/2007/84104[2008-10-08]. http://www.hindawi.com/jouinats/jialindex.html

[161] 王良成.凸函数及其不等式[M].成都:四川大学出版社,2001.

[162] 胡克.解析不等式的若干问题 [M].2 版.武汉:武汉大学出版社,2007.

[163] 王松桂,贾忠贞.矩阵论中不等式[M].合肥:安徽教育出版社,1994.

[164] 张小明.二个猜想与二个结果[J].不等式研究通讯(中国不等式研究小组主办),2008,15(3):347-351.

[165] WILLIAMS K S, BEESACK P R. Problem395[J]. Crux. Math. 1979,5(89-90):232-233.

[166] KENNETH S WILLIAMST,et al. Problem[J]. Crux Mathematicorum Magazine,

1977,3:131.

[167] 王挽澜. 关于平均不等式的加强[J]. 成都大学学报(自然科学版)1994,13(2):1-3.

[168] 王挽澜,文家金,石焕南. 幂平均不等式的最优值[J]. 数学学报,47(6),2004:1-10.

[169] WEN JIAJIN, WANG WAN LAN. The optimizations for the inequalities of power means[J/OL]. Joural of Inequalities and Applications. 2006(2006)[2008-10-08]. http://www.hindawi.com/GetArticle.aspx?doi=10.1155/JIA/2006/46782&e=cta.

[170] ALZER H. One an inequality Of H. minc and L[J]. Sathre Math. Anal. Appl., 1993,179:396-402.

[171] QI FENG, CHEN CHAOPING. Monotonicity and convexity results for functions involving the gamma function[J/OL]. RGMIA., 2003,6(4), Art. 10[2008-10-08]. http://rgmia.vu.edu.au/v6n4.html.

[172] G M VON FICHTENHOLZ. Differential-und Integralrechnung[M]. Berlin: VEB Deutscher Verlag der Wissenschaften, 1964.

[173] SANDOR J, DEBNATH L. On certain inequalities involving the constant e and their applications[J]. Math. Anal. Appl., 2000, 249(2):569-582.

[174] CHEN CHAN PING, QI FENG. The best bounds in Wallis' inequality[J]. Proc. Amer. Math., Soc., 2005, 133(2):397-401.

[175] ARPAD ELBERT, ANDREA LAFORGIA. On some properties of the Gamma function[J]. Proceedings of the American Mathematical Society, 2000, 128(9):2667-2673.

[176] BATIR N. On some properties of digamma and polygamma functions[J/OL]. Math. Anal. Appl. 2006[2008-10-08]. http://dx.doi.org/10.1016/j.jmaa.2006.05.065.

[177] ALZER H. Sierpinski's inequality[J]. Belgian Math. Soc. B, 1989, 41:139-144.

[178] QI FENG, LI XIAO AI, CHEN SHOU XIN. Refinements, extensions and generalizations of the second Kershaw's double inequality[J]. Mathematical Inequalities and Applications, 2008, 11(3):457-465.

[179] QI F, GUO S, GUO B N. Note on a class of completely monotonic functions involving the polygamma functions[J/OL]. RGMIA Res. Rep. Coll. 2006, 10(1), Art. 5[2008-10-08]. http://rgmia.vu.edu.au/v10n1.html.2

[180] QI FENG. A new lower bound in the second Kershaw's double inequality[J/

OL]. RGMIA Res. Rep. Coll. 2007,10 (1), Art. 9[2008-10-08]. http://rgmia.vu.edu.au/v10n1.html

[181] GAUSCHI W. Some elementary inequalities relating to the gamma and incomplete gamma function[J]. Math. Phys.,1959(38):77-81.

[182] MERKLE M. Logarithmic convexity and inequalities for the gamma function[J]. Math. Anal. Appl. 1996(203):369-380.

[183] QI FENG, GUO SENLIN, CHEN SHOUXIN. A new upper bound in the second Kershaw's double inequality and its generalizations[J]. Journal of Computational and Applied Mathematics, 2008, 220(1-2):111-118.

[184] JANOUS W, KUCZMA M K, KLAMKIN M S. Problem 1598[J]. Crux Math. 1990(16):299-300.

[185] WU SHANHE. Generalization and sharpness of the power means inequality and their applications[J]. Math. Anal. Appl., 2005(312):637-652.

[186] 褚玉明,张小明.二元广义平均的几何凸性[J].不等式研究通讯(中国不等式研究小组主办),2008,15(4):420-428.

[187] 洪勇.幂平均不等式的改进及在凸性模估计中的应用[J].科学技术与工程.2006,6(9): 1171-1175.

[188] WEN JIAJIN, CHENG SUISUN, GAO CHAOBANG. Optimal sublinear inequalities involving geometric and power means[J]. Mathematica Bohemica, to appear.

[189] 王挽澜,王鹏飞.对称函数的一类不等式[J].数学学报,1984,(4):485-497.

[190] YIANG BICHENG, LOKENATH DEBNATH. Some inequalities involving the constant, and an application to Carleman's inequality[J]. Math. Anal. Appl., 1998, 223(1):347-353.

[191] LONG NGUYEN THANH, LINH NGUYEN VU DUY. The Carleman's inequality for a negative power number[J]. Math. Anal. Appl.,2001,259(1):219-225.

[192] HUYUE. A strengthened Carleman's inequality[J]. Commun. Math. Anal, 2006,1(2):115-119.

[193] HARA TAKUYA, TAKAHASI SIN-EI. On weighted extensions of Carleman's inequality and Hardy's inequality[J]. Math. Inequal. Appl,2003,6(4):667-674.

[194] YANG BICHENG. On a hardy-carleman's type inequality[J]. Taiwanese Journal of Mathematics,2005, 9(3):469-475

[195] WEN JIA JIN, GAO CHAO BANG. The best constats of Hardy type inequalities for p = − 1[J]. Journal of Mathematical Research & Exposition, 2008, 28(2): 316-322.

[196] 杨必成.关于一个加强的 Hardy 不等式[J].广东教育学院学报,2005,25(5):5-8.

[197] ALZER H. On Carleman's inequality, Portugal[J]. Math., 1993, 50(3):331-334.

[198] YANG BICHENG, LI DACHAO. A strengthened Carleman's inequality[J]. Math. for Technology, 1998, 14(1):130-133.

[199] 高明哲,徐利治. A Survey of Various Refinements and Generalizations of Hilbert's Inequalities[J].数学研究与评论,2005(02):227-243.

[200] 胡克. On Hilbert Type Inequality and Its Application[J].江西师范大学学报(自然科学版),2001(2):117-120.

[201] PACHPATTE B G. Mathematical inequalities[M]. Netherlands: Elsevier B.V., 2005.

[202] YANG BICHENG, GAO MINGZHE. On a best value of Hardy-Hilbert's inequality[J]. Advances in Math., 1998, 26(2):159-164.

[203] GAO MINGZHE, YANG BICHENG. On the extended Hilbert's inequality[J]. Proc. Amer. Math. soc., 1998, 126(3):751-759.

[204] 张小明.最值单调性定理应用再例举[J].不等式研究通讯(中国不等式研究小组主办),2008,15(3):354-359.

[205] 张小明,褚玉明.最值定位定理和 Carleman 不等式的加强[J].不等式研究通讯(中国不等式研究小组主办),2008,15(3):245-250.

[206] 张小明,褚玉明. Carleman 不等式下界的改进[J].不等式研究通讯(中国不等式研究小组主办),2008,15(3):262-266.

[207] 张小明,褚玉明.有限项 Hardy 不等式的有条件加强[J].不等式研究通讯(中国不等式研究小组主办),2008,15(3):299-307.

[208] 褚玉明,张小明.单数列有限项的 Hilbert 不等式的加强[J].不等式研究通讯(中国不等式研究小组主办),2008,15(1):35-43.

[209] 石焕南,张小明.一对互补对称函数的 Schur 凸性[J].不等式研究通讯(中国不等式研究小组主办),2008,15(2):126-133.

[210] ELEZOVIC N, PECARIC J. A note on Schur-convex fuctions [J]. Rocky Mountain J. Math., 2000, 30(3):853-856.

[211] CHU YUMING, LIU XIANGAO. Regularity of harmonic maps with the potential [J]. Sci. China Ser. A, 2006, 49(5):599-610.

[212] 褚玉明,张小明. 也谈 Hilbert 不等式的加强[J]. 不等式研究通讯(中国不等式研究小组主办),2008,15(4):454-457.

[213] 张小明,褚玉明. Hilberty 不等式的一种新加强[J]. 不等式研究通讯(中国不等式研究小组主办),2008,15(4):469-474.

[214] ZHANG XIAOMING, CHU YUMING. The geometrical convexity and concavity of integral for convex and concave functions[J/OL]. International Journal of Modern Mathematics. 2008, 3(3) [2008-10-08]. http://ijmm.dixiewpublishing.com/

[215] ZHANG XIAOMING, CHU YUMING. The Schur geometrical convexity of integral arithmetic mean[J]. International Journal of Pure and Applied Mathematics. 2007,41(7):919-926.

[216] ZHANG XIAOMING, CHU YUMING. Convexity of the integral arithmetic mean of a convex function[J]. Rocky Mountain Journal of Mathematics, to appear.

[217] CHU YUMING, ZHANG XIAOMING, TANG XIAOMIN. An elementary inequality for psi function[J]. Bulletin Istitute of Mathematics, Academia Sinica, New Series,2008(3),373-380.

[218] CHU YUMING, LIU XIANGAO. Regularity of the p-Harmonic maps with potential[J]. Pacific Journal of Mathematics,2008,237(1):45-56.

[219] GORDON R D. Values of Mills' ratio of area to bounding or dinate and of the normal probability integral for large values of the argument[J]. Ann. Math. Statics, 1941,12:364-366.

[220] 张孝惠,裘松良,褚玉明,等. 广义 Grotzsch 环函数的几个精确不等式[J]. 数学物理学报,2008,28A(1):59-65.

[221] ZHANG XIAOHUI, WANG GENDI, CHU YUMING. Some inequalities for the generalized Grotzsch function[J]. Proc. Edinburgh Math. Soc.,2008,51:265-272.

[222] GILL P M, PEARCE C E M, PECARIC J. Hadamard's Inequality for r-convex functions[J]. Math. Anal. Appl,1997,215:461-470.

[223] WU LINGLI, CHU YUMING. An inequality for the psi functions[J]. Applied Mathematics Science,2008,2(11):545-550.

[224] ALZER H. On an integral inequality[J]. Math. Rev. Anal. Numer. Th. Approxim., 1989,18:101-103.

[225] BIRNBAUM Z W. An inequality for mills' ratio[J]. Ann. Math. Statistics., 1942,13:245-246.

[226] Sampford M R. Some inequalities on Mills' ratio and related functions Ann[J].

Math. Statistics, 1953, 24:130-132.

[227] SONG YINGQING, CHU YUMING, WU LINGLI. An elementary double inequality for gamma function[J]. International Journal of Pure and Applied Mathematics, 2007,38(4):549-554.

[228] XIA FANGLI, CHU YUMING, WANG GENDI. The monotonicity of a number sequence involving the volume of the unit ball in $ R \ sp n $ [J]. International Journal of Pure and Applied Mathematics, 2007,38(4):543-547.

[229] WANG GENDI, ZHANG XIAOHUI, CHU YUMING. Exponent-quasiadditive properties and application[J]. Commun. Korean Math. Soc., 2007,22(2):235-240.

[230] WANG GENDI, ZHANG XIAOHUI, CHU YUMING. Inequalities for the generalized elliptic integrals and modular functions[J]. Math. Anal. Appl., 2007,331(2):1275-1283.

[231] HUANG YUANQIU, CHU YUMING. A note on the computational complexity of graph vertex partition[J]. Discrete Appl. Math., 2007,155(3):405-409.

[232] CHU YUMING, WANG GENDI, ZHANG XIAOHUI. Hyperbolic geodesics in quasidisks[J]. International Journal of Pure and Applied Mathematics, 2007,34(4):563-568.

[233] CHU YUMING, WANG GENDI, ZHANG XIAOHUI. The invariance of inner and outer linearly locally connected sets under quasiconformal mappings[J]. Math. Anal. Appl., 2007,326(2):1328-1333.

[234] ZHANG XIAOHUI, WANG GENDI, CHU YUMING, et al. Distortion theorems of plane quasiconformal mappings[J]. Math. Anal. Appl., 2006,324(1): 60-65.

[235] CHU YUMING, ZHANG XIAOMING, TANG XIAOMIN. An upper bound estimate for H. Alzer's integral inequality[J]. Sarajevo Journal of Mathematics, 2008, 4(17):1-6.

[236] POLLAK H O. A remark on "Elementary inequalities for Mills' ratio" by Y. Komatu[J]. Rep. Statist. Appl. Res. Un. Jap. Sci. Engrs, 1956,4:110.

[237] BOYD A V. Inequalities for mills' ratio[J]. Rep. Statist. Appl. Res. Un. Jap. Sci. Engrs., 1959,6: 44-46.

[238] J G VAN DER CORPUT. Generalization of Carleman's inequality[J]. Proc. Akad. Wet. Amsterdam(Kon. Akad. Wetensch. Proc.), 1936,39:906-911.

[239] 胡克. On van der Corput's inequality [J]. 数学杂志,2003,23(1):126-128.

[240] 马昌威. 关于 Van der Corput 不等式的进一步改进[J]. 西华师范大学学报(自然科学版),2004,25(3):325-327.

[241] YANG BICHENG. On a relation between Carleman's inequality and van der Corput's inequality [J]. Taiwanese Math., 2005,9(1):143-150.

[242] YANG BICHENG. On an extension and a refinement of van der Corput's inequality, Chinese Quart[J]. Math., 2007,22(1):94-98.

[243] CAO JIAN, NIU DAWEI, QI FENG. An extension and a refinement of van der Corput's inequality[J]. Internat. Math. Sci, 2006(2006), Article ID 70786.

[244] NIU DA WEI, CAN JIAN, QI FENG. A refinement of van der Corput's inequality[J/OL]. Inequal. Pure Appl. Math., 2006(7), no. 4, Art. 127 [2008-10-08]. http://jipam.vu.edu.au/articke.php?sid=744

[245] NIU DAWEI, CAO JIAN, QI FENG. A class of logarithmically completely monotonic functions related to $(1+1/x)^\lambda$ and an application [J]. General Mathematics, 2006,14(4):97-112.

[246] QI FENG, CAN JIAN, NIU DAWEI. A Generalization of van Der Corput's inequality[J/OL]. RGMIA. 2007, 10, Supplement [2008-10-08]. http://www.staff.va.edu.au/rgmia/vio(E).asp

[247] 金小萍,张小明.关于 Mill 比的二个新结果[J].不等式研究通讯(中国不等式研究小组主办),2009,16(1):56-61.

[248] 郑宁国,张小明.Conte 不等式的改进[J].不等式研究通讯(中国不等式研究小组主办),2009,16(1):98-103.

[249] 许谦,张小明.再谈 Van Der Corput 不等式的加强[J].不等式研究通讯(中国不等式研究小组主办),2009,16(2):124-131.

哈尔滨工业大学出版社刘培杰数学工作室
已出版(即将出版)图书目录

书　名	出版时间	定　价	编号
新编中学数学解题方法全书(高中版)上卷	2007-09	38.00	7
新编中学数学解题方法全书(高中版)中卷	2007-09	48.00	8
新编中学数学解题方法全书(高中版)下卷(一)	2007-09	42.00	17
新编中学数学解题方法全书(高中版)下卷(二)	2007-09	38.00	18
新编中学数学解题方法全书(高中版)下卷(三)	2010-06	58.00	73
新编中学数学解题方法全书(初中版)上卷	2008-01	28.00	29
新编中学数学解题方法全书(初中版)中卷	2010-07	38.00	75
新编平面解析几何解题方法全书(专题讲座卷)	2010-01	18.00	61
数学眼光透视	2008-01	38.00	24
数学思想领悟	2008-01	38.00	25
数学应用展观	2008-01	38.00	26
数学建模导引	2008-01	28.00	23
数学方法溯源	2008-01	38.00	27
数学史话览胜	2008-01	28.00	28
从毕达哥拉斯到怀尔斯	2007-10	48.00	9
从迪利克雷到维斯卡尔迪	2008-01	48.00	21
从哥德巴赫到陈景润	2008-05	98.00	35
从庞加莱到佩雷尔曼	即将出版	88.00	
天庭的秩序——三体问题的历史	即将出版	88.00	
历届IMO试题集(1959—2005)	2006-05	58.00	5
历届CMO试题集	2008-09	28.00	40
全国大学生数学夏令营数学竞赛试题及解答	2007-03	28.00	40
历届美国大学生数学竞赛试题集	2009-03	88.00	43
历届俄罗斯大学生数学竞赛试题及解答	即将出版	68.00	
吴从炘数学活动三十年(1951~1980)	2010-07	99.00	32

哈尔滨工业大学出版社刘培杰数学工作室
已出版(即将出版)图书目录

书 名	出版时间	定 价	编号
数学奥林匹克与数学文化(第一辑)	2006-05	48.00	4
数学奥林匹克与数学文化(第二辑)(竞赛卷)	2008-01	48.00	19
数学奥林匹克与数学文化(第二辑)(文化卷)	2008-07	58.00	36
数学奥林匹克与数学文化(第三辑)(竞赛卷)	2010-01	48.00	59
发展空间想象力	2010-01	38.00	57
走向国际数学奥林匹克的平面几何试题诠释(上、下)(第2版)	2010-02	98.00	63,64
平面几何证明方法全书	2007-08	35.00	1
平面几何证明方法全书习题解答(第2版)	2006-12	18.00	10
最新世界各国数学奥林匹克中的平面几何试题	2007-09	38.00	14
数学竞赛平面几何典型题及新颖解	2010-07	48.00	74
初等数学复习及研究(平面几何)	2008-09	58.00	38
初等数学复习及研究(立体几何)	2010-06	38.00	71
初等数学复习及研究(平面几何)习题解答	2009-01	48.00	42
世界著名平面几何经典著作钩沉——几何作图专题卷(上)	2009-06	48.00	49
世界著名平面几何经典著作钩沉——几何作图专题卷(下)	即将出版	48.00	
世界著名三角学经典著作钩沉(平面三角卷Ⅰ)	2010-06	28.00	69
世界著名三角学经典著作钩沉(平面三角卷Ⅱ)	2010-08	28.00	
几何变换与几何证题	2010-06	88.00	70
几何瑰宝——平面几何500名题暨1000条定理(上、下)	2010-07	138.00	76,77
三角形的五心	2009-06	28.00	51
俄罗斯平面几何问题集	2009-08	88.00	55
500个最新世界著名数学智力趣题	2008-06	48.00	3
400个最新世界著名数学最值问题	2008-09	48.00	36
500个世界著名数学征解问题	2009-06	48.00	52
400个中国最佳初等数学征解老问题	2010-01	48.00	60
数学拼盘和斐波那契魔方	2010-07	38.00	72
超越吉米多维奇——数列的极限	2009-11	48.00	58
初等数论难题集(第一卷)	2009-05	68.00	44
初等数论难题集(第二卷)(上)	即将出版	48.00	
初等数论难题集(第二卷)(下)	即将出版	38.00	

哈尔滨工业大学出版社刘培杰数学工作室
已出版(即将出版)图书目录

书　名	出版时间	定　价	编号
组合数学难题集	即将出版	38.00	
博弈论精粹	2008－03	58.00	30
多项式和无理数	2008－01	68.00	22
模糊数据统计学	2008－03	48.00	31
解析不等式新论	2009－06	68.00	48
数学奥林匹克不等式研究	2009－08	68.00	56
初等数学研究(Ⅰ)	2008－09	68.00	37
初等数学研究(Ⅱ)(上、下)	2009－05	118.00	46,47
中国初等数学研究　2009卷(第1辑)	2009－05	20.00	45
中国初等数学研究　2010卷(第2辑)	2010－05	30.00	68
数学奥林匹克超级题库(初中卷上)	2010－01	58.00	66
中等数学英语阅读文选	2006－12	38.00	13
统计学专业英语	2007－03	28.00	16
数学　我爱你	2008－01	28.00	20
精神的圣徒　别样的人生——60位中国数学家成长的历程	2008－09	48.00	39
数学史概论	2009－06	78.00	50
斐波那契数列	2010－02	28.00	65
最新全国及各省市高考数学试卷解法研究及点拨评析	2009－02	38.00	41
高考数学的理论与实践	2009－08	38.00	53
中考数学专题总复习	2007－04	28.00	6
向量法巧解数学高考题	2009－08	28.00	54
新编中学数学解题方法全书(高考复习卷)	2010－01	48.00	67
新编中学数学解题方法全书(高考真题卷)	2010－01	38.00	62

联系地址:哈尔滨市南岗区复华四道街10号哈尔滨工业大学出版社刘培杰数学工作室
邮　编:150006
联系电话:0451－86281378　　13904613167
E-mail:lpj1378@yahoo.com.cn